한국수학교육학회 대한수학교육학회 2020년 연보

The Korean Society of Mathematical & The Korea Society of Educational Studies in Mathematics Yearbook 2020

학교수학과 작도교육

서보억 · 한혜숙 · 이광상 편집

KM 경문사

머리말

기하에서 작도는 오랜 역사적 전통을 가지고 있다. 작도에 대한 연구는 고대 그리스 시대로 거슬러 올라가며, 고대 그리스의 많은 철학자와 수학자들이 작도에 관심을 가졌다. 고대 그리스 시대 이후에도 다양한 작도 과제의 해결 과정에서 위대한 수학적 발전을 이루었고, 동시에 논증기하의 토대를 마련하였다. 작도의 출발은 곧 기하학의 출발과 같다. 그 대표적 근거는 유클리드(Euclid) 원론에서 찾을 수 있다. 원론에 제시된 465개의 명제 중 첫 번째 명제인 '유한한 길이의 직선이 주어졌을 때, 그것을 써서 정삼각형을 작도하시오.'는 정삼각형의 작도 과제로 정삼각형의 정당화와 관련이 있다.

작도는 눈금 없는 자와 컴퍼스만을 이용하여 주어진 조건에 만족하는 도형을 그리는 것이다. 컴퓨터를 사용하거나 기구를 사용하면 간단하게 그릴 수 있지만, 오랜 세월 동안 이러한 전통을 지키며 수많은 수학자에 의해 작도 과제가 탐구되었다. 작도는 수학자와 일반인들에 의해서 수학적으로 사고하며 그 결과로 지적인 의사소통을 위한 수단으로 간직해 왔고, 이를 통해 마음의 기쁨을 찾는 수단으로 전해져 내려오고 있다.

2015개정 수학과 교육과정에 제시된 성취기준 중에서 '작도(construction)' 관련 성취기준은 1개뿐이다. 이것은 중학교 수학과 교육과정 기하 영역에 있는 '[9수04-03]삼각형을 작도할 수 있다.'이다. 본 연보 주제를 '작도'로 선택한 이유가 학교수학에서 다루는 학습내용 중에서 작도 관련 내용이 작도의 수학적 중요성에 비해 너무나도 부족하다는 인식 때문이다. 과거 3차 교육과정에서는 중학교 1학년에서 '컴퍼스와 눈금 없는 자를 이용한 기본 작도를 통하여 삼각형의 결정 조건 및 합동조건을 알아보고 삼각형의 합동 개념을 파악하게 한다.'라고 언급하면서 '기본작도'의 영역에 '선분의 이동, 수직이등분선, 각의 이동, 각의 이등분선의 작도' 등을 포함하였다. 이러한 기조는 2007개정 교육과정까지 유지되지만, 2009개정 교육과정 이후 급격한 변화가 생겼다. 2007개정 교육과정과 달리, 작도의 학습내용을 삼각형의 작도만으로 한정한 것이다. 그런데 이러한 한정에 따른 작도 학습내용의 축소 이유는 전혀 제시하지 않았는데, 이는 '원의 성질', '증명', '집합', '진법', '근삿값'의 축소 혹은 삭제의 이유나 근거를 상세히 설명한 것과는 매우 대비된다.

미래학자 유발 하라리(Yuval Noah Harari)는 수학, 과학 등 개별 과목을 단순히 가르치는 것은 큰 의미가 없음을 지적하면서, 4차 산업혁명 시대에는 사고가 경직되지 않은 감정 지능과 사고의 균형 감각을 가진 인간교육을 강조하였다. 이는 세상의 변화를 이해하고 예측하는 힘의 원천인 수학적 사고력 향상이 미래 수학교육의 최우선 과제임을 주장한 것이다. 학교수학의 대부분의 내용이 수학적 사고력과 직결되지만, 그중에서도 기하 특히, 작도는 도형에 대한 공간적 관계의 기술과 추론을 하는 대표적인 분야이므로 수학적 사고력 향상에 중요한 역할을 한다. 또한 기하에서 정당화는 중요한 학습요소인데, 이에 대한 학생의 인식은 긍정적이지 않고 어려움을 호소한다. 이러한 정당화 학습의 어려움을 해소하기 위해 작도 활동은 중요한 대안으로 제안되고 있기도 하다. 즉 작도는 기하에 대한 풍부한 이해를 바탕으로 연역적 증명 역량을 강화할 수 있음을 강조한 것이다.

이처럼 수학교육에서 작도는 중요한 역할을 하고, 특히 미래사회가 필요로 하는 핵심역량을 키울 수 있다는 면에서 큰 교육적 의의를 가진다. 그럼에도 불구하고 수학과 교육과정과 수학교과서에서 작도 학습내용이 점차 축소되고 있는 상황은 시대에 역행하는 것이다. 이에 본 연보를 통해 작도교육에 대한 폭넓은 이해와 수학교육적 대안을 모색하였다.

1부는 작도의 개관이다. 먼저 작도문제와 작도문제 해결의 단계를 수학교육적 관점에서 다루었다. 또한 작도의 역사적 고찰을 통해 작도의 발생과 역사적으로 중요한 작도의 핵심과제에 대해 살펴보았다.

2부는 작도의 실제이다. 3장에서는 자와 컴퍼스를 통한 평면 작도문제를 사각형을 중심으로 고찰하였다. 4장에서는 유클리드 도구를 활용한 공간에서의 작도문제를 탐색하였다. 기존의 작도가 평면만을 대상으로 한다는 측면에서 차별화되고 창의적인 작도과제를 다루고 있다. 5장, 6장, 7장에서는 공학적 도구를 통한 평면도형 작도를 고찰하였다. 초등학교, 중학교, 고등학교로 세분화하여 변화하는 작도환경에서의 작도문제를 어떻게 해결할 것인지 구체적으로 살펴보았다. 8장과 9장에서는 작도의 또 다른 방법으로 종이접기를 통한 평면작도 문제를 고찰하였다. 10장에서는 종이접기 작도의 대수적 고찰을 수학적으로 엄밀하게 살펴보았고, 11장에서는 중등학교에서 작도와 디자인과의 융합적인 문제에 대해 이슬람 작도 디자인을 소재로 하여 상세하게 살펴보았다.

3부는 작도의 수업적용 사례이다. 12장에서는 중학교 수업적용사례를 살펴보았고, 13장에서는 고등학교 수업적용사례를 살펴보았다.

본 연보를 통해 제시한 다양한 작도의 실제는 매우 유용하고 활용가치가 높은 교육자료로 학교현장에서 사용될 것이다. 특히 초등학교에서는 다양한 수학체험활동의 소재로 활용될 수 있고, 중학교에서는 자유학기제(자유학년제)의 주제탐구 소재로 활용될 수 있으며, 고등학교에서는 고교학점제를 앞두고 학생들의 흥미와 진로에 부합된 수학과목으로 활용될 것으로 기대된다.

마지막으로 이 책이 수학교육을 연구하는 연구자, 학교에서 수학을 지도하는 교사, 교육정책 개발자 등에게 의미 있는 시사점을 제공하기를 바란다. 또한 이 책의 출판을 위해 노력해 주신 경문사 여러분께 감사의 말씀을 드린다.

2021년 3월
서보억 · 한혜숙 · 이광상

차 례

PART 1 작도의 개관

PART 2 작도의 실제

PART 3 작도의 수업적용 사례

PART 1

작도의 개관

제 1 장

작도문제와 작도문제 해결의 단계

한인기(경상대학교)

작도문제는 수학사에서 새로운 도약의 순간을 나타낸 지표문제(indicator problem)의 역할을 해왔다. 단위선분과 공통척도로 측정할 수 없는 선분의 작도는 무리수 이론의 발견을 이끌었고, 3대 작도불능 문제는 다양한 곡선들의 발견, 방정식 이론의 발전, 무리수 π의 본질 규명 등에 대한 연구로 이어졌다.

고대로부터 주변 대상의 기하학적 표상은 다양한 도형의 작도로 이어졌고, 유클리드 《원론》[1)]에서는 작도문제가 중요한 탐구 주제가 되었다. 실제로, 유클리드 원론에는 다양한 작도문제들이 제시되어 있으며, 유클리드는 기하학의 문제들뿐만 아니라 비에 관한 문제들, 무리수에 관련된 문제들, 정수론의 문제들을 기하학적 작도를 기반으로 해결하였다.

수학사의 흐름을 보면, 수학적 연구의 방법이 기하학적 작도 중심에서 대수적 연산 중심으로 바뀌기는 했지만, 작도문제는 지금까지도 흥미로운 연구주제라 할 수 있다. 특히, 작도문제는 수학 발전과 수학적 탐구의 흥미진진한 역사를 담고 있는 수학적 발견의 보고이기 때문에, 역사발생적 관점에서 학교수학을 재구성한다면 작도문제는 학교수학의 중요한 축이 될 수 있을 것이다.

여기서는 첫째, 여러 나라의 수학교과서에서 작도문제의 해결을 어떻게 기술하는지, 작도문제의 해결 단계를 어떻게 다루는지를 살펴보고, 둘째 유클리드 원론에서 작도문제의 풀이를 어떻게 기술했는지, 작도문제는 어떤 성격을 가졌는지를 살펴보고, 셋째 Petersen(1892), Aleksandrov(1950), Adler(1940)의 연구를 분석하여 작도문제의 해결 단계에 관련된 관점을 살펴보고, Petersen(1892), Aleksandrov(1950), Adler(1940)의 연구

1) 유클리드의 《원론》은 도서명이나 이후 별도의 표기 없이 원론으로 쓴다.

에 제시된 작도문제들을 작도문제의 해결 단계를 중심으로 분석할 것이다. 마지막으로, 작도문제의 해결 단계인 '분석-작도-증명-탐구'의 각 단계를 자세히 살펴볼 것이다.

1. 수학교과서에서 작도문제의 기술

우리나라와 다른 나라의 수학책, 수학교과서를 비교해 보면, 작도문제의 의미와 역할, 작도문제의 해결 방법 기술 등이 서로 다르다는 것을 알 수 있다. 우리나라의 경우에 작도문제는 중학교 1학년 수학에서 다루며, 그 이외의 학년에서는 다루지 않는다. 물론, 작도문제를 중학교 1학년 수학에만 국한하여 다루어야만 하는 것은 아니다. 가령, 유클리드 원론에서는 제1권에서 제13권에 이르기까지 다양한 도형의 작도문제를 다루고 있다.

우리나라의 중학교 1학년 수학에서 작도문제는 (1) 기본작도의 수행, (2) 세 변이 주어진 경우, 두 변과 끼인각이 주어진 경우, 한 변과 양 끝각이 주어진 경우의 삼각형 작도를 중심으로 다루어진다. 기본작도는 (2)에서 기술한 세 가지 경우의 삼각형을 작도하기 위해 필요한 기초 지식의 성격을 가지며, 삼각형들의 작도를 수행한 후에는 이를 바탕으로 삼각형의 합동조건을 설명한다. 즉, 우리나라 수학교과서에서 작도문제는 삼각형의 합동조건을 설명하기 위한 도구적 성격을 가진다고 할 수 있다.

그러나 작도문제가 가진 기하학적 탐구능력 신장, 기하학적 상상력 계발, 기하학적 지식을 활용한 문제해결 능력 신장 등과 같은 교육적 가치는 수학 교수-학습에서 충분히 고려되지 못하는 측면이 있는 것도 사실이다. 수학교육학 연구에서도 작도문제의 교육적 가치, 작도문제의 해결 방법, 작도문제의 해결을 위한 탐색 수행 방법, 작도문제의 해결을 위한 전략, 작도문제의 해결과정에서 유도하는 반성적 활동 등과 같은 측면에 대한 연구도 충분하지 않다.

우선, 여러 나라의 수학교과서에 제시된 작도문제의 기술을 중심으로 작도문제의 해결 단계에 대한 다양한 교육적 논의를 진행하자. 여기서는 작도문제의 해결을 기술할 때에 작도순서만 기술하는지, 작도문제의 해결 과정에 대한 논의가 함께 기술되었는지를 중심으로 나누어 살펴보자.

1.1 작도순서를 중심으로 기술된 경우

우리나라의 모든 수학교과서에서 작도문제의 풀이는 작도순서의 기술이 중심을 이루며, 작도문제에 관련된 다른 측면은 기술되어 있지 않다. 예를 들어, Polya는 문제해결 단계를 문제의 이해-계획수립-실행-반성으로 나누었는데, 작도문제의 풀이에서 작도순서의 기술은 Polya의 문제해결 단계에서 '실행'에 해당할 것이다. 결국, 우리나라의 수학교과서에서 작도문제의 해결을 위한 계획수립, 반성 단계에 대한 논의는 기술되어 있지 않다. 몇 가지 예들을 살펴보자.

다음은 기본작도에 해당하는 각의 이등분선을 작도하는 문제에 대한 중학교 1학년 수학교과서의 기술 내용이다(김응태 외 3인, 1994, p.208).

유클리드의 원론 1-1: 주어진 $\angle XOY$의 이등분선을 작도하시오.

① $\angle XOY$의 꼭짓점 O를 중심으로 하여 원을 그려, $\overrightarrow{OX}$, $\overrightarrow{OY}$와의 교점을 각각 A, B라고 한다.

② 점 A와 점 B를 각각 중심으로 하여 반지름의 길이가 같은 원을 그려, 이 두 원이 $\angle XOY$ 안에서 만나는 점을 P라고 한다([그림 1-1]).

③ 직선 OP가 구하는 $\angle XOY$의 이등분선이다.[2) ■

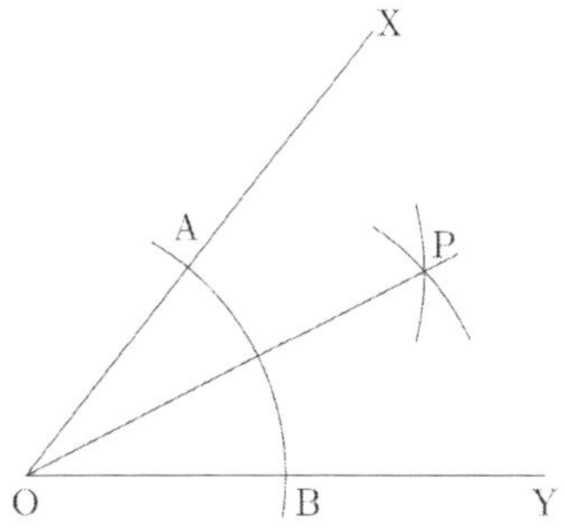

[그림 1-1]

우리는 이러한 작도문제의 기술 방법에 익숙해졌기 때문에, 풀이를 보면서 어떤 어색함이나 문제의식을 가지기 어렵다. 그러나 이러한 작도문제 풀이의 기술에서는 다음과 같은

2) 이 기호는 작도문제 풀이의 기술이 끝났다는 것을 나타낸다.

물음들이 생길 수 있다.

• 얻어진 반직선 OP가 각 XOY의 이등분선이라는 것을 어떻게 확인할 수 있는가?
• 과연 반직선 OP 이외에 각 XOY의 다른 이등분선은 없을까?
• 위의 작도순서 ①, ②, ③은 어떻게 찾아낼 수 있을까?

여기서 첫 번째 물음은 문제해결의 타당성에 관한 물음이고, 두 번째 물음은 Polya의 문제해결 단계에서 '반성' 과정에서 떠올릴 수 있는 물음이다. 그리고, 세 번째 물음은 문제해결의 계획수립 단계에서 발생할 수 있는 물음이다.

살펴본 세 가지 물음들은 문제해결 과정에서 자연스럽게 문제해결자가 자신에게 던질 수 있는 물음이다. 과연 수학교실에서는 작도문제를 해결하면서 이러한 질문을 교사 또는 학생이 던지고 그 대답을 함께 어떻게 찾는지를 생각해 보면, '그렇다'고 자신있게 답하기는 어려울 수도 있을 것이다.

이제, 한 변과 양 끝각이 주어진 경우에 삼각형을 작도하는 문제에 대한 수학교과서 기술 방법을 살펴보자(김원경 외 8인, 2018, p.171).

유클리드의 원론 1–2: [그림 1-2]와 같이 길이가 a인 선분을 한 변으로 하고 ∠B, ∠C를 그 양 끝각으로 하는 삼각형을 다음 순서에 따라 작도하시오.

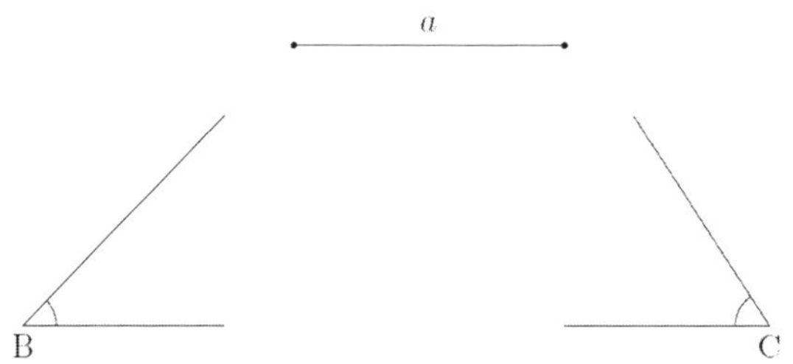

[그림 1-2]

① 직선 l을 그리고, l 위에 길이가 a인 $\overline{BC}$를 잡는다.
② ∠B와 크기가 같은 ∠XBC, ∠C와 크기가 같은 ∠YCB를 작도한다([그림 1-3]).
③ $\overrightarrow{BX}$와 $\overrightarrow{CY}$의 교점을 A라 하면, △ABC가 된다. ■

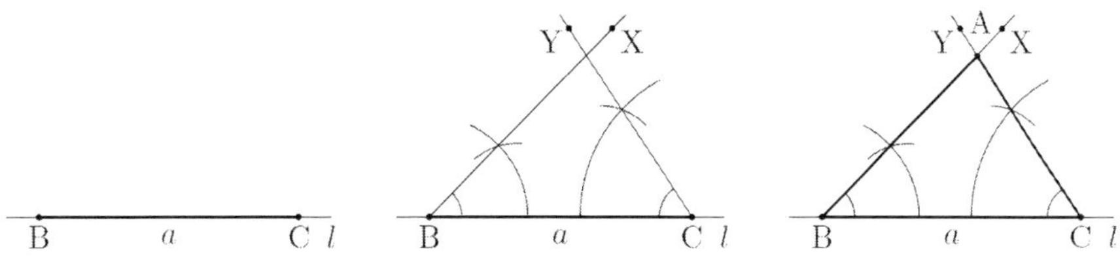

[그림 1-3]

살펴본 작도문제의 기술은 '그림과 같이 …… 삼각형을 다음 순서에 따라 작도해 보자.'고 되어 있다. 이것은 작도문제의 작도순서를 학습자가 찾는 것을 의도하기보다는 제시된 작도순서를 학습자가 따라 가면서 삼각형을 작도하는 것을 의도하는 것으로 생각될 수 있다. 실제로, 우리나라의 수학교과서의 기술 방식에서는 문제풀이에 필요한 도형의 작도순서를 학습자가 탐색하여 찾는 것을 기대하기는 어렵다. 작도문제의 해결을 위한 첫 걸음을 어떻게 디뎌야 하는지가 기술되어 있지 않기 때문이다.

그렇다면, '수학교과서에 모든 문제의 해결에 대한 탐색과정이 상세히 기술되어야만 하는가?' 하는 물음이 생길 수 있다. 이 물음은 수학교과서의 성격, 수학교과서의 기술 내용, 학습자용 참고도서의 성격, 수학 교수-학습 과정에서 교사의 역할 등에 관련된 문제들과 함께 논의되어야 할 것이다. 그러나 한 가지 염두에 두어야 할 것은 수학교과서에서 전형적으로 다루는 문제에 대해 학습자는 문제해결을 위한 탐색을 적극적으로 수행할 수 있어야 하고, 그 풀이 방법을 학습자가 찾을 수 있도록 교수-학습 과정이 구성되어야 한다는 것이다. '이렇게 풀면 답이 나온다.'는 방식의 교수-학습은 바람직하지 않을 것이다.

이제, 직각삼각형의 작도문제에 대한 러시아 수학교과서의 기술 사례를 하나 살펴보자 (Butuzov et al., 2010, p.98).

유클리드의 원론 1–3: 빗변과 한 밑변이 주어진 직각삼각형을 작도하시오.

작도

MN과 PQ가 주어진 선분이고, $MN > PQ$라 하자([그림 1-4a]). 이제, 빗변이 MN과 같고 한 밑변이 PQ와 같은 직각삼각형을 작도해야 한다.

임의의 직선을 긋자. 이 직선에 점 A를 표시하고 PQ와 같은 선분 AB를 표시하자. 점 A를 지나며 직선 AB에 직교하는 직선 a를 작도한다([그림 1-4b]). 우리는 직선 a를 어떻게 작도하는지를 알고 있다.

그런 다음, 중심이 B이고 반지름이 MN인 원을 작도한다([그림 1-4c]). $BA = PQ <$

MN이므로, 점 B로부터 직선 a까지의 거리는 이 원의 반지름보다 작으므로, 직선 a와 작도된 원은 두 점에서 만난다. 이 점들 중의 하나를 C로 나타내자. 삼각형 ABC가 구하는 삼각형이다.

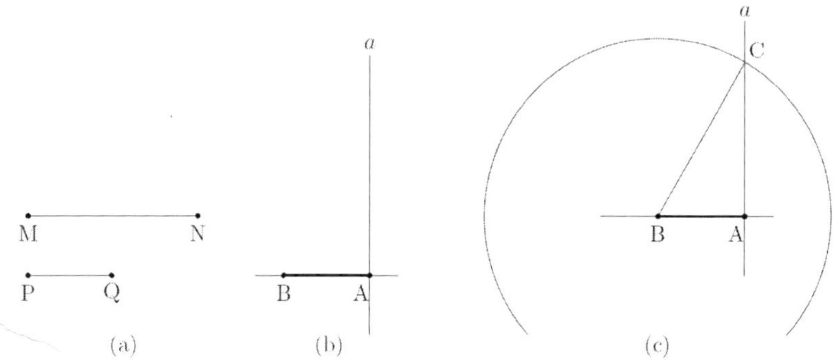

[그림 1-4]

작도로부터 선분들 중의 하나가 다른 선분보다 작으면, 빗변이 큰 선분과 같으며 한 밑변이 작은 선분과 같은 직각삼각형이 존재한다는 것을 알 수 있다.

참고

이 문제는 반원과 직선에 대한 원주각을 이용하는 다른 방법으로도 해결할 수 있다. 실제로, 선분 MN의 중점 O를 작도하고, 중심이 O, 반지름이 OM인 원을 작도한다([그림 1-5a]). 그런 다음, 중심이 M, 반지름이 PQ인 원을 작도한다. 이 원들의 교점 중 하나를 L로 표시한다([그림 1-5b]). 지름 MN에 대한 원주각 MLN은 직각이므로, MN은 직각삼각형 LMN의 빗변이고, ML은 PQ와 같은 밑변이다. 삼각형 LMN이 구하는 삼각형이다. ■

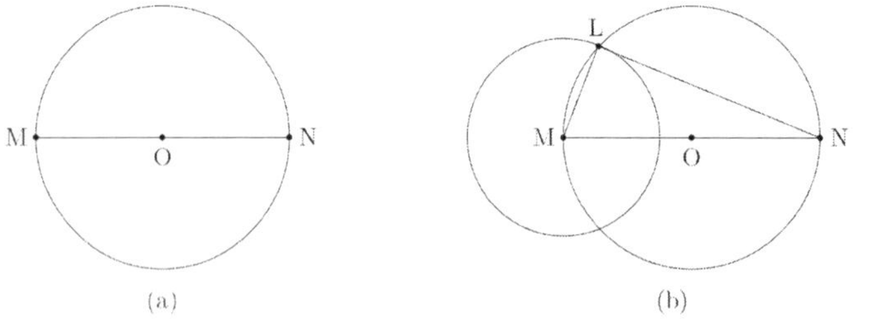

[그림 1-5]

살펴본 작도문제의 기술을 앞의 두 가지 사례와 비교하면, 모두 작도순서를 중심으로 풀이가 제시되었다는 것을 알 수 있다. 이 기술에서도 작도문제의 풀이인 작도순서를 어떻게 찾는지에 대한 설명은 없다. 즉, 작도순서에 대한 정보를 학습자에게 전달하는 것을 중심으로 교과서가 기술되어 있다.

그런데, 살펴본 Butuzov 외(2010)의 교과서에서는 작도순서를 기술한 다음에, '선분들 중의 하나가 다른 선분보다 작으면, 빗변이 큰 선분과 같으며 한 밑변이 작은 선분과 같은 직각삼각형이 존재한다.'는 직각삼각형의 존재성을 추가적으로 기술하였으며, '참고'를 이용하여 다른 해결 방법도 제시하였다. 이것은 작도문제의 해결 단계[3]의 '탐구'에 해당하는 내용이다(이것은 Polya의 문제해결 단계의 '반성' 과정에서 논의되는 내용과도 관련된다). 즉, Butuzov 외(2010)의 교과서에서는 작도문제 해결의 '탐구' 단계를 별도로 명시하지는 않았지만, 이에 관련된 논의를 교과서에 제공하고 있었다.

특히, '빗변과 한 밑변이 주어진 직각삼각형을 작도하시오.'는 문제에서 두 선분 중에서 작은 선분을 빗변으로 가지는 직각삼각형은 존재하지 않기 때문에, 작도문제가 해를 가질 조건(직각삼각형을 작도할 조건)을 작도순서와 함께 기술하는 것은 필요할 것이다. 그리고, 다른 풀이 방법을 제시하는 것도 교육적으로 의미 있는 기술이라 할 수 있다.

1.2 작도문제의 전체 해결 단계가 기술된 경우

작도문제의 해결은 일반적으로 '분석-작도-증명-탐구'의 단계로 구성된다. 각 단계에 대한 자세한 논의는 뒤에서 제시할 것이며, 여기서는 작도문제의 해결 단계에 대한 개요를 간단히 살펴보자. '분석' 단계는 작도문제의 해결을 위한 탐색 수행 과정에 해당하며, '작도' 단계에서는 작도순서를 기술하며, '증명'에서는 얻은 작도의 타당성을 보이며, '탐구'에서는 주어진 작도문제에 대한 다양한 방향의 탐구가 이루어진다.

수학교과서에 '분석-작도-증명-탐구'의 단계가 모두 기술된 러시아 교과서의 예를 하나 살펴보자(Kozlova et al., 2013, pp.62~63).

유클리드의 원론 1-4: 주어진 각과 같으면서 각의 한 변이 주어진 반직선과 일치하는 각을 작도하시오.

각 A와 반직선 OC가 주어졌다([그림 1-6a]). 주어진 변 OC에 주어진 각과 같은 각을 작도해야 한다.

3) 작도문제의 해결 단계에 대해서는 뒷부분에서 상세히 논의할 것이다.

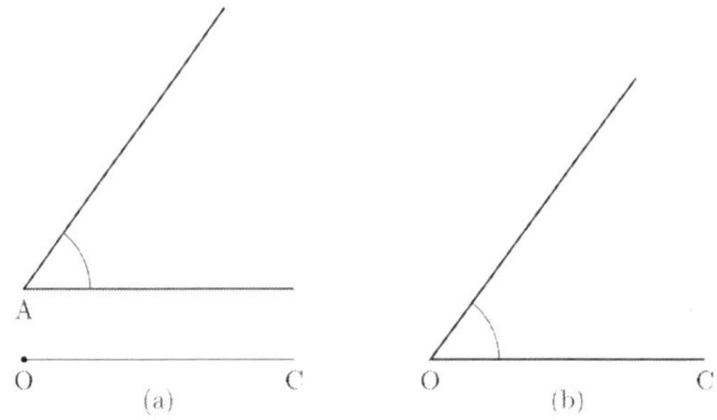

[그림 1-6]

분석

문제가 해결되었고, 각 ∠A와 같은 각 ∠O를 작도하였다고 가정하자([그림 1-6b]). 이것을 자와 컴퍼스만으로 어떻게 작도할 수 있는가? 우리는 합동인 삼각형에서 같은 변들의 맞은편에 같은 각들이 놓여있다는 것을 알고 있다. 만약, 우리가 합동인 삼각형들을 작도하였는데, 한 삼각형은 각 ∠A를 가지며, 다른 삼각형은 각 ∠O를 가지고 있다. 특히, 이 각들이 같은 변들의 맞은편에 있는 각들이면, 각 ∠O는 각 ∠A와 같게 될 것이다. 이것이 우리가 찾는 것이다.

작도

① 각 ∠A와 반직선 OC가 주어졌다([그림 1-7a]).
② 중심이 A, O이고 임의의 반지름 r을 가지는 원들을 작도하자. 이 원들과 각 A의 변들과의 교점을 K, M이라 하고, 반직선 OC와의 교점을 D라 하자([그림 1-7b]).
③ 컴퍼스의 한쪽 다리를 점 M에 놓고 다른쪽 다리를 점 K에 놓자. 이제, 중심이 D이고 반지름이 MK인 원을 작도한다. 중심이 O, D인 원들의 교점을 B, B_1이라 하자([그림 1-7c]).
④ 반직선 OB, OB_1을 긋자. 각 BOD, DOB_1이 구하는 각들이다([그림 1-7d]).

증명

점 B와 D, 점 B_1과 D를 연결하자([그림 1-7e]). 그러면, 두 삼각형 DOB와 DOB_1을 얻는데, 이들은 합동이다. 이 삼각형들을 [그림 1-7b]의 삼각형 MAK와 비교하면, 이 삼각형들이 합동이라는 것을 알 수 있다. 즉, $\angle A = \angle BOD = \angle DOB_1$이다. 왜냐하면, 이들은 합동인 삼각형에서 같은 변들 MK, BD, B_1D의 맞은편에 각각 놓여있기 때문이다.

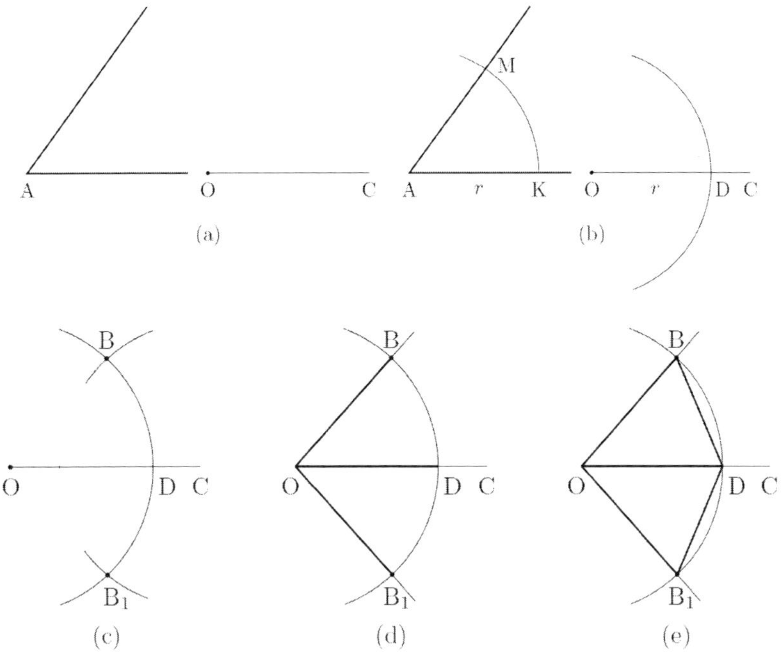

[그림 1-7]

탐구

주어진 각과 같으면서 각의 변들 중 하나는 주어진 반직선과 일치하는 각을 두 개 작도할 수 있다. ■

살펴본 작도문제의 해결 단계 중에서 '분석' 과정과 관련하여, Kozlova 외(2013, p.58)는 '이 단계에서는 우리는 다음과 같이 생각한다. 문제가 해결되었고, 구하는 도형을 작도했다고 하자. 구하는 도형의 요소들과 조건에서 주어진 양들 사이의 어떤 관계를 찾으려고 시도한다.'고 하였다. 즉, '분석' 단계에서는 구하는 도형이 작도되었다고 가정하고, 구하는 도형을 작도한다. 그런 다음, 작도문제의 주어진 조건들과 구하는 도형 사이의 관계를 찾아 문제해결의 계획을 수립하게 된다.

살펴본 작도문제에서는 '주어진 각과 같으면서 각의 한 변이 주어진 반직선과 일치하는 각'을 실제로는 아직 작도하지 못했지만, '분석'에서는 문제가 해결되었다고 가정하여 조건을 만족시키는 각을 [그림 1-6b]와 같이 개략적으로 작도한다. 그런 다음, 문제의 주어진 조건으로부터 [그림 1-6b]의 도형을 얻기 위해 다양한 방향으로 탐색을 수행한다. 이러한 탐색 수행과정을 '분석'에 기술한 것이다.

한편, Kozlova 외(2013, p.58)는 '탐구' 단계에서는 다음과 같은 물음에 대한 대답을

찾는다고 하였다:

- 문제가 해를 가지는가?
- 만약 해를 가진다면, 해를 몇 개나 찾을 수 있는가?
- 조건에 주어진 성질들로 어떤 다른 도형을 얻을 수는 없는가?

살펴본 작도문제의 해결 기술에서는 '탐구' 단계에서 '몇 개의 해를 가지는가?'에 대한 대답이 제시되어 있다. Kozlova 외(2013, p.58)는 "실제로는 문제해결의 어떤 단계들은 종종 생략되거나 아주 간략하게 언급될 수 있다."고 하였다. 즉, 작도문제의 해결 단계가 '분석-작도-증명-탐구'로 구성되지만, 필요한 경우(예를 들어, 풀이가 널리 알려졌거나 자명한 경우)에는 일부 단계를 생략하여 작도문제의 해결을 기술할 수도 있다는 것이다.

'분석-작도-증명-탐구'의 작도문제의 해결 단계가 기술된 수학교과서의 다른 예로 우크라이나의 교과서를 살펴보자(Bevz et al., 2007, pp.161~162).

유클리드의 원론 1–5: 삼각형의 한 변과 이 변에 놓인 한 각, 다른 두 변의 합이 주어졌다. 삼각형을 작도하시오.

분석

구하는 삼각형 ABC가 작도되었다고 가정하자([그림 1-8]). 이 삼각형의 변 c와 $\angle A = \alpha$가 주어졌다. 그리고 변 a와 b의 합과 같은 선분이 주어졌다. 주어진 선분들 c, $a+b$와 이들 사이의 각 A를 이용하여 삼각형 ABD를 작도할 수 있다. 선분 AD에서 CD = CB인 점 C가 삼각형의 꼭짓점 C가 될 것이다. 결국, 점 C는 선분 BD의 수직이등분선에 놓여있어야 한다.

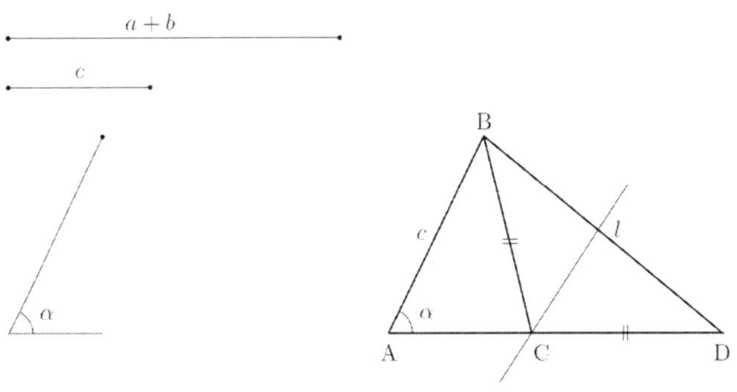

[그림 1-8]

작도

주어진 두 선분과 이들 사이의 각을 이용하여 삼각형 ABD를 작도한 다음, 선분 BD의 수직이등분선 l을 긋는다. 직선 l이 선분 AD와 점 C에서 만난다고 하자. 선분 CB를 긋는다. 삼각형 ABC가 구하는 삼각형이다.

증명

작도에 의해 삼각형 ABC에서 $AB = c$, $\angle A = \alpha$이다. $AC + CB = AC + CD = a + b$이다. 결국, 삼각형 ABC는 문제의 모든 조건을 만족시킨다.

탐구

문제는 $a + b > c$인 조건에서만 해를 가진다. ■

우선, Bevz 외(2007)가 제시한 분석과정을 자세히 살펴보자. 선분 $a+b$, c, $\angle A = \alpha$가 주어졌으며, 구하는 삼각형 ABC가 작도되었다고 하자. 삼각형 ABC에 선분 $a+b$를 표시하기 위해, [그림 1-9]와 같이 변 AC의 연장선에 $\overline{CB} = \overline{CD}$[4]인 점 D를 잡는다. 그러면, 삼각형 ABD를 얻을 수 있다. 이때, 삼각형 ABD는 두 변이 선분 $a+b$, c이고 이들의 끼인각이 $\angle A = \alpha$이므로, 작도가 가능하다. 즉, 주어진 조건인 선분 $a+b$, c, $\angle A = \alpha$를 이용하여 삼각형 ABD를 작도할 수 있다.

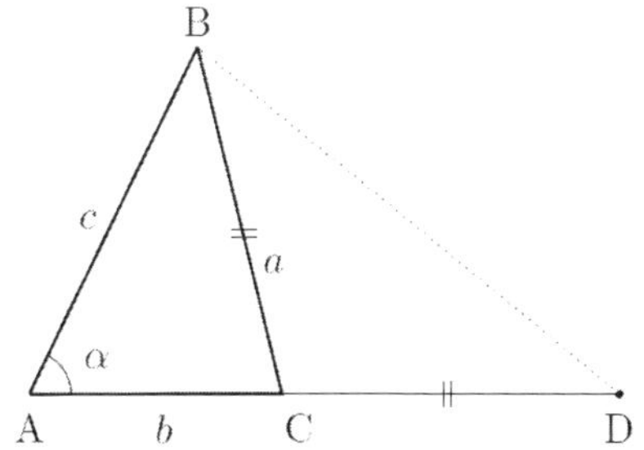

[그림 1-9]

이제, 삼각형 ABD에서 삼각형 ABC의 꼭짓점 C의 위치를 결정해야 한다. [그림 1-9]에서 삼각형 CBD는 이등변삼각형이므로, 선분 BD의 수직이등분선과 선분 AD의

---

4) 선분 CD를 기호로 CD로 나타내는 나라들도 있고, 우리나라에서는 선분 CD를 $\overline{CD}$로 나타낸다. 인용 부분에서는 해당 국각의 기호 표기 방법을 그대로 적었고, 관련된 논의에서는 우리나라의 표기 방법에 따라 $\overline{CD}$로 나타내었다.

교점이 바로 점 C가 된다. 이로부터 삼각형 ABC의 세 꼭짓점 A, B, C의 위치가 결정되며, 분석 단계가 마무리된다.

살펴본 것과 같이, '분석'은 구하는 삼각형 ABC가 작도되었다고 가정하는 것으로 시작된다. 이렇게 가정했기 때문에 [그림 1-9]의 삼각형 ABC를 작도할 수 있었다. 선분 $a+b$, c, $\angle A$와 삼각형 ABC의 작도를 관련지으면서 분석 단계를 수행했다. 한편, 이 문제에서는 증명, 탐구의 단계에서 특별한 어려움의 요소는 없다.

Bevz 외의 작도문제의 기술에서도 Kozlova 외의 수학교과서에서와 같이 분석-작도-증명-탐구의 과정이 모두 포함되어 있다. 여기서 주목할 것은 작도문제가 기본작도나 변들이나 각들이 주어진 삼각형의 작도문제가 아니라는 것이다. 일반적으로 삼각형의 작도문제는 세 변이 주어진 경우, 두 변과 끼인각이 주어진 경우, 한 변과 양 끝각이 주어진 경우에 대해 다룬다. 그런데, 이 작도문제는 두 변의 합이 조건으로 주어졌다는 점에서 다른 종류의 삼각형 작도문제와 구분된다.

이 문제는 일반적인 삼각형 작도문제보다는 더 복잡하고 어려울 수 있다. 만약, 학습자가 작도문제를 어떻게 풀기 시작하는가에 대한 지식이 없다면 푸는 것 자체가 어려울 수도 있을 것이다.

한 가지 주목할 것은 작도문제의 해결 단계인 '분석-작도-증명-탐구'의 단계를 학습자들이 알고 독립적으로 수행할 수 있다면, 다양한 비정형적인 작도문제를 수학 교수-학습 과정에서 다룰 수 있다는 장점이 있다. 예를 들어, Kiselev & Pybkin(1995)의 수학교과서에서는 중학교의 평면기하학에 다루는 내용들, 즉 각, 삼각형, 평행한 직선들, 평행사변형과 사다리꼴, 원, 닮은 도형, 정다각형, 넓이 등에 관련된 단원마다 다양한 작도문제들을 연습문제로 다루고 있다. 이러한 접근은 틀에 박힌 계산 문제나 증명 문제뿐만 아니라, 작도에 관련된 다양한 문제들을 수학교실에서 다룰 수 있다는 측면에서 교육적으로 충분히 논의될 가치가 있을 것이다.

2. 유클리드 원론에서 작도문제의 기술

유클리드 원론에는 많은 작도문제를 다룬다. 유클리드 원론의 제1권은 '주어진 선분에 정삼각형을 작도하라.'는 문제로 시작된다. 우선, 이 작도문제에 대한 유클리드 원론의 기술을 살펴보자(Euclid, 1948, pp.15~16).

유클리드의 원론 1-6: 주어진 선분에 정삼각형을 작도하시오.

주어진 선분을 AB라 하자. 선분 AB에 정삼각형을 작도하면 된다.
점 A가 중심이고 반지름이 AB인 원 BCD를 작도하고, 중심이 B이고 반지름이 BA인 원 ACE를 작도하자(공준 3).[5] 두 원의 교점 C로부터 점 A, B로 선분 CA, CB를 작도하자(공준 1, [그림 1-10]).

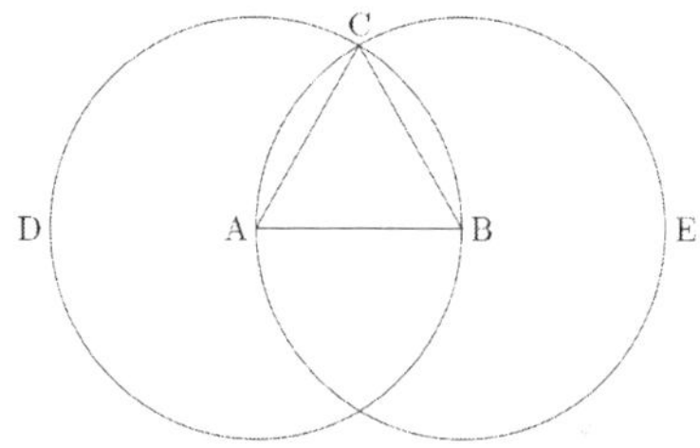

[그림 1-10]

점 A는 원 CDB의 중심이므로, AC는 AB와 같고(정의 15), 점 B는 원 CAE의 중심이므로 BC는 BA와 같다(정의 15). 이미 CA는 AB와 같다는 것을 보였으므로, CA, CB는 각각 AB와 같다. 같은 것에 같은 것들은 서로 같기 때문에(공리 1), CA와 CB는 같다.
이로부터 세 선분 CA, AB, BC는 서로 같다. 즉 삼각형 ABC는 정삼각형이고(정의 20), 주어진 선분 AB에 작도되었다. 이것이 구하는 것이다. ■

살펴본 유클리드 원론의 작도문제 풀이는 작도순서와 그 타당성의 증명으로 구성된다. 유클리드는 주어진 선분 AB에 정삼각형 ABC를 작도하기 위해, 다음과 같은 작도순서를 제시하였다.

① 점 A가 중심이고 반지름이 $\overline{AB}$인 원 BCD를 작도한다.
② 점 B가 중심이고 반지름이 $\overline{BA}$인 원 ACE를 작도한다.
③ 두 원의 교점 C로부터 점 A, B에 선분 CA, CB를 작도하여, 삼각형 ABC를 작

5) 유클리드 원론의 공준과 공리의 내용은 '한인기(2019). 수학사도 배우고 수학도 알고, 서울: 교우사'의 제5장을 참고할 수 있다.

도한다.

한편, 유클리드는 작도를 통해 얻은 삼각형 ABC가 정삼각형이라는 것의 증명을 작도 순서와 함께 기술하였다.

유클리드는 정의 15에 의해 $\overline{AC}$와 $\overline{AB}$가 같으며, $\overline{BC}$와 $\overline{BA}$가 같다는 것을 보였다. 이로부터 공리 1을 이용하여 선분 CA, CB가 같다는 것을 보였다. 결국 선분 CA, AB, BC가 서로 같기 때문에, 삼각형 ABC는 정삼각형이라고 하였다.

살펴본 것과 같이, 유클리드는 작도문제의 해결을 작도순서만 제시하는 것으로는 생각하지 않았다. 구하는 도형의 작도순서와 함께 기술한 작도순서에 의해 얻은 도형이 문제에서 요구하는 것을 만족시키는지를 증명하였다.

유클리드 원론에 제시된 다른 작도문제 해결의 예로 제1권 명제 23과 그 풀이를 살펴보자(Euclid, 1948, p.35).

유클리드의 원론 1–7: 주어진 직선의 주어진 점에 주어진 각과 같은 각을 작도하시오.

주어진 직선을 AB라 하고, 이 직선의 주어진 점을 A라 하고, 주어진 각을 DCE라 하자. 주어진 직선 AB의 점 A에서 주어진 각 DCE와 같은 각을 작도하면 된다([그림 1-11]).

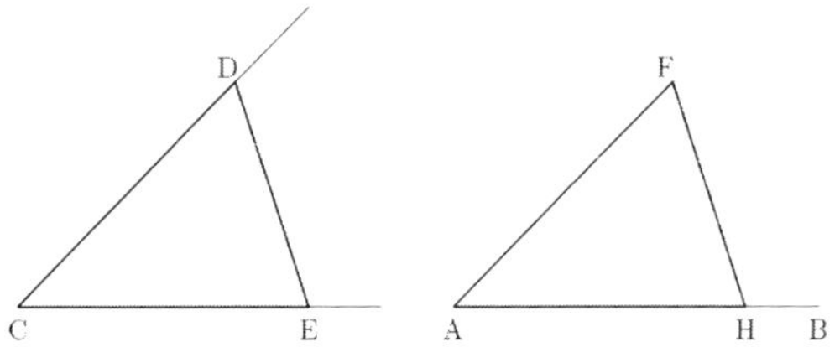

[그림 1-11]

직선 CD, CE에 각각 점 D, E를 잡아, 이들을 연결하여 DE를 작도한다. 선분 CD, DE, CE와 같은 세 선분으로 삼각형 AFH를 작도한다(명제 22). 이때, CD는 AF와 같고, CE는 AH와 같고, DE는 FH와 같도록 한다(명제 22).

이제, 두 선분 DC, CE가 선분 FA, AH와 같고, 밑변 DE는 밑변 FH와 같으므로, 각 DCE는 각 FAH와 같게 된다(명제 8).

결국, 주어진 직선 AB의 점 A에 주어진 각 DCE와 같은 각 FAH를 작도하였다. 이

것이 구하는 것이다. ■

살펴본 기술에서도 주어진 각 DCE와 같은 각 FAH를 작도하고, 이들 각이 같다는 것을 삼각형의 SSS합동조건(명제 8)을 이용하여 증명하였다. 즉, 유클리드에게 있어 작도문제는 구하는 도형을 자와 컴퍼스를 이용하여 작도하는 문제로 한정된 것이 아니라, 작도된 도형이 문제의 조건을 만족시킨다는 것을 증명하는 증명문제의 성격도 가진다. 만약, 문제에서 구하는 도형의 작도순서만 기술되었다면, 작도를 통해 얻은 도형이 문제에서 제시된 조건들을 만족시키는지 확인할 수 없기 때문이다.

한편, 유클리드 원론에서 작도문제는 도형의 존재성을 증명하는 문제이기도 하였다. 유클리드는 명제의 증명에서 필요한 작도를 할 때마다 관련된 작도문제를 인용하면서, 그러한 작도가 가능하다는 것을(그러한 도형이 존재한다는 것을) 언급하였다.

원론의 제1권 명제 31에 제시된 작도문제를 살펴보자.

유클리드의 원론 1-8: 주어진 점을 지나 주어진 직선에 평행한 직선을 작도하시오.

명제 31은 작도문제이면서 평행한 직선의 존재성을 보이는 문제이기도 하다. 즉, 명제 31은 유클리드가 작도문제를 도형의 존재성(주어진 점을 지나 주어진 직선에 평행한 직선의 존재성)을 증명하기 위해 사용한 전형적인 예라고 할 수 있다. 유클리드 원론에 기술된 풀이는 다음과 같다(Euclid, 1948, p.43).

주어진 점을 A, 주어진 직선을 BC라 하자. 점 A를 지나 직선 BC에 평행한 직선을 작도하면 된다([그림 1-12]).

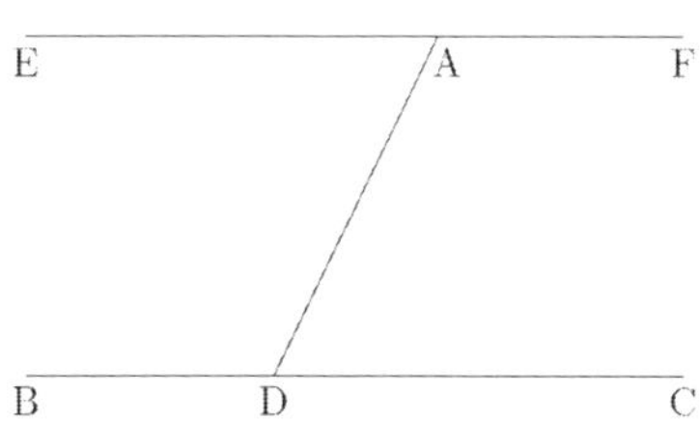

[그림 1-12]

BC에 임의의 점 D를 잡고 AD를 작도하자. 이제, 선분 AD의 끝점 A에 각 ADC와 같은 각 DAE를 작도하자(명제 23). 그리고 직선 EA를 연장하여 직선 AF를 작도한다.

직선 BC, EF와 선분 AD는 엇각 EAD, ADC를 만들며, 이 각들은 서로 같다. 즉, EAF와 BC는 평행하다(명제 27).

결국, 주어진 점 A를 지나 주어진 직선 BC와 평행한 직선 EAF를 작도하였다. 이것이 구하는 것이다. ■

명제 31의 작도문제에서는 주어진 점을 지나며 주어진 직선에 평행한 직선이 실제로 존재한다는 것을 증명하고 있다. 유클리드는 명제 31에서 증명한 평행한 직선의 존재성을 다른 명제들의 증명에 필요한 보조선의 작도 근거로 이용하였다.

예를 들어, 유클리드는 제1권 명제 37에서 '같은 밑변을 가지며, 나머지 꼭짓점이 밑변에 평행한 직선에 속하는 삼각형들은 서로 같다.'[6]는 것을 증명하는 과정에서 보조선을 작도하기 위해 명제 31을 인용하였다.

[그림 1-13]에서 삼각형 ABC와 DBC의 넓이가 같다는 것을 증명하기 위해, 유클리드는 점 B를 지나 $\overline{CA}$와 평행한 직선 BE를 긋고, 점 C를 지나 $\overline{BD}$와 평행한 직선 CF를 그었다. 유클리드는 $\overline{CA}$, $\overline{BD}$와 평행인 직선 BE, CF의 존재성을 보이기 위해, 명제 31을 인용하였다.

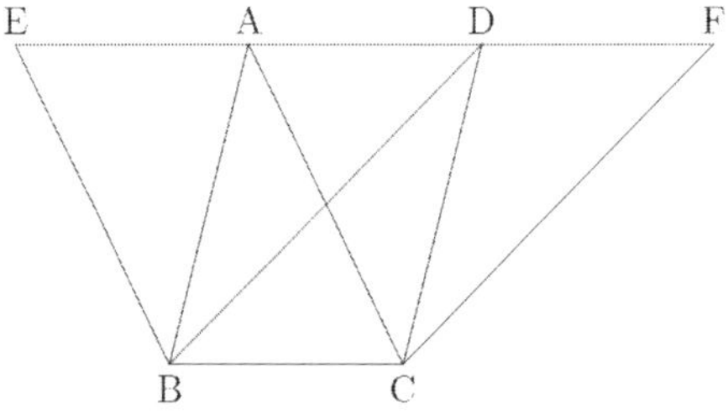

[그림 1-13]

결국, 유클리드에게 있어 작도문제는 도형의 존재성을 보이는 문제이기도 하고 도형의 성질을 증명하는 증명문제이기도 했다. 유클리드는 작도문제의 풀이에 작도순서, 얻은 작도의 타당성 증명을 함께 기술하였다. 유클리드 원론에서 추구한 논리적인 완결성을 감안하면, 유클리드가 작도순서와 함께 얻어진 작도의 타당성을 증명한 것은 어찌보면 당연하다고도 할 수 있을 것이다.

---

6) 두 삼각형이 서로 같다는 것을 넓이가 같다는 것을 의미한다.

3. Petersen의 작도문제 해결

Petersen은 1866년에 덴마크어로 *Methods and theories for the solution of problems of geometrical constructions*의 초판을 출판했고, 이후에 이 책은 독일어, 러시아어, 영어 등으로 번역되어 세계적으로 널리 알려지게 되었다.

Petersen이 이 책에서 작도문제의 해결을 어떻게 기술했는지 살펴보자. 이를 위해, 다음의 작도문제와 그 풀이의 기술을 살펴보자(Petersen, 1892, p.9).

> **유클리드의 원론 1-9:** 주어진 두 점으로부터의 거리의 제곱의 차가 a^2이 되는 점들의 자취는 주어진 두 점을 연결하는 직선에 대한 수선이다.

주어진 두 점을 A, B라 하고, P는 구하는 점들 중의 한 점이다. 그리고 PD는 AB에 수직이다([그림 1-14]). 그러면, 직선 PD의 모든 점 P는 다음을 만족한다.

$$\overline{AP_1}^2 = \overline{AD}^2 + \overline{P_1D}^2,\ \overline{BP_1}^2 = \overline{BD}^2 + \overline{P_1D}^2$$

이로부터 $\overline{P_1B}^2 - \overline{P_1A}^2 = \overline{BD}^2 - \overline{AD}^2$이고, $\overline{PB}^2 - \overline{PA}^2 = \overline{BD}^2 - \overline{AD}^2$이다.

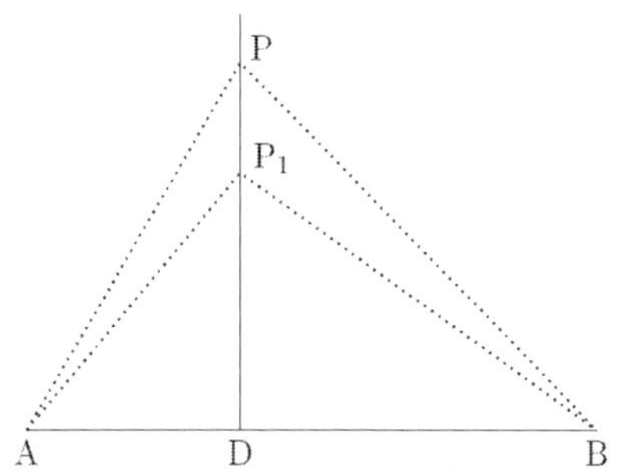

[그림 1-14]

한 밑변의 길이가 a인 임의의 직각삼각형을 작도하자. A, B를 중심으로 하고 빗변과 다른 밑변을 반지름으로 하는 원들을 작도한다. 구하는 직선은 이 원들의 교점을 지나는 직선이다. 삼각형의 다른 밑변을 충분히 크게 잡아야 원들의 교점이 생긴다. 여기서

는 P가 A로부터보다는 B로부터 더 멀리 떨어져 있는 것으로 가정한다. ■

Petersen의 작도문제 해결을 자세히 살펴보자. 한 밑변의 길이가 a인 직각삼각형 CAB를 생각하자. 이때 $\overline{CA}=a$이고, 각 CAB가 직각이다. 이제, 꼭짓점 A를 중심으로 반지름이 $\overline{AB}$인 원을 작도하고, 꼭짓점 B를 중심으로 반지름이 $\overline{CB}$인 원을 작도한다([그림 1-15]). 그러면, 두 원의 교점 P, Q를 얻을 수 있는데, 직선 PQ가 구하는 점들의 자취이다.

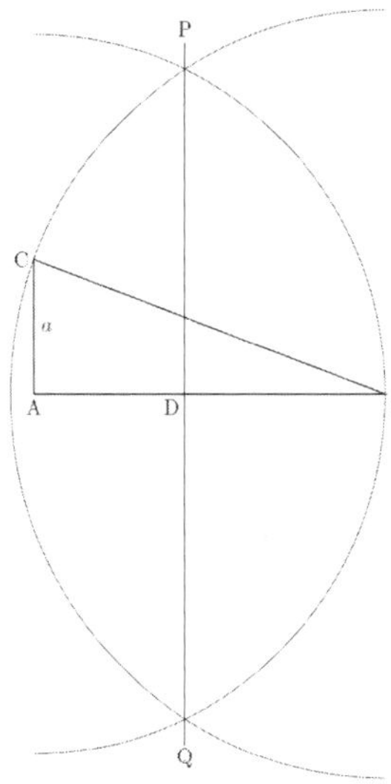

[그림 1-15]

작도에서 $\overline{PB}^2=\overline{CB}^2$, $\overline{PA}^2=\overline{AB}^2$이므로, $\overline{PB}^2-\overline{PA}^2=\overline{CB}^2-\overline{AB}^2=a^2$이 되어, 문제의 조건을 만족시킨다. 물론, 점 D에 대해서도 $\overline{DB}^2-\overline{DA}^2=a^2$이 된다. 왜냐하면, $\overline{PB}^2-\overline{DB}^2=\overline{PA}^2-\overline{DA}^2$에서 $\overline{PB}^2-\overline{PA}^2=\overline{DB}^2-\overline{DA}^2$이기 때문이다.

Petersen의 작도문제 해결의 기술에서도 유클리드와 마찬가지로 작도순서와 작도의 타당성 증명을 함께 제시하고 있다. 결국, 유클리드와 Petersen의 사례를 보면, 작도문제의 해결을 기술할 때에 작도순서와 함께 그 타당성의 증명이 뒤따르는 것이 합당할 것이다.

4. Aleksandrov의 작도문제 해결 단계

Aleksandrov는 1881년에 《작도문제의 해결 방법》이라는 책을 출판하였으며, 러시아에서는 2004년에 제19판이 출판되었다. 이 책은 지금까지도 작도문제 해결의 고전적인 책으로 러시아에서 활발하게 활용되고 있다.

이 책에서 Aleksandrov는 작도문제의 풀이를 '풀이의 발견-작도-증명-탐구'의 4단계로 체계화하여 제시하였다. 앞에서 살펴본 유클리드나 Petersen이 제시한 작도문제의 해결과정에 '풀이의 발견'과 '탐구'의 단계를 추가하였다.

작도문제의 해결과정을 4단계로 확장하고 체계적으로 정리한 것이 Aleksandrov의 고유한 학술적 성과인지는 명확히 알 수 없다. 그러나, 러시아의 수학자 Ponomarev는 Aleksandrov의 책 18판에 첨부한 글에서 작도문제 해결 연구에서 Aleksandrov의 성과를 다음과 같이 기술하였다(Aleksandrov, 1950, pp.10~11).

> "이 책이 출판되기 전까지는 러시아와 다른 나라에서 작도문제는 체계적이지 않고, 일반적인 방법 없이 해결되었다. 그 결과 이들 문제의 해결 수준은 전혀 높지 않은 수준에 머무를 수밖에 없었다. Aleksandrov는 자신의 책에서 작도문제들을 해결의 난이도에 따라 배열한 것이 아니라, 해결방법에 따라 배열하였다."

결국, Aleksandrov의 연구가 작도문제의 해결 단계와 해결 방법을 체계화하고 일반화하여, 작도문제를 수학 교수-학습에서 폭넓게 활용할 수 있게 하는 데 커다란 역할을 했다고 할 수 있다. 그리고 이후에 출판되는 작도문제 해결에 관련된 문헌에서는 작도문제의 해결과정을 Aleksandrov와 같이 4단계로 나누어 체계적으로 기술하고 있다.

Aleksandrov의 연구에서 '풀이의 발견-작도-증명-탐구' 단계가 무엇을 의미하는지를 살펴보자. 이를 위해, 다음 문제와 풀이를 Aleksandrov의 연구를 중심으로 살펴보자(Aleksandrov, 1950, p.25).

유클리드의 원론 1-10: 점 A를 지나며, 주어진 두 점 B, C 사이를 지나고 이 점들로부터 같은 거리만큼 떨어진 직선을 작도하시오.

풀이의 발견

구하는 직선을 AL이라 하고, 수선 MB와 LC가 같다고 하자([그림 1-16]). 직선은 두 점에 의해 결정된다. 이때, 두 점 중 하나는 점 A로 이미 알려져 있으므로, 구하는 직선의 다른 점을 찾아야 한다.

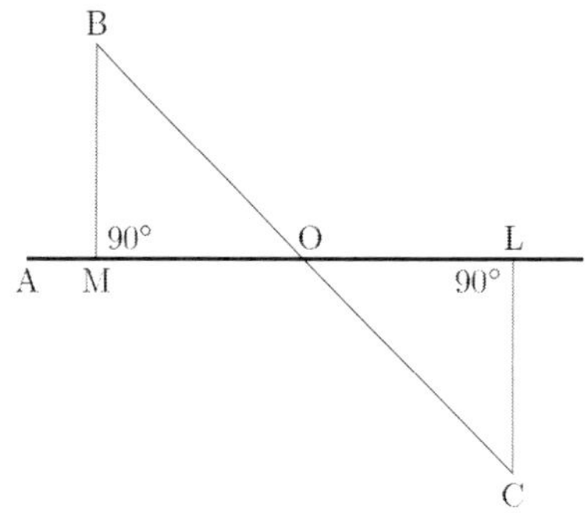

[그림 1-16]

이를 위해, 점 B와 C를 연결하고, 이때 얻은 점 O의 위치를 결정하자. 삼각형 BMO와 CLO는 같은 밑변과 예각을 가지므로, 이들은 서로 합동이다. 그러므로 BO = OC이다. 이 등식은 점 O가 BC의 중점이라는 것을 보여준다.

작도

BC를 점 O로 이등분하자. 직선 AO는 점 B, C로부터 같은 거리만큼 떨어진다.

증명

수선 BM과 CL을 내리자. 삼각형 BMO와 CLO는 합동이다. 결국 BM = CL이다.

탐구

해 즉, 구하는 직선이 유일하다는 것은 자명하다. 문제는 항상 해결가능하다. 만약, 점 O가 아닌 선분 BC의 다른 위치에 점 A가 놓여있다면, 구하는 직선은 BC와 일치한다. 만약, 점 A가 점 O에 놓여있다면, 점 O를 지나는 모든 직선이 문제의 조건을 만족시킬 것이다. 만약, 선분 BM과 CL이 같다는 것 대신에 이들의 비가 같다는 조건이 주어져도 문제의 풀이는 본질적으로는 바뀌지 않는다. ■

'풀이의 발견' 단계에서 Aleksandrov는 문제가 해결되었다고 가정하였다. 즉, 구하는 직선 AL이 작도되었다고 가정하였다. 그러면, 우리는 $\overline{BM}=\overline{CL}$을 만족시키며 점 A를 지나는 직선 AL을 가지게 된다. 이로부터 주어진 작도문제의 해결은 직선 AL에 속하는 다른 점 O의 위치를 결정하는 문제로 귀착된다.

이제, 얻어진 작도로부터 직선 AL에 속하는 점 O의 위치에 대한 다양한 정보들을 찾으면 된다. 이 문제에서는 점 O가 선분 BC의 중점이라는 정보를 찾아서 문제를 해결하였다.

이것이 '풀이의 발견' 단계에서 Aleksandrov가 주목한 것이다.

결국, '풀이의 발견' 단계에서는 문제가 해결되었다고 가정하고, 문제의 조건과 해에 상응하는 작도를 수행한다. 그런 다음, 얻어진 작도에서 다음 물음에 대한 대답을 찾는다.

- 구하는 도형을 얻기 위해서는 무엇을 알아야 하는가?
- 구하는 도형의 작도는 무엇에 의해 결정되는가?

이 물음에 대한 대답을 찾아가면서, 주어진 작도문제는 다른 점 또는 직선의 작도문제로 변형된다(앞에서 살펴본 작도문제에서는 직선 AL의 작도가 점 O의 위치를 결정하는 문제로 귀착되었다). 작도된 도형들, 문제의 주어진 조건들, 문제해결자의 문제해결 자원으로부터 살펴본 물음에 대한 대답을 찾을 수 있으면, 작도문제가 해결될 수 있다.

Aleksandrov의 문제해결 단계에서 '작도'와 '증명'은 자명하다. '작도' 단계에서는 '풀이의 발견' 단계에서 얻은 정보들을 종합하여 구하는 도형의 작도순서를 기술하면 된다. 살펴본 작도문제에서는 ① 선분 BC의 중점 O를 작도하고, ② 점 A와 O를 지나는 직선 AO를 작도하였다.

'증명' 단계에서는 '작도' 단계에서 구한 도형이 문제의 조건을 모두 충족시킨다는 것을 보이면 된다. 여기서는 점 B와 C로부터 직선 AO에 수선 BM, CL을 내리면, 삼각형 BMO와 CLO가 합동이 된다. 이로부터 $\overline{BM}=\overline{CL}$이 되어, 직선 AO는 점 B와 C로부터 같은 거리만큼 떨어져 있다는 것이 증명된다. 이 증명 과정은 '풀이의 발견' 단계의 역과정을 기술한다고도 할 수 있다.

'탐구' 단계에서는 구한 해를 탐구한다. 살펴본 문제에서는 항상 해가 존재하는지를 탐구하였다. 즉, 점 A의 위치에 따라 문제의 해가 존재하는지를 조사하였다. '탐구' 단계는 작도문제를 확장하여 일반화할 수 있도록 하며, 문제가 가진 교수학적인 그리고 수학적 의미를 충분히 고려할 수 있는 기회를 준다고 할 수 있다.

Aleksandrov가 제시한 다른 작도문제와 풀이를 살펴보자(Aleksandrov, 2004, pp.27~28).

유클리드의 원론 1-11: 정삼각형의 한 꼭짓점은 주어진 점에 위치하며, 다른 두 꼭짓점은 주어진 직각 ABC의 변들에 위치하도록 하려 한다. 그러한 정삼각형을 작도하시오.

풀이의 발견

정삼각형 EFG가 구하는 정삼각형이라 하자. 문제는 점 F의 위치를 결정하는 것으로 귀착된다. GH ∥ AB, EA ∥ BC를 작도하자([그림 1-17]).

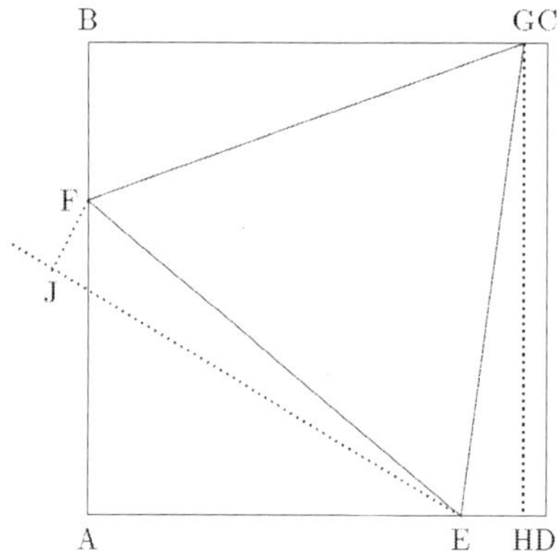

[그림 1-17]

삼각형 EGH와 합동인 삼각형을 얻기 위해, 그림의 다른 쪽에 $\angle FEJ = \angle EGH$를 작도하고, $FJ \perp EJ$를 긋자. 삼각형 JEF와 HGE는 합동이므로, $EJ = GH$이다. 그리고 선분 GH는 알려져 있으므로, 점 F의 위치를 결정하기 위해서는 $\angle FEA$의 크기를 결정하면 된다.

얻은 그림에서 성질들을 유도하자. 외각의 성질에 의해 $\angle AEG = \angle EGH + \angle EHG$이고, $\angle AEG = \angle AEJ + \angle JEF + 60^\circ$이므로, $\angle AEJ + \angle JEF + 60^\circ = \angle EGH + 90^\circ$이다. 이로부터 $\angle AEJ = 30^\circ$이다.

작도

마지막에 얻은 것에서 다음 작도를 알 수 있다. 점 E에 $\angle JEA = 30^\circ$를 작도하고, 이 각의 변에 $JE = AB$를 놓는다. 점 J에 $JF \perp JE$를 그어 AB와 점 F에서 만나도록 한다. 이제, 점 E를 중심으로 반지름이 EF인 호를 그어 BC와 점 G에서 만나도록 하면 된다.

증명

삼각형 EGF가 정삼각형이라는 것을 증명하자. 이를 위해, 역과정으로 기술하자. 삼각형 EGH와 FEJ는 작도에 의해 JE = GH, FE = EG이므로 합동이 되며, ∠JEF = ∠EGH가 된다. 그리고 ∠AEG = ∠EGH + 90˚, 30˚ + ∠JEF + ∠FEG = ∠EGH + 90˚이므로, ∠GEF = 60˚이다. 만약, 그렇다면 삼각형 EFG는 정삼각형이다.

탐구

문제는 호 FG가 변 BC와 만날 때에만 가능하다. 만약, 점 E가 점 A와 일치하면, 변 GE는 AB와 크기가 60˚인 각을 만들고, 점 F는 AB의 연장선에 놓이게 된다. ■

살펴본 작도문제는 충분히 어려운 문제라 할 수 있다. Aleksandrov가 제시한 '풀이의 발견' 과정을 면밀하게 살펴보자.

우선, 점 E와 직각 ABC가 주어졌다고 하자. 이제, 삼각형 EFG가 구하는 정삼각형이라고 하면, 다음과 같은 [그림 1-18]을 얻을 수 있다.

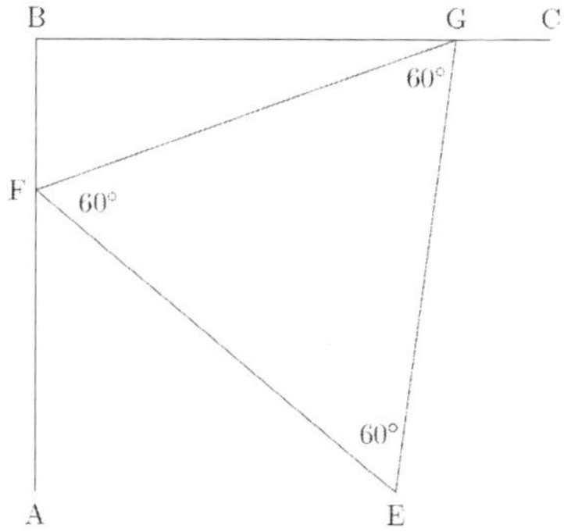

[그림 1-18]

[그림 1-18]로부터 정삼각형 EFG를 작도하기 위한 정보를 찾아야 한다. 여기서는 ∠GFE = ∠FEG = ∠EGF = 60˚, $\overline{EF}=\overline{FG}=\overline{EG}$, ∠ABC = 90˚라는 것을 알 수 있다. 그러나 이 정보들은 정삼각형 EFG를 작도하기 위해 충분하지 않다.

이제, 다음 물음에 대한 대답을 찾아보자.

• 정삼각형 EFG를 작도하기 위해, 무엇을 알아야 하는가?

정삼각형 EFG의 한 꼭짓점 E가 주어졌으므로, 다른 꼭짓점의 위치를 알 수 있다면 정삼각형 EFG를 얻을 수 있을 것이다. 가령, 꼭짓점 F의 위치를 안다고 하자. 그러면, 나머지 꼭짓점 G는 중심이 E이고 반지름이 $\overline{EF}$인 원과 직각의 변 BC의 교점이므로, 꼭짓점 G의 위치를 찾을 수 있다. 결국, 정삼각형 EFG를 작도하기 위해, 점 F의 위치를 구하면 된다.

이제, 점 F의 위치에 대해 살펴보자. 점 F와 관련하여 $\overline{EF}=\overline{FG}=\overline{EG}$라는 것을 알고 있다. '풀이의 발견' 과정이 장애물을 만났다. 점 F에 대한 추가적인 정보를 어떻게 찾을 수 있을까?

Aleksandrov의 방법처럼, 보조선으로 $\overline{GH} \parallel \overline{AB}$, $\overline{EA} \parallel \overline{BC}$를 작도하자([그림 1-19]). 그러면, 직각삼각형 GEH와 FAE를 얻을 수 있다. 이때, 점 E는 주어진 점이므로, 직각삼각형 GEH에서 $\overline{GH}$의 길이를 알 수 있다. $\overline{GH}=\overline{AB}$이다.

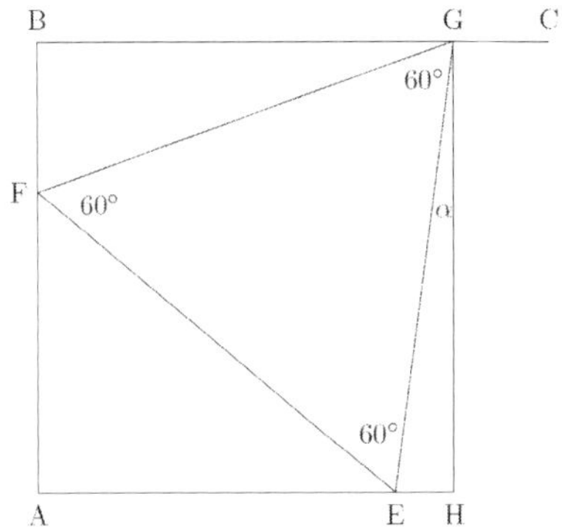

[그림 1-19]

한편, $\angle EGH=\alpha$라 놓으면, 직각삼각형 GEH의 한 외각 $\angle AEG$는 $\angle AEG=\alpha+90^\circ$이다. 그리고 $\angle AEG=\angle AEF+60^\circ$이다. 이로부터 $\alpha+90^\circ=\angle AEF+60^\circ$이며 $\angle AEF=\alpha+30^\circ$이다.

$\angle AEF=\alpha+30^\circ$로부터 점 F의 위치에 대한 정보를 얻었다. 그러나 찾은 정보는 점 F의 위치를 결정하는 데 충분하지 않다. 각 α의 크기와 선분 EF의 길이를 알지 못하기 때문이다.

이제, 추가적인 보조선을 그어 점 F의 위치에 대한 정보를 찾아보자. $\angle AEF=\alpha+30^\circ$이므로, $\angle AEJ=30^\circ$가 되도록 반직선 EJ를 작도하자. 그리고 점 F에서 반직선 EJ에 수선을 내리면, 직각삼각형 JEF를 얻을 수 있다([그림 1-20]).

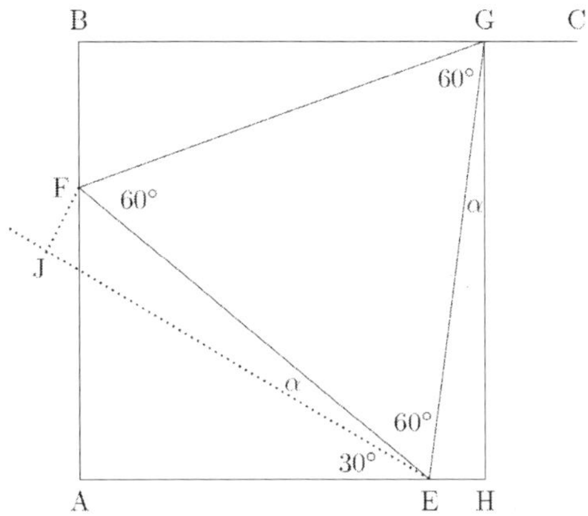

[그림 1-20]

직각삼각형 JEF와 HGE를 보면, $\overline{EF}=\overline{GE}$이고 $\angle JEF=\angle HGE$이므로 RHA 합동조건에 의해 합동이 된다. 이로부터 $\overline{EJ}=\overline{GH}=\overline{AB}$이다.

결국, 반직선 EJ에 $\overline{EJ}=\overline{GH}$인 점 J를 잡고, 점 J로부터 수선을 올려 선분 AB와의 교점을 잡자. 그러면, 이 교점이 구하는 꼭짓점 F가 된다. 이것으로 '풀이의 발견' 과정이 종료된다.

'풀이의 발견' 단계에서 얻은 아이디어를 중심으로 정삼각형의 작도순서를 기술하면 다음과 같다. 이때, 직각 ABC와 점 E는 이미 주어져 있다고 하자.

① 반직선 AE를 작도한다.

② $\angle AEJ=30^\circ$가 되도록 반직선 EJ를 작도한다. 이때, 점 J는 $\overline{EJ}=\overline{AB}$가 되도록 잡는다.

③ 점 J로부터 반직선 EJ에 수직이 되도록 수선을 그어, 반직선 AB와의 교점을 F라 한다.

④ 점 E를 중심으로 반지름이 $\overline{EF}$인 원을 그어, 반직선 BC와의 교점을 G라 한다.

⑤ 점 E, F, G를 연결하여 삼각형 EFG를 작도한다.

삼각형 EFG가 정삼각형이라는 것을 증명하자. 위의 작도순서 ④의 작도에 의해 $\overline{EF}=\overline{EG}$가 되며, 삼각형 EFG는 이등변삼각형이다. 이제, $\angle FEG=60^\circ$라는 것을 보이면, 삼각형 EFG가 정삼각형임이 증명된다.

직각삼각형 JEF와 HGE는 합동이므로, $\angle JEF=\angle HGE$이다. 그리고 직각삼각형 HGE의 외각의 성질에 의해, $\angle AEG=\angle HGE+90^\circ$이다. 즉 $\angle AEJ+\angle JEF+$

$\angle FEG = \angle HGE + 90^\circ$이다. 이때, $\angle AEJ = 30^\circ$, $\angle JEF = \angle HGE$라는 것을 생각하면, $\angle FEG = 60^\circ$가 된다는 것을 알 수 있다. 이로부터, 삼각형 EFG가 정삼각형임이 증명된다.

'탐구' 단계에서 Aleksandrov는 두 가지를 조사하였다. 첫째, 작도과정 ④가 만족되는 경우, 즉 중심이 E, 반지름이 $\overline{EF}$인 원을 작도하여 반직선 BC와 교점이 생겨야 정삼각형의 꼭짓점 G를 찾을 수 있기 때문에, 이러한 경우에 해가 존재한다는 것을 기술하였다.

둘째, 점 E가 점 A와 일치하는 경우에 정삼각형의 작도 가능성을 조사하였다. 이러한 경우에 정삼각형은 [그림 1-21]에서 보는 것과 같이 두 가지 경우가 가능하다([그림 1-21]은 $\angle GEB = 60^\circ$인 경우를 나타낸 것이다). 이때 정삼각형 EGF는 직각의 내부에 존재하게 되며, 정삼각형 EGF′은 직각의 외부에 존재하는 경우이다.

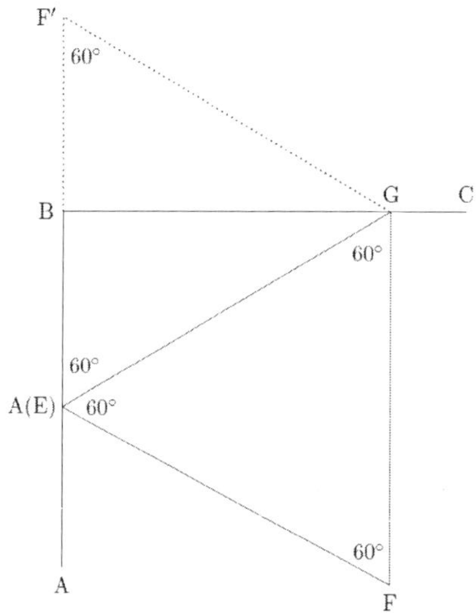

[그림 1-21]

EGF가 직각의 내부에 존재하는 경우는 앞에서 살펴본 점 E가 직각의 내부에 존재할 때에 정삼각형 EGF의 위치와 유사한 위치라는 것을 알 수 있다. 한편, 정삼각형 EGF′은 직각의 외부에 존재하는 경우에 대해 Aleksandrov는 꼭짓점 F′이 반직선 BA의 연장선에 있을 때에 대해 조사한 것이다.

'탐구' 단계는 작도문제의 다른 해결 단계인 '풀이의 발견', '작도', '증명'보다 훨씬 창의적이며 열린 형태의 수학적 탐구가 가능한 단계라고 할 수 있다. 물론, 작도문제 자체의 해를 구한다는 측면에서는 '풀이의 발견', '작도', '증명' 단계가 중요할 것이다. 그러나 작도문제를 통해 수학을 배우고 탐구한다는 측면에서는 다른 문제해결 단계보다도 '탐구' 단계가 더 중요하고 가치가 있을 것이다.

살펴본 작도문제에서 Aleksandrov가 제시한 내용으로 '탐구' 단계가 완전히 종결되었다고 할 수는 없다. 이것이 Aleksandrov의 '탐구' 단계 기술이 미흡하다는 것을 의미하지는 않는다. 작도문제 해결에서 '탐구' 단계는 본질상 몇 가지의 조사를 통해 종결될 수는 없는 단계이기 때문이다. 오히려, '탐구' 단계는 새로운 수학적 탐구의 출발점이라고 말하는 것이 더 바람직할 것이다. 예를 들어, 이 작도문제에 대해 다음과 같은 문제를 '탐구' 단계에서 추가적으로 조사할 수 있을 것이다.

- 중심이 E, 반지름이 $\overline{EF}$인 원이 반직선 BC와 교점을 가지려면 어떤 조건을 만족해야 하는가?
- 문제의 조건을 만족시키는 정삼각형 ABC가 작도될 수 있도록, 즉 주어진 작도문제가 해를 가지도록 하는 점 E의 위치(영역)를 직각 ABC의 내부에 표시하여라.
- 기술한 작도 방법 이외에 다른 작도 방법은 없는가?

5. Adler의 작도문제 해결

Adler는 1906년에 《기하학적 작도의 이론》이라는 책을 독일어로 출판하였다. 이 책의 머리말에서 Adler(1940, p.2)는 "이 책은 입문자들에게 흥미롭고 놀랄만한 기하학적 작도문제의 해결의 이론과 방법들을 소개하려는 소망에 의해 태어났다. 여기에는 어떤 고등수학의 내용도 전제로 하지 않았다."고 하면서, 책의 전반적인 방향성에 대해 기술하였다.

실제로, 이 책의 제1장에서는 작도문제 해결의 다양한 방법들로, 대수적 방법, 기하학적 자취의 방법, 닮은 도형의 방법, 보조 도형의 방법, 도형의 변환 방법, 기하학적 작도문제의 해결의 도구로써 공간적인 탐구, 작도문제의 근사해 등을 설명하였다. 다른 장에서는 직선들만을 이용한 작도문제의 해결, 원들을 이용한 작도문제의 해결을 상세히 다루었으며, 방정식 해의 작도와 작도불능문제의 증명, 정다각형의 작도, 3대 작도불능 문제 등의 내용을 다루었다.

Adler는 '기하학적 작도의 이론'에서 작도문제의 해결, 작도불가능성, 작도문제의 역사적 고찰 등에 관한 전반적인 논의를 통해, 작도문제의 이론을 체계적으로 정리하였는데, Adler는 작도문제의 해결 단계로 '기하학적 작도문제의 분석', '작도의 수행', '해의 타당성 증명', '탐구'의 4단계를 제시하였다.

'기하학적 작도문제의 분석'과 관련하여, "구하는 도형이 우리가 지금 공부하려는 방법들을 이용하여 알려졌다고 가정하고, 제시된 도구들을 이용하여 문제해결의 길(방법)이 명확해질 때까지 도형을 조사한다."(Adler, 1940, p.13)고 하였다. 즉, Adler의 '기하학적 작도문제의 분석' 단계에서는 구하는 도형이 알려졌다고, 즉 도형이 작도되었다고 가정한 다음, 상응하는 작도를 수행하게 된다. 이때 얻어진 작도에 대해 수학적 탐구를 수행하는데, 주어진 작도문제의 해결의 길이 명확해질 때까지 분석은 계속된다. 이 단계를 Aleksandrov는 '풀이의 발견'이라고 불렀지만, Adler는 이 단계에 '분석'이라는 표현을 사용하였다는 것에 주목할 필요가 있다. 지금은 작도문제의 해결단계로 '분석'이라는 용어를 보편적으로 사용한다.

Adler의 '작도의 수행', '해의 타당성 증명' 단계는 Aleksandrov의 '작도', '증명' 단계에 해당한다. '증명' 단계를 마친 다음, Adler와 Aleksandrov는 모두 '탐구' 단계를 수행할 것을 주장하였다. 특히 Adler는 '탐구' 단계에서 문제해결 전반에 걸친 탐구를 수행하면서, 해의 개수, 해의 개수와 주어진 양들 사이의 관계를 조사하도록 요구하였다.

Adler의 책에는 다양한 작도문제들의 풀이와 연습문제들이 제시되어 있지만, 작도문제의 해결 과정을 '기하학적 작도문제의 분석', '작도의 수행', '해의 타당성 증명', '탐구'의 단계를 나누어 기술하지는 않았다.

Adler가 작도문제의 해결 방법 중의 하나인 대수적 방법을 이용하여 해결한 문제와 그 풀이를 살펴보자(Adler, 1940, pp.15~16).

> **유클리드의 원론 1-12:** 삼각형 ABC가 주어졌다. 삼각형 ABC에 세 원을 작도하려 한다. 이때, 각 원은 나머지 두 원과 접하며 삼각형의 두 변과도 접해야 한다. 이러한 세 원을 작도하시오(Malfatti 문제).

문제가 해결되었다고 하자. 점 O를 삼각형의 내접원의 중심이라 하고, 내접원의 반지름을 r이라 하자. 원 K와 L의 반지름을 r_1, r_2라 하자. 점 K, O, L로부터 변 AB에 수선을 내려 그 발을 D, E, F라 하자([그림 1-22]). 이제, $\mathrm{AE}=s$, $\mathrm{BE}=t$, $\mathrm{AD}=x$, $\mathrm{BF}=y$라 놓자.

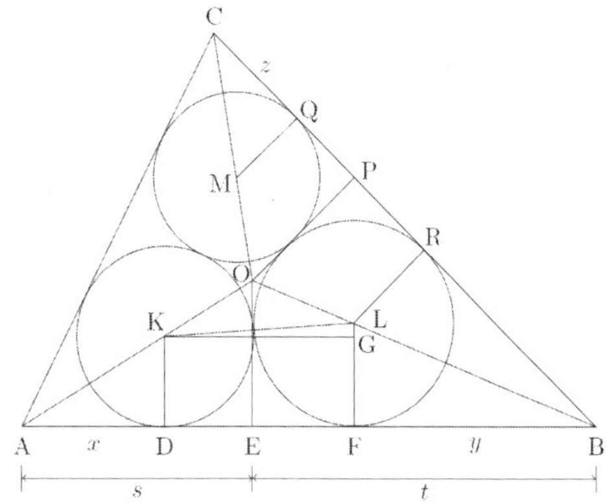

[그림 1-22]

만약, KG ∥ AB를 작도하면, $LG = r_2 - r_1$이고 $KG = \sqrt{(r_1 + r_2)^2 - (r_2 - r_1)^2} = 2\sqrt{r_1 r_2}$이다. 삼각형 ADK와 AEO의 닮음으로부터 $r_1 = \dfrac{xr}{s}$을 얻는다. 같은 방법으로, 삼각형 BFL과 BEO의 닮음으로부터 $r_2 = \dfrac{yr}{t}$이 된다.

이제, AB = AD + DF + FB이고, $x + y + 2\sqrt{r_1 r_2} = s + t$이다. 이때, r_1, r_2 대신에 얻은 식을 대입하면, 다음 식을 얻을 수 있다.

$$x + y + \frac{2r}{\sqrt{st}}\sqrt{xy} = s + t \qquad \cdots\cdots \text{①}$$

만약, 점 L, M, O로부터 변 BC에 수선을 내리면, $PC = u$, $QC = z$가 되며, 다음 등식을 얻을 수 있다.

$$y + z + \frac{2r}{\sqrt{tu}}\sqrt{yz} = t + u \qquad \cdots\cdots \text{②}$$

같은 방법으로, 세 번째 변에 대해 다음 등식을 얻을 수 있다.

$$z + x + \frac{2r}{\sqrt{us}}\sqrt{zx} = u + s \qquad \cdots\cdots \text{③}$$

이와 같이, 미지의 값인 x, y, z를 결정하기 위한 세 방정식을 얻었다. Malfatti는 이 세 방정식의 해로 다음을 제시하였다.

$$2x = s + t + u - r + \sqrt{r^2 + s^2} - \sqrt{r^2 + t^2} - \sqrt{r^2 + u^2}$$
$$2y = s + t + u - r - \sqrt{r^2 + s^2} + \sqrt{r^2 + t^2} - \sqrt{r^2 + u^2}$$

$$2z = s + t + u - r - \sqrt{r^2 + s^2} - \sqrt{r^2 + t^2} + \sqrt{r^2 + u^2}$$

만약, 이 값들을 위의 방정식들에 대입하면, 방정식이 성립한다는 것을 알 수 있다. Malfatti는 방정식들의 해를 구하는 방법이 매우 복잡하다고 하였다.

양 x, y, z의 기하학적 작도는 간단하다. s, t, u, r을 쉽게 작도할 수 있으며, 이로부터 $\sqrt{r^2 + s^2} = \mathrm{OA}$, $\sqrt{r^2 + t^2} = \mathrm{OB}$, $\sqrt{r^2 + u^2} = \mathrm{OC}$를 작도할 수 있기 때문이다.

만약, $\frac{1}{2}(\mathrm{OA} + \mathrm{OB} + \mathrm{OC} - s - t - u + r) = m$이라 두면, $x = \mathrm{OA} - m$, $y = \mathrm{OB} - m$, $z = \mathrm{OC} - m$이 된다. ■

살펴본 Adler의 풀이는 작도문제의 해결 단계 중 '기하학적 작도문제의 분석'에 해당할 것이다. 작도문제의 풀이를 기술하면서, 작도순서, 얻어진 작도의 타당성 증명, 탐구 단계는 생략하였다.

Adler의 분석을 상세히 살펴보자. Adler의 '분석' 단계도 '문제가 해결되었다고 하자.'로 시작된다. 그러면, 삼각형 ABC, 삼각형 ABC의 내부에 서로 내접하며 변들에도 접하는 세 원을 작도할 수 있다([그림 1-22]). [그림 1-22]에서 삼각형 ABC가 주어졌을 때에 작도 가능한 도형들을 살펴보자. 각의 이등분선은 작도가 가능하므로, 각의 이등분선 AO, BO, CO는 주어진 조건으로부터 작도가 가능하고, 내심인 점 O도 작도 가능하다. 내심으로부터 각 변에 수선을 내리면, 삼각형 ABC의 내접원의 반지름 r도 구할 수 있다. 즉, [그림 1-22]에서 $\overline{\mathrm{AE}} = s$, $\overline{\mathrm{BE}} = t$, $\overline{\mathrm{PC}} = u$도 구할 수 있다. 문제에서 구하는 원 K의 중심 K는 $\overline{\mathrm{AO}}$에 속하며, 원 G의 중심 G는 $\overline{\mathrm{BO}}$에 속하고, 원 M의 중심 M은 $\overline{\mathrm{CO}}$에 속한다. 가령, 점 K, L, M으로부터 변 $\overline{\mathrm{AB}}$, $\overline{\mathrm{AB}}$, $\overline{\mathrm{BC}}$에 각각 수선을 그어 얻어진 $\overline{\mathrm{AD}} = x$, $\overline{\mathrm{FB}} = y$, $\overline{\mathrm{CQ}} = z$를 안다면, 세 점 K, L, M의 위치를 결정할 수 있다. Adler는 분석 과정에서 x, y, z에 대한 방정식을 유도하고, 이 방정식들의 해를 구해 $x = \mathrm{OA} - m$, $y = \mathrm{OB} - m$, $z = \mathrm{OC} - m$을 유도하였다. 이로부터, x, y, z를 작도할 수 있다는 것을 말하면서, 분석 단계를 종료했다.

비록, Adler는 작도 단계는 기술하지 않았지만, 얻어진 '분석'을 바탕으로 다음과 같은 작도순서를 얻을 수 있다.

① 삼각형 ABC를 작도하고, $\angle \mathrm{A}$, $\angle \mathrm{B}$, $\angle \mathrm{C}$의 이등분선을 작도하여 그 교점을 O라 한다.

② 점 O로부터 $\overline{\mathrm{AB}}$, $\overline{\mathrm{BC}}$에 각각 수선을 그어, 그 발을 E, P라 하자. 이때, $\overline{\mathrm{OE}} = r$, $\overline{\mathrm{AE}} = s$, $\overline{\mathrm{BE}} = t$, $\overline{\mathrm{PC}} = u$라 한다.

③ $\frac{1}{2}(\overline{OA}+\overline{OB}+\overline{OC}-s-t-u+r)=m$인 m을 구한다.

④ $x=\overline{OA}-m$, $y=\overline{OB}-m$, $z=\overline{OC}-m$을 구한다.

⑤ $\overline{AB}$에 꼭짓점 A로부터 $x=\overline{OA}-m$인 점 D를 표시하고, 꼭짓점 B로부터 $y=\overline{OB}-m$인 점 F를 표시한다. 그리고 $\overline{CB}$에 꼭짓점 C로부터 $z=\overline{OC}-m$인 점 Q를 표시한다.

⑥ 점 D에서 $\overline{AB}$에 수직인 직선을 그어 $\overline{OA}$와의 교점을 K라 하고, 점 F에서 $\overline{AB}$에 수직인 직선을 그어 $\overline{OB}$와의 교점을 L이라 한다. 그리고 점 Q에서 $\overline{CB}$에 수직인 직선을 그어 $\overline{OC}$와의 교점을 M이라 한다.

⑦ 점 K를 중심으로 반지름이 $\overline{KD}$인 원을 작도하고, 점 L을 중심으로 반지름이 $\overline{LF}$인 원을 작도한다. 그리고 점 M을 중심으로 반지름이 $\overline{MQ}$인 원을 작도한다.

앞서 살펴본 것처럼, 이 문제의 분석 단계에서는 방정식을 유도하여 해결하는 것과 같은 복잡한 대수적 방법을 이용했지만, 작도 단계에서는 내심의 성질을 바탕으로 작도순서를 나열할 수 있었다.

6. 작도문제의 해결 단계

작도문제의 해결 단계는 '분석-작도-증명-탐구'로 구성된다. 살펴본 것과 같이, 이 단계는 특정한 순간에 누군가가 제안했다기보다는 작도문제를 해결하는 오랜 역사속에서 점진적으로 체계화되고 정리되었을 것으로 추측된다.

작도문제 해결의 초기에는 '어떻게 작도문제를 풀었는가?'에 대한 관심보다 작도문제 해결의 결과를 순차적으로 기술하고 자와 컴퍼스를 이용하여 실제적으로 작도하는 것(작도문제의 해결 단계에서 '작도' 단계에 해당함)에 더 주목했을 것이다. 그러나, 시간이 흐르면서 자연스럽게 다음과 같은 물음에 주목했을 것이다.

- 작도문제를 풀기 위해서 어떻게 탐색을 시작해야 하는가?
- 작도문제 해결을 위한 아이디어는 어떻게 만들 수 있는가?

• 얻은 작도순서의 타당성을 어떻게 보장할 수 있을까?
• 이 작도문제는 항상 해를 가지는가?

이러한 물음에 대한 대답을 찾아가는 과정에서 작도문제 해결에서 '작도'뿐만 아니라, '분석', '증명', '탐구'의 단계에 대한 생각이 정리되어 지금에 이르렀으리라 생각한다. 이 단계들을 자세히 살펴보자.

6.1 분석

'분석'은 무언가를 뽑아내거나 추출한다, 분해한다는 의미를 포함하고 있다. 그러므로, '분석' 단계에서는 작도문제에서 주어진 것들(도형들, 도형의 요소들, 도형들 사이의 관계들)과 구하는 도형 사이의 관계를 추출하는 것을 일차적으로 생각할 수 있다. 이에 관련하여, Argunov & Balk(1957, p.30)는 "분석의 목적은 구하는 도형의 요소들과 주어진 도형들의 요소들 사이의 종속관계를 설정하는 것이다. 이때, 이 종속관계는 구하는 도형을 작도할 수 있게 해 준다."고 하였다.

작도문제에서 주어진 것들과 구하는 도형 사이의 연결성, 종속관계 등은 문제 자체에서 드러날 수도 있지만, 대부분의 경우에는 숨어 있다. 그러므로, 분석에서는 구하는 것의 작도를 보장할 수 있는 그러한 관계를 확인하고 구성해야 한다. Argunov & Balk는 이러한 관계의(주어진 요소와 구하는 도형 사이의) 구성을 '분석'의 목적으로 삼았다. 분석은 Polya의 문제해결 단계에서 '문제의 이해'와 '계획 수립' 단계에 해당한다.

한편, Perepelkin은 분석 단계에서 '분석의 완결성'을 강조하였다. Perepelkin(1947, p.17)은 '문제가 몇 개의 해를 가지는 경우에, 정확하게 수행된 분석에서는 모든 해가 발견될 수 있어야 한다.'고 하였다. 즉, 분석을 수행할 때에는 문제의 모든 조건을 만족시키는 일부 도형이 아니라, 모든 도형들을 찾을 수 있도록 섬세한 접근이 필요하다는 것이다. 이와 관련하여, Perepelkin(1957)은 다음과 같은 예를 들었다.

유클리드의 원론 제1권 [명제 13]: [그림 1-23]과 같이 반지름이 R인 원과 직선 l이 주어졌다. 중심이 l에 속하며, 주어진 원에 접하는 반지름이 r인 원을 작도하시오.

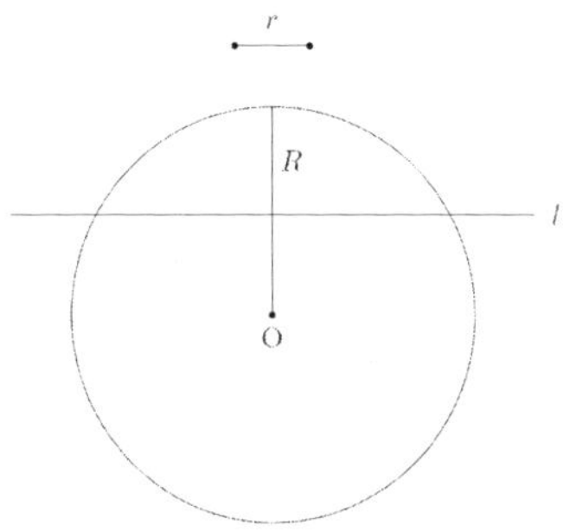

[그림 1-23]

Perepelkin에 의하면, 이 문제의 분석에서 범하는 많은 오류는 [그림 1-24]와 같이 구하는 원의 중심이 중심 O이고 반지름이 $R+r$인 원과 l에 속하는 것으로 생각하여, 원과 l의 교점 A, B만을 구하는 원의 중심으로 잡는 것이라고 하였다. 그래서 분석에서 두 개의 원만을 작도하게 된다. 이것은 문제의 조건을 만족시키는 해의 일부만을 구한 것이 된다.

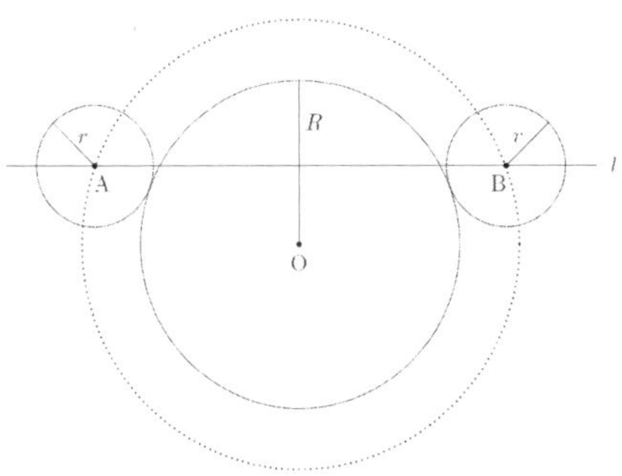

[그림 1-24]

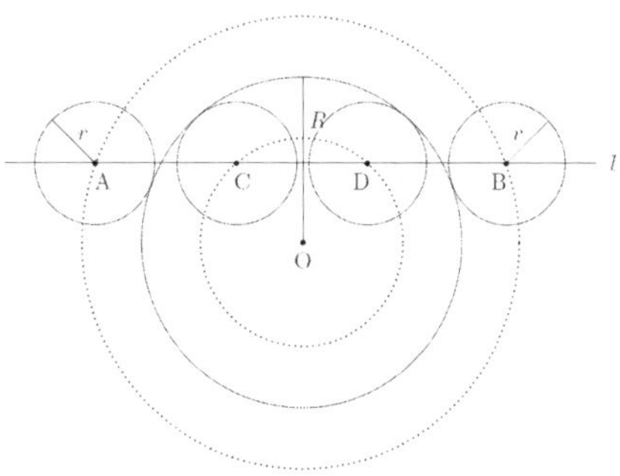

[그림 1-25]

문제의 조건을 만족시키는 다른 원들이 존재한다. [그림 1-25]에서 보는 것과 같이, 중심 O이고 반지름이 $R-r$인 원과 l에 속하는 점 C, D도 구하는 원의 중심이 될 수 있다. 결국, 문제의 조건을 만족시키는 원은 4개가 존재한다. 이와 같이, 문제의 조건을 만족시키는 모든 해의 위치에 대한 논의가 분석 단계에서 충분히 이루어져야만 문제를 해결할 수 있다. ■

이것은 작도문제에만 국한된 것은 아닐 것이다. 수학 문제를 해결할 때에 계획의 수립 단계에서 문제의 조건을 만족시키는 모든 해를 고려해서, 그 해결 방법을 탐색해야 하기 때문이다.

이제, 분석 단계의 구체적인 실행 방법을 살펴보자. 분석 단계에서 구하는 도형의 작도 순서를 찾아야 한다면, 이를 위해 문제해결자는 무엇을 해야 할까? 이 물음에 대한 대답으로, Perepelkin(1947, p.17)은 "실제로 분석을 수행하면서 손으로 종이에 구하는 도형을 개략적으로 스케치하는(또는 적어도 구하는 도형을 문제해결자 자신이 선명하게 표상하는) 것이 권고된다."고 하였다. 즉, 작도문제의 해결에서 첫 번째로 문제해결자는 구하는 도형을 선명하게 표상할 수 있어야 한다. 한편, Kozlova 외(2013, p.58)는 "문제가 해결되었다고 하고, 우리에게 필요한 도형이 작도되었다고 하자. 이 도형의 요소들과 조건으로 주어진 양들 사이의 관련성을 찾도록 시도하자."고 하였다. 앞에서 살펴보았던 Bevz 외(2007), Aleksandrov(1950), Adler(1940)도 작도문제의 풀이를 시작하면서 '문제가 해결되었다.', '문제의 해가 존재한다.'고 가정하고, 주어진 것들과 구하는 도형의 요소들 사이의 관계를 조사하였다.

결국, 분석 단계의 구체적인 수행을 위해서 다음과 같은 가정과 작도가 필요하다.

첫째, 문제가 해결되었고, 구하는 도형이 작도되었다고 가정한다.
둘째, 구하는 도형을 개략적으로 스케치하고, 그림에 주어진 것들을 나타낸다.

이제, 문제의 조건에서 주어진 것들과 구하는 것을 포함하는 개략적인 스케치를 가지고, 주어진 것들과 구하는 도형의 요소들 사이의 종속관계, 관련성 등을 파악하게 된다.

물론, 이러한 종속관계, 관련성의 탐구가 항상 성공적이지는 않을 수 있다. Perepelkin (1947)은 '분석의 주관성'을 말하였다. 즉, 해결하려는 작도문제와 관련하여 풍부한 경험과 지식을 가지고 있는 문제해결자는 쉽게 성공적으로 분석을 수행할 수 있을 것이며, 그렇지 않은 경우에는 많은 난관에 직면할 가능성이 있다는 것이다. 그리고, 문제해결자에 따라 같은 문제라도 다른 방향에서 다른 방법으로 해결될 수 있는데, Perepelkin은 이것도 분석의 주관성과 관련지어 설명하였다.

작도문제 해결에서 분석 단계는 구하는 도형을 작도하는 유한 번의 절차를 구성하면서 종료된다. 이 유한 번의 절차를 통해, 반드시 구하는 도형을 작도해야 한다. 만약, 그렇지 않다면 다시 주어진 것들과 구하는 도형 사이의 숨겨진 종속관계를 찾아야 한다.

6.2 작도

작도문제의 해결 단계인 '분석-작도-증명-탐구' 중에서 '작도' 단계는 가장 평이하고 기계적인 수행의 단계라고 할 수 있다. 작도 단계에서는 분석을 통해 찾은 작도순서를 기술하고, 자와 컴퍼스를 가지고 직접 작도를 수행하는 단계이다.

Perepelkin(1947, p.18)은 "작도 단계는 문제해결을 위해 수행해야 하는 모든 조작들을 순서대로 나열하는 것으로 이해될 수 있다. 나열할 때 각각의 항목은 개별적인 조작들일 수도 있고, 학습자들이 이미 알고 있는 기본작도일 수도 있다."고 하였다. 즉, 작도순서를 나열할 때, 나열되는 각각의 항목은 자와 컴퍼스를 이용한 개별적인 조작 수행이 될 수도 있고, 기본작도가 될 수도 있는 것이다.

이때, 작도순서의 나열에서 작도문제마다 몇 개의 항목으로 작도 절차가 구성되는지에 대해서는 엄격하게 규정할 필요는 없을 것이다. 너무 상세하게 작도순서를 기술하면 나열된 항목이 지나치게 많아질 것이고, 포괄적으로 기술하면 나열된 항목이 주어진 문제의 충분한 해로 인정받기 어려울 수도 있을 것이다. 합리적인 작도순서의 기술과 관련해서는 작도문제를 해결할 많은 경험이 필요하기 때문에, 수학교실에서 교사와 학습자가 토론을 통해 항목의 상세함에 대한 합의점을 찾으려는 시도가 필요할 것이다.

6.3 증명

증명 단계에서는 작도된 도형이 문제의 주어진 조건들을 만족시키는지를 확인하게 된다. 일반적으로는 분석 단계에서의 유도관계를 거꾸로 기술하면서 '증명' 단계의 논리적 유도 관계를 구성하게 된다. 증명 단계는 작도문제 해결의 논리적 완결성을 보장하는 단계라고 할 수 있을 것이다.

그러나, 작도문제 해결에 관련된 몇몇 문헌들을 보면 증명 단계가 생략된 채로 기술된 것을 볼 수 있다. 이러한 작도문제들은 분석 단계의 기술로부터 작도순서의 논리적 타당성이 쉽게 증명될 수 있는 경우이거나, 작도순서의 타당성 증명을 위한 충분한 수학적 지식을 학생들이 학습하기 이전에 작도문제를 다루는 경우가 많다. 우리나라 수학교과서에서도 증명 단계는 기술되지 않았는데, 이것은 본격적으로 논증을 배우기 전에 작도문제를 다루기 때문이다.

6.4 탐구

증명 단계에서 얻은 작도순서가 문제의 조건을 만족시킨다는 것을 증명하였기 때문에, 작도문제의 해결이 완결된 것으로 생각할 수 있다. 그러나, 증명으로 작도문제 해결이 완료된 것은 아니다. Polya의 문제해결 단계에서 '반성' 단계가 중요한 것처럼, 작도문제 해결에서 '탐구' 단계도 중요한 단계 중의 하나이다.

일반적으로 탐구 단계에서는 주어진 작도문제가 어떠한 경우에 해를 가지는지, 구하지 않은 다른 해는 없는지, 다른 작도방법은 없는지 등에 대한 문제를 조사하게 된다.

주어진 작도문제가 어떠한 경우 해를 가지는지를 조사하는 것을 달리 말하면, '제시된 작도순서에 의해 구하는 도형을 항상 작도할 수 있는가?'라고도 할 수 있다. 이 물음과 관련된 탐구의 예를 살펴보자.

> **유클리드의 원론 제1권 [명제 14]**: 삼각형 ABC에서 꼭짓점 B, C에서 그은 중선 BM, CN과 변 BC가 주어졌다. 삼각형 ABC를 작도하시오.

이 문제의 분석과정은 한인기, 꼴랴긴(2006)에 제시되어 있기 때문에, 여기서는 생략한다. 삼각형 ABC의 작도순서는 다음과 같다([그림 1-26]).

① $\frac{2}{3}\overline{BM}$, $\frac{2}{3}\overline{CN}$인 선분을 작도한다.
② $\frac{2}{3}\overline{BM}=\overline{BG}$, $\frac{2}{3}\overline{CN}=\overline{CG}$, $\overline{BC}$를 변으로 하는 삼각형 GBC를 작도한다.
③ 삼각형 GBC의 변 $\overline{BG}$에서 점 G방향으로 연장선을 그어 $\overline{BM}$인 점 M을 표시한다.
④ 삼각형 GBC의 변 $\overline{CG}$에서 점 G방향으로 연장선을 그어 $\overline{CN}$인 점 N을 표시한다.
⑤ 점 C와 M을 지나는 직선을 긋는다.
⑥ 점 B와 N을 지나는 직선을 긋는다.
⑦ ⑤와 ⑥에서 그은 직선의 교점을 A라 한다.
⑧ 세 점 A, B, C를 연결하여 삼각형 ABC를 작도한다. ■

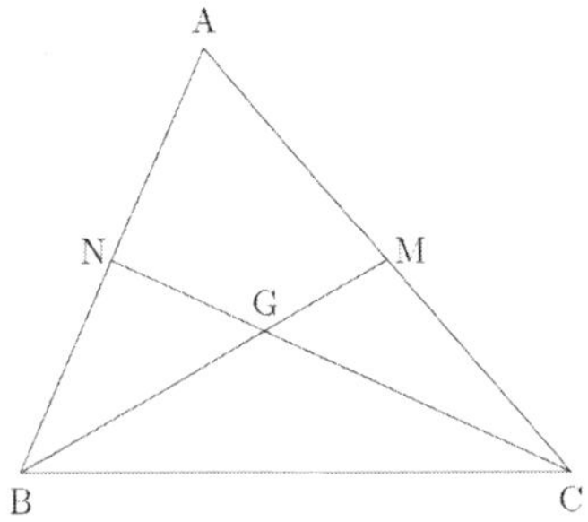

[그림 1-26]

이제, 이 문제의 탐구 단계에서 '제시된 작도순서에 의해 구하는 도형을 항상 작도할 수 있는가?'라는 물음에 대한 대답을 찾아보자.

기술한 작도순서에 따라 삼각형 ABC를 작도하려면, 삼각형 GBC가 작도 가능해야 한다. 그러나, $\frac{2}{3}\overline{\mathrm{BM}}$, $\frac{2}{3}\overline{\mathrm{CN}}$, $\overline{\mathrm{BC}}$를 변으로 하는 삼각형 GBC가 항상 존재하는 것은 아니다. 즉, 다음 조건이 성립해야 한다.

$$\left|\frac{2}{3}\overline{\mathrm{BM}}-\frac{2}{3}\overline{\mathrm{CN}}\right| < \overline{\mathrm{BC}} < \frac{2}{3}\overline{\mathrm{BM}}+\frac{2}{3}\overline{\mathrm{CN}},$$

$$\left|2\overline{\mathrm{BM}}-2\overline{\mathrm{CN}}\right| < 3\overline{\mathrm{BC}} < 2\overline{\mathrm{BM}}+2\overline{\mathrm{CN}}$$

특히, 이 문제에서는 선분 $\overline{\mathrm{BM}}$, $\overline{\mathrm{CN}}$, $\overline{\mathrm{BC}}$가 직접 선으로 주어지지 않았기 때문에, 이러한 제한 조건이 '탐구' 단계에서 추가되어야 한다.

'탐구'는 작도문제 해결에서 가장 창의적이고 열린 수학적 탐구가 이루어지는 단계라고 할 수 있다. 주어진 작도문제의 해를 구하고('분석'과 '작도' 단계), 해의 논리적 타당성을 증명하고('증명' 단계) 나서, 주어진 작도문제와 관련하여 수행하는 모든 작업이 탐구 단계에 관련된다. 그렇기 때문에, 수학교수학적 관점에서 보면 작도문제의 해결에서 '탐구' 단계에 대한 다양한 논의와 연구가 필요할 것이다.

참고문헌

Reference

김원경 외 8인(2018). **중학교 수학 1**. 서울: (주) 비상교육.

김응태, 박승안, 오연장, 신현용(1994). **수학 1**. 서울: 한샘출판(주).

한인기, 꼴랴긴 Yu.M.(2006). **문제해결의 이론과 실제**. 서울: 승산.

한인기(2019). **수학사도 배우고 수학도 알고**. 서울: 교우사.

Adler A.(1940). *Teoriya Geometricheskih Postroenii*. Moscow: Gos.Uche-Ped.Izd.

Aleksandrov I.I.(1950). *Sbornik Geometrichskih Zadach na Postroenie s Resheniyami*. Moscow: Gos.Uche-Ped.Izd.

Argunov B.I. & Balk M.B.(1957). *Geometrichskie Postroeniya na Ploskosti*. Moscow: Gos-UPI.

Bevz G.P., Bevz V.G., Vladimirova N.G.(2007). *Geometriya 7*. Kiev: Veza.

Butuzov V.F., Kadomchev S.B., Prasolov V.V.(2010). *Geometriya 7*. Moscow: Prosveshenie.

Euclid(1948). *Nachala Evklida*. Moscow: Gos.Tex.-Teo.Lit.

Kiselev A.P., Rybkin N.A.(1995). *Geometriya 7~9*. Moscow: Drofa.

Kozlova S.A., Rubin A.G, Gusev V.A.(2013). *Geometriya 7~9*. Moscow: Balass.

Perepelkin D.I.(1947). *Geometricheskie Postroeniya v Srednei Shkole*. Moscow: Izd.Akademii Ped.Nauk.

Petersen Yu.(1892). *Methody i Teorii dlya Resheniya Geometricheskih Zadach na Postroeniya*. Moscow: Tifografiya Lissnera.

제 2 장

작도의 역사적 고찰

이광상(한국교육과정평가원), 서보억(충남대학교)

1. 들어가는 글

작도는 인류의 역사와 함께 시작되었다 할 수 있다. 인간은 도형을 그리기 위해 다양한 도구를 사용하였고, 이러한 전통이 고대 그리스 시대에 이르러 합리주의와 논증주의의 발전과 함께 눈금 없는 자, 컴퍼스 등의 등장으로 체계화되었다. 유클리드(Euclid)는 그가 쓴 원론(The elements)의 첫 번째 명제로 '주어진 변 위에 정삼각형을 작도하는 것'을 제시하였고, 또 다른 저작인 《분할론(On divisions)》에서는 다양한 다각형에서 작도문제를 심도 깊게 다루고 있다. 작도를 언급할 때, 빠질 수 없는 것으로 고대 그리스부터 내려오는 '주어진 다각형을 정사각형으로 변형시키는 작도'이다. 직사각형을 정사각형으로 변형시키는 작도, 삼각형을 직사각형으로 변형시키는 작도, 궁극적으로 임의의 모든 다각형을 정사각형으로 변형시킬 수 있게 된다. 이러한 작도를 구적법이라고 부르기도 한다. 그런데 히포크라테스(Hippocrates)는 다각형이 아닌 궁형(초승달 모양)에 관심을 가지고 구적법을 연구한 것으로 유명하다. 그는 궁형 중에서 정사각형으로 변형할 수 있는 세 가지 유형을 발견하였다. 그런데 궁형 구적이 가능한 것이 불과 5가지밖에 없다는 사실이 최근에 증명된 것으로 볼 때, 히포크라테스의 궁형 구적은 매우 의미 있는 작도 행위임이 분명해 보인다.

현대적 의미에서의 작도는 눈금 없는 자와 컴퍼스를 이용한 다양한 조작적 활동을 의미한다. 유클리드가 이러한 전통을 만들었다는 의미에서 이 두 도구를 유클리드 도구라고 부르기도 한다. 일반적으로 작도는 순수한 수학적 활동으로 눈금 없는 자와 컴퍼스만으로 도형을 그리는 활동을 지칭한다. 작도에서 컴퍼스의 역할은 등거리를 만들어주는 도구이고, 눈금 없는 자의 역할은 임의의 점들이 서로 동일한 직선 위에 있다는 것을 보장해 주는 도구이다. 모든 기하학적 작도는 이 두 가지 개념 위에 바탕을 두고 있다.

그렇다면 눈금 없는 자, 컴퍼스는 필수적인 도구인가? 이에 대한 의문을 품었던 수학자가 마스케로니(Mascheroni)이다. 마스케로니는 유클리드 도구를 사용한 작도활동에서 눈금 없는 자는 불필요한 도구라는 것을 증명하였고, 오늘날 컴퍼스 하나만을 가지고 수행하는 작도를 마스케로니 작도라고 부르고 있다. 이처럼 유클리드 도구 중 일부만을 사용한 작도를 결손작도라고 부르기도 한다.

이 장에서는 고대 그리스 시대를 중심으로 이루어졌던 유클리드 작도, 3대 작도 불능, 결손작도 등 시대적 흐름에 따른 작도의 핵심 이슈들에 대해 고찰하고자 한다.

2. 작도의 시작 고대 그리스

2.1 작도의 시작

눈금 없는 자와 컴퍼스만을 이용하여 주어진 조건에 만족하는 도형을 그리는 것을 작도라고 한다. 컴퓨터를 이용하면 어떠한 도형도 그릴 수 있는 세상에 살고 있는 우리의 눈에는 눈금 없는 자와 컴퍼스만을 이용하여 도형을 그린다는 것이 우습게 생각될 수도 있다. 하지만 오랜 세월 동안 작도에 관한 문제는 많은 수학자의 관심을 받아왔다. 그렇다면, 왜 고대인들은 이렇게 까다로운 조건을 내걸고 작도라는 것을 했을까? 그것은 '가장 완전한 도형은 직선과 원이며, 그래서 신은 이 둘을 중히 여긴다.'라는 믿음 때문이었다. 이러한 믿음으로 인해 그리스인들은 작도의 도구를 오직 '직선과 원'만을 그릴 수 있는 '자와 컴퍼스'에 국한시킨 것이다.

2.2 작도와 유클리드 도구

가장 지속적이고 광범위하게 적용된 수학 저작물로 꼽히는 유클리드의 원론도 많은 작도문제를 포함하고 있다(Fitzpatric, 2007). 작도는 유클리드 도구로 불리는 눈금 없는 자와 컴퍼스만으로 평면도형을 그리는 활동으로 몇 가지 가정이 필요하다. 먼저, 자는 직선을 긋고 컴퍼스는 원을 그리는 데에만 사용한다. 자에는 눈금이 없기 때문에 자를 사용하여 선분의 길이를 알아내거나, 두 선분이 합동임을 알아내는 것이 불가능하다. 즉, 눈금 없는 자는 서로 다른 두 점이 주어졌을 때, 그 두 점을 지나는 직선을 그리는 도구이다.

그런데, 컴퍼스의 경우 유클리드가 원론에서 도입한 컴퍼스와 오늘날 학교수학에서 사용하는 컴퍼스는 차이가 있다. 특별히 기억할 것은 유클리드가 사용한 컴퍼스의 특징이다. 유클리드의 컴퍼스는 현대의 컴퍼스와는 큰 차이를 가지고 있는 도구였다. 유클리드의 컴퍼스는 컴퍼스의 다리를 종이 표면에서 떼는 순간 접히고 말았다는 점을 기억할 필요가 있다. 따라서 유클리드가 원론에서 도입한 컴퍼스는 서로 다른 두 점이 주어졌을 때, 한 점을 중심으로 하고 다른 한 점을 지나는 원을 그리는 도구이다. 이에 반해 학교수학에서 사용하는 컴퍼스에 대해서는 다음과 같이 언급하기도 한다.

> '학교수학에서 사용하는 컴퍼스는 유클리드가 도입한 컴퍼스와 달리 길이를 옮길 수 있는 역할도 할 수 있으므로 유클리드가 도입한 컴퍼스와 학교수학에서 사용하는 컴퍼스는 그 정의상 서로 다른 것으로 구분된다.'

하지만 유클리드 컴퍼스는 흥미롭게도 학교수학에서 사용하는 컴퍼스의 역할을 할 수 있다. 다음은 유클리드 원론 제1권의 첫 번째 명제와 두 번째 명제이다.

[명제 1] 주어진 선분을 한 변으로 하는 정삼각형을 작도할 수 있다.

[명제 2] 세 점 A, B, C가 주어졌을 때, $\overline{BC} = \overline{AD}$를 만족시키는 점 D를 작도할 수 있다.

명제 1은 간단히 작도할 수 있으므로 그 타당성에 대해서는 생략하기로 하고 뒷부분에서 다루기로 하자. 이제 우리는 명제 1을 이용하면 명제 2를 증명할 수 있을 뿐 아니라, 명제 2가 증명된 후에는 주어진 선분의 길이를 반지름의 길이로 갖는 원을 그릴 수 있어 길이를 옮길 수도 있다. 따라서 유클리드 컴퍼스가 현재의 컴퍼스와 동일한 역할을 수행할 수 있음을 확인할 수 있게 된다. 다음은 명제 2의 증명이다.

증명

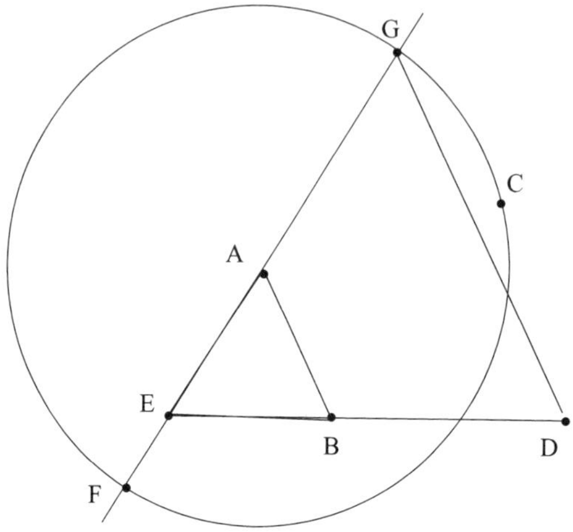

[그림 2-1]

명제 1에 의해서 선분 AB를 한 변으로 갖는 정삼각형을 작도할 수 있다. 이 정삼각형의 꼭짓점 중 A와 B가 아닌 점을 점 E라 하자. 그리고 점 A를 중심으로 하고 점 C를 지나는 원과 직선 EA와 만나는 점을 각각 점 F, G라 하자. 또, 명제 1에 의해서 선분 EG를 한 변으로 갖는 정삼각형을 작도할 수 있다. 이 삼각형의 꼭짓점 중 E와 G가 아닌 점을 점 D라 하면, 점 D는 $\overline{AC} = \overline{BD}$를 만족한다(그림 2-1). ■

명제 2의 증명결과로부터 우리는 고정되지 않는 유클리드 컴퍼스와 눈금 없는 자만으로 현재 우리가 사용하는 컴퍼스를 완전히 대체할 수 있음을 확인할 수 있다.

2.3 최초의 수학책 유클리드의 원론과 작도

유클리드 원론에서는 다음과 같은 공준 1, 공준 2, 공준 3을 통해 작도 도구의 역할을 명시하고 있다.

공준 1. 한 점으로부터 또 다른 한 점으로 직선을 그을 수 있다.
공준 2. 유한직선은 무한히 연장할 수 있다.
공준 3. 주어진 점을 중심으로 주어진 선분을 반지름으로 하는 원을 그릴 수 있다.

유클리드 작도는 유클리드 원론의 공준 1~공준 3에 의해 타당성이 확보될 수 있다. 우선 공준 1과 공준 2는 직선의 작도와 관련된다. 공준 1은 두 점을 지나는 직선을 눈금 없는 자로 언제든지 그을 수 있음을 보장하고, 공준 2는 직선을 눈금 없는 자로 얼마든지 연장하여 유한의 범위를 확장하는 것이 가능함을 보장한다. 또한 공준 3은 원의 작도와 관련된 것으로 중심과 반지름이 주어진 원을 컴퍼스로 그릴 수 있음을 보장하는 것이다. 다음은 이러한 유클리드 공준의 기본적인 작도 조건을 기초로 유클리드 원론에 제시된 명제의 내용을 작도로 구현한 사례를 제시한 것이다.

[원론 제1권 명제 1]
주어진 유한직선 위에 정삼각형을 만들 수 있다.

작도

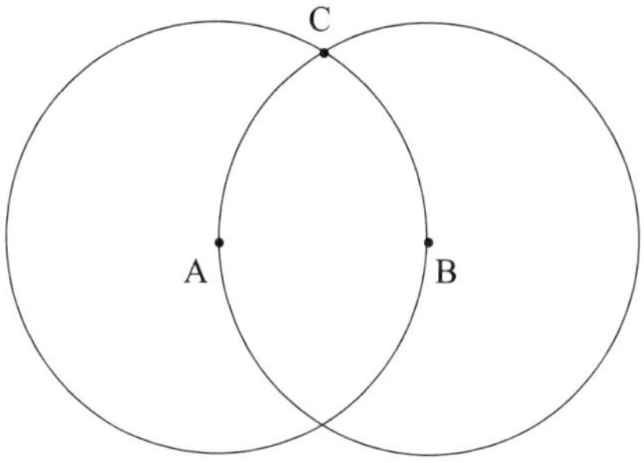

[그림 2-2]

직선 AB 위에 정삼각형을 작도해야 한다. 한 점 A를 원의 중심으로 선분 AB의 길이를 반지름으로 하는 원을 작도한다(공준 3). 다음으로 한 점 B를 원의 중심으로 하고 선분 AB의 길이를 반지름으로 하는 원을 작도한다(공준 3). 두 원이 서로 만나는 교점을 C라 하고, 두 점 A, B와 직선으로 연결한다(공준 1).

증명

위의 작도를 통해 만들어진 삼각형 ABC가 정삼각형이라는 것을 보이면 된다. 우선 점 A는 원의 중심이기 때문에 선분 AB와 선분 AC의 길이는 같다. 그리고 점 B는 원의 중심이기 때문에 선분 BC와 선분 BA의 길이는 같다. 따라서 선분 AB, 선분 BC, 선분 AC의 길이는 모두 같기 때문에 삼각형 ABC는 정삼각형이다. ■

[원론 제2권 명제 11]
주어진 선분을 둘로 나누고, 전체와 하나의 부분으로 에워싸인 직사각형을 나머지 부분의 위의 정사각형과 같게 할 수 있다(황금분할작도).

작도

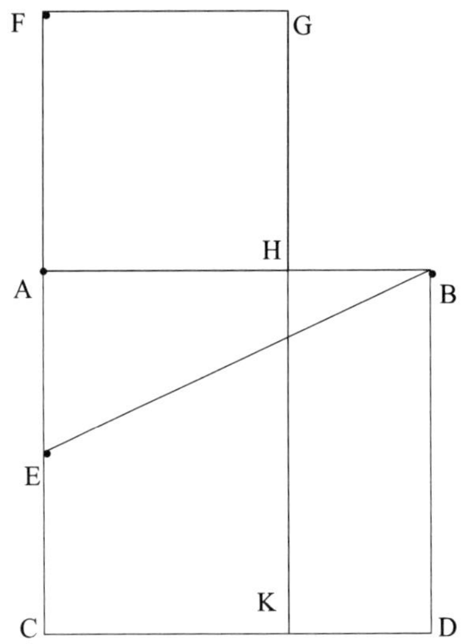

[그림 2-3]

주어진 선분을 AB라고 하자. 한 변의 길이가 $\overline{AB}$인 정사각형 ACDB를 작도한다. 선분 AC의 중점 E를 잡고, 선분 BE를 그린다. 이제 직선 AC 위에 $\overline{EB}=\overline{FE}$인 점 F를 잡는다. 다음으로 한 변의 길이가 $\overline{FA}$인 정사각형의 한 변이 직선 AB 위에 오도록 작도한다. 이때, 직선 AB위에 있는 정사각형의 한 꼭짓점을 H라고 하자. 그러면, 우리가 구하는 선분 AB를 둘로 나누는 기준이 점 H가 된다.

해설

현대적인 의미로 보면 $\overline{AB}=1$로 잡고 $\overline{AH}=x$라고 두면, $1\times(1-x)=x^2$이다. 즉, $x^2+x-1=0$을 만족하므로 $x=\dfrac{-1\pm\sqrt{5}}{2}$이므로 황금분할이다. ■

[원론 제4권 명제 11]
주어진 원에 정오각형을 내접시킬 수 있다.

작도

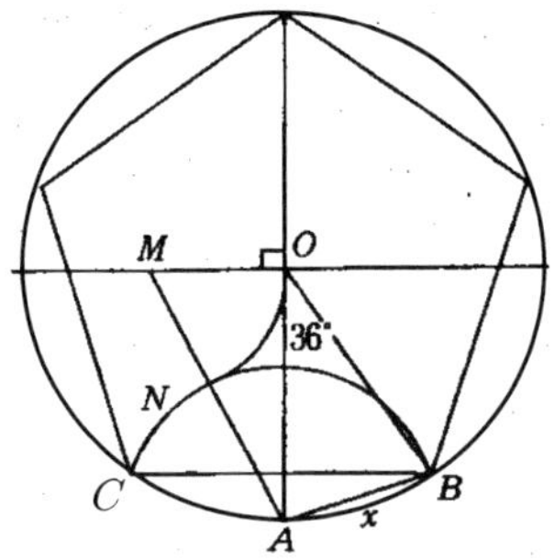

[그림 2-4]

원 O가 주어져 있다. 원의 중심 O를 지나고 서로 수직인 두 직선을 작도한다. 그중 한 지름의 끝점을 A라고 하자. 또한 직선 OA에 수직인 한 반지름의 중점을 M이라고 하자. 그리고, 선분 MA를 긋는다. 이제 점 M을 중심으로 하고, 반지름의 길이가 주어진 원의 반지름의 $\frac{1}{2}$인 원을 작도한다. 원 M과 선분 MA의 교점을 N이라고 하자. 점 A를 중심으로 하고, 반지름의 길이가 $\overline{AN}$인 원이 원 O와 만나는 점을 B라 하자. 그러면, 삼각형 OAB는 $\angle AOB = 36°$인 이등변삼각형이다. 이제 점 A를 중심으로 하고, 반지름의 길이가 $\overline{AB}$인 원이 원 O와 만나는 점을 C라고 하자. 그러면, 선분 BC가 정오각형의 한 변의 길이가 된다. 이제 반복해서 나머지 변을 작도하면 정오각형을 얻을 수 있다. ■

[원론 제4권 명제 16]
주어진 원에 정십오각형을 내접시킬 수 있다.

작도

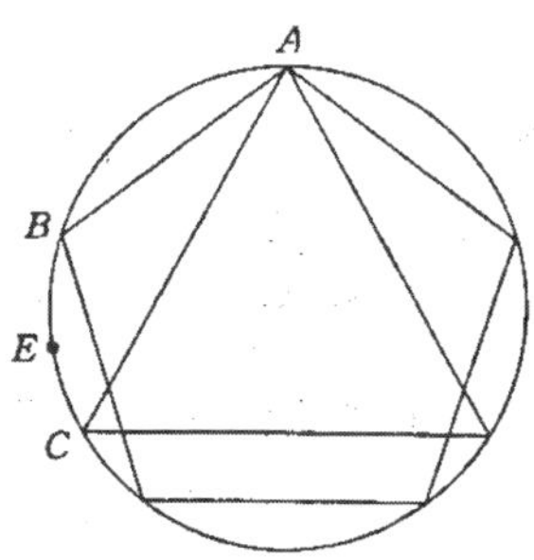

[그림 2-5]

원에 내접하는 정삼각형을 작도한다. 점 A를 한 꼭짓점으로 하는 정오각형을 작도한다. 정삼각형은 원의 호를 정확히 삼등분하므로 호 AC 안에는 정십오각형의 열 다섯 개의 변 중 다섯 개의 변이 들어간다. 정오각형은 원의 호를 정확히 오등분하므로 호 AB 안에는 정십오각형의 열 다섯 개의 변 중 세 개의 변이 들어간다. 그러므로 호 BC 안에는 정확히 두 개의 변이 들어간다. 점 B, C를 연결하여 $\overline{BC}$를 작도한 후 $\overline{BC}$의 수직이등분선을 작도하여 원과 만나는 점을 점 E라 한다. 점 A를 중심으로 컴퍼스의 너비가 선분 BE가 되도록 원을 둘러가며 점을 찍으면 꼭 같은 거리만큼의 점이 15개 존재하고, 정십오각형이 작도된다. ■

2.4 유클리드의 분할론에서의 작도과제

유클리드 원론은 20세기 초까지 학교수학의 교재로 사용되어 왔고, 이로 인해 유클리드와 원론을 동일시할 만큼 거의 대다수의 사람은 원론은 잘 알고 있다. 반면 유클리드의 또 다른 저작물에 대해서는 큰 관심이 없다(서보억, 2010). 그 대표적인 유클리드의 저작이 《분할론》인데, 이 분할론은 컴퍼스와 자를 이용하여 도형을 분할하는 것과 깊은 관련이 있다. 실제로 분할론에 제시된 36개의 명제 중에 기초 성질에 해당하는 6개의 명제를 제외한, 30개의 명제가 '분할하는 것(to divide)', '잘라내는 것(to cut)', '그리는 것(to draw)'이라는 형태로 시작하고 있는데(Archibald, 1915), 이러한 표현으로 명제를 시작하고 있는 것은 컴퍼스와 눈금 없는 자라는 작도 도구만을 이용하여 주어진 도형을 분할하고 잘라내고, 그리라는 의미를 담고 있는 것으로 전적으로 작도를 의미하고 있다고 보아야 한다(서보억, 2016).

[분할론 명제 6]
평행사변형이 하나 주어져 있다. 한 변 위의 임의의 점에 대하여 이 점을 지나면서 주어진 평행사변형을 이등분하는 직선을 구할 수 있다.

위의 명제는 다음과 같이 넓이를 이등분하는 직선을 작도하는 과제로 변형할 수 있다.

작도과제 평행사변형 ABCD가 주어져 있다. 한 변 위의 점 P에 대하여 이 점을 지나면서 평행사변형 ABCD의 넓이를 이등분하는 직선을 작도하시오.

작도

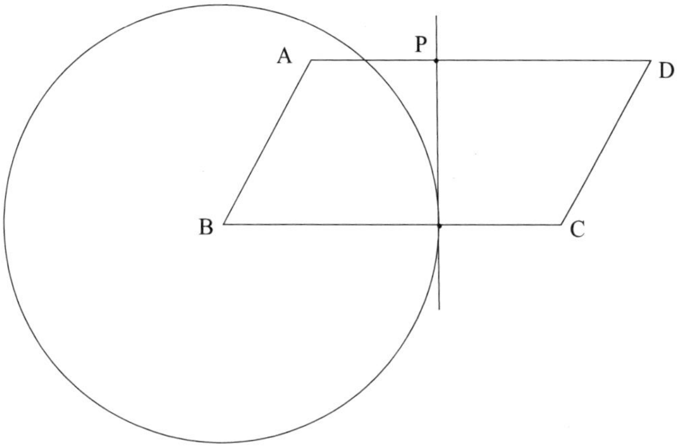

[그림 2-6]

점 B를 중심으로 하고, $\overline{PD}$를 반지름으로 하는 원을 작도한다. 원과 선분 BC의 교점을 잡고, 이 교점과 점 P를 연결한 직선을 작도한다. 그러면 이 직선이 평행사변형의 넓이를 이등분하는 직선이 된다. ■

[분할론 명제 7]
평행사변형이 하나 주어져 있다. 한 변 위의 임의의 점에 대하여 이 점을 지나면서 주어진 평행사변형을 $\frac{m}{n}$만큼(원하는 비율만큼) 잘라내는 직선을 구할 수 있다.

위의 명제는 다음과 같이 평행사변형의 넓이를 $\frac{m}{n}\left(\text{특별히 여기서는 } \frac{1}{4}\right)$등분하는 과제로 변형할 수 있다.

작도과제 평행사변형 ABCD가 주어져 있다. 한 변 위의 점 P를 지나면서 평행사변형 ABCD의 넓이의 $\frac{1}{4}$만큼 잘라내는 직선을 작도하시오.

작도

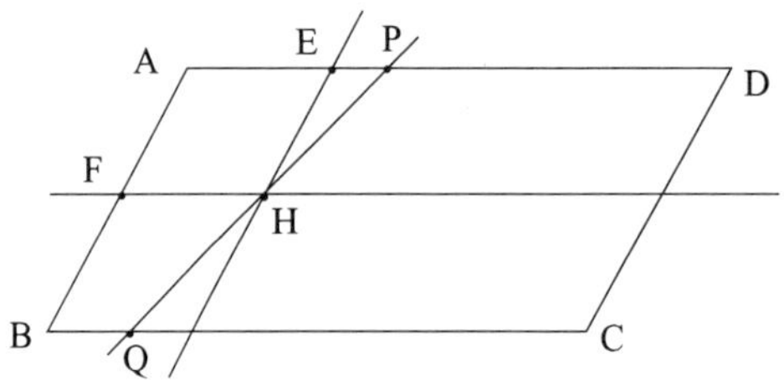

[그림 2-7]

선분 AD를 1 : 3으로 내분한 점 E를 작도한다. 점 E를 지나면서 선분 AB에 평행한 직선을 작도한다. 선분 AB의 중점을 F를 작도한 후 점 F를 지나면서 선분 AD에 평행한 직선을 작도한다. 점 F를 지나면서 선분 AD에 평행한 직선이 점 E를 지나면서 선분 AB에 평행한 직선의 교점을 H라 하자. 직선 PH가 선분 BC와 만나는 점을 Q라고 하자. 그러면, 선분 PQ를 평행사변형의 넓이를 1 : 3으로 나누는 직선이다. 따라서 사각형 ABQP의 넓이는 평행사변형 ABCD의 넓이의 $\frac{1}{4}$이 된다. ■

3. 고대 그리스의 또 다른 작도과제: 구적

유클리드 이후 작도와 관련하여 눈에 띄는 업적은 히포크라테스, 아르키메데스(Archimedes)에 의해 나타난다. 히포크라테스는 공리와 공준을 만들어 이를 바탕으로 논리적 방법으로 수학을 전개시킨 《기하학의 원론》을 저술하였지만, 현재 그 원본은 남아 있지 않다. 그가 남긴 업적 중에서 작도와 관련된 업적이 있는데, 그것은 궁형구적법(Quadrature of the lune)에 대한 것이다. 궁형(lune)이란 지름이 다른 두 원의 호로 둘러싸인 초승달 모양의 평면도형을 말하며, 구적이란 컴퍼스와 눈금이 없는 자만 이용하여 주어진 평면도형과 똑같은 넓이의 정사각형을 작도하는 것을 말한다. 또한 아르키메데스는 포물선의 할선에 의해서 생기는 도형에 대한 구적을 무한소를 이용하여 작도하였다.

3.1 직사각형의 구적

직사각형의 구적이란 주어진 직사각형과 동일한 넓이를 가지는 정사각형을 작도하는 문제이다. [그림 2-8]과 같이 임의로 주어진 직사각형 BCDE가 주어져 있으면 넓이가 같은 정사각형의 작도가 가능하다.

작도

직사각형 BCDE에 대하여 선분 BE를 오른쪽으로 연장하여 컴퍼스를 이용해 그 연장선 위에 선분 ED와 같은 길이로 선분 EF를 취하고 선분 BF를 이등분하여 점 G를 잡고, 선분 BF를 지름으로 하는 반원을 그린 다음에 선분 DE를 연장하여 반원과 만나는 점을 H라 하자. 그 다음에 선분 EH를 한 변으로 하는 정사각형 EHLK를 그리면 주어진 직사각형과 넓이가 같은 정사각형을 얻는다.

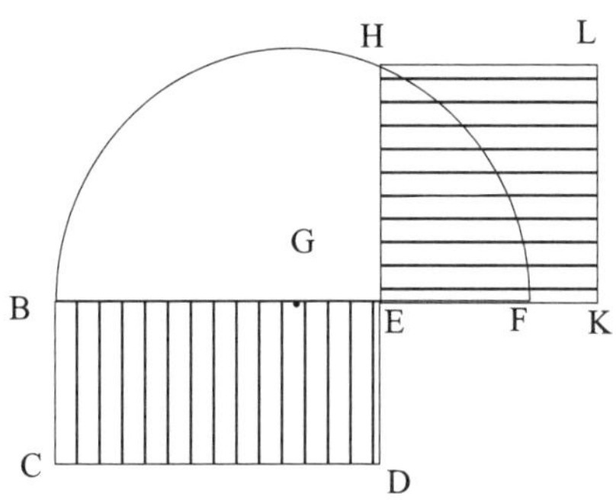

[그림 2-8]

증명

$\overline{GH}=a$, $\overline{GE}=b$, $\overline{EH}=c$이면 $\overline{DE}=\overline{EF}=$(반지름)$-b=a-b$, $\overline{BE}=a+b$이다. 따라서 피타고라스 정리에 의해 $c^2=a^2-b^2$이므로 다음에 의해 구적이 가능하다.

$$\begin{aligned}\text{직사각형 BCDE의 넓이} &= \overline{BE}\times\overline{ED}=(a+b)(a-b)\\ &= a^2-b^2=c^2=(\text{정사각형 EHLK의 넓이})\end{aligned}$$ ■

3.2 일반적인 사각형의 구적

일반적인 사각형의 구적이란 주어진 사각형과 동일한 넓이를 가지는 정사각형을 작도하는 문제이다. [그림 2-9]와 같이 임의의 사각형 ABCD가 주어져 있으면 넓이가 같은 정사각형의 작도가 가능하다.

작도

사각형에서 선분 AC를 연결하여 대각선을 그으면 두 개의 삼각형을 얻을 수 있고, 이 두 삼각형은 같은 밑변 AC를 가진다. 이 두 삼각형을 두 직사각형으로 만들어 합치면 한 개의 직사각형을 얻을 수 있다. 이 직사각형을 정사각형으로 구적할 수 있다. 따라서, 임의의 사각형은 정사각형으로 구적할 수 있다. ■

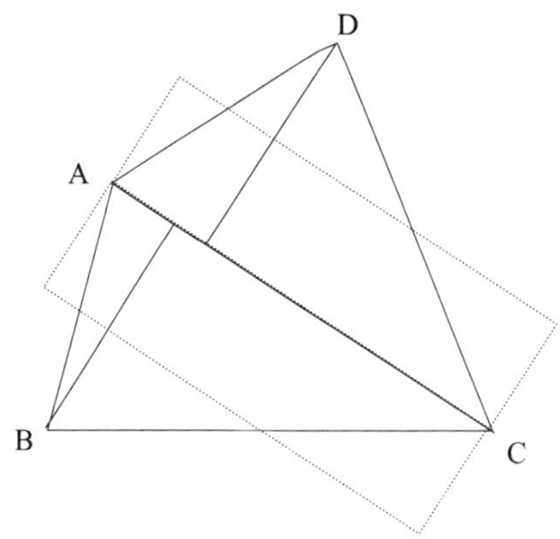

[그림 2-9]

3.3 삼각형의 구적

삼각형의 구적이란 주어진 삼각형과 동일한 넓이를 가지는 정사각형을 작도하는 문제이다. [그림 2-10]과 같이 임의의 삼각형 ABC가 주어져 있으면 넓이가 같은 정사각형의 작도가 가능하다.

작도

임의로 주어진 삼각형 ABC에 대하여 점 A에서 변 BC에 수선을 내려 그 발을 D라 하고, 선분 AD의 중점을 M이라 하자.

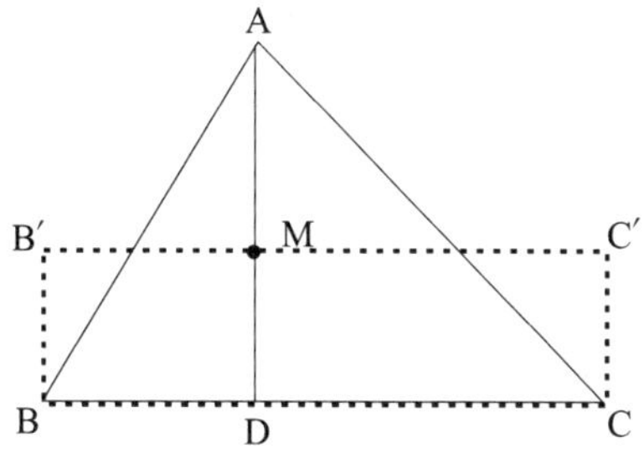

[그림 2-10]

$$\triangle \mathrm{ABC}\text{의 넓이} = \frac{1}{2} \times \mathrm{BC} \times \mathrm{AD} = \mathrm{BC} \times \mathrm{DM}$$
$$= (\mathrm{BC}\text{와 DM을두 변으로 하는 직사각형의 넓이})$$

그러면 선분 BC와 선분 DM을 두 변으로 하는 직사각형 BCC′B′의 넓이는 삼각형 ABC의 넓이와 같아진다. 이때 얻어진 직사각형을 앞의 직사각형의 구적 방법으로 정사각형으로 구적하면 된다. 따라서 모든 삼각형은 구적이 가능하다. ■

3.4 다각형의 구적

다각형의 넓이는 여러 개의 삼각형의 넓이의 합이나 차로 나타낼 수 있다. [그림 2-11]에서와 같이 일반적인 오각형은 세 개의 삼각형 A, B, C로 나눌 수 있으며, 또한 각 삼각형은 구적이 가능하므로 각각 A, B, C와 같은 넓이를 가지는 정사각형으로 만들 수 있다. 이때, 정사각형 A의 한 변의 길이를 a, 정사각형 B의 한 변의 길이를 b, 정사각형 C의 한 변의 길이를 c라고 하면, 다음이 성립한다.

$$y^2 = c^2 + x^2 = c^2 + (a^2 + b^2) = A + B + C$$

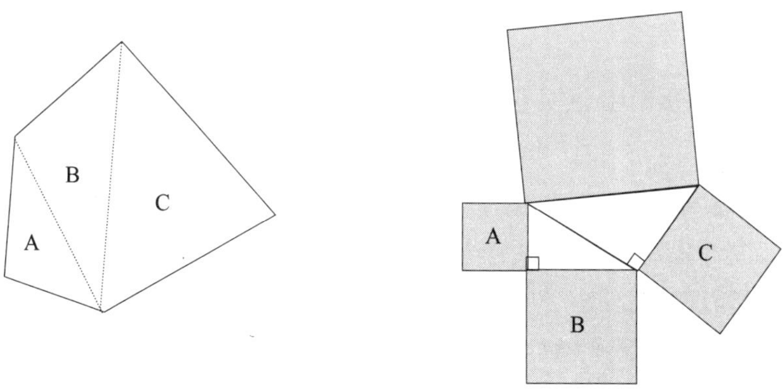

[그림 2-11]

따라서, 빗변 y를 한 변으로 하는 정사각형이 구하려는 정사각형이다. 이와 같이 구적가능한 두 도형의 합이 구적가능함과 마찬가지로 두 구적가능한 도형의 차도 구적가능하다. 이러한 방법을 이용하여 히포크라테스 시대에는 매우 불규칙한 다각형의 구적법도 찾았을 것이다.

3.5 궁형구적

지금까지 볼록다각형의 구적에 대해 알아보았다. 그러면, '곡선 모양을 가지는 도형은 구적이 가능할까?'라는 의문이 생긴다. 유클리드적인 방법으로 원과 같은 넓이를 가지는 정사각형을 작도하는 것은 불가능하다. 원이 아닌 호로 둘러싸여 있는 일정한 영역과 같은 넓이를 가지는 정사각형을 유클리드적 방법으로 작도하는 것은 매우 흥미가 있는 일이다. 키오스(Chios)의 히포크라테스는 최초로 궁형(lune, [그림 2-12]의 빗금 친 부분)을 가지고 구적법에 대해 연구하였다.

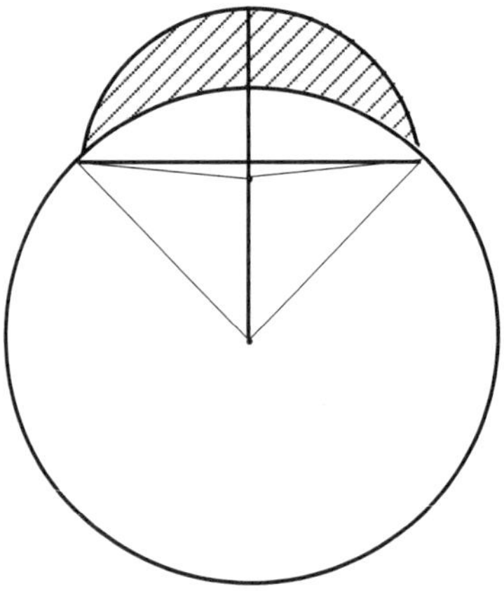

[그림 2-12]

하지만 모든 궁형이 정사각형으로 구적이 가능한 것은 아니다. 구적이 가능한 궁형은 특별한 모양을 가지는 5가지 경우에만 가능하다. 이 5가지 중에서 3가지의 경우는 히포크라테스에 의해 발견되어 작도되었고, 나머지 2가지는 1700년대 중엽에 발견되었다. 이 두 가지는 일반적으로 1771년 오일러(Euler)에 의해 만들어졌다고 알려져 있다. 그러나 히스(Heath, 1981)에 의하면 궁형구적 5형 모두가 1776년 마틴 요한 발레니우스(Martin Johan Wallenius)의 논문에 제시되었다고 한다. 20세기에 들어와서는 유클리드적 방법으로 구적이 가능한 궁형은 오직 5가지밖에 없음이 증명되었다(Shenitzer and Steprans, 1994).

이 다섯 가지 구적 가능한 궁형은 현대의 삼각함수의 식을 이용하면 그렇게 어렵지 않게 찾을 수 있다. 일반적으로, 궁형은 반지름이 R, r인 두 원의 호로 둘러싸인 모습이다(그림 2-13). 그림에서 점 A는 반지름이 R인 원의 중심이고, 점 B는 반지름이 r인 원의 중심이다.

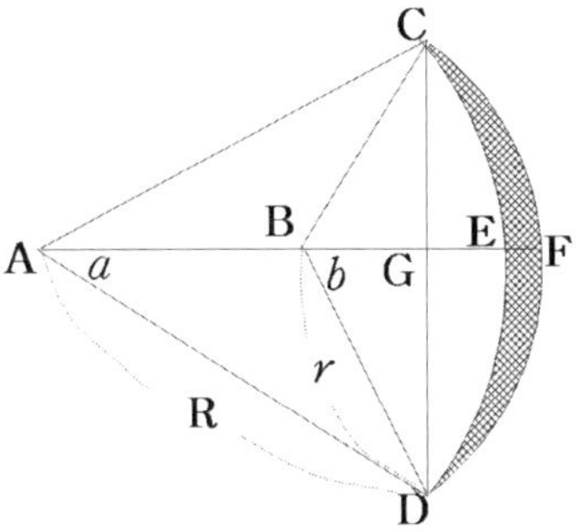

[그림 2-13]

여기서 (궁형의 넓이) = $\frac{1}{2}R^2\ \sin 2a - \frac{1}{2}r^2\ \sin 2b$(⋯①)이다. 만약 $r = 1$(단위 길이)로 주어졌다고 하자. 궁형과 같은 넓이를 가지는 정사각형을 작도하기를 원하기 때문에 우선적으로 R의 길이를 작도할 수 있어야 한다. $br^2 = aR^2$로부터 우리는 다음 식을 얻을 수 있다.

$$R^2 = ur^2 \quad (\text{단, } b = ua) \qquad \cdots\cdots ②$$

②식을 ①식에 대입하면 다음과 같은 식을 얻을 수 있다.

$$\begin{aligned}(\text{궁형의 넓이}) &= \frac{1}{2}R^2\ \sin 2a - \frac{1}{2}r^2\ \sin 2b \\ &= \frac{1}{2}ur^2\ \sin(2a) - \frac{1}{2}r^2\ \sin(2ua) \qquad \cdots\cdots ③ \\ &= \frac{1}{2}r^2\ (u\sin(2a) - \sin(2ua))\end{aligned}$$

그림에서 △ADG와 △BDG의 한 변 GD는 서로 공통이고, $\overline{GD} = r\sin b = R\sin a$이다. 이때, ②식에 의해서 $R = r\sqrt{u}$, $b = ua$이므로 다음 식을 얻을 수 있다.

$$r\sin b = R\sin a$$

$$\Rightarrow r\sin(ua) = r\sqrt{u}\sin a \quad \cdots\cdots ④$$

$$\Rightarrow \sin(ua) = \sqrt{u}\sin a$$

이제, ④에서 얻은 결과와 삼각법의 공식 $\sin 2a = 2\sin a\cos a$, $\cos^2 a = 1-\sin^2 a$(즉, $\cos a = \sqrt{1-\sin^2 a}$을 이용하여 ③에서 얻은 (궁형의 넓이)를 새롭게 고치면 다음 식을 얻을 수 있다(단, $s = \sin a$).

$$\begin{aligned}
(\text{궁형의 넓이}) &= \frac{1}{2}r^2\ (u\sin(2a) - \sin(2ua))\\
&= \frac{1}{2}r^2\ (2u\sin a\cos a - 2\sin(ua)\cos(ua))\\
&= \frac{1}{2}r^2\ (2u\sin a\cos a - 2\sqrt{u}\sin a\cos(ua))\\
&= \frac{1}{2}r^2\, 2\sin a\,(u\cos a - \sqrt{u}\cos(ua)) \quad \cdots\cdots ⑤\\
&= \sin a\cdot r^2\ (u\cos a - \sqrt{u}\cos(ua))\\
&= \sin a\cdot r^2\ (u\sqrt{1-\sin^2 a} - \sqrt{u}\sqrt{1-\sin^2 ua})\\
&= \sin a\cdot r^2\ (u\sqrt{1-\sin^2 a} - \sqrt{u}\sqrt{1-u\sin^2 a})\\
&= s\,r^2\ (u\sqrt{1-s^2} - \sqrt{u}\sqrt{1-us^2})
\end{aligned}$$

따라서 우리는 이차방정식보다 더 복잡한 것의 사용 없이 $s=\sin a$의 값을 결정할 수 있다면 유클리드적인 방법에 의해 궁형구적을 할 수 있을 것이다. 앞의 ④식에서 얻은 방정식 $\sin(ua) = \sqrt{u}\sin a$은 임의의 유리수 u에 대해 제곱근과 이차방정식만으로 $\sin a$의 해를 구할 수 있음을 어렵지 않게 알 수 있다.

지면 관계상 히포크라테스가 발견한 궁형구적 I형만 소개하고자 한다. ④식에서 $u=2$라고 하고, $s=\sin a$라고 하면 즉, $s^2 = \frac{1}{2}$이므로 $s = \frac{1}{\sqrt{2}}$이다($\sin a = \frac{1}{\sqrt{2}}$이므로 $a = \frac{\pi}{4}$). 반지름의 길이가 1인 단위원에서 이 값을 ⑤식에 대입하면 궁형의 넓이 1을 얻을 수 있다(그림 2-14). 따라서 작도 가능하다.

$$
\begin{aligned}
(\text{궁형의 넓이}) &= s\,r^2\,(u\sqrt{1-s^2} - \sqrt{u}\ \sqrt{1-us^2}) \\
&= \frac{1}{\sqrt{2}}\,1^2\left(2\sqrt{1-\frac{1}{2}} - \sqrt{2}(1-2\cdot\frac{1}{2}\right) \\
&= \frac{1}{\sqrt{2}}\left(2\sqrt{\frac{1}{2}} - \sqrt{2}\cdot 0\right) \\
&= \frac{1}{\sqrt{2}}\,(\sqrt{2}) = 1
\end{aligned}
$$

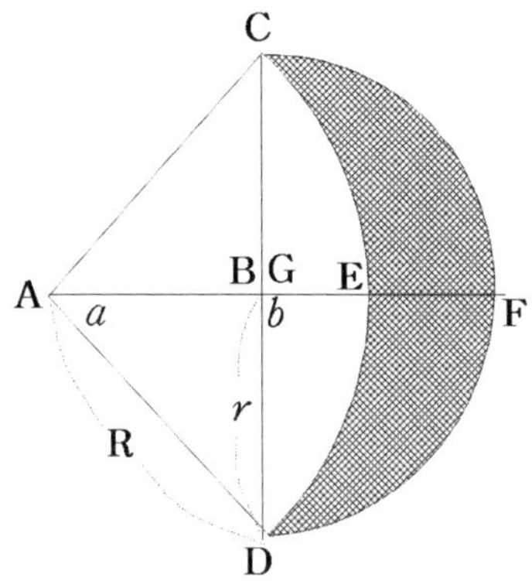

[그림 2-14]

3.6 포물선의 구적

아르키메데스는 시칠리아 섬에 있는 시러큐스에서 태어난 천문학자인 아버지의 영향을 받아 평생 천체에 흥미를 가졌다. 그가 남긴 논문 중에서 현존하는 논문으로 〈포물선의 구적법(Quadrature of the Parabola)〉에는 24개의 명제를 수록하고 있는데 그 명제 중에 다음과 같은 포물선의 구적이 제시되어 있다.

> [포물선의 구적법 명제]
> 한 포물선과 그 포물선을 자르는 현에 의해 생기는 도형의 넓이는 밑변이 현이고 다른 한 꼭짓점은 포물선 위의 점으로서 그 곳에서의 접선이 현과 평행이 되는 내접삼각형의 넓이의 $\frac{4}{3}$가 된다.

작도

아르키메데스는 [그림 2-15]에서 포물선을 자른 현에 의해 생기는 도형의 넓이와 같은 정사각형의 넓이를 다음과 같이 작도하였다.

먼저 삼각형 ABC의 넓이의 $\frac{4}{3}$가 되는 삼각형을 작도한다. 이 작도는 삼각형의 높이를 $\frac{4}{3}$로 하면 된다. 그 다음, 이 삼각형과 같은 넓이를 가지는 정사각형을 작도한다.

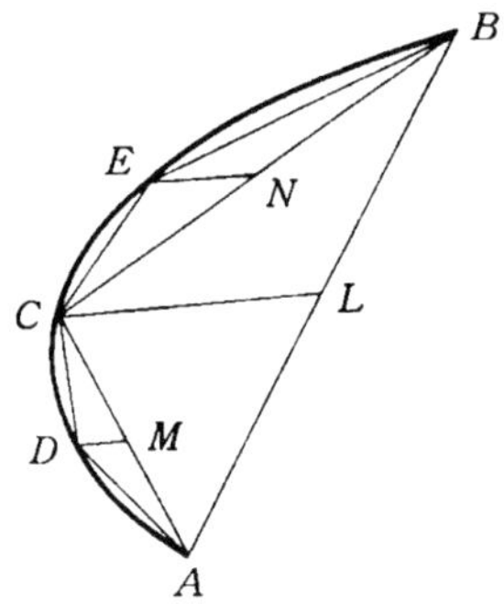

[그림 2-15]

※ 여기서 왜 $\frac{4}{3}$가 되는지는 다른 서적을 참고하면 쉽게 이해할 수 있으므로 여기에서는 생략한다. ■

4. 고대 그리스 시대의 3대 작도 난제

작도의 역사에서 절대로 뺄 수 없는 중요한 작도문제가 있다. 이 문제는 고대 그리스 시대의 작도문제 중에서 가장 유명한 문제이다. 이것은 원적문제, 배적문제, 각의 삼등분 문제라고 불리는 작도문제인데, 이 세 문제를 3대 작도 난제라고 부른다.

4.1 3대 작도 난제의 의미

수학은 오랜 시간을 거치면서 수많은 철학자, 사상가, 수학자에 의해 창조되었고, 직관적인 추측으로 이론들을 만들어 증명하며, 검토의 과정을 거쳐 수학적 이론들이 체계적으로 정리되어 왔다. 앞에서 언급한 것과 같이 고대 그리스인들은 가장 완전한 도형은 직선과 원이라 생각하여 유클리드 도구인 눈금 없는 자와 컴퍼스를 이용해 직선과 원을 작도하는 것을 중요시하였다. 유클리드 도구를 이용하여 기하에 관련된 많은 수학적 사실들을 발견하고 증명하기도 했지만, 한편으로는 해결할 수 없는 난제에 직면하기도 했다. 이번에는 이러한 문제에 대해 생각해 보자.

첫 번째 난제는 정육면체의 배적문제에 관한 것이다. 일반적으로 유클리드 도구를 이용하여 주어진 선분 길이의 2배가 되는 선분을 작도하는 것은 가능하다. 이를 이용하면 주어진 정사각형이 있을 때 이 정사각형의 넓이가 두 배가 되는 정사각형도 작도 가능할 것이다. 이러한 논리를 적용하면 주어진 정육면체의 부피가 2배 되는 정육면체를 작도하는 것이 눈금 없는 자와 컴퍼스로 가능한지에 대한 궁금증의 발현은 당연한 것일 수 있다.

두 번째 난제는 원과 넓이가 같은 정사각형을 작도하는 문제이다. 이집트인들은 원의 넓이에 관심이 많아 파피루스에 이에 관한 기록을 남겼다. 그들은 반지름이 1인 원의 넓이를 $\left(\frac{16}{9}\right)^2$으로 생각하여 원주율을 3.16049 정도의 근삿값으로 다루었다. 그리스인은 농토의 경지 정리를 위하여 곡선으로 되어 있는 농토를 사각형이나 다른 도형으로 고치려고 하였을 것이다. 이 문제와 관련하여 그리스인인 아낙사고라스(Anaxagoras)는 '주어진 원과 같은 넓이를 가진 정사각형을 작도할 수 있는가?' 하는 문제를 최초로 생각하였다. 즉 반지름의 길이가 1이면 원의 넓이는 π이므로 원적문제는 $x^2 = \pi$가 되는 한 변 x를 작도하는 문제이다.

세 번째 난제는 주어진 각을 삼등분하는 작도에 관한 것이다. 임의의 각의 삼등분은 눈금 없는 자와 컴퍼스만을 가지고 어떤 주어진 각의 크기를 똑같이 세 부분으로 나누는 작도문제이다. 직각의 경우에는 3등분할 수 있다. 임의의 각의 3등분 문제는 기원전 425년경 고대 그리스 히피아스(Hippias)가 처음으로 제시한 이래로 수많은 저명한 수학자와 일반인이 이 문제를 풀려고 도전했으나 그 누구도 이 문제를 풀지 못했다.

4.2 3대 작도 난제의 역사적 유래

4.2.1 배적문제의 역사적 유래

많은 사람이 배적문제에 관심을 갖게 된 계기는 두 가지 사건 때문인 것으로 알려져 있다. 옛날에는 사람들이 시공간적으로 이동이 많지 않았고 정보의 공유도 쉽지 않았기 때문에, 이 두 가지 사건은 아마도 각기 발생했을 가능성을 배제할 수 없다. 먼저, 제단의 크기와 관련된 일화에 대해서 알아보자. 고대 그리스 시대에 아테네에 전염병이 갑자기 퍼지고 많은 시민이 죽게 되었다. 아테네 시민들은 신전으로 가서 자신들이 숭배하는 신에게 많은 공물을 바치면서 기도를 올리고 아테네를 죽은 도시로 만들고 있는 원인을 없애달라고 하였다. 그런데 신들은 아테네 시민들의 바람과는 상관없이 많은 공물을 탐내고서 자신들을 위해 더 큰 제단을 만들라며, '너희들이 나를 섬기는 정성이 부족해서 나의 제단을 작게 만들어 놓은 것이 불만이다. 그러니 지금 제단 부피의 2배인 새로운 제단을 만들어라. 그러면 도시를 구해주겠다.'라는 말을 하였다. 그런데 마음이 급한 석공이 현재의 제단의 각 변의 길이를 두 배로 늘여서 새로운 제단을 만들어 이것을 신께 바쳤다. 새로운 제단을 바쳤음에도 불구하고, 전염병은 점점 더 퍼져가고 더 많은 사람들이 죽어갔다. 아테네 사람들은 신전으로 찾아가 신에게 '현재의 제단보다 2배인 제단을 만들어 주면 전염병을 쫓아주겠다고 하지 않았습니까? 우리는 새 제단을 신께 바쳤습니다. 어찌된 일입니까?'라고 항의하였다고 한다. 하지만 그들이 만든 것이 부피가 8배로 늘어난 것임을 깨닫는 데에는 그리 오래 걸리지 않았다.

두 번째 일화는 크레테 왕국의 전설적인 미노스왕에 대한 희곡이다. 이 희곡의 대략적인 내용은 다음과 같다. 미노스왕은 불행하게도 자신의 아들인 왕자 글라우쿠스가 자신보다 먼저 죽었다. 왕자의 묘비는 빛나는 검정색 돌로 된 아름다운 정육면체였다. 그러나 미노스왕은 이 묘비가 작은 것에 만족하지 못하고, 건축가에게 '왕자의 묘비의 크기를 현재보다 두 배가 되도록 하라. 그러나 그 아름다운 모양은 망가뜨리지 않아야 한다.'고 명령하였다. 그런데, 현명함으로 명성을 얻은 이 왕이 건축가에게 '현재의 묘비의 각 변의 길이를 2배로 해서 부피를 2배로 하시오.'라고 명령한 것이다. 건축가가 미노스왕의 말대로 각 변의 길이를 두 배로 하여 새로운 묘비를 만들었을 때, 그 부피는 전의 무덤의 8배가 되었다. 미노스왕이 이런 명령을 했다는 것이 알려지면서, 미노스왕은 세상 사람들의 웃음거리가 되었다고 한다.

이 두 가지 이야기의 진실이 무엇인지를 떠나 정말로 '주어진 정육면체의 부피가 2배 되기 위한 정육면체의 한 변의 길이'를 작도할 수 있는 방법은 없을까에 대해서 고민하기 시작하였다.

4.2.2 원적문제의 역사적 유래

원적문제란 '원과 같은 넓이를 가진 정사각형을 만들어라.'라는 것이다. 이 문제와 관련하여 일화는 다음과 같다. 고대 그리스 이오니아 학파가 활약하고 있던 무렵, 아낙시메네스라는 천문학자의 제자 중에 아낙사고라스라는 사람이 있었다. 아낙사고라스는 태양의 운행, 밤낮의 변함, 만월이나 달의 기움, 별의 운행 등을 조사하고, 그 밖에도 여러 가지 천재지변은 모두 인간의 힘으로 해명할 수 있는 것이라고 생각했다. 그런데, 이러한 그의 연구가 일반 사람들의 눈에는 신을 모독하는 행위로 보였고, 그를 몹시 비난하게 되었다. 결국 그는 체포되어 투옥되고, 책은 모두 몰수당하였는데, 감옥 안에서도 할 수 있는 일 즉, 머리를 써서 기하학 문제 한 가지를 생각해 냈는데 이것이 원적문제라고 전해진다.

아낙사고라스는 자신이 낸 원적문제에 대한 풀이를 시도하였고, 어떤 결과를 얻었는지, 또는 그의 공헌이 무엇이었는지에 대해서는 알려져 있지 않다. 그와 동시대인이었던 키오스의 히포크라테스는 두 원호로 에워싸인 어떤 특별한 활꼴을 정사각형으로 만드는 데 성공했는데 아마 자신의 연구가 원적문제를 푸는 실마리가 될 것으로 기대했던 것 같다.

4.2.3 각의 삼등분 문제의 역사적 유래

세 번째 작도 난제 문제인 임의의 각의 삼등분 문제에 대한 유래를 살펴보자. 유클리드 도구를 가지고 주어진 선분을 여러 등분으로 나누는 것은 간단한 문제였으므로, 고대 그리스인들이 각을 여러 등분으로 나누는 것도 유사한 방법으로 풀 수 있다고 생각하고 풀었으나 문제에 부딪힌 것 같다. 다른 작도 난제 문제보다도 각의 삼등분 문제가 훨씬 널리 알려져 있고 유명하다. 그 이유는 각의 삼등분 문제가 다른 문제에 비해 이해하는 데 어려움이 없으면서 매우 간단하고, 또한 특별한 크기의 각 즉, 직각과 같은 경우에는 삼등분이 가능하기 때문일 것이다. 따라서 많은 수학자들은 임의의 각도 아주 쉽게 삼등분이 될 것이라는 막연한 믿음을 가진 것으로 판단된다.

4.3 3대 작도 난제 문제의 해결

4.3.1 배적문제의 역사적 분석

한 변의 길이가 a인 정육면체의 부피 V는 a^3이고, 이 정육면체의 각 변을 2배로 늘린 새로운 정육면체의 부피 V'은 $(2a)^3=8a^3$이다. 따라서 $V'=8V$이다. 따라서 부피가 2배인 새로운 정육면체를 만들기 위해서는 처음 정육면체의 한 변의 길이를 a라 하고, 부피가 2배인 정육면체의 한 변의 길이를 b라 하면, $b^3=2a^3$이어야 하고, $b=\sqrt[3]{2}\,a$이다. 즉, 새로 만들 정육면체의 한 변의 길이는 처음 정육면체의 한 변 길이의 $\sqrt[3]{2}$배가 되어야 한다.

고대 그리스 시대는 지금 우리와 달리 기하 도구가 발달하지 못하였고, 그들의 기하 탐구 태도 때문에, 자와 컴퍼스만으로 주어진 길이의 $\sqrt[3]{2}$배 되는 길이를 작도할 수 있을까

하는 문제가 발생한다. 작도 가능한 수는 유리수에 제곱근과 사칙연산을 유한 번 적용해서 얻어지는 수이다. 그런데, $\sqrt[3]{2}$는 대수적 수이지만, $\sqrt[3]{2}$를 통해 만든 단순확대체인 $Q(\sqrt[3]{2})$는 유리수체 Q 위에서 차수가 3이므로 $\sqrt[3]{2}$는 자와 컴퍼스만으로는 작도가 가능하지 않다.

4.3.2 원적문제의 역사적 분석

현대 수학에서 원적문제는 불능이라는 것이 증명되었는데, 기원전 당시의 수학자들은 이 문제는 가능하다고 믿고 여러 가지 방법을 시도했다. 그중에 소피스트 학파의 한 사람인 안티폰이라는 사람이 있었다. 그는 반지름이 1인 원에 내접하는 정사각형의 넓이를 구하고, 다음에 이들의 변의 수를 2배로 한 정팔각형, 다시 변의 수를 2배로 한 정십육각형, 그리고 정삼십이각형, 정육십사각형으로 순차적으로 변의 수를 2배로 하여 그 넓이를 구하고, 계속 정백이십팔각형의 둘레의 길이와 그 넓이를 구했다고 한다. 그는 차례차례로 이 방법을 계속해가면 원의 넓이나 원주의 길이를 구할 수 있다고 믿었다. 하지만 이 방법은 무한의 문제로 인해 불가능하다.

원적문제는 원주율 π와 깊은 관련이 있다. π란 어떤 종류의 수인가? 유리수인가, 무리수인가? 대수적인 수인가 초월수인가? 이 문제는 오일러가 처음으로 제기한 후 107년 동안 수학자들을 꼼짝 못하게 사로잡아 두었다.

대수방정식은 $a_n x^n + \cdots\cdots + a_2 x^2 + a_1 x + a_0 = 0$으로 표현되는데, n은 유한이며 모든 계수 $a_i(1 \le i \le n)$는 유리수이다. 오일러가 살던 시대의 사람들은 무리수도 아니면서 대수방정식의 근도 되지 않는 수가 존재한다는 것을 점차 인식하게 되었다. 이와 같은 수를 '초월수'라 부른다. 이러한 초월수의 존재성은 1840년 조제프 리우빌(Joseph Liouville)이 대수방정식의 근이 될 수 없는 수를 정의할 수 있다고 증명하고 나서야 입증되었다.

이에 대한 중요한 해답은 초월수 π가 원적문제에 대한 해결의 열쇠를 제공하고 있다는 것이다. π의 초월성을 언급하는 이유는 그리스인들이 컴퍼스와 눈금 없는 자만을 사용하여 유한 번의 작도 과정을 거쳐 원과 같은 넓이의 정사각형을 구하려고 한 원적문제가 왜 불가능한지를 증명하는 데 있어서 중요한 근거가 되기 때문이다. 만일 원적문제가 유한 번의 작도로 가능하다면 계수가 정수인 대수방정식의 한 근은 π 또는 $\sqrt{\pi}$가 될 것이다. 만일 π가 어떠한 계수가 정수인 대수방정식의 근이 아니라면 원적문제는 불가능해진다.

결국 유클리드 작도에 의한 원적문제의 해결 가능성은 전적으로 π가 대수적인 수인가 또는 초월적인 수인가에 귀착되었다. 그런데 린데만은 1882년 원주율 π가 초월수임을 증명하면서 주어진 원과 같은 넓이의 정사각형을 작도한다는 것은 불가능하다는 것이 밝혀졌다.

4.3.3 각의 3등분 문제의 역사적 분석

각의 삼등분선을 대수적으로 고찰해 보자. [그림 2-16]에서 $\angle$AOB의 삼등분선 OT를 얻기 위해 구해야 하는 선분 OC의 길이를 x, AD$=2y$, 선분 OA의 직선 OB 위의 정사영 선분 ON의 길이를 a라 하면, $\frac{x}{2}=\frac{x+a}{1+2y}=\frac{1+y}{x}$을 만족하는 x를 구하는 것으로 변형할 수 있다.

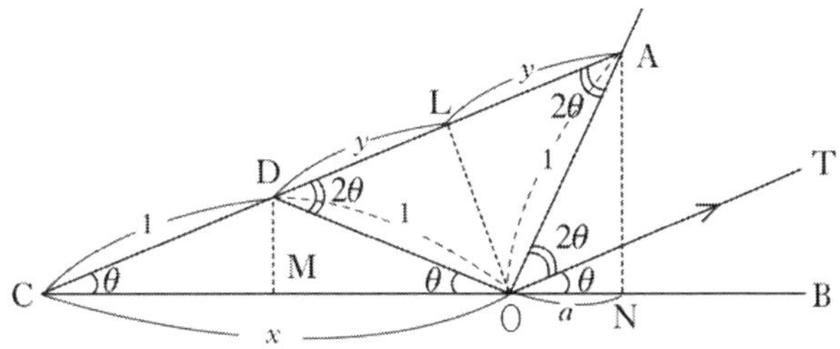

[그림 2-16]

이 식을 정리하면, $x^3-3x-2a=0$을 얻는다. 즉, 삼차방정식 $x^3-3x-2a=0$의 근을 작도할 수 있으면 주어진 각 AOB를 삼등분할 수 있다.

그런데, 삼등분방정식 $x^3-3x-2a=0$에서 만족하는 x의 값을 u라고 할 때, 이 u를 포함한 확대체의 Q상에서의 차수 $[u : \text{Q}]=3$이므로 작도가 불가능하다. 즉, 임의의 각에 대한 삼등분에 대한 작도는 불가능함을 알 수 있다.

5. 근대의 새로운 작도: 결손작도

5.1 결손작도의 의미

학교수학에서의 작도란 눈금 없는 자와 컴퍼스를 사용하여 점, 직선, 원을 그리는 것으로 이 작도를 유클리드 작도라고 한다. 이에 비해 결손작도란 작도에 쓰이는 도구인 눈금 없는 자와 컴퍼스의 사용에 제한을 둔 작도를 뜻한다. 즉 유클리드 도구인 자와 컴퍼스만을 사용한다는 조건을 변경하여 작도를 수행하는 것이다. 예를 들어 자를 사용하지 않고 오직 컴퍼스만을 사용하여 작도를 하거나, 컴퍼스를 사용하지 않고 오직 자만 사용하여 작도를 하거나 혹은 눈금 없는 자와 컴퍼스를 사용하되 컴퍼스가 그리는 원의 반지름의 길이가 1로 고정되어 작도하는 것 등이 있다(이예찬, 2020).

실제로 눈금 없는 자와 컴퍼스를 유한 번 사용하여 할 수 있는 모든 작도를 컴퍼스만으로 작도할 수 있다는 모어-마스케로니의 정리(Mohr-Mascheroni theorem), 하나의 원만 주어진다면 자만을 이용하여 작도할 수 있다는 퐁슬레-스테이너의 정리(Poncelet-Steiner theorem)가 있다.

[퐁슬레-스테이너의 정리]
중심과 반지름을 알고 있는 원이 하나 주어지면, 눈금 없는 자만을 이용하여 작도할 수 있다.

퐁슬레-스테이너의 정리에서 원이 하나 주어져 있다는 조건은 반지름의 길이와 중심을 알고 있는 원호 일부가 주어져 있다는 것으로 약화시킬 수 있지만 이 조건을 완전히 없애지는 못한다는 것이 알려져 있다(Baston & Bostock, 1990). 또한 녹슨 컴퍼스를 이용한 작도가 있는데, '녹슨 컴퍼스'란 그릴 수 있는 원의 반지름의 길이가 상수로 고정되어 있는 컴퍼스를 일컫는다. 퐁슬레-스테이너의 정리에 의해 눈금 없는 자와 녹슨 컴퍼스로 모든 유클리드 작도를 할 수 있다.

5.2 마스케로니 작도

5.2.1 마스케로니 작도의 의미

이탈리아의 수학자 마스케로니(Mascheroni)는《컴퍼스 기하학(Geometria del compasso)》이라는 저술에서 '자와 컴퍼스를 사용하여 해결되는 모든 작도문제는 컴퍼스만을 이용하여 해결된다.'는 내용을 기술하였다(이종우, 1997). 하지만 1672년 암스테르담에서 출판된 모어(Mohr)가 쓴《덴마크 원론》이라는 수학 책의 제1장에 컴퍼스만을 이용한 작도에 관한 내용이 마스케로니보다 125년 앞서 소개되었다. 그래서 컴퍼스 기하학의 바탕인 '자와 컴퍼스를 사용하여 해결되는 모든 작도문제는 컴퍼스만을 이용하여 해결된다.'를 모어-마스케로니 정리라고 부르며, 컴퍼스 기하학의 기본 정리라고도 부른다(한인기, 강인주, 2000).

따라서 이 글에서 마스케로니 작도는 결손작도의 하나로서 눈금 없는 자를 사용하지 않고 컴퍼스만을 사용하는 작도를 말한다. 이 컴퍼스 작도에서는 직선을 실제적으로 그릴 수 없으므로 직선 위에 두 점이 작도되자마자 두 점을 지나는 직선은 작도된 것으로 간주한다. 즉 '어떤 직선 l에 속하는 두 점을 표시하면 그 직선은 작도된 것이며, 선분의 양 끝점을 작도하면 그 선분은 작도한 것으로 간주한다(한인기, 강인주, 2000).

5.2.2 마스케로니 작도의 증명

눈금 없는 자와 컴퍼스를 사용하는 일반적인 작도문제에서 작도하는 점은 눈금 없는 자와 컴퍼스의 역할을 생각할 때 다음 세 가지의 기본작도를 통해서 만들어지는 점이다(이예찬, 2020).

[기본작도 1] 만나는 두 원 사이의 교점의 작도
[기본작도 2] 만나는 두 직선 사이의 교점의 작도
[기본작도 3] 만나는 원과 직선 사이의 교점의 작도

따라서 모어-마스케로니 정리의 결과는 컴퍼스만을 이용해 위 세 가지 기본작도를 정확하게 수행할 수 있다는 것이다. 이 중에서 기본작도 1은 컴퍼스만을 사용하므로 당연히 수행 가능하고, 기본작도 2와 기본작도 3이 컴퍼스만으로 가능한지 보이면 된다.

[마스케로니의 작도정리]
유클리드 작도는 유클리드 컴퍼스만으로 수행될 수 있다.

증명

증명의 편의를 위해 중심이 O이고 점 A를 지나는 원을 O(A)로, 중심이 O이고 반경이 선분 AB와 같은 원을 O(AB)로 표현하기로 한다.

첫째, 기본작도 2가 컴퍼스만으로 가능한지 보여야 한다. 구체적으로 컴퍼스만으로 두 점 A, B를 지나는 직선과 두 점 C, D를 지나는 직선의 교점을 작도할 수 있다(그림 2-17). 작도의 단계는 아래와 같다.

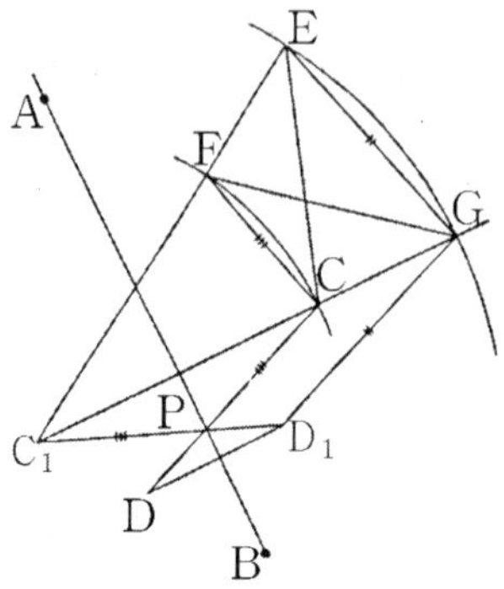

[그림 2-17]

1단계. A(C), B(C)를 통해 C_1을 얻는다.

2단계. A(D), B(D)를 통해 D_1을 얻는다.

3단계. $C(DD_1)$, $D_1(CD)$을 통해 G를 얻는다.

4단계. $C_1(G)$, $G(D_1)$를 통해 E를 얻는다.

5단계. $C_1(C)$, G(CE)를 통해 F를 얻는다.

6단계. C(F), $C_1(CF)$를 통해 P를 얻는다.

여기서 점 G는 점 C, C_1과 동일 직선 위에 있고, 점 E는 두 교점 중에 하나이고, 점 F는 점 C_1, E와 동일직선 위에 있다. $\square C_1D_1GE$와 $\square C_1PCF$은 닮은꼴이고 $\overline{GD_1}=\overline{GE}$이므로 $\overline{CP}=\overline{CF}$이다. 따라서, 기본작도 2가 컴퍼스만으로 가능함을 알 수 있다.

둘째, 기본작도 3이 컴퍼스만으로 가능한지 보여야 한다. 구체적으로 컴퍼스로 원 C(D)와 두 점 A, B를 지나는 직선의 교점을 작도할 수 있다. 이 경우는 두 가지로 구분하여 살펴보아야 한다. 하나는 원의 중심을 지나는 직선이냐 그렇지 않느냐이다. 각각의 작도의 단계는 아래와 같다.

먼저, 점 C가 선분 AB 위에 있지 않는 경우의 작도이다(그림 2-18).

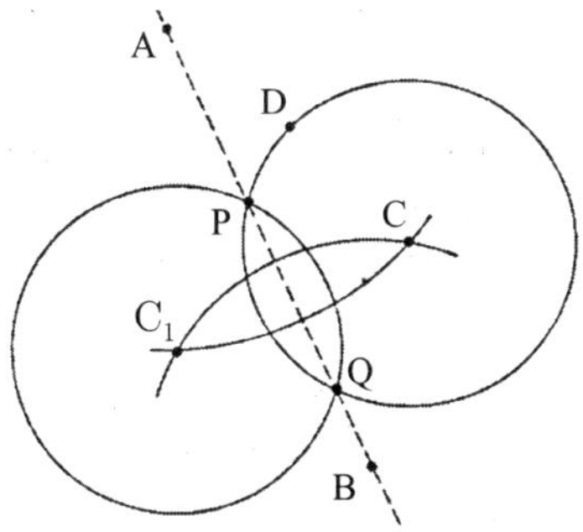

[그림 2-18]

1단계. A(C),B(C)를 통해 점 C_1을 얻는다.

2단계. C(D),C_1(CD)를 통해 점 P,Q를 얻는다.

다음으로 점 C가 선분 AB 위에 있지 않는 경우의 작도이다(그림 2-19).

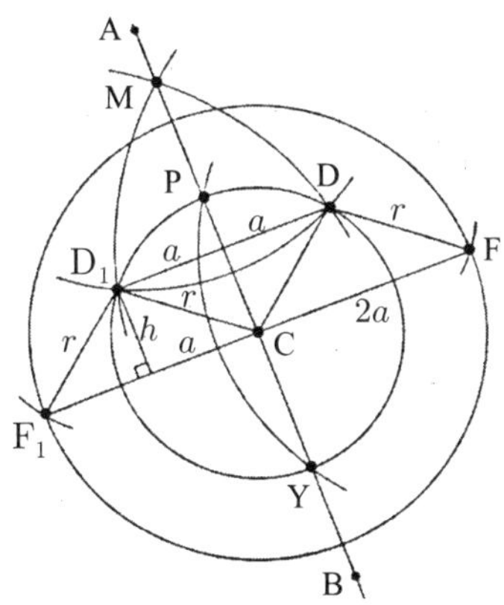

[그림 2-19]

1단계. A(C), C(D)를 통해 D_1을 얻는다.

2단계. C(DD_1), D(C)를 통해 F를 얻는다.

3단계. C(DD_1), D_1(C)를 통해 F_1을 얻는다.

4단계. F(D_1), F_1(D)를 통해 M을 얻는다.

5단계. F(CM), C(D)를 통해 P, Q를 얻는다.

여기서 점 F는 평행사변형 CD_1DF의 네 번째 꼭짓점이고, 점 F_1은 평행사변형

CDD_1F_1의 네 번째 꼭짓점이다. 위의 작도에 의해서 $\overline{CM}^2 = \overline{FP}^2$이 성립해야 하므로,

$$\overline{CM}^2 = \overline{FM}^2 - 4a^2 = \overline{FD_1}^2 - 4a^2 = 9a^2 + h^2 - 4a^2 = 9a^2 + r^2 - a^2 - 4a^2$$
$$= 4a^2 + r^2 = \overline{FP}^2$$

즉, $4a^2 + r^2 = FP^2$이므로 $\triangle FCP$가 직각삼각형이고 $\overline{CP} = r$이 된다. 따라서, 점 P는 원 C 위의 한 점이고, 같은 이유에 의해서 점 Q는 원 C 위의 점이 된다. 결국, 점 P, Q는 원 C와 직선 AB와의 교점이다. ■

5.3 퐁슬레와 슈타이너 작도

앞에서 주어진 원소와 구하는 원소가 모두 점인 유클리드 작도는 유클리드 컴퍼스만으로 수행될 수 있다는 사실을 모어-마스케로니의 작도 정리에서 살펴보았다. 따라서, 이번에는 반대로 '유클리드 작도가 유클리드의 눈금 없는 직선자만으로 가능한가?'라는 의문을 가질 수 있다. 이를 위해 주어진 임의의 두 점 A, B의 중점 M을 찾는 문제를 생각해 보자. 이 문제를 직선자만으로 작도할 수 있다고 가정해 보자. 그러면 중점 M은 유클리드의 직선에 관한 공준 1과 공준 2에 의해 유도된 유한개의 직선들로부터 유도되었을 것이다. 위의 작도가 한 평면 α에서 수행되었다고 하면, 평면 α 위에 있지 않은 한 점 O에서 O를 지나지 않고 α와 다른 평면 β로 평면 α에서 수행된 모든 작도를 사영시키자. 그러면, 평면 α 위의 점 A, M, B는 평면 β 위에 점 A', M', B'으로 사영될 것이고, 또한 평면 α 위에서 점 M을 유도한 유한개의 직선들은 평면 β 위의 유한개의 직선들로 사영될 것이다. 그러면 평면 α 위에서 직선자의 작도에 의해 유한개의 직선들로부터 점 A와 B의 중점 M이 유도되었던 것과 마찬가지로 평면 β 위에 사영된 유한개의 직선들도 직선자의 작도에 의해 점 M'은 두 점 A', B'의 중점이다. 그러나 일반적으로 한 평면에서 한 선분의 중점은 사영된 평면 위에서 사영된 선분의 중점으로 보존되지 않는다. 따라서 유클리드의 작도 중에는 직선자만으로 가능하지 않은 것이 있다.

위의 결과에 의해 모든 유클리드의 작도가 직선자만으로 수행되기 위해서는 어떤 보조 도구가 반드시 필요하다. 이러한 측면에서 유클리드 컴퍼스의 변형에 대한 추측이 가능하다. 즉, 현대적 컴퍼스보다 덜 강력한 어떤 종류의 컴퍼스를 작도도구로 택할 수 있지 않을까 하는 새로운 도전이다. 이러한 생각은 980년경에 아라비아 수학자 아부르웨파가 벌림이 고정된 컴퍼스(Rusty compass)와 눈금 없는 자로 수행하는 작도를 생각해 냄으로써 발전되었다. 이런 종류의 작도는 15세기 후기부터 16세기 초기에 걸쳐 유럽에서도 나타났으며 특히 위대한 예술가 레오나르도 다빈치의 관심을 끌었다. 그러나 이때에는 실질적

인 문제의 해결을 위해 컴퍼스의 벌림이 문제의 해결에 도움이 되도록 미리 선택되었다.

16세기 중엽에 이 문제에 대한 새로운 견해가 이탈리아 수학자들에 의해 채택되었다. 이것은 순전히 교육적인 차원에서 이루어진 것으로 컴퍼스의 벌림은 이미 시작 전부터 길이가 임의로 지정되어 있었다. 많은 학자가 상당한 재능을 필요로 하는 이런 흥미로운 작도에 관심을 가졌다. 특히, 1673년에는 익명으로 〈유클리드 책의 개요(Compendium Euclidis Curiosi)〉라는 소책자가 발간되었는데 이 책은 유클리드 원론에 있는 모든 작도는 눈금 없는 자와 주어진 벌림이 고정된 컴퍼스만으로 가능하다는 것을 실제적으로 보이고 있다. 그런데 이 익명의 소책자에 대하여 많은 수학자들은 앞 절에서 언급한 게오르그 모어의 작품으로 간주하고 있다. 이런 눈금 없는 자와 보조도구를 이용한 작도는 1822년에 마스케로니의 컴퍼스에 의한 작도법에 영향을 받은 프랑스의 수학자 퐁슬레(Victor Poncelet)가 '작도 평면에 한 원과 그 중심이 주어지면 모든 유클리드 작도는 직선 자 하나만으로 수행될 수 있다.'는 작도정리를 발표하고, 1833년에 스위스계 독일인 기하학의 천재 슈타이너(Jacob Steiner)가 퐁슬레의 작도정리를 체계적으로 다루어 완전히 발전하였다. 특히, 원은 중심과 반경에 의해 결정되므로 '단지 원을 중심과 원주상의 한 점'으로 간주하고, 눈금 없는 자만 가지고 주어진 점들로부터 '두 원의 교점', '직선과 원의 교점'을 작도할 수 있음을 보였다. 사실상 퐁슬레-슈타이너 작도정리는 벌림이 고정된 컴퍼스를 단 한 번만 사용한 것이라고 말할 수 있다. 1904년 이탈리아인 세베리(Francesco Severi)는 퐁슬레-슈타이너 작도정리를 훨씬 더 발전시켜 '모든 유클리드 작도는 직선자만으로 완성하기 위해서는 원의 중심과 그 원의 아주 작은 호의 일부만 있으면 가능하다.'는 사실을 증명하였다.

6. 나오는 글

이 장에서는 고대 그리스 시대를 중심으로 작도의 역사와 관련된 내용을 크게 네 가지로 분류하여 고찰해 보았다.

첫째, 고대 그리스 시대부터 탄생한 작도의 시작, 유클리드 원론에서의 작도과제, 유클리드 분할론에서의 작도과제 등을 눈금 없는 자와 컴퍼스를 이용한 작도와 더불어 연역적인 증명을 함으로써 작도의 타당성을 보여주었다.

둘째, 주어진 평면도형과 똑같은 넓이의 정사각형을 작도하는 궁형구적법에 대한 사례를 제시하였다. 우선 궁형구적법을 적용하여 작도를 실행하기 전에, 일반적인 삼각형과 사각형의 경우에 구적이 가능하다는 사례를 제시하였고, 이를 토대로 곡선 모양을 가지는 도형의 구적이 가능하다는 것을 히포크라테스의 구적법의 사례를 예를 들어 제시하였다.

셋째, 고대 그리스 시대부터 2000년 동안 수학자들의 기하학 연구의 관심사이던 3대 작도 난제라 불리는 배적문제, 원적문제, 각의 삼등분 문제와 관련된 내용을 다루었다. 3대 작도 난제의 역사적 유래와 더불어 3대 작도가 불가능하다는 것을 수학적으로 증명한 내용을 제시하였다.

넷째, 유클리드 작도에서 사용하는 눈금 없는 자와 컴퍼스를 모두 사용하지 않고 컴퍼스만을 사용해서 작도할 수 있는 마스케로니 작도에 관련된 내용을 제시하였다. 마스케로니 작도에서는 컴퍼스만을 사용하여 작도한다는 것의 의미와 증명, 실제로 중학생이 작도할 수 있는 몇 가지 사례를 제시하였다.

작도의 역사를 고찰하는 것은 고대 그리스 시대부터 작도를 포함하여 도형의 성질과 관련된 기하 영역의 연구가 어떻게 변화되고 확장되었는지를 파악할 수 있다는 점에서 의미가 크다고 할 수 있다. 또한 이러한 작도와 관련된 다양한 역사적 사실들이 학생들의 수학적인 추론 능력, 문제해결 능력 등의 함양에도 중요한 역할을 할 수 있다는 것을 짐작할 수 있다. 현행 수학과 교육과정에서 다루는 작도의 범위는 삼각형의 합동을 지도하기 위한 도구적 성격이 매우 강하여 매우 단순한 작도 내용만을 다루고 있는데, 향후 기하 영역에서 중고등 학생의 학습 수준과 수학적 사고력 신장에 적합한 작도 관련 내용의 범위에 관한 것을 논의할 필요가 있다.

참고문헌

Reference

서보억(2010). 유클리드의 자료론(The Date)에 기초한 중학교 기하영역의 '자료(datum)' 분석 연구. **한국수학교육학회 수학교육 논문집**, 24(3), pp.691~708.

서보억(2016). 유클리드 분할론에 기반한 작도교육의 방향 분석. *East Asian Math. J. 32*(4), pp.483~500.

이예찬(2020). Mohr-Mascheroni의 정리를 활용한 수학 영재 교수·학습 자료 개발. 한국교원대학교 대학원 석사학위논문.

이종우(1997). **기하학의 역사적 배경과 발달**. 경문사.

한인기, 강인주(2000). 모어-마스케로니의 정리에 대한 고찰. *Historia Mathematica, 13*(2), pp.133~144.

Archibard, R. C.(1915). *Euclid's Book on Divisions of Figures*, Cambridge University Press.

Baston, V. J., & F. A. Bostock(1990). On the impossibility of ruler-only constructions. *Proceedings of the American Mathematical Society 110*(4), pp.1017~1025.

Fitzpatrick, R.(2007). *Euclid's elements of geometry*. The Greek text of J. L. Heiberg(1883-1885) from Euclids Elementa, edidit et Latine interpretatus est I. L. Heiberg, in aedibus. B. G. Teubneri, 1883-1885. (R. Fitzpatrick, Ed., & R. Fitzpatrick, Trans.) Richard Fitzpatrick, 2007.

Heath, T.(1981). *A History of Greek Mathematics I*. Dover Publications.

Shenitzer, A., & Steprans, J.(1994). The evolution of integration. *The American Mathematical Monthly, 101*(1), pp.66~72.

PART 2

작도의 실제

제 3 장

자와 컴퍼스를 통한 평면 작도문제의 탐색: 사각형을 중심으로[1)]

김재식(대덕여자고등학교)

1. 들어가는 글

이 장에서는 사각형 작도에 대한 앞선 문헌 및 논문을 검토하고 사각형 작도문제들을 살펴본다. 구체적으로 삼각형 결정조건과 관련하여 SSS, SAS, ASA, SSA와 직각삼각형의 합동조건과 관련하여 RHA, RHS를 토대로 6가지 조건으로 분류 정리하였고, 사각형의 다양한 성질, 삼각형의 성질, 삼각형 결정조건, 작도의 기초방법 등으로 고찰하였다.

작도문제 해결 절차에 대해서는 1장에서 간단히 제시한 것처럼 한인기(1999), '작도문제의 해결 방법'에서 제시한 분석-작도-증명-탐구의 과정을 거쳐 작도문제 해결 방법론을 적용하였다. 본 장의 작도 탐색을 위해 한인기(2008)의 '자와 컴퍼스의 방법'에 제시된 정다각형의 작도 방법 연구에서 정삼각형을 이용하여 정사각형, 정오각형을 이용하여 정십각형의 작도에 대해 고찰하였고, 또한 한인기(2009)에서는 '수학 문제의 내적구조를 활용한 기하 영역의 수준별 교수-학습 자료의 분석 연구'를 통하여 사각형의 작도에 토대가 삼각형의 작도를 어떻게 활용할 수 있는지를 살펴보았다. 이러한 고찰을 통해 궁극적으로 사각형 작도문제해결에 초점을 두어 탐구를 진행하였다.

1) 이 장의 전체적인 내용은 김재식(2017), 〈사각형 작도문제 해결에 대한 연구〉 석사 논문을 수정 및 보완하여 제시하였다.

2. 사각형 작도

2.1 작도문제

2.1.1 SSS 작도: 세 변의 길이가 주어진 작도

작도문제 3-1 한 변의 길이와 대각선이 주어진 마름모를 작도하시오. (a, e)

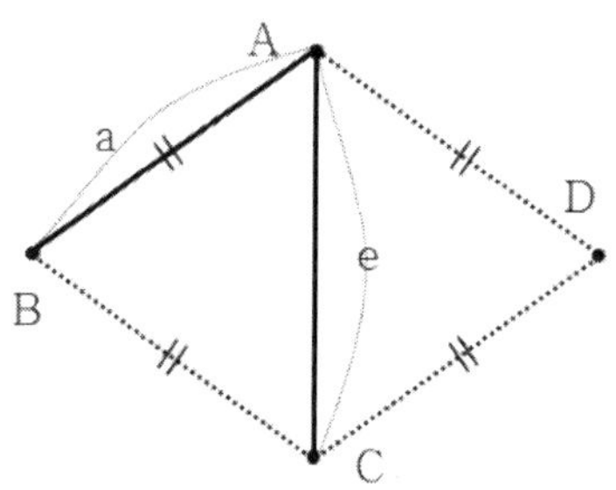

[그림 3-1]

분석

문제의 조건을 만족하는 마름모 ABCD가 작도되었다고 가정하자. $\overline{AB}=a$와 $\overline{AC}=e$가 주어져 있다고 하자. 이때 작도 가능한 삼각형이 있는가? 점 A, B가 결정되었고, 삼각형 ABC가 작도 가능하다. 마름모의 성질 네 변의 길이가 같으므로 $\overline{BC}$를 알 수 있으므로 삼각형 ABC는 SSS결정조건을 만족한다. 점 A, B, C는 결정되었고, 점 D는 같은 방법으로 구한다. 여기서 삼각형 ABC는 삼각형 ADC와 SSS합동조건을 가진다는 것을 알 수 있고 삼각형 ABC가 작도된 이후에 마름모의 성질 $\overline{AB}=\overline{BC}=\overline{CD}=\overline{DA}$을 이용해서 간단히 점 D를 작도할 수 있다.

작도

① 삼각형 SSS결정조건으로 삼각형 ABC를 작도한다.

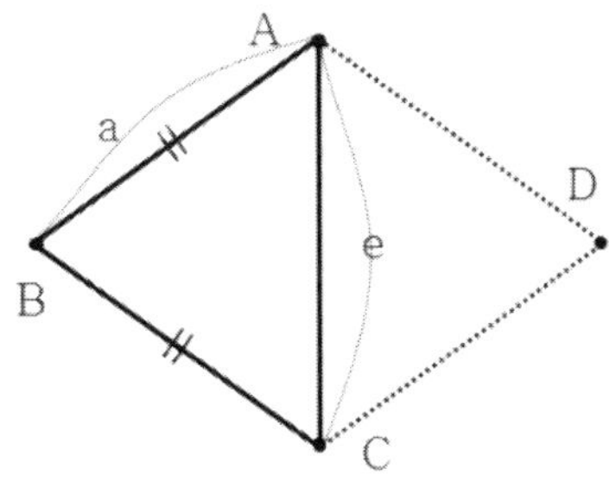

[그림 3-2]

② 마름모의 성질 $\overline{AB}=\overline{BC}=\overline{CD}=\overline{DA}$을 이용해서 삼각형 ADC를 작도한다.

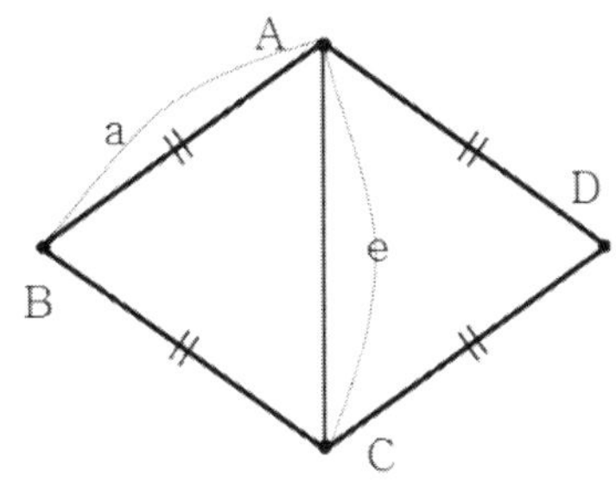

[그림 3-3]

증명

작도된 사각형 ABCD는 네 변의 길이($\overline{AB}=\overline{BC}=\overline{CD}=\overline{DA}$)가 모두 같으므로 마름모이다.

탐구

해의 존재 조건이나 가능한 해의 수 등에 대해 고찰이 필요하다. 마름모의 성질인 두 대각선은 서로 다른 대각선을 수직이등분 한다는 조건으로 $\overline{AC}$의 중점을 잇는 직선을 그을 수 있다. 그 중점을 M이라고 할 때 삼각형 ABM은 직각삼각형으로 RHS합동조건으로 작도가 가능하다. 마름모의 대각선으로 이루어진 삼각형 4개는 모두 합동이므로 점 C, 점 D를 작도할 수 있다. ■

작도문제 3-2 한 변과 두 대각선이 주어진 평행사각형을 작도하시오. (a, e, f)

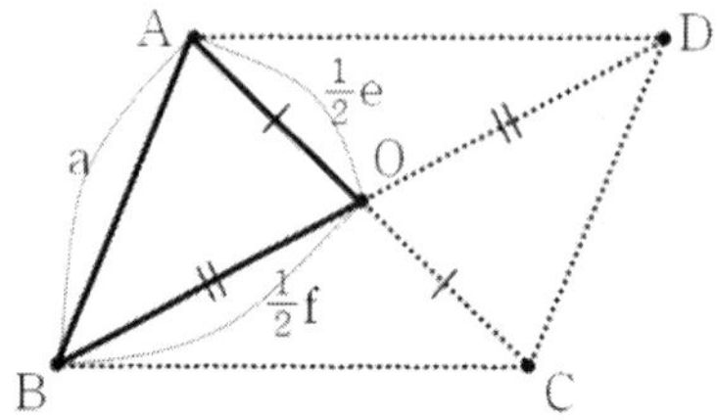

[그림 3-4]

분석

문제의 조건을 만족하는 평행사변형 ABCD가 작도되었다고 가정하자. $\overline{AB}=a$, $\overline{BO}=\frac{1}{2}f$, $\overline{AO}=\frac{1}{2}e$가 주어졌다고 볼 수 있다. 평행사변형의 대각선은 서로 이등분하는 성질을 가지고 있기 때문에 두 대각선을 안다는 것은 그 대각선의 절반의 길이도 알 수 있기 때문이다. 따라서 삼각형 AOB는 SSS결정조건을 만족한다.

점 C, D는 평행사변형의 대각선은 서로 이등분하는 성질로 $\overline{AO}=\overline{CO}$, $\overline{BO}=\overline{DO}$를 가지고 점 C, D를 작도한다. 그럼 점 A, B, C, D 모두 작도되었다. 마지막으로 각 꼭짓점의 선분을 잇는다.

평행사변형에서 한 변의 길이와 대각선의 중점을 알고서 삼각형 AOB가 결정되면 삼각형 AOB와 합동인 삼각형 COD를 작도함으로 쉽게 작도가 완료된다.

작도

① 삼각형 SSS결정조건으로 삼각형 AOB를 작도한다.

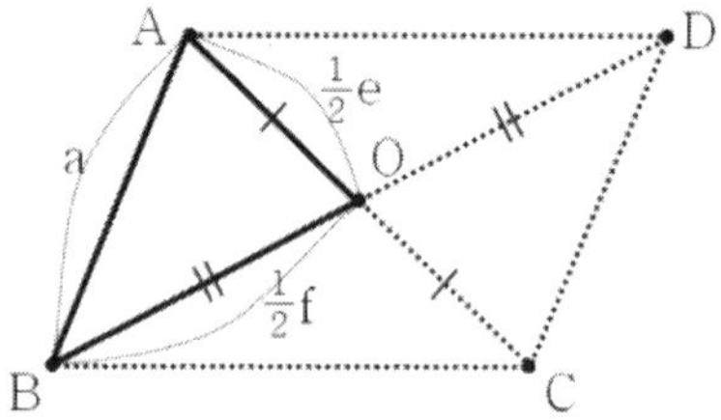

[그림 3-5]

② 평행사변형의 성질인 $\overline{AO}=\overline{CO}$, $\overline{BO}=\overline{DO}$를 이용하여 점 C, 점 D를 작도한다.

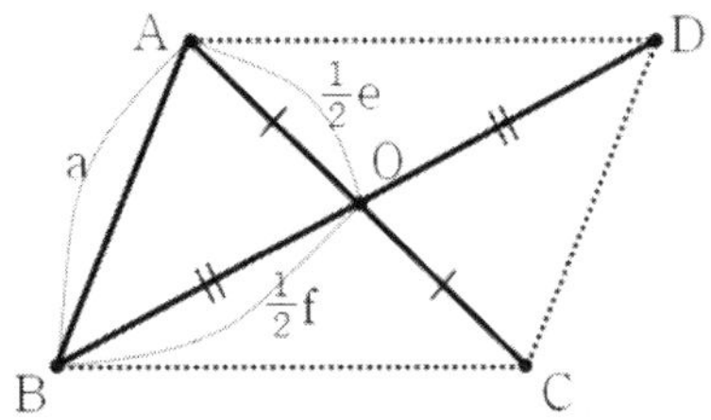

[그림 3-6]

③ $\overline{BC}$, $\overline{CD}$, $\overline{DA}$를 긋는다.

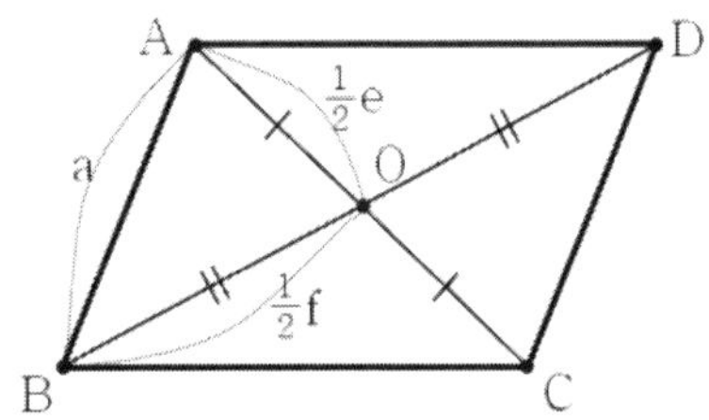

[그림 3-7]

증명

두 대각선($\overline{AO}=\overline{CO}$, $\overline{BO}=\overline{DO}$)은 서로 이등분하므로 작도된 사각형 ABCD는 평행사변형의 조건을 만족한다.

탐구

$\overline{AB}$ 대신에 $\overline{BC}$가 주어졌다고 가정해도 동일한 방법으로 작도가 가능하다. 또한 $\overline{AB}$ 대신에 대각선이 이루는 각의 크기를 알게 된다면 SAS결정조건으로 작도가 가능하다. ■

2.1.2 SAS작도: 두 변의 길이와 끼인각이 주어진 작도

작도문제 3-3 한 변의 길이와 대각선과 다른 한 변의 차가 주어진 직사각형을 작도하시오. (a, e−b)

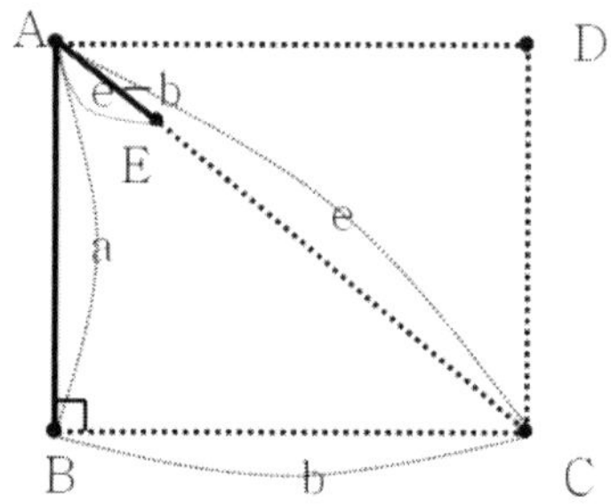

[그림 3-8]

분석

문제의 조건을 만족하는 직사각형 ABCD가 작도되었다고 가정하자. $\overline{AB}=a$와 $\overline{AE}=e-b$가 주어져 있다. 이때 작도 가능한 삼각형이 있는가? 점 A, B가 결정되었고, 직사각형의 꼭짓점 C, D 중 한 점을 알 수 있도록 주어진 조건만 가지고 작도를 할 수 있을지 생각해야 한다. 삼각형 ABE가 주어졌을 때 작도 가능한가? 이 삼각형은 삼각형 결정조건을 만족하지 않는다. 두 변 $\overline{AB}$와 $\overline{AE}$의 길이를 알고 있기 때문에 한 변 $\overline{BE}$의 길이 혹은 $\angle EAB$의 크기를 알아야만 삼각형이 결정된다. 따라서 현재 상황이라면 $\overline{AB}$와 $\overline{AE}$의 관계를 다시 생각해야 한다.

다음 그림처럼 상황을 다시 생각해보자. 삼각형 ABE가 작도 가능한가? 이 그림에서의 삼각형은 삼각형 결정조건 SAS($\overline{AB}=a$, $\overline{EB}=e-b$, $\angle ABE=90°$)를 만족한다.

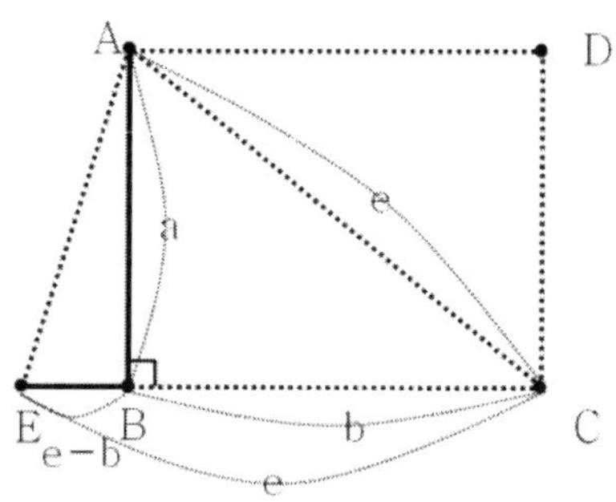

[그림 3-9]

이때 $\overline{AC}$와 $\overline{CE}$의 길이가 같은 이등변삼각형을 생각하면 $\angle AEC=\angle CAE$임을 알 수 있으므로 삼각형 ACE의 작도 가능을 생각해 볼 수 있다. 삼각형 결정조건 ASA($\overline{AE}$, $\angle AEC$, $\angle CAE$)를 만족한다. 이렇게 위의 삼각형이 작도가 가능하다면 점 C를 알 수 있다. 이등변삼각형 CAE를 작도하기 위해 이등변삼각형의 성질인 '밑각의 크기가 같음(∠AEC와 ∠CAE)'을 이용한 점은 작도문제에서 많은 활용이 가능하고 특별한 기능을 한다. 앞서 삼각형 ABE가 작도되었으므로 ∠AEC를 알 수 있다. 따라서 삼각형 CAE가 결정되고 직각삼각형 ABC까지 작도가 완료되었다. 직사각형은 마주 보는 대변의 길이가 같음을 이용하여 $\overline{AB}=\overline{CD}$, $\overline{BC}=\overline{DA}$ 임을 이용하여 점 D를 작도한다. 같은 의미로 삼각형 ABC와 합동인 삼각형 CDA를 작도하면 주어진 조건을 만족하는 직각사각형 ABCD를 작도할 수 있다.

작도

① 삼각형 SAS결정조건으로 직각삼각형 ABE를 작도한다.

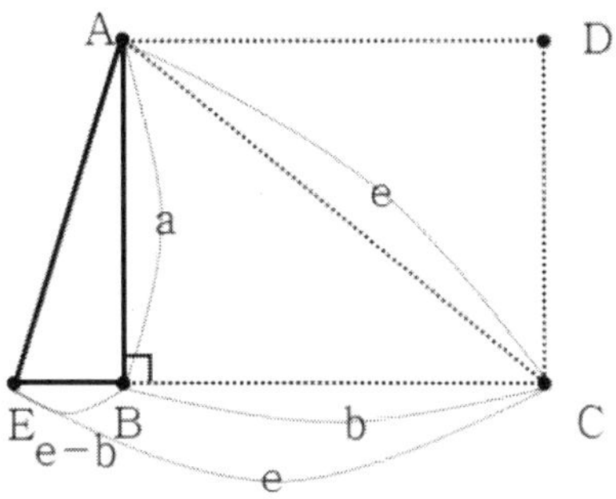

[그림 3-10]

② 이등변삼각형의 성질로 ∠AEC와 동일한 각으로 ∠CAE를 작도한다.

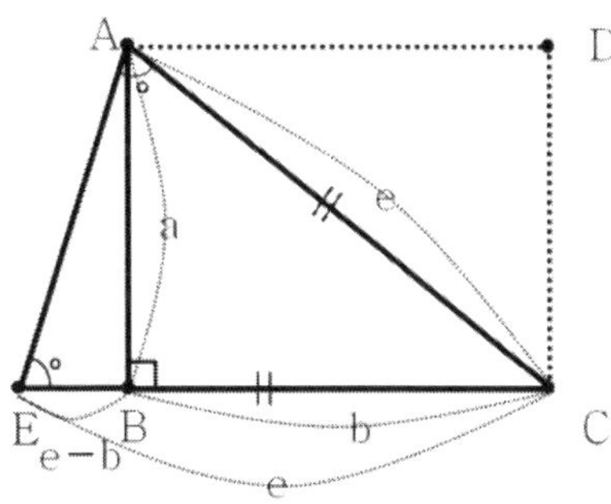

[그림 3-11]

③ 직각삼각형 ABC와 합동인 직각삼각형 CDA를 작도한다.

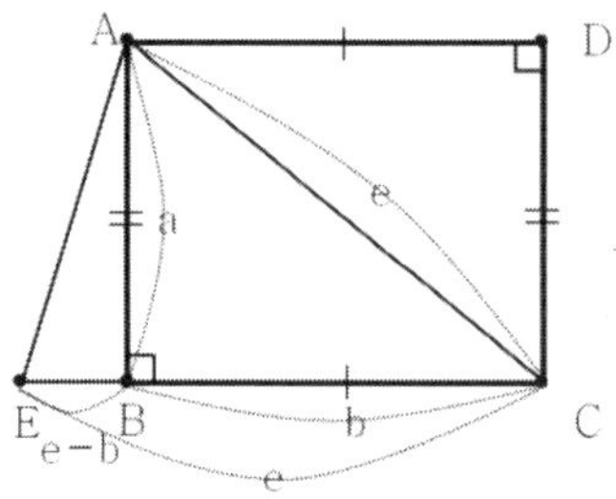

[그림 3-12]

증명

작도된 사각형 ABCD에서 $\overline{AB}=\overline{CD}$, $\overline{BC}=\overline{DA}$, $\angle B=\angle D=90°$이므로 삼각형 ABC와 삼각형 CDA는 합동이다. 삼각형 ABC에서 $\angle BAC+\angle ACB=90°$이다. 삼각형 ACD에서 $\angle CAD+\angle ACD=90°$이다. 삼각형 ABC와 삼각형 CDA는 합동이므로 $\angle BAC+\angle CAD=\angle A$와 $\angle ACB+\angle ACD=\angle C$가 90°임을 알 수 있다. 따라서 사각형 ABCD는 네 내각의 크기가 90°이므로 직사각형이다.

탐구

이 문제에서는 문제의 조건에서 직사각형의 단서를 달았기에 $e^2=a^2+b^2$에서만 만족한다. ■

작도문제 3-4 둘레의 길이와 한 대각선과 한 대각선과 한 변의 각이 주어진 평행사각형을 작도하시오. (p, e, ∠e−a)

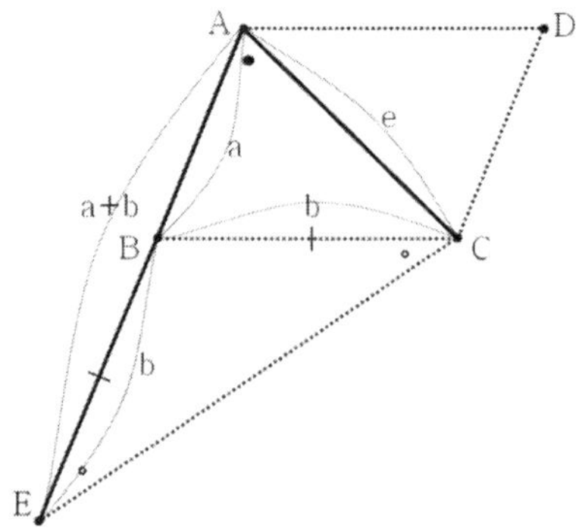

[그림 3-13]

분석

문제의 조건을 만족하는 평행사변형 ABCD가 작도되었다고 가정하자. $\overline{AE} = a+b$, $\overline{AC} = e$, ∠BAC가 주어져 있다. 삼각형 ACE는 SAS결정조건을 만족한다. 삼각형 BCE는 $\overline{BE} = \overline{BC}$ 인 이등변삼각형이므로 ∠BEC = ∠BCE이다. 점 C에서 ∠BCE를 이용하여 점 B를 작도한다. 점 D는 평행사변형의 성질인 마주 보는 대변의 길이가 같음을 이용해서 구한다.

작도

① 삼각형 SAS결정조건으로 삼각형 ACE를 작도한다.

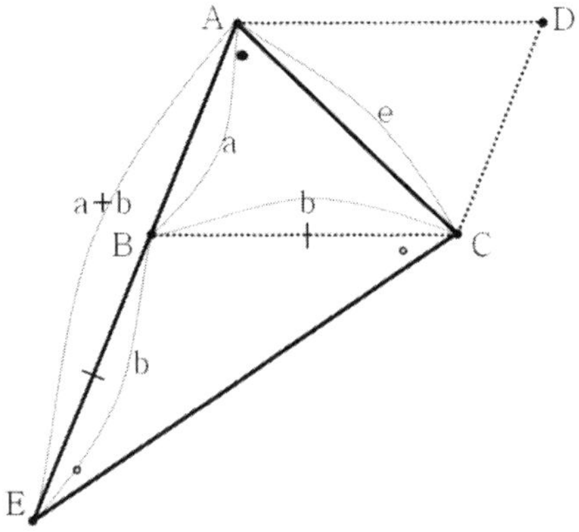

[그림 3-14]

② 삼각형 BEC가 이등변삼각형이므로 ∠BEC=∠BCE을 이용하여 점 C에서 점 B를 작도한다.

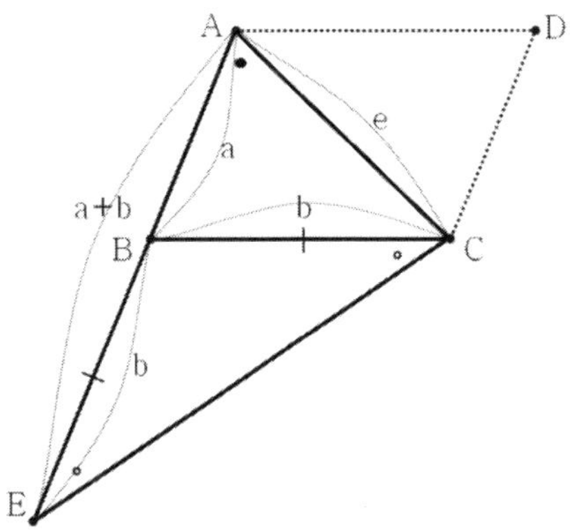

[그림 3-15]

③ $\overline{AB}=\overline{CD}$, $\overline{BC}=\overline{DA}$을 이용하여 삼각형 ACD를 작도한다.

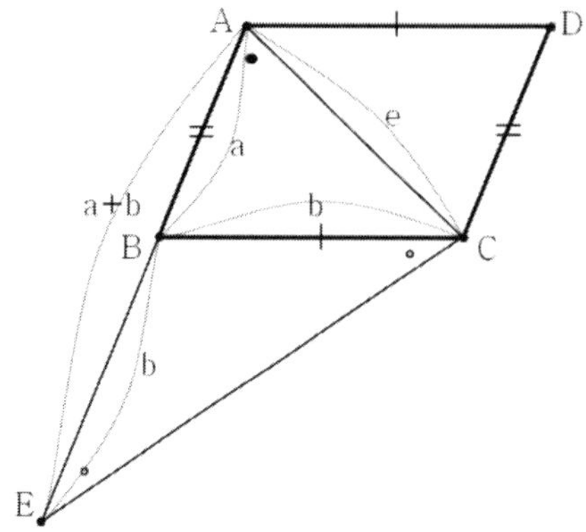

[그림 3-16]

증명

작도된 사각형 ABCD에서 마주 보는 대변의 길이가 같으므로($\overline{AB}=\overline{CD}$, $\overline{BC}=\overline{DA}$) 주어진 조건을 만족하는 평행사변형이 된다(평행사변형이 되기 위한 조건).

탐구

'평행사변형은 마주 보는 대변의 길이가 같다.'와 '이등변삼각형은 밑각이 서로 같다.' 라는 성질을 이용하여 평행사변형을 작도하였다. 둘레의 길이를 주었기 때문에 최소한 정사각형, 직사각형, 마름모, 평행사변형의 조건이 따라야만 해결 가능함을 생각해 볼 수 있다. ■

2.1.3 ASA작도: 한 변의 길이와 양 끝각이 주어진 경우

작도문제 3-5 대각선과 변의 합이 주어진 정사각형을 작도하시오. $(e+a)$

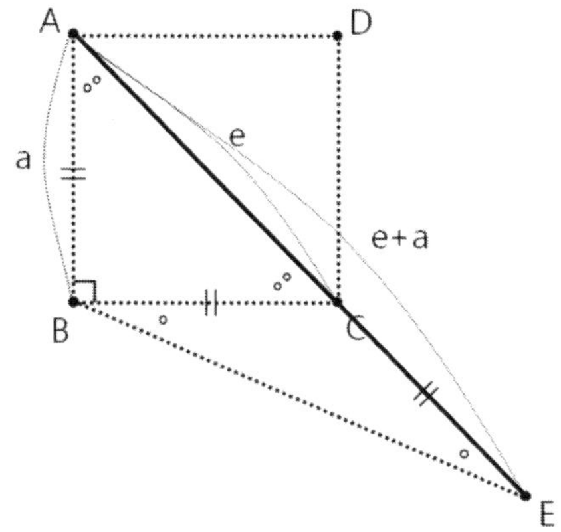

[그림 3-17]

분석

문제의 조건을 만족하는 정사각형 ABCD가 작도되었다고 가정하자. $\overline{AE} = e + a$가 주어져 있다. 정사각형은 네 변의 길이가 같고, 네 각의 크기가 같은 사각형이다. $\angle BAE = 45°$이다. 그리고 $\angle ACB = 45°$이다. $\overline{BC} = \overline{CE}$이므로 삼각형 BCA는 이등변삼각형이다. 따라서 $\angle AEB = 22.5°$이다. 그러므로 삼각형 AEB는 ASA결정조건을 만족한다. 정사각형에서 ABC가 결정되면 점 D를 정사각형의 성질로 구한다. (삼각형 ABC와 CDA는 SSS합동이므로 $\overline{AB} = \overline{BC} = \overline{CD} = \overline{DA}$을 이용하여 점 D를 작도한다.)

작도

① 삼각형 ASA결정조건으로 삼각형 ABE를 작도한다.

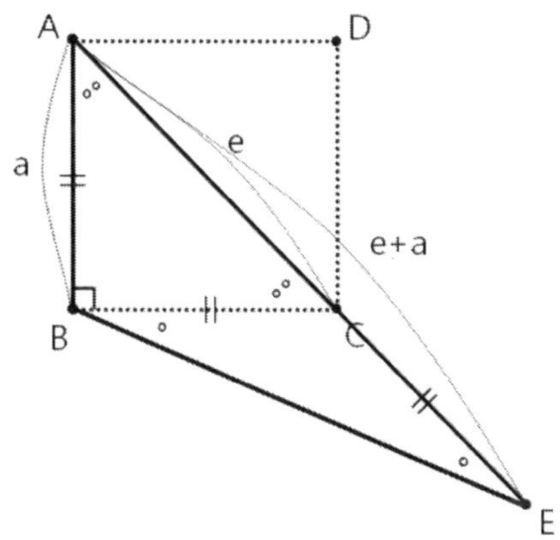

[그림 3-18]

② $\overline{AB}=\overline{BC}$를 이용하여 점 C를 작도한다.

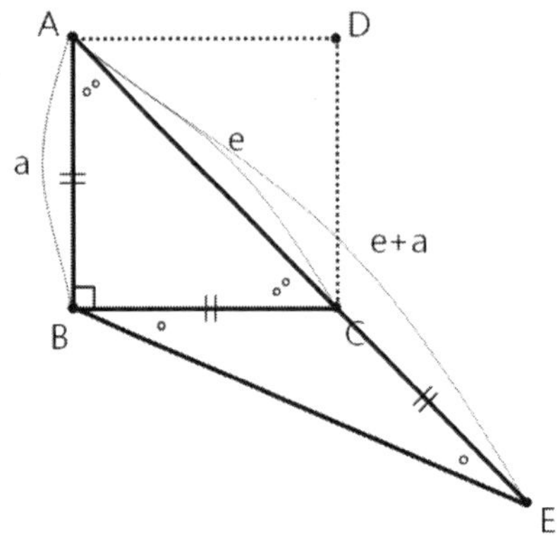

[그림 3-19]

③ $\overline{AB}=\overline{BC}=\overline{CD}=\overline{DA}$를 이용하여 점 D를 구한다.

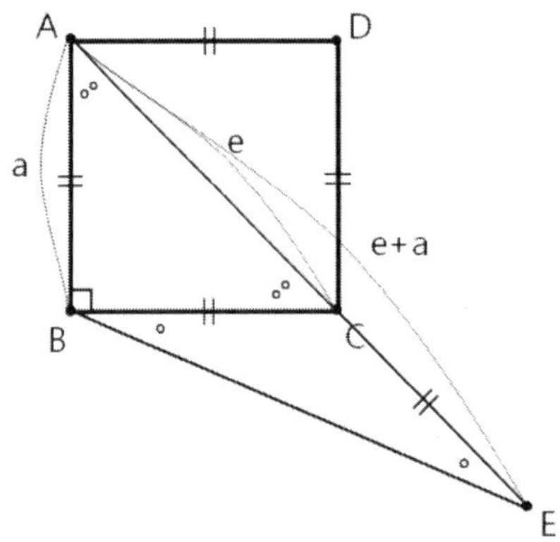

[그림 3-20]

증명

작도된 사각형 ABCD에서 두 직각이등변삼각형 ABC, CDA가 합동이다. 따라서 $\angle BAC = \angle CAD = \angle ACB = \angle ACD = 45°$이다. 네 내각 $\angle A = \angle B = \angle C = \angle D = 90°$이다. $\overline{AB}=\overline{BC}=\overline{CD}=\overline{DA}$이므로 작도된 사각형 ABCD는 정사각형이다.

탐구

정사각형의 까다로운 조건으로 인해서 대각선과 변의 합으로도 정사각형을 작도 가능함을 알 수 있다. 이등변삼각형의 성질과 삼각형의 한 외각의 크기는 두 내각의 합을 알고 있어야 작도할 수 있다. ■

작도문제 3-6 대각선과 한 변의 차 및 대각선과 다른 한 변의 각이 주어진 직사각형을 작도하시오. (e − b, ∠(e, a))

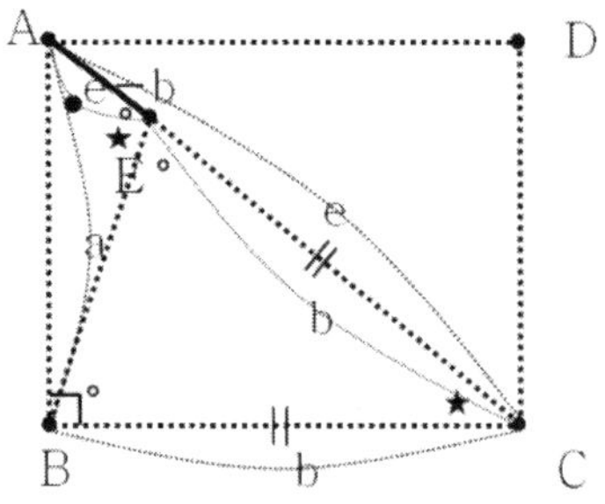

[그림 3-21]

분석

문제의 조건을 만족하는 직사각형 ABCD가 작도되었다고 가정하자. $\overline{AE} = e - b$, ∠BAE가 주어져 있다. ∠AEB를 ∠BAE로 나타낼 수 있다. $\overline{BC} = \overline{CE}$이므로 삼각형 CBE는 이등변삼각형이다. 삼각형 ABC에서 ∠ACB = 90° − ∠BAC이고 ∠BEC는 이등변삼각형 CBE의 밑각이므로 90° − ∠ACB이고 ∠AEB = 90° + ∠ACB = 135° − ∠BAC가 된다. 따라서 삼각형 ABE는 삼각형 ASA결정조건을 만족하므로 작도 가능하다. 이때 점 A와 점 B를 구하고 점 B에서 ∠B = 90°이므로 삼각형 ABC를 작도함으로 점 C를 구한다. 끝으로 직각사각형 마주 보는 대변의 길이가 같음을 이용하여 점 D를 구한다.

작도

① 삼각형 ASA결정조건으로 삼각형 ABE를 작도한다. 특히 $\angle AEB = 135° - \frac{1}{2}\angle BAC$을 이용하여야 한다.

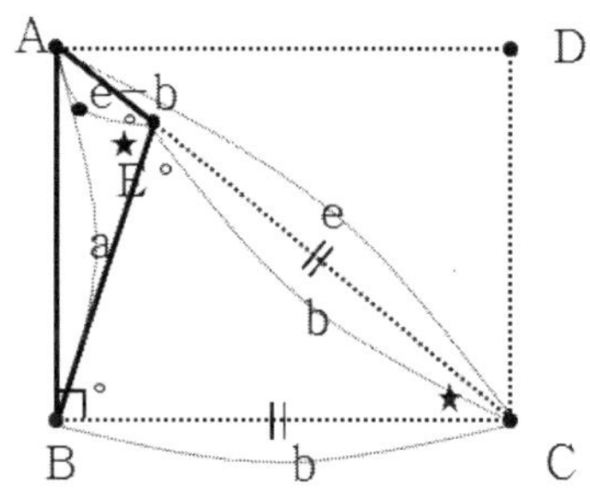

[그림 3-22]

② $\angle ABC = 90°$와 $\angle CAB$를 이용하여 점 C를 구한다.

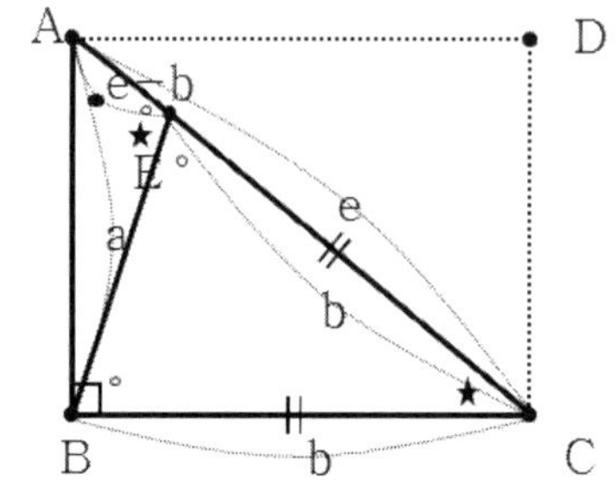

[그림 3-23]

③ $\overline{AB} = \overline{CD}$, $\overline{BC} = \overline{DA}$이므로 점 D를 찾는다.

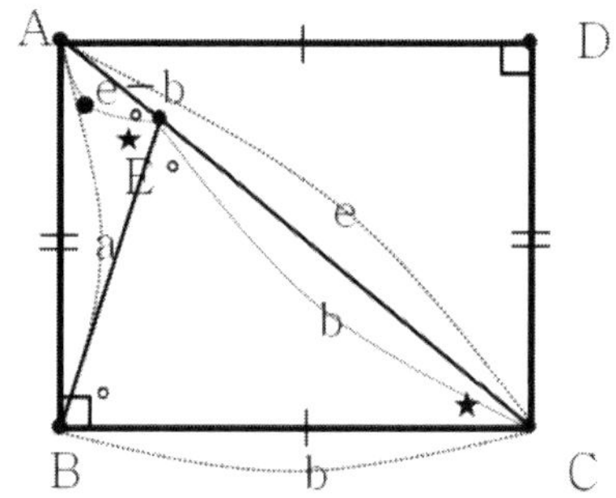

[그림 3-24]

증명

작도된 사각형 ABCD에서 $\overline{AB} = \overline{CD}$, $\overline{BC} = \overline{DA}$, $\angle B = \angle D = 90°$이므로 삼각형 ABC와 삼각형 CDA는 합동이다. 삼각형 ABC에서 $\angle BAC + \angle ACB = 90°$이다. 삼각형 ACD에서 $\angle CAD + \angle ACD = 90°$이다. 삼각형 ABC와 삼각형 CDA는 합동이므로 $\angle BAC + \angle CAD = \angle A$와 $\angle ACB + \angle ACD = \angle C$가 $90°$임을 알 수 있다. 따라서 사각형 ABCD는 네 내각의 크기가 $90°$이므로 직사각형이다.

탐구

직각삼각형은 직각을 제외한 두 내각의 합이 90°이어야 하므로 문제에서 최소한 조건이 직사각형이 되어야 작도 가능하다. 이등변삼각형이 밑각이 서로 같으므로 밑각을 꼭지각으로 표현가능하다. ■

작도문제 3-7 한 각 및 한 변과 한 대각선 길이의 합이 주어진 마름모를 작도하시오. ($a+e$, $\angle A$)

분석

주어진 조건을 만족하는 마름모 ABCD가 작도되었다고 가정하자. $\angle A$, $\overline{AE}=e+a$가 주어져 있다. 마름모 성질에서 $\angle BAE=\angle A$이다. 삼각형 ABC는 이등변삼각형이고 삼각형 BCE도 이등변삼각형이므로 $\angle BAE=\angle ACB=2\angle BEC$이다. 따라서 $\angle A$를 알 때 $\angle BEC$의 크기를 알 수 있다. 이때 삼각형 ABE는 ASA결정조건을 만족하므로 작도 가능하다. 이렇게 함으로써 마름모의 한 변의 길이인 $\overline{AB}$를 알았다. 그리고 점 B에서 $\angle CBE$의 크기를 알 수 있기에 $\overline{BC}$가 작도 가능하다. 여기서 점 C를 찾았다. 끝으로 마름모는 네 변의 길이가 같으므로 점 D를 작도할 수 있다.

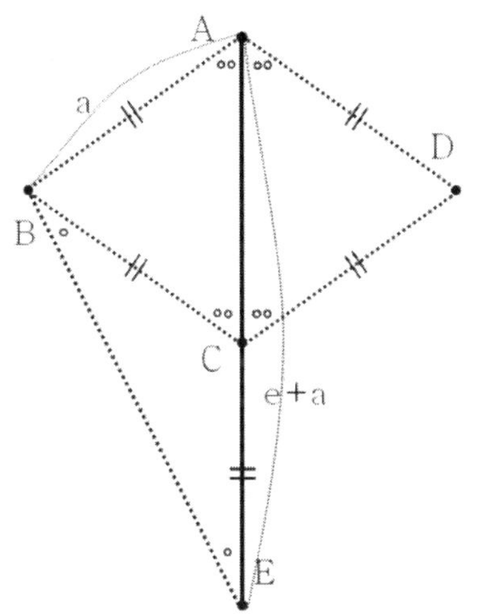

[그림 3-25]

작도

① 삼각형 ASA결정조건으로 삼각형 ABE를 작도한다.

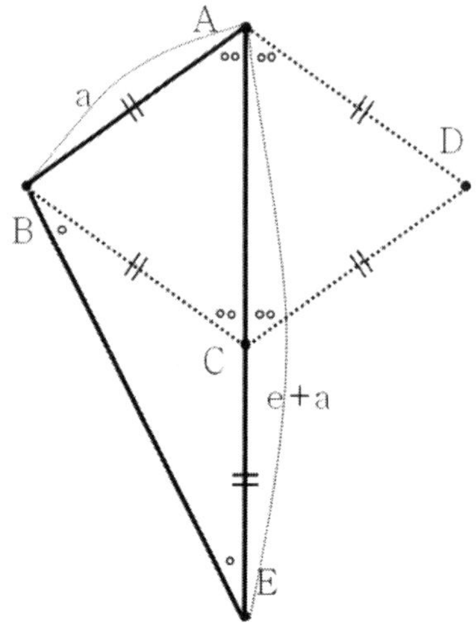

[그림 3-26]

② ∠BAE = ∠ACB = 2∠BEC = 2∠CBE이므로 ∠CBE를 이용하여 점 C를 작도한다.

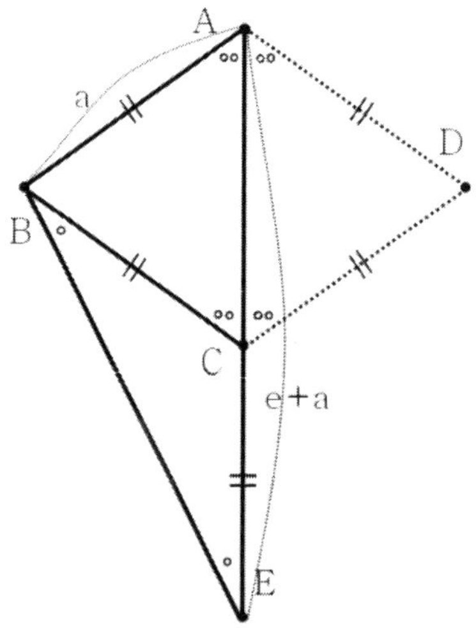

[그림 3-27]

③ 마름모의 성질 네 변의 길이가 같음을 이용하여 점 D를 작도한다.

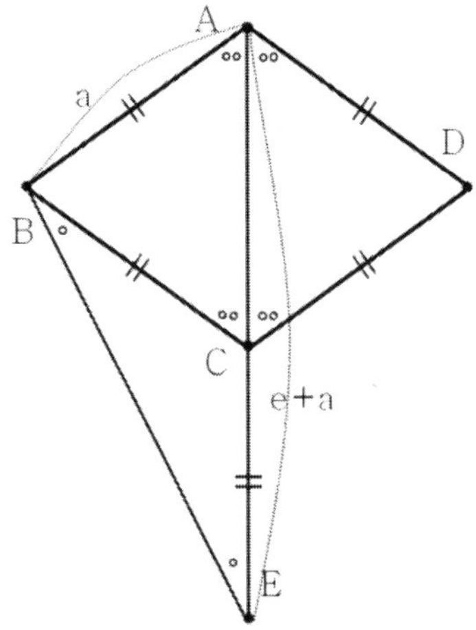

[그림 3-28]

증명

작도된 사각형 ABCD는 네 변의 길이($\overline{AB}=\overline{BC}=\overline{CD}=\overline{DA}$)가 모두 같으므로 마름모이다.

탐구

조건을 바꾸어서 (a+f, ∠B)을 작도할 때 역시 동일 방법으로 접근이 가능하다. ■

2.1.4 SSA: 두 변의 길이와 한 각이 주어진 경우

작도문제 3-8 이웃하는 두 변의 차와 대각선이 주어진 직사각형을 작도하시오. (b−a, e)

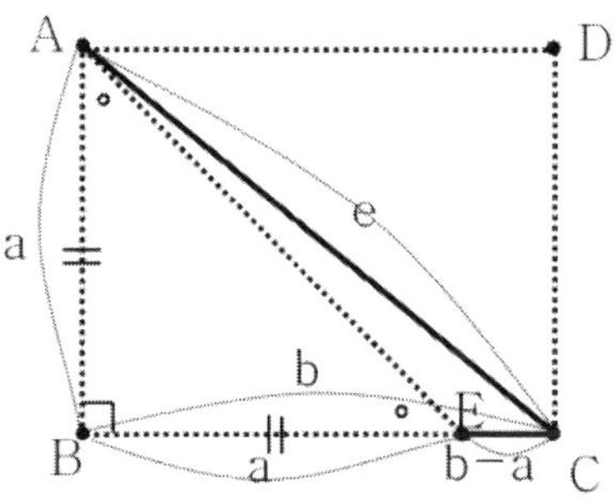

[그림 3-29]

분석

주어진 조건을 만족하는 직사각형 ABCD가 작도되었다고 가정하자. $\overline{EC}=b-a$와 $\overline{AC}=e$가 주어져 있다. 조건에서 직사각형이므로 $\angle ABC=90°$이다. 삼각형 ABE는 직각이등변삼각형이므로 $\angle AEB$는 45°, $\angle AEC$는 135°이다. 따라서 삼각형 ACE는 두 변의 길이와 끼인각이 아닌 다른 한 각을 알 수 있으므로 SSA합동조건을 만족한다. 삼각형 ABE는 $\angle AEB=\angle BAE=45°$을 이용하여 점 B를 작도한다. 직각삼각형 ABC가 작도된 후 직각사각형 마주 보는 대변의 길이가 같음을 이용하여 점 D를 구한다.

작도

① 삼각형 ABE가 직각이등변삼각형임과 삼각형 SSA합동조건으로 삼각형 ACE를 작도한다.

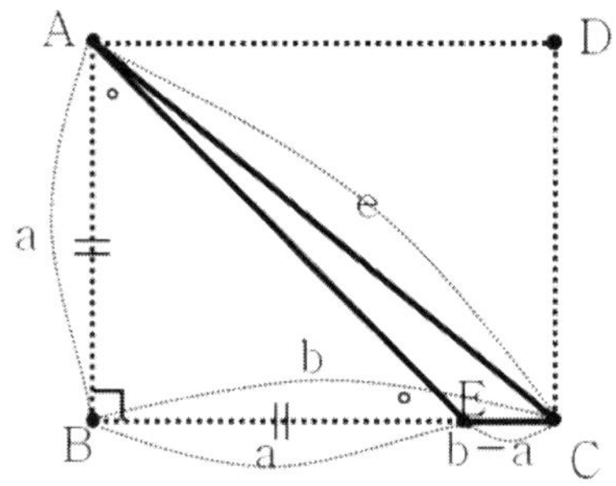

[그림 3-30]

② $\angle BAE=\angle BEA=45°$를 이용하여 점 B를 작도한다.

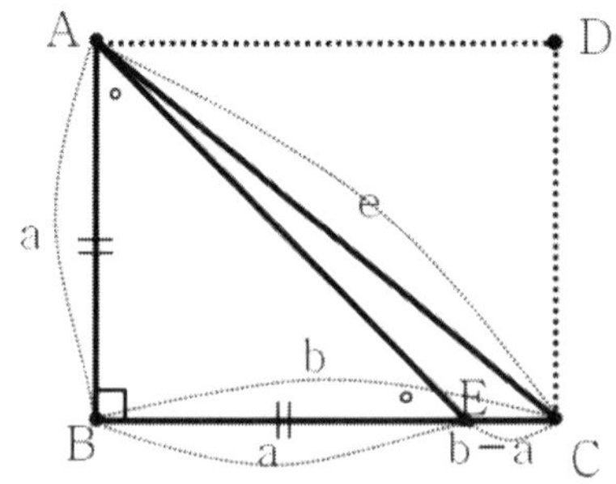

[그림 3-31]

③ $\overline{AB}=\overline{CD}$, $\overline{BC}=\overline{DA}$ 이므로 점 D를 찾는다.

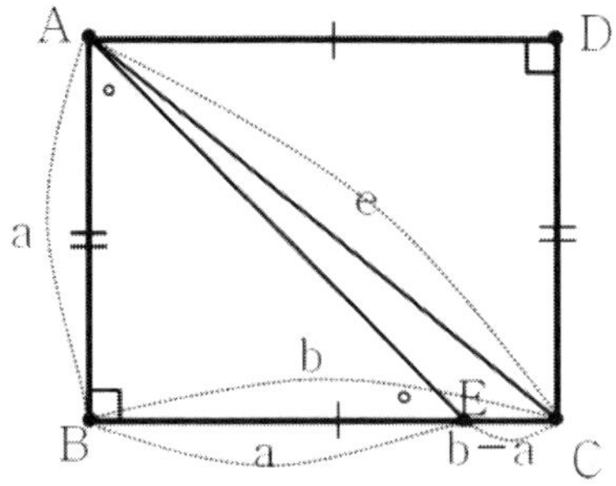

[그림 3-32]

증명

작도된 사각형 ABCD에서 $\overline{AB}=\overline{CD}$, $\overline{BC}=\overline{DA}$, $\angle B=\angle D=90°$이므로 삼각형 ABC와 삼각형 CDA는 합동이다. 삼각형 ABC에서 $\angle BAC+\angle ACB=90°$이다. 삼각형 ACD에서 $\angle CAD+\angle ACD=90°$이다. 삼각형 ABC와 삼각형 CDA는 합동이므로 $\angle BAC+\angle CAD=\angle A$와 $\angle ACB+\angle ACD=\angle C$가 $90°$임을 알 수 있다. 따라서 사각형 ABCD는 네 내각의 크기가 $90°$이므로 직사각형이다.

탐구

직사각형의 대각선은 두 변의 차보다 항상 크므로 $\angle AEC>90°$이고, $\overline{AC}>\overline{BC}$를 만족하므로 삼각형은 하나 작도 가능하다. ■

작도문제 3-9 한 변 및 두 대각선의 합이 주어진 마름모를 작도하시오. (a, e+f)

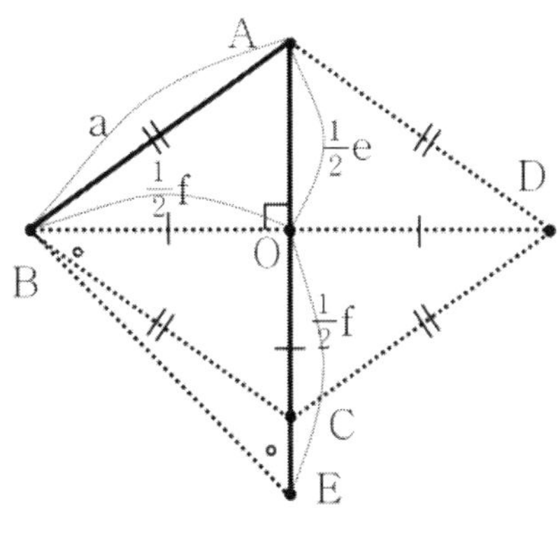

[그림 3-33]

분석

주어진 조건을 만족하는 마름모 ABCD가 작도되었다고 가정하자. $\overline{AB}=a$, $\overline{AE}=\frac{1}{2}e+\frac{1}{2}f$가 주어져 있다. 문제에서 삼각형 OBE는 $\overline{BO}=\overline{OE}$ 같으므로 직각이등변삼각형임을 알 수 있다. 따라서 $\angle BEO$의 크기는 45°이다. 따라서 삼각형 ABE는 SSA합동조건을 만족하므로 작도 가능하다. 점 B에서 $\overline{AB}$ 길이만큼 $\overline{AE}$와 만나는 지점이 점 C의 위치가 된다. 마지막으로 네 변의 길이가 같으므로 점 D를 구할 수 있다.

작도

① 삼각형 SSA합동조건으로 삼각형 ABE를 작도한다.

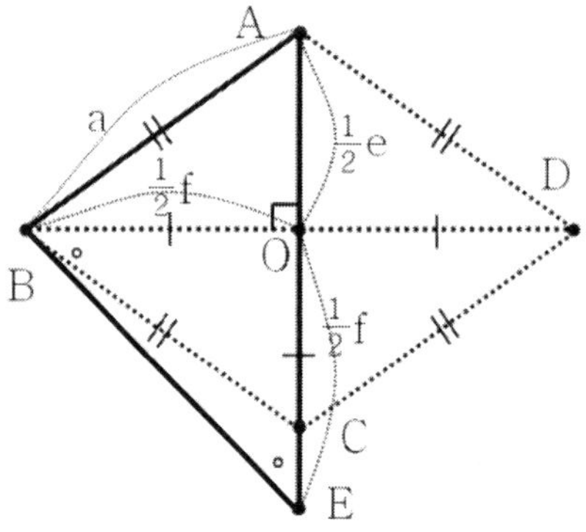

[그림 3-34]

② 점 B에서 $\overline{AB}$ 길이만큼 $\overline{AE}$와 만나는 지점인 점 C를 작도한다.

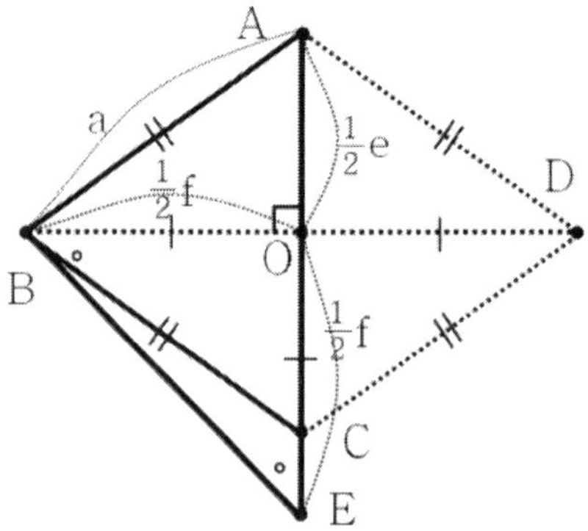

[그림 3-35]

③ 마름모의 성질 네 변의 길이가 같음을 이용하여 점 D를 작도한다.

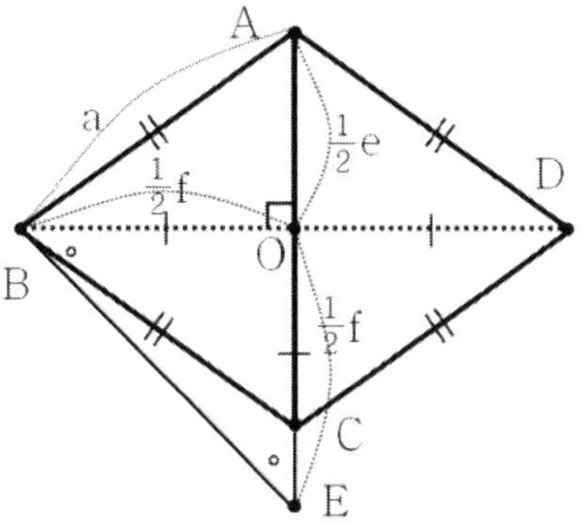

[그림 3-36]

증명

작도된 사각형 ABCD는 네 변의 길이($\overline{AB} = \overline{BC} = \overline{CD} = \overline{DA}$)가 모두 같으므로 마름모이다.

탐구

'$h < \overline{AB} < \overline{AE}$' (h는 점 A에서 $\overline{BE}$에 내린 수선의 길이)일 때 삼각형은 두 개 작도 가능하다. 유일한 삼각형이 결정되지 않아서 삼각형 결정조건은 만족하지 않는다. 따라서 위에 모양으로 정하고 싶다면 '$f > e$' 단서 조항이 있으면 된다. 또는 '$\angle AEB < 90°$, $\overline{AB} \geq \overline{AE}$'일 때 삼각형은 하나 작도 가능하겠지만 삼각형 ABO에서 보더라도 빗변의 길이가 다른 두변의 길이의 합보다 클 수가 없다. ■

작도문제 3-10 한 변 그리고 두 대각선의 차와 대각선 사이의 각이 주어진 평행사각형을 작도하시오. (a, $f-e$, ($\angle$(e, f))

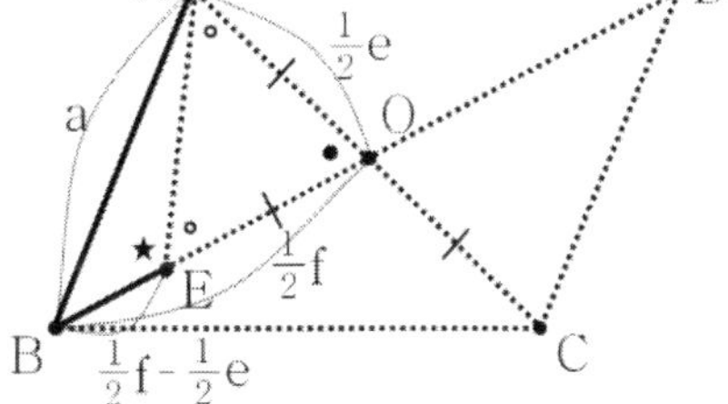

[그림 3-37]

분석

문제의 조건을 만족하는 평행사변형 ABCD가 작도되었다고 가정하자. $\overline{AB}=a$, $\overline{BE}=\frac{1}{2}(f-e)$, $\angle AOE$가 주어져 있고, $\triangle OAE$가 이등변삼각형이므로 $\angle AEO=90°-\angle AOE$이고, $\angle AEB=90°+\angle AOE$이다. 따라서 삼각형 AEB가 SSA합동조건으로 작도 가능하다. $\angle EAO=\angle AEO=90°-\angle AOE$이므로 $\overline{AO}$가 작도 가능하고 $\overline{AO}$ 만큼 선분을 확장하면 $\overline{CO}$가 작도 가능하다. 따라서 점 A, B, C가 결정되었다. 점 D는 평행사변형의 성질인 마주 보는 대변의 길이가 같음을 이용해서 구한다.

작도

① 삼각형 SSA결정조건으로 삼각형 ABE를 작도한다.

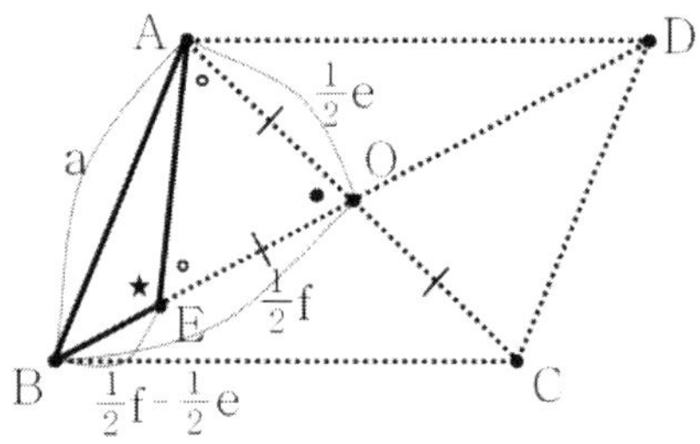

[그림 3-38]

② 삼각형 OAE가 이등변삼각형이므로 $\angle EAO=\angle OEA=90°-\frac{1}{2}\angle AOE$을 이용하여 점 O를 찾은 후 $\overline{AO}=\overline{CO}$를 이용하여 점 C를 찾는다.

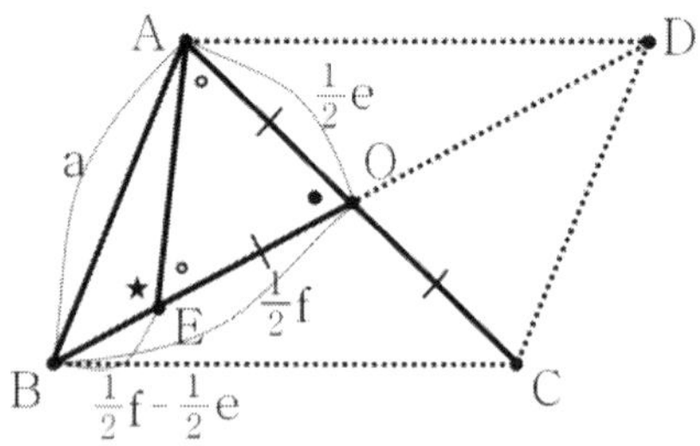

[그림 3-39]

③ $\overline{AB}=\overline{CD}$, $\overline{BC}=\overline{DA}$을 이용하여 삼각형 ACD를 작도한다.

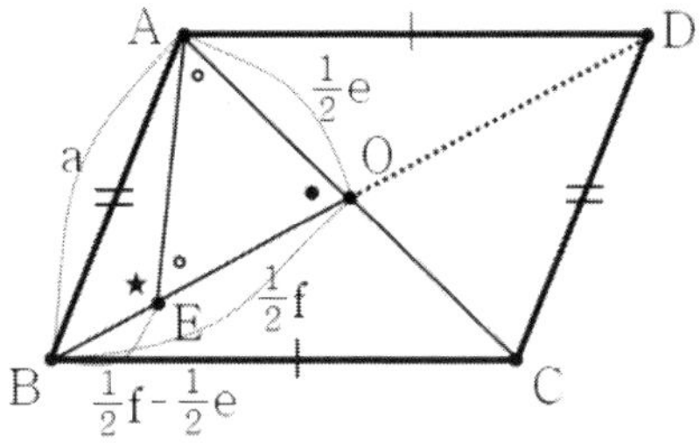

[그림 3-40]

증명

두 대각선($\overline{AO} = \overline{CO}$, $\overline{BO} = \overline{DO}$)이 서로 이등분하므로 작도된 사각형 ABCD는 평행사변형의 조건을 만족한다.

탐구

$\angle AEB = 90° + \angle AOE$이므로 $\angle AEB > 90°$이고 삼각형 ABE에서 가장 큰 내각의 대변이 $\overline{AB}$이므로 $\overline{AB} > \overline{BE}$이다. 따라서 삼각형 ABO는 하나 작도 가능하다. ■

2.1.5 RHS 합동조건

작도문제 3-11 두 대각선과 높이가 주어진 평행사각형을 작도하시오. (e, f, h_a)

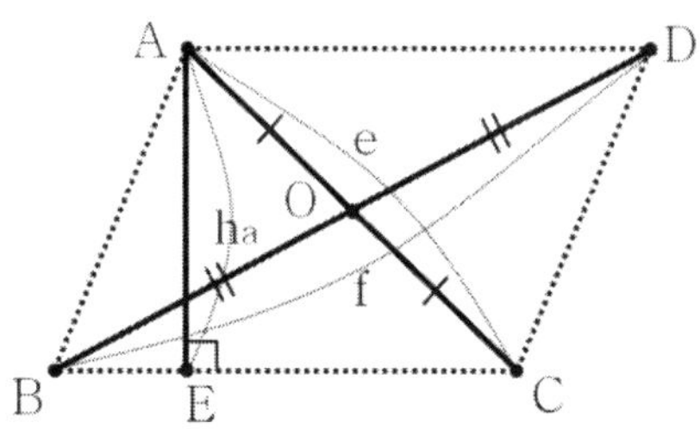

[그림 3-41]

분석

문제의 조건을 만족하는 평행사변형 ABCD가 작도되었다고 가정하자. $\overline{AC}=e$, $\overline{BD}=f$, $\overline{AE}=h_a$가 주어져 있다. 삼각형 ACE가 RHS합동조건을 만족하므로 점 A, C가 작도

가능하다. 평행사변형의 대각선은 서로 이등분한다. 따라서 점 O에서 대각선 f와 $\overline{CE}$의 반직선이 만나는 지점은 점 B가 된다. 따라서 삼각형 ABC가 작도되었고, 점 D는 평행사변형의 성질인 마주 보는 대변의 길이는 같음을 이용해서 구한다.

작도

① 삼각형 RHS합동조건으로 삼각형 ACE를 작도한다.

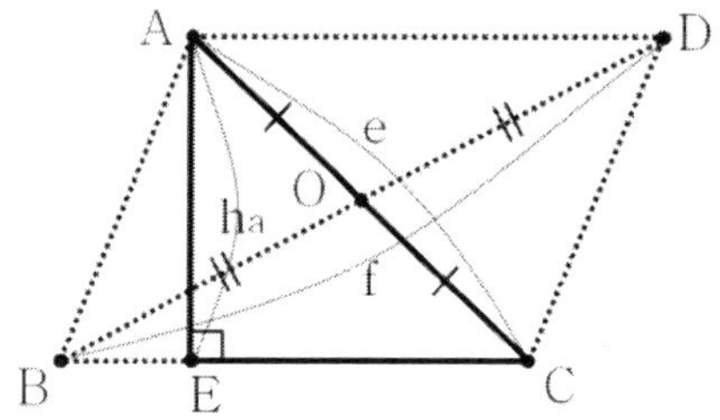

[그림 3-42]

② 점 C에서 $\overline{CE}$의 반직선과 대각선 f가 만나는 점 B를 작도한다.

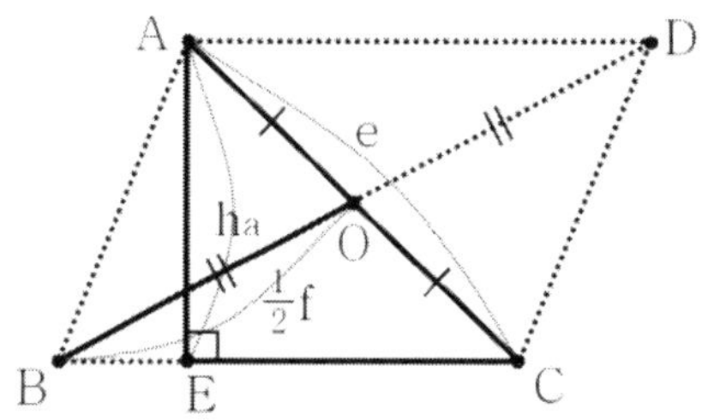

[그림 3-43]

③ $\overline{AB} = \overline{CD}$, $\overline{BC} = \overline{DA}$를 이용하여 삼각형 ACD를 작도한다.

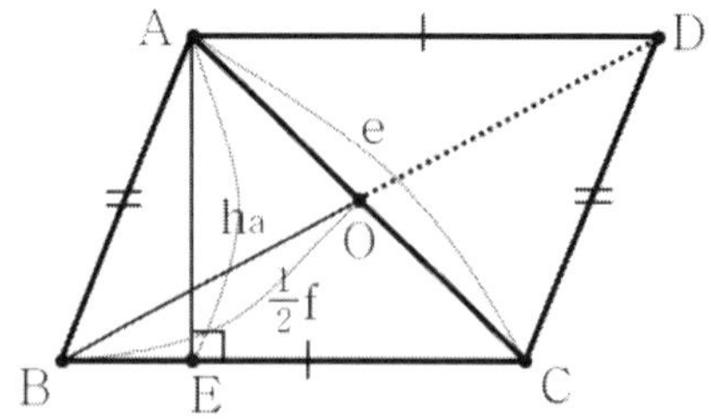

[그림 3-44]

증명

작도된 사각형 ABCD에서 마주 보는 대변의 길이가 같으므로($\overline{AB}=\overline{CD}$, $\overline{BC}=\overline{DA}$), 주어진 조건을 만족하는 평행사변형이 된다(평행사변형이 되기 위한 조건).

탐구

삼각형에서 합동조건은 결정조건과 동일하며 작도조건도 같음을 알 수 있다. 따라서 RHS합동이므로 작도 가능한 유일한 평행사변형이 된다. ■

2.1.6 RHA 합동조건

작도문제 3-12 높이와 한 각이 주어진 마름모를 작도하시오. (h_a, $\angle A$)

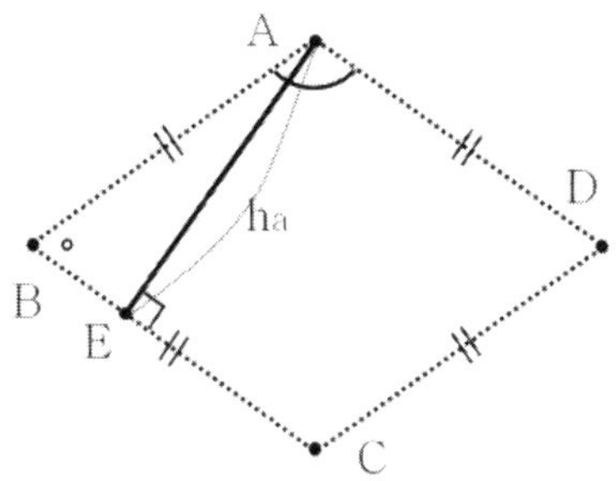

[그림 3-45]

분석

주어진 조건을 만족하는 마름모 ABCD가 작도되었다고 가정하자. $\angle A$와 $\overline{AE}=h_a$가 주어져 있다. 조건에서 높이 $\overline{AE}$는 $\overline{BC}$에 대해 수직이다. 따라서 삼각형 ABE는 직각삼각형이고 RHA합동조건을 만족하므로 작도 가능하다. 문제에서 주어진 각은 $\angle A$이지만 $\angle B=180°-\angle A$이기 때문에 $\angle A$를 알면 $\angle B$를 알 수 있다. 이렇게 마름모의 한 변의 길이를 알았다. 그리고 $\overline{BE}$의 연장선을 $\overline{AB}$ 길이만큼 긋게 되면 끝부분이 점 C의 위치가 된다. 마지막으로 네 변의 길이가 같으므로 점 D를 구할 수 있다.

작도

① 삼각형 RHA합동조건으로 삼각형 ABE를 작도한다.

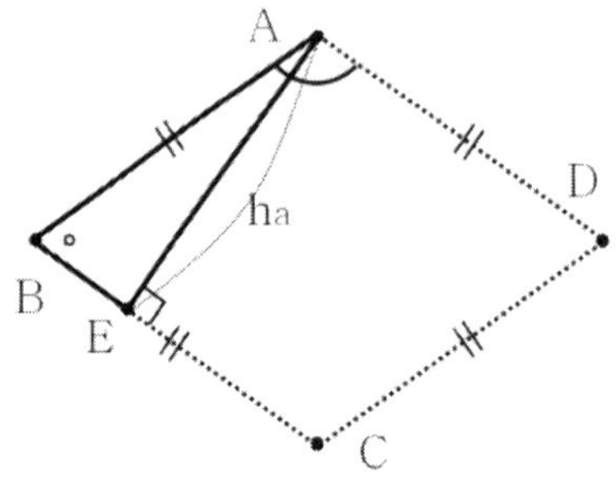

[그림 3-46]

② $\overline{BE}$의 연장선을 $\overline{AB}$ 길이만큼 연장하여 점 C를 작도한다.

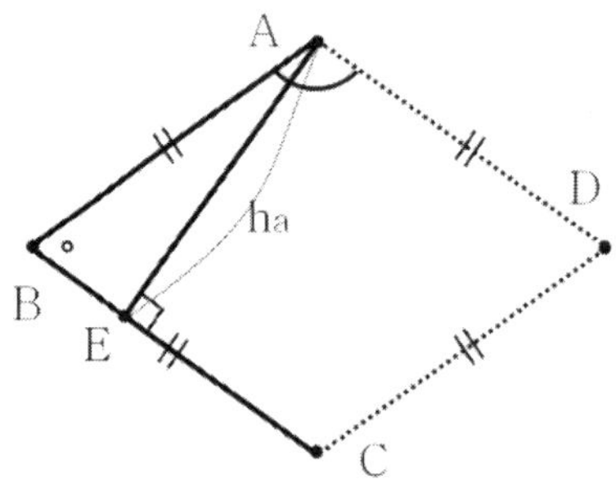

[그림 3-47]

③ 마름모의 성질 네 변의 길이가 같음을 이용하여 점 D를 작도한다.

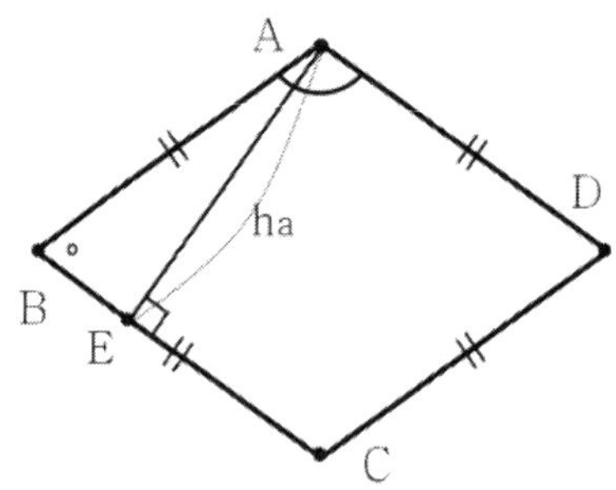

[그림 3-48]

증명

작도된 사각형 ABCD는 네 변의 길이($\overline{AB}=\overline{BC}=\overline{CD}=\overline{DA}$)가 모두 같으므로 마름모이다.

탐구

삼각형에서 합동조건은 결정조건과 동일하며 작도조건도 같음을 알 수 있다. 따라서 RHA합동이므로 작도 가능한 유일한 마름모가 된다. ■

2.2 수업 활용 방안

현행 중학교 교과 과정에 삼각형의 작도만을 다루고 있다. 예전 교육과정에서는 선분의 이등분선 작도, 각의 이등분선 작도, 한 점을 지나는 수선 작도, 동일한 각의 작도, 평행선 작도 방법을 이해한 후 교과서에 다루고 있는 도형 넓이의 이등분선, 평행선에서 삼각형의 넓이, 오각형 넓이를 삼각형으로 변환하여 삼각형 작도를 다루던 것과 비교할 때 큰 폭의 축소가 분명하다.

사실 이번 장에서 살펴본 것과 같이 과거에 다루던 내용 이외에도 정사각형, 직사각형, 평행사변형, 마름모의 정의와 성질을 알고, 작도 풀이 과정에 삼각형 결정조건(SSS, SAS, ASA, SSA)과 합동조건(RHS, RHA), 그리고 삼각형의 성질(이등변삼각형의 정의와 성질)을 이용하여 다양한 문제를 만들 수 있음을 알게 되었다. 작도문제는 많은 수학적 지식을 복합적으로 사용하고 생각할 수 있는 능력을 키우는 데 도움이 된다는 측면에서 작도교육에 대한 재고가 필요해 보인다.

3. 나오는 글

오늘날 활동주의 수학교육에서 작도를 활용한 수학교육은 단순 암기 공부보다 작도 학습 활동을 통해서 기하의 기초 개념을 재확인하고 도형의 정의와 성질을 명확히 이해하는 과정을 거치게 된다. 위대한 수학자인 가우스는 자신의 인생에서 가장 큰 보람으로 정17각형의 작도를 뽑았으며, 고대 아테네의 지식인인 플라톤도 '눈금 없는 자와 컴퍼스 이외의 다른 작도법은 기하학의 장점과 완전성을 파괴하고 해치는 것이다.'라고 주장하면서 순수한 작도의 중요성을 역설하였다. 이처럼 오늘날에도 학생들은 작도문제를 찾고 풀면서 심오한 고민의 과정을 지속함으로써, 스스로 도형에 대한 다각적인 이해에 도움이 되는 계기로 삼을 것이라 생각한다.

참 | 고 | 문 | 헌

Reference

고성덕(2012). 자와 단위자만을 이용한 기본작도에 관한 연구. 경상대학교 교육대학원 석사학위논문

김원경 외(2015). **중학교 수학 2**. 서울: 비상교육.

김재식(2017). 사각형 작도문제 해결에 대한 연구. 경상대학교 교육대학원 석사학위논문.

김화경 외(2017). **중학교 수학 1**. 서울: 좋은책신사고.

이연재(2005). 사각형의 성질을 활용한 작도문제 해결에 관한 연구. 한국교원대학교 교육대학원 석사학위논문.

우정호(2009). **학교수학의 교육적 기초**. 서울: 서울대학교출판문화원.

정수진(2008). **히포크라테스가 들려주는 작도 이야기**. 서울: 자음과모음.

정진숙(2004). 컴퍼스만을 이용한 중학교 수학 교과서에 나오는 작도문제 해결에 관한 연구. 영남대학교 교육대학원 석사학위논문.

장혜원(1997). 중학교 기하 영역 중 작도단원에 관한 고찰. **대한수학교육학회논문집, 7**(2), pp.327~336.

조진(2008). 삼각형의 결정조건과 합동조건 중심의 교과 연계성 분석. 이화여자대학교 대학원 석사학위논문.

한인기(1999). 작도문제의 해결 방법. **수학교육논문집, 9**(1), pp.153~164.

한인기(2008). '자와 컴퍼스의 방법'에 제시된 정다각형의 작도 방법 연구. **한수학사학회지, 21**(2), pp.119~134.

한인기(2009). '수학 문제의 내적구조를 활용한 기하 영역의 수준별 교수-학습 자료의 분석 연구. **수학교육논문집, 23**(2), pp.175~196.

한인기, 강인주(2000). 모어-마스케로니의 정리에 대한 고찰. **한국수학사학회지, 13**(2), pp.133~144.

제 4 장

유클리드 도구를 통한 공간 작도문제의 탐색

서보억(충남대학교)

1. 들어가는 글

우리가 살아가는 물리적 공간은 '2차원 평면(이하 평면)'이 아닌 '3차원 공간(이하 공간)'이다. 게다가 우리가 발을 디디고 걸어가는 표면도 평면이 아니 구면이라는 휘어진 공간에서 살아가고 있다. 그런데 우리가 학교수학에서 이해하고 탐구하는 많은 부분이 평면에 할애하고 있다는 것은 다소 아이러니한 현실이다. 이처럼 우리가 살아가는 공간에 대한 이해가 매우 필요하고 중요하다고 할 수 있다. 이러한 공간에 대한 이해의 중요성에도 불구하고 실제 수학교실에서 공간과 관련된 학습에서 학생뿐 아니라, 교사도 큰 어려움에 봉착하는 것이 사실인 것 같다. 공간을 다루는 학습내용은 중학교에서는 입체도형의 겉넓이, 부피 및 피타고라스 정리의 활용에서 대각선, 높이 정도를 구하는 수준에서 다루고, 고등학교에서는 기하영역에서 공간도형, 공간좌표라는 매우 제한된 부분만을 다룸으로 인해 나타나는 현상으로 보인다.

공간도형의 학습에 대한 어려움에 대해 예비수학교사들은 '공간상의 도형을 학습할 때 항상 교과서에서 지면으로 나타난 그림이나 칠판에 평면적으로 그려진 그림에서만 학습을 주로 했기 때문에 스스로의 머릿속에 공간을 두고 입체도형과 도형들 사이의 관계를 상상해야 했다.'고 말하고 있다(김남희, 2006). 이는 능동적인 학습자로서의 공간도형을 다룬 것이 아니라, 수동적인 측면에서 공간도형을 피상적으로 다룸으로 인해 나타난 현상이라고 판단된다. 또한 권성룡 외 3인(2006)은 기하영역 학습의 어려움의 원인으로 학교에서 기하영역의 학습이 지필환경에서만 치중하고 있고, 이해과정보다는 대수적인 계산에 치중하고 있다고 언급하고 있다. 이에 이 장에서는 기하학습의 한계를 극복하고 우리가 살아가는 일상 공간에서 직접 관찰한 것을 기반으로 작도라는 활동을 통해 사고력을 향상시키는 방향으로 기하학습 자료를 제공하고자 한다.

작도는 수학에서 가장 역사가 깊고 또 교육적인 주제 가운데 하나이다. 지금까지의 작도는 당연한 듯이 평면에서만 했었는데, '왜 작도를 공간에서는 할 수 없을까?' 혹은 '공간과 관련된 작도는 없을까?'라고 생각할 수 있다. 구체적으로 구면의 기하학적 도형을 어떻게 평면 위로 작도할 것인지를 탐색하는 문제를 통해 공간 작도를 소개하고, 중고등학교 수준의 몇 가지 구체적인 작도 예제들을 연습해 보면서 공간 작도에 대해 살펴보도록 하겠다.

2. 구면 위 도형을 평면에 작도

이번 절에서는 공간 작도문제를 하나 제시하고자 한다. 작도문제는 크게 세 부분으로 구분하여 제시한다. 첫 번째 부분은 작도문제의 제시이다. 작도문제의 제시는 단순한 문제의 제시와 더불어 공간 작도의 이해를 돕기 위한 작도문제의 설명으로 이루어져 있다. 두 번째 부분은 작도법의 제시이다. 작도법의 제시는 작도의 연역적 절차, 작도법의 발견과 정당화로 이루어져 있다. 세 번째 부분은 수업활용방안이다.

2.1 작도문제

2.1.1 작도문제의 제시

작도문제 4-1 표면이 완전히 부드러운 축구공과 충분히 큰 컴퍼스, 눈금이 없는 자, 충분히 큰 종이 한 장씩 각각 주어져 있다. 이 축구공의 지름과 같은 길이를 가지는 선분을 종이 위에 작도할 수 있는 방법에 대해 설명하여라(Kordemsky, 1992).

2.1.2 작도문제의 설명

그림과 같이 완전한 구 형태의 축구공이 주어져 있다. 구는 한 점(구의 중심)에서 같은 거리에 있는 모든 점들을 모아놓은 도형이다.

[그림 4-1]

이 구의 지름 즉, 구의 중심을 지나는 가장 긴 선분을 평면 위에 작도하라는 문제이다. 유클리드 도구만을 이용하여 구라는 공간도형의 지름을 작도하는 문제이다. 이 문제는 공간에 있는 기하학적 대상을 평면으로 옮기는 공간 작도 관련 문제이다.

2.2 작도법

2.2.1 작도법

1단계. 축구공 위에 임의의 한 점 M을 잡는다.
2단계. 컴퍼스를 이용하여 점 M을 중심으로 하는 임의의 한 원을 축구공 위에 그린다.
3단계. 축구공 위에 그려진 원 위에 임의의 세 점 A, B, C를 잡는다.

※ 작도의 편의를 위해 원 위의 두 점 K와 점 L을 지름의 양 끝점이라고 하자(그림 4-2).

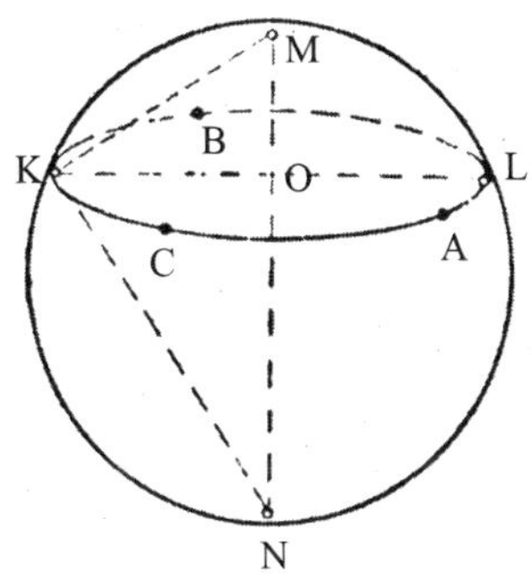

[그림 4-2]

4단계. 컴퍼스를 이용하여 평면 종이 위에 원 위의 세 점과 같은 크기의 삼각형 ABC를 작도한다(그림 4-3).

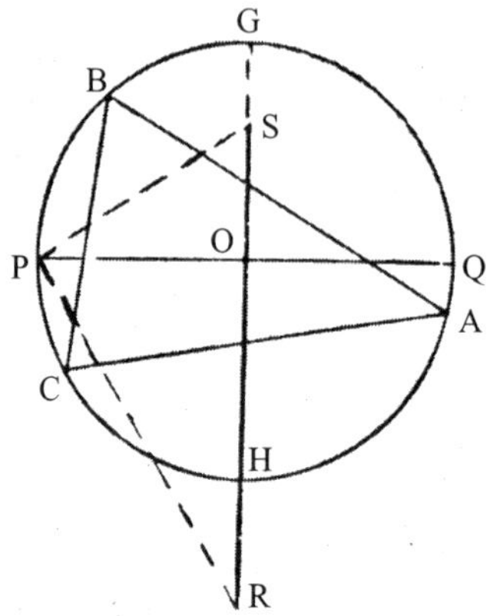

[그림 4-3]

5단계. 종이 위에 그려진 삼각형 ABC의 외접원을 작도하고, 그 중심을 O라고 한다.

6단계. 외접원의 중심 O를 지나고, 서로 수직인 두 지름 $\overline{PQ}$, $\overline{GH}$를 작도한다.

7단계. 컴퍼스로 축구공에서 두 점 K, M 사이의 거리 $\overline{KM}$일 때, $\overline{KM}=\overline{PS}$가 되도록 점 S를 직선 $\overline{GH}$ 위에 작도한다.

8단계. 선분 GH의 연장선 위에 $\overline{PS}\perp\overline{PR}$이 되도록 하는 점 R을 작도한다. 그러면 $\overline{SR}$이 구의 지름이 된다.

2.2.2 작도법의 발견과 정당화

축구공의 지름을 평면 위에 작도하는 문제이다. 비록 축구공은 공간도형이지만, 축구공의 지름은 한 평면 위에 있다는 것은 명백한 사실이다. 따라서 이 지름을 얻을 수 있는 방법을 생각하면 된다.

공간을 평면으로 유추하여 구가 아닌 원으로 가정해 보자. 먼저, 원의 지름을 얻을 수 있는 방법을 생각해 보자. 아래와 같은 원이 주어져 있을 때, 지름을 얻는 방법은 중심을 구하는 것에서 출발해야 한다. 원의 중심은 현의 수직이등분선 위에 있다(그림 4-4참조). 즉, 현 KL이 주어져 있고, 점 M이 주어져 있는 상태에서 지름을 얻는 방법은 점 M에서 선분 KL에 수선을 긋고, 점 K를 지나면서 선분 MK와 수직인 직선을 작도하면 된다. 이제 이 방법을 구면에 그대로 적용해 보자.

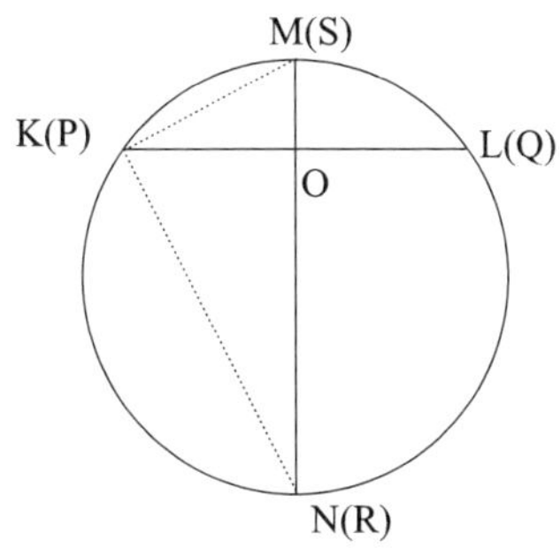

[그림 4-4]

[그림 4-2]와 [그림 4-4]를 유추적 관점에서 살펴보자. 원에서 현 KL은 구에서 선분 KL을 지름으로 하는 원이다. 그러면 구면상에 점 M을 중심으로 하는 원을 그렸을 때, 그 원의 지름 KL을 평면에 옮기는 것이 필요하다. 그러기 위해서는 원 위에 있는 임의의 세 점으로 만들어지는 삼각형 ABC의 외접원을 작도하고, 그 원의 한 지름을 평면 PQ로 잡으면 된다. 따라서, 컴퍼스를 이용하면 삼각형 ABC의 세 변의 길이를 평면으로 옮겨 [그림 4-3]에 있는 삼각형 ABC를 작도할 수 있다. 이를 통해 원의 중심 O, 수직인 두 지름인 선분 PQ와 선분 GH를 얻는다.

이제 구면에 있는 점 K를 평면에 있는 점 P로 대응시킬 수 있다. 구면에 있는 점 M을 평면으로 옮겨야 한다. 점 M은 선분 GH 위에 있어야 하고, 공간에서 선분 KM의 길이와 같아야 한다. 따라서 $\overline{KM}=\overline{PS}$인 점 S를 선분 GH 위에 작도할 수 있다.

최종적으로는 구면에 있는 점 N을 평면에 옮기면 된다. 그런데, 구면의 삼각형 MKN은 직각삼각형이므로, 점 P를 지나면서 선분 PS에 수직인 직선과 직선 GH의 교점 R을 잡을 수 있다. 따라서 구의 지름 MN은 평면의 선분 SR과 같다.

2.3 수업 활용 방안

구면의 지름을 평면에 작도하는 것은 실제적으로는 간단한 문제는 아니다. 하지만, 공간의 구는 평면의 원과 유사한 속성을 가진다는 점을 유추하면 좋을 것 같다. 따라서 수업에 활용할 때는 선행적인 작도과제, 혹은 보조 작도과제(작도문제 4-2)를 아래와 같이 제시하는 것이 효과적이다.

작도문제 4-2 표면이 완전히 부드러운 원 모양의 접시, 충분히 큰 컴퍼스, 눈금이 없는 자, 충분히 큰 종이 한 장씩 각각 주어져 있다. 이 접시의 지름과 같은 길이를 가지는 선분을 종이 위에 작도하시오.

이 작도과제를 해결하기 위해서 필요한 수학적 지식은 다음과 같은 몇 가지 지식이 필요하다.

첫째, 회전체로서 구의 정의에 대한 명확한 인식이 필요하다.
둘째, 지름에 대한 원주각의 크기는 직각이라는 인식이 필요하다.
셋째, 수직이등분선의 작도, 수선의 발의 작도, 삼각형의 외접원의 작도에 대한 인식이 필요하다.

위와 같은 수학적 지식을 배경지식으로 제공하고, 평면 원에 대한 보조 작도과제를 활용하면, 구면에 대한 공간 작도과제를 해결하는 수업에 유용할 것이다.

2.4 또 다른 작도문제

작도문제 4-3 두 구가 서로 만나 겹쳐져 있다. 이 구가 겹쳐져 생기는 원을 평면 위에 작도하시오.

작도문제 4-4 구와 평면이 서로 만나 겹쳐져 있다. 평면과 구가 겹쳐져 생기는 원을 평면 위에 작도하시오.

3. 공간 작도의 이해

폴리아(Polya)에 따르면 개연추론의 유형으로 일반화, 특수화, 유추 등을 제시하였다. 이 중에서 일반화와 특수화는 상대적으로 애매하거나 미심쩍은 것이 별로 없지만, 유추는 그렇지 않다. 유추란 일종의 닮음 혹은 유사함을 의미하는데, 예를 들어, $a+b=b+a$와 $a\times b=b\times a$는 유사한 속성이 있다는 것을 인식하는 것이 유추이다. 여기서 두 체계가 유사하다는 것은 두 체계를 구성하는 각 부분들의 관계가 일치한다는 것을 의미한다. 가장 대표적인 유추적 사고의 예로는 평면에서의 삼각형과 공간에서의 사면체이다. 평면에서의 세 직선이 닫힌 도형 즉, 삼각형을 형성하는데, 공간에서의 네 평면은 닫힌 공간 즉, 사면체를 형성하기 때문이다. 즉, 평면에 대한 삼각형의 관계는, 공간에 대한 사면체의 관계와 같은 관계가 있다. 이러한 것이 유추의 관계이다. 이러한 유추에 대해 케플러(Kepler)는 '나는 유추를 가장 신뢰할 수 있는 스승으로서, 다른 어떤 것보다 더 소중히 여긴다. 유추는 자연의 모든 비밀을 알고 있으며, 특히 기하학에서는 절대 소홀히 취급해서는 안 되는 것이다.'라고 할 만큼 유추를 소중하게 다루었다.

우리는 평면에서의 유클리드 작도에 대해서 매우 잘 알고 있다. 하지만, 공간에서의 유클리드 작도는 그렇지 않다. 다만, 평면에서의 작도와 공간에서의 작도는 유사할 것이라는 사고는 충분히 할 수 있다. 따라서 공간 작도가 무엇인지 알기 위해 유추적인 사고를 통해 접근하고자 한다.

3.1 평면 작도로부터 공간 작도로의 정의와 공간 작도 도구

유클리드 작도란 유클리드 도구인 눈금 없는 자와 컴퍼스만을 이용하여 주어진 조건을 부합하는 평면도형을 그리는 것이다. 여기서 두 가지 관점을 살펴볼 필요가 있다. 하나는 평면 작도를 위해 사용되는 도구의 역할이고, 다른 하나는 겉으로는 잘 드러나지 않지만 평면 작도를 하기 위한 전제 조건이다. 먼저, 작도를 수행하기 위해 사용되는 도구는 눈금 없는 자와 컴퍼스이다. 평면 작도에서 컴퍼스의 역할은 등거리를 유지시키는 도구이고, 눈금 없는 자의 역할은 두 점의 공선성을 유지시키는 도구이다. 모든 평면 작도는 이 두 가지 관점에서 행하여지고 있다. 다음으로는 유클리드 작도의 전제 조건에 해당하는 부분이다. 그것은 유클리드 작도는 지금까지는 오직 평면에서만 이루어졌다는 점이다. 눈금 없는 자는 평면상에 있는 두 점이 동일한 직선 위에 있다는 것을 보장해 주는 것이고, 컴퍼스의 역할은 평면상에 있는 두 점 사이의 등거리성을 보장해 주는 것이다.

이제 평면 작도의 개념으로부터 유추적 사고를 통해 공간 작도의 개념으로 확대해보자. 앞의 2절에서 구면에 있는 도형을 평면으로 옮기는 공간 작도에 대해 살펴보았다. 엄밀히 말하면 이것은 공간 작도가 아니다. 하지만, 2절에서 이 내용을 소개한 것은 공간 작도의 한계를 극복할 수 있는 장점이 있기 때문이다. 공간 작도는 실제로 행하여질 수 없다는 한계가 있는데, 이 한계를 극복하여 실제로 평면으로 옮기는 것은 또 다른 흥미로운 부분이기 때문이다.

이제 공간 작도가 무엇인지 살펴보자. 평면 작도는 유클리드 도구를 이용하여 평면상에 주어진 조건을 만족하는 도형을 그리는 것이라면, 공간 작도는 유클리드 도구를 이용하여 공간상에 주어진 조건을 만족하는 도형을 그리는 것으로 정의할 수 있다. 이제 평면에서 공간으로 차원의 변화가 생겼다. 따라서 유클리드 도구도 변화가 필요할 것이다. 평면이 공간으로 확장하면서 도구도 확장시킬 수 있다. 아니, 확장되어야 한다.

유클리드 도구에 집중해 보자. 2개의 도구가 있다. 하나는 눈금 없는 자이고 컴퍼스이다. 평면이라는 2차원에서 1차원 요소인 직선을 긋는 도구와 2차원에서 등거리성을 유지하는 컴퍼스이다. 그렇다면 공간 작도에서는 이 도구들이 어떻게 확장되어야 할지 생각해 보자.

<table>
<tr><th colspan="5">유클리드 도구</th></tr>
<tr><td colspan="2">평면 작도</td><td></td><td colspan="2">공간 작도</td></tr>
<tr><td rowspan="2">눈금 없는 자</td><td rowspan="2">1차원에서 공선성</td><td rowspan="2">⇒</td><td>1차원 공선성</td><td>눈금 없는 자</td></tr>
<tr><td>2차원 공면성</td><td>눈금 없는 평면기</td></tr>
<tr><td rowspan="2">컴퍼스</td><td rowspan="2">2차원에서 등거리성</td><td rowspan="2">⇒</td><td>2차원 등거리성</td><td>원형컴퍼스</td></tr>
<tr><td>3차원 등거리성</td><td>구면컴퍼스</td></tr>
</table>

[그림 4-5]

생각보다 유추적 사고를 하면, 공간 작도의 도구로 무엇이 필요한지 파악하고 간단하게 만들어낼 수 있다. 먼저 평면 작도에서 눈금 없는 자는 2차원이라는 제한된 영역 내에서 점이라는 0차원 요소를 1차원 요소인 동일한 직선에 있음을 보장하는 공선성 도구이다. 따라서 공간 작도로 확장을 하면 '0차원 요소인 점을 1차원 요소인 직선과 연결할 수 있는데, 두 점이 동일한 직선 위에 있음을 보장하는 도구'와 '0차원 요소인 점을 2차원 요소인 평면과 연결할 수 있는데, 세 점이 동일한 평면 위에 있음을 보장하는 도구'가 필요하다. 이것을 눈금 없는 자와 눈금 없는 평면기(이후, 직선자와 평면기)라고 명명하자. 다음으로는 평면 작도에서 컴퍼스는 2차원이라는 제한된 영역 내에서 등거리성을 확인하는 도구이다. 따라서 공간 작도로 확장을 하면 3차원에서의 등거리성 도구가 필요하다. 따라서 동일한 평면에서의 등거리성 도구와 공간에서의 등거리성 도구가 필요하다. 이것을 원형 컴퍼스와 구면 컴퍼스(이후, 원컴퍼스와 구컴퍼스)라고 명명하자. 지금까지의 결론을 정리하면 [그림 4-5]와 같이 정리할 수 있다.

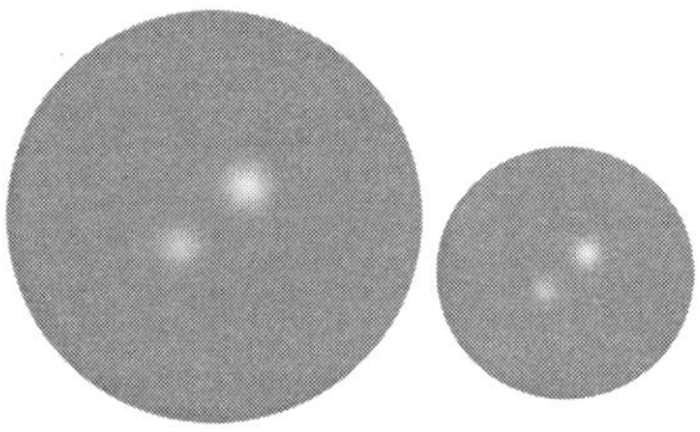

[그림 4-6] 구면 컴퍼스의 작도

[그림 4-7] 눈금 없는 평면기

3.2 공간 작도의 이해

우리가 일반적으로 실행하는 작도는 유클리드 기하를 기반으로 한다. 원론에서 제시하고 있는 자명한 사실인 5개의 공준을 기반으로 한다고 볼 수 있다. 따라서 공간 작도도 원론에서 제시하고 있는 공준의 공간으로의 확장이 필요할 것이다. [표 4-1]은 평면 작도에서의 유클리드 공준이 공간 작도에서 어떻게 확장되는지 제시하고 있다.

[표 4-1] 공준

연번	평면 작도(유클리드 공준)	공간 작도에서 추가되는 공준
1	공준 1. 한 점으로부터 또 다른 한 점으로 직선을 그을 수 있다.	공준 1-2. 세 점이 주어지면 평면을 그릴 수 있다.
2	공준 2. 유한직선은 무한히 연장할 수 있다.	공준 2-2. 유한 평면은 무한히 연장할 수 있다.
3	공준 3. 주어진 점을 중심으로 주어진 선분을 반지름으로 하는 원을 그릴 수 있다.	공준 3-2. 주어진 점을 중심으로 주어진 선분을 반지름으로 하는 구면을 그릴 수 있다.
4	공준 4. 모든 직각은 서로 같다.	공준 4-2. 모든 직각 이면각은 서로 같다.
5	공준 5. 한 직선과 두 직선이 만날 때 어느 한쪽의 두 내각의 합이 두 직각보다 작으며, 이 두 직선을 무한히 연장할 때, 두 직각보다 작은 각이 이루어지는 쪽에서 두 직선은 반드시 만난다.	공준 5-2. 한 평면이 다른 평면과 만날 때 두 평면을 지나는 또 다른 평면이 만드는 두 이면각의 크기의 합이 두 직각보다 작으며, 이 두 평면을 무한히 연장할 때, 두 직각보다 작은 각이 이루어지는 이면각 쪽에서 두 평면은 반드시 만난다.

3.3 공간 작도과제의 발견

지금까지 공간 작도의 정의, 도구, 공준 등을 모두 평면 작도를 기반으로 유추하였다. 따라서 공간 작도의 과제도 평면 작도를 기반으로 생성하는 것이 타당할 것이다. 이에 우리나라 4차 교육과정부터 현재까지 수학교과서에 제시된 작도과제를 분석하였다. 저자가 찾은 총 171개의 작도과제 중에서 실제로 작도를 수행하는 과제를 찾아 정리하면 [표 4-2]와 같이 18개의 기본작도로 제시할 수 있다. 교과서에서 발견한 평면 작도과제를 유추하여 공간 작도과제로 개발하였다. 예를 들어, 주어진 선분의 길이를 2배로 확장하는 작도과제, 정삼각형을 작도하는 과제, 각의 이등분선을 작도하는 과제는 다음과 같이 확장될 수 있다.

① 공간에서 유한 평면의 넓이를 2배로 확장하는 유한 평면을 작도하시오.
② 한 변의 길이가 주어진 정사면체를 작도하시오.
③ 이면각의 크기를 이등분하는 면을 작도하시오.

이와 같이 18개의 평면 작도과제를 유추를 통해 공간 작도과제로 변형하면 [표 4-2]와 같다.

[표 4-2] 작도문제

연번	평면 작도문제	공간 작도문제로 유추
1	주어진 선분 2배 확장 작도	① 공간에서 직육면체의 부피를 2배로 확장하는 직육면체를 작도하시오. ①′ 공간에서 직사각형의 넓이를 2배로 확장하는 직사각형을 작도하시오.
2	정삼각형 작도	② 한 변의 길이가 주어진 정사면체를 작도하시오.
3	각의 이등분선 작도	③ 이면각의 크기를 이등분하는 면을 작도하시오.
4	크기가 60°인 각 작도	④ 각의 크기가 60°인 이면각을 작도하시오.
5	선분의 수직이등분선 작도	⑤ 공간 선분의 수직이등분면을 작도하시오.
6	한 점 P에서 직선에 수선 작도	⑥ 한 점 P에서 평면에 내린 수선의 발을 작도하시오.
7	주어진 각과 같은 크기의 각 작도	⑦ 주어진 이면각과 같은 크기의 이면각을 작도하시오.
8	점 P를 지나고 주어진 직선에 평행한 직선 작도	⑧ 점 P를 지나고 주어진 평면에 평행한 평면을 작도하시오.
9	주어진 세 선분을 변으로 하는 삼각형을 작도	⑨ 주어진 6개의 선분을 변으로 하는 사면체를 작도하시오. ⑨′ 주어진 네 삼각형을 면으로 하는 사면체를 작도하시오.

10	직각의 삼등분선 작도	⑩ 직각이면각의 삼등분면을 작도하시오.
11	삼각형의 내접원 작도	⑪ 사면체의 내접구면을 작도하시오.
12	삼각형의 외접원 작도	⑫ 사면체의 외접구면을 작도하시오.
13	중심을 모르는 원의 중심 작도	⑬ 중심을 모르는 구의 중심을 작도하시오.
14	주어진 선분을 $n:m$으로 분할하는 점의 작도	⑭ 주어진 직사각형의 넓이를 $n:m$으로 분할하는 선분을 작도하시오. ⑭′ 주어진 직육면체의 부피를 $n:m$으로 분할하는 평면을 작도하시오.
15	정육각형 작도	⑮ 정육면체(정다면체)를 작도하시오.
16	원 외부의 한 점에서 원에 접선 작도	⑯ 구 외부의 한 점에서 구에 접평면을 작도하시오.
17	두 원의 공통외접선 작도	⑰ 두 구의 공통외접평면을 작도하시오.
18	주어진 $\overset{\frown}{AB}$를 포함하는 원 작도	⑱ 구면의 일부가 주어졌을 때, 구의 중심을 작도하시오.

3.3 공간 작도과제의 실제

3.3.1 공간 작도의 실행 예시

작도문제 4-3(1) 두 구가 서로 만나 겹쳐져 있다. 이 구가 겹쳐져 생기는 원을 평면 위에 작도하시오.

작도문제의 해결

이 [작도문제 4-3(1)]을 평면 작도문제로 유추하면 두 원의 공통현을 작도하는 문제로 볼 수 있다(그림 4-8 참조). 이 공통현의 작도는 다음 두 단계로 작도 가능하다.

1단계. 원컴퍼스로 원 O와 원 O'을 작도한다. 따라서 두 원의 교점 A, B를 얻는다.
2단계. 두 점이 결정이 나면 직선자를 이용하여 선분 AB를 긋는다.

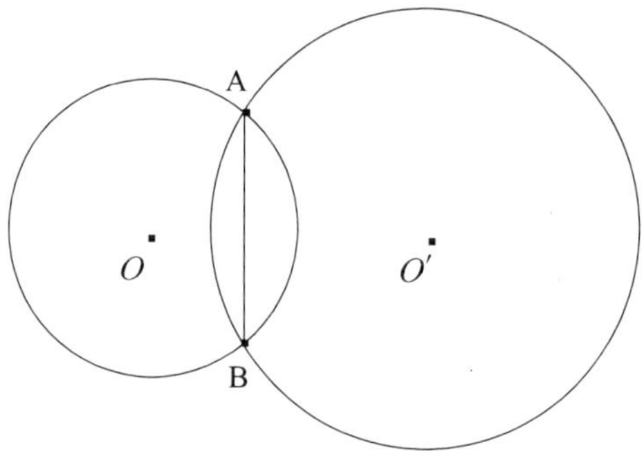

[그림 4-8]

이제 위의 과정을 유추하여 [작도문제 4-3(1)]을 해결해 보자. 공간에 두 구면 O, O'이 주어져 있다(그림 4-9 참조). 이들이 만나서 만드는 원을 작도해 보자.

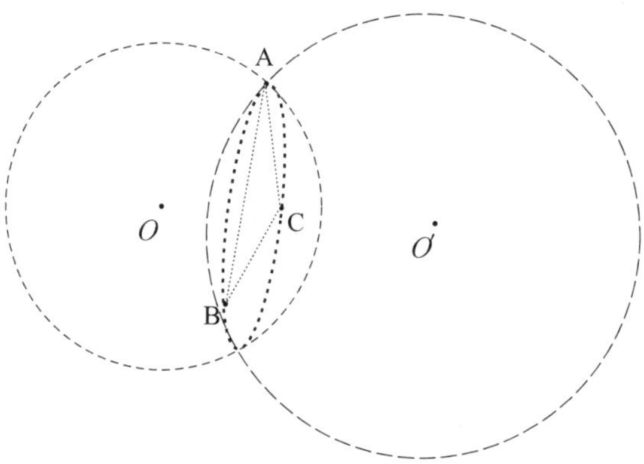

[그림 4-9]

1단계. 구컴퍼스로 구 O와 구 O'을 작도한다. 따라서 두 구가 만나는 교선 위에 세 점 A, B, C를 얻는다.

2단계. 공준 1-2에 의해서 세 점은 한 평면을 결정한다. 평면기로 이 평면을 작도한다.

3단계. 한 평면 위에서 세 점을 꼭짓점으로 하는 삼각형 ABC를 작도한다.

4단계. 삼각형 ABC의 외접원의 중심을 작도하고, 외접원을 원컴퍼스로 작도한다. ■

작도문제 4-5 사면체 ABCD가 주어졌을 때, 사면체의 네 꼭짓점을 지나는 외접구면을 작도하시오(표 4-2의 ⑫).

작도문제의 해결

이 작도문제 4-5를 평면 작도문제로 유추하면 삼각형의 외접원을 작도하는 문제이다. 외접원의 작도는 세 꼭짓점에서 같은 거리에 있는 점 O를 작도하는 것이다. 그런데, 세 꼭짓점에서 같은 거리에 있기 위해서는 각각의 두 꼭짓점의 쌍에서 같은 거리에 있어야 하므로, 세 변의 수직이등분선의 교점을 통해 작도할 수 있다. 이것을 사면체의 외접구에 적용하면 다음 절차로 작도할 수 있다(그림 4-10참조).

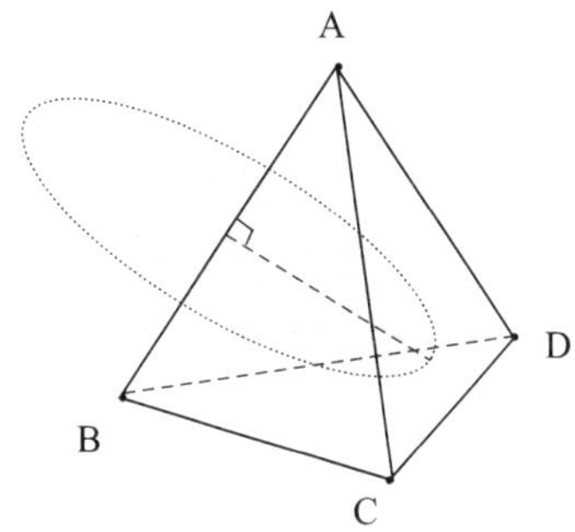

[그림 4-10]

1단계. 구컴퍼스로 꼭짓점 A, B를 중심으로 하는 반지름의 길이가 같은 구를 작도한다.
2단계. 두 구가 만나서 생기는 교선 즉, 두 구가 겹쳐서 만드는 원을 작도할 수 있다.
3단계. 원을 포함하는 평면을 작도할 수 있다. 이 평면이 선분 AB의 수직이등분면이다.
4단계. 선분 BC, 선분 CD, 선분 AD의 수직이등분면을 작도한다(표 4-2의 ⑤).
5단계. 수직이등분면의 교점 O를 작도한다.
6단계. 점 O를 중심으로 하고, 선분 AO의 길이를 반지름으로 하는 구를 구컴퍼스로 작도한다. 이 구가 외접구가 된다. ■

작도문제 4-6 사면체 ABCD가 주어졌을 때, 사면체의 6개의 면에 접하는 내접구면을 작도하시오(표 4-2의 ⑬).

작도문제의 해결

이 작도문제 4-6을 평면 작도문제로 유추하면 삼각형의 내접원을 작도하는 문제이다. 내접원의 작도는 세 변으로부터 같은 거리에 있는 점 O를 작도하는 것이다. 그런데, 세 변으로부터 같은 거리에 있기 위해서는 각각의 두 변으로부터 같은 거리에 있어야 하므로, 세 꼭짓점의 각의 이등분선의 교점을 통해 작도할 수 있다. 이것을 사면체의 내접구에 적용하면 다음 절차로 작도할 수 있다(그림 4-11참조).

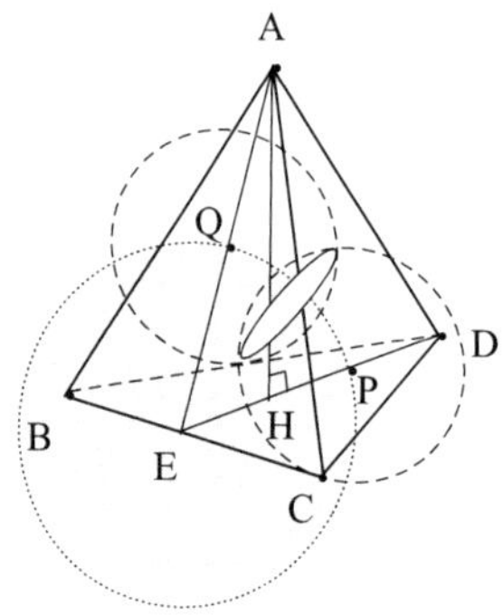

[그림 4-11]

1단계. 구컴퍼스로 꼭짓점 A를 중심으로 하는 구면을 작도하고, 평면 BCD와 만나는 교선 즉, 원을 작도한다.

2단계. 구면과 평면의 교점인 원의 중심을 작도하면, 이 점은 꼭짓점 A에서 평면 ABC에 내린 수선의 발 H가 된다(표 4-2의 ⑥).

3단계. 직선 DH와 선분 BC의 교점 E를 작도하고, 선분 AE를 긋는다.

4단계. 모서리 BC의 이등분면을 다음과 같은 절차로 작도한다(표 4-2의 ③).

4-1단계. 중심을 E로 하는 구면을 구컴퍼스로 작도하고, 두 직선 EA와 ED와의 교점 P, Q를 잡는다.

4-2단계. 구컴퍼스로 점 P, Q를 중심으로 하는 반지름의 길이가 같은 구를 작도한다.

4-3단계. 두 구가 만나는 교선 즉, 두 구가 겹쳐서 만드는 원을 작도한다.

4-4단계. 원을 포함하는 평면을 평면기를 이용하여 작도한다.

5단계. 모서리 AB, 모서리 AD, 모서리 CD, 모서리 BD, 모서리 AC의 각의 이등분면을 작도하고, 그 교점을 그린다.

6단계. 5단계에서 얻은 교점을 중심으로 하고, 평면 BCD에 내린 수선의 발까지의 거리를 반지름으로 하는 구를 구컴퍼스로 작도한다. 이 구가 내접구가 된다. ■

작도과제 4-1

1) 점 A, B가 주어졌을 때, 이 두 점으로부터 같은 거리에 있는 평면을 작도하시오.
2) 평면과 평면 밖 한 점 P가 주어졌을 때, 평면에 대한 점 P의 면대칭점을 작도하시오.
3) 평면과 평면 밖 한 점 P가 주어졌을 때, 점 P를 지나고 평면에 수직인 직선을 작도하시오.
4) 평면과 평면 밖 한 점 P가 주어졌을 때, 점 P를 지나고 평면에 평행한 평면을 작도하시오.

3.3.2 공간 작도의 해결

작도문제 4-7

① 공간에서 직육면체의 부피를 2배로 확장하는 직육면체를 작도하시오.
①′ 공간에서 직사각형의 넓이를 2배로 확장하는 직사각형을 작도하시오.

작도문제의 해결

직육면체의 밑면의 가로의 길이를 2배로 확장하면 작도문제가 해결된다.

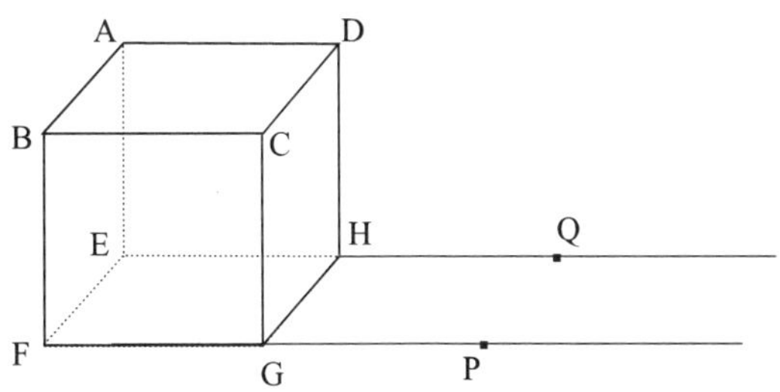

[그림 4-12]

1단계. 직선자를 이용하여 직선 FG와 직선 EH의 연장선을 작도한다.

2단계. 원컴퍼스를 이용하여 $\overline{FG}=\overline{GP}$, $\overline{EH}=\overline{HQ}$인 점 P, Q를 작도한다.

3단계. 직사각형 EFPQ를 밑면으로 하고, 높이가 BF인 직육면체를 작도한다. ■

작도문제 4-8

② 한 변의 길이가 주어진 정사면체를 작도하시오.

작도문제의 해결

정삼각형을 작도하는 방법과 유사하게 정사면체를 작도할 수 있다. 정삼각형을 작도하기 위해서는 동일한 반지름을 가지는 두 원을 작도하고, 그 원의 교점으로 세 점을 얻어 정삼각형을 작도한다. 이와 유사하게 다음과 같이 정사면체를 작도한다.

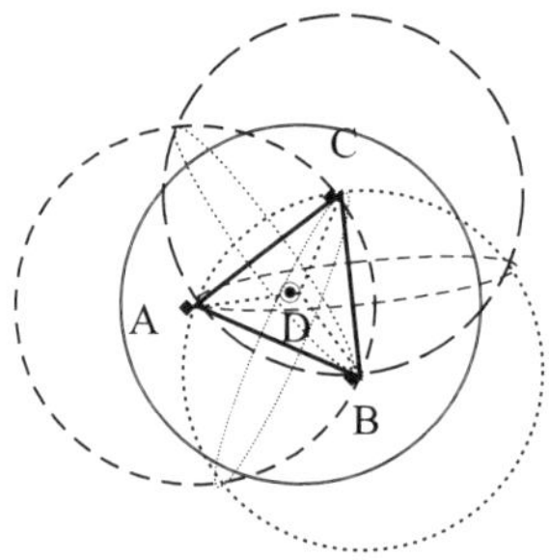

[그림 4-13]

1단계. 구컴퍼스로 한 점 A를 중심으로 하고, 주어진 길이를 반지름으로 하는 구면을 작도한다.

2단계. 앞에서 작도한 구면 위 임의의 한 점 B를 중심으로 하고, 반지름의 길이가 $\overline{AB}$인 구면을 작도한다.

3단계. 두 구면의 교점 C를 중심으로 하고, 반지름의 길이가 $\overline{BC}$인 구면을 작도한다.

4단계. 첫 번째 구와 세 번째 구의 교점으로 점 D를 얻는다. 선분 AB, 선분 BC, 선분 AC, 선분 AD, 선분 BD, 선분 CD를 작도한다. 정사면체 ABCD를 얻는다. ■

작도문제 4-9 ④ 각의 크기가 60°인 이면각을 작도하시오.

작도문제의 해결

수직인 두 평면을 작도하고, 한 평면에 정삼각형을 작도하여 60°인 이면각을 다음과 같은 절차로 작도한다.

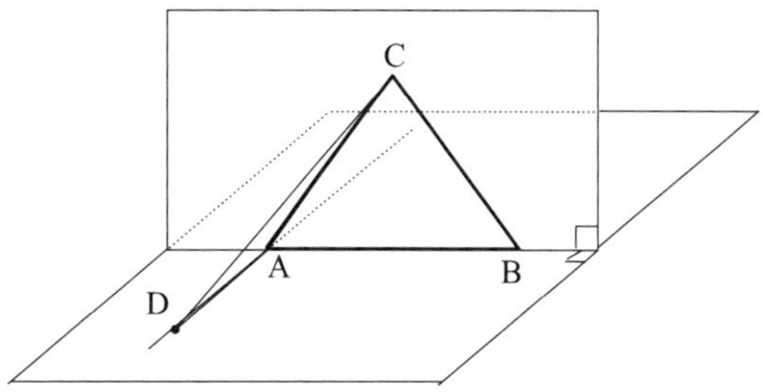

[그림 4-14]

1단계. 한 평면 위에 이 평면에 수직인 평면을 작도한다. 두 평면의 교선 위에 임의의 두 점 A, B를 잡는다.

2단계. 선분 AB를 한 변으로 하는 정삼각형을 원컴퍼스를 이용하여 수직인 한 평면 위에 작도한다.

3단계. 점 A를 지나고 직선 AB에 수직인 직선을 평평한 평면 위에 작도한다. 이 수직인 직선 위 임의의 한 점 D를 잡는다.

4단계. 평면기를 이용하여 세 점 A, C, D를 지나는 평면을 작도한다. 이 평면은 평평한 평면에 60°의 이면각을 이루는 평면이다. ■

작도문제 4-10 ⑦ 주어진 이면각과 같은 크기를 가지는 이면각을 작도하시오.

작도문제의 해결

이면각은 평면을 작도하는 과제이다. 따라서 한 평면을 결정할 수 있는 세 점을 작도하면 된다. 이면각을 옮기는 작도의 절차는 다음과 같다.

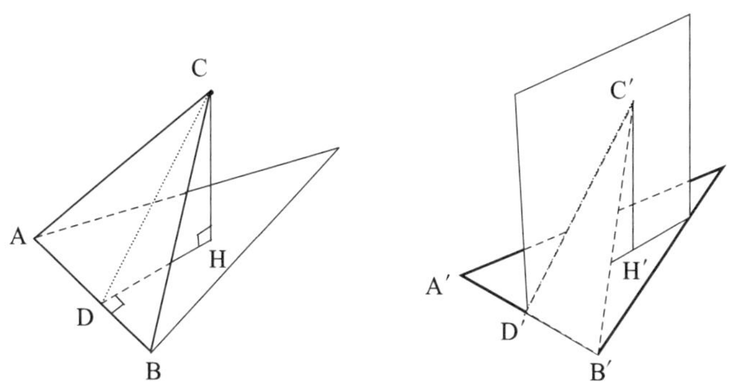

[그림 4-15]

1단계. 주어진 이면각과 한 평면이 주어져 있다. 주어진 이면각의 한 면의 임의의 한 점 C에서 다른 이면각의 면 위에 수선의 발 H를 작도한다.

2단계. 점 H에서 이면각을 만드는 교선 AB에 내린 수선의 발 D를 작도한다.

※ ∠CDH는 이면각의 크기를 나타내므로, 이 각의 크기를 다른 평면 위에 작도하면 된다.

3단계. 이면각을 옮길 평면 위에 한 직선 A′B′을 긋는다.

4단계. 직선 A′B′과 이면각을 옮길 평면에 수직인 평면을 작도한다.

5단계. 수직인 평면 위에 △CDH와 합동인 △C′D′H′를 작도한다.

6단계. 평면기를 이용하여 세 점 C′D′B′을 지나는 평면을 작도한다. 이 평면은 주어진 이면각과 동일한 이면각을 가지는 평면이다. ■

작도문제 4-11 ⑦ 주어진 이면각과 같은 크기를 가지는 이면각을 작도하시오.

작도문제의 해결

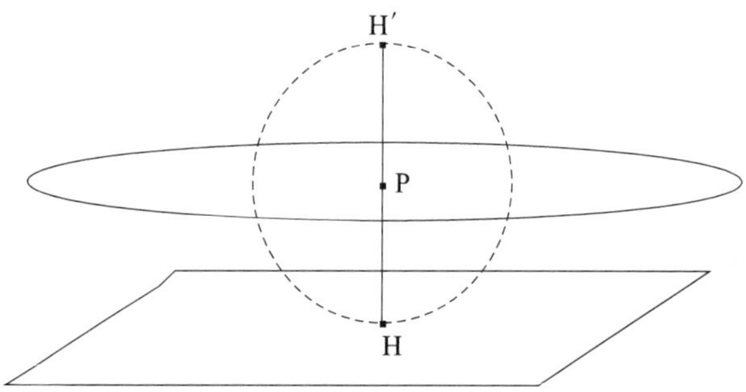

[그림 4-16]

1단계. 점 P에서 평면에 내린 수선의 발 H를 작도한다.

2단계. 구컴퍼스로 점 P를 중심으로 하고, 반지름이 $\overline{PH}$인 구면을 작도한다.

3단계. 선분 PH의 연장선이 구면과 만나는 점 H′을 작도한다.

4단계. 선분 HH′의 수직이등분면을 작도한다(표 4-2의 ⑤). 이 수직이등분면이 주어진 평면과 평행인 평면이 된다. ■

작도문제 4-12

⑨ 주어진 6개의 선분을 변으로 하는 사면체를 작도하시오.

⑨′ 주어진 네 삼각형을 면으로 하는 사면체를 작도하시오.

작도문제의 해결

1단계. 한 평면 위에 세 선분으로 삼각형을 작도한다.

2단계. 삼각형의 세 꼭짓점을 중심으로 하고, 나머지 세 선분을 반지름으로 하는 구면을 작도한다.

3단계. 세 구면의 교점으로 한 꼭짓점을 결정하고, 사면체를 작도한다. ■

작도문제 4-13 ⑩ 직각이면 각의 삼등분면을 작도하시오.

작도문제의 해결

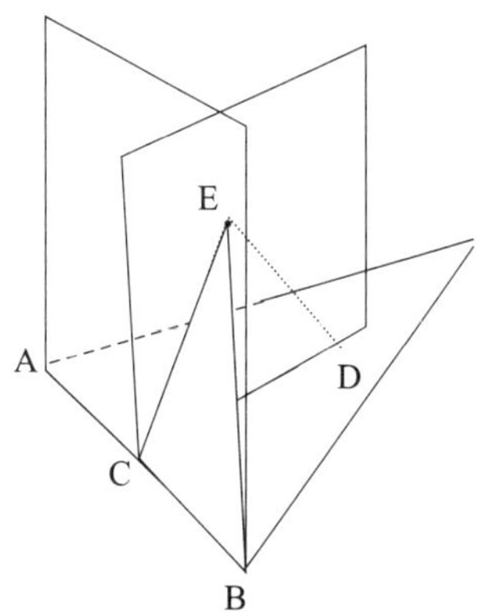

[그림 4-17]

1단계. 직각이등면각을 이루는 두 평면의 교선을 직선 AB라고 하자.

2단계. 직선 AB 위의 한 점 C를 지나고, 직선 AB에 수직인 평면을 작도한다.

3단계. 직선 AB에 수직인 평면과 새로운 평면의 교선을 CD라 하자. 한 변의 길이가 CD인 정삼각형 CDE를 수직인 평면에 작도한다.

4단계. 평면기를 이용하여 세 점 B, C, E를 지나는 평면을 작도한다. 이 평면은 이면각의 크기가 60°인 평면이다.

5단계. 평면 BCE와 평면 BCD의 이변각을 이등분하는 면을 작도한다. 그러면, 주어진 직각을 가지는 이면각의 삼등분면 두 개를 얻게 된다. ■

작도문제 4-14 ⑬ 중심을 모르는 구의 중심을 작도하시오.

작도문제의 해결

중심을 모르는 원의 중심의 작도와 유사하다. 원의 두 현의 수직이등분선의 교점이 원의 중심임을 이용하면 된다. 작도 절차는 다음과 같다.

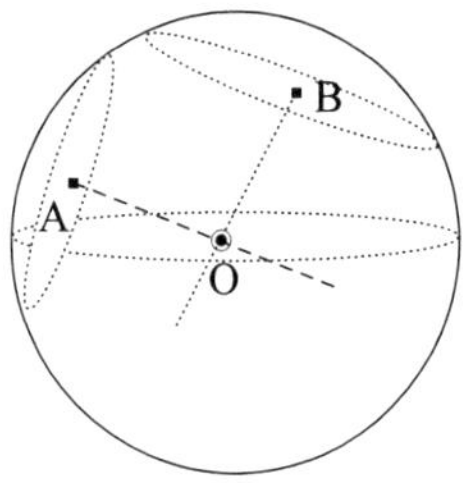

[그림 4-18]

1단계. 구면을 지나는 두 평면을 작도한다. 평면과 구면이 만드는 두 원을 작도한다.
2단계. 두 원의 중심을 작도하고, 그 중심을 각각 A, B라 하자.
3단계. 두 점 A, B에서 각각의 원에 수직인 직선을 작도한다.
4단계. 두 수직인 선의 교점 O를 작도한다. 이 점 O가 구면의 중심이다. ■

작도과제 4-2

1) ⑭ 주어진 직사각형의 넓이를 $n:m$으로 분할하는 선분을 작도하시오.
2) ⑭′ 주어진 직육면체의 부피를 $n:m$으로 분할하는 평면을 작도하시오.
3) ⑮ 정육면체(정다면체)를 작도하시오.
4) ⑯ 구 외부의 한 점에서 구에 접평면을 작도하시오.
5) ⑰ 두 구의 공통외접평면을 작도하시오.
6) ⑱ 구면의 일부가 주어졌을 때, 구의 중심을 작도하시오.

4. 나오는 글

공간은 우리가 살아가는 일상의 터전이자 수학이 발생한 원천이다. 그럼에도 불구하고 공간 도형에 대한 학습의 어려움이나 공간 도형 학습의 기회 부족이라는 현실적인 문제 상황 속에 놓여있다. 이에 이 장에서는 기하영역 학습의 어려움의 주된 원인 중의 하나인 지필환경 및 대수적인 계산에 벗어나 작도라는 활동을 통한 학습의 기회를 제공할 수 있는 공간 작도에 대해 살펴보았다.

지금까지 우리가 접하는 작도는 평면에만 한정되어 있었다. 이러한 현실적인 한계를 뛰어넘고, 새로운 수학내용의 제공이라는 포부를 가지고 공간 작도를 소개하였다. 평면에서의 유클리드 작도나 공간에서의 유클리드 작도는 매우 유사하다는 것을 알 수 있었다. 우리는 평면에 대한 유추적 사고를 통해 공간에 대한 작도에 대해 이해할 수 있었다.

평면 유클리드 작도가 눈금 없는 자와 컴퍼스만을 이용하여 주어진 조건을 부합하는 평면도형을 그리는 것이라면, 공간 유클리드 작도는 눈금 없는 자, 눈금 없는 평면기, 원형 컴퍼스, 구면 컴퍼스를 이용하여 주어진 조건을 만족시키는 공간 도형을 그리는 것으로 정의할 수 있었다. 여기서 네 가지 공간 작도를 위한 유클리드 도구는 매우 간단히 그 당위성을 생각할 수 있었다. 왜냐하면, 평면 작도를 수행하기 위해 사용되는 도구인 눈금 없는 자와 컴퍼스에서 자는 공선성 도구이고, 컴퍼스는 등거리성 도구라는 인식의 확장을 통해 공간 작도 도구를 생성할 수 있기 때문이다. 구체적으로 평면 작도에서 눈금 없는 자는 2차원이라는 제한된 영역 내에서 공선성 도구로써 필수적인 것처럼, 공간 작도에서는 2차원과 3차원을 동시에 고려하여 공선성과 공면성의 보장이 필수적이다. 이를 위해 눈금 없는 자와 눈금 없는 평면기가 필요했던 것이다. 또한, 평면 작도에서 컴퍼스는 2차원이라는 제한된 영역 내에서 등거리성을 유지하는 필수적인 도구인 것처럼, 공간 작도에서는 2차원과 3차원에서의 등거리성 도구가 필수적이다. 이를 위해 원형 컴퍼스와 구면 컴퍼스가 필요했던 것이다.

이러한 도구로부터 공간 작도를 실제적으로 실행하기 위해서 10가지의 공준을 당연한 것으로 받아들여야 하였다. 이러한 10개의 공준은 유클리드 5개의 공준의 확장을 통해 다음과 같은 공간 작도에 대한 공준을 얻었다.

공준 1. 한 점으로부터 또 다른 한 점으로 직선을 그을 수 있다.

공준 1-2. 세 점이 주어지면 평면을 그릴 수 있다.

공준 2. 유한직선은 무한히 연장할 수 있다.

공준 2-2. 유한 평면은 무한히 연장할 수 있다.

공준 3. 주어진 점을 중심으로 주어진 선분을 반지름으로 하는 원을 그릴 수 있다.

공준 3-2. 주어진 점을 중심으로 주어진 선분을 반지름으로 하는 구면을 그릴 수 있다.

공준 4. 모든 직각은 서로 같다.

공준 4-2. 모든 직각 이면각은 서로 같다.

공준 5. 한 직선과 두 직선이 만날 때 어느 한쪽의 두 내각의 합이 두 직각보다 작으며, 이 두 직선을 무한히 연장할 때, 두 직각보다 작은 각이 이루어지는 쪽에서 두 직선은 반드시 만난다.

공준 5-2. 한 평면이 다른 평면과 만날 때 두 평면을 지나는 또 다른 평면이 만드는 두 이면각의 크기의 합이 두 직각보다 작으며, 이 두 평면을 무한히 연장할 때, 두 직각보다 작은 각이 이루어지는 이면각 쪽에서 두 평면은 반드시 만난다.

이러한 10개의 공간 작도에 대한 공준을 기초로 하여, 공간 작도과제를 18개를 제안하였다. 제안된 작도과제는 우리나라 4차 교육과정부터 현재까지 수학교과서에 한 번이라도 제시된 작도과제의 분석을 통해 아래와 같이 얻어졌다.

① 공간에서 직육면체의 부피를 2배로 확장하는 직육면체를 작도하시오.

①′ 공간에서 직사각형의 넓이를 2배로 확장하는 직사각형을 작도하시오.

② 한 변의 길이가 주어진 정사면체를 작도하시오.

③ 이면각의 크기를 이등분하는 면을 작도하시오.

④ 각의 크기가 60°인 이면각을 작도하시오.

⑤ 공간 선분의 수직이등분면을 작도하시오.

⑥ 한 점 P에서 평면에 내린 수선의 발을 작도하시오.

⑦ 주어진 이면각과 같은 크기의 이면각을 작도하시오.

⑧ 점 P를 지나고 주어진 평면에 평행한 평면을 작도하시오.

⑨ 주어진 6개의 선분을 변으로 하는 사면체를 작도하시오.

⑨′ 주어진 네 삼각형을 면으로 하는 사면체를 작도하시오.

⑩ 직각이면각의 삼등분면을 작도하시오.

⑪ 사면체의 내접구면을 작도하시오.

⑫ 사면체의 외접구면을 작도하시오.

⑬ 중심을 모르는 구의 중심을 작도하시오.

⑭ 주어진 직사각형의 넓이를 $n:m$으로 분할하는 선분을 작도하시오.
⑭′ 주어진 직육면체의 부피를 $n:m$으로 분할하는 평면을 작도하시오.
⑮ 정육면체(정다면체)를 작도하시오.
⑯ 구 외부의 한 점에서 구에 접평면을 작도하시오.
⑰ 두 구의 공통외접평면을 작도하시오.
⑱ 구면의 일부가 주어졌을 때, 구의 중심을 작도하시오.

제시된 공간 작도과제의 일부는 이 장에서 구체적으로 소개하였다. 물론 일부는 독자를 위한 과제로 남겨두었다. 유클리드 원론의 첫 번째 명제가 작도와 관련이 있다는 것은 누구나 잘 알고 있다. 그만큼 작도의 역사는 매우 깊고, 중요한 교육적인 주제 중의 하나라는 것을 반증한다. 그렇지만, 학교에서 공간 작도뿐 아니라, 평면 작도에 대한 내용도 이제는 거의 다루지 않는 현실 속에 있다. 앞으로 평면 작도를 넘어 공간 작도의 문제가 다양하게 학교수학에서 다루어지길 기대한다.

참고문헌

Reference

김남희(2006). 문제해결력 신장을 위한 Cabri3D의 교육적 활용. **수학교육학연구 16**(4), pp.345~366.

권성룡, 김남균, 류성림, 박성선(2006). **테크놀로지와 함께하는 수학교육**. 서울: 경문사.

Kordemsky, B. A.(1992). *The moscow puzzles*. New York: Dover Publications, Inc.

제 5 장

초등학교에서 공학적 도구를 통한 평면도형 작도

권성룡(공주교육대학교)

1. 들어가는 글

> "작도란 주어진 조건에 알맞은 도형을 그리는 일로, 조건에 알맞은 도형을 그 작도의 해라 하며 해를 구하는 것을 그 작도를 푼다고 한다. 기하학에서 단지 작도라 하면 자와 컴퍼스만을 사용하여 작도하는 일을 뜻한다."[1)]

기하학에서의 작도는 각의 크기나 선분의 길이 측정 없이 눈금 없는 자와 컴퍼스만을 이용해서 도형을 그리는 것(Hartshorne, 2000)으로, 직접 측정하는 것이 어려울 때 도형을 그릴 수 있는 방법이며 기하학적 개념에 대한 통찰을 제공해 준다.

기하학적 작도는 이미 고대 그리스 때부터 많은 수학자들이 관심을 가져온 주제이며 기하학적 작도의 교수학적 가치 역시 이미 오래전부터 인식되어 왔다. Smith(1911)는 눈금 없는 자와 컴퍼스를 이용한 작도는 학생들의 흥미를 자극할 뿐 아니라 지저분한 그림으로 인해 잘못된 결론을 내리는 것을 방지할 수 있으며 기하학이 이론에만 그치지 않는다는 것을 보여줄 수 있다고 하였다. Polya(1957)는 "초보자가 기하학적 도형과 친숙해지

1) https://www.doopedia.co.kr/doopedia/master/master.do?_method=view&MAS_IDX=101013000711979

기에 가장 적합한 것"(p.3)이 기하학적 작도라고 보았고, Duval(2005)역시 기하학적 작도는 학생들이 추측을 하고 왜 작도가 성립하는지 생각할 수 있는 기회를 제공한다고 보았다. 학생들이 주어진 예를 무작정 모방하는 것이 아니라면 기하학적 작도는 학생들에게 추론을 통해 진정한 문제해결의 기회를 제공한다(Pandisico, 2002). 또한 기하에 대한 학생들의 시각화와 이해를 풍성하게 하며 분석과 연역적 증명의 토대를 제공할 뿐만 아니라 학생들이 수학에 대한 창의성을 적용할 수 있게 하며, 이를 통해서 '기하학적 작도는 증명을 강화할 뿐만 아니라 많은 기하학적 관계를 시각적으로 분명하게 해 준다.'(Sanders, 1998, p.554)고 하였다.

우리나라의 학교수학에서 '작도'는 교육과정상 중학교에서 처음 도입된다. 2015 개정 수학과 교육과정(교육부, 2015)을 보면, 중학교 기하영역에서 '작도와 합동'을 다루고 이와 관련하여 다음의 두 가지 성취기준이 제시되어 있다(p.33).

[9수04-03] 삼각형을 작도할 수 있다.

[9수04-04] 삼각형의 합동 조건을 이해하고, 이를 이용하여 두 삼각형이 합동인지 판별할 수 있다.

학습요소로서 '작도'가 처음 언급되며 교수·학습 방법 및 유의 사항에서도 "주어진 삼각형과 합동인 삼각형을 작도하는 활동을 하고, 자신의 방법을 설명하게 한다."(p.34)라고 기술하고 있다.

삼각형의 작도와 관련된 내용은 4차 교육과정에서 초등학교에 도입된 이후 2009 개정 교육과정에서 삭제된 이후에도 교과서에서는 계속 지도되었으나 2015 개정 수학과 교육과정부터는 교육과정과 교과서에서 삭제되어 더 이상 지도되지 않는다. 초등학교에서 작도와 관련된 활동이 삭제된 것에 대해서 강문봉(2019, p.278)은 '삼각형의 작도가 어렵고, 중학교에서 보다 엄밀하게 다루어지는 내용으로 초등학교에서 다루는 것은 중복적이기 때문'에 삭제되었을 것이라고 추정하였다.

기하학적 작도는 기하영역에서 증명 못지않게 중요한 기본적인 기능[2] 중 하나이다(Hoffer, 1981, p.12). 작도를 통한 기하학적 대상에 대한 탐구는 직관기하와 논증기하를 연결해줄 수 있으므로 기하학적 작도를 포함하는 그리기 기능(drawing skills)을 개발하기 위해서 학생들에게 자신의 아이디어를 그림이나 도표로 나타낼 수 있는 기회를 제공하는 것이 필요하다. 그리기 기능은 이후 과정에서 기하학적 관계 학습을 위한 준비이므로 기

2) Hoffer(1981)는 시각적 기능(visual skills), 언어적 기능(verbal skills), 그리기 기능(drawing skills), 논리적 기능(logical skills), 응용 기능(applied skills)을 학교수학에서 학생들에게 경험시켜야 할 5가지 기본 기능으로 보았다.

하학습 초기에 눈금 없는 자와 컴퍼스를 이용해서 도형을 작도하는 활동은 학생들이 도형의 특성을 이해하는 데 도움이 된다(Hoffer, 1981, p.12).

성공적인 작도를 위해서는 눈금 없는 자와 컴퍼스를 능숙하게 사용할 수 있어야 하며 기하학적 대상의 성질과 관계를 잘 활용해야 한다. 공학의 발달과 더불어 컴퓨터와 소프트웨어가 제공하는 환경, 특히 기하 학습과 관련하여 Cabri Geometry, Geometers' SketchPad, Geogebra와 같은 소프트웨어가 제공하는 동적기하환경은 작도에 필요한 기능을 제공하면서 지필환경이 제공하지 못하는 다양한 작도 관련 활동을 경험할 수 있게 해 준다.

이 장에서는 먼저 초등학교 수학교과서에 포함된 작도와 관련된 활동을 살펴보고, 동적 기하 환경에서 평면 도형의 작도와 관련된 활동과 이에 대한 초등학생의 반응을 살펴보고 이를 통해 동적 기하 환경에서의 평면 도형의 작도활동이 가지는 의의를 살펴보고자 한다.

2. 기하학적 작도

Euclid(325~265 B.C.)는 그의 저서인 《원론(Elements)》에서 눈금 없는 자와 컴퍼스를 이용한 작도의 기본 규칙을 확립하였다(Serra, 2008, p.144). 원론은 공리(axiom)와 공준(postulate)으로 시작되는데, 고대 그리스인들은 특정 과학 분야의 기본 진리로서 새로운 수학적 정리가 도출될 수 있는 규칙인 공준과 보편적인 진리인 공리를 구분하였다(Meskens & Tytgat, 2017, p.27). Euclid가 원론에서 제시한 기하학의 기본 진리인 5개의 공준 가운데 다음의 세 가지 공준은 기본적인 작도에 대해 기술하고 있다.

공준 1. 두 점 사이에 직선을 그릴 수 있다.
공준 2. 선분은 원하는 만큼 직선으로 연장할 수 있다.
공준 3. 점과 반지름이 주어지면 원을 그릴 수 있다.

이 세 가지의 기본적인 작도를 바탕으로 원론에서의 다른 모든 작도가 이루어진다. Euclid는 눈금 없는 자와 컴퍼스만을 이용해서 작도할 것을 제안하고 있다. 전통적으로 기하학적 작도에서는 각도기와 자와 같은 측정도구는 활용하지 않는데 그 이유는 측정은 아무리 정확하게 이루어진다고 해도 근삿값이므로 엄밀하지 않다고 생각했기 때문이다 (Serra, 2008, p.145).

2015 개정 수학과 교육과정에서 '작도'는 중학교에서 직접 다루지만 기본적인 작도활동은 초등학교에서도 이루어진다. 2015 개정 수학과 교육과정에 따른 초등학교 수학교과서를 살펴보면, Euclid 원론의 공준에서 언급하고 있는 기본적인 작도활동이 다음과 같이 포함되어 있음을 알 수 있다.

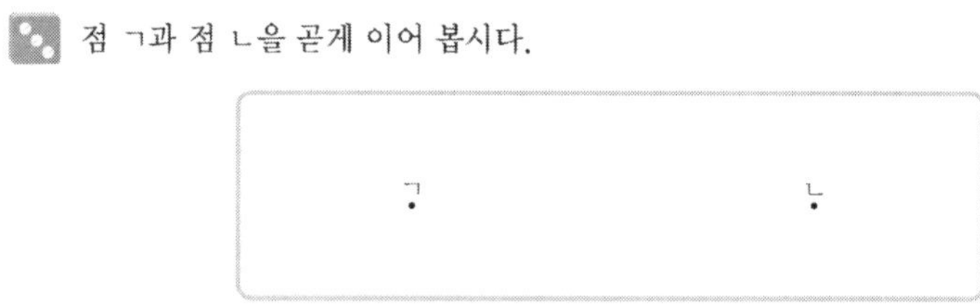

[그림 5-1] 선분의 작도(3학년 1학기 2단원, p.31)

공준 1이 언급하고 있는 두 점 사이의 선분 작도는 기하학적 작도의 가장 기본적인 활동이다. 선분, 반직선, 직선이 차시활동에 함께 포함되어 있어서 이후에는 두 점 사이의 반직선 작도활동이 제시되어 있다.

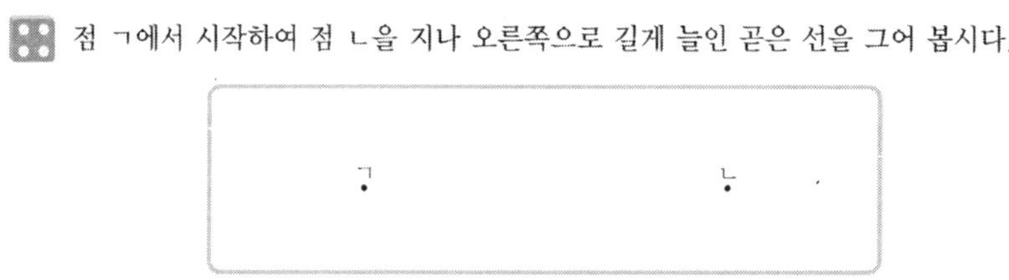

[그림 5-2] 반직선의 작도(3학년 1학기 2단원, p.32)

반면, 공준 2에서 기술하고 있는 '선분은 원하는 만큼 직선으로 연장할 수 있다.'와 관련된 활동은 직접적으로 다루지 않고, 다음 그림과 같이 선분, 반직선과의 비교활동을 통해 차이점을 찾아보는 활동만이 제시되어 있다. 선분을 양방향으로 연장하는 활동은 [그림 5-2]에 제시된 선분을 반직선으로 연장하는 활동에 포함되어 있다고 할 수 있다. 이 활동에서는 눈금 없는 자가 이용된다.

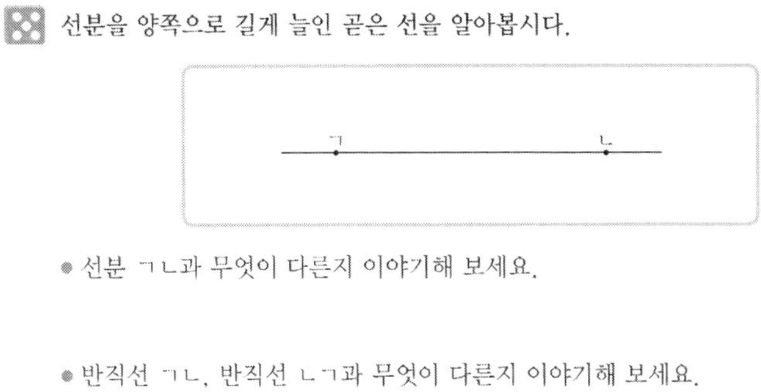

[그림 5-3] 직선 관련 활동(3학년 1학기 2단원, p.33)

선분, 반직선, 직선과 관련된 기본적인 작도활동을 바탕으로 이후 도형을 그리거나 작도하는 활동이 이루어진다. 한편, 공준 3에서 다루는 원의 중심과 반지름이 주어졌을 때 원을 작도할 수 있다는 것과 관련된 활동은 3학년 2학기에서 다루고 있다.

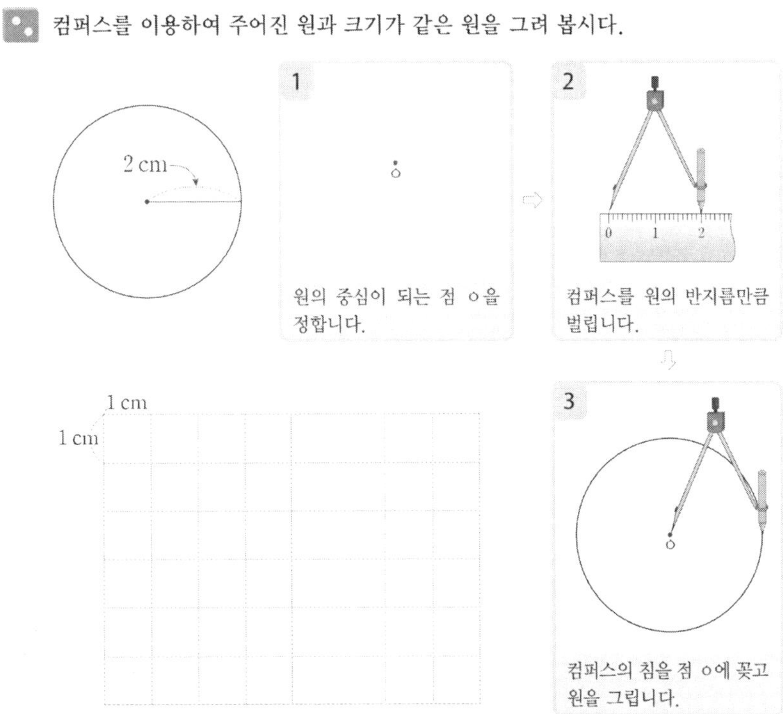

[그림 5-4] 원의 작도(3학년 2학기 3단원, p.66)

원의 작도활동에서는 지정된 길이를 컴퍼스로 옮긴 후 이를 이용하여 원을 작도하는 활동을 제시하고 있다. 컴퍼스로 주어진 길이를 옮긴 후 원을 작도하는 활동을 통해 원론의 세 가지 공준에 제시된 기본적인 작도활동은 모두 다루고 있음을 알 수 있다.

3. 초등학교 도형영역에서의 스케치, 그리기, 작도

기하학적 작도는 도형을 탐구하고 도형의 성질을 이용함으로써 도형에 대한 이해를 심화할 수 있는 기회를 제공한다. 따라서 학생들에게 직·간접적으로 기하학적 작도와 관련된 활동을 제공함으로써 학생들에게 기하학적 대상에 대해 이해할 수 있는 기회를 제공하는 것이 필요하다. 이와 관련하여, 초등학교 수학과 교육과정에는 Hoffer(1981)가 언급한 그리기 기능을 개발하기 위한 다양한 활동이 포함되어 있다. 2015 개정 초등학교 수학과 교육과정의 성취기준 가운데 작도 및 그리기와 관련된 내용을 살펴보면 다음과 같다.

[표 5-1] 그리기 활동과 관련된 성취기준

② 평면도형과 그 구성 요소 [2수02-04] 삼각형, 사각형, 원을 직관적으로 이해하고, 그 모양을 그릴 수 있다.
③ 원의 구성 요소 [4수02-07] 컴퍼스를 이용하여 여러 가지 크기의 원을 그려서 다양한 모양을 꾸밀 수 있다.
① 합동과 대칭 [6수02-03] 선대칭도형과 점대칭도형을 이해하고 그릴 수 있다.
② 직육면체와 정육면체 [6수02-05] 직육면체와 정육면체의 겨냥도와 전개도를 그릴 수 있다.
③ 각기둥과 각뿔 [6수02-07] 각기둥의 전개도를 그릴 수 있다.

그리기와 관련하여 Serra(2008, p.144)는 기하학적 대상을 그리는 활동을 스케치(sketch), 그리기(draw), 작도(construct)로 구분하였다. 먼저 스케치(sketch)는 손으로 그림을 그리는 것이다. 예를 들면, '정사각형을 그려보아라.'라는 지시에 자신이 생각하는 정사각형

그림을 손으로 그리는 경우에는 스케치라고 할 수 있다. 따라서 스케치에는 눈금 없는 자와 컴퍼스와 같은 기하학적 도구들을 활용할 필요가 없다.

그리기(draw)는 기하학적 도구들을 활용하여 정밀하게 그리는 것을 의미한다. 예를 들어, 정사각형 그리기에서는 각도기를 사용하여 각을 측정하고 자를 이용하여 변의 길이를 측정하여 변의 길이가 같다는 것을 확인해야만 한다. 따라서 그리기에서는 눈금 있는 자와 각도기 같은 도구가 활용된다.

작도(construct)는 눈금 없는 자와 컴퍼스만을 이용하는 것으로 일반적인 기하학적 작도활동이다. 정사각형을 작도할 때는 측정을 위해 자와 각도기를 활용해서는 안 되며, 이 방법을 통해서 작도된 사각형이 정사각형임을 보장할 수 있어야만 한다.

2015 개정 초등학교 수학과 교육과정에 따른 교과서에 포함된 그리기 관련 활동을 찾아보면 다음과 같다.

단원	내용	활동구분
2-1-2. p.31	원을 알아봅시다. • 여러 가지 크기의 원을 그려 보세요. 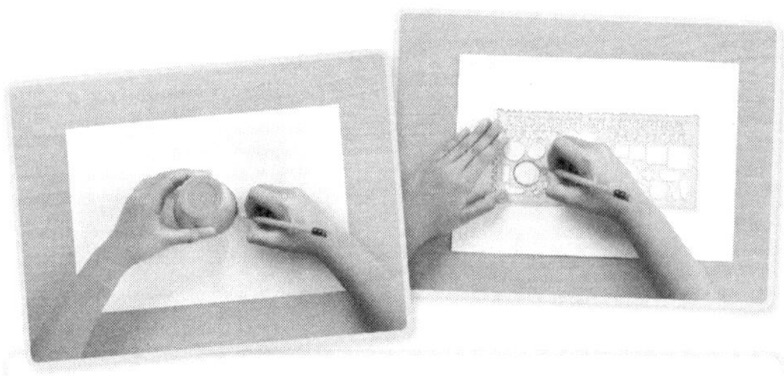	그리기
3-1-2. p.31	점 ㄱ과 점 ㄴ을 곧게 이어 봅시다. 	작도
3-1-2. p.32	점 ㄱ에서 시작하여 점 ㄴ을 지나 오른쪽으로 길게 늘인 곧은 선을 그어 봅시다. 	작도

3-1-2. p.35	세 점을 이용하여 꼭짓점이 서로 다른 각을 그려 보고, 각의 꼭짓점과 변을 써 봅시다. 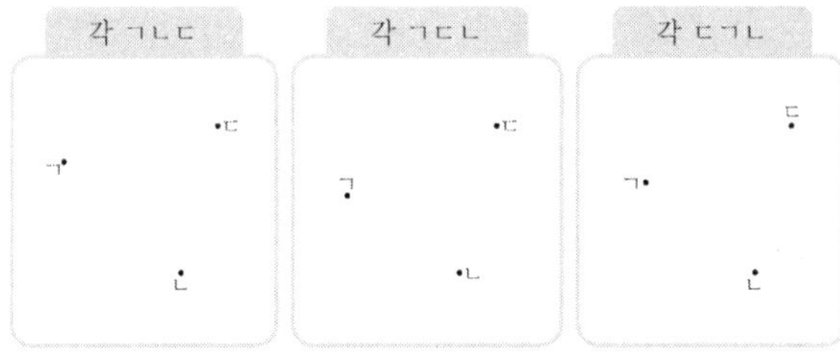 각의 꼭짓점 각의 변	작도
3-1-2. p.39	도형판에 만들어 본 여러 가지 직각삼각형을 점 종이에 옮겨 그려 봅시다. 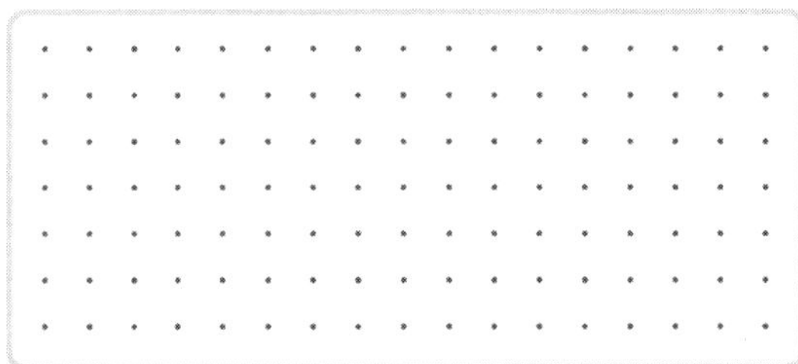	그리기
3-1-2. p.41	모눈종이에 그어진 선분을 이용하여 직사각형을 완성해 봅시다. 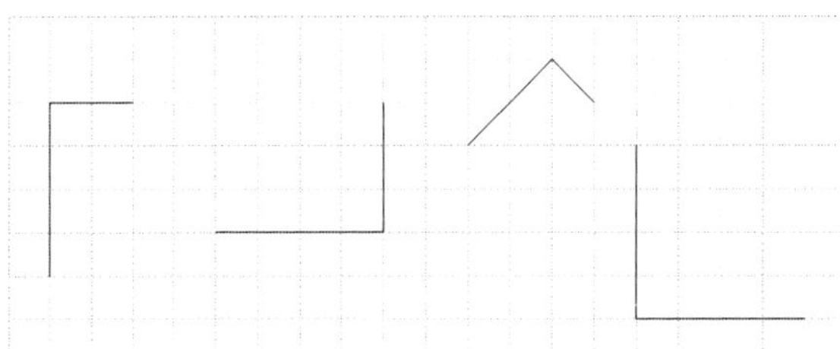	그리기
3-1-2. p.43	모눈종이에 그어진 선분을 이용하여 정사각형을 완성해 봅시다. 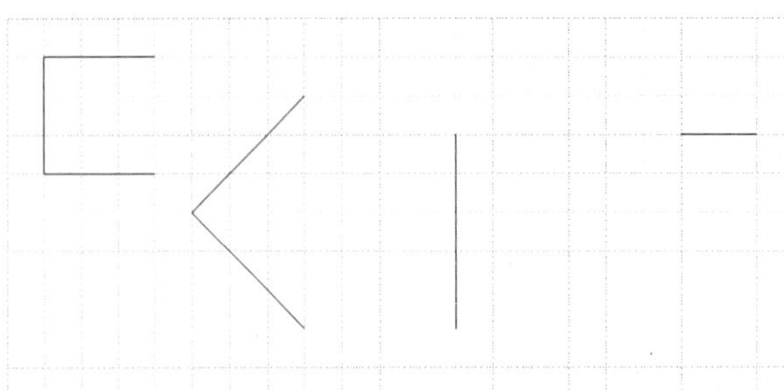	그리기

<table>
<tr>
<td>3-2-3. p.66</td>
<td>

컴퍼스를 이용하여 주어진 원과 크기가 같은 원을 그려 봅시다.

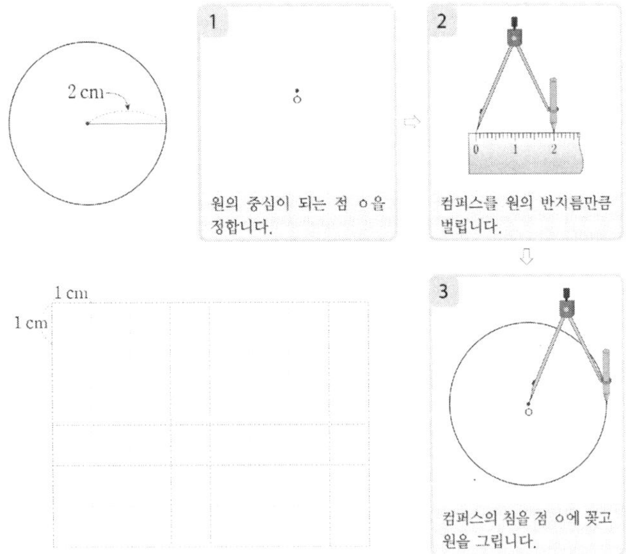

</td>
<td>그리기</td>
</tr>
<tr>
<td>4-1-4. p.85</td>
<td>

• 삼각형 ㄱㄴㄷ을 위쪽과 오른쪽으로 6 cm 밀었을 때의 도형을 그려 보세요.

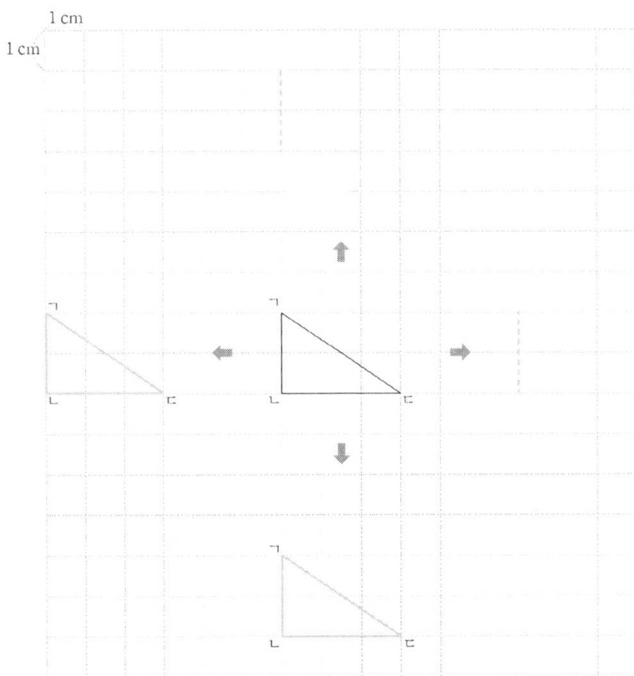

</td>
<td>그리기</td>
</tr>
</table>

4-1-4. p.86	● 사각형 ㄱㄴㄷㄹ을 왼쪽과 아래쪽으로 5 cm 밀었을 때의 도형을 그려 보세요. 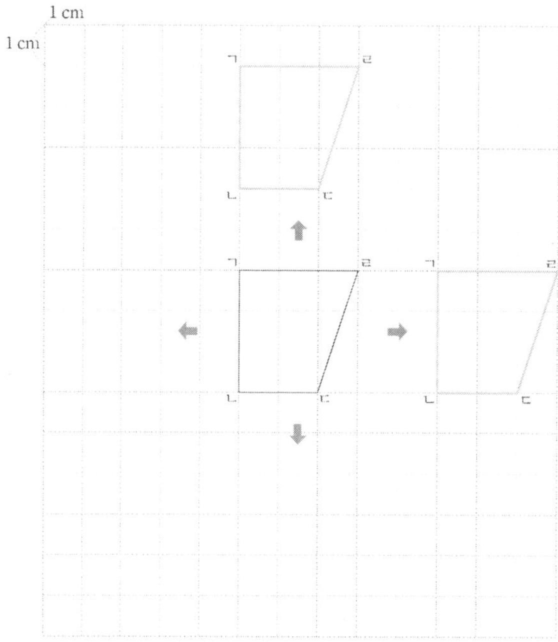 	그리기
4-1-4. p.89	● 삼각형 ㄱㄴㄷ을 위쪽과 오른쪽으로 뒤집었을 때의 도형을 그려 보세요. 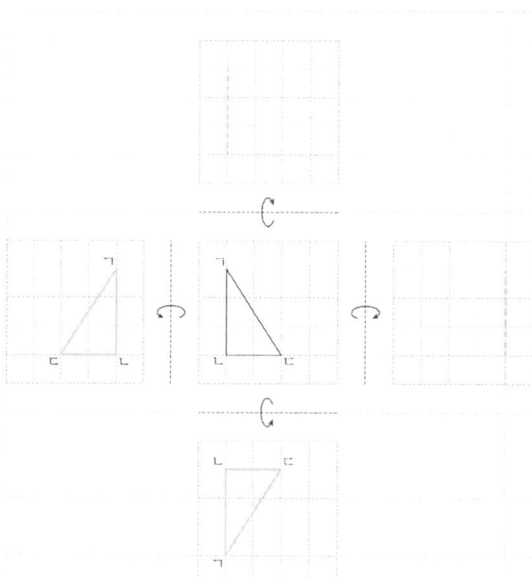 	그리기

4-1-4. p.90	● 사각형 ㄱㄴㄷㄹ을 왼쪽과 아래쪽으로 뒤집었을 때의 도형을 그려 보세요. 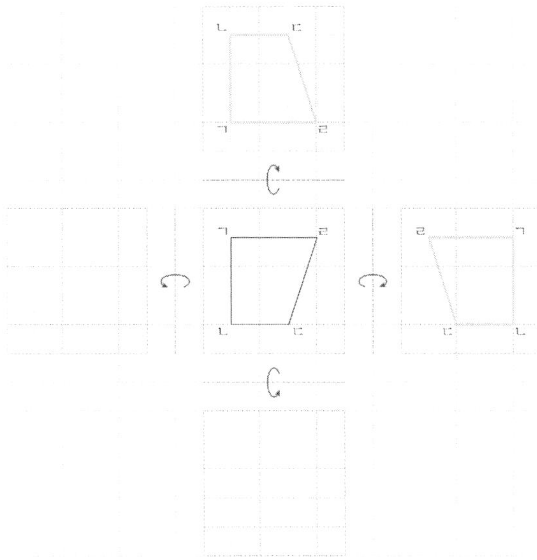	그리기
4-1-4. p.93	● 삼각형 ㄱㄴㄷ을 시계 방향으로 90°, 180°, 270°, 360°만큼 돌렸을 때의 도형을 그려 보세요. 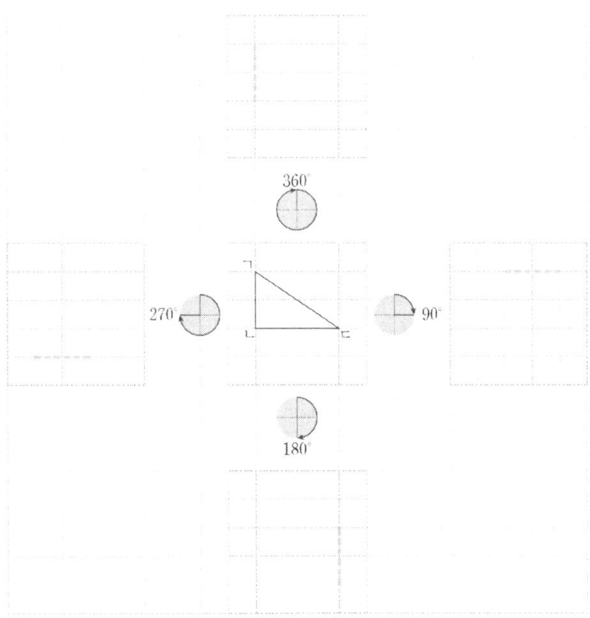	그리기

4-1-4. p.97	● 삼각형 ㄱㄴㄷ을 아래쪽으로 뒤집고 시계 방향으로 90°만큼 돌렸을 때의 도형을 그려 보세요. 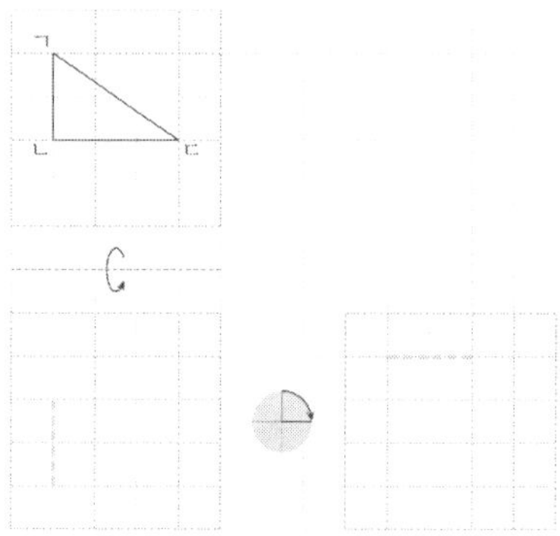 	그리기
4-2-2. p.33	**이등변삼각형을 완성하고, 세 각의 크기를 재어 봅시다.** 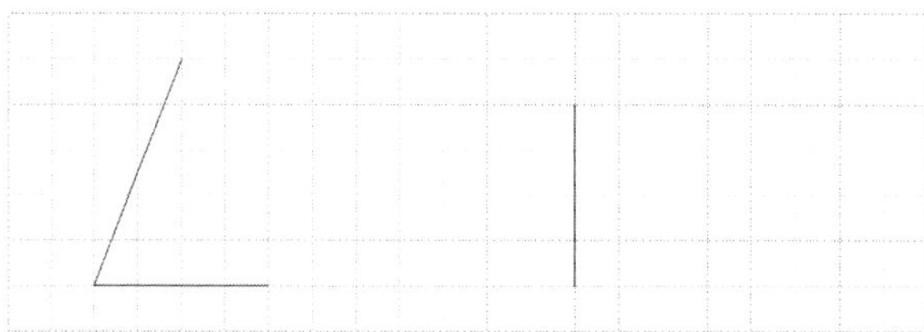 ● 이등변삼각형의 각의 크기에 대해 알게 된 것을 말해 보세요. **두 각의 크기가 같은 삼각형을 그려 봅시다.** ● 주어진 선분의 양 끝에 크기가 각각 30°인 각을 그리고, 두 각의 변이 만나는 점을 찾아 삼각형을 완성해 보세요.  ● 변의 길이를 재어 어떤 삼각형인지 말해 보세요. **다음을 사용하여 이등변삼각형을 그려 봅시다.** 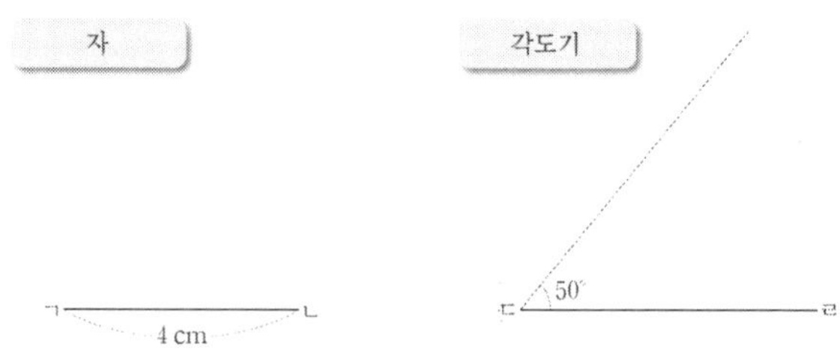 	그리기

4-2-2. p.35	**정삼각형을 완성하고, 세 각의 크기를 재어 봅시다.** 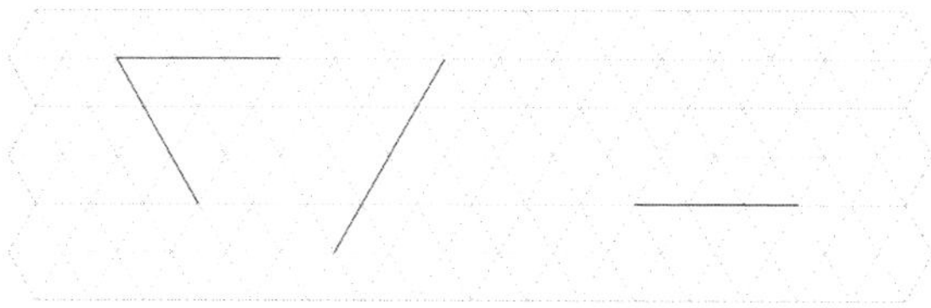 • 정삼각형의 각의 크기에 대해 알게 된 것을 말해 보세요. **세 각의 크기가 같은 삼각형을 그려 봅시다.** • 주어진 선분의 양 끝에 크기가 각각 60°인 각을 그리고, 두 각의 변이 만나는 점을 찾아 삼각형을 완성해 보세요.  • 변의 길이를 재어 어떤 삼각형인지 말해 보세요. **선분 ㄱㄴ을 한 변으로 하는 정삼각형을 그리고, 변의 길이와 각의 크기를 확인해 봅시다.** 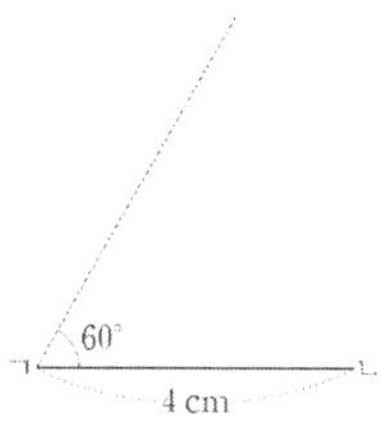 	그리기
4-2-2. p.39	**점 종이에 여러 가지 삼각형을 그려 봅시다.** • 예각삼각형을 그리고, 각도기로 세 각의 크기를 확인해 보세요.  • 직각삼각형을 그리고, 각도기로 세 각의 크기를 확인해 보세요. 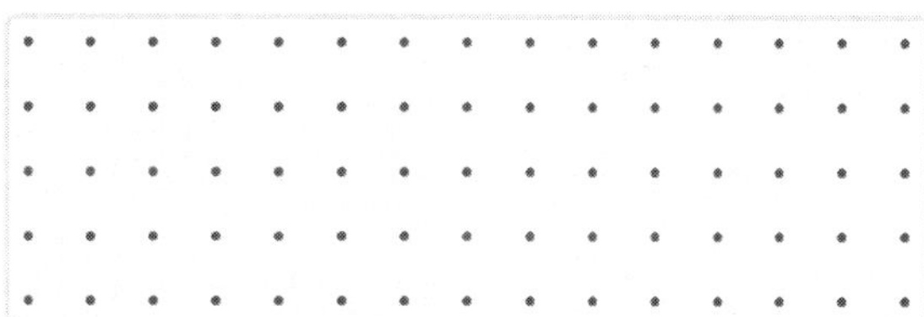	그리기

	• 둔각삼각형을 그리고, 각도기로 세 각의 크기를 확인해 보세요. 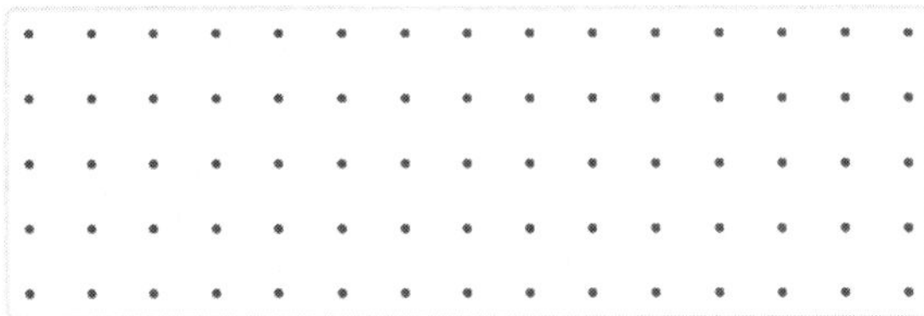	
4-2-4. p.79	**삼각자나 각도기를 사용하여 주어진 직선에 대한 수선을 그어 봅시다.** • 삼각자를 사용하여 주어진 직선에 대한 수선을 그어 보세요. 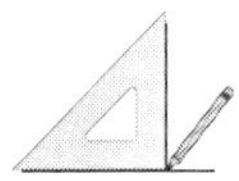 • 각도기를 사용하여 주어진 직선에 대한 수선을 그어 보세요. 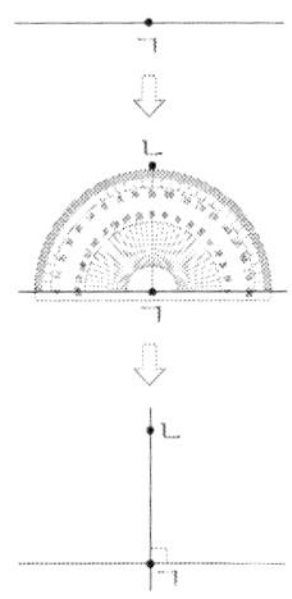	그리기
4-2-4. p.81	**삼각자를 사용하여 주어진 직선과 평행한 직선을 그어 봅시다.** • 그림과 같이 삼각자 2개를 놓은 후 한 삼각자를 고정하고 다른 삼각자를 움직여 평행선을 그어 보세요. 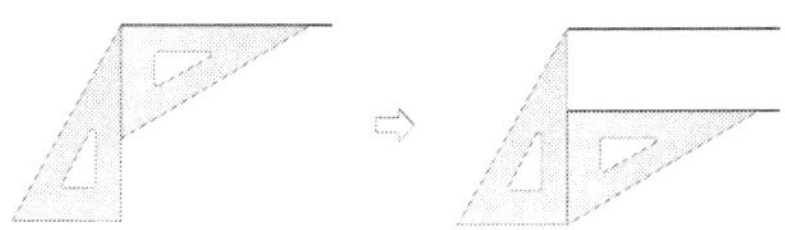	그리기

	● 삼각자를 사용하여 점 ㄱ을 지나고 주어진 직선과 평행한 직선을 그어 보세요.  삼각자의 한 변을 직선에 맞추고 다른 한 변이 점 ㄱ을 지나도록 놓아 보세요. ⇨ 다른 삼각자를 사용하여 점 ㄱ을 지나고 주어진 직선과 평행한 직선을 그어 보세요. 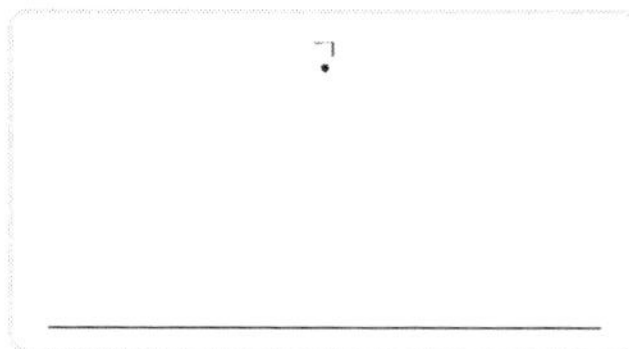 	
4-2-4. p.83	평행선 사이의 거리를 재어 봅시다. 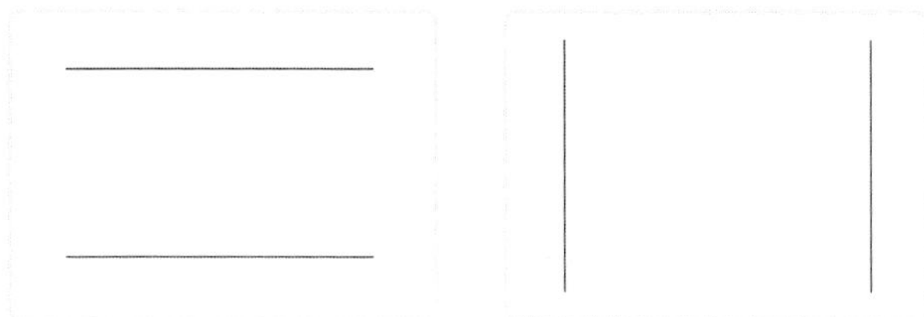 평행선 사이의 거리가 3 cm가 되도록 평행선을 그어 봅시다. 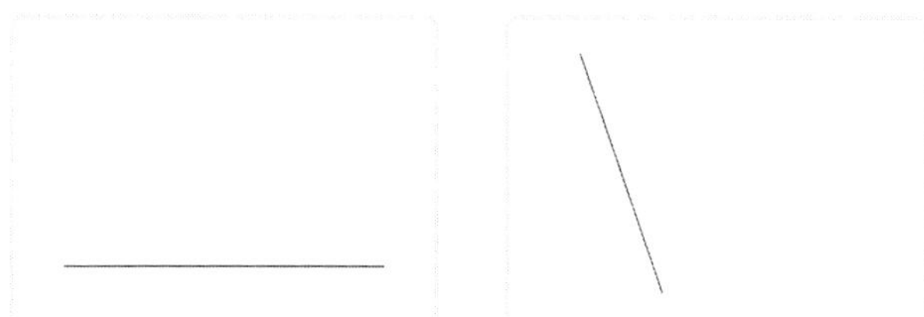	그리기
4-2-4. p.85	사다리꼴을 완성해 봅시다. 	그리기
4-2-4. p.87	평행사변형을 완성해 봅시다. 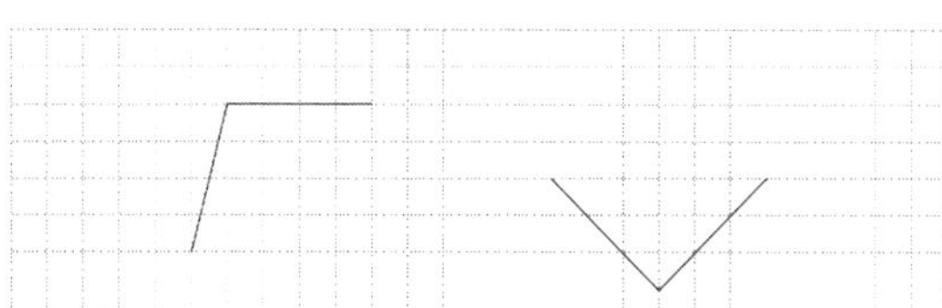	그리기

4-2-4. p.89	마름모를 완성해 봅시다. 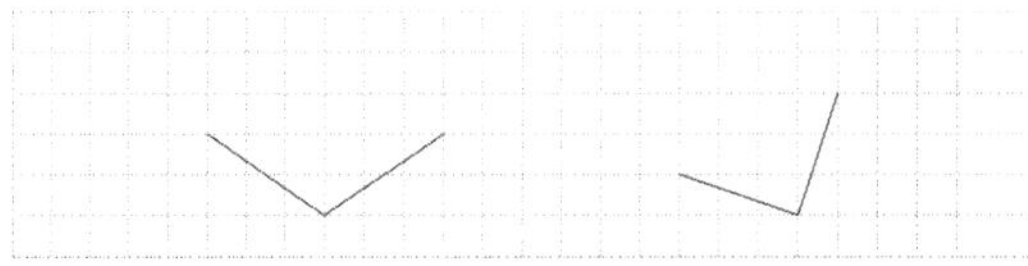	그리기
4-2-6. p.121	다각형을 그려 봅시다. 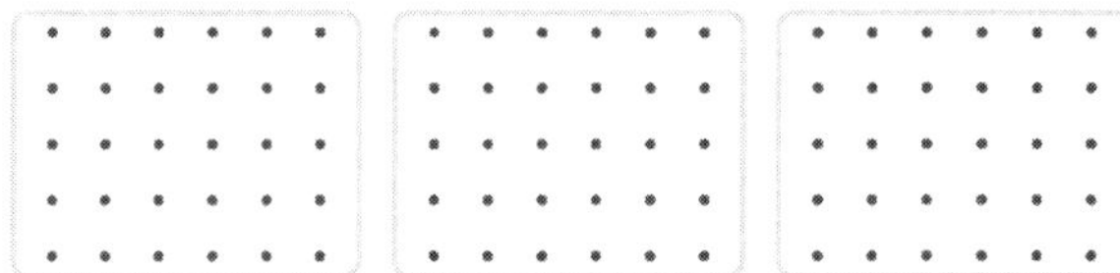 	그리기
5-2-3. p.62	**6** 선대칭도형의 일부가 그려져 있습니다. 어떻게 그려야 선대칭도형을 완성할 수 있을지 알아봅시다. 준비물 6 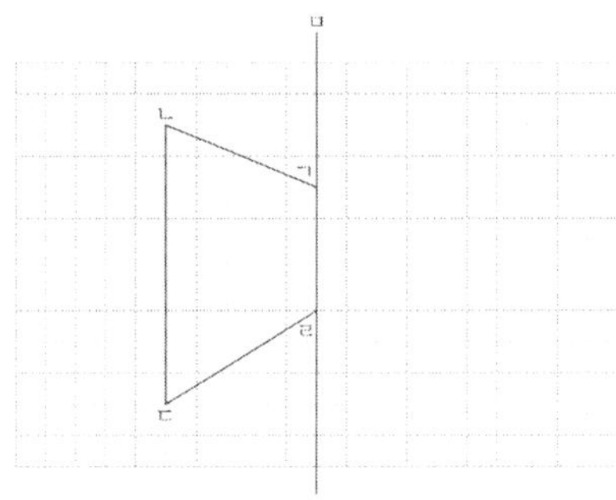 • 선대칭도형을 완성하려면 어떻게 그려야 할지 생각해 보세요. • 위에서 생각한 방법으로 선대칭도형을 완성해 보세요.	그리기
5-2-3. p.63	**7** 선대칭도형을 그려 봅시다. 준비물 6 • 선대칭도형이 되도록 그림을 완성해 보세요. ① 점 ㄴ에서 대칭축 ㅁㅂ에 수선을 긋고, 대칭축과 만나는 점을 찾아 점 ㅅ으로 표시합니다. ② 이 수선에 선분 ㄴㅅ과 길이가 같은 선분 ㅇㅅ이 되도록 점 ㄴ의 대응점을 찾아 점 ㅇ으로 표시합니다. ③ 위와 같은 방법으로 점 ㄷ의 대응점을 찾아 점 ㅈ으로 표시합니다. ④ 점 ㄹ과 점 ㅈ, 점 ㅈ과 점 ㅇ, 점 ㅇ과 점 ㄱ을 차례로 이어 선대칭도형이 되도록 그립니다.	그리기

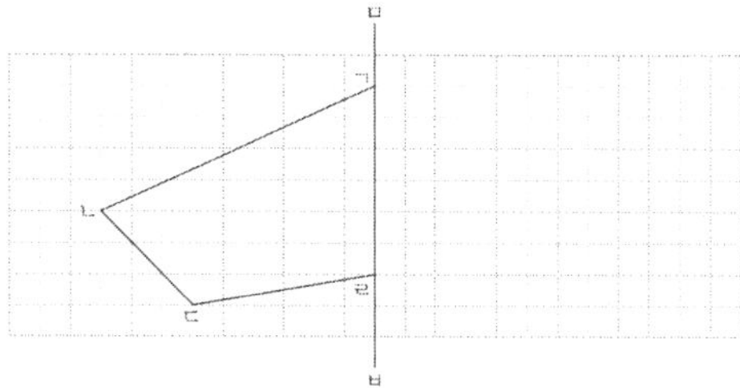

- 완성한 도형이 선대칭도형인지 확인해 보세요.

6 선대칭도형을 완성해 봅시다.

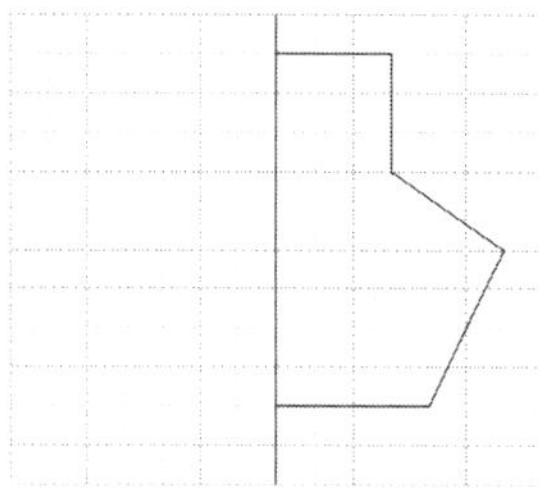

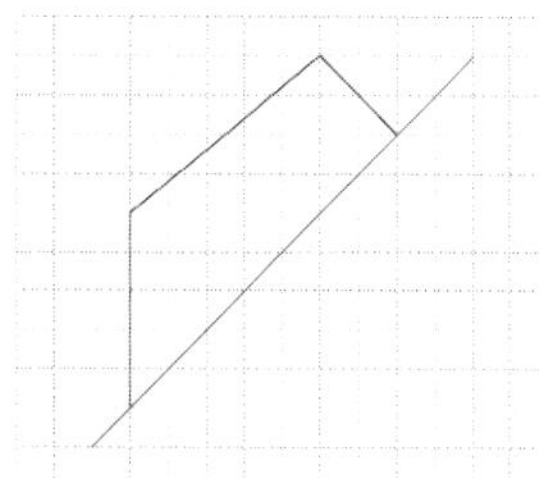

5-2-3. p.68

7 점대칭도형의 일부가 그려져 있습니다. 어떻게 그려야 점대칭도형을 완성할 수 있을지 알아봅시다. **준비물 6**

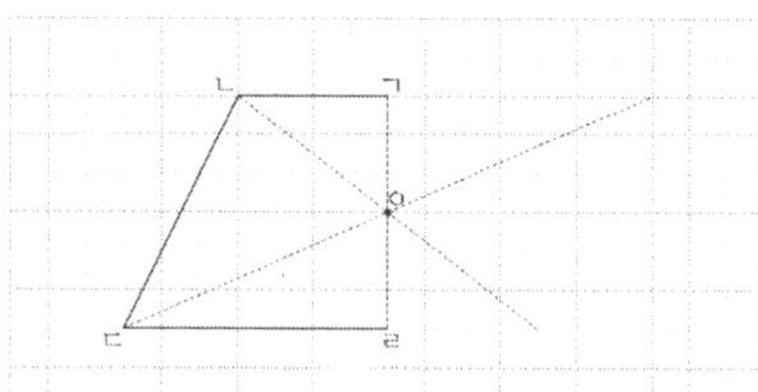

- 점 ㄱ의 대응점을 찾아보세요.

- 점 ㄴ의 대응점을 찾아 점 ㅁ으로, 점 ㄷ의 대응점을 찾아 점 ㅂ으로 표시해 보세요.

- 찾은 점들을 이어 도형을 완성해 보세요.

그리기

5-2-3. p.69	점대칭도형을 그려 봅시다. 준비물 6 • 점대칭도형이 되도록 그림을 완성해 보세요. ① 점 ㄴ에서 대칭의 중심인 점 ㅇ을 지나는 직선을 긋습니다. ② 이 직선에 선분 ㄴㅇ과 길이가 같은 선분 ㅂㅇ이 되도록 점 ㄴ의 대응점을 찾아 점 ㅂ으로 표시합니다. ③ 위와 같은 방법으로 점 ㄷ과 점 ㄹ의 대응점을 찾아 점 ㅅ과 점 ㅈ으로 각각 표시합니다. ④ 점 ㄱ의 대응점은 점 ㅁ입니다. ⑤ 점 ㅁ과 점 ㅂ, 점 ㅂ과 점 ㅅ, 점 ㅅ과 점 ㅈ, 점 ㅈ과 점 ㄱ을 차례로 이어 점대칭도형이 되도록 그립니다. 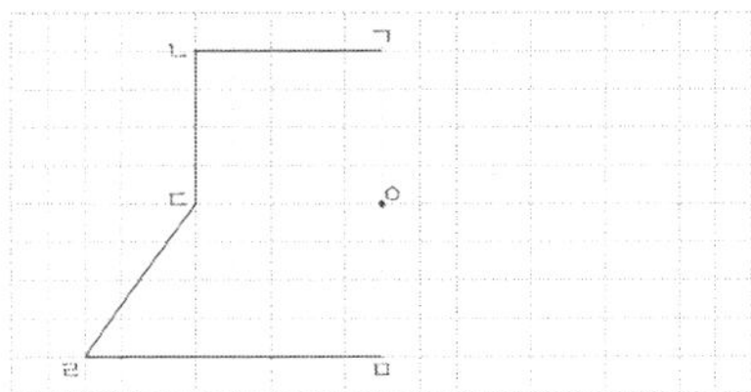 • 완성한 도형이 점대칭도형인지 확인해 보세요. 점대칭도형을 완성해 봅시다. 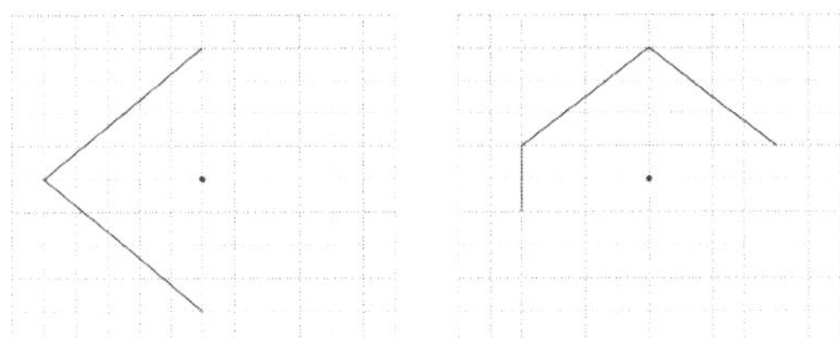	그리기
5-2-5. p.107	여러 가지 직육면체의 겨냥도를 그린 것입니다. 빠진 부분을 그려 넣어 겨냥도를 완성해 봅시다. 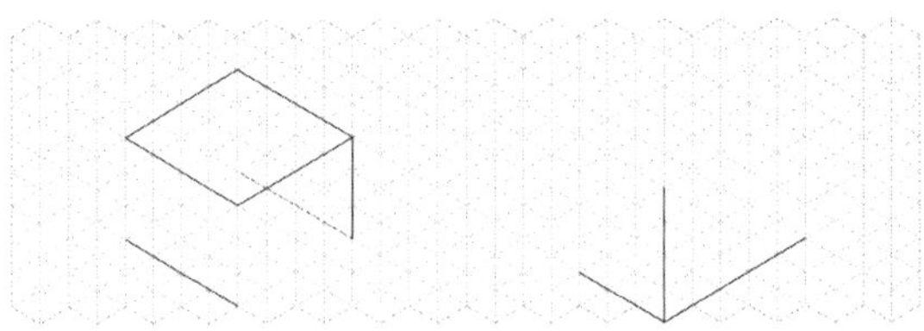	그리기

5-2-5. p.109	**2** 정육면체의 펼친 모양을 따라 직접 그려 봅시다. • 정육면체의 펼친 모양에서 빠진 부분을 그려 보세요. 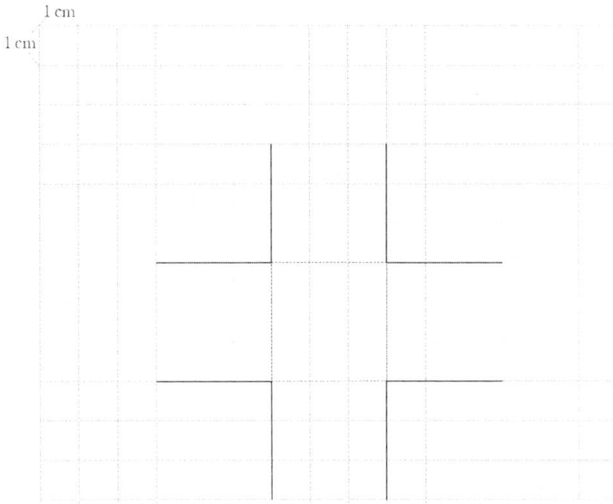	그리기
5-2-5. p.113	**3** 직육면체의 전개도를 완성해 봅시다. • 직육면체의 겨냥도를 보고 전개도를 그렸습니다. 빠진 부분을 그려 보세요. 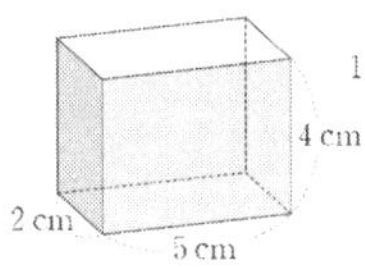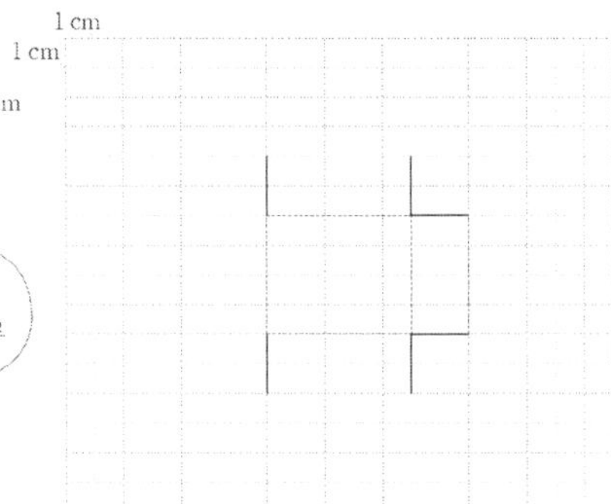 • 직육면체의 겨냥도를 보고 전개도를 그려 보세요. 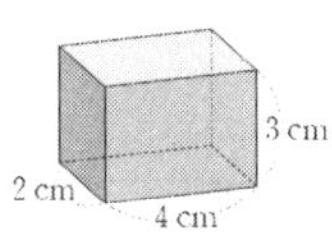	그리기

5-2-5. p.114	**4** 직육면체의 전개도를 여러 가지 방법으로 그려 봅시다. 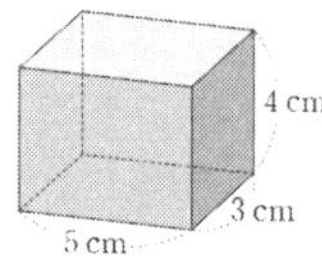 • 직육면체의 전개도를 두 가지 방법으로 그려 보세요. 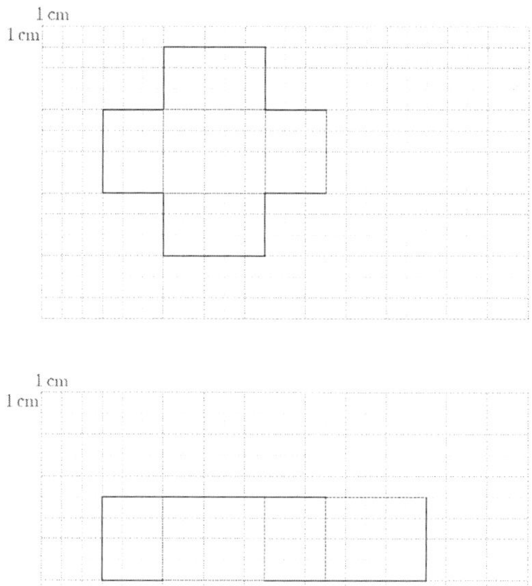 	그리기
6-1-2. p.30	**4** 각기둥의 겨냥도를 완성해 봅시다. 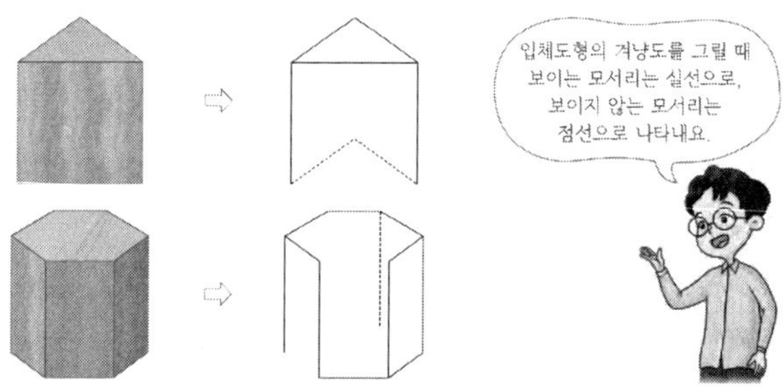 	작도
6-1-2. p.36	**1** 삼각기둥의 전개도를 그려 봅시다. • 삼각기둥의 전개도를 완성하고, 완성한 전개도와 다른 모양의 전개도를 1개 더 그려 보세요. 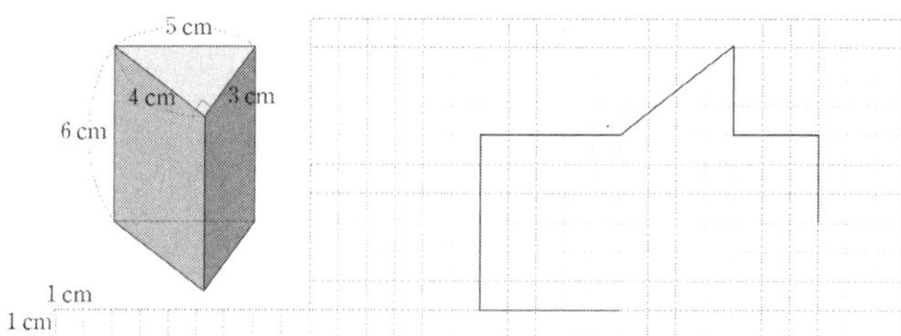 	그리기

6-1-2. p.37	**2** 사각기둥의 전개도를 완성하고, 완성한 전개도와 다른 모양의 전개도를 1개 더 그려 봅시다. 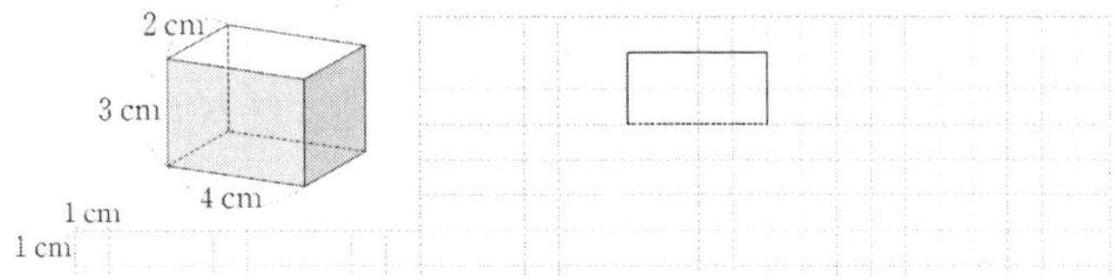 **3** 육각기둥의 겨냥도를 보고 육각기둥의 전개도를 완성해 봅시다. 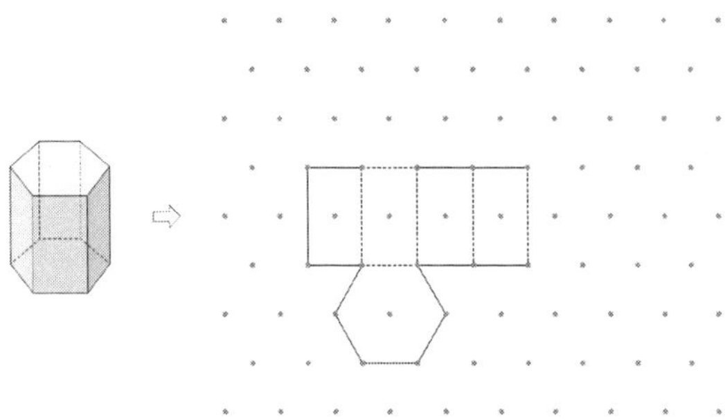	그리기
6-1-6. p.128	**3** 전개도를 이용하여 직육면체 나의 겉넓이를 구해 봅시다. • 직육면체 나의 전개도를 모눈종이에 그려 보세요. 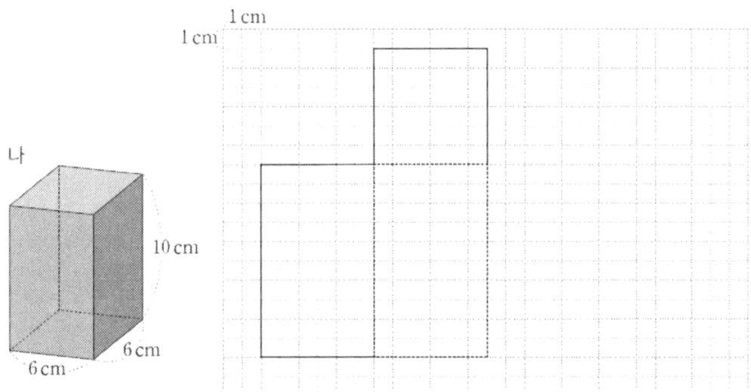 	그리기
6-2-6. p.115	**4** 원기둥의 전개도를 그리고, 밑면의 반지름과 옆면의 가로, 세로의 길이를 나타내어 봅시다. (원주율: 3) 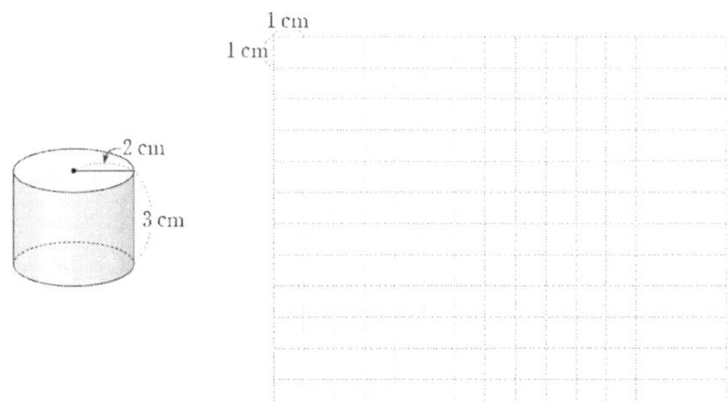 	그리기

교과서에 제시된 그리기 관련 활동의 대부분은 작도라기보다는 그리기에 해당되는 것을 알 수 있다. 이는 그리기 활동의 편의를 돕기 위해 모눈종이와 같이 자료가 활용되기 때문으로, 학생들이 기하학적 작도보다는 원하는 도형을 쉽게 그릴 수 있도록 돕기 위한 것이다. 따라서 초등학교에서는 기하학적 작도보다는 측정도구를 함께 사용하는 그리기 활동을 더 많이 제공하고 있음을 알 수 있다.

4. 동적기하환경에서의 작도

NCTM(2000)은 기하학적 작도를 의미 있는 학습이라고 강조하였다. 기하학적 작도는 학생들이 서로 다른 기하학적 모델들 간의 관계를 인식하고 문제해결 능력을 개발하는 데 도움이 된다(Posamentier, 2000). 기하학적 작도가 가지는 교육적 가치를 생각한다면 초등학생들에게도 기하학적 작도의 기회를 제공하는 것이 필요하다.

기하 지도에서 지필환경을 보완하고 학습자의 학습동기를 유발하기 위한 새로운 학습환경으로 많은 연구자(예: Laborde, 2001; Flores, 2002)가 동적기하환경을 제안하였다. 동적기하환경은 학생들이 하나의 특수한 도형을 넘어서서 도형 전체와 관련된 일반화에 이를 수 있도록 기하학의 교수·학습에서 학생들을 지원해 온 공학도구이다(Hollebrands & Stohl Lee, 2011).

동적기하환경은 1980년대에 개발된 'Geometric Supposer'를 비롯하여 다양하며, 수학교육에서 현재 가장 많이 활용되는 동적기하환경은 아마도 'Geogebra'일 것이다. 이름에서 알 수 있듯이, Geogebra라는 대수학(Algebra)과 기하학(Geometry)의 도구들을 통합한 체계이다. Geogebra는 자바(Java)로 작성되어 있어서 소프트웨어 플랫폼과는 독립적이며, 작성한 내용들은 애플릿의 형태로 인터넷에서 쉽게 출판할 수도 있다.

동적기하환경과 관련하여, Laborde(1995)는 그림(drawing)과 도형(figure)을 구별하였다. 그림은 도형과 비교했을 때 버려야 할 여러 가지 관계들을 포함하고 있다. 예를 들면, 지필환경에서 작도한 직선은 두께를 가지기 때문에 원의 접선도 원과 한 점에서 만나지 않고 교차하는 선분을 포함한다. 반면 도형으로서의 직선은 이상적인 대상으로 두께를 가지지 않기 때문에 지필환경에서는 표현할 수 없다. 동적기하환경에서 작도된 도형으로서 원의 접선은 원과 한 점에서 만난다. 또 그림은 특수한 사례로 고정되지만 도형은 무수히 많은 사례를 표현할 수 있다. 그림으로서의 정사각형과 도형으로서의 정사각형을 비교해 보면 쉽게 알 수 있다.

Laborde(1995)는 동적기하환경인 Cabri Geometry 환경에서는 지각적 기반이 아닌 기하학적 기반으로 새로운 대상을 작도할 수 있다고 보았다. 예를 들면, Cabri Geometry 환경에서는 원의 중심과 원주상의 한 점을 연결한 선분을 작도한 후 선분의 한 끝점인 원주상의 점에서 반지름을 나타내는 선분에 수직인 직선을 작도하면 원의 접선이 된다. 이렇게 접선을 작도하고 나면, 원의 중심을 마우스로 드래그하여 원의 크기를 조절하거나 원의 위치를 움직여도 작도할 때의 관계가 유지되기 때문에 접선은 항상 유지된다.

동적기하환경을 제공해주는 소프트웨어는 다양하지만 공통적으로 다음의 몇 가지 기본적인 특징을 가지고 있다. 먼저, 기본적인 기하학적 대상들(예: 점, 직선, 반직선, 원 등), 작도도구(예: 중점, 수직선, 수직이등분석, 평행선, 각의 이등분선, 접선 등), 변환도구(예: 벡터에 의하여 평행이동, 점을 중심으로 회전, 직선에 대하여 대칭, 점에 대하여 대칭, 점으로부터 대상을 확대 등) 등이 제공된다. 그 외에 기본적인 계산, 측정, 애니메이션, 대상 숨기기, 절차 만들기 등이 가능하다.

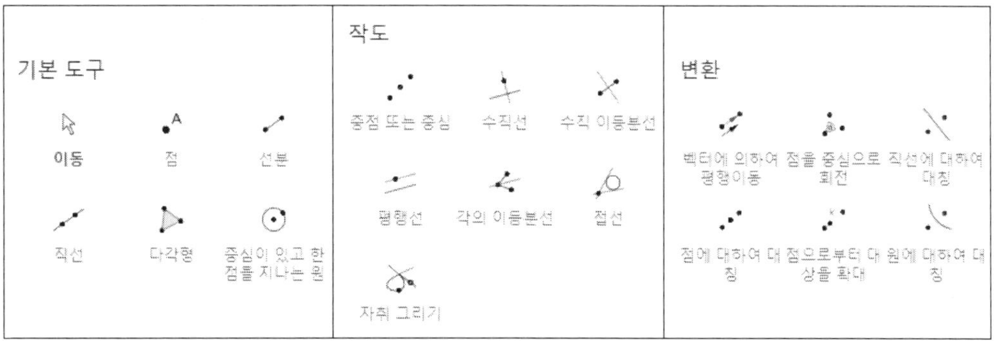

[그림 5-5] Geogebra가 제공하는 작도관련 도구

둘째, 동적기하환경에서 대상은 독립대상과 종속대상으로 구분할 수 있다. 독립대상은 다른 대상과 독립적으로 작도된 대상이며, 종속대상은 독립대상의 작도 및 조작의 영향을 받는다. 예를 들면, 선분을 하나 작도한 후 선분의 한 끝점에서 주어진 선분에 수선을 작도했다고 하자. 이 경우, 선분은 독립대상이며 수선은 이 선분에 종속된 대상이다. 따라서 선분을 삭제하면 수선도 함께 사라진다. 작도된 대상은 독립대상인지 종속대상인지, 종속대상이라면 무엇에 종속되었는지에 따라 움직임이 달라진다.

셋째, 동적기하환경에서 사용자는 마우스를 이용해서 기하학적 대상을 직접 조작할 수 있다. 대상을 선택하고, 드래그해 봄으로써 대상이 어떻게 움직이는지를 살펴보는 것은 동적기하환경의 가장 중요한 특징 중 하나이다. 대상의 움직임은 기하학적 대상이 어떻게 작도되었는지에 따라 달라진다.

동적기하환경에서는 그리기(drawing)와 작도(constructing)가 구분된다(Hollebrands & Stohl Lee, 2011). 작도에서는 도형의 성질이 이용되기 때문에 작도된 대상을 마우스를 이용해서 드래그하면 작도할 때 이용한 성질이 변하지 않고 그대로 유지된다. 반면 그리기 대상은 자유롭게 만들어진 대상으로 드래그했을 때 유지되는 성질이 없다. 이를 이용해서 다음과 같은 방식으로 동적기하환경에서의 평면도형의 작도활동을 구성할 수 있다. 먼저, 작도하고자 하는 평면도형들을 탐구할 수 있는 기회를 제공한다. 이를 위해서 탐구 대상이 되는 평면도형들을 동적기하환경에서 미리 작도한 후 이를 학생들이 자유롭게 움직여서 탐구함으로서 그 성질을 찾아내도록 한다. 이 과정에서 도형이 가지는 성질을 확인하기 위해 동적기하환경의 측정기능을 활용하여 변의 길이, 각의 크기 등을 비교해 볼 수도 있다. 탐구를 통해 알게 된 대상의 성질과 특징을 바탕으로 기하학적 대상이 무엇인지를 확인한다. 둘째, 탐구활동을 통해 알게 된 도형의 성질을 이용해서 주어진 도형을 학생들이 스스로 작도해 보게 한다. 평면도형의 작도방법은 한 가지가 아니다. 따라서 가능한 한 다양한 방법으로 주어진 대상을 작도해 보는 것이 필요하다. 지필환경에서의 작도와 동적기하환경에서의 작도의 가장 큰 차이점은 지필환경에서의 작도는 특수한 도형의 사례를 작도하는 것이지만 동적기하환경에서의 작도는 일반적인 사례를 작도한다는 점이다. 예를 들면, 정사각형을 작도한다고 할 때, 지필환경에서는 한 번 작도가 되면 변의 길이를 변화시킬 수 없기 때문에 한 변의 길이가 정해진 특수한 정사각형이다. 반면 동적기하환경에서의 정사각형 작도는 네 각이 모두 직각이면서 네 변의 길이가 모두 같지만 변의 길이는 마음대로 변화시킬 수 있어야 한다. 따라서 드래그를 이용해서 작도된 대상을 다양하게 변화시키면서 수많은 사례를 살펴볼 수 있기 때문에 하나의 대상을 작도하는 것을 통해 Dienes의 수학적 다양성의 원리[3]를 구체화할 수 있다.

4.1 평면도형의 작도 활동

초등학교 수학과 교육과정에서 다루는 평면도형은 크게 다각형과 원으로 구분할 수 있다. 다각형 중 개념을 도입하고 성질을 탐구하는 것은 삼각형(정삼각형, 이등변삼각형, 직각삼각형 등)과 사각형(사다리꼴, 평행사변형, 마름모, 직사각형, 정사각형 등)이 대표적이다.

3) 수학적 개념과 관련 있는 변인은 유지한 채 관련이 없는 변인을 체계적으로 변화시키는 것이 수학적 개념의 일반화를 돕는다.

삼각형은 3학년 1학기 2단원에서 직각삼각형이 도입되고 4학년 2학기 2단원에서 이등변삼각형과 정삼각형이 도입된다. 직각삼각형, 이등변삼각형, 정삼각형은 사각형에 비해 상대적으로 작도가 쉽기 때문에 사각형 작도 전에 미리 Geogebra에서 작도를 해 봄으로써 사용법을 익히는 동시에 동적기하환경에서의 작도를 이해할 수 있는 기회를 제공할 수 있다.

사각형 중 직각이 포함된 직사각형과 정사각형은 3학년 1학기 2단원에서 도입되고 4학년 2학기 4단원에서 사다리꼴, 평행사변형, 마름모가 도입된다. 아래의 활동은 사다리꼴을 학습하기 전 동적기하환경인 Geogebra에서 활동을 함으로써 사각형의 성질에 대해 살펴볼 수 있는 기회를 미리 제공하고 나아가 사각형의 작도를 위한 준비를 할 수 있다.

활동을 위해 Geogebra에서 사각형, 사다리꼴, 평행사변형, 마름모, 직사각형, 정사각형을 작도한 후 아래와 같은 활동을 제공한다.

활동 1. 모양만들기

※ 다음 제시된 6개의 사각형을 보고 물음에 답하여라.

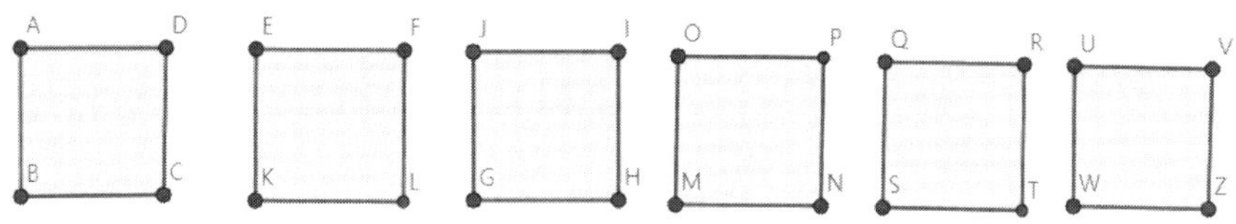

1) 사각형 6개의 같은 점과 다른 점은 무엇인지 알아보시오.
   - 같은 점
   - 다른 점
2) 제시된 사각형 6개를 각각 마우스로 변형시켜서 다음의 모양을 만들어 보시오.

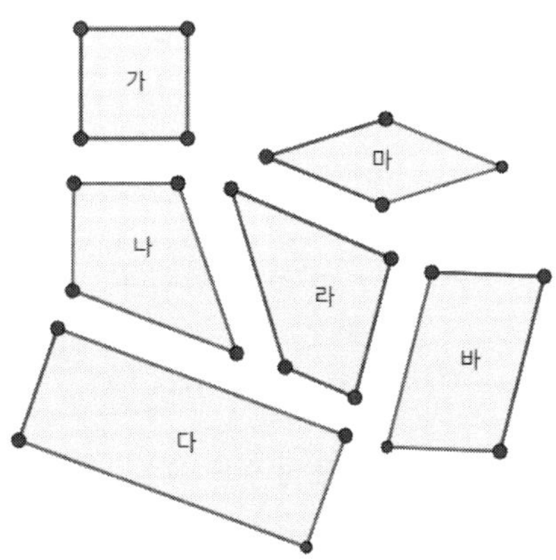

도형	만들 수 있는 모양					
	가	나	다	라	마	바
사각형 ABCD						
사각형 EFGH						
사각형 IJKL						
사각형 MNOP						
사각형 QRST						
사각형 UVWX						

3) 사각형을 변형시키면서 알게 된 움직임의 특징을 써 보시오.

도형	움직임의 특징
사각형 ABCD	
사각형 EFGH	
사각형 IJKL	
사각형 MNOP	
사각형 QRST	
사각형 UVWX	

활동 1을 진행한 후 교과서에 제시된 사각형 학습을 진행한다. 그런 후 [그림 5-5]에 제시된 Geogebra의 기본 도구에 대한 학습을 통해 기본적인 Geogebra 사용법을 익힌 후 다음의 작도활동을 진행한다.

Geogebra에서는 작도도구로서 중점, 수직선, 평행선 등이 기본적으로 제공된다. 이 기능들을 활용하기 전에 컴퍼스를 활용하여 중점, 수직선, 평행선을 어떻게 작도하는지 충분히 이해하도록 활동을 제공한다. 예를 들면, 주어진 직선에 평행인 직선은 다음과 같이 작도할 수 있다.

[그림 5-6] 평행선 작도 및 그 증명

주어진 직선에서 점 B를 중심으로 반지름이 선분 AB가 되도록 반원을 작도한 후, 점 A와 C에서도 동일한 반지름으로 원을 작도한 후 원끼리의 두 교점을 연결한다. 이렇게 작도된 세 점 A, B, D1과 B, C, D2는 정삼각형이 되므로 두 직선은 평행이 된다. 이와 같이 기본적인 작도방법을 이해하고 나면 Geogebra에서 제공하는 중점, 평행선, 수직선 등의 기본작도도구를 이용해서 평면도형을 작도하도록 한다.

활동 2. 사각형 작도

※ 다음 사각형이 무엇인지 쓰고 Geogebra를 활용하여 다음의 사각형을 작도하고 어떤 방법으로 작도했는지 과정을 설명해 보시오.

1. 정사각형:

작도방법	

2. 직사각형:

작도방법	

3. 평행사변형:

작도방법	

4. 마름모:

작도방법	

5. 사다리꼴:

작도방법	

4.2 작도활동에 대한 학생들의 반응

Geogebra를 활용한 평면도형 작도를 위해 6학년 학생들을 대상으로 4시간의 수업을 진행하였다. 6학년은 삼각형과 사각형을 포함하는 기본적인 도형은 모두 학습하였기 때문에 2시간의 Geogebra 기본 사용법을 익힌 후 삼각형과 사각형에 대해 작도하도록 과제를 제시하였다. 다음은 기본적인 작도방법과 학생들의 반응 중 일부이다.

4.2.1 정사각형

• 원 작도 → 원의 중심을 지나는 직선 작도 → 원의 중심을 지나고 직선에 수선 작도 → 원과 만나는 네 점을 선분으로 연결

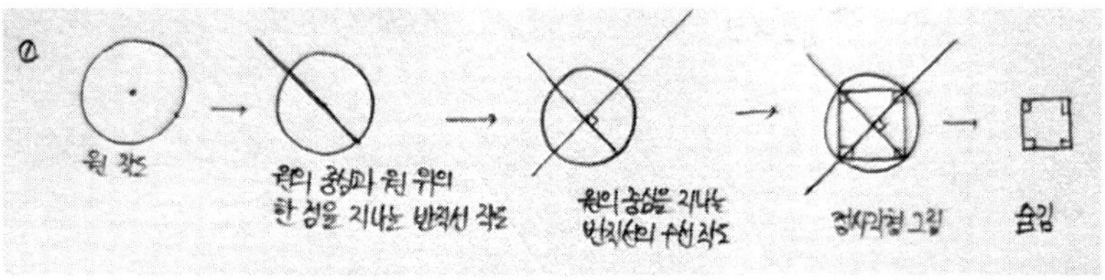

[그림 5-7] 정사각형 작도방법 1

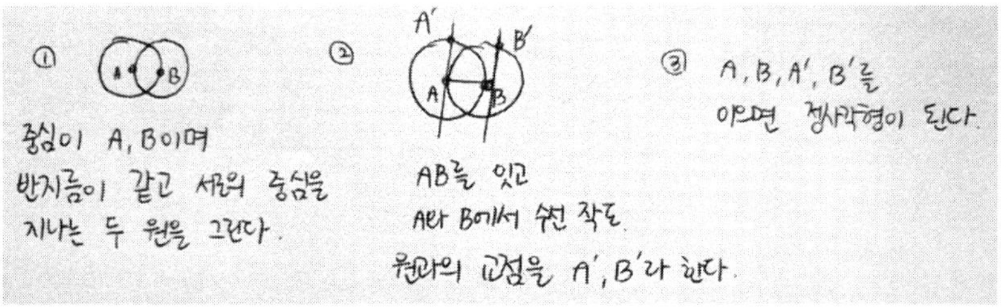

[그림 5-8] 정사각형 작도방법 2

두 번째 작도방법은 2개의 원을 작도하여 반지름을 선분으로 연결한 후 수선을 작도하고 원과의 교점을 꼭짓점으로 하여 정사각형을 작도하는 방법이다.

[그림 5-9] 정사각형 작도방법 3

세 번째 작도방법은 측정을 활용했기 때문에 작도(construct)라기보다는 그리기(draw)에 가깝다. 학생의 반응을 보면, 정사각형이 어떤 도형인지를 정확히 알고 이를 작도하기 위해서 90도 회전이동을 이용했다는 것을 알 수 있다.

4.2.2 직사각형

• 선분 작도 → 선분의 양 끝점에서 수선 작도 → 한 수선 위에 한 점 작도 → 점에서 선분에 평행선 작도 → 평행선과 수선이 만나는 점과 나머지 세 점을 연결

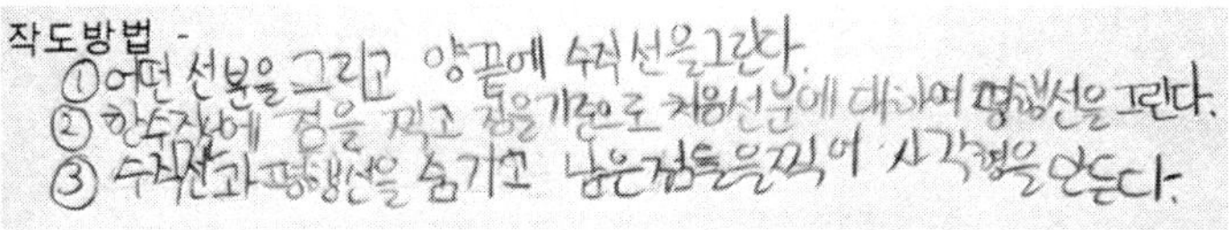

[그림 5-10] 직사각형 작도방법 1

아래의 두 번째 방법은 직각삼각형 작도방법과 회전이동을 결합하여 직사각형을 작도하였다. 직각삼각형과 직사각형의 관계를 파악한 후, 직각삼각형의 빗변의 중점을 회전의 중심으로 180도 회전이동하여 직사각형을 작도하였다. 이는 Geogebra에서 제공하는 도구를 적극적으로 활용한 것으로 동적기하환경에서의 작도활동이 학생들이 가진 아이디어를 자유롭게 결합하여 구현할 수 있게 해 준다는 것을 알 수 있다.

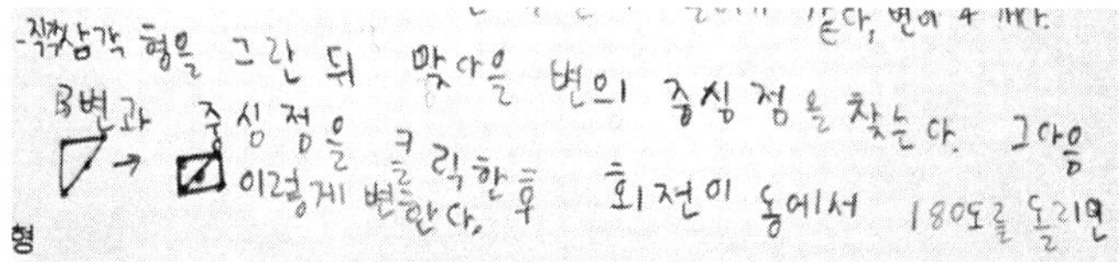

[그림 5-11] 직사각형 작도방법 2

4.2.3 마름모

• 중심 O에서 원 작도 → 원 위에 2개의 점 A, B 작도 → 점 A에서 선분 OB에 평행선 작도 → 점 B에서 선분 OA에 평행선 작도 → 두 평행선의 교점 C 작도 후 마름모 OACB 완성

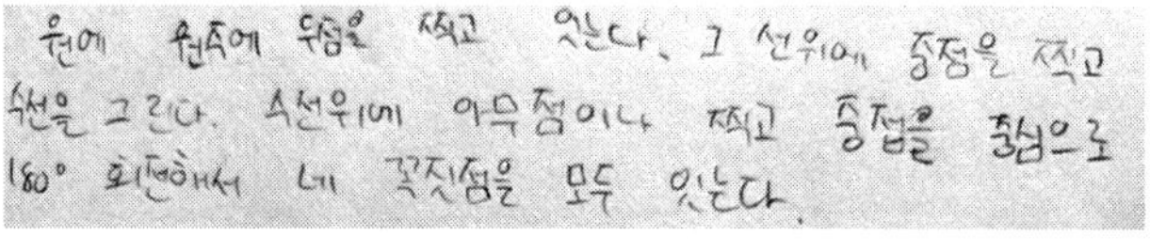

[그림 5-12] 마름모 작도방법 1

첫 번째 작도방법은 마름모의 기본작도방법과 유사하나 원의 중심을 이용하지 않고 원

주상의 두 점을 연결한 현의 수직이등분선 위에 한 점을 찍고 이를 현의 중점을 회전의 중심으로 180도 회전이동하여 얻은 점을 이용하여 마름모를 작도하였다.

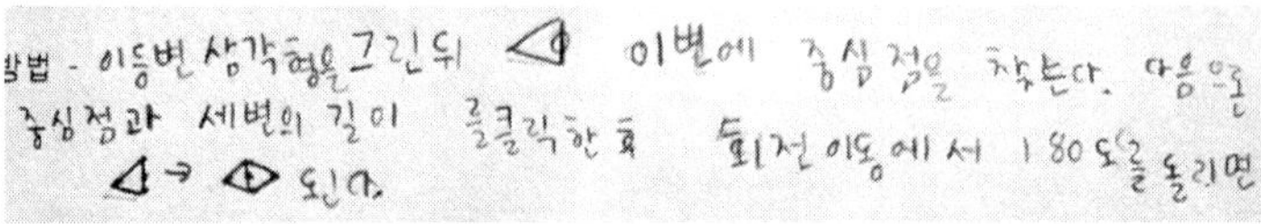

[그림 5-13] 마름모 작도방법 2

두 번째 작도방법은 이전 활동에서 작도했던 이등변삼각형을 이용한 작도법으로 이등변삼각형의 밑변의 중점을 회전의 중심으로 이등변삼각형을 180도 회전이동하여 마름모를 작도하였다.

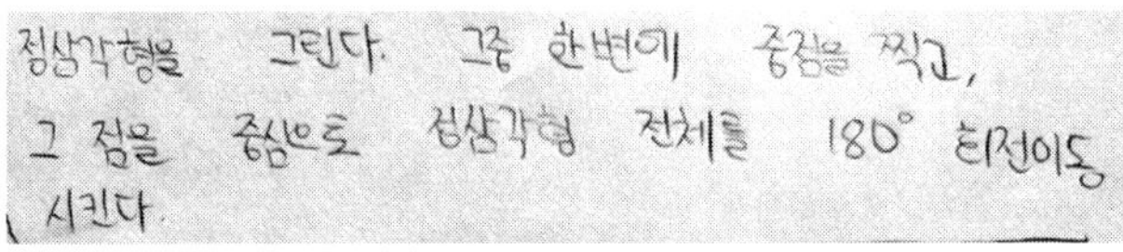

[그림 5-14] 마름모 작도방법 3

세 번째 작도방법은 마름모 작도에서 학생들이 가장 흔하게 범한 오류 중 하나로 정삼각형을 작도한 후 이를 한 변을 중심으로 선대칭이동하거나 한 변의 중점을 회전의 중심으로 점대칭 이동하여 마름모를 작도하려고 하였다. 그러나 이렇게 작도한 도형은 마름모의 한 내각이 60도로 고정된 특수한 마름모이기 때문에 올바른 마름모의 작도라고 보기 어렵다.

4.2.4 평행사변형

- 선분 AB 작도 → 선분 AB와 평행하지 않도록 선분 BC 작도 → 점 A에서 선분 BC에 평행선 작도 → 점 C에서 선분 AB에 평행선 작도 → 교점과 점 A, B, C를 연결하여 평행사변형 작도

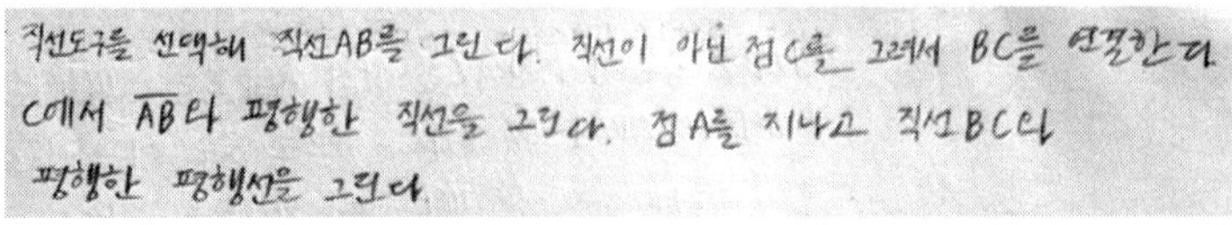

[그림 5-15] 평행사변형 작도방법 1

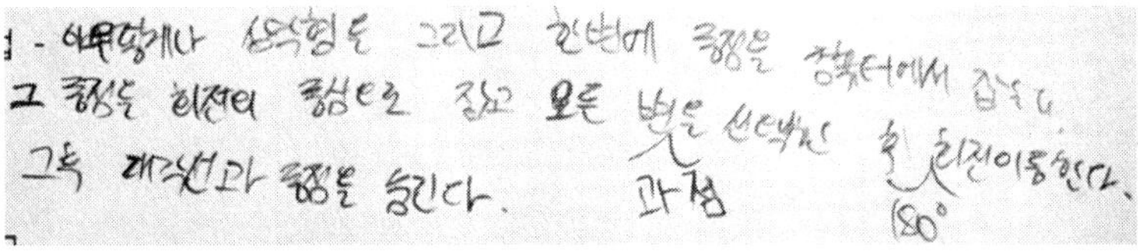

[그림 5-16] 평행사변형 작도방법 2

두 번째 작도방법은 삼각형과 평행사변형의 관계를 이용한 것으로 삼각형을 작도한 후 삼각형의 한 변의 중점을 회전의 중심으로 주어진 삼각형을 180도 회전이동하여 평행사변형을 작도한 것이다.

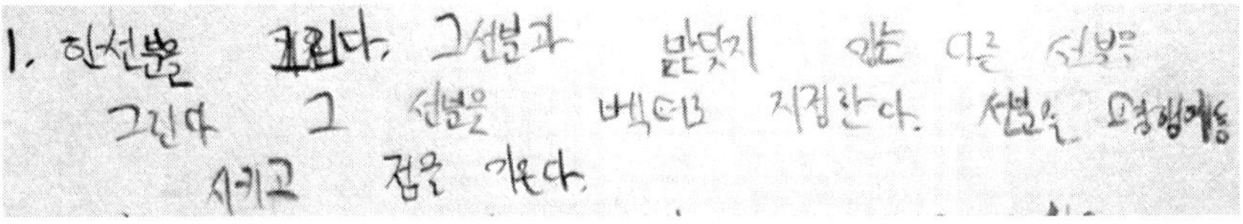

[그림 5-17] 평행사변형 작도방법 3

세 번째 작도방법은 벡터를 이용하여 주어진 선분을 평행이동한 후 네 점을 연결하여 평행사변형을 작도하였다. 벡터를 이용한 평행이동은 동적기하환경에서 제공하는 도구를 이용한 방법으로 Geogebra의 기본 사용법을 익히면서 학습한 벡터를 이용한 평행이동을 활용한 것이다.

4.2.5 사다리꼴 작도

- 선분 AB 작도 → 선분 AB와 평행하지 않도록 선분 BC 작도 → 점 C에서 선분 AB에 평행선 작도 → 평행선 위에 한 점 D 작도 → 네 점 A, B, C, D를 연결하여 사다리꼴 작도

첫 번째 작도방법은 '한 직선에 그은 두 수선은 평행'이라는 점을 이용해서 작도한 것으로 주어진 선분에 수선을 작도 후 이 수선에 다시 수선을 작도하여 원래 주어진 선분에 평행한 직선을 작도하였다. 그런 후 평행선 위에 임의의 두 점을 잡아 원래 주어진 선분의 양 끝점과 연결하여 사다리꼴을 완성하였다.

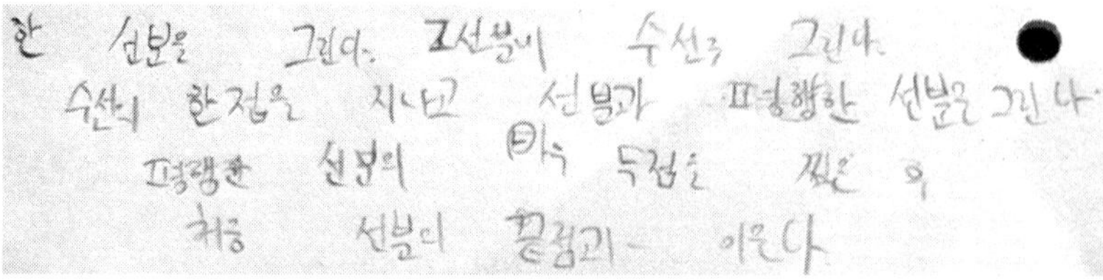

[그림 5-18] 사다리꼴 작도방법 1

반면 아래의 두 번째 작도방법은 첫 번째 작도방법과 유사하나 '수선의 같은 쪽에 점을 하나씩 찍는다.'라는 것을 통해서 알 수 있듯이 사다리꼴의 두 내각이 직각이 되도록 작도한 것으로 일반적인 사다리꼴이 아니라 특수한 사다리꼴임을 알 수 있다.

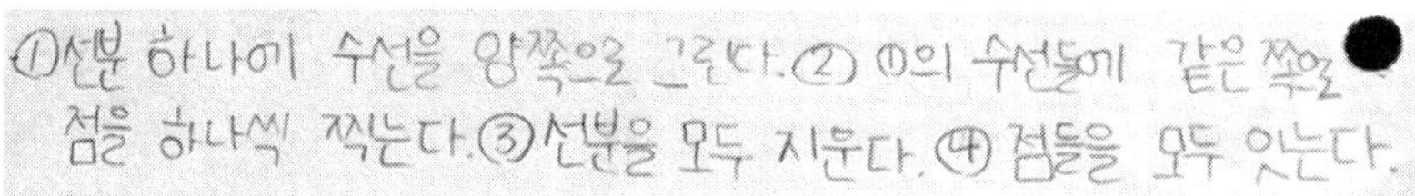

[그림 5-19] 사다리꼴 작도방법 2

5. 나오는 글

눈금 없는 자와 컴퍼스를 이용하는 기하학적 작도는 그 자체로 가치 있는 수학적 활동이다. 2015 개정 수학과 교육과정에서 기하학적 작도는 중학교에서 처음 도입되지만 초등학교 수학활동에도 선분과 직선 및 원의 작도와 같은 기본적인 기하학적 작도 활동은 포함되어 있다. 초등학교 수학교실에서 삼각형 및 사각형과 같은 평면도형의 기하학적 작도활동을 하기 어려운 이유는 초등학생이 컴퍼스와 같은 작도도구의 활용에 능숙하지 않을 뿐 아니라 도형의 성질이나 관계를 이용해야 하는 작도활동 자체가 어렵기 때문이다.

공학의 발달과 더불어 다양한 수학교육관련 소프트웨어의 활용이 증가하면서 기하학습에서 동적기하 소프트웨어를 활용하여 학생들의 학습을 도우려는 노력도 다각적으로 이루어지고 있다. 동적기하환경은 기존의 지필환경에서 제공하지 못하는 수학경험을 제공함으로써 학생들의 기하학습을 도울 수 있다. 특히 기하학적 작도와 관련하여 학생들에게 작도와 관련된 다양한 탐구활동을 제공함으로써 학생들의 도형학습을 도울 수 있다.

이 장에서는 평면도형에 대한 초등학생의 기하학적 작도활동의 가능성을 살펴보기 위해서 6학년 학생들에게 Geogebra를 활용한 4시간의 활동을 통해 기본적인 작도관련 활동안내와 평면도형 작도활동을 제공하였다. 학생들의 활동결과를 통해 다음과 같은 사실을 알 수 있었다.

첫째, 동적기하환경에서의 평면도형에 대한 작도활동은 학생들이 도형의 정의와 성질 및 도형간의 관계 등을 탐구하고 활용할 수 있는 기회를 제공하였다. 삼각형과 사각형 작도과제는 삼각형 및 사각형의 개념 및 도형간의 관계에 대한 학생들의 이해정도를 평가할 수 있는 기회를 제공할 뿐 아니라 동적기하환경에서의 작도활동을 통해 학생들의 이해를 심화하는 기회를 제공할 수 있다.

둘째, Geogebra에서 제공하는 기본도구, 작도도구, 변환도구 등에 대한 탐구활동은 관련 내용에 대해 학생들에게 학습경험을 제공함으로써 이후 활동에서 이를 도구적으로 활용하는 기회를 제공하였다. 예를 들면, 벡터를 이용한 평행이동이나 점대칭이동(점을 중심으로 한 180도 회전이동) 등은 동적기하환경에서의 활용경험을 통해 이후에 이뤄진 사각형 작도에서 활용할 수 있었다. 이는 관련 내용에 대해 관계적 이해수준은 아니라고 해도 도구적 이해는 가능한 학습의 기회를 제공한 것이라고 볼 수 있다.

셋째, 동적기하환경에서의 작도는 학생들에게 작도에 활용할 수 있는 다양한 도구를 제공함으로써 작도에 대한 기능적인 부담에서 벗어나 도형의 성질이나 도형들 간의 관계에 초점을 맞추어 이를 활용할 수 있는 기회를 제공하였다. 예를 들면, 삼각형과 평행사변형, 이등변삼각형과 마름모의 관계에 주목함으로써 평행사변형의 작도에서 삼각형의 작도방법을, 마름모의 작도에서 이등변삼각형의 작도방법을 이용할 수 있었다. 이는 이미 알고 있는 내용과 해결해야 할 문제의 관련성에 초점을 맞춤으로써 성공적으로 문제를 해결할 수 있었다.

넷째, 동적기하환경에서의 평면도형 작도과제는 학생들에게 다양한 문제해결방법을 허용함으로써 학생들에게 창의적이고 다양한 사고를 할 수 있는 기회를 제공하였다. 작도를 위한 다양한 도구를 제공함으로써 한 가지 방법이 아닌 다양한 방법으로 작도를 할 수 있도록 지원하였다. 예를 들면, 평행사변형의 작도에서 주어진 선분에 평행선을 작도하는 방법 외에 벡터를 통한 평행이동을 활용하거나 삼각형을 작도한 후 이를 점대칭 이동하여 평행사변형을 작도하는 것처럼 새로운 방법으로 문제를 해결하였다.

다섯째, 동적기하환경은 교과서에 제시된 것과 같이 Serra가 구분한 작도(construct)활동 뿐만 아니라 길이와 각도를 측정할 수 있는 도구를 제공하여 다양한 그리기(draw)활동도 가능하게 함으로서 학생들이 작도문제에 대해 논리적인 접근뿐만 아니라 직관적으로도 접근할 수 있게 해 준다.

Geogebra와 같은 동적기하환경은 지필환경이 제공하지 못하는 다양한 탐구활동을 가능하게 함으로서 학생들에게 다양한 생산적인 경험을 제공할 수 있다. 과제와 관계없이 학생들은 동적기하환경에서 자유롭게 탐구하는 경험을 할 수도 있지만 잘 계획된 활동은 좀 더 의미 있는 학습경험을 학생들에게 제공함으로써 도형학습을 도울 수 있다. 이런 측면에서 동적기하환경에서 학생들에게 더 다양하고 효과적인 수학적 경험을 제공하기 위해 어떤 과제나 활동이 제공되어야 하는지에 대한 다양한 탐구가 필요하다.

참 고 문 헌

Reference

강문봉(2019). 초등수학에서 삼각형의 작도 지도에 관한 논의. **교육논총, 39**(4), pp.269~286.

교육부(2015). 수학과 교육과정. 교육부 고시 제2015-74호.

교육부(2018a). **수학 2-1**. 서울: ㈜천재교육.

교육부(2018b). **수학 2-2**. 서울: ㈜천재교육.

교육부(2018c). **수학 3-1**. 서울: ㈜천재교육.

교육부(2018d). **수학 3-2**. 서울: ㈜천재교육.

교육부(2018e). **수학 4-1**. 서울: ㈜천재교육.

교육부(2018f). **수학 4-2**. 서울: ㈜천재교육.

교육부(2018g). **수학 5-1**. 서울: ㈜천재교육.

교육부(2018h). **수학 5-2**. 서울: ㈜천재교육.

교육부(2018i). **수학 6-1**. 서울: ㈜천재교육.

교육부(2018j). **수학 6-2**. 서울: ㈜천재교육.

Duval, R.(1998). Geometry from a cognitive point of view. In Carmelo Mammana & Vinicio Villani(Eds.), Perspectives on the teaching of geometry for the 21st century: An ICMI study. pp.37~52.

Duval, R.(2005). Les conditions cognitives de l'apprentissage de la géométrie: développement de la visualisation, différenciation des raisonnements et coordination de leurs fonctionne\-ments. *Annales de Didactique et de Sciences Cognitives, 10*, pp.5~53.

Flores, A.(2002). Learning and teaching mathematics with technology. *Teaching children mathematics, 8*(6), pp.308~310.

Hartshorne, R.(2000). *Geometry: Euclid and beyond.* New York: Springer.

Hoffer, A.(1981). Geometry is more than proof. *The Mathematics Teacher, 74*(1), pp.11~18.

Hollebrands, K. & Stohl Lee, H.(2011). Introduction to dynamic geometry environment. Chapter 1. Retrieved from: 〈https://he.kendallhunt.com/sites/.../CH1_Hollebrands_Stohl_Lee_Geometry.pdf〉

Laborde, C.(1995). *Designing tasks for learning geometry in a computer-based environment.* ha L. Burton, and B. Jaworski (Eds.), Technology in Mathematics Teaching – A Bridge Between Teaching and Learning (pp.35~68). Chartwell-Bratt.

Laborde, C.(2001). Dynamic geometry environment as a source of rich learning contexts for the complex activity of proving. *Educational studies in Mathematics, 44*, pp.151~161. Netherlands: Kluwer Academic.

Meskens, A., & Tytgat, P.(2017). *Exploring classical greek construction problems with interactive geometry software*. Birkhäuser.

National Council of Teachers of Mathematics(2000). *Principles and standards for school mathematics*. Reston VA: Author.

Pandisico, E. A.(2002). Alternative Geometric Constructions: Promoting Mathematical Reasoning. *Mathematics Teacher, 95*(1), pp.32~36.

Pölya, G.(1957) How to solve it: A new aspect of mathematical method, 2nd edition. Princeton: Princeton University Press.

Posamentier, A. S.(2000). Making geometry come alive: Student activities and teacher notes. Thousand Oaks, CA: Corwin Press.

Sanders, C. V.(1998). Geometric Constructions: Visualizing and Understanding Geometry. *Mathematics Teacher, 91*(7), pp.554~556.

Serra, M.(2008). *Discovering geometry: An investigative approach.* Key Curriculum Press.

Smith, D. E.(1911). *The Teaching of Geometry.* A public domain book, Boston.

제6장

중학교에서 공학적 도구를 통한 평면도형 작도

고상숙(단국대학교), 옥보명(단국대학교 대학원)

1. 들어가는 글

학생들이 중학교 기하학에 입문하면서 점, 선, 면, 각이라는 기본요소를 이해한 후 처음 만나는 학습요소가 작도이다. 문자와 식 위주로 거의 모든 수학학습을 해오던 학생들에게 도형이라는 새 단원이 시작되면서 작도라는 정의가 주어지는 형식에서 '작도란 눈금 없는 자와 컴퍼스만으로 대상을 그리는 것이다.'라고 선언된다. 요즘에는 기하학의 교수법이 발달하여 이렇게 바로 용어가 정의되는 방식으로 수업이 진행되지는 않겠지만 아직도 설명식 기하수업에서 흔히 볼 수 있는 장면이다.

역사적으로 보면, 삼각형이나 사각형을 포함한 도형의 성질을 탐구해가면서 흔히 다뤄지는 탐구문제로는 주어진 임의의 길이를 3등분하기, 주어진 임의의 각을 3등분하기, 주어진 정육면체의 2배 부피를 갖는 정육면체의 한 변 작도하기, 주어진 원의 넓이와 같은 넓이를 갖는 정사각형 작도하기 등과 같은 문제로 많은 수학자에게 큰 호기심을 자극하기도 하였다.

유클리드의 원론에서 작도는 네 가지 의미를 지니고 있다(김창수, 강정기, 2017).

(1) 공준으로 타당성을 확보한 추상적 활동
(2) 도형의 존재성 입증 및 논증에서 보조선 도입의 타당성 확보 수단
(3) 보조선 도입 이외의 논증 개입 자제
(4) 수와 대수를 다루는 수단

한인기(1999)는 작도문제가 갖는 특성으로 주어진 조건들이 개괄적으로 주어지기 때문에, 해를 가지지 않는 경우가 있음을 주지해야 하고, 또한 작도문제에는 간혹, 작도에 사용되는 도구를 제한하는 경우가 있으며, 작도문제 해결 과정에는 반드시 '얻어진 작도가 과연 문제에서 주어진 조건을 만족하는가?'를 확인하는 증명의 단계가 필요함을 언급하였다. 나아가 그는 작도문제의 해결 단계를 Schoenfeld(1980)가 주장하는 문제해결과정과는 다르게 첫째 분석, 둘째 작도, 셋째 증명, 넷째 탐구라는 네 단계로 제일 뒷부분에 탐구과정을 진행할 것을 제안하였다. 한인기, 이정순(2009)에서는 'Gauss는 정 17각형의 작도문제를 해결하면서 수학자로의 진로를 결정하였다.'고 언급한 것에 비추어서 이러한 중학교 과정에서는 어린 학생들을 대상으로 하기 때문에 임의의 한 각의 3등분 구하기와 같은 불가능한 작도는 눈금 있는 각도기를 사용하고, 또한 임의의 한 변의 3등분 구하기 역시 보조선에 의한 방법을 모색하여 학생들의 호기심을 놓치지 않도록 주의해야 한다.

이 장에서는 수학교실에 도움이 되기 위해 현재 교과서에서 다루고 있는 작도관련 내용과 활동을 고찰해보고, 유클리드 원론의 네 가지 작도의 의미 중에서 두 번째 충실한 접근방법을 통해 적절한 교수법을 바탕으로 학습 자료를 소개하며, 나아가 Usiskin(1982)에서 포함되지 않았던 정삼각형의 검사문항을 포함해서 학생들의 기하사고수준에 대한 평가를 교사가 쉽게 적용할 수 있도록 제안하였다.

2. 교과서에서 다뤄지는 작도의 의미와 범위

2015 개정 수학과 교육과정에 제시된 작도관련 성취기준은 중학교 수학과 교육과정 기하영역에 있는 '[9수04-03] 삼각형을 작도할 수 있다.'가 유일하다(교육부, 2015). 또한 작도 관련 '교수·학습 방법 및 유의 사항'에서는 '주어진 삼각형과 합동인 삼각형을 작도하는 활동을 하고, 자신의 방법을 설명하게 한다(교육부, 2015, p.34)'라고 제시되어 있

다. 실제 한 예로서 고호경 외(2018)의 중학교 1학년 교과서에는 '작도란 무엇일까?'라는 질문에 주어진 선분 AB와 길이가 같은 선분 CD를 작도하는 것([그림 6-1]), 크기가 같은 각은 어떻게 작도할까?'라는 질문에 주어진 각 AOB와 같은 각으로 반직선 PQ를 한 변으로 하는 크기가 같은 각을 작도하도록([그림 6-2]) 안내하고 있으며, 이후 바로 삼각형의 성립조건을 다루는 것으로 이어진다. 이는 그동안 교육과정개정에서 수학내용의 20% 축소라는 정책에 따라 작도의 많은 내용과 활동이 축소된 것으로 보인다.

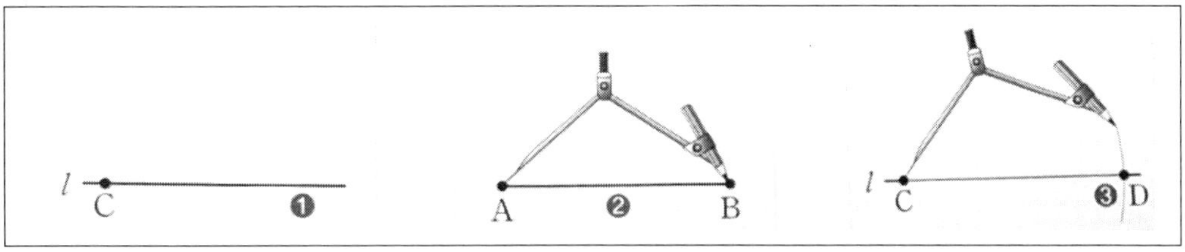

[그림 6-1] 길이가 같은 선분 작도

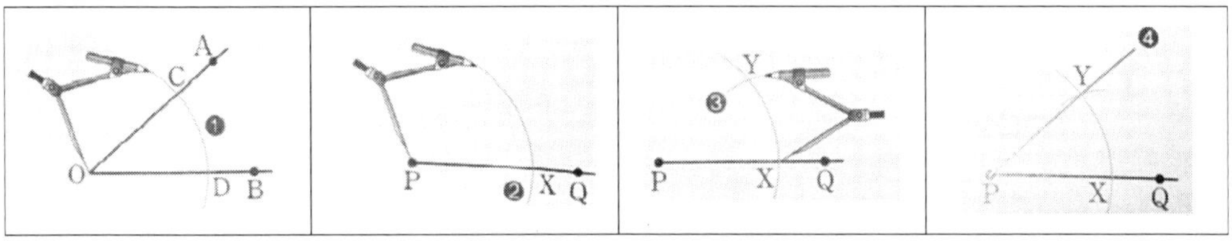

[그림 6-2] 크기가 같은 각의 작도

위의 작도로부터 이어지는 교과서의 삼각형의 성립조건과 합동조건은 앞으로 다룰 유클리드 기하의 증명에 없어서는 안 될 기본지식으로 사용된다. 학생들은 작도문제해결을 통해 기하학적 직관과 논리적 추론 능력을 향상할 수 있으며, 미래사회가 필요로 하는 핵심역량을 기를 수 있다(조완영, 정보나, 2002). 최근 서보억(2020)은 수학교육에서 작도는 기하에 대한 깊은 이해를 바탕으로 연역적 증명 역량을 강화하는 중요한 역할을 담당하고 있으므로, 작도 학습내용이 축소되고 있는 수학과 교육과정과 수학 교과서에 대한 보완점을 제시하였다. 즉, 현재 수학과 교육과정에서와 같이 특정 내용의 작도만을 다루도록 되어있는 진술을 지양하고, 다양한 교수·학습 상황에서 작도를 활용할 수 있도록 진술방향이 바뀌어야 한다고 강조하였다. 또한 수학 교과서에서 다루는 작도과제가 다양한 기하 학습요소와 결합하여 활용될 수 있도록 구성되어야 하고, 더욱 다양한 작도과제 유형의 개발이 필요함을 제시하였다. 여기에 공학 도구를 활용할 때에 작도의 재조명을 통해 미래 수학교실에 방향성도 제시되었으면 하는 아쉬움이 남는다.

3. 유클리드의 원론에 입각한 접근

앞서 서론부분에서 언급하였지만 유클리드의 원론에서 작도의 네 가지 의미는 공준으로 타당성을 확보한 추상적 활동, 도형의 존재성 입증 및 논증에서 보조선 도입의 타당성 확보 수단, 보조선 도입 이외의 논증 개입 자제, 수와 대수를 다루는 수단이었다(김창수, 강정기, 2017). 이 중에서 '도형의 존재성 입증 및 논증에서 보조선 도입의 타당성 확보 수단'으로 어떻게 작도가 활용되었는지 알아보고, 그 활용에 따른 간단한 예제를 다루어 보고자 한다.

유클리드의 원론은 개념을 명확히 정의하고, 가정을 명시하고 결론을 연역하는 증명 과정을 제시한 가설-연역적 방법(hypothetical-deductive methods)의 입문서이다(우정호, 권석일, 2006). 실제로 유클리드의 원론은 정의, 공준, 공리, 명제로만 구성되어 있으며, 모든 명제는 제1권의 서두에 제시한 공리, 공준으로부터 연역된다. 유클리드의 원론에서는 증명 없이 사실이라고 받아들이는 명제 중 좀 더 일반적인 명제를 공리로, 도형에 관한 것은 공준이라고 구분하였으나 현대에는 구분 없이 공리라고 부른다. 도형의 작도와 관련된 공준들과 명제(예: 명제 2, 명제 9, 명제 10)가 다른 명제들과 같은 위치에 배열되어 있는 이유는 그 도형이 공준으로부터 생성됨을 입증하고자 하는 '엄밀성[1)]' 때문이다(김창수, 강정기, 2017). 다시 말해 작도가 도형의 존재성을 입증하는 수단으로 활용되었다는 것을 알 수 있다. 예를 들면, 유클리드의 원론 제I권의 정의 19에서 세 변으로 둘러싸인 도형을 삼각형이라고 정의한 후, 명제 22에서 삼각형의 작도법을 보여줌으로써 삼각형의 존재성이 보장된다(유미영, 최영기, 2015). 유클리드의 원론 제I권의 작도와 관련된 공준들과 명제들의 예는 [표 6-1]과 같다(Euclid, 1997; 김구슬, 2005). 유클리드의 원론의 증명에는 연장선, 각의 이등분선, 변의 이등분선, 변의 수선 등의 보조선이 사용되는데, 작도와 관련된 공준과 명제의 도입으로 이러한 보조선에 대한 작도 가능성을 제시함으로써 보조선의 타당성을 확보하였고, 유클리드의 원론 제I권 명제 16의 증명에 등장하는 여러 가지 보조선의 타당성에 의해 지지되는 논증에 대해 다음 [표 6-2]와 같이 설명하였다(김창수, 강정기, 2017).

1) '엄밀성'의 정신은 diorism(고대 그리스에서 어떤 대상이 존재할 조건이나 한계를 명확히 하는 것)을 통해서 나타났으며 그 예로 삼각형이 존재하기 위한 길이 조건인 diorism을 제시한 후 diorism을 만족하는 삼각형이 존재함을 작도함으로써 삼각형의 존재성을 증명한 점이다(유미영, 최영기, 2015).

[표 6-1] 유클리드의 원론 제I권 공준과 명제의 예시

공준 1	한 점으로부터 또 다른 한 점으로 직선을 그을 수 있다.
공준 2	유한직선은 무한히 연장할 수 있다.
공준 3	주어진 점을 중심으로 하고 중심으로부터 그려진 유한선분과 동일한 반경을 갖는 원을 그릴 수 있다.
명제 2	유한한 길이의 직선과 어떤 점을 주었을 때, 그 점을 끝점으로 하여 주어진 직선과 길이가 같은 직선을 그을 수 있다.
명제 3	길이가 다른 두 직선을 주었을 때, 긴 직선에서 짧은 직선의 길이만큼 잘라낼 수 있다.
명제 9	어떤 직선 각을 주었을 때, 그것을 이등분할 수 있다.
명제 10	유일한 길이의 직선을 주었을 때, 그것을 이등분할 수 있다.
명제 22	세 개의 직선을 주었을 때, 변들의 길이가 이들과 같은 삼각형을 만들 수 있다. 이 경우 두 직선의 길이를 더하면 나머지 한 직선보다 더 길다는 것을 가정해야 한다.

[표 6-2] 유클리드의 원론 제I권의 명제 16의 증명

명제 16. 삼각형의 한 변을 길게 늘였을 때 생기는 바깥각은 삼각형의 다른 두 안각보다 더 크다.
(보임) 삼각형을 ABC로 나타내자.
① 한 변 BC를 길게 늘여서 CD를 그어라: 공준 2
그러면 바깥각 ACD는 다른 두 안각 CBA, BAC보다 더 큼을 보이겠다.
② 변 AC를 이등분하는 점을 E로 나타내자: 명제 10(제I권)
③ EF의 길이가 BE의 길이와 같도록 F를 잡아라: 명제 3(제I권)
④ 직선 FC를 긋고: 공준 1
⑤ 직선 AC를 길게 늘여서 CG를 그어라: 공준 2

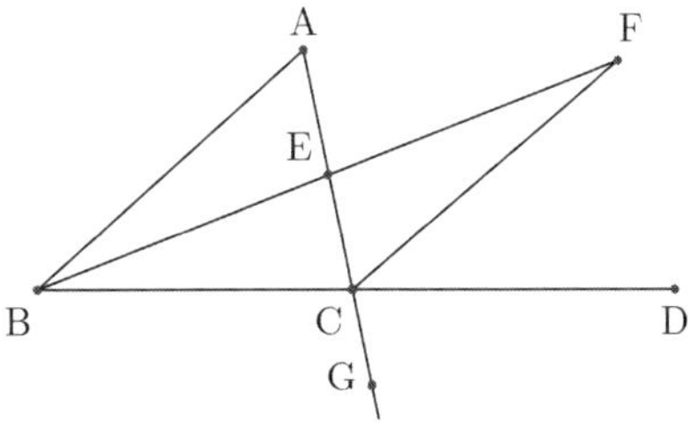

[그림 6-3]

김창수, 강정기(2017)는 논증에 보조선 도입의 타당성이 작도를 통해 확보되면 다음과 같은 교육적 이점들이 있다고 강조하였다. 첫째, 학생들이 증명에서 직관이 아닌 '엄밀성'이 보장된 보조선을 사용하게 되는 이점이 있다. 둘째, 논증에서 보조선을 긋는 작도방법을 탐구하여 봄으로써 보조선이 갖는 의미를 자연스럽게 이해하는 데 도움이 된다. 또한 보조선을 복합적으로 사용할 때 가질 수 있는 오류를 줄일 수 있다. 예를 들면, [그림 6-4]에서 변 BC의 중점 D를 통과하면서 변 BC와 수직인 직선은 '변 BC의 수직이등분선', '변 AD는 중선', 변 AF는 '점 A에서 변 BC에 내린 수선', 반직선 AE는 '각 A의 이등분선'으로 작도를 통해 여러 보조선들의 명확한 구분이 가능하다는 것이다. 그리고 이 작도에서 각의 이등분선과 밑변의 수직이등분선의 명백한 구분이 가능해져서, 이등변 삼각형에서 이들 보조선을 긋기 위해서는 이 보조선들이 일치한다는 증명이 필요함을 학생들이 인식하게 된다는 것이다. 이러한 인식은 기하 증명의 서술에서 나타나는 학생들의 오류 중 하나인 '근거 없는 진술(황재우, 부덕훈, 2015, p. 87)' 오류를 가지지 않도록 도울 수 있다. 셋째, 학생들이 배우는 기하와 관련된 성질들이 정의와 공준에서 출발하여 작도를 통해 논증의 정당성을 가지게 되는 체계적인 구도를 가지고 있음을 학생들이 알게 된다는 것이다. 즉, 학생들이 기하에서 작도를 통해 기초적인 것과 복잡한 성질 사이의 수학적 연계성을 알게 도울 수 있다. 넷째, 논증에 보조선 도입의 타당성 확보는 이면에 공리를 포함하여 수학적 대상의 존재성을 드러내는 도구 역할이라는 작도의 본질적 의미를 이끌어내는데 이점이 있다. 다섯째, 삼각형의 합동조건 도입을 위해 작도를 활용하는 것이 엄격한 논증의 관점에서는 바람직하지 않지만, 작도가 직관과 엄밀성 사이의 가교 역할을 하는 교육적인 측면에서 본다면 작도에 기반한 합동조건 유도 과정과 논리적 일관성 유지가 가능하다.

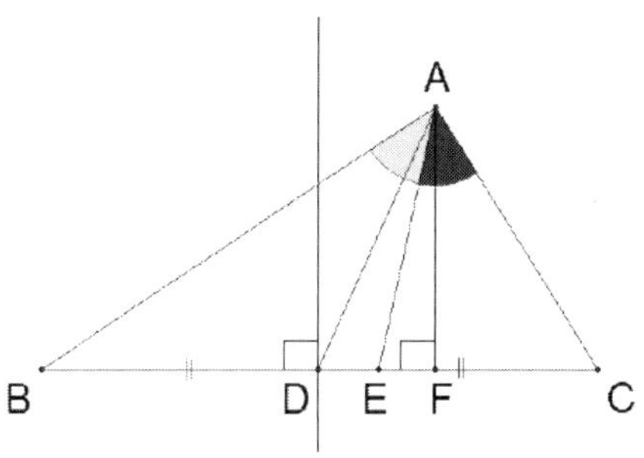

[그림 6-4] 각종 보조선(김창수, 강정기, 2017, p.132)

4. 공학도구 환경에서 작도

작도라는 기본 개념에서 살펴본다면, 지필환경에서 컴퍼스와 눈금 없는 자를 활용하여 의도한 대상을 그려내는 작도와 공학도구 환경에서 그 대상을 그려내는 작도와의 차이점은 무엇인가? 무엇보다도 먼저 공학도구의 화면상에서 그려지는 양적·질적 무제한적 반복성 또는 재귀성일 것이다. 컴퓨터상에서 어떤 이미지에 대해 복사하기, 붙이기로 자신이 원하는 크기로 그 이미지의 크기 조절이 가능하듯이 기하 소프트웨어의 특성으로 기본 성질을 준수한 확대 또는 축소가 무제한 가능하고 재생이 가능하다. 그 다음으로는 임의성인데 눈금 없는 자와 같이 임의의 길이 개념의 적용으로써 비본질적인 성질을 조절하면서 본질에 집중하는 기하의 수학적 다양성 원리가 그대로 반영되는 환경이 가능하다는 것이다.

아래 [그림 6-5]에는 임의의 선분 'a'에 대한 정삼각형을 컴퍼스(원)를 활용하여 작도한 것이다. 여기서 선분 'a'에 드래깅을 활용하면 크기가 변하는 다양한 정삼각형을 마주하게 되고, 만약 선분 'a'를 주어진 선분 AB 상에서 움직이게 한다면(즉, 애니매이션 기능이 활용되면) 움직이는 다양한 정삼각형을 마주하게 된다. 나아가 작도한 도형이 정삼각형임을 증명하려면 측정이나 변환 능력을 사용하여 증명할 수 있다.

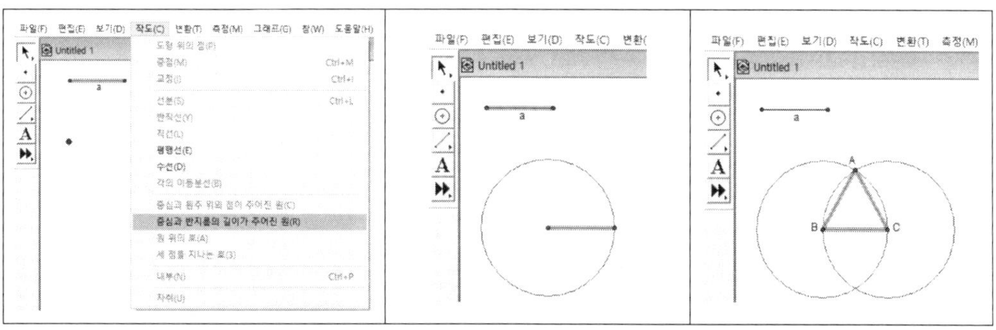

[그림 6-5] 공학도구 환경에서 정삼각형의 작도

이처럼 학생들은 원하는 도형의 성질을 발견하고 적용하고 나아가 다른 도형과의 관계성을 파악하는 역동적 환경에서 기하사고의 발달을 꾀하는 것이다. 또한 역으로 주어진 도형(결과)에 대한 성질(원인)을 찾아내는 환경이 가능하므로 분석적 사고의 적용이 수월해진다. 다시 말해 종합적 사고와 분석적 사고의 상호작용이 활발히 이루어지는 풍요로운 학습환경인 것이다. 그 외에도 측정이 가능하므로 특수화와 일반화에 대한 경우도 활발히 적용해볼 수 있다.

5. 삼각형에서 기하사고수준 향상을 위한 학습자료

기하학의 교수법으로 흔히 사용되는 반 힐레(van Hiele)의 이론을 중심으로 작도를 이용하여 도형의 성질을 가설적 논증으로 이끌어가는 과정을 소개하고자 한다. 여러 문헌에서 Choi(1996)는 반 힐레의 기하사고수준과 교수법의 관계를 다음과 같은 [그림 6-6]으로 제시하였다. 이를 기반으로 삼각형의 정의와 성질에 대해 공학 도구인 GSP를 사용한 환경에서 학생들의 사고수준의 발달을 안내하는 학습 자료를 제공하고자 한다. 이 학습 자료의 특이한 점은 수학교실에서 교수법의 순서를 지키는 것보다는 교사의 의도에 따라 교수법의 인접한 순서(단계)가 때로는 수업 운영의 효율성으로 인해 바뀔 수 있는 측면이 있다는 것이다. 각 학습기간의 활동들을 모듈[2] I, II, III으로 구분하여 개발하였으나, 이 장에서는 작도와 관련된 모듈 II와 III만을 구체적으로 제시하겠다.[3] 각 모듈은 아래 그림에서 각 학습기간에 해당되는 것으로써 3차시의 학습활동으로 구성되었고, 반 힐레 교수법의 다섯 단계를 따르고 있다. 각 모듈에서 학습할 탐구내용은 [표 6-3]과 같다.

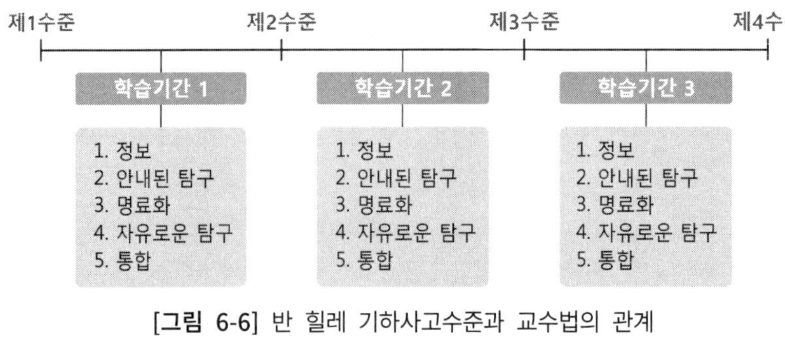

[그림 6-6] 반 힐레 기하사고수준과 교수법의 관계

2) 이 모듈들은 국내 교육과정을 준수하기보다는 기하사고수준의 발달에 기반을 두었다.

3) 저자와 접촉에 의해 모듈 I을 제공받을 수 있다.

[표 6-3] 각 모듈에서 다뤄지는 학습내용

차시	모듈 I	모듈 II	모듈 III
1	• 점, 선, 면, 반직선, 평행선, 수직선, 각, 다각형, 원, 대칭도형 등 기본 성질	• 직각, 이등변, 정삼각형에 대한 관계성 * 예로는 급포함 (class inclusion)	• 이등변삼각형의 성질 증명 • 정삼각형의 성질 증명 • 합동인 두 직각삼각형의 성질 증명
2	• 부등변, 이등변, 정 삼각형 • 예각, 직각, 둔각 삼각형 • 삼각형의 성립 조건	• 합동: SSS, SAS, ASA 나아가 AAA와 SSA 조건 비교 • 닮음: SSS, SAS 탐구와 AA 경우 차이점 • If-then 진술	• 각의 이등분선의 성질 증명 • 수직이등분선의 성질 증명 • 중선에 대한 성질 증명 • 수선에 대한 성질 증명
3	• 변에 따른 삼각형 분류(대칭성 포함) • 각에 따른 삼각형 분류 (대칭성 포함) • 합동조건 • 닮음조건 • 평행선의 엇각, 동위각	• 삼각형의 넓이 • 평행사변형의 넓이 • 밑변의 길이가 같은 삼각형들의 동일넓이에 대한 탐구 • 내각의 합의 일반화	• 내심, 외심, 무게중심, 수심에 대한 성질 증명

학생의 기하적 사고 발달을 돕고자 구성된 반 힐레의 기하사고수준과 교수법에 따른 모듈은 반 힐레가 강조한 다섯 가지 특징을 모두 반영한다. 예를 들면, 기하사고수준 차에서 불일치(mismatch), n수준에서 $n+1$수준으로 위계성(hierarchical nature), 암묵적 지식이 명백한 지식으로 진전(implicit-explicit nature), 수준발현의 불연속성(discreteness), 끝으로 언어의 중요성(language aspects)이 바로 그것이다. 또한 이 모듈은 공학 도구를 사용하기 때문에 개념형성인 도구발생을 목적으로 한다. 여기에는 Trouche(2004)가 주장한 도구기제(instrumentation)와 도구화(instrumentalization)의 상호작용에 의해 도구발생[4)]에 도달하고 나아가 창의성 및 심미성을 경험하게 한다.

모듈 II와 모듈 III의 구체적인 내용은 다음과 같다.

4) 이에 대한 연구는 제 1저자의 임현정, 고상숙(2016), 이현지(2019) 등 다수에서 찾아볼 수 있다.

[모듈 Ⅱ-1]

학습목표	• 도형들 사이의 포함 관계를 이해한다.
단계	• 안내된 탐구, 명료화, 자유로운 탐구

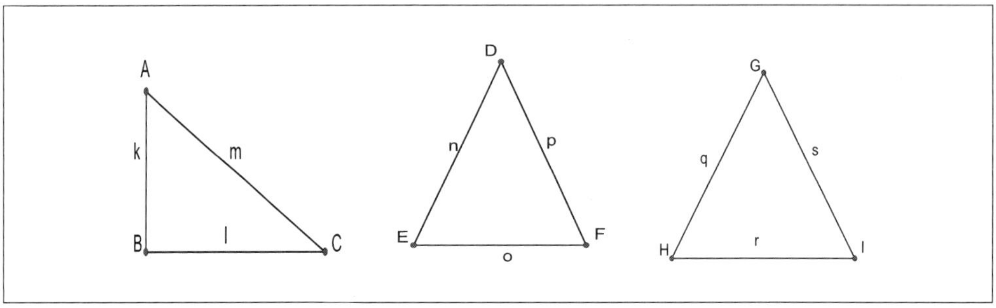

위 그림에서 각의 크기와 변의 길이를 측정하시오. 각 삼각형에서 세 각의 합을 구하시오. 각 도형에서 어떤 점을 드래깅하여 삼각형들을 탐구하여 보면, 각 변의 길이와 각의 크기가 바로 변하는 것을 볼 수 있다.

직각삼각형은 이등변삼각형이 될 수 있는가? 그렇다면 직각삼각형의 한 꼭짓점을 드래깅하여 직각삼각형이 이등변삼각형이 되는 경우를 보이시오. 직각삼각형에서 예각을 관찰해 보고, 일반화하여 보시오.

이등변삼각형은 직각삼각형이 될 수 있는가? 그렇다면 이등변삼각형의 한 점을 드래깅하여 이등변삼각형이 직각삼각형이 되는 경우를 보이시오. 이등변삼각형에서 예각을 관찰해 보고, 일반화하여 보시오.

- 임의의 이등변삼각형은 정삼각형이라고 부를 수 있는가? 이유를 말하시오.
- 임의의 정삼각형은 이등변삼각형이라고 할 수 있는가? 이유를 말하시오.
- 임의의 직각삼각형은 정삼각형이라고 할 수 있는가? 이유를 말하시오.

[모듈 Ⅱ-2]

학습목표	• 두 합동(닮은) 삼각형을 작도하는 법을 이해하고 두 삼각형이 합동인지(닮음인지) 그렇지 않은지를 찾는 방법을 이해한다. • if-then 명제와 그 역을 만들 수 있다.
단계	• 안내된 탐구, 명료화, 자유로운 탐구

1) 합동

① SSS합동

삼각형의 세 변의 길이가 4cm, 5cm, 6cm이라고 할 때 가능한 반지름이 4, 5, 6cm인 원을 이용하여 주어진 삼각형과 합동인 삼각형을 작도할 수 있는가?

두 삼각형에 대응하는 각과 대응하는 변의 길이를 재어보아라. 두 삼각형은 합동인가? 이유를 말하시오.

② SAS합동

삼각형의 두 변(3cm, 5cm)과 각(50°)이 주어졌다. 주어진 삼각형과 합동인 삼각형을 작도할 수 있는가?(새로운 삼각형의 변들은 어떤 꼭짓점을 어떻게 드래깅하더라도 바뀌면 안 된다.) 두 삼각형에 대응하는 각과 대응하는 변의 길이를 재어보아라.
두 삼각형은 합동이라고 할 수 있는가? 이유를 말하시오.

③ ASA합동

삼각형의 두 각(50°, 60°)과 변(4cm)이 주어졌다. 주어진 삼각형과 합동인 삼각형을 작도할 수 있는가? (새로운 삼각형의 변들은 어떤 꼭짓점을 어떻게 드래그하더라도 바뀌면 안 된다.) 두 삼각형에 대응하는 각과 대응하는 변의 길이를 재어보아라. 두 삼각형은 합동이라고 할 수 있는가? 이유를 말하시오.

④ AAA와 SSA를 도전해 보자.

세 각이 60°, 70°, 50°인 삼각형이 주어졌다(AAA). 또한 두 변이 3cm, 4cm이고 한 각이 50°인 삼각형이 주어졌다(SSA). 주어진 삼각형과 합동인 삼각형을 작도할 수 있는가? 두 삼각형의 대응하는 각과 대응하는 변의 길이를 재어보아라. 각 경우에 두 삼각형이 합동이라고 할 수 있는가? 이유를 말하시오.

*두 삼각형이 항상 똑같다는 것을 보장하는 조건은 위 ①~④ 가운데 무엇인가? AAS조건이 ASA조건의 확장인지 아닌지 논의하시오.

다음 그림에서 두 삼각형이 합동인지를 증명하기 위해 사용되는 조건을 말하시오.

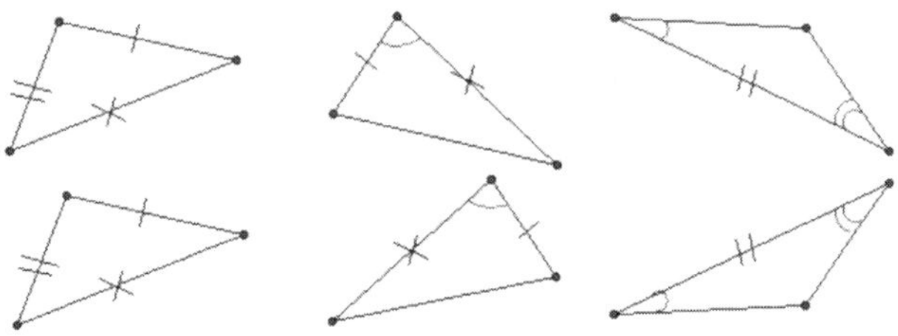

2) 닮음

어떤 비가 주어지고 삼각형의 세 변(SSS)의 길이를 안다면 이 삼각형과 닮은 삼각형을 작도할 수 있는가?

어떤 비가 주어지고 삼각형의 두 변의 길이와 그 끼인각의 크기를 안다면(SAS) 이 삼각형과 닮은 삼각형을 작도할 수 있는가?

만약 두 각의 크기를 안다면(AA), 한 변에 대한 비를 알 필요가 있는가?

두 닮은 삼각형에서 모르는 변의 측정을 찾을 수 있는가?

3) if-then 명제

참인지 거짓인지를 증명할 수 있는 if-then 명제 '만약 $x=2$이면 $x^2=4$이다.'를 소개하시오. 다른 단어들을 사용한 if-then 문장과 유사한 문장들을 소개하시오. 학생들에게 참인지 거짓인지 물어보고, 학생들에게 역 문장을 만들어 보게 하시오.

[모듈 Ⅱ-3]

학습목표	• 'a'(높이)와 'b'(밑변) 표를 사용하여 넓이를 구하는 법을 이해한다. • 삼각격자를 사용하여 삼각형의 세 내각의 합이 180°임을 파악한다.
단계	• 안내된 탐구, 명료화, 자유로운 탐구

1) 넓이 1

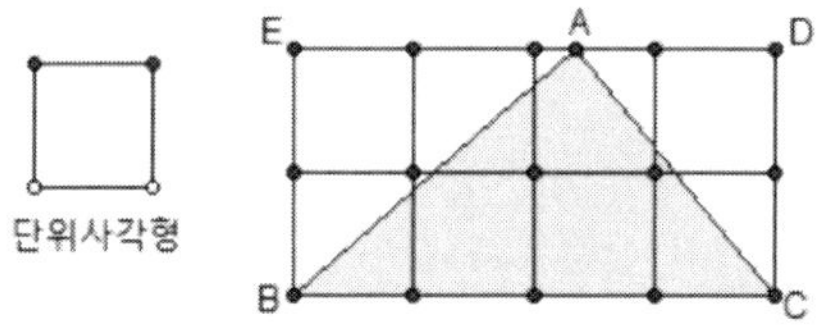

위 그림에서 단위사각형의 넓이를 1이라고 할 때, 2×4 단위 타일 표(사각형 EBCD)의 넓이는 얼마인가? △ABC의 넓이를 구할 수 있는가?

ED를 따라서 표의 윗부분에서 꼭짓점 A를 움직여 보시오.

삼각형의 변화를 관찰하고 그 삼각형의 넓이를 구하시오.

삼각형의 밑변을 b, 높이를 a라 할 때, 삼각형의 넓이를 식으로 나타낼 수 있는가?

2) 넓이 2

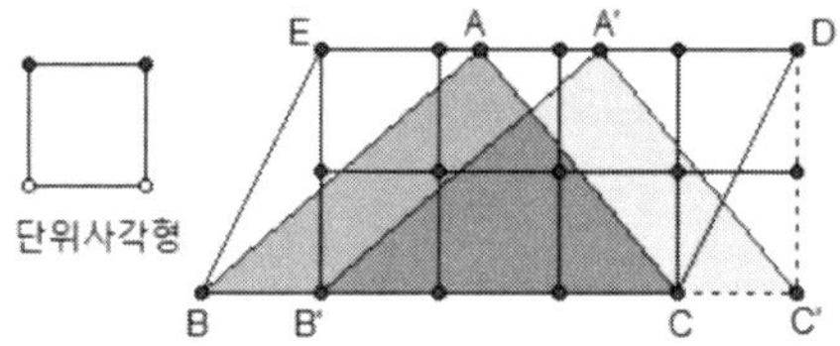

삼각형 ABC와 삼각형 A′B′C′는 합동인가? 이유를 말하시오.

△ABC의 넓이를 구할 수 있는가? △ABC의 넓이와 △A′B′C′의 넓이를 비교하시오. (삼각형 A′B′C′는 2×4 표 EB′C′D 위에 있다.)

삼각형의 밑변을 'b', 높이를 'a'라 할 때, 삼각형의 넓이를 식으로 나타낼 수 있는가?

한 삼각형을 그린 후 삼각형의 폭 b와 그 길이를 측정하시오.

이제 여러분의 공식에 따라 넓이를 계산하고 컴퓨터의 값과 비교하여 보아라.

안내: 이 시점에서 몇 몇 학생들은 지시된 오리엔테이션을 필요로 하는 반면, 다른 학생들은 많은 구조물을 필요로 하지 않을 수 있다. 그래서 후자를 위해 다음 과제를 제안한다.

3) 삼각형의 일정한 넓이

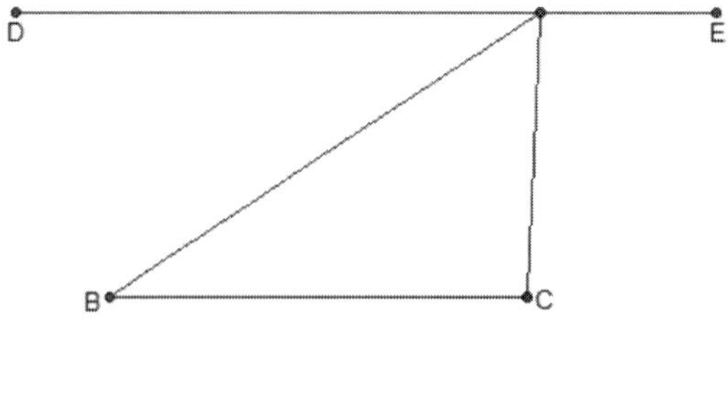

선분 DE와 선분 BC가 평행이고 점 A가 선분 DE를 움직일 때 삼각형의 넓이를 구하시오. 주어진 삼각형의 밑변의 길이를 구하고 높이를 작도하시오. GPS 명령어를 사용하여 △ABC의 넓이를 구하시오. 선분 DE를 따라 점 A를 움직여보시오. 삼각형의 넓이가 어떻게 변하는가? 여러분의 추측을 만들고 일반화하시오.

4) 각의 합

한 점을 드래깅하여 주어진 삼각형의 a, b, c의 길이를 변화시켜 보시오. 그리고 삼각 격자에서 각의 크기의 변화를 관찰하시오. 평행선의 성질을 사용하여 무엇을 발견하였나? 여러분의 발견(삼각형의 내각의 합이 180°임)을 증명할 수 있는가? 어떤 삼각형이라도 이 일관성 있는 결론에 도달하는가?

단계	• 통합

1) 다음 표에서 설명할 수 없는 칸에 X 표시를 하시오.

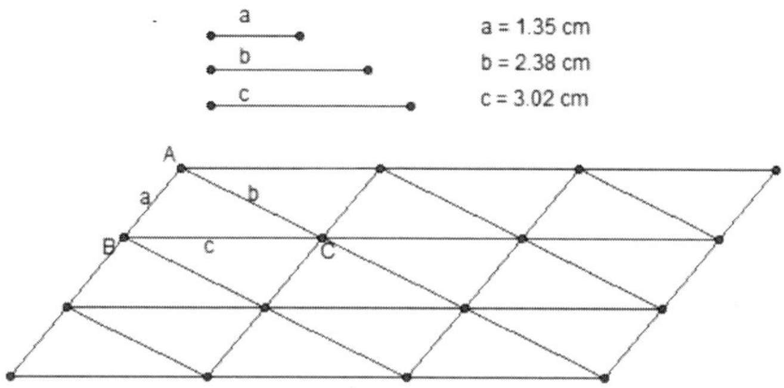

각 / 변	직각삼각형	예각삼각형	둔각삼각형
부등변삼각형			
이등변삼각형			
정삼각형			

2) 두 삼각형이 합동이라는 것은 무엇을 의미하는가? 두 삼각형이 항상 합동이 되게 하는 3가지 조건을 정리하시오.
3) 두 삼각형이 닮았다는 것은 무엇을 의미하는가? 두 삼각형이 항상 닮음이 되게 하는 3가지 조건을 정리하시오. 합동과 닮음의 차이점을 말하여 보시오.
4) if-then 문장과 역 문장에 대하여 이야기 하시오.
5) 두 삼각형이 언제 같은 넓이를 가지는지 말하시오.
6) 삼각형의 내각의 합에 대하여 무엇을 말할 수 있는가?

[모듈 Ⅲ-1]

학습목표	• 증명의 기초 문제에 근거한 "if-then" 형태로 문제를 표현할 수 있다. • 합동 조건을 사용하여 삼각형의 성질을 증명할 수 있다.
단계	• 정보
이등분선이 무엇인가? GSP를 사용하여 주어진 각의 이등분선을 작도할 수 있는가? GSP를 사용하여 수직이등분선을 작도할 수 있는가? 각의 이등분선과 수직이등분선의 차이점을 말하시오. '두 각이 같다.'는 것은 무엇인가? 언제 두 각이 같은지 설명할 수 있는가?	
단계	• 안내된 탐구, 명료화
1) 이등변삼각형에서 두 변이 같다. ① 이등변삼각형의 두 밑각이 같음을 증명할 수 있는가? 이 질문을 if-then 문장으로 쓰고 증명하시오. ② 이등변삼각형에서 꼭지각의 이등분선은 밑변의 중점을 지나고 밑변에 수직임을 증명할 수 있는가? 이 질문을 if-then 문장으로 쓰고 증명하시오. 2) 정삼각형에서 세 변의 길이가 같다. ① 세 각이 각각 60°임을 증명할 수 있는가? 이 질문을 if-then 문장으로 쓰고 증명하시오. ② 정삼각형의 꼭지각들의 이등분선은 밑변의 중점을 지나고 밑변에 수직임을 증명할 수 있는가? 이 질문을 if-then 문장으로 쓰고 증명하시오. 3) 두 직각 삼각형에서 만약 대응하는 빗변과 한 변이 각각 같다면 두 직각 삼각형은 합동인가? 합동이라면 증명할 수 있는가?	

[모듈 Ⅲ-2]

학습목표	• 각의 이등분선, 수직이등분선, 중선, 높이를 작도할 수 있고, 그 성질들을 발견한다.
단계	• 안내된 탐구, 명료화
1) 각의 이등분선 ∠AOB를 작도하시오. ∠AOB의 이등분선을 작도하고, 이등분선의 한 점을 C라 하라. ∠AOC와 ∠BOC를 재어보아라. 점 C에서 두 변에 각각 수직선을 작도하시오. 각 변과의 교점에 이름을 붙이고, 각 변과 수직선 사이의 각을 측정하시오. 각의 이등분선 위의 다른 두 점을 찍고 위 단계를 다시 해 보시오. 관찰한 것을 말해 보시오. 무엇이 각의 이등분선인가? 한 점이 각의 이등분선 위에 있다면 그 점은 각의 변으로부터 같은 거리에 있다. 증명할 수 있는가? 한 점이 각의 변으로부터 같은 거리에 있다면 그 점은 각의 이등분선 위에 있다. 증명할 수 있는가? 2) 수직이등분선 선분 $\overline{AB}$를 작도하시오. $\overline{AB}$의 중점을 찾아서 O라고 하자. $\overline{AO}$와 $\overline{OB}$의 길이를 재어보아라. 무엇을 발견하였는지 말하시오. 중점 O에서 수직선을 작도하시오. $\overline{AB}$와 수직선 사이의 각을 재어보시오. 수직선 위의 한 점을 D로 표시하시오. 수직선 위의 한 점 D와 $\overline{AB}$의 두 점 A와 B를 연결하는 선분을 긋고, $\overline{AD}$와 $\overline{DB}$의 길이를	

재어보시오. 수직선 위에 다른 두 점을 표시하고 위와 같이 선분을 그리시오. 각 점에 대하여 이 두 길이를 재고 비교하시오. 관찰한 것을 말하여 보시오.
수직이등분선은 무엇인가? 설명하여 보시오. 한 선분의 수직이등분선 위의 한 점이면 그 점은 선분의 양 끝점으로부터 같은 거리에 있다. 증명할 수 있는가?
한 선분의 양 끝점으로부터 같은 거리에 있는 한 점이면 그 점은 그 선분의 한 점 위에 있다. 증명할 수 있는가?

3) 중선
△ABC를 작도하시오. 꼭짓점 A에서 밑변의 중점을 연결하는 중선을 작도하시오.
중선에 의해 만들어지는 두 삼각형의 넓이를 구하시오. 그 넓이에 대해 무엇을 말 할 수 있는가? 두 삼각형의 밑변과 높이를 찾으시오. 왜 두 삼각형의 넓이는 같은지 설명하시오.

4) 높이
△ABC를 작도하시오. 꼭짓점 A로부터 삼각형의 밑변까지 높이를 작도하시오.
삼각형의 한 점을 움직여서 높이의 위치를 관찰하시오. 정삼각형/이등변삼각형/직각삼각형의 높이는 어디에 있는가?

[모듈 Ⅲ-3]

학습목표	• 삼각형의 내심, 외심, 무게중심, 수심을 작도할 수 있다. • 삼각형의 내심, 외심, 무게중심, 수심에 대한 특별한 삼각형의 새로운 성질들을 발견한다.
단계	• 안내된 탐구, 명료화, 자유로운 탐구
* 내심 한 삼각형을 작도하고 세 각의 이등분선을 작도하시오. 선분의 길이를 재어보시오. 한 꼭짓점을 드래깅하여 보면 무엇을 발견할 수 있는가? 그 발견을 증명할 수 있는가? 세 각의 이등분선의 교점을 내심이라고 부른다. 직각삼각형, 이등변삼각형, 정삼각형에 대하여 이 과정을 반복하여 보시오. 각 도형에서 여전히 여러분의 발견이 성립하는가? 삼각형의 내심은 삼각형의 내부 또는 바깥 어디에 존재하는가? 직각삼각형, 이등변삼각형, 정삼각형의 내심에 대해서 유사점과 차이점을 발견할 수 있는가?	
단계	• 안내된 탐구, 명료화, 자유로운 탐구
* 외심 한 삼각형을 작도하고 삼각형의 각 변에 수직이등분선을 작도하시오. 각 선분의 길이를 재어보시오. 한 꼭짓점을 드래깅하여 보면 무엇을 발견할 수 있는가? 그 발견을 증명할 수 있는가? 세 변의 수직이등분선의 교점을 외심이라고 부른다. 직각삼각형, 이등변삼각형, 정삼각형에 대하여 이 과정을 반복하여 보시오. 각 도형에서 여전히 여러분의 발견이 성립하는가? 삼각형의 외심은 삼각형의 내부 또는 바깥 어디에 존재하는가? 직각삼각형, 이등변삼각형, 정삼각형의 외심에 대해서 유사점과 차이점을 발견할 수 있는가? 한 삼각형의 내심과 외심을 작도하고 이 두 점을 연결하는 선분을 그어라. 이 선분의 길이를 재어보고 어떤 규칙이 있는지 관찰하시오. 한 꼭짓점을 드래깅하여 보면 어떤 규칙을 발견할 수 있는가? 삼각형의 모양이 변할 때 여러분의 규칙은 여전히 성립하는가? 직각삼각형, 이등변삼각형, 정삼각형에 대하여 이 과정을 반복하여 보아라. 한 꼭짓점을 드래깅하여 각 삼각형에 대하여 여러분의 규칙이 여전히 성립하는지 말하시오.	

단계	• 안내된 탐구, 명료화, 자유로운 탐구

* 무게중심

한 삼각형을 작도하고 각 변의 중선을 작도하시오. 각 중선의 길이를 구하고, 이 중선들로 만들어지는 6개의 삼각형의 넓이를 구하시오. 한 꼭짓점을 드래깅하여 보면 어떤 규칙을 발견할 수 있는가? 삼각형의 모양이 변할 때 여러분의 규칙이 여전히 성립하는지 말하시오. 세 중선의 교점을 무게중심이라고 한다. 직각삼각형, 이등변삼각형, 정삼각형에 대하여 이 과정을 반복하여 보시오. 각 삼각형에서 여전히 여러분이 발견한 규칙이 성립하는지 말하시오. 직각삼각형, 이등변삼각형, 정삼각형의 무게중심에 대해서 유사점과 차이점을 발견할 수 있는가?

단계	• 안내된 탐구, 명료화, 자유로운 탐구

* 수심

한 삼각형을 작도하고, 각 꼭짓점에서 대응변에 수선을 작도하시오. 한 꼭짓점을 드래깅하여 보면 어떤 규칙을 발견할 수 있는가? 삼각형의 모양이 변할 때 여러분의 규칙이 여전히 성립하는지 말하시오. 세 수선의 교점을 수심이라고 한다. 직각삼각형, 이등변삼각형, 정삼각형에 대하여 이 과정을 반복하여 보시오. 각 삼각형에서 여전히 여러분이 발견한 규칙이 성립하는지 말하시오. 직각삼각형, 이등변삼각형, 정삼각형의 수심에 대해서 유사점과 차이점을 발견할 수 있는가?

단계	• 통합

1) 다음 그림에서 두 삼각형이 합동인 이유를 말할 수 있는가?

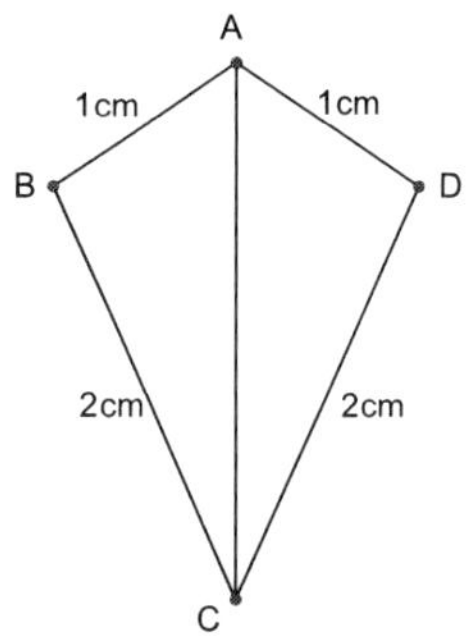

2) 삼각형의 내심, 외심, 무게중심, 수심의 성질을 복습해 보자. 삼각형에서 내심, 외심, 무게중심, 수심을 작도할 수 있는가? 내심, 외심, 무게중심, 수심에 대하여 무엇을 말할 수 있는가? 내심, 외심, 무게중심, 수심은 어떤 차이점이 있는가?

3) 어느 꼭짓점의 드래깅으로 삼각형이 변화할 때 그 삼각형의 내심, 외심, 무게중심, 수심의 자취의 변화를 탐구하시오.

4) 삼각형 ABC의 밑변에 평행인 임의의 선분 위에 그 삼각형의 꼭짓점, A가 움직일 때(애니메이션할 때) 생성된 내심, 외심, 무게중심, 수심의 흔적들을 탐구하시오. 흔적들이 각각 임의의 곡선, 밑변의 수직이등분선 상의 선분, 밑변의 평행선 상의 선분, 밑변의 양 끝점을 지나는 포물선 등으로 나타나는데 이들에 대해 탐구하시오(모듈 II-3에서 '3) 삼각형의 일정한 넓이' 활동 참고).

6. 정삼각형에서 기하사고수준에 대한 검사문항

위 활동에 대한 평가를 위해서 총 20문항인 Usiskin(1982)의 검사지가 제시한 직각삼각형과 이등변삼각형의 문항들과 병행하여 Choi(1996)는 정삼각형에 관한 총 7개 문항을 아래와 같이 제시하였다. 그녀는 삼각형을 주제로 총 26문항을 구성하였는데 배점의 괄호 안의 숫자는 원 논문에서의 문항번호이다.

문 항	배점	기하수준/요소
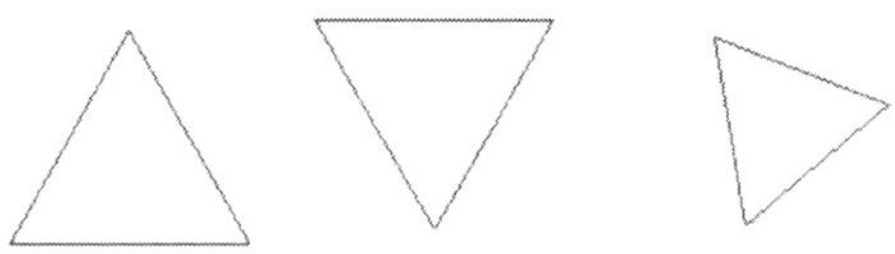 1. (1) 위 그림의 삼각형들은 모든 삼각형을 포함하나요? 설명하세요. (2) 이 삼각형들은 특별한 종류의 삼각형들처럼 보이나요?	1(#3)	1 / 이름
 2. 이 중에 정삼각형은 어느 것인가요?	2(#6)	1 / 구별
3. 정삼각형의 변들에 대하여 무엇을 말할 수 있나요? 정삼각형의 각들에 대하여 무엇을 말할 수 있나요?	2(#9)	2 / 성질
4. 다음에서 어떤 구성이 정삼각형임을 보장하는지 모두 고르시오. a. 그것은 삼각형이다. b. 세 내각의 크기가 모두 같다. c. 내각의 합은 180°이다. d. 높이는 대변을 이등분한다. e. 세 변의 길이가 모두 같다. (학생이 답한 후, '선택한 것에서 뺄 것이 있니?'라고 물어본다.) (한 번 더, '선택한 것에서 더 뺄 것이 있니?'라고 물어본다.)	1(#14)	3 / 정의

5. △MNP에서 ∠M와∠N이 같고 ∠M과 ∠P가 같다면 $\overline{MP}$, $\overline{NP}$ 그리고 $\overline{MN}$에 대하여 무엇을 알 수 있는가?	1(#16)	3 / 함의
6. 삼각형 DEF의 세 변의 길이가 같다. 이등변삼각형인가? (그렇다면 왜인가? 아니라면 왜 아닌가? 이유를 말하시오.) 다음 중 어느 것이 참인가? a. 모든 이등변삼각형은 정삼각형이다. b. 모든 정삼각형은 이등변삼각형이다.	3(#17)	3 / 급포함
7. 삼각형 ABC에서 △ADC≡△BDC, △AEB≡△AEC이다. a. △ABC는 어떤 종류의 삼각형인가? 이유를 적으시오.	1(26a)	3 / 함의
b. $\overline{AD}=\overline{BD}$인 이유를 적으시오.	1(26b)	4 / 증명
c. $\overline{EB}=\overline{CE}$인 이유를 적으시오.	1(26c)	4 / 증명
d. $\overline{CD}\perp\overline{AB}$인 이유를 적으시오.	1(26d)	4 / 증명
e. $\overline{AE}\perp\overline{BC}$인 이유를 적으시오.	1(26e)	4 / 증명

7. 나오는 글

학생들은 작도를 통해 평면도형의 성질을 탐구하는 과정에서 이들 성질을 분류하고 분석하면서 종합하는 사고과정을 발달시킬 수 있다. 다시 말해 학생들은 규칙성을 일반화하는 귀납적 사고과정과 엄밀하게 증명할 수 있는 연역적 사고과정을 밟아가도록 안내받음으로써 기하의 논증의 과정을 성취해나가는 것이다. 반 힐레 기하사고수준은 이러한 과정을 선형적으로 제1수준에서 제5수준까지 펼쳐 놓은 것이며, 반 힐레 교수법은 순환적으로 또는 반복적으로 이들 내용을 다루고, 특히 통합과정에서 다시 반성해보는 기회가 학생들에게 충분히 제공되어야 함을 강조한다. 이 통합과정에서는 교사의 피드백이 중요한 변인으로 작용하게 된다.

학교수학에서 작도로 시작하는 기하학은 학생들에게 논증기법이라는 수학의 사고기술을 터득하게 돕는 기초영역이다. 특히 보조선의 존재를 알고 찾는 과정이 기하문제해결에 실마리를 제공하는 중요한 과정이다. 역동적 공학 도구를 활용하면 드래깅, 측정과 변환, 애니메이션 능력을 통해 주어진 기하문제의 분석이 용이해져서 이 과정을 쉽게 진행할 수 있다. 또한 핵심역량의 하나로 자리한 정보처리역량이 앞으로 더욱 강화되리라 예측되는 요즘, 공학 도구는 학생들에게 학습 도구로 사용되어 학습 성취라는 좋은 작품을 완성할 수 있는 기회를 제공함과 동시에 공학 도구를 잘 사용하는 능력 또한 평가의 요소로 자리 잡게 될 것이다.

본 장에서 다룬 삼각형에 대한 학습 모듈은 아주 구체적이면서도 기하 내의 연결성을 담은 의미 있는 학습 자료로 활용될 수 있다. 따라서 작도의 많은 부분이 삭제된 현재의 교육과정을 준수한다는 것은 공학 도구를 활용하는 자기 주도적 환경에서는 별 의미가 없다. 학생들의 학습의욕을 꾸준히 자극하여 자기 주도적 환경을 제공한다면 올바른 기하적 학습수준의 성취가 절대적 평가기준이 되어야 할 것이기 때문이다. 역동적 기하 공학 도구는 작도의 기본 성질을 따르는 것뿐만 아니라 자유로운 대상을 중심으로 드래깅 능력, 명확한 측정과 변환능력, 그리고 애니메이션에 의한 시각화 능력이 가능하므로 지필 환경의 한계를 무너뜨리고 수학의 규칙성이 갖는 아름다움과 경이로움을 체험하게 돕는 의미 있는 활동인 것이다. 이상과 같이 서술되었듯이 본 장의 시사점은 다음과 같이 요약해볼 수 있다.

첫째, 삼각형을 중심으로 구성된 본 모듈은 학생들로 하여금 작도로부터 시작하여 반힐레 기하사고의 제4수준으로 자연스럽게 도달하도록 이끈다(도구발생측면 강화). 또한 공학 도구의 도구기제적(도구가 가지는 가능성과 한계성) 측면은 학생들로 하여금 작도로부터 시작하여 엄밀한 증명까지의 과정을 잘 습득할 수 있도록 이끈다(그 후의 제5수준은 대학수학수준이기에 이 장에서는 언급을 피한다). 이때 학생은 교사의 안내로 자유롭게 도구를 다루게 되는 능력자가 되는 과정이 포함되는데 이를 도구화 과정이라 한다.

둘째, 삼각형을 중심으로 구성된 본 모듈에서 제시하는 반 힐레 교수법에서는 무한 반복 순환적 학습이 가능하여 학생들로 하여금 자기 반성적 학습자가 되도록 돕는다. 특히 교사는 각 교수법 단계의 의미를 좇아 학습자에게 학습기회를 제공하여야 한다. $n+1$ 기하사고수준으로 옮겨가기 바로 직전인 n 수준의 통합단계에서 더욱 그렇다.

셋째, 삼각형이 중심으로 구성된 본 모듈에서 공학 도구의 활용은 드래깅 능력, 측정과 변환 능력, 애니메이션 능력으로 인해 학습자에게 학습의 흥미를 돋우어서 자기 주도적 학습 환경을 제공한다(도구기제측면 강화).

넷째, 이 모듈은 공학 도구의 '도구화와 도구기제'의 작용으로 인한 도구발생의 결과로써 수학의 심미성 및 창의성을 발현할 수 있는 기회를 제공할 수 있다.

다섯째, 교사는 수학과 교육과정의 제한점을 이해하고, 기하의 내적 연결성을 강화하고 있는 이 모듈을 통해 학생의 기하적 논증 또는 추론능력을 향상시키기 위한 학습 자료 및 평가 문항 개발과 같은 아이디어 산출이 가능할 것이다.

위에 서술된 여러 시사점 외에도 본 모듈에 대해 기하 교수·학습에서 다양한 측면을 찾아 요약해볼 수 있다. 앞서 언급된 반 힐레 모델의 다섯 가지 특징도 여기에 포함된다. 하지만 아무리 좋은 아이디어일지라도 교사가 사용하지 않는다면 그 유용성에 대한 언급은 무의미하다. 무엇보다도 교사가 깨어 연구하고 노력하는 모습에서 우리나라 수학교육의 미래가 달려있다고 하겠다. 끝으로 앞서 이뤄낸 여러 연구에서 작도교육에 대한 현재 교육과정과 교과서의 문제점을 제안하였기 때문에 이에 대한 개선 방안으로, 대안적 교육과정이나 방과 후 교육활동에서 다양한 작도교육이 이루어지기를 기대한다.

참|고|문|헌

Reference

고호경, 김용환, 김인수, 이봉주, 한준철, 정낙영 외(2018). **중학교 수학 1**. 서울: 교학사.

교육부(2015). 2015 개정 수학과 교육과정. 교육부 고시 제2015-74호.

김구슬(2005). 유클리드 〈원론〉에 기초한 〈7-나 작도〉내용 분석 및 개선에 관한 연구. 단국대학교 석사학위논문.

김창수, 강정기(2017). 〈Euclid 원론〉에서 작도의 의미에 대한 고찰. **한국학교수학회논문집, 20**(2), pp.119~139.

우정호, 권석일(2006). 중학교 기하 교재의 '원론' 교육적 고찰. **수학교육학연구, 16**(1), pp.1~23.

이현지(2019). 코딩 수학 수업에서 인지적, 정의적 측면에 대한 교수·학습의 효과: 등식의 성질을 중심으로. 단국대학교 석사학위논문.

임현정, 고상숙(2016). GeoGebra를 활용한 반 힐레 기하교수법에서 도구화에 관한 연구. **수학교육논문집, 30**(4), pp.435~452.

유미영, 최영기(2015). 『유클리드 원론』 I권 정리 22의 Diorism을 통해서 본 존재성. **수학교육학연구, 25**(3), pp.367~379.

서보억(2020). 교육과정에 따른 중학교 작도과제의 변화 연구. *East Asian Mathematical Journal, 36*(4), pp.493~513.

조완영, 정보나(2002). 7차 수학과 교육과정 작도 영역의 교과서와 수업사례 문석. **학교수학, 4**(4), pp.601~615.

한인기(1999). 작도문제의 해결 방법. **수학교육논문집**, 9, pp.153~164.

한인기, 이정순(2009). 한 변의 중점과 다른 두 점이 주어진 삼각형 작도문제의 해결에 대한 연구. **한국학교수학회논문집, 12**(4), pp.365~388.

황재우, 부덕훈(2015). 중학교 기하 증명의 서술에서 나타나는 오류의 유형 분석. **수학교육, 54**(1), pp.83~98.

Choi, S. S.(1996). Students' Learning of Geometry Using Computer Software as a Tool: Three case studies. Unpublished Doctoral Dissertation, University of Georgia.

Euclid(1997). **기하학원론 가-제 1, 2, 3, 4권: 평면기하**(이무현 역). 서울: 교우사.

Trouche, L.(2004). Managing the complexity of human/machine interaction in a computerized learning environments: guiding students' command process through instrumental orchestrations. *International Journal of Computers for Mathematical Learning, 9*, pp.281~307.

Usiskin, Z.(1982). Van Hiele levels of achievement in secondary school geometry. *Final Report of the Cognitive Development and Achievement in Secondary School Geometry Project*. Chicago University.

Schoenfeld, A. H.(1980). Teaching problem-solving skills. *American Mathematical Monthly, 87*, pp.794~805.

제 7 장

고등학교에서 공학적 도구를 통한 평면도형 작도

허남구(순천대학교)

1. 들어가는 글

고대 수학에서 기하는 중요한 영역을 차지하였다. 고대 이집트에서는 토지의 넓이를 측정하거나 건축물을 설계하는 등 실용적인 목적에서 기하가 발전하였으며(Lamb, 1993), 고대 그리스에서는 탈레스(Thales), 유클리드(Euclid) 등의 수학자에 의해 논증기하가 발전하였다(장혜원, 1997).

작도는 고대 그리스부터 19세기까지의 기하학의 발전 과정에서 큰 역할을 하였다(장혜원, 1997). 특히 유클리드는 23개의 정의(Definitions), 5개의 공준(Postulates), 5개의 공통 관념(Common Notions)을 이용하여 명제를 연역적으로 증명하는 원론(The elements)을 저술하였는데, 처음 3개의 공준은 다음과 같다.

공준 1. 임의의 두 점을 지나는 직선을 그을 수 있다.
공준 2. 주어진 선분을 연장하여 직선으로 만들 수 있다.
공준 3. 임의의 중심과 반지름의 길이가 주어졌을 때, 원을 그릴 수 있다.

위의 3개의 공준은 직선(또는 반직선, 선분)과 원(또는 원의 일부)이 관련되어 있어, 공준을 이용하여 주어진 명제를 증명하기 위하여 직선과 원을 시각적으로 나타내어 표현할 필요가 있었다. 실제 유클리드의 원론 1권의 명제들은 직선과 원을 이용하여 참임을 증명하였다(Klein, 1972). 이때, 유클리드는 측정 등의 기능을 배제한 채 오직 직선과 원을 그리는 기능만을 제공하기 위해 눈금 없는 자와 유클리드 컴퍼스[1]를 사용하여 작도하도록 하였으며, 유클리드도 눈금 없는 자와 컴퍼스를 이용한 작도를 통해 원론과 분할론(On divisions)의 내용을 전개하였다(서보억, 2016).

작도를 활용한 수학교육은 학생들의 수학 학습에 많은 이점을 줄 수 있다. 첫째, 작도는 학생들이 이미 알고 있는 평면도형의 성질을 활용해 볼 수 있는 기회를 제공해준다(강문봉, 2019). 예를 들어, 학생들이 평면에서 주어진 조건을 만족하는 마름모를 작도하는 문제를 해결하기 위하여 정의를 사용할 수도 있지만 마름모의 두 대각선이 서로 수직이등분한다는 성질을 이용할 수 있으며, 정오각형을 작도하는 문제를 해결하기 위하여 황금비 등을 이용할 수 있다. 둘째, 작도는 학생들이 직관기하에서 논증기하로 나아가는 데 도움을 줄 수 있다(조완영, 정보나, 2002; 강문봉, 2019). 현재 작도는 중학교 1학년에 도입되어 학생들은 삼각형을 작도하는 과정에서 삼각형의 결정 조건과 합동 조건을 이해하게 되며, 이후 삼각형의 합동 조건을 이용하여 평면도형의 여러 가지 성질을 연역적으로 정당화하는 과정을 거친다(강문봉, 2019). 학생들은 작도 교육을 통해 실생활에서의 경험이나 감각을 통해 직관적으로 이해하는 수준에서 평면도형의 여러 성질을 정당화하는 수준으로 발전할 수 있다(류희찬, 제수연, 2009; 허남구, 류희찬, 2015). 셋째, 학생들은 분석법을 활용한 문제 해결을 경험할 수 있다(류희찬, 제수연, 2009). 작도문제는 이미 문제가 해결되었다는 가정 아래 필요조건을 찾아가는 분석법을 활용할 수 있는 대표적인 과제로서(김남희 외 4인), 학생들이 문제 해결 과정에서 분석법의 중요성을 인식하고 분석법을 활용한 문제 해결을 경험할 수 있도록 도와줄 수 있다. 넷째, 학생들이 다양한 방법을 활용하여 문제를 해결할 수 있는 기회를 제공할 수 있다(허남구, 류희찬, 2015). 예를 들어, 선분의 중점을 작도하기 위해 학생들은 선분의 양 끝점에서 선분의 길이를 반지름의 길이로 하는 두 원을 작도하고 교점을 연결하는 방법을 사용할 수도 있으며, 삼각형의 닮음을 이용하여 중점을 작도할 수 있다. 따라서 학생들은 이미 알고 있는 평면도형의 성질을 이용하여 다양한 방법으로 작도문제를 해결할 수 있으며, 학생들의 서로 다른 문제 해결 과정을 공유하고 토의할 수 있는 학습의 장을 마련해 줄 수 있다. 다섯째, 학생들에게 유추적 사고를 활용한 문제 해결의 기회를 제공해 줄 수 있다(김근배 외 2인, 2017; 김근배 외 2인 2018; 허남구, 2017). 예를 들어, 김근배 외(2017)에서 학생들은 삼각형과

1) 유클리드 컴퍼스와 현대적 컴퍼스는 큰 차이가 있다. 유클리드 컴퍼스는 원의 일부를 작도한 후 컴퍼스를 종이에서 떨어뜨리면 곧장 접혀버리는 성질을 가지고 있다. 즉, 현대적 컴퍼스와 달리 유클리드 컴퍼스를 이용한다면 주어진 선분의 길이를 반지름의 길이로 하는 원을 곧바로 작도할 수 없다.

사면체의 유사성을 바탕으로 삼각형에서 내접원과 외접원을 작도하는 방법으로부터 사면체의 내접구와 외접구를 작도하는 방법을 발견할 수 있었다.

이처럼 작도 교육은 수학교육에서 많은 이점을 제공해줄 수 있다. 이에 이 장에서는 고등학교의 기하 교과에서 공학적 도구를 활용한 이차곡선을 작도하는 방법과 이차곡선의 접선을 작도하는 방법을 살펴보고자 한다.

2. 이차곡선의 작도

원뿔곡선은 메나에크무스(Menaechmus)가 고대 그리스의 3대 작도 불능 문제를 연구하는 과정에서 발견한 것으로, 아폴로니우스(Apollonius)는 원뿔을 절단하는 방법에 따라 원, 타원, 포물선, 쌍곡선으로 분류하였으며, 파푸스(Pappus)는 이심률의 개념을 도입하여 원뿔곡선을 하나로 연결하였다(Boyer & Merzbach, 1991). 이후 데카르트(Descartes)는 이차곡선의 파푸스의 원뿔곡선을 분석하여 일반적인 대수적 표현 $y^2 = ax - bxy + cx - dx^2$을 발견하였으며(Descartes, 1954), 단델린(Dandelin)은 단델린 구를 도입하여 원뿔곡선과 이차곡선을 연결지었다(허남구, 2014). 이처럼 이차곡선은 논증기하와 해석기하를 모두 학습할 수 있는 수학적 소재로서 수학 교수·학습에 중요한 의미를 지닌다.

이차곡선은 실생활에서 자주 사용되는 수학적 소재라는 점에서 중요하다(이승훈, 조완영, 2013). 실제 야구공이나 농구공이 운동하는 궤적에서 포물선의 형태를 볼 수 있으며, 행성의 운동이나 산불 확산 모형에서 타원을 볼 수 있다. 또한 실생활에서 파라볼라 안테나, 포물면 조리기, 자동차의 조명, 신장 결석 치료기, 장거리 무선항법시스템 등에 이차곡선의 성질이 활용된다. 이처럼 이차곡선은 자연 현상에서 관찰할 수 있는 수학적 소재이면서 동시에 수학의 유용성을 엿볼 수 있는 소재이다.

이차곡선의 작도는 수학사적으로 큰 의미를 지닌다. 오마르 카얌(Omar Khayyam)은 삼차방정식의 양의 해를 구하는 과정에서 이차곡선과 원을 활용하였다(반은섭 외 2인, 2016). 삼차방정식의 양의 해는 이차곡선과 원의 교점의 x좌표이며, 삼차방정식의 형태에 따라 포물선과 쌍곡선을 작도할 필요가 있었다. 또한 다길론(F. Aguilon), 데카르트(Descartes)는 기구를 활용하여 이차곡선을 작도하는 방법을 연구하였으며(礒田正美 & Bussi, 2009), 슈튼(van Schooten)은 데카르트의 기하학과 광학을 바탕으로 기구를 사용하여 이차곡선을 작도하는 방법을 제시하였다(van Schooten, 1646). 이처럼 이차곡선의 작도는 대수와 기하의 연결성 측면에서 중요성을 지니고 있으며, 역사적으로 수학자들이 기구를 사용하여 이차곡선의 작도 방법을 연구하였다는 점에서 의의를 갖는다.

이차곡선의 작도가 수학사적으로 중요한 의미를 지니며, 실생활에서 이차곡선의 성질이 다양하게 활용되고 있다는 점에서 이차곡선의 작도법을 살펴볼 필요가 있다. 이차곡선의 정의는 원뿔곡선의 절단면, 기하대수적 방법, 이심률을 활용한 방법의 3가지가 있으며(이승훈, 조완영, 2013), 학교수학에서는 원뿔곡선의 절단면으로서 정의하는 방법을 간단히 언급한 후 기하대수적 방법을 활용하고 있다(교육부, 2015). 이에 이 장에서는 기하대수적으로 정의된 이차곡선을 작도하는 방법을 살펴볼 것이다. 이 장에서는 알지오매스(Algeomath)를 사용한다.

2.1 포물선의 작도

2.1.1 작도문제의 제시

평면에서 한 정점 F와 한 정직선 l로부터 같은 거리에 있는 점을 하나 작도하고, 자취 기능을 활용하여 포물선을 그려보시오.

2.1.2 작도 절차

① 점 도구( )를 선택하여 초점 F를 좌표평면 위에 나타내고, 직선 도구( )를 선택하여 두 점 A와 B를 지나는 준선 l을 작도하자.

② 대상 위의 점 도구( )를 선택하여 준선 l 위의 한 점 C를 작도하자.

③ 수직이등분선 도구( )를 선택한 후, 두 점 F와 C를 차례로 클릭하여 선분 CF의 수직이등분선 l_1을 작도하자.

④ 수선 도구( )를 선택한 후, 점 C와 직선 l을 차례로 클릭하여 점 C를 지나면서 준선 l에 수직인 직선 l_2를 작도하자.

⑤ 교점 도구( )를 선택한 후, 두 직선 l_1과 l_2를 차례로 선택하여 교점 P를 작도하자. 그러면 점 P는 초점 F와 준선 l로부터 같은 거리에 있는 점이다. 즉, 점 P는 초점을 F, 준선을 l로 하는 포물선 위의 점이다.

⑥ 점 P를 선택한 후, 자취 기능( )을 활성화한다. 이후, 점 C를 선택하여 드래그하면 점 P의 자취인 포물선이 나타난다.

①
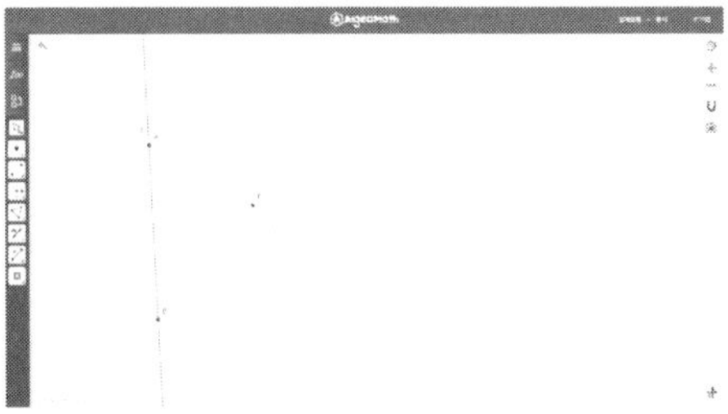
②
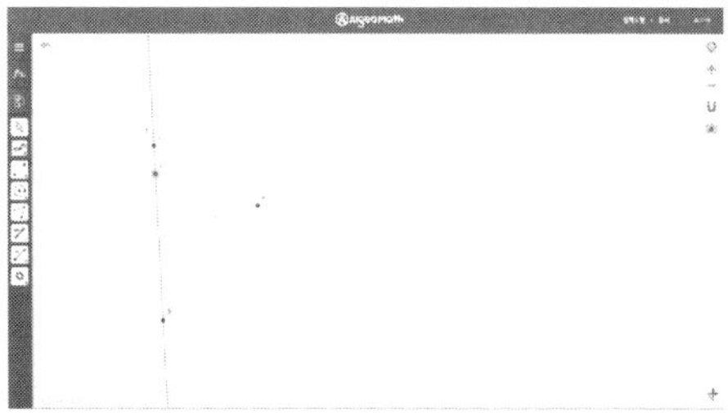
③
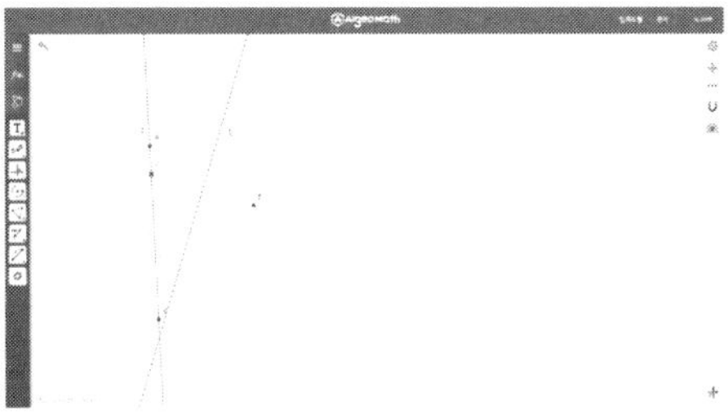
④
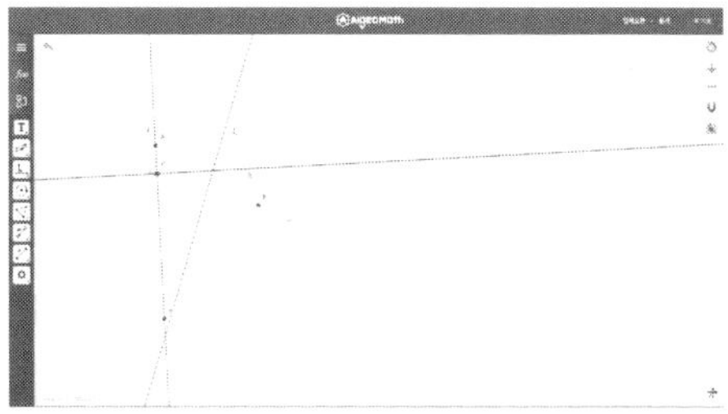
⑤
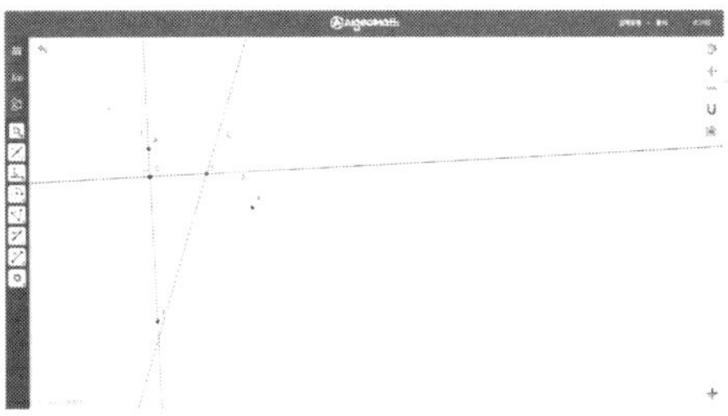
⑥
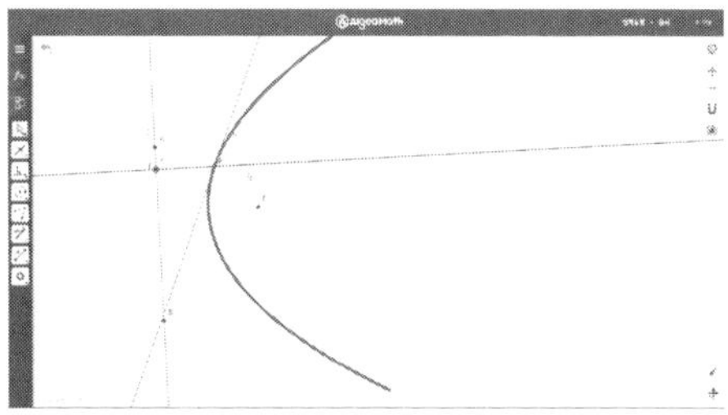

2.1.3 수업 활용 방안

학교수학에서는 포물선의 대수기하적 정의를 지도한 후, 이를 대수적인 계산을 통해 포물선의 방정식을 구하는 과정으로 진행된다. 이 경우 학생들은 대수기하적으로 정의된 도형의 방정식을 구할 수 있지만, 실제 정의된 도형의 곡선이 포물선이라는 것을 알기는 쉽지 않다. 따라서 학생들에게 포물선의 대수기하적 정의를 제시하고, 주어진 정의를 만족하는 점들의 자취를 그려보도록 하는 과정을 통해 도형의 개형이 포물선이라는 것을 알 수 있도록 도와줄 수 있다. 교사는 2.1.2절에 제시된 작도법은 포물선을 작도하는 여러 방법 중 한 가지임을 인식하고, 학생들이 사용한 포물선의 작도법을 관찰하고 다양한 작도법에 대해 논의해본다면 의사소통 역량을 신장시키는 데 도움이 될 것으로 기대된다. 다만 학생들에게 포물선을 직선 l_1의 자취인 포락선으로 도입하는 것은 학생들의 흥미를 유발하는 데 도움은 되겠지만, 대수기하적 정의를 만족시키는 점의 자취가 아니며 학생들이 포락선의 의미를 학습하지 않은 점을 고려하여 지양해야 한다.

2.2 타원의 작도

2.2.1 작도문제의 제시

평면에서 서로 다른 두 정점 F_1과 F_2로부터 거리의 합이 선분 AB의 길이로 일정한 점을 하나 작도하고, 자취 기능을 활용하여 타원을 그려보시오.

2.2.2 작도 절차

① 점 도구( )를 선택하여 초점 F_1과 F_2를 좌표평면 위에 나타내고, 선분 도구( )를 선택하여 선분 AB를 작도하자.

② 컴퍼스 도구( )를 선택한 후, 선분 AB와 점 F_1를 차례로 선택한다. 그러면 중심이 F_1이고, 반지름의 길이가 선분 AB의 길이인 원 c가 작도된다.

③ 대상 위의 점 도구( )를 선택하여 원 c 위의 한 점 C를 작도하고, 직선 도구( )를 선택하여 직선 CF_1을 작도하자.

④ 수직이등분선 도구( )를 선택하여 선분 CF_2의 수직이등분선 l을 작도하자.

⑤ 교점 도구( )를 선택한 후, 직선 CF_1과 l를 차례로 선택하여 교점 P를 작도하자. 그러면 $PF_1 + PF_2 = F_1P + PC = F_1C = AB$가 되어, 점 P는 두 초점 F_1과 F_2로부터 거리의 합이 선분 AB의 길이인 점이다.

⑥ 점 P를 선택한 후, 자취 기능( )을 활성화한다. 이후, 점 C를 선택하여 드래그하면 점 P의 자취인 타원이 나타난다.

①
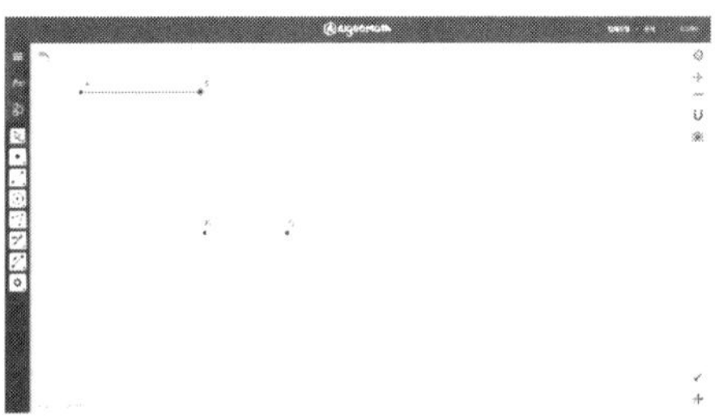

②
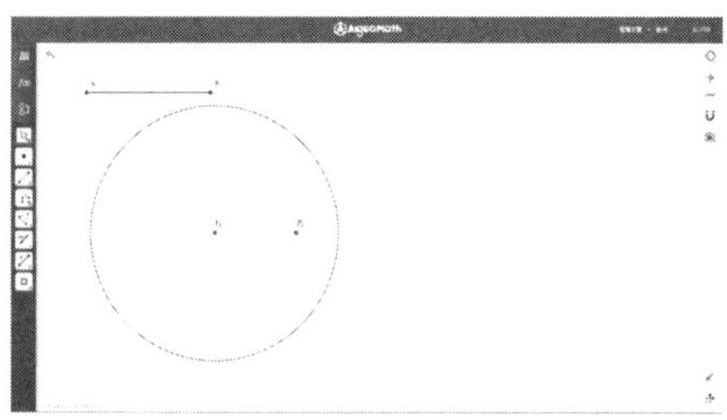

③ 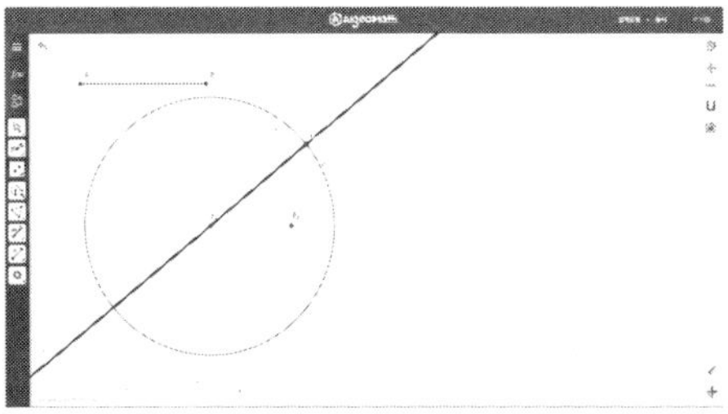 ④ 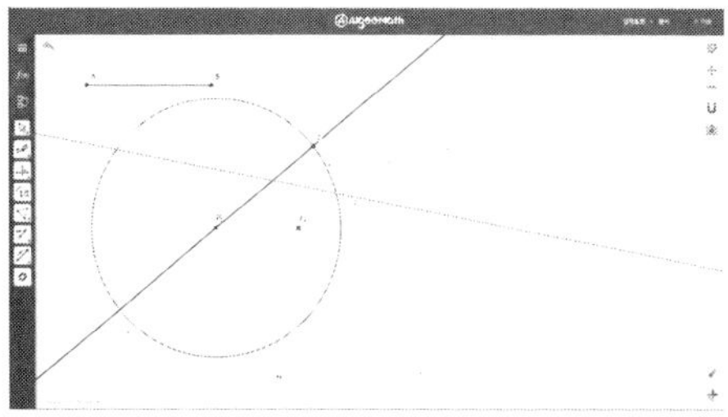

⑤ 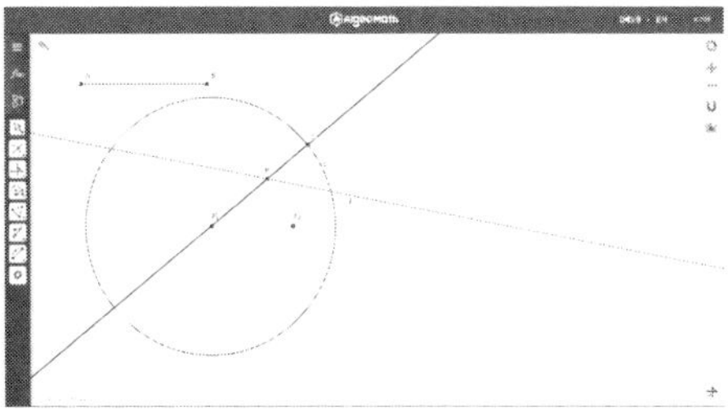 ⑥ 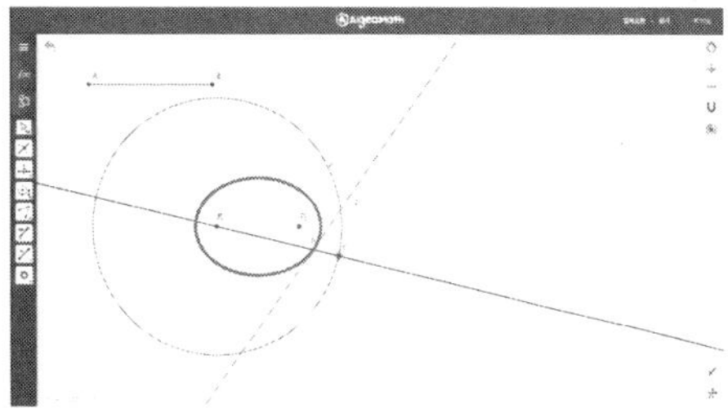

2.2.3 수업 활용 방안

학교수학에서는 타원의 대수기하적 정의를 지도한 후, 이를 대수적인 계산을 통해 타원의 방정식을 구하는 과정으로 진행된다. 이 경우 학생들은 대수기하적으로 정의된 도형의 방정식을 구할 수 있지만, 실제 정의된 도형의 곡선이 타원이라는 것을 알기는 쉽지 않다. 따라서 학생들에게 타원의 대수기하적 정의를 제시하고, 주어진 정의를 만족하는 점들의 자취를 그려보도록 하는 과정을 통해 도형의 개형이 타원이라는 것을 알 수 있도록 도와줄 수 있다. 교사는 2.2.2절에 제시된 작도법은 타원을 작도하는 여러 방법 중 한 가지임을 인식하고, 학생들이 사용한 타원의 작도법을 관찰하고 다양한 작도법에 대해 논의해본다면 의사소통 역량을 신장시키는 데 도움이 될 것으로 기대한다. 다만 학생들에게 타원을 직선 l의 자취인 포락선으로 도입하는 것은 학생들의 흥미를 유발하는 데 도움은 되겠지만, 대수기하적 정의를 만족시키는 점의 자취가 아니며 학생들이 포락선의 의미를 학습하지 않은 점을 고려하여 지양해야 한다.

2.3 쌍곡선의 작도

2.3.1 작도문제의 제시

평면에서 서로 다른 두 정점 F_1과 F_2로부터 거리의 차가 선분 AB의 길이로 일정한 점을 하나 작도하고, 자취 기능을 활용하여 쌍곡선을 그려보시오.

2.3.2 작도 절차

① 점 도구( )를 선택하여 초점 F_1과 F_2를 좌표평면 위에 나타내고, 선분 도구( )를 선택하여 선분 AB를 작도하자.

② 컴퍼스 도구( )를 선택한 후, 선분 AB와 점 F_1를 차례로 선택한다. 그러면 중심이 F_1이고, 반지름의 길이가 선분 AB의 길이인 원 c가 작도된다.

③ 대상 위의 점 도구( )를 선택하여 원 c 위의 한 점 C를 작도하고, 직선 도구( )를 선택하여 직선 CF_1을 작도하자.

④ 수직이등분선 도구( )를 선택하여 선분 CF_2의 수직이등분선 l을 작도하자.

⑤ 교점 도구( )를 선택한 후, 직선 CF_1과 l를 차례로 선택하여 교점 P를 작도하자. 그러면 $|PF_1 - PF_2| = |F_1P - PC| = F_1C = AB$가 되어, 점 P는 두 초점 F_1과 F_2로부터 거리의 차가 선분 AB의 길이인 점이다.

⑥ 점 P를 선택한 후, 자취 기능( )을 활성화한다. 이후, 점 C를 선택하여 드래그하면 점 P의 자취인 쌍곡선이 나타난다.

①
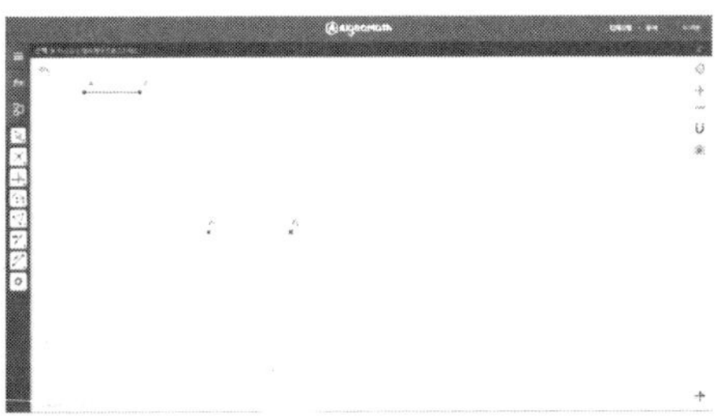

②
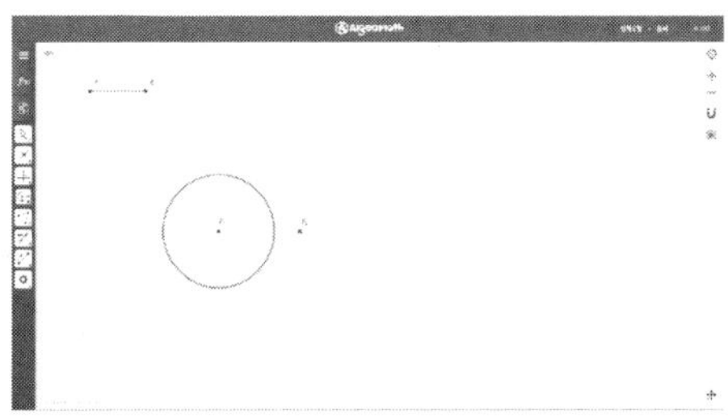

③
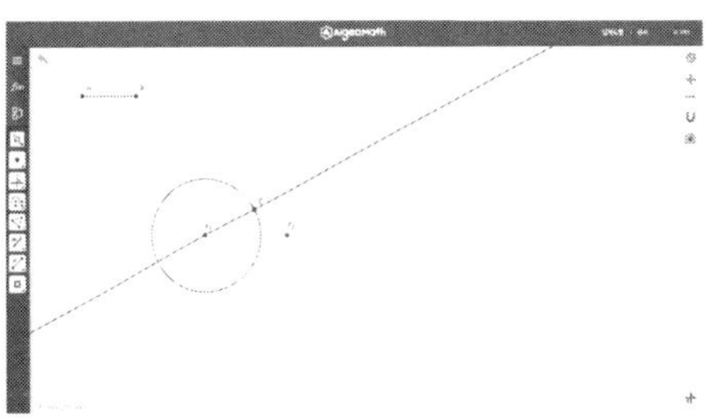

④
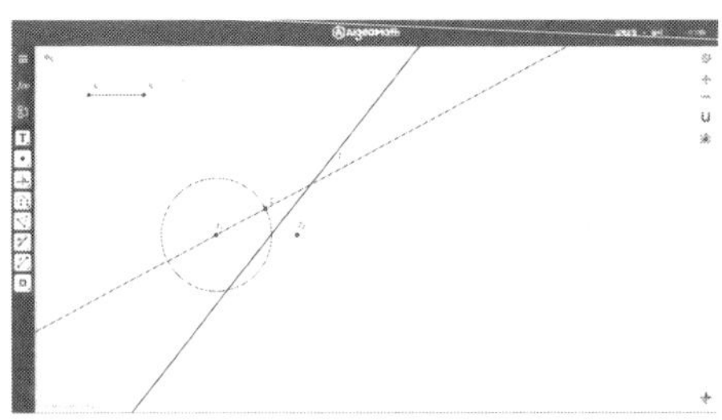

⑤
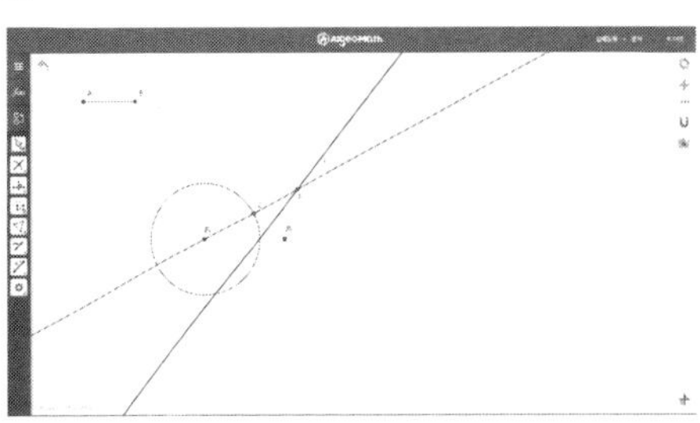

⑥
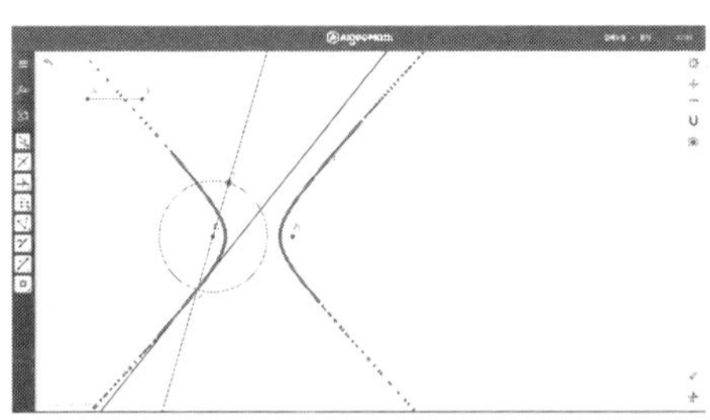

2.3.3 수업 활용 방안

학교수학에서는 쌍곡선의 대수기하적 정의를 지도한 후, 이를 대수적인 계산을 통해 쌍곡선의 방정식을 구하는 과정으로 진행된다. 이 경우 학생들은 대수기하적으로 정의된 도형의 방정식을 구할 수 있지만, 실제 정의된 도형의 곡선이 쌍곡선이라는 것을 알기는 쉽지 않다. 따라서 학생들에게 쌍곡선의 대수기하적 정의를 제시하고, 주어진 정의를 만족하는 점들의 자취를 그려보도록 하는 과정을 통해 도형의 개형이 쌍곡선이라는 것을 알 수 있도록 도와줄 수 있다. 교사는 2.3.2절에 제시된 작도법은 쌍곡선을 작도하는 여러 방법 중 한 가지임을 인식하고, 학생들이 사용한 쌍곡선의 작도법을 관찰하고 다양한 작도법에 대해 논의해본다면 의사소통 역량을 신장시키는 데 도움이 될 것으로 기대된다. 다만 학생들에게 쌍곡선을 직선 l의 자취인 포락선으로 도입하는 것은 학생들의 흥미를 유발하는 데 도움은 되겠지만, 대수기하적 정의를 만족시키는 점의 자취가 아니며 학생들이 포락선의 의미를 학습하지 않은 점을 고려하여 지양해야 한다.

3. 이차곡선의 접선 작도

학교수학에서 이차곡선은 대수기하적 정의를 통해 도입하고 있으며, 이차곡선과 직선 사이의 관계를 통해 이차곡선의 접선을 도입하고 있다. 이차곡선의 접선은 실생활에서 활용되는 이차곡선의 성질과 관련되어 있다. 파라볼라 안테나, 포물면 조리기, 자동차의 조명은 포물선의 광학적 성질과 관련된 것으로 포물선 위의 한 점과 그 점에서의 접선에 대한 입사각의 크기와 반사각의 크기가 같다는 점을 이용한 것이다. 또한 신장 결석 치료기도 타원 위의 한 점과 그 점에서의 접선에 대한 입사각의 크기와 반사각의 크기가 같다는 광학적 성질을 활용한 것이다. 이처럼 이차곡선의 접선은 이차곡선과 직선 사이의 관계를 살펴본다는 점에서도 중요하지만, 실생활에서 활용되는 이차곡선의 주요 성질과 관련되어 있다는 점에서도 중요하다.

현재 학교수학에서 이차곡선의 접선 문제는 '1) 이차곡선 위 한 점이 주어진 경우, 2) 접선의 기울기가 주어진 경우, 3) 이차곡선 밖 한 점이 주어진 경우'의 3가지에 대해 이차방정식의 판별식이나 음함수의 미분을 이용하여 접선의 방정식을 구하도록 제시되어 있다. 이 절에서는 이차곡선의 접선을 작도하는 활동을 학교 수업에서 좀 더 쉽게 활용할 수 있도록 하기 위하여 '1) 이차곡선 위 한 점이 주어진 경우, 2) 접선의 기울기가 주어진 경우, 3) 이차곡선 밖 한 점이 주어진 경우'에 대해 이차곡선의 접선을 작도하는 방법을 살펴볼 것이며, 작도의 최종 결과로 나타난 직선이 주어진 이차곡선에서의 접선임을 증명할 것이다. 이때, 주어진 직선이 이차곡선의 접선임을 증명하기 위해, 학교수학에서 이차방정식의 판별식을 활용하여 접선을 도입하는 것과 같이 주어진 직선이 이차곡선과 1개의 교점을 가진다는 점을 보일 것이다.

3.1 이차곡선 위 한 점에서의 접선 작도

3.1.1 포물선

3.1.1.1 작도문제 제시

아래 그림과 같이 초점 F이고, 준선이 l인 포물선 위의 한 점 P에서의 접선을 작도하여라.

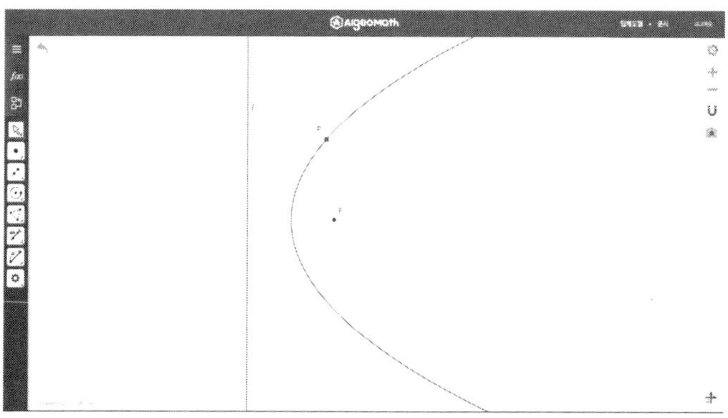

3.1.1.2 작도 절차

① 수선 도구( )를 선택하여 점 P를 지나고 준선 l에 수직인 직선 l_1을 작도하자.

② 교점 도구( )를 이용하여 두 직선 l과 l_1의 교점 H를 작도하자.

③ 수직이등분선 도구( )를 이용하여 선분 FH의 수직이등분선 l_2를 작도하자. 그러면 직선 l_2는 점 P에서의 접선이다.

① 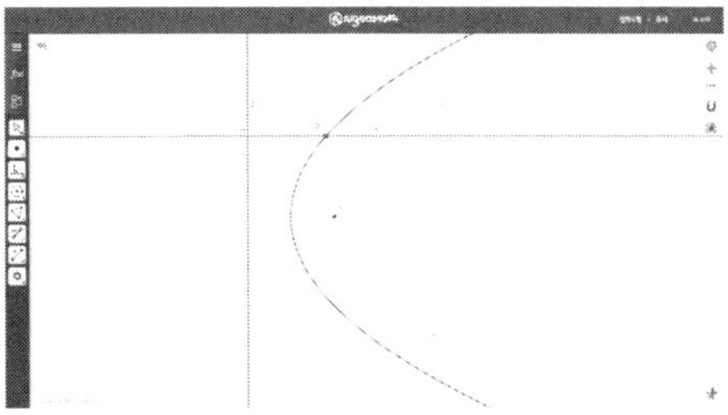

② 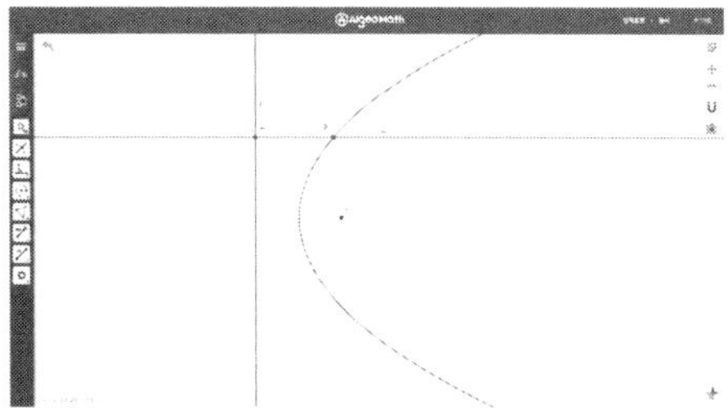

③ 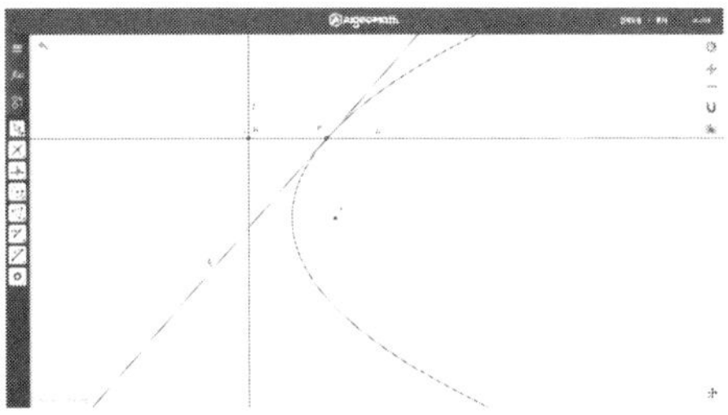

3.1.1.3 증명

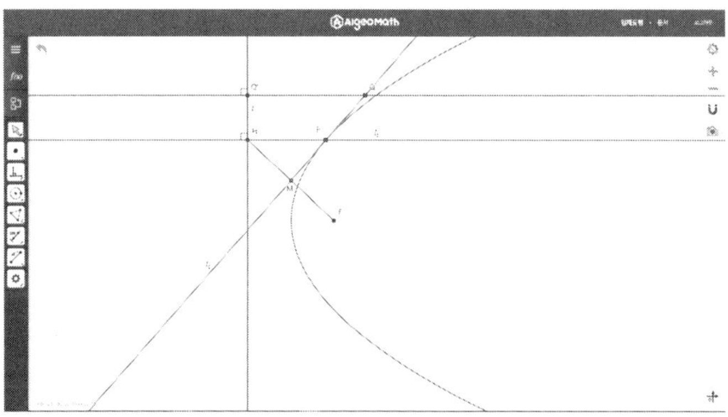

점 P가 아닌 직선 l_2 위의 임의의 한 점 Q에 대하여, 점 Q에서 준선 l에 내린 수선의 발을 Q′라 하자. 그러면 $\triangle$HQQ′는 직각삼각형이고 HQ는 빗변이므로 $\mathrm{HQ} > \mathrm{QQ'}$이다(⋯ ①). 직선 l_2는 HF의 수직이등분선이므로 $\mathrm{HM} = \mathrm{MF}$이고, $\angle \mathrm{HMQ} = \angle \mathrm{FMQ} = 90°$, QM은 공통이므로 두 삼각형 $\triangle$HMQ와 $\triangle$FMQ는 SAS합동이다. 따라서 $\mathrm{HQ} = \mathrm{FQ}$이다(⋯ ②).

①과 ②에 의해 $\mathrm{FQ} = \mathrm{HQ} > \mathrm{QQ'}$이므로 점 Q는 포물선 위의 점이 아니다. 따라서 직선 l_2는 포물선에서의 접선이다.

3.1.2 타원

3.1.2.1 작도문제 제시

아래 그림과 같이 두 초점이 F, F′인 타원 위의 한 점 P에서의 접선을 작도하여라.

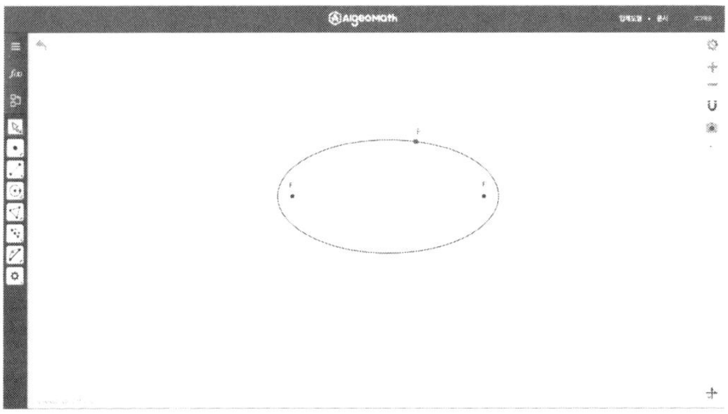

3.1.2.2 작도 절차

① 직선 도구()를 이용하여 점 F와 점 P를 지나는 직선 l_1, 두 초점 F와 F′을 지나는 직선 l_2를 작도한다.

② 교점 도구()를 이용하여 직선 l_2와 타원의 두 교점 중 F′에 가까운 점 A를 작도하자.

③ 원 도구()를 이용하여 점 A가 중심이고 반지름의 길이가 AF′인 원 c_1을 작도하자.

④ 교점 도구()를 이용하여 직선 l_2와 원 c_1의 교점 중 점 F′이 아닌 점 B를 작도하자.

⑤ 원 도구()를 이용하여 점 F가 중심이고 반지름의 길이가 BF인 원 c_2를 작도하자.

⑥ 교점 도구()를 이용하여 직선 l_1과 원 c_2의 교점 중 점 P와 같은 방향에 있는 점 X를 작도하자.

⑦ 중점 도구()를 이용하여 두 점 X와 F′의 중점 M을 작도하자.

⑧ 직선 도구()를 이용하여 두 점 P와 M을 지나는 직선 l_3를 작도하자. 그러면 l_3는 점 P를 지나는 타원의 접선이다.

① 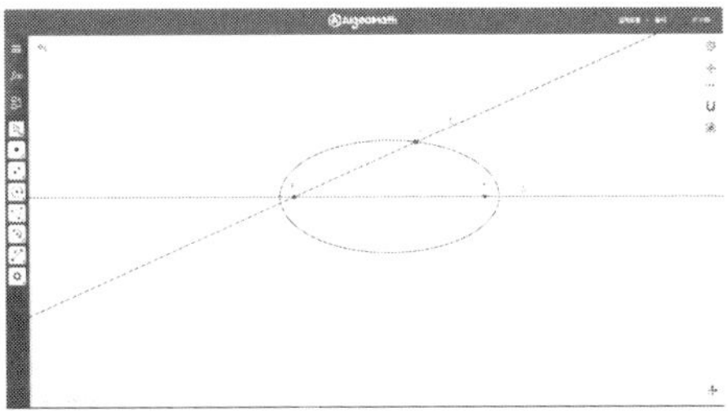 ② 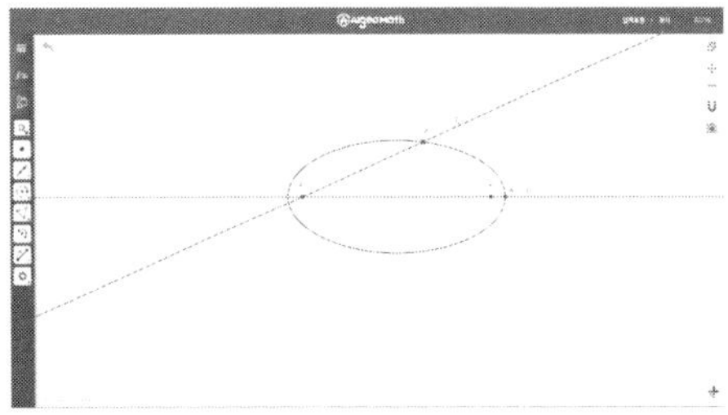

③ 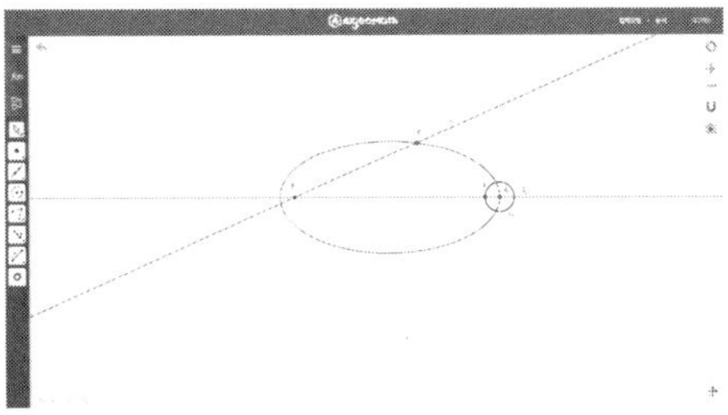 ④ 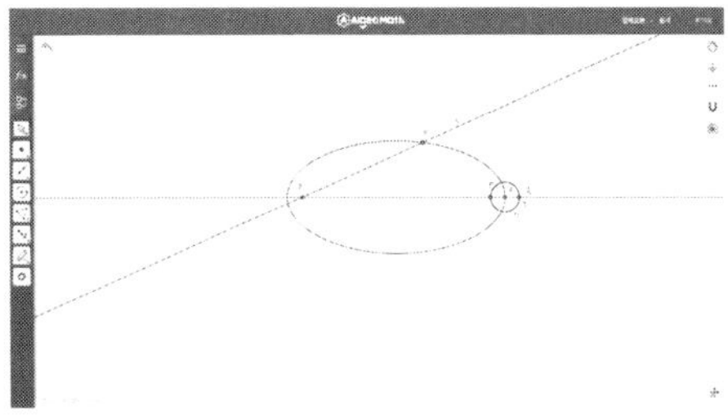

⑤ 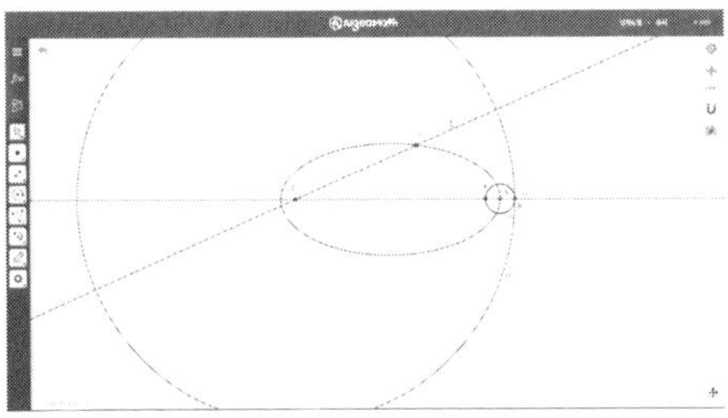 ⑥ 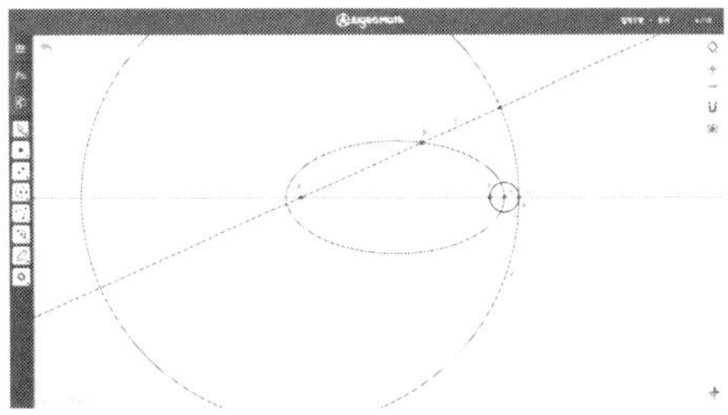

⑦ 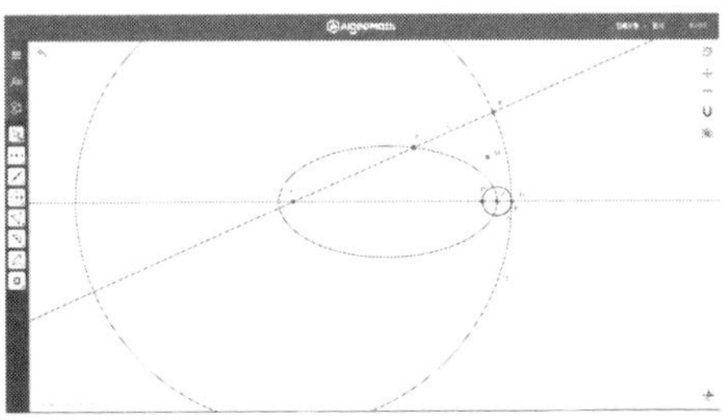 ⑧ 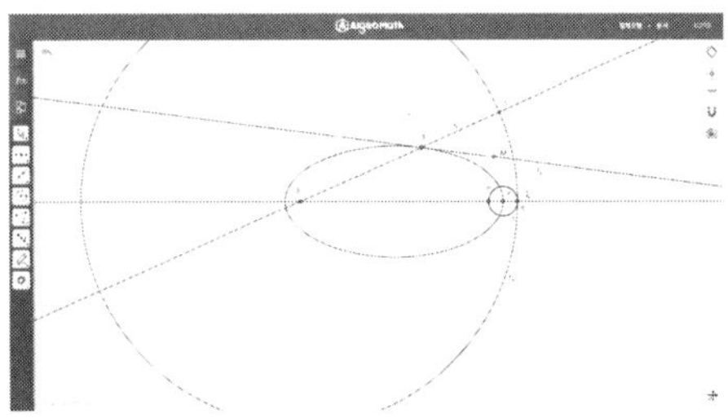

3.1.2.3 증명

직선 l_2와 타원의 교점 중 A가 아닌 점을 R이라 하자. 그러면 $\mathrm{RF} = \mathrm{AF}' = \mathrm{AB}$가 되어 $\mathrm{AR} = \mathrm{BF} = \mathrm{XF}'$이다. 타원의 정의로부터 $\mathrm{PF} + \mathrm{PF}' = \mathrm{AR}$이므로 $\mathrm{PF}' = \mathrm{AR} - \mathrm{PF} = \mathrm{XF} - \mathrm{PF} = \mathrm{PX}$이다. $\mathrm{XM} = \mathrm{MF}'$, $\mathrm{PX} = \mathrm{PF}'$이고, PM은 공통이므로 $\triangle\mathrm{PMF}'$과 $\triangle\mathrm{PMX}$는 SAS합동이다. 따라서 $\angle\mathrm{PMF}' = \angle\mathrm{PMX} = 90^\circ$이다.

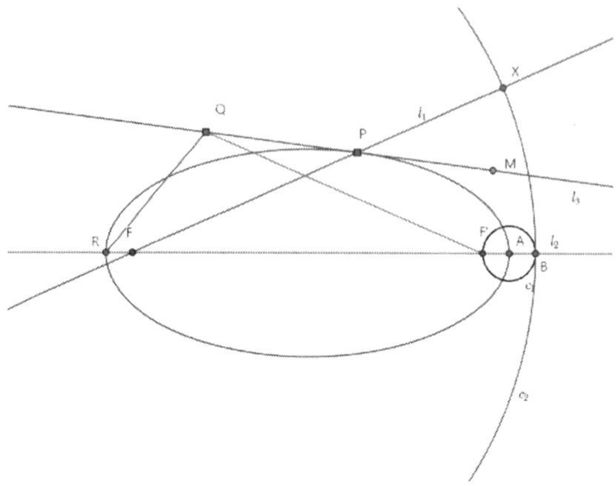

점 P가 아닌 직선 l_3 위의 임의의 한 점 Q에 대하여, $\mathrm{XM}=\mathrm{MF}'$, $\angle\mathrm{QMF}'=\angle\mathrm{QMX}=90°$이고, QM은 공통이므로 $\triangle\mathrm{QMF}'$과 $\triangle\mathrm{QMX}$는 SAS합동이다. 따라서 $\mathrm{QF}'=\mathrm{QX}$이다.

$\mathrm{QF}+\mathrm{QF}'=\mathrm{QF}+\mathrm{QX}>\mathrm{XF}=\mathrm{AR}$이므로 점 Q는 타원 위의 점이 아니다. 따라서 직선 l_3은 주어진 타원의 접선이다.

3.1.3 쌍곡선

3.1.3.1 작도문제 제시

아래 그림과 같이 두 초점이 F, F′인 쌍곡선 위의 한 점 P에서의 접선을 작도하여라.

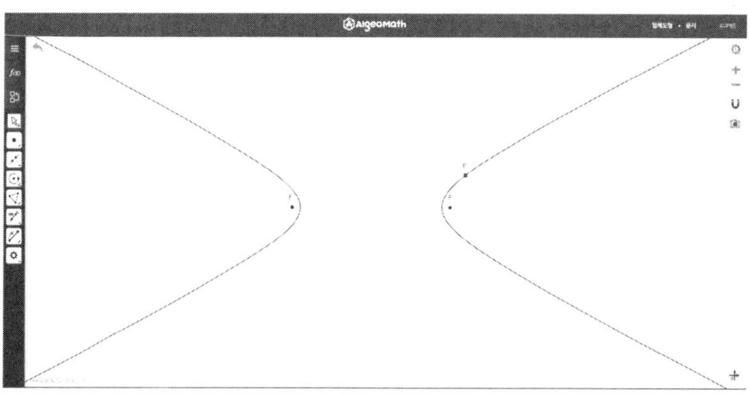

3.1.3.2 작도 절차

① 직선 도구( )를 이용하여 점 F와 점 P를 지나는 직선 l_1을 작도하자.

② 원 도구( )를 이용하여 점 P가 중심이고 반지름의 길이가 PF′인 원 c을 작도하자.

③ 교점 도구( )를 이용하여 직선 l_1과 원 c의 교점 중 F와 가까운 점 Q를 작도하자.

④ 수직이등분선 도구( )를 이용하여 선분 QF′의 수직이등분선 l을 작도하자. 그러면 직선 l은 쌍곡선 위의 점 P에서의 접선이다.

①
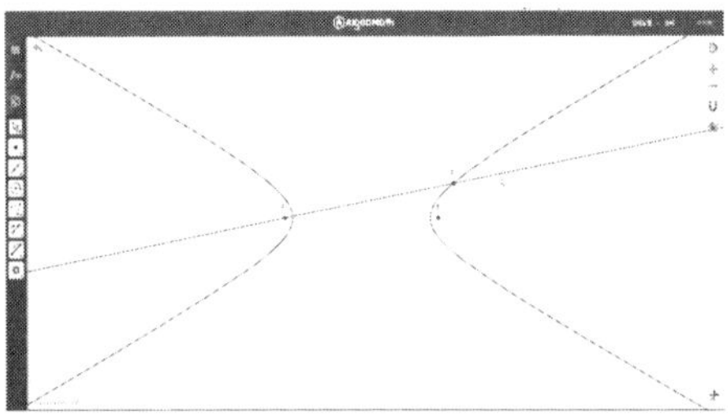

②
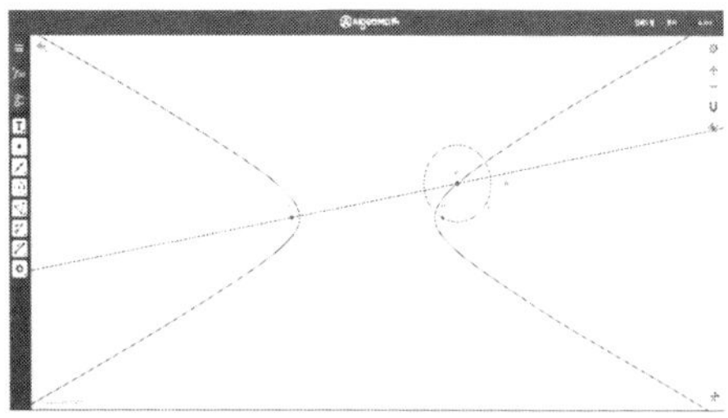

③
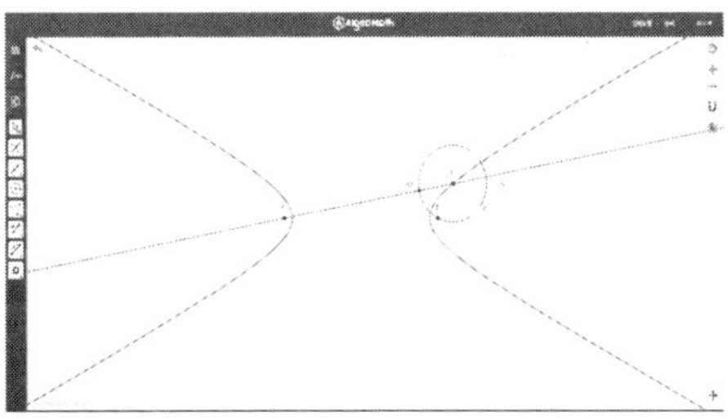

④
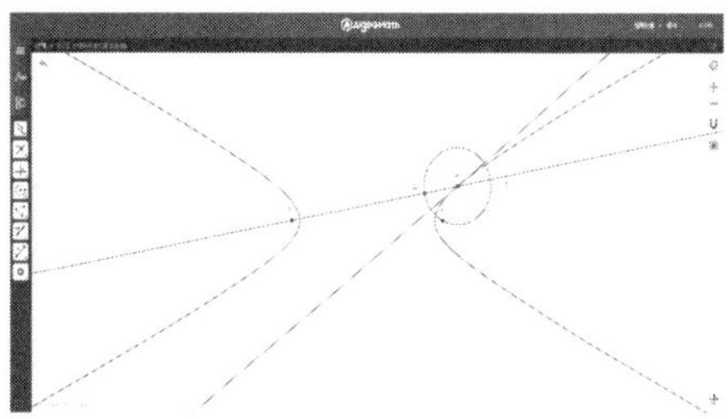

3.1.2.3 증명

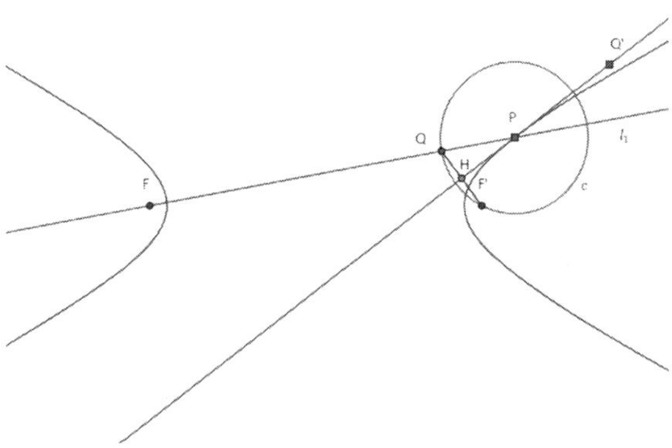

선분 QF$'$의 중점을 H라 하면 $\mathrm{QH}=\mathrm{HF}'$, $\angle\mathrm{QHP}=\angle\mathrm{F'HP}$, HP는 공통이므로 $\triangle\mathrm{QHP}$와 $\triangle\mathrm{F'HP}$는 SAS합동이다. 따라서 $\mathrm{PQ}=\mathrm{PF}'$이다. 점 P가 쌍곡선 위의 점이므로 두 초점까지의 거리의 차 $|\mathrm{PF}-\mathrm{PF}'|=|\mathrm{PF}-\mathrm{PQ}|=\mathrm{QF}$로 일정한 값을 갖는다. 점 P가 아닌 직선 l 위의 임의의 한 점 Q$'$에 대하여, $\mathrm{QH}=\mathrm{HF}'$, $\angle\mathrm{QHQ'}=\angle\mathrm{F'HQ'}$, Q$'$H가 공통이므로 $\triangle\mathrm{QHQ'}$와 $\triangle\mathrm{F'HQ'}$는 SAS합동이다. 따라서 $\mathrm{QQ'}=\mathrm{Q'F'}$이다. $|\mathrm{Q'F}-\mathrm{Q'F'}|=|\mathrm{Q'F}-\mathrm{Q'Q}|<\mathrm{QF}$이므로 점 Q$'$는 쌍곡선 위의 점이 아니다. 즉, 직선 l은 주어진 쌍곡선의 접선이다.

3.2 기울기가 주어진 접선 작도

3.2.1 포물선

3.2.1.1 작도문제 제시

아래 그림과 같이 초점 F이고, 준선이 l인 포물선이 주어졌을 때, 선분 AB와 기울기가 같은 접선을 작도하여라.

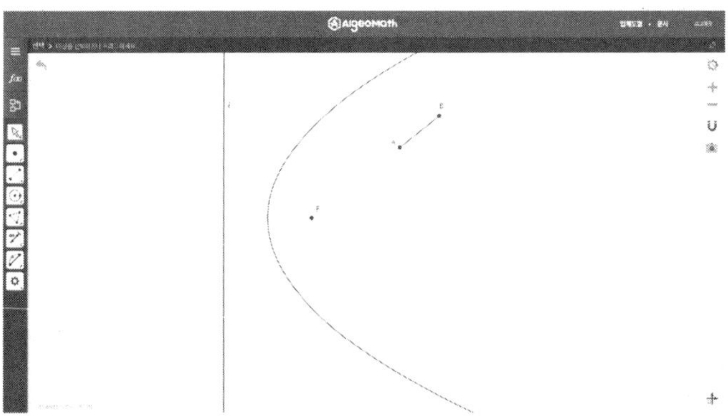

3.2.1.2 작도 절차

① 수선 도구( )를 이용하여 점 F를 지나고 선분 AB에 수직인 직선 l_1을 작도하자.

② 교점 도구( )를 이용하여 두 직선 l과 l_1의 교점 P를 작도하자.

③ 수직이등분선 도구( )를 이용하여 선분 FP의 수직이등분선 l_2를 작도하자. 그러면 직선 l_2는 선분 AB와 평행한 포물선의 접선이다.

①

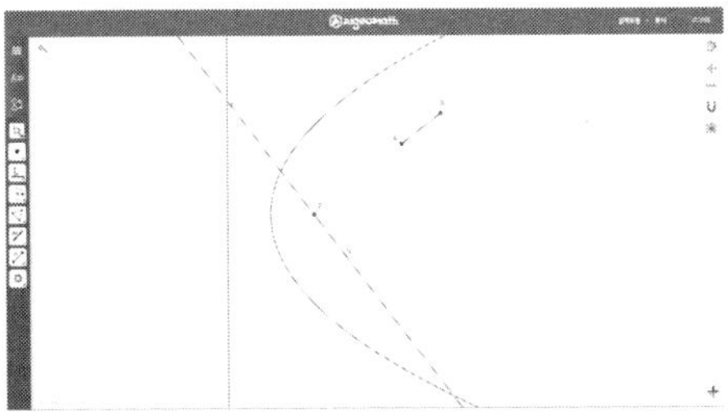

②

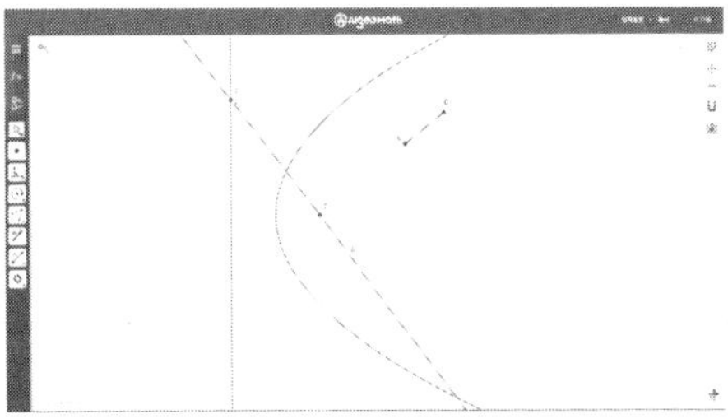

③

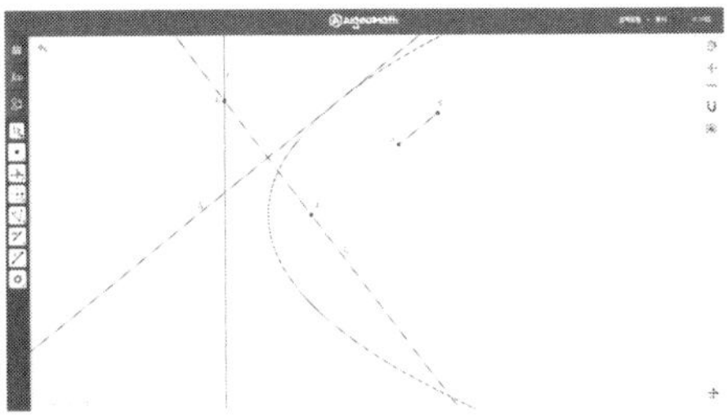

3.2.1.3 증명

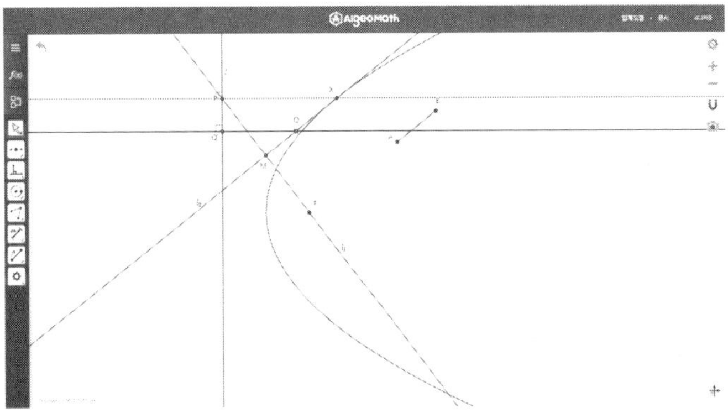

점 P를 지나고 준선 l에 수직인 직선 l_3를 작도하였을 때, 두 직선 l_2와 l_3의 교점을 X라 하자. 직선 l_2는 선분 PF의 수직이등분선이므로 $\mathrm{PM}=\mathrm{MF}$, $\angle\mathrm{PMX}=\angle\mathrm{FMX}=90°$, XM은 공통이므로 두 삼각형 $\triangle\mathrm{PMX}$와 $\triangle\mathrm{FMX}$는 SAS합동이다. 따라서 $\mathrm{PX}=\mathrm{FX}$가 되어 점 X는 포물선 위의 점이다. 점 X가 아닌 직선 l_2 위의 임의의 한 점 Q에 대하여, 점 Q에서 준선 l에 내린 수선의 발을 Q′라 하자. 그러면 $\triangle\mathrm{PQQ'}$는 PQ가 빗변인 직각삼각형이므로 $\mathrm{PQ}>\mathrm{QQ'}$이다(⋯ ①). 직선 l_2는 PF의 수직이등분선이므로 $\mathrm{PM}=\mathrm{MF}$이고, $\angle\mathrm{PMQ}=\angle\mathrm{FMQ}=90°$, QM은 공통이므로 두 삼각형 $\triangle\mathrm{PMQ}$와 $\triangle\mathrm{FMQ}$는 SAS합동이다. 따라서 $\mathrm{PQ}=\mathrm{FQ}$이다(⋯ ②).

①과 ②에 의해 $\mathrm{FQ}=\mathrm{PQ}>\mathrm{QQ'}$이므로 점 Q는 포물선 위의 점이 아니다. 따라서 직선 l_2는 포물선에서의 접선이다.

3.2.2 타원

3.2.2.1 작도문제 제시

아래 그림과 같이 두 초점이 F, F′인 타원이 주어졌을 때, 선분 AB와 기울기가 같은 접선을 작도하여라.

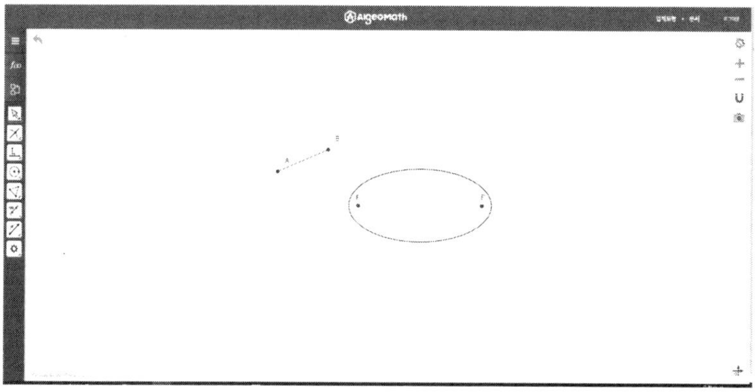

3.2.2.2 작도 절차

① 직선 도구( )를 이용하여 두 초점 F와 F′을 지나는 직선 l_1을 작도한다.

② 교점 도구( )를 이용하여 직선 l_1과 타원의 두 교점 중 F′에 가까운 점 C를 작도하자.

③ 원 도구( )를 이용하여 점 C가 중심이고 반지름의 길이가 CF′인 원 c_1을 작도하자.

④ 교점 도구( )를 이용하여 직선 l_1과 원 c_1의 교점 중 점 F′이 아닌 점 D를 작도하자.

⑤ 원 도구( )를 이용하여 점 F가 중심이고 반지름의 길이가 DF인 원 c_2를 작도하자.

⑥ 수선 도구( )를 이용하여 점 F′을 지나면서 선분 AB에 수직인 직선 l_2를 작도하자.

⑦ 교점 도구( )를 이용하여 직선 l_2와 원 c_2의 두 교점 X와 Y를 작도하자.

⑧ 수직이등분선 도구( )를 이용하여 선분 XF′의 수직이등분선 l_3와 선분 YF′의 수직이등분선 l_4를 작도하자. 그러면 두 직선 l_3와 l_4는 AB와 기울기가 같은 타원의 접선이다.

①
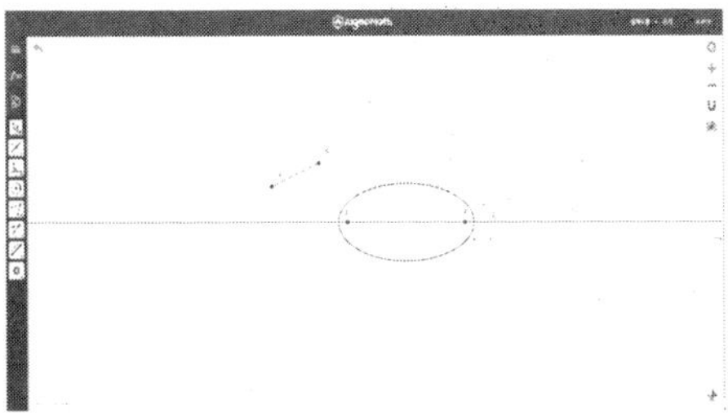

②
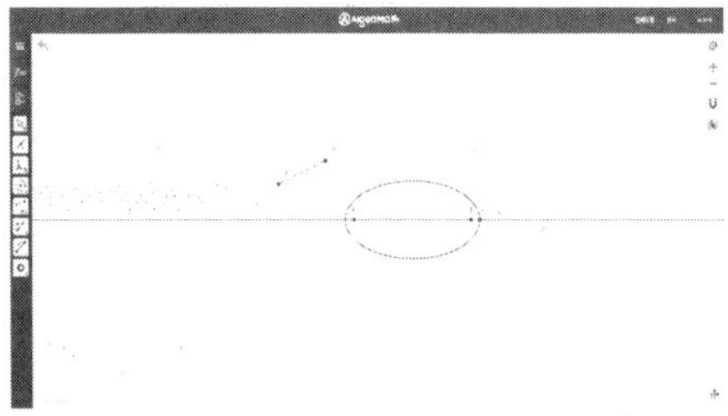

③
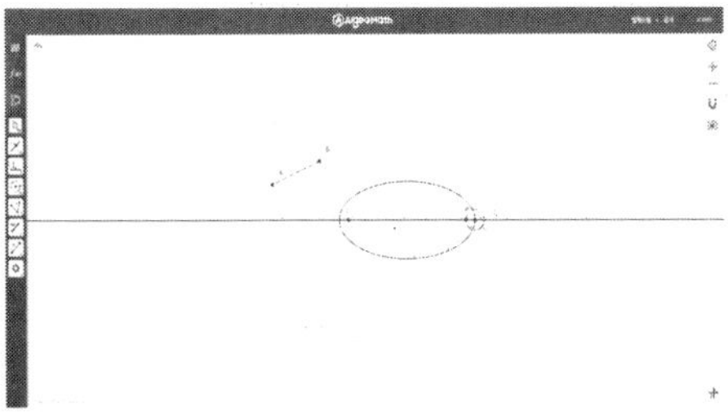

④
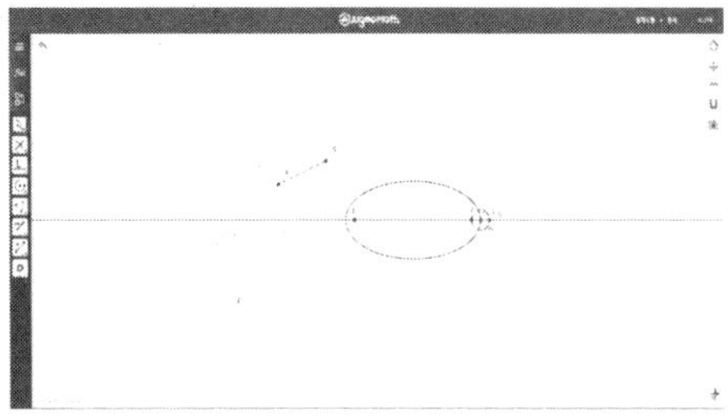

⑤
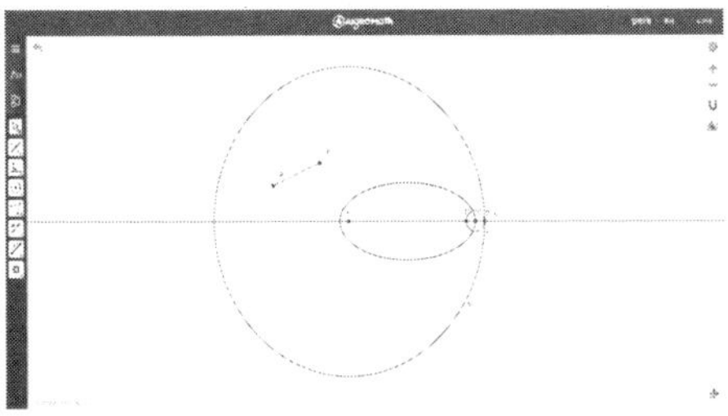

⑥
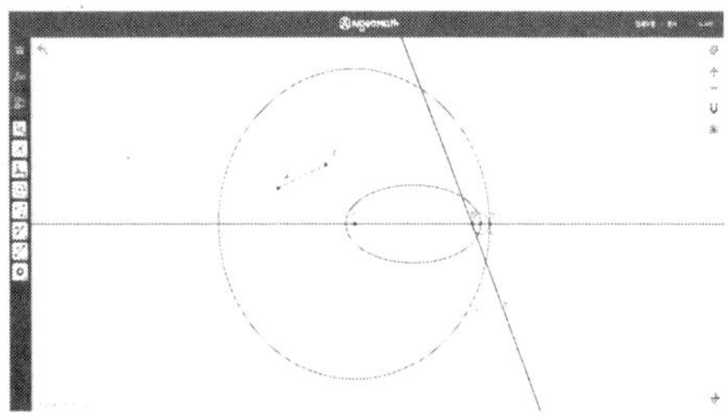

⑦
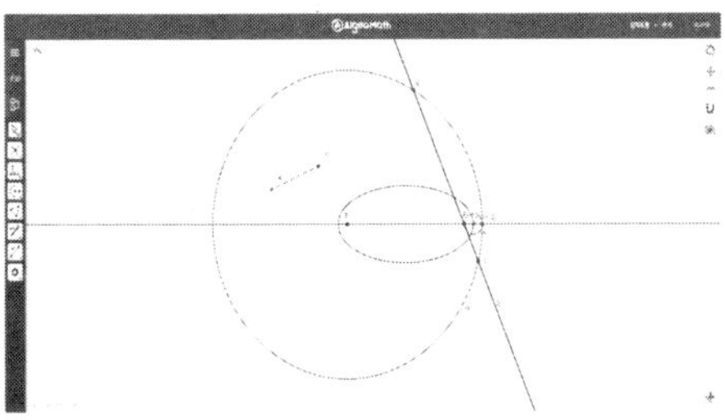

⑧
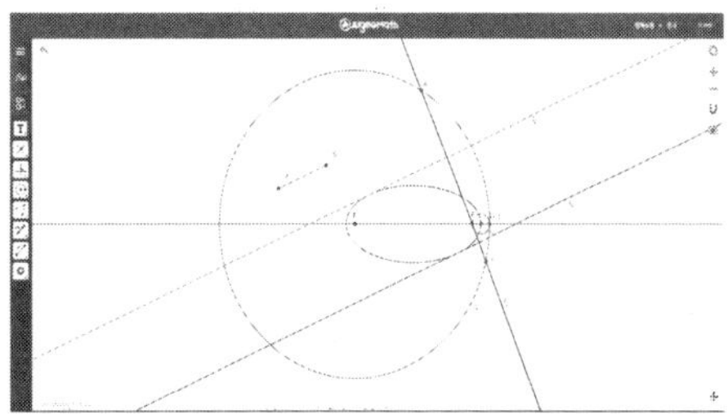

3.2.2.3 증명

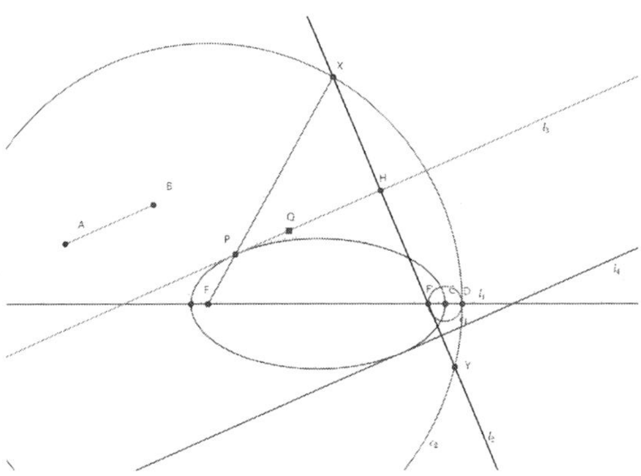

타원과 직선 l_1의 C가 아닌 또 다른 교점을 R이라 하면 $\mathrm{RF} = \mathrm{CF}' = \mathrm{CD}$이므로 $\mathrm{RC} = \mathrm{DF} = \mathrm{XF}$이다. 선분 XF와 직선 l_3의 교점을 P, 두 직선 l_2와 l_3의 교점을 H라 하자. $\mathrm{XH} = \mathrm{HF}'$, $\angle \mathrm{PHX} = \angle \mathrm{PHF}'$, PH는 공통이므로 $\triangle \mathrm{PHF}'$와 $\triangle \mathrm{PHX}$는 SAS합동이다. 따라서 $\mathrm{PX} = \mathrm{PF}'$이다. $\mathrm{PF} + \mathrm{PF}' = \mathrm{PF} + \mathrm{PX} = \mathrm{XF} = \mathrm{AR}$이므로 점 P는 타원 위의 점이다. 점 P가 아닌 직선 l_3 위의 임의의 한 점 Q에 대하여, $\mathrm{XH} = \mathrm{HF}'$, $\angle \mathrm{QHX} = \angle \mathrm{QHF}'$, QH는 공통이므로 $\triangle \mathrm{QHF}'$과 $\triangle \mathrm{QHX}$는 합동이고, $\mathrm{QX} = \mathrm{QF}'$이다. $\mathrm{QF} + \mathrm{QF}' = \mathrm{QF} + \mathrm{QX} > \mathrm{XF} = \mathrm{AR}$이므로 점 Q는 타원 위의 점이 아니다. 따라서 l_3는 선분 AB와 기울기가 같은 타원 위의 접선이다. 같은 방법으로 l_4도 선분 AB와 기울기가 같은 타원 위의 접선임을 보일 수 있다.

3.2.3 쌍곡선

3.2.3.1 작도문제 제시

아래 그림과 같이 두 초점이 F, F′인 쌍곡선이 주어졌을 때, 선분 AB와 기울기가 같은 접선을 작도하여라.

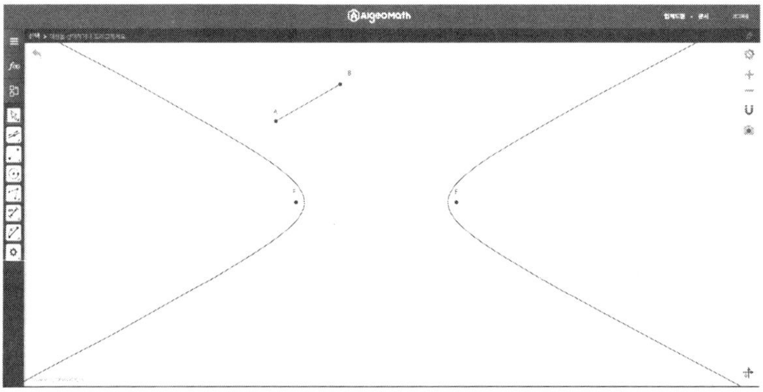

3.2.3.2 작도 절차

① 직선 도구()를 이용하여 두 초점 F와 F′을 지나는 직선 l_1을 작도한다.

② 교점 도구()를 이용하여 직선 l_1과 쌍곡선의 두 교점 중 F′에 가까운 점 P를 작도하자.

③ 원 도구()를 이용하여 점 P가 중심이고 반지름의 길이가 PF′인 원 c_1을 작도하자.

④ 교점 도구()를 이용하여 직선 l_1과 원 c_1의 교점 중 점 F′이 아닌 점 Q를 작도

하자.

⑤ 원 도구(⊙)를 이용하여 점 F가 중심이고 반지름의 길이가 FQ인 원 c_2를 작도하자.

⑥ 수선 도구(⊥)를 이용하여 점 F′을 지나면서 선분 AB에 수직인 직선 l_2를 작도하자.

⑦ 교점 도구(╳)를 이용하여 직선 l_2와 원 c_2의 두 교점 X와 Y를 작도하자.

⑧ 수직이등분선 도구(┼)를 이용하여 선분 XF′의 수직이등분선 l_3와 선분 YF′의 수직이등분선 l_4를 작도하자. 그러면 두 직선 l_3와 l_4는 AB와 기울기가 같은 쌍곡선의 접선이다.

① 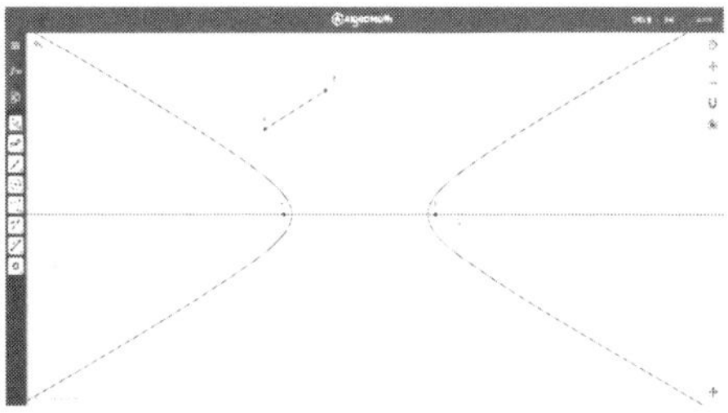

② 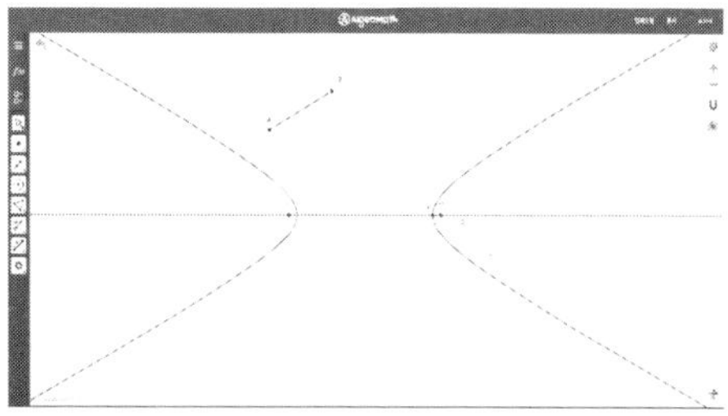

③ 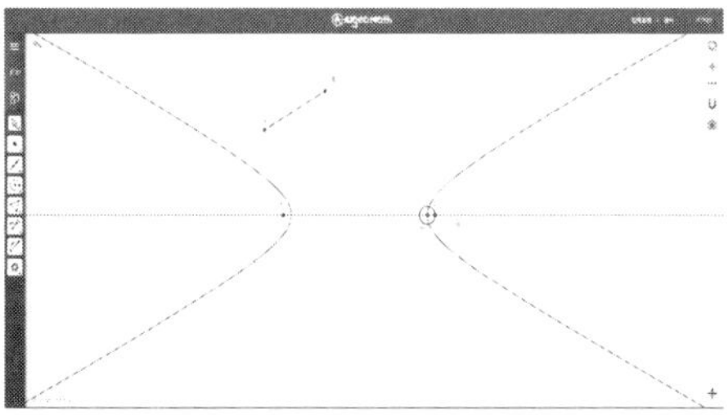

④ 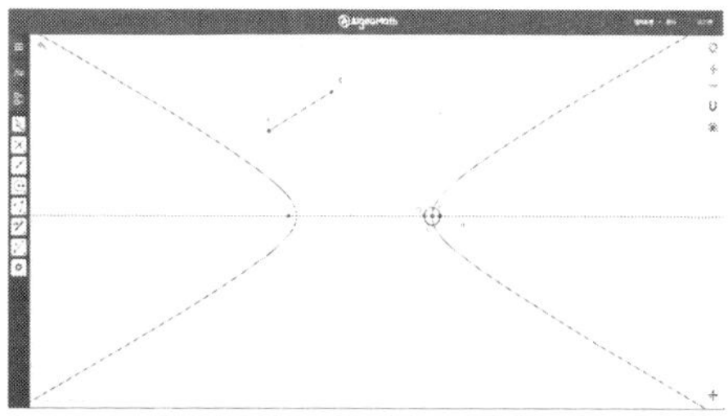

⑤ 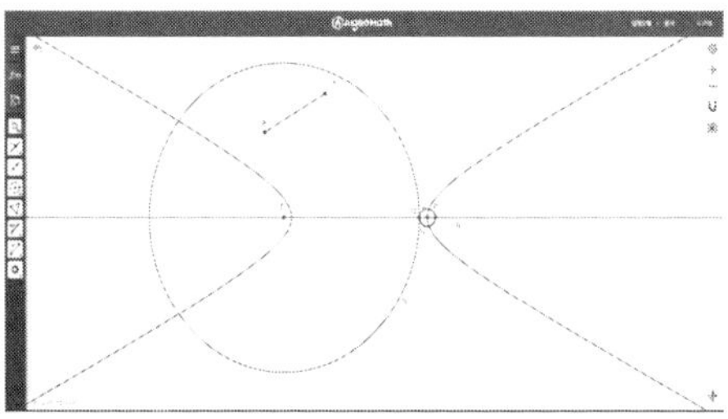

⑥ 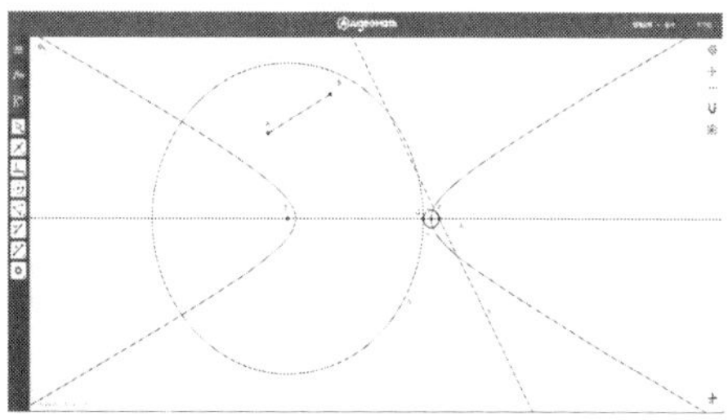

⑦ 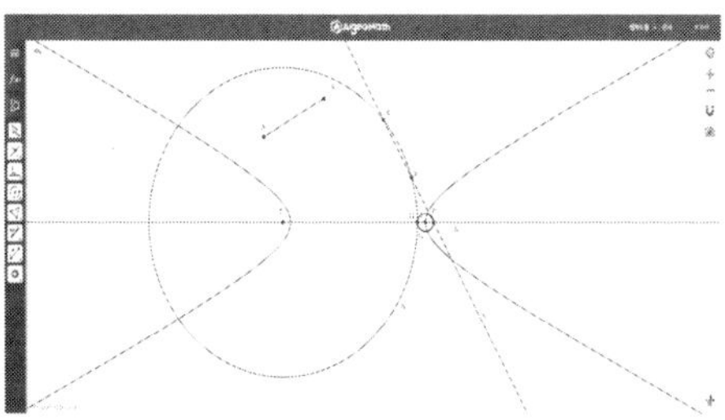

⑧ 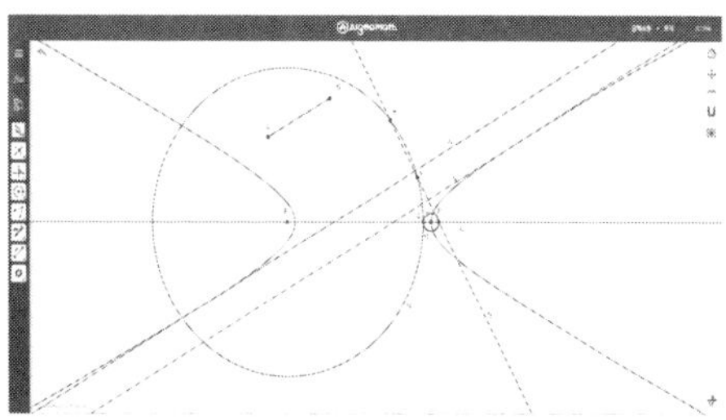

3.2.2.3 증명

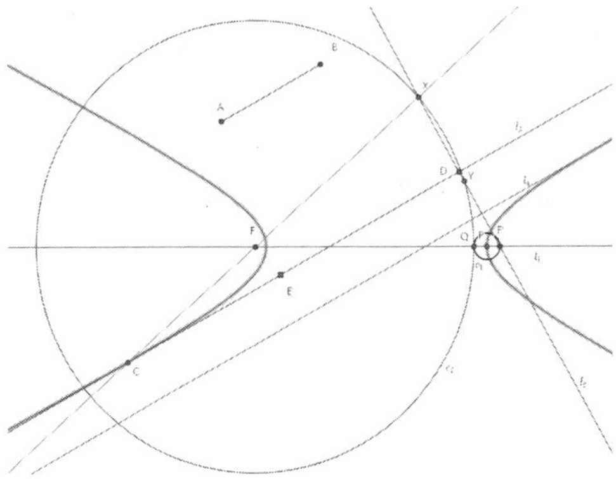

점 P는 쌍곡선 위의 점이고 $\mathrm{PF'} = \mathrm{PQ}$이므로 $|\mathrm{PF} - \mathrm{PF'}| = |\mathrm{PF} - \mathrm{PQ}| = \mathrm{QF}$이다. 직선 FX와 직선 l_3의 교점을 C라 하고, 선분 XF′의 중점을 D라 하면 $\mathrm{XD} = \mathrm{DF'}$, $\angle \mathrm{XDC} = \angle \mathrm{F'DC}$, CD는 공통이 되어 $\triangle \mathrm{CDX}$와 $\triangle \mathrm{CDF'}$은 SAS합동이다. 따라서 $\mathrm{CX} = \mathrm{CF'}$이다. $|\mathrm{CF} - \mathrm{CF'}| = |\mathrm{CF} - \mathrm{CX}| = \mathrm{FX} = \mathrm{QF}$가 되어 점 C는 쌍곡선 위의 점이다. 점 C가 아닌 직선 l_3 위의 임의의 한 점 E에 대하여, $\mathrm{XD} = \mathrm{DF'}$, $\angle \mathrm{XDE} = \angle \mathrm{F'DE}$, DE는 공통이므로 $\triangle \mathrm{XDE}$과 $\triangle \mathrm{F'DE}$는 합동이고, $\mathrm{XE} = \mathrm{F'E}$이다. $|\mathrm{EF} - \mathrm{EF'}| = |\mathrm{EF} - \mathrm{EX}| < \mathrm{FX} = \mathrm{QF}$이므로 점 E는 쌍곡선 위의 점이 아니다. 따라서 l_3는 선분 AB와 기울기가 같은 쌍곡선 위의 접선이다. 같은 방법으로 l_4도 선분 AB와 기울기가 같은 쌍곡선 위의 접선이다.

3.3 이차곡선 밖의 한 점에서 그은 접선 작도

3.3.1 포물선

3.3.1.1 작도문제 제시

아래 그림과 같이 초점 F이고, 준선이 l인 포물선이 주어졌을 때, 포물선 밖의 한 점 P에서 포물선에 그은 접선을 작도하여라.

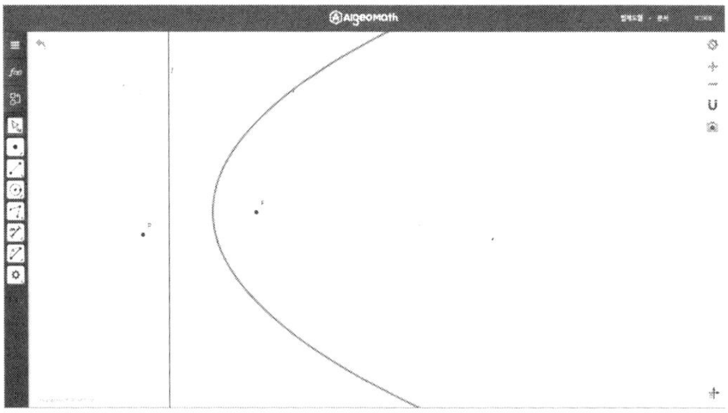

3.3.1.2 작도 절차

① 중점 도구( )를 이용하여 선분 PF의 중점 M을 작도하자.

② 원 도구( )를 이용하여 점 M이 중심이고, 반지름의 길이가 PM인 원 c를 작도하자.

③ 수선 도구( )와 교점 도구( )를 이용하여 점 F에서 준선 l에 내린 수선의 발 H를 작도하자.

④ 수직이등분선 도구( )를 이용하여 선분 FH의 수직이등분선 l'를 작도하자.

⑤ 교점 도구( )를 이용하여 직선 l'과 원 c의 두 교점 X, Y를 작도하자.

⑥ 직선 도구( )를 이용하여 두 점 P와 X를 지나는 직선 l_1, 두 점 P와 Y를 지나는 직선 l_2를 작도하자. 그러면 두 직선 l_1과 l_2는 점 P를 지나면서 포물선에 접하는 직선이다.

① 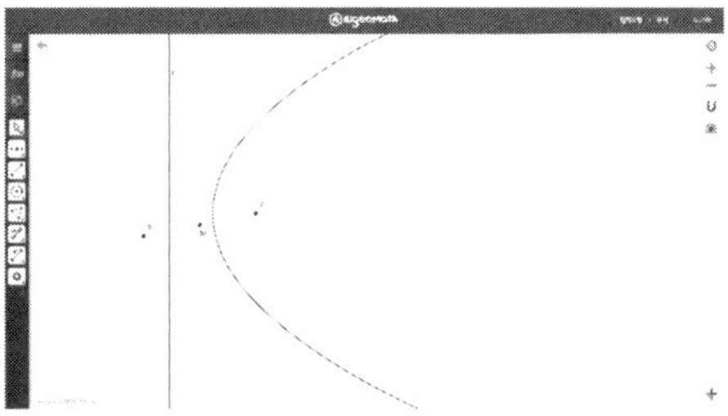 ② 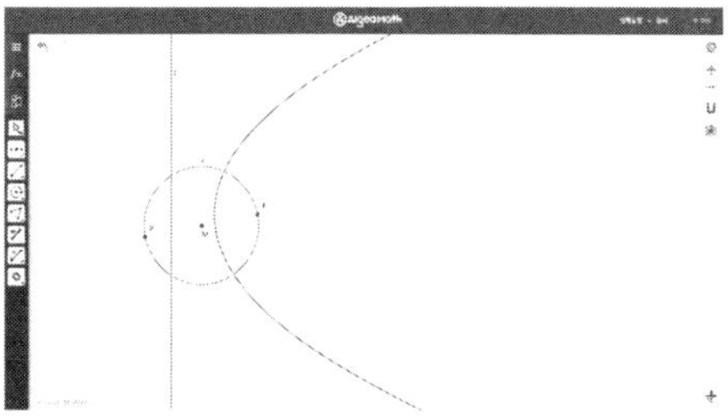

③ 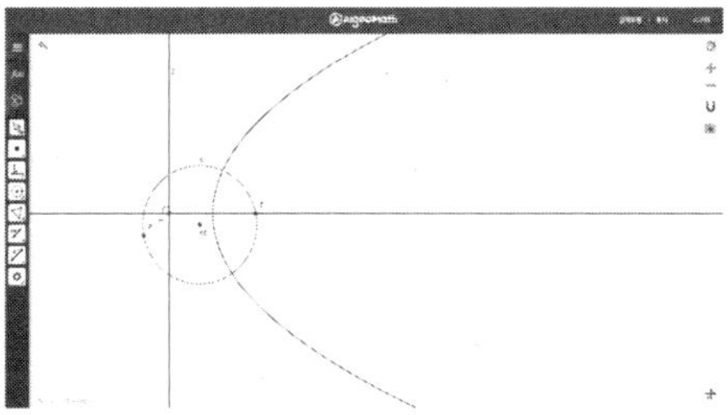 ④ 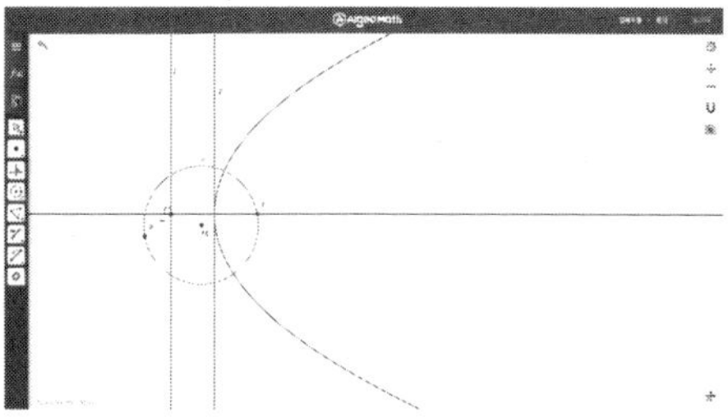

⑤ 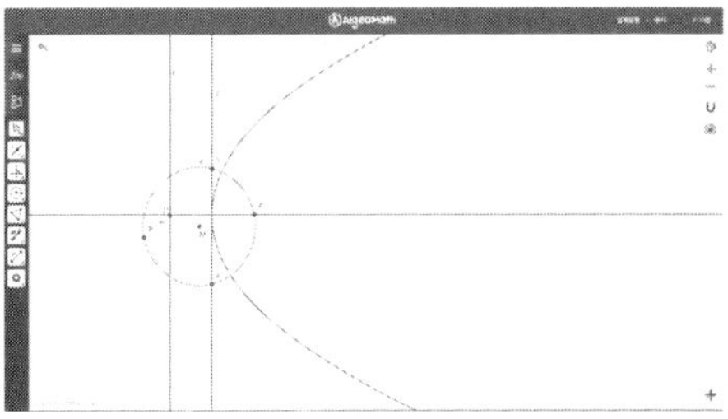

⑥ 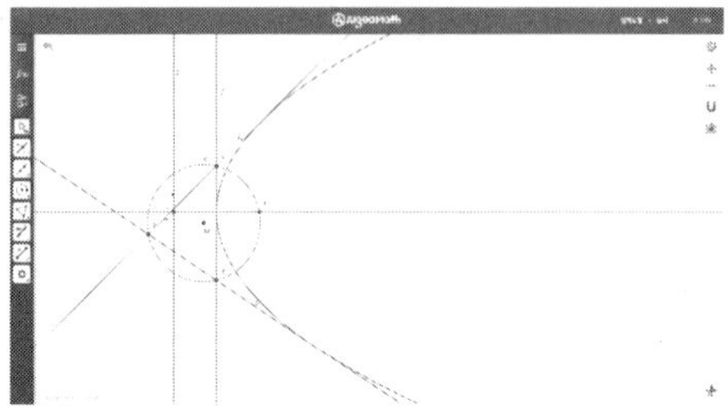

3.3.1.3 증명

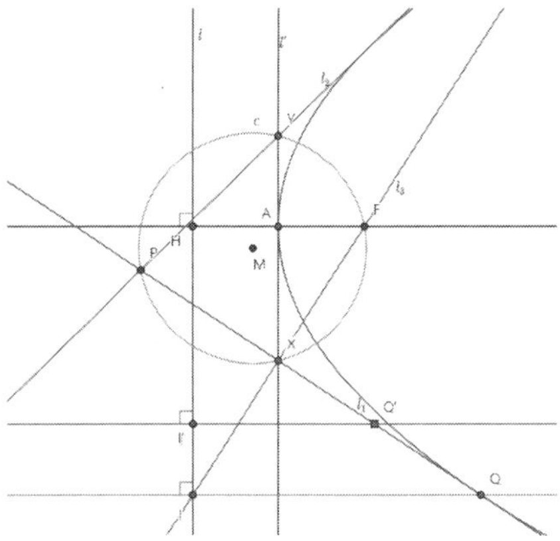

선분 FH의 중점을 A라 하고, 직선 FX와 준선 l의 교점을 I라 하자. $\angle \mathrm{FAX} = \angle \mathrm{FHI} = 90^\circ$이고, $\angle \mathrm{F}$는 공통이므로 $\triangle \mathrm{FAX}$와 $\angle \mathrm{FHI}$는 AA닮음이다. 따라서 $\mathrm{FA} = \mathrm{AH}$이므로 $\mathrm{FX} = \mathrm{XI}$이다(⋯ ①). 점 X는 선분 FP를 지름으로 하는 원 c 위의 점이므로 $\angle \mathrm{FXP} = 90^\circ$이다(⋯ ②). ①과 ②에 의해 직선 l_1은 선분 FI의 수직이등분선이다.

점 I를 지나고 준선 l에 수직인 직선 l_4를 작도하였을 때, 두 직선 l_1과 l_4의 교점을 점 Q라 하자. $\mathrm{FX} = \mathrm{IX}, \angle \mathrm{FXQ} = \angle \mathrm{IXQ}$이고 XQ는 공통이므로 $\triangle \mathrm{FXQ}$와 IXQ는 SAS합동이다. 따라서 $\mathrm{FQ} = \mathrm{IQ}$가 되어 점 Q는 포물선 위에 있다. 점 Q가 아닌 직선 l_1 위의 한 점 Q′에 대하여, 점 Q′에서 준선 l에 내린 수선의 발을 I'이라 하자. 그러면 $\triangle \mathrm{IQ'I'}$는 $\mathrm{IQ'}$가 빗변인 직각삼각형이므로 $\mathrm{IQ'} > \mathrm{I'Q'}$이다(⋯ ③). $\mathrm{FX} = \mathrm{IX}$, $\angle \mathrm{FXQ'} = \angle \mathrm{IXQ'}$이고 XQ′는 공통이므로 $\triangle \mathrm{FXQ'}$와 $\triangle \mathrm{IXQ'}$는 SAS합동이다. 따라서 $\mathrm{FQ'} = \mathrm{IQ'}$이다(⋯ ④). ③과 ④에 의해 $\mathrm{FQ'} = \mathrm{IQ'} > \mathrm{I'Q'}$이므로 점 Q′는 포물선 위의 점이 아니다. 따라서 직선 l_1는 포물선의 접선이다. 같은 방법으로 직선 l_2도 포물선의 접선이다.

3.3.2 타원

3.3.2.1 작도문제 제시

아래 그림과 같이 두 초점이 F, F′인 타원이 주어졌을 때, 타원 밖의 한 점 P에서 타원에 그은 접선을 작도하여라.

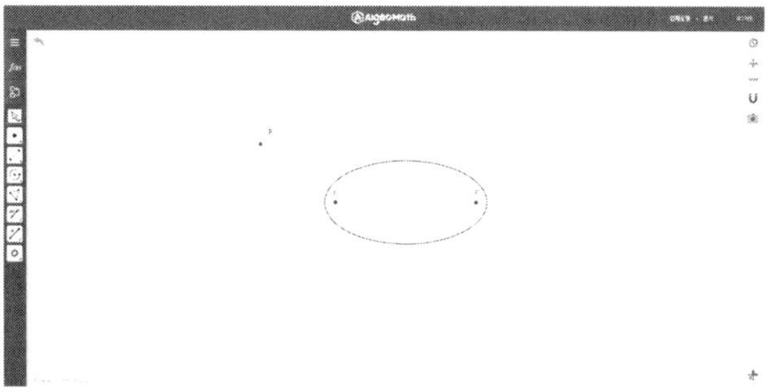

3.3.2.2 작도 절차

① 직선 도구( )를 이용하여 두 초점 F와 F′을 지나는 직선 l_1을 작도한다.

② 교점 도구( )를 이용하여 직선 l_1과 타원의 두 교점 중 F′에 가까운 점 A를 작도하자.

③ 중점 도구( )를 이용하여 선분 FF′의 중점 B를 작도하자.

④ 원 도구( )를 이용하여 점 B가 중심이고 반지름의 길이가 AB인 원 c_1을 작도하자.

⑤ 중점 도구( )를 이용하여 선분 PF′의 중점 C를 작도하자.

⑥ 원 도구( )를 이용하여 점 C가 중심이고 점 P를 지나는 원 c_2를 작도하자.

⑦ 교점 도구( )를 이용하여 두 원 c_1과 c_2의 교점 X, Y를 작도하자.

⑧ 직선 도구( )를 이용하여 두 점 P와 X를 지나는 직선 l_2, 두 점 P와 Y를 지나는 직선 l_3를 작도하자. 그러면 두 직선 l_2와 l_3은 점 P를 지나는 타원의 접선이다.

①
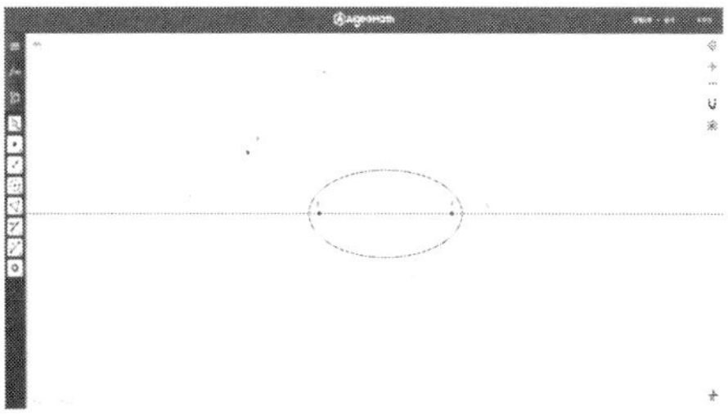

②
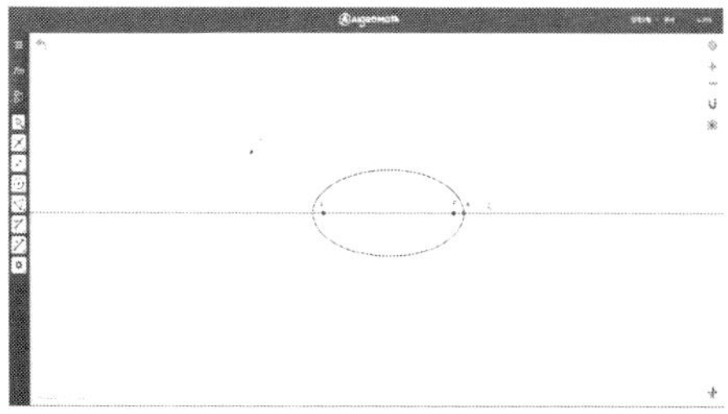

③ 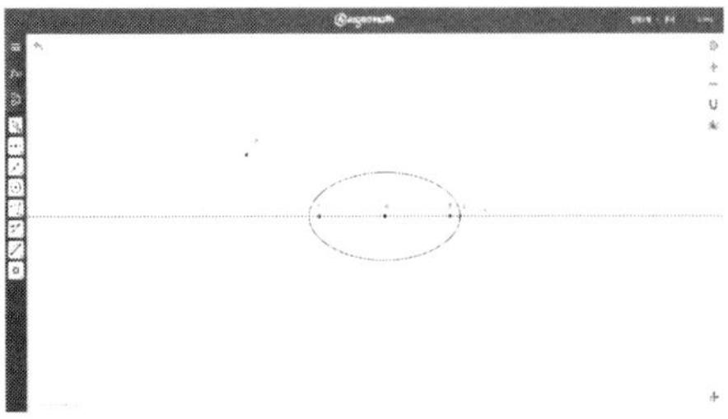

④ 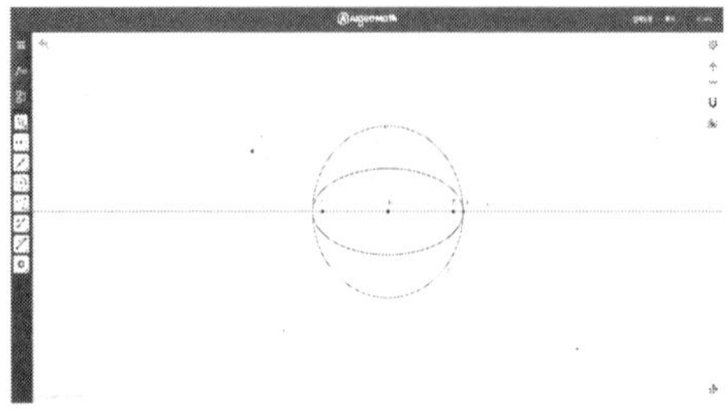

⑤ 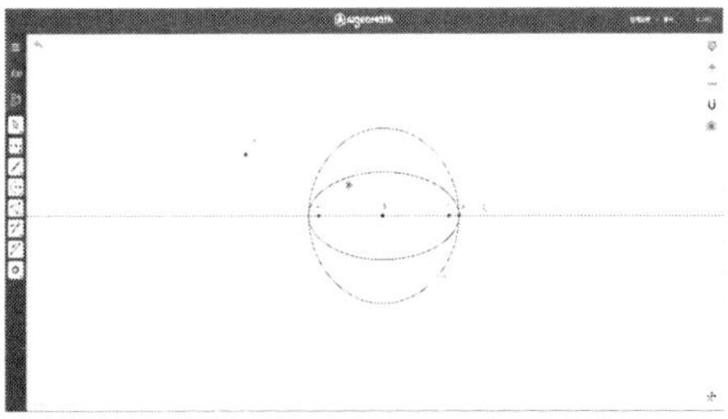

⑥ 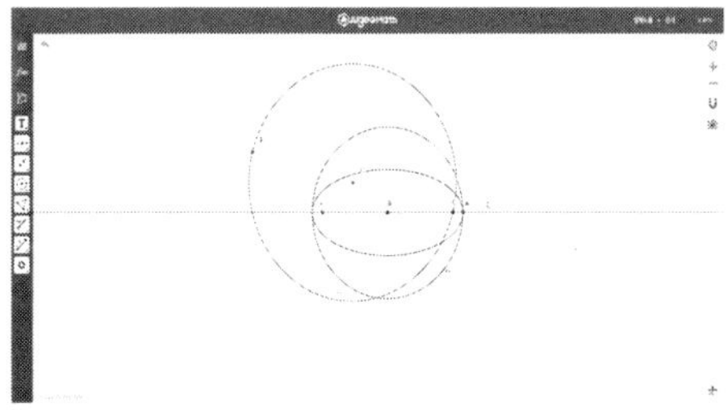

⑦ 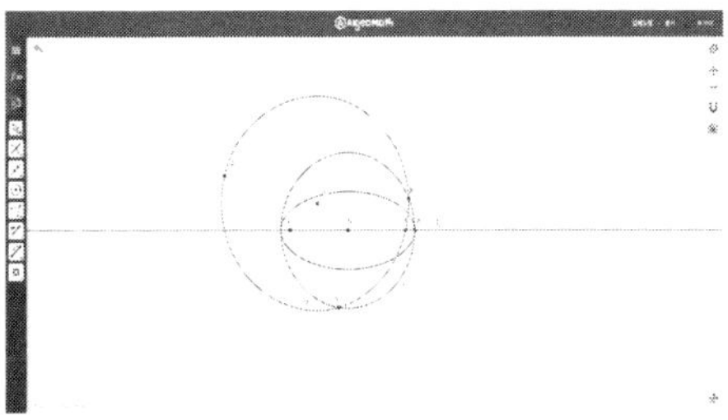

⑧ 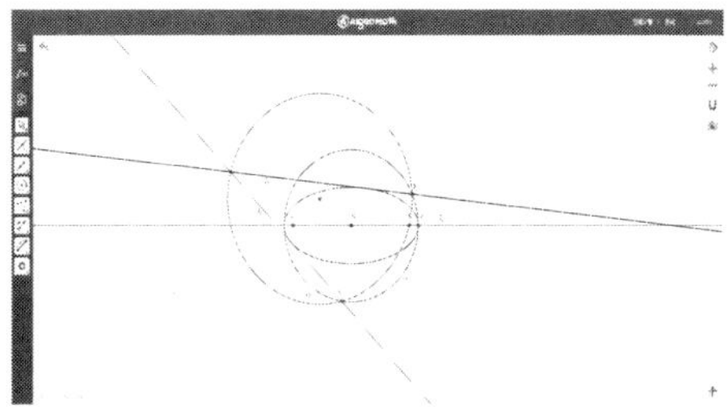

3.3.2.3 증명

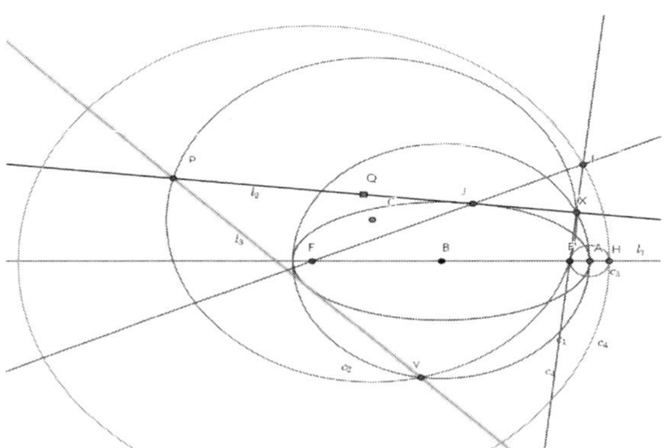

점 A가 중심이고, 반지름의 길이가 AF′인 원을 c_3라 하고, 원 c_3와 직선 l_1의 교점 중 F′이 아닌 점을 H라 하자. 점 F가 중심이고, 반지름의 길이가 FH인 원을 c_4라 하고, 직선 XF′와 원 c_4의 교점을 I라 하고, 직선 IF와 직선 l_2의 교점을 J라 하자.

$\overline{BX} : \overline{FI} = 1:2$, $\overline{BF'} : \overline{FF'} = 1:2$이고, $\angle F'$이 공통이므로 $\triangle F'BX$와 $\angle F'FI$는 AA닮음이다. 따라서 $\overline{F'X} = \overline{XI}$이다. 또한 $\overline{F'X} = \overline{XI}$, $\angle JXI = \angle JXF'$, $\overline{JX}$는 공통이므로 $\triangle JXI$와 $\triangle JXF'$은 SAS합동이다. 따라서 $\overline{JF'} = \overline{JI}$이고, $\overline{JF} + \overline{JF'} = \overline{JF} + \overline{JI} = \overline{IF}$이므로 점 J는 타원 위의 점이다.

점 J가 아닌 직선 l_2 위의 한 점 Q에 대하여, $\overline{F'X} = \overline{XI}$, $\angle F'XQ = \angle QXI$, $\overline{QX}$는 공통이므로 $\triangle QXF'$와 $\triangle QXI$는 SAS합동이다. 따라서 $\overline{QF'} = \overline{QI}$이다. $\overline{QF} + \overline{QF'} = \overline{QF} + \overline{QI} > \overline{FI}$이므로 Q는 타원 위의 점이 아니다. 따라서 l_2는 점 P를 지나는 타원의 접선이다. 같은 방법으로 l_3도 점 P를 지나는 타원 위의 접선이다.

3.3.3 쌍곡선

3.3.3.1 작도문제 제시

아래 그림과 같이 두 초점이 F, F′인 쌍곡선이 주어졌을 때, 쌍곡선 밖의 한 점 P에서 쌍곡선에 그은 접선을 작도하여라.

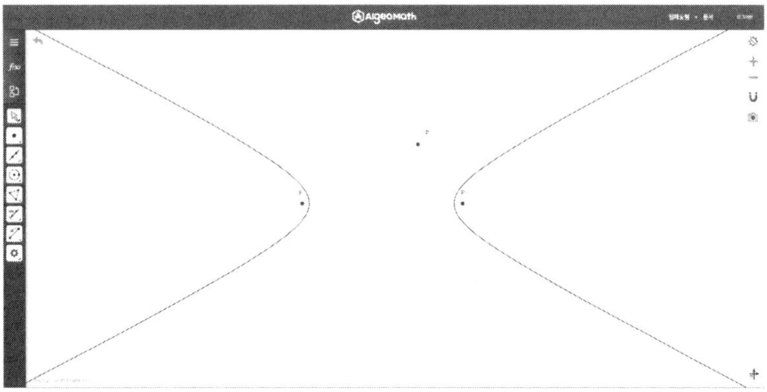

3.3.3.2 작도 절차

① 직선 도구()를 이용하여 두 초점 F와 F′을 지나는 직선 l_1을 작도한다.

② 교점 도구()를 이용하여 직선 l_1과 쌍곡선이 만나는 두 점 Q, Q′를 작도하자.

③ 원 도구(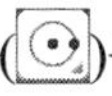)를 이용하여 점 Q′가 중심이고 반지름의 길이가 $\overline{Q'F'}$인 원 c_1을 작도하자.

④ 교점 도구()를 이용하여 직선 l_1과 원 c_1의 교점 중 F′가 아닌 점 R을 작도하자.

⑤ 원 도구()를 이용하여 점 F가 중심이고 반지름의 길이가 $\overline{RF}$인 원 c_2를 작도하자.

⑥ 중점 도구( )를 이용하여 선분 QQ′의 중점 S를 작도하자.

⑦ 원 도구( )를 이용하여 점 S가 중심이고 반지름의 길이가 QS인 원 c_3를 작도하자.

⑧ 중점 도구( )를 이용하여 선분 PF′의 중점 T를 작도하자.

⑨ 원 도구( )를 이용하여 점 T가 중심이고 반지름의 길이가 PT인 원 c_4를 작도하자.

⑩ 교점 도구( )를 이용하여 두 원 c_3과 c_4의 교점 X, Y를 작도하자.

⑪ 직선 도구( )를 이용하여 두 점 P와 X를 지나는 직선 l_2, 두 점 P와 Y를 지나는 직선 l_3를 작도하자. 그러면 두 직선 l_2와 l_3은 점 P를 지나는 쌍곡선의 접선이다.

①
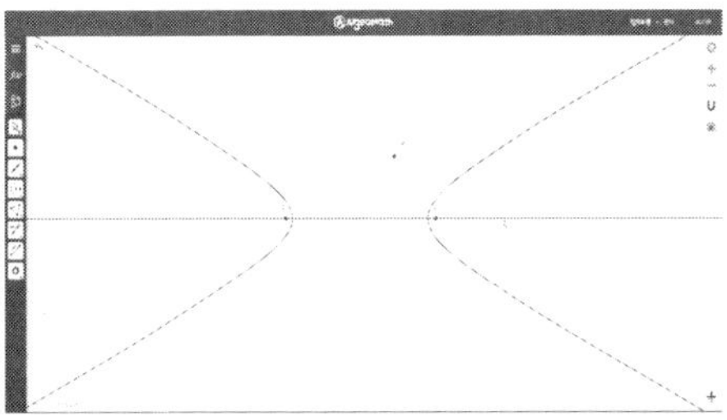

②
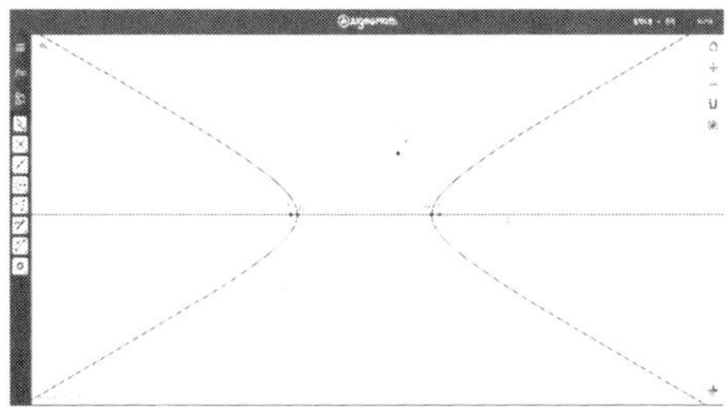

③
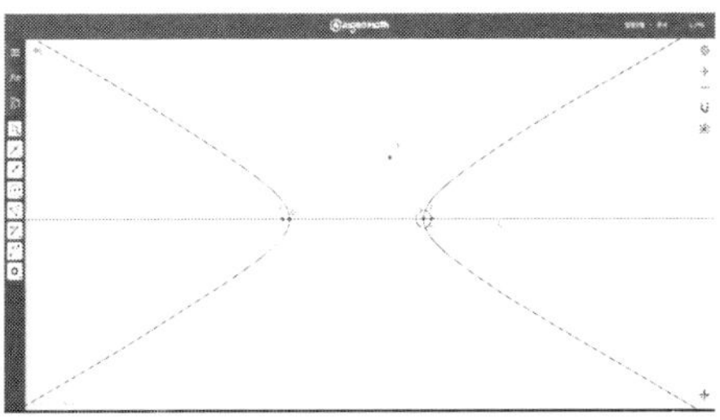

④
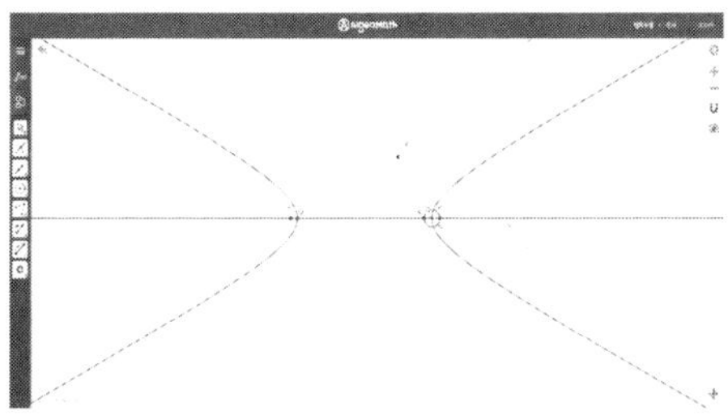

⑤
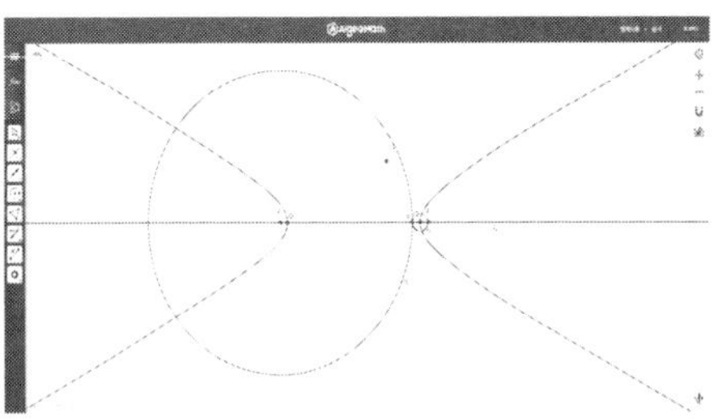

⑥
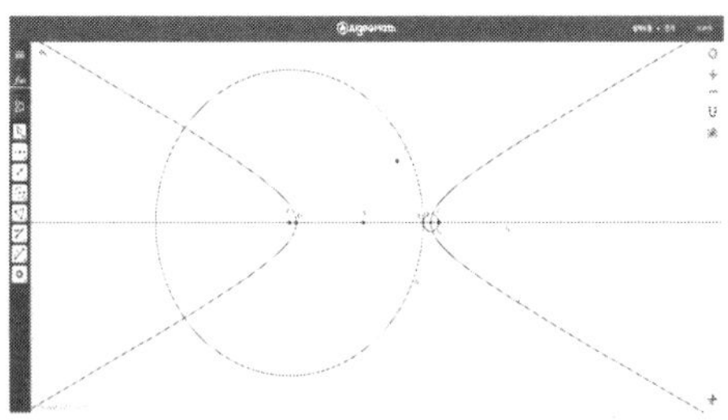

⑦
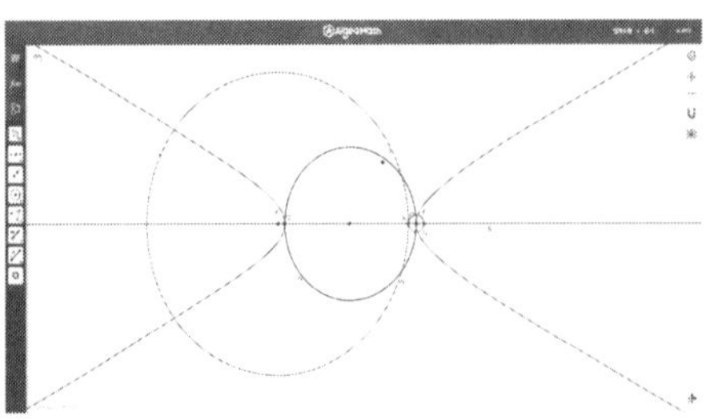

⑧
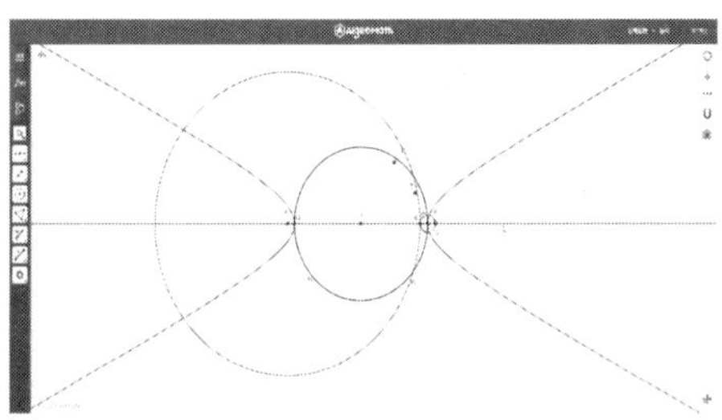

⑨

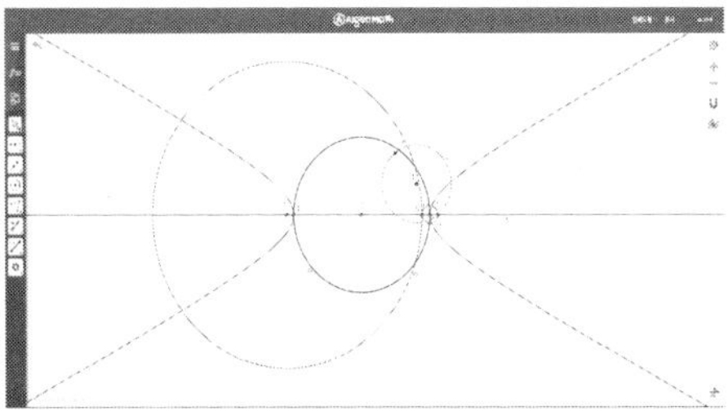

⑩

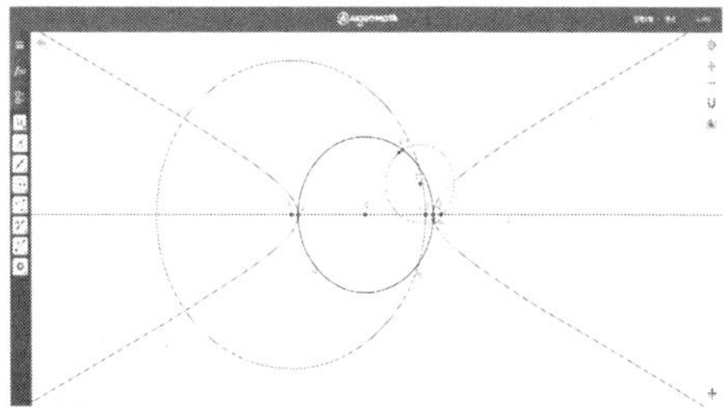

⑪

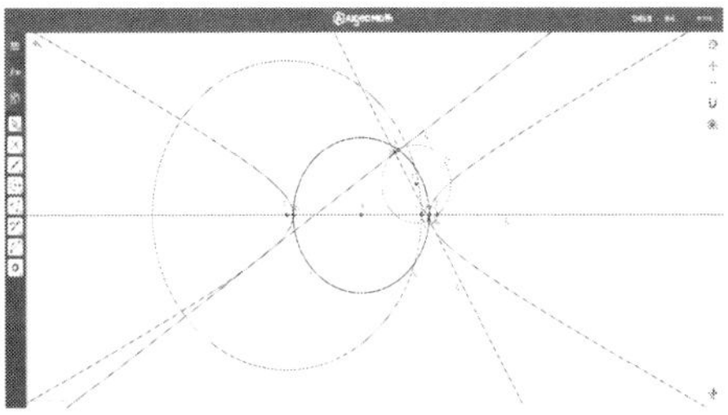

3.3.2.3 증명

점 Q′는 쌍곡선 위의 점이고 RQ′ = Q′F′이므로 |Q′F − Q′F′| = |Q′F − Q′R| = FR이다. 직선 XF′과 원 c_2의 교점을 A라 하면 SX : AF = 1 : 2, SF′ : FF′ = 1 : 2, ∠F′이 공통이므로 △F′SX와 △F′FA는 AA닮음이다. 따라서 AX = XF′이다. 직선 AF와 직선 l_3의 교점을 B라 하자. 그러면 AX = XF′, ∠AXB = ∠F′XB, XB는 공통이므로 △AXB와 △F′XB는 SAS합동이고, AB = BF′이다. |BF − BF′| = |BF − AB| = FA = FR이 되어 점 B는 쌍곡선 위의 점이다.

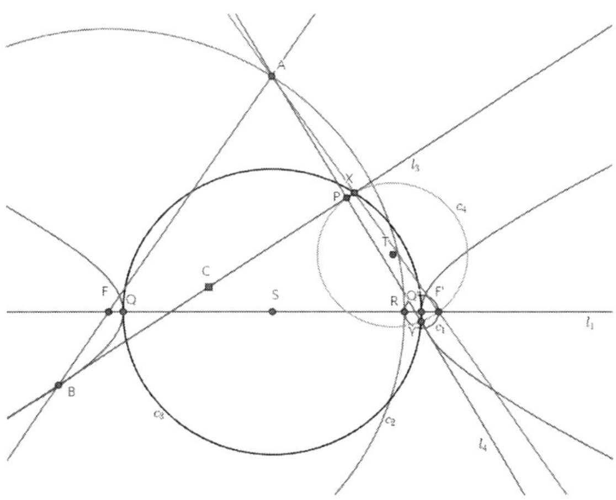

점 B가 아닌 직선 l_3 위의 한 점 C에 대하여, AX = XF′, ∠AXC = ∠F′XC, XC

는 공통이므로 $\triangle AXC$와 $\triangle F'XC$는 SAS합동이고, $CA = CF'$이다. $|CF - CF'| = |CF - CA| < AF = FR$이 되어 점 C는 쌍곡선 위의 점이 아니다. 따라서 직선 l_3은 점 P를 지나는 쌍곡선 위의 접선이다. 같은 방법으로 l_4도 점 P를 지나는 쌍곡선 위의 접선이다.

3.4 수업 활용 방안

학교수학에서 이차곡선은 대수기하적 정의에 따른 이차곡선의 방정식을 구하는 내용과 이차곡선의 접선을 구하는 내용으로 나뉜다. 작도를 활용한 이차곡선의 교수·학습방법에 관한 연구들은 대수기하적 정의에 따른 이차곡선의 개형을 탐구하는 것만 강조하고 있어(류희찬, 제수연, 2009; 양성현, 강옥기, 2011; 장미라, 강순자, 2010), 이차곡선의 접선을 다루는 부분은 이차방정식의 판별식이나 음함수의 미분법을 이용하여 지도하고 있다(허남구, 2014). 즉, 학생들은 이차곡선에 관한 내용 중 일부만을 기하학적 방법을 통해 학습하며, 이차곡선의 접선은 기하학적 의미에 대한 이해 없이 지도하고 있다(허남구, 2014). 따라서 학생들에게 이차곡선의 접선에 대한 기하학적 이해를 높이기 위해 이차곡선의 접선을 작도해 볼 수 있는 기회를 제공할 필요가 있다.

현재 학교수학에서 이차곡선의 접선 문제는 '1) 이차곡선 위 한 점이 주어진 경우, 2) 접선의 기울기가 주어진 경우, 3) 이차곡선 밖 한 점이 주어진 경우'로 나누어 지도하고 있어, 이 절에서도 학교수학의 내용 전개 방법과 동일하게 이차곡선의 접선을 작도하는 방법을 제시하였다. 따라서 교사는 수업의 진도에 맞추어 학생들에게 작도문제를 제시하고 증명해볼 수 있는 기회를 제공해 줄 수 있다.

4. 나오는 글

교육부(2015)는 2015 개정 교육과정을 통해 활동과 탐구 중심 수학교육을 추구하였으며, 학생들이 체험과 탐구 활동을 통해 수학을 학습할 수 있도록 공학적 도구의 활용을 강조하였다. 더 나아가 '제3차 수학교육 종합계획(2020~2024)'은 공학적 도구를 통한 수학 탐구 활동을 강화하기 위한 방법으로 알지오매스, 통그라미, VR, AR 등의 활용을 강조하고 있다(교육부, 2020). 이처럼 공학적 도구를 활용한 작도 교육은 초등학교부터 고등학교까지 연결지어 이루어질 수 있도록 강조하고 있으며, 학생들의 초등학교 수학에서부터 고등학교의 수학까지 학습하는 데 도움을 줄 수 있을 것으로 기대한다.

이 장에서는 고등학교에서 공학적 도구를 활용하여 대수기하적으로 정의된 이차곡선을 작도하고, 주어진 이차곡선의 접선을 작도하는 방법을 살펴보았다. 학생들은 포물선과 타원, 쌍곡선을 작도하는 과정을 통해 이차곡선 사이의 관계를 인식할 수 있으며, 유추적 사고와 분석법을 통한 문제 해결 과정을 경험할 수 있을 것으로 기대된다. 또한 이차곡선의 접선을 작도하는 과정에서 이차곡선의 작도에서 나타나는 기하학적 개체(점, 직선, 원) 사이의 관계를 재탐색할 수 있으며, 분석법을 통해 작도문제를 해결할 수 있고, 이차곡선 사이의 유사성을 인식할 수 있을 것으로 기대한다.

최근 체험과 탐구 중심 수학교육이 중요시되고 있으며, 창의·융합 교육과 더불어 메이커 교육이 강조되고 있다. 작도는 실제 다수 기업의 로고를 디자인하는 과정에서 직선과 원을 활용하여 사용되고 있으며, 제품을 디자인하는 과정에서도 정밀한 설계를 위해 활용되고 있다. 이러한 상황을 반영하여 학교현장에서도 작도 교육의 수학교육적 측면과 실생활에서의 유용성 측면 등 다양한 이점을 고려하여 수업에 활용해 볼 필요가 있을 것이라 생각한다.

참 | 고 | 문 | 헌

Reference

강문봉(2019). 초등수학에서 삼각형의 작도 지도에 관한 논의. **교육논총, 39**(4), pp.269~286.

교육부(2015). 2015 개정 교육과정.

교육부(2020). 제3차 수학교육 종합계획(2020~2024).

김근배, 박달원, 최옥환(2017). 분석적 방법을 통한 삼각형의 내접원, 외접원에서 사면체의 내접구, 외접구로의 유추적 발견. **한국학교수학회논문집, 20**(4), 445-464.

김근배, 최옥환, 박달원(2018). 유추와 분석적 방법을 활용한 타원 초점 작도. **한국학교수학회논문집, 21**(4), pp.401~418.

김남희, 나귀수, 박경미, 이경화, 정영옥(2017). **수학교육과정과 교재연구**. 서울: 경문사.

류희찬, 제수연(2009). 역동적 기하 환경에서 파푸스의 분석법을 이용한 이차곡선의 작도 활동에서 나타난 학생들의 수학적 발견과 정당화. **교원교육, 25**(4), pp.168~189.

반은섭, 신재홍, 류희찬(2016). 오마르 카얌(Omar Khayyam)이 제시한 삼차방정식의 기하학적 해법의 교육적 활용. **학교수학**, 18(3), pp.589~609.

서보억(2016). 유클리드 분할론에 기반한 작도교육의 방향 분석. *East Asian Mathematical Journal, 32*(4), pp.483~500.

양성현, 강옥기(2011). GeoGebra를 활용한 역동적인 시각적 표상에 기반한 이차곡선 지도 방안. **학교수학, 13**(3), pp.447~468.

이승훈, 조완영(2013). 수학교사의 이차곡선에 관한 내용지식의 분석. **학교수학, 15**(4), pp.995~1013.

장미라, 강순자(2010). 역사적 고찰을 통한 이차곡선의 지도 방안. **수학교육 논문집, 24**(3), pp.731~744.

장혜원(1997). 중학교 기하 영역 중 작도 단원에 관한 고찰. **수학교육학연구, 7**(2), pp.327~336.

조완영, 정보나(2002). 7차 수학과 교육과정 작도 영역의 교과서와 수업사례 분석. **학교수학, 4**(4), pp.599~613.

허남구(2014). 기하학적 방법을 통한 이차곡선 접선의 작도에 관한 연구. **과학영재교육, 6**(3), pp.125~133.

허남구(2017). 이차곡선의 작도 활동에서 나타난 유추적 사고. **수학교육학연구, 27**(1),

pp.51~67.

허남구, 류희찬(2015). 활동 중심 수학과 디지털교과서의 개발 및 적용. **수학교육학연구, 25**(2), pp.241~261.

礒田正美, & Bussi, M. G. B.(2009). **曲線の事典 性質·歴史·作図法**. 東京: 共立出版株式会社.

Boyer, C. B., & Merzbach, U. C.(1991). *A history of mathematics (2nd Ed)*. New York: McGraw-Hill.

Descartes, R.(1954). *The Geometry*. Translated by D. E. Smith & M. L. Latham. New York, NY: Dover. (원저는 1637년에 출판)

Klein, M.(1972). *Mathematical Thought from Ancient to Modern Times*. Oxford University Press.

Lamb, J. Jr.(1993). Two Egyptian Construction Tools. *Mathematics Teacher, 86*(2), pp.166~167.

van Schooten, F.(1646). *De Organica Conicarum Sectionum*.

제 8 장

초등학교에서 종이접기를 통한 전통적 작도문제 해결

백석윤(서울교육대학교), 도주원(서울용암초등학교)

1. 들어가는 글

요즈음과 같이 컴퓨터 게임이 아동의 중요한 오락물로 자리하고 있는 디지털 시대에도 여전히 아날로그적 놀이 문화라고 할 수 있는 종이접기는 대다수의 아동이 성장하는 과정에서 반드시 경험하는 놀이 중 하나로 나름의 분명한 위상을 차지하고 있다. 컴퓨터 게임과 같이 아동의 관심을 유인하는 오락적 요건을 다량 갖추고 있는 다양한 오락물을 손쉽게 접할 수 있는 작금의 놀이 환경 속에서도 종이접기가 꾸준히 아동의 놀이 문화로서 독자적 영역을 차지하고 있는 것은 종이접기 속에도 아동의 관심과 흥미를 이끄는 요소가 충분히 포함되어 있음을 대변한다고 볼 수 있다.

종이접기는 손끝에서 이루어지는 접기라는 물리적 조작 활동에 따라 바로 종이 모양이 변화되는 놀이의 역동성을 갖추고 있다. 최근에는 디지털 시대에 살아가는 아동의 취향에도 잘 들어맞는 실감나는 접기 모양들이 개발됨으로써 아동의 오락적 욕구 또한 충족시킬 수 있게 되었다. 만들고 싶은 욕구에 부응하는 모양을 시행착오적 노력을 통하여 접어냈을 때의 성취감은 컴퓨터 게임에서는 느끼기 어려운 일종의 창작과도 같은 고도의 성취감을 경험시켜 준다. 따라서 종이접기는 디지털 오락 문화에 익숙해진 요즘의 아동들에게도 여전히 매력적인 아날로그적 놀이 문화로서 그 존재감을 보여주고 있는 것이다.

이에 더하여 종이접기는 단순한 놀이의 차원을 넘어서는 교육적 가치 또한 풍부하게 지니고 있다. 특히 수학교육적 가치 측면을 들여다보면, 종이접기 활동이 겉으로는 손을 사용하는 물리적 조작 활동의 과정으로 나타나긴 하지만, 실은 의도하는 모양을 접기 위한 사고의 과정과 긴밀히 연결되어 손을 빌어서 표현되는 인지적 조작활동이라고 할 수 있다. 초등 수학교육에서 순수하게 추상적으로 전개되는 인지적 활동은 학생들의 인지 발달 단계나 패턴에 적합하지 않다는 것은 주지하고 있는 바로서, 구체적이며 감각적 조작 활동을 통한 인지적 활동이 필요한데 종이접기가 이러한 연결 매체로서 좋은 예가 된다고 할 수 있다.

종이접기는 무엇보다도 수학 교과의 내용과 밀접히 연결된 학습 요소를 갖고 있어 초등 수학 학습 지도에 있어서 풍부한 교육적 가치를 내포하고 있다. 대부분의 종이접기는 정사각형의 종이로 출발하게 되는데, 이 정사각형으로 다양한 모양을 접어내는 활동은 분명 기본적인 기하학적 모양을 직접 다루거나 공간 감각, 공간적 추론과 같은 초등기하적 사고를 전개할 수 있는 양질의 구체적인 기회가 된다. 이외에도 종이접기는 대수적 성질 등을 구체적이며 귀납적으로 이해하는 데 도움이 되는 학습 요소와 환경 또한 포함하고 있다.

실제 종이접기 활동 과정을 살펴보면, 학습자는 자신의 손가락을 사용하여 일련의 과정과 순서에 따라 조작 활동을 하면서 재미있는 모양을 구체적으로 완성하는 경험을 하게 된다. 학습자는 특정 모양을 접을 때 대부분의 경우 각 단계마다 미리 정해진 순서에 따라 진행해야 하며, 그 때마다 뒤따르는 시행착오의 과정에서 수학적 문제해결의 인지적 활동에 흥미를 가지고 적극적으로 임하게 된다.

이 장에서는 이와 같이 교육적 가치가 큰 수학 학습의 내용적 요소와 지도의 방법론을 다량 포함하고 있는 종이접기 활동을 초등 기하 학습 지도에 구체적으로 적용할 수 있는 방안에 대하여 알아보고자 한다. 실제로 2015 개정 교육과정에 따른 초등학교 수학 교과서의 여러 단원에서 종이접기 활동이 해당 내용을 이해시키기 위한 방법으로 활용되고 있는 부분이 자주 등장하고 있다. 이와 같이 교과서에서 단편적이며 산발적으로 사용되고 있는 종이접기를 초등 기하 학습 지도에 효과적으로 적용 및 활용할 수 있는 방법에 대한 체계화를 꾀하는 것이 이 장의 목적이라고 할 수 있다.

2. 종이접기로 평면도형 작도

2.1 임의의 직선

2.1.1 작도문제

작도문제 8-1	종이를 접어서 임의의 직선을 접힌 선으로 나타내시오.

2.1.2 작도문제의 해법

아래 그림과 같이 종이 위에 서로 떨어져 있는 임의의 서로 다른 두 점인 점 P와 점 Q를 정하고 그 두 점을 일치시키는 방식으로 종이가 접히는 대로 밀착시켰다 펼침으로써 접힌 선을 만들면 된다.

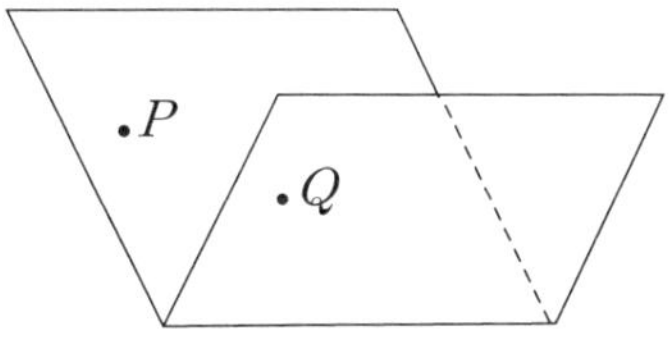

2.1.3 수업 활용 방안

'임의의 직선 접기'는 3학년 1학기 2단원 평면도형의 2차시 '선의 종류에는 어떤 것이 있을까요'에서 활용할 수 있는 활동이다. 활동 4의 선분을 양쪽으로 끝없이 늘인 곧은 선을 직선으로 약속하는 활동(p.32)에서 '임의의 직선 접기'를 활용하여 직선을 지도할 수 있다.

2.2 주어진 한 점을 지나는 직선

2.2.1 작도문제

작도문제 8-2 종이를 접어서 종이 위의 한 점 P를 지나는 직선을 접힌 선으로 나타내시오.

2.2.2 작도문제의 해법

아래 그림과 같이 종이 위의 점 P를 지나는 접힌 선이 만들어지게 2.1.2의 해법과 동일한 방식으로 접어서 펼침으로써 접힌 선을 만들면 된다.

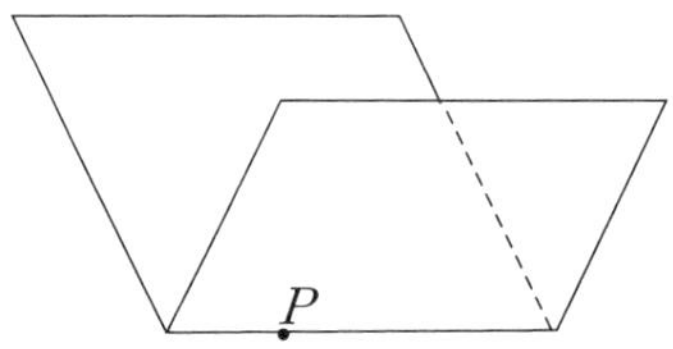

2.2.3 수업 활용 방안

'주어진 한 점을 지나는 직선 접기'는 3학년 1학기 2단원 평면도형의 2차시 '선의 종류에는 어떤 것이 있을까요'에서 활용할 수 있는 활동이다. 활동 4의 두 점을 지나는 직선을 약속하는 활동(p.32)의 추가 활동으로 '주어진 한 점을 지나는 직선 접기'를 활용할 수 있다.

2.3 주어진 직선에 수직인 직선

2.3.1 작도문제

작도문제 8-3 종이를 접어서 종이 위의 두 점인 점 A와 점 B를 지나는 직선에 수직으로 만나는 직선을 접힌 선으로 나타내시오.

2.3.2 작도문제의 해법

아래 그림에서 주어진 두 점인 점 A와 점 B가 서로 겹쳐지게 종이를 접었다 펼침으로써 만들어지는 접힌 선인 직선 CD는 직선 AB를 수직이등분하는 직선이 된다.

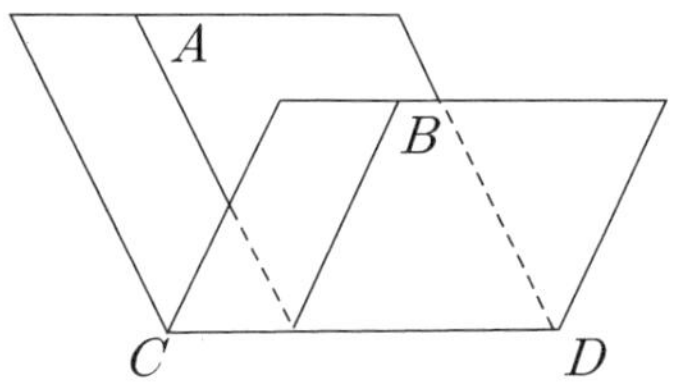

2.3.3 수업 활용 방안

'주어진 직선에 수직인 직선 접기'는 4학년 2학기 4단원 사각형의 2차시 '수직을 알아볼까요.'에서 활용할 수 있는 활동이다. 활동 2의 두 직선이 만나서 이루는 각이 직각인 곳을 찾아보는 활동과 두 직선이 수직인 개념과 수선 개념을 지도할 때(p.78) '주어진 직선에 수직인 직선 접기'를 활용하여 지도할 수 있다. 활동 3의 삼각자를 사용하여 주어진 직선에 대한 수선을 그리는 활동(p.79)의 대체 활동으로 '주어진 직선에 수직인 직선 접기'를 활용할 수 있다.

2.4 주어진 직선 위의 한 점에 수직인 직선

2.4.1 작도문제

작도문제 8-4 종이 위의 주어진 직선 AB 위의 점 P를 지나면서 직선 AB에 직교하는 직선을 접힌 선으로 나타내시오.

2.4.2 작도문제의 해법

아래 그림에서 직선 AB 위의 점 P에서 접기를 시작하되 직선 AB가 일치하도록 접었다가 펼침으로써 만들어지는 접힌 선이 점 P를 지나면서 직선 AB에 직교하는 직선이 된다.

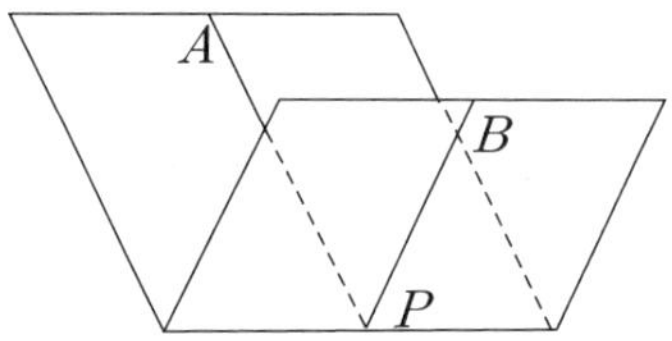

2.4.3 수업 활용 방안

'주어진 직선 위의 한 점에 수직인 직선 접기'는 4학년 2학기 4단원 사각형의 2차시 '수직을 알아볼까요.'에서 활용할 수 있는 활동이다. 활동 3의 각도기를 사용하여 주어진 직선 위의 한 점에서 주어진 직선에 수선을 그리는 활동(p.79)의 대체 활동으로 '주어진 직선 위의 한 점에 수직인 직선 접기'를 활용할 수 있다.

2.5 주어진 직선 밖의 한 점을 지나면서 주어진 직선에 수직인 직선

2.5.1 작도문제

> **작도문제 8-5** 종이 위의 주어진 직선 AB 밖의 점 P를 지나면서 직선 AB에 직교하는 직선을 접힌 선으로 나타내시오.

2.5.2 작도문제의 해법

아래 그림에서 직선 AB 밖의 점 P를 접히는 선이 지나가도록 접기를 시작하되 직선 AB가 일치하도록 접었다가 펼침으로써 만들어지는 접힌 직선 CD가 점 P를 지나면서 직선 AB에 직교하는 직선이 된다.

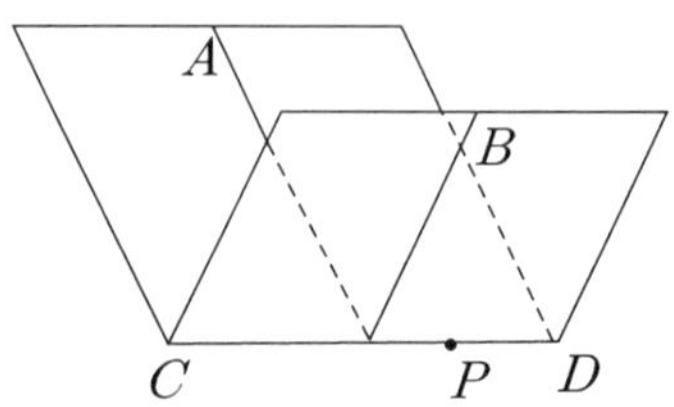

2.5.3 수업 활용 방안

'주어진 직선 밖의 한 점을 지나면서 주어진 직선에 수직인 직선 접기'는 4학년 2학기 4단원 사각형의 2차시 '수직을 알아볼까요.'에서 활용할 수 있는 활동이다. 활동 3의 삼각자와 각도기를 사용하여 주어진 직선에 수선을 그리는 활동(p.79)에서 추가 활동으로 '주어진 직선 밖의 한 점을 지나면서 주어진 직선에 수직인 직선 접기'를 활용할 수 있다.

2.6 주어진 선분의 수직이등분선

2.6.1 작도문제

> **작도문제 8-6** 종이를 접어서 종이 위의 두 점인 점 A와 점 B를 잇는 선분을 수직이등분하는 직선을 접힌 선으로 나타내시오.

2.6.2 작도문제의 해법

아래 그림에서 두 점인 점 A와 점 B가 일치하도록 종이를 접었다 펼침으로써 접힌 직선 CD는 선분 AB를 수직이등분하게 된다.

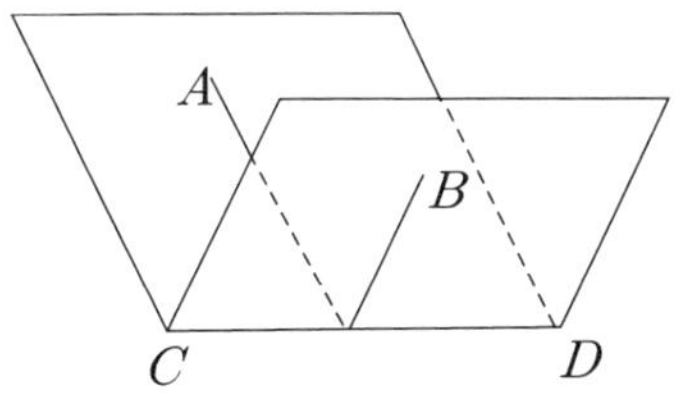

2.6.3 수업 활용 방안

'주어진 선분의 수직이등분선 접기'는 4학년 2학기 4단원 사각형의 2차시 '수직을 알아볼까요.'에서 활용할 수 있는 활동이다. 활동 3의 삼각자와 각도기를 사용하여 주어진 직선에 수선을 그리는 활동(p.79)에서 추가 활동으로 '주어진 선분의 수직이등분선 접기'를 활용할 수 있다.

2.7 주어진 직선에 나란한 직선

2.7.1 작도문제

작도문제 8-7 종이 위에 주어진 선분 AB에 나란한 직선을 접힌 선으로 나타내시오.

2.7.2 작도문제의 해법

먼저 직선 2.3.2의 해법과 동일한 방식으로 접어서 선분 AB에 직교하는 직선 EF를 접힌 선으로 나타낸다. 다음 이 직선 EF에 직교하되 선분 AB와는 만나지 않는 임의의 직선 CD를 접힌 선으로 나타낸다.

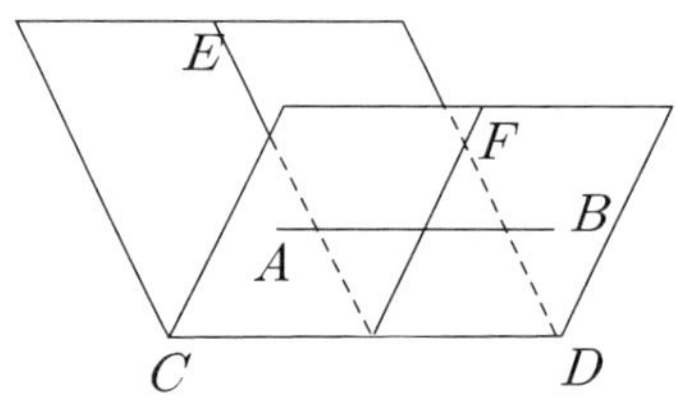

2.7.3 수업 활용 방안

'주어진 직선에 나란한 직선 접기'는 4학년 2학기 4단원 사각형의 3차시 '평행을 알아볼까요.'에서 활용할 수 있는 활동이다. 활동 3의 삼각자를 사용하여 주어진 직선과 평행한 직선을 그리는 활동(p.81)의 대체 활동으로 '주어진 직선에 나란한 직선 접기'를 활용할 수 있다.

2.8 주어진 점을 지나면서 주어진 직선에 나란한 직선

2.8.1 작도문제

작도문제 8-8 종이 위의 주어진 점 P를 지나면서 주어진 선분 AB에 나란한 직선을 접힌 선으로 나타내시오.

2.8.2 작도문제의 해법

먼저 직선 2.5.2의 해법과 동일한 방식으로 접어서 선분 AB에 직교하는 직선 EF를 접힌 선으로 나타낸다. 다음 이 직선 EF에 직교하되 점 P를 지나게 접었다 펼침으로써 선분 AB와 나란한 직선 CD를 접힌 선으로 나타낸다.

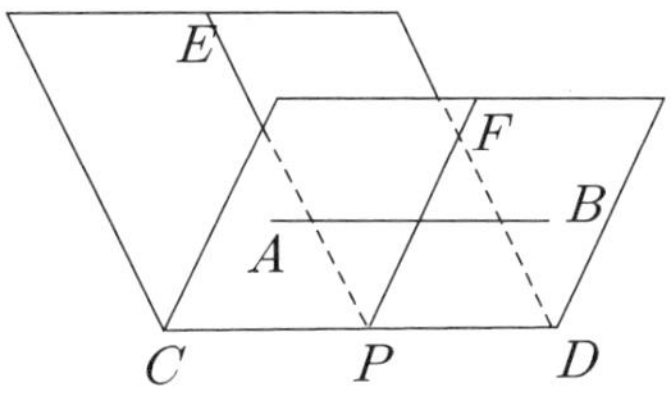

2.8.3 수업 활용 방안

'주어진 점을 지나면서 주어진 직선에 나란한 직선 접기'는 4학년 2학기 4단원 사각형의 3차시 '평행을 알아볼까요.'에서 활용할 수 있는 활동이다. 활동 3의 삼각자를 사용하여 한 점을 지나고 주어진 직선과 평행한 직선을 그리는 활동(p.81)의 대체 활동으로 '주어진 점을 지나면서 주어진 직선에 나란한 직선 접기'를 활용할 수 있다.

2.9 직각

2.9.1 작도문제

작도문제 8-9 종이를 접어서 직각을 나타내시오.

2.9.2 작도문제의 해법

그림과 같이 정사각형 모양의 종이를 접어서 직각을 나타낸다.

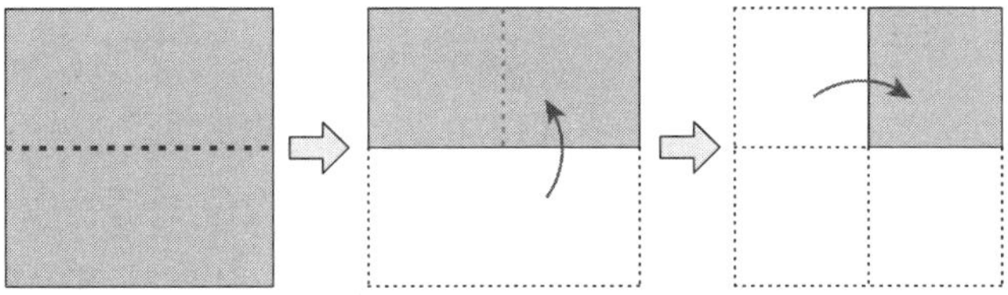

2.9.3 수업 활용 방안

'직각 접기'는 3학년 1학기 2단원 평면도형의 4차시 '직각을 알아볼까요.'에서 활용할 수 있는 활동이다. 활동 2의 원 모양 종이를 접어서 직각을 만든 후 본을 뜨는 활동(p.36)의 대체 활동으로 '직각 접기'를 활용하여 직각을 만든 후 본을 뜨고 직각 표시를 나타내도록 지도할 수 있다. 또한 활동 2에서 직각 개념을 지도할 때(p.37) 「직각 접기」로 접어서 만든 직각을 예시 자료로 활용할 수 있다. 활동 3의 삼각자를 이용하여 교실에서 직각 찾기 활동(p.37)에서 '직각 접기'로 접어서 만든 직각을 삼각자의 대체 자료로 활용할 수 있다.

2.10 주어진 각의 이등분선

2.10.1 작도문제

작도문제 8-10 종이 위에 그려진 각 ACB를 이등분하는 직선을 접힌 선으로 나타내시오.

2.10.2 작도문제의 해법

종이 위의 선분 AC와 선분 BC가 일치하도록 종이를 접었다 펼침으로써 각 ACB의 이등분선을 접힌 선으로 나타낸다.

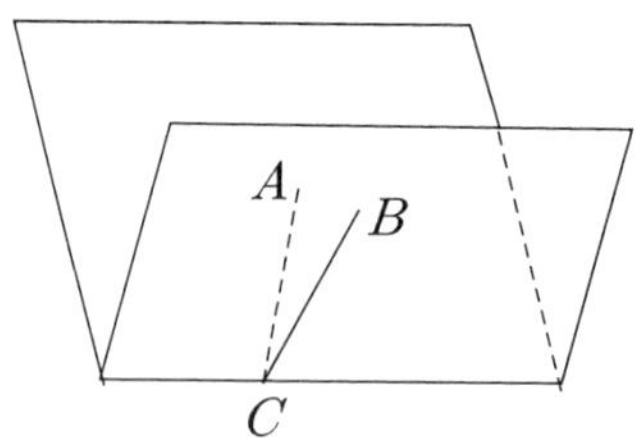

2.10.3 수업 활용 방안

'주어진 각의 이등분선 접기'는 3학년 1학기 2단원 평면도형의 3차시 '각을 알아볼까요.'에서 활용할 수 있는 활동이다. 활동 3의 여러 가지 각을 만들어 보고 본을 떠 보는 활동(p.35)의 추가 심화 활동으로 '주어진 각의 이등분선 접기'를 활용할 수 있다.

2.11 이등변삼각형

2.11.1 작도문제

작도문제 8-11 종이를 접었다 펼침으로써 접힌 선에 의하여 이등변삼각형을 나타내시오.

2.11.2 작도문제의 해법

정사각형의 종이를 사용하여 아래 그림이 보여주는 순서에 따라 접음으로써 이등변삼각형을 나타낼 수 있다.

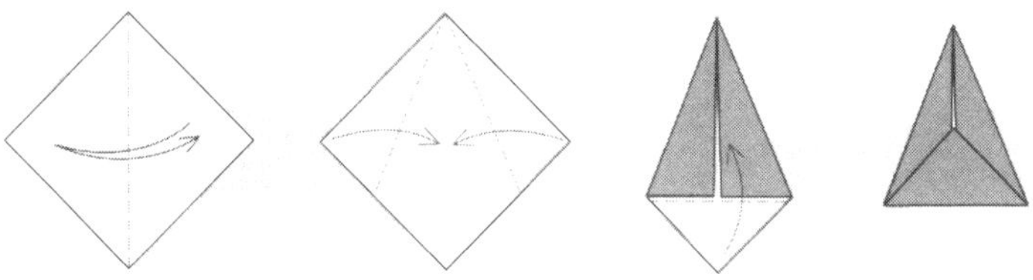

[출처: 이은희, 황우정, 서명희(1999), p.26]

2.11.3 수업 활용 방안

'이등변삼각형 접기'는 4학년 2학기 2단원 삼각형의 2차시 '삼각형을 분류해 볼까요(1)'에서 활용할 수 있는 활동이다. 활동 2의 삼각형을 변의 길이에 따라 분류하여 이름 짓는 활동에서 이등변삼각형 개념을 지도할 때(p.31) 이등변삼각형의 예시 자료로 '이등변삼각형 접기'를 활용할 수 있다.

또한 '이등변삼각형 접기'는 4학년 2학기 2단원 삼각형의 3차시 '이등변삼각형의 성질을 알아볼까요.'에서 활용할 수 있는 활동이다. 활동 2의 이등변삼각형의 성질을 알아보는 활동에서 색종이를 가위로 오려서 이등변삼각형을 만드는 활동(p.32)의 대체 활동으로 '이등변삼각형 접기'를 활용할 수 있다. '이등변삼각형 접기' 활동은 가위로 오리지 않고 종이접기로 이등변삼각형을 만들고 길이가 같은 변, 크기가 같은 각을 찾아보도록 지도하는데 활용할 수 있다. '이등변삼각형 접기' 활동은 활동 4의 두 각의 크기가 같은 삼각형을 그려보는 활동(p.33)의 대체 활동으로도 활용할 수 있다.

2.12 이등변삼각형의 두 밑각

2.12.1 작도문제

작도문제 8-12 이등변삼각형의 두 밑각의 크기가 같음을 종이접기로 보이시오.

2.12.2 작도문제의 해법

종이 위에 그려진 이등변삼각형 ABC를 오려서 밑변 AC의 점 A와 점 C를 일치시키면서 접으면 두 밑각인 각 BAC와 각 BCA가 일치함을 알 수 있다.

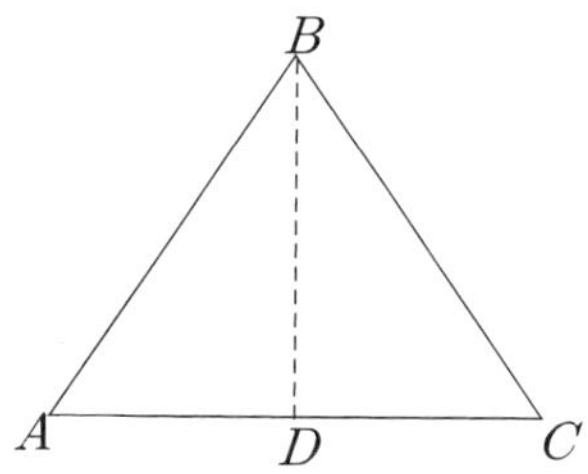

2.12.3 수업 활용 방안

'이등변삼각형의 두 밑각 접기'는 4학년 2학기 2단원 삼각형의 3차시 '이등변삼각형의 성질을 알아볼까요.'에서 활용할 수 있는 활동이다. 활동 2의 이등변삼각형의 성질을 알아보는 활동에서 가위로 오려서 색종이로 이등변삼각형을 만드는 활동(p.32)의 대체 활동으로 '이등변삼각형의 두 밑각 접기'를 활용할 수 있다.

2.13 정삼각형

2.13.1 작도문제

작도문제 8-13 종이를 접었다 펼침으로써 접힌 선에 의하여 정삼각형을 나타내시오.

2.13.2 작도문제의 해법

정사각형의 종이를 사용하여 아래 그림이 보여주는 순서에 따라 접었다 펼침으로써 정삼각형을 나타낼 수 있다.

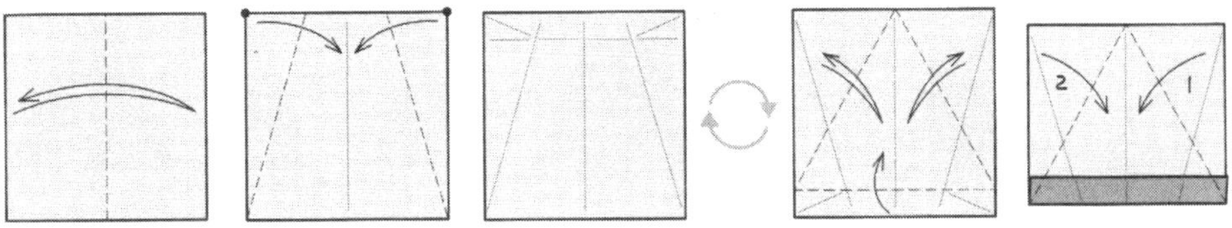

[출처: 오영재(2012), p.58]

2.13.3 수업 활용 방안

'정삼각형 접기'는 4학년 2학기 2단원 삼각형의 2차시 '삼각형을 분류해 볼까요(1)'에서 활용할 수 있는 활동이다. 활동 2의 삼각형을 변의 길이에 따라 분류하여 이름 짓는 활동에서 정삼각형 개념을 지도할 때(p.31) 정삼각형의 예시 자료로 '정삼각형 접기'를 활용할 수 있다.

또한, '정삼각형 접기'는 4학년 2학기 2단원 삼각형의 4차시 '정삼각형의 성질을 알아볼까요.'에서 활용할 수 있는 활동이다. 활동 2의 정삼각형의 성질을 알아보는 활동에서 정삼각형의 변의 길이나 각의 크기를 비교하도록 지도할 때(p.34) '정삼각형 접기'를 활용할 수 있다. '정삼각형 접기' 활동은 활동 4의 세 각의 크기가 같은 삼각형을 그려보는 활동(p.35)의 대체 활동으로 활용할 수 있다.

'정삼각형 접기'는 5학년 1학기 6단원 다각형의 둘레와 넓이의 2차시 '정다각형의 둘레를 구해볼까요.'에서도 활용할 수 있는 활동이다. 활동 2의 정다각형의 둘레를 알아보는 활동에서 종이접기로 정삼각형을 나타내고 변의 길이, 변의 수, 둘레를 구하는 방법을 지도할 때(p.110) 활용할 수 있다.

2.14 삼각형의 내심

2.14.1 작도문제

작도문제 8-14 종이를 접었다 펼침으로써 만들어지는 접힌 선을 이용하여 삼각형의 내심을 나타내시오.

2.14.2 작도문제의 해법

종이 위에 임의의 삼각형 ABC를 그리고 오려낸다. 삼각형 ABC의 세 개의 꼭짓점인 점 A, 점 B, 점 C에서 각 내각을 끼고 있는 두 변이 일치하도록 접었다 펼친다. 이 경우 세 개의 접힌 선 즉 세 개의 내각인 각 BAC, 각 ABC, 각 ACB를 이등분하는 직선이 한 점 I에서 일치하는 것을 볼 수 있다. 이 점이 삼각형 ABC에 내접하는 내심이 된다. 이를 확인하는 방법은 점 I에서 세 개의 변 AB, 변 AC, 변 BC에 직교하는 선분 ID, 선분 IE, 선분 IF를 접었다 펼침으로써 나타낸다. 다음 다시 세 개의 내각을 이등분하는 선을 따라 접어 보면 선분 ID, 선분 IE, 선분 IF의 길이가 모두 같음을 알 수 있다. 즉, 점 I는 삼각형 ABC에 내접하는 원의 중심이 된다.

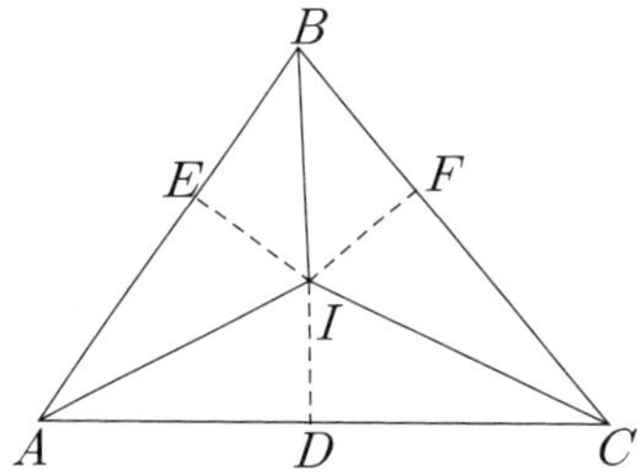

2.14.3 수업 활용 방안

2015 개정 초등학교 수학과 교과서에서는 삼각형의 내심 개념을 다루고 있지 않다. 하지만 '삼각형 내심 접기'와 같은 종이접기는 수학 학습 내용을 단순화화는 데 도움을 줄 수 있으며 심화 학습에 필요한 경험적인 기반을 갖출 수 있게 해준다. 따라서 전통적인 작도문제 중 하나인 삼각형의 내심을 접어보는 '삼각형 내심 접기' 활동은 좀 더 복잡한 구성으로 확장된 활동으로 일반 학생을 대상으로 하는 삼각형의 성질 탐구 심화 수업이나 수학 영재 학생들을 대상으로 한 삼각형의 성질 탐구의 수업에서 활용할 수 있다.

2.15 삼각형의 외심

2.15.1 작도문제

> **작도문제 8-15** 종이를 접었다 펼침으로써 만들어지는 접힌 선을 이용하여 삼각형의 외심을 나타내시오.

2.15.2 작도문제의 해법

종이 위에 임의의 삼각형 ABC를 그리고 오려낸다. 삼각형 ABC의 세 개의 변인 변 AB, 변 BC, 변 AC를 수직이등분하는 직선을 점 A와 점 B, 점 B와 점 C, 점 C와 점 A를 일치시키면서 접었다 펼침으로써 접힌 선으로 나타낸다. 이 경우 세 개의 접힌 선 즉 삼각형 ABC의 세 개의 변인 변 AB, 변 BC, 변 AC를 수직이등분하는 세 개의 직선이 한 점 N에서 일치하는 것을 볼 수 있다. 이 점이 삼각형 ABC의 외심이 된다. 이를 확인하는 방법은 세 개의 변인 변 AB, 변 BC, 변 AC를 수직이등분하는 세 개의 직선을 따라 접어보면 선분 AN, 선분 BN, 선분 CN이 모두 길이가 같음을 알 수 있다. 즉, 점 N은 삼각형 ABC에 외접하는 원의 중심이 된다.

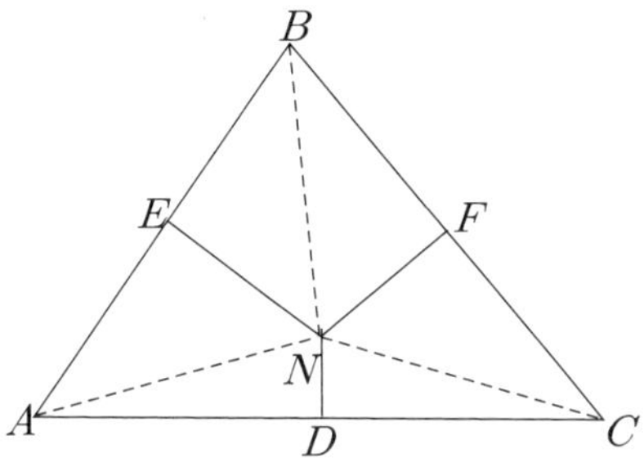

2.15.3 수업 활용 방안

2015 개정 초등학교 수학과 교과서에서는 삼각형의 외심 개념을 다루고 있지는 않다. 하지만 '삼각형 외심 접기'와 같은 종이접기는 수학 학습 내용을 시각화하여 간단히 이해할 수 있도록 도움을 줄 수 있으며, 심화 학습에 필요한 경험적인 기반을 갖출 수 있게 해준다. 따라서 전통적인 작도문제 중 하나인 삼각형의 외심을 종이접기로 찾아보는 '삼각형 외심 접기' 활동은 좀 더 확장된 활동으로 일반 학생을 대상으로 하는 삼각형의 성질 탐구 심화 수업이나 수학 영재 학생들을 대상으로 한 삼각형의 성질 탐구의 수업에서 활용할 수 있다.

2.16 삼각형의 내각의 합

2.16.1 작도문제

작도문제 8-16 삼각형의 내각의 합이 180°가 됨을 종이접기로 보이시오.

2.16.2 작도문제의 해법

종이에 삼각형 ABC를 그려서 오려낸다. 점 B를 출발점으로 변 AC에 직교하는 선분을 접었다 펼침으로써 접힌 선으로 나타낸다. 이 접힌 선이 변 AC와 만나는 점을 점 D라고 한다. 이때 선분 BD는 삼각형 ABC의 높이가 된다. 다음, 점 B와 점 D를 일치시키면서 삼각형 ABC를 내려 접어서 생기는 접힌 선을 선분 EF라 한다. 다음 점 A와 점 D를 일치시키면서 삼각형 ADE를 접는다. 같은 방법으로 점 C와 점 D를 일치시키면서 삼각형 CDF를 접는다. 접은 결과가 그림처럼 점 D에 삼각형 ABC의 세 꼭짓점이 일치되면서 삼각형 ABC의 세 내각이 모여서 평각(180°)을 이룬다.

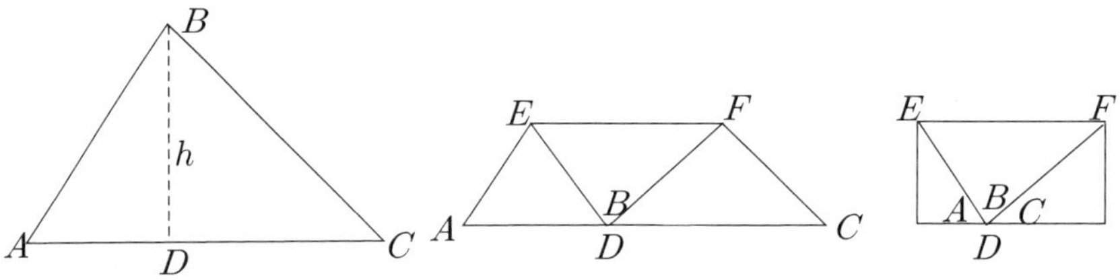

2.16.3 수업 활용 방안

'삼각형의 내각의 합 접기'는 4학년 1학기 2단원 각도의 8차시 '삼각형의 세 각의 크기의 합은 얼마일까요'에서 활용할 수 있는 활동이다. 활동 2에서 삼각형을 그린 후(p.50) 활동 2에서 그린 삼각형을 오려서 삼각형의 세 내각을 모아서 합이 180°가 되는지 알아보는 활동 3(p.51)의 대체 활동으로 '삼각형의 내각의 합 접기'를 활용할 수 있다. '삼각형의 내각의 합 접기'는 삼각형을 오리지 않고 접어서 삼각형의 세 내각의 합이 180°임을 보여줄 수 있는 활동이다.

2.17 삼각형의 넓이

2.17.1 작도문제

작도문제 8-17 삼각형의 넓이가 밑변의 길이에 높이를 곱한 값의 $\frac{1}{2}$이 됨을 종이를 접어서 나타내시오.

2.17.2 작도문제의 해법

종이에 삼각형 ABC를 그려서 오려낸다. 점 B를 출발점으로 변 AC에 직교하는 선분을 접었다 펼침으로써 접힌 선으로 나타낸다. 이 접힌 선이 변 AC와 만나는 점을 점 D라고 합니다. 이때 선분 BD는 삼각형 ABC의 높이가 된다. 다음, 점 B와 점 D를 일치시키면서 삼각형 ABC를 내려 접어서 생기는 접힌 선을 선분 EF라 한다. 다음 점 A와 점 D를 일치시키면서 삼각형 ADE를 접는다. 같은 방법으로 점 C와 점 D를 일치시키면서 삼각형 CDF를 접는다. 접은 결과가 그림처럼 점 D에 삼각형 ABC의 세 꼭짓점이 일치되면서 삼각형 ABC의 넓이의 $\frac{1}{2}$이 되는 두 겹의 직사각형이 만들어진다. 이 직사각형의 가로의 길이는 삼각형 ABC의 밑변인 변 AC의 길이 b의 $\frac{1}{2}$이 된다. 마찬가지로 세로의 길이는 삼각형 ABC의 높이 h의 $\frac{1}{2}$이 된다. 따라서 삼각형 ABC의 넓이는 '밑변의 길이(b)×높이(h)×$\frac{1}{2}$'가 된다.

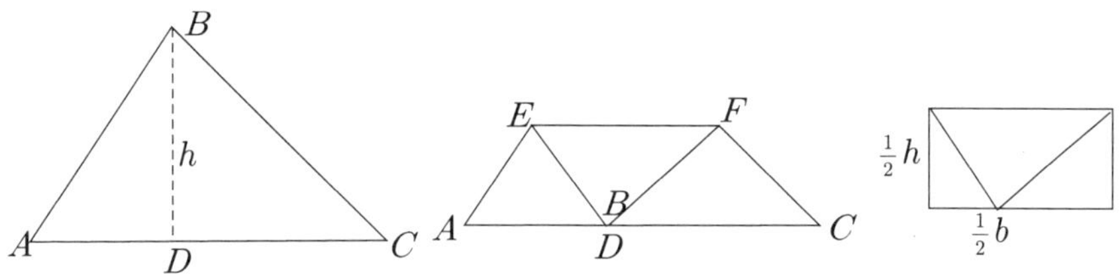

2.17.3 수업 활용 방안

'삼각형의 넓이 접기'는 5학년 1학기 6단원 다각형의 둘레와 넓이의 9~10차시 '삼각형의 넓이를 구해볼까요'에서 활용할 수 있는 활동이다. 여러 가지 방법으로 삼각형의 넓이를 구하는 활동 2(p.127)와 활동 3(p.128)에서 삼각형의 넓이 구하기의 추가 활동으로 '삼각형의 넓이 접기'를 활용할 수 있다.

2.18 직사각형

2.18.1 작도문제

작도문제 8-18 종이를 접어서 직사각형을 나타내어 보시오.

2.18.2 작도문제의 해법

그림과 같이 정사각형 모양의 종이를 접어서 직사각형을 나타낼 수 있다.

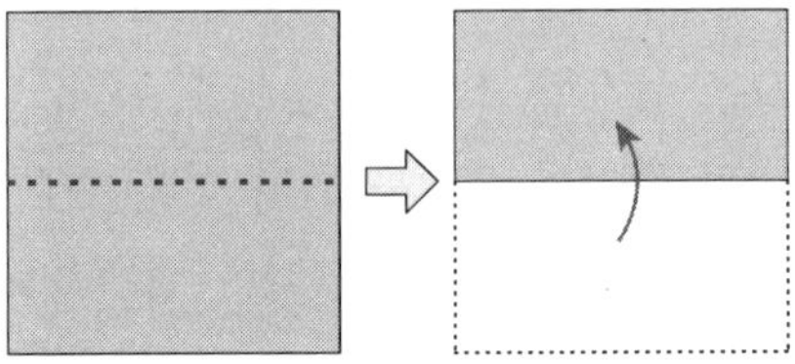

2.18.3 수업 활용 방안

'직사각형 접기'는 3학년 1학기 2단원 평면도형의 6차시 '직사각형을 알아볼까요.'에서 활용할 수 있는 활동이다. 활동 2에서 직사각형 개념을 지도할 때(p.41)에서 '직사각형 접기'로 만든 직사각형을 예시 자료로 활용할 수 있다. 또한 활동 3의 직사각형 그리기 활동(p.41)의 대체 활동으로 '직사각형 접기'를 활용할 수 있다.

2.19 정사각형

2.19.1 작도문제

작도문제 8-19 종이를 접어서 정사각형을 나타내어 보시오.

2.19.2 작도문제의 해법

그림과 같이 직사각형 모양의 종이를 접어서 정사각형을 나타낼 수 있다.

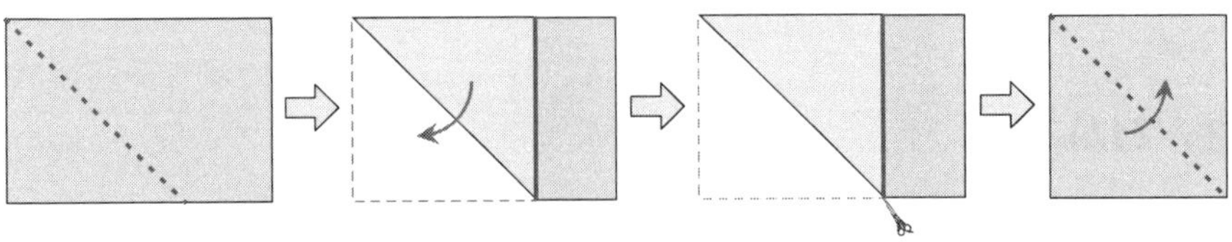

2.19.3 수업 활용 방안

'정사각형 접기'는 3학년 1학기 2단원 평면도형의 7차시 '정사각형을 알아볼까요.'에 제시되어 있는 활동이다. 활동 3의 직사각형 모양의 종이를 접어서 정사각형을 만들어 보는 활동(p.43)에서 '정사각형 접기'로 정사각형을 만든 후 네 각이 모두 직각인지, 그리고 네 변의 길이가 모두 같은지 확인해 보도록 지도할 수 있다.

2.20 여러 가지 사각형(사다리꼴, 평행사변형, 직사각형, 정사각형)

2.20.1 작도문제

작도문제 8-20 종이를 접어서 여러 가지 사각형(사다리꼴, 평행사변형, 직사각형, 정사각형)을 나타내어 보시오.

2.20.2 작도문제의 해법

그림과 같이 종이테이프를 사용하여 순서에 따라 접어서 여러 가지 사각형(사다리꼴, 평행사변형, 직사각형, 정사각형)을 나타낼 수 있다.

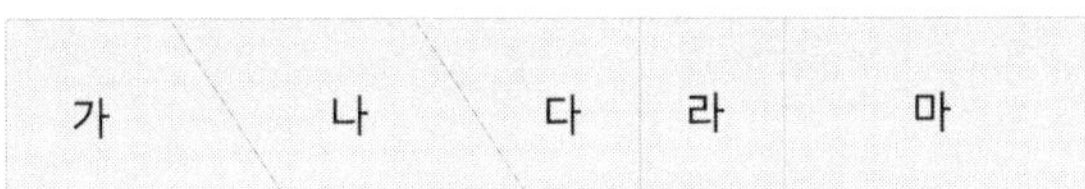

2.20.3 수업 활용 방안

'여러 가지 사각형(사다리꼴, 평행사변형, 직사각형, 정사각형) 접기'는 4학년 2학기 4단원 사각형의 8차시 '여러 가지 사각형을 알아볼까요.'에서 활용할 수 있는 활동이다. 활동 3의 막대로 여러 가지 사각형을 만들어 보는 활동(p.91)과 활동 4의 여러 가지 사각형을 살펴보는 활동(p.91)에서 '여러 가지 사각형 접기'를 활용할 수 있다. 사다리꼴은 평행한 변이 있는 사각형 즉, 마주 보는 한 쌍의 변이 평행한 사각형이므로 위의 여러 가지 사각형 모두가 사다리꼴에 해당된다. 즉, 사다리꼴은 '가', '나', '다', '라', '마'이다. 평행사변형은 마주 보는 두 쌍의 변이 서로 평행한 사각형이므로 위의 여러 가지 사각형 중 평행사변형은 '나', '라', '마'이다. 직사각형은 네 각이 모두 직각인 사각형이므로 위의 여러 가지 사각형 중 직사각형은 '라', '마'이다. 정사각형은 네 각이 모두 직각이고 네 변의 길이가 모두 같은 사각형이므로 위의 여러 가지 사각형 중 정사각형은 '라'이다.

2.21 정오각형

2.21.1 작도문제

작도문제 8-21 종이를 접어서 정오각형을 나타내어 보시오.

2.21.2 작도문제의 해법

1) 방법 1

그림과 같이 종이테이프를 사용하여 매듭을 만든 다음 종이테이프가 구겨지지 않으면서 틈이 벌어지지 않게 접으면 정오각형의 다섯 개의 변을 나타낼 수 있다.

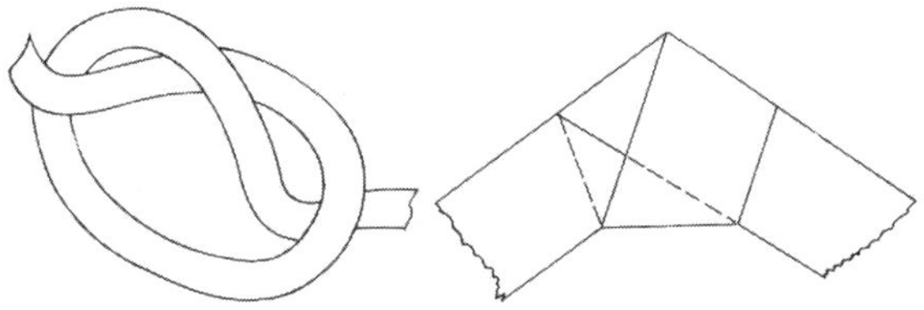

[출처: Olson(1975), p.29]

2) 방법 2

그림과 같이 정사각형 모양의 종이를 사용하여 순서에 따라 접어서 최종 접힌 모양으로 정오각형을 나타낼 수 있다.

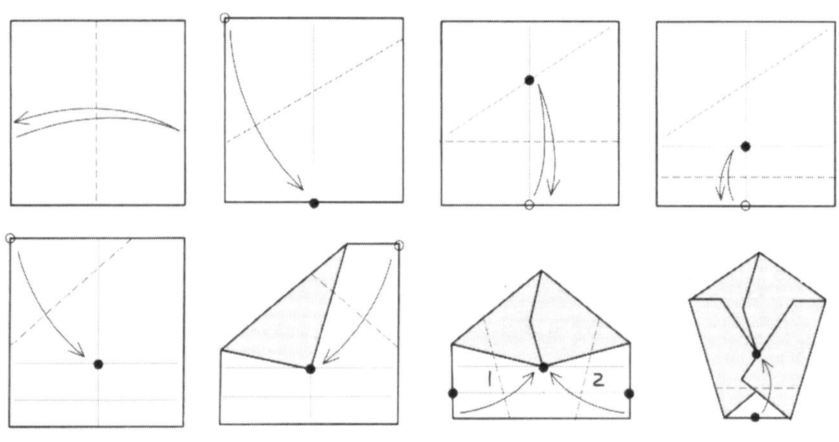

[출처: 오영재(2012), p.72]

2.21.3 수업 활용 방안

'정오각형 접기'는 4학년 2학기 6단원 다각형의 4차시 '변의 길이와 각의 크기가 모두 같은 다각형을 알아볼까요.'에서 활용할 수 있는 활동이다. 활동 2의 정다각형인 것을 모두 찾고, 그 이유를 이야기해 보기 활동(p.123)에서 직접 정오각형을 접으며 정오각형인 이유를 이야기해 보도록 지도할 수 있다. 또한 '정오각형 접기'는 활동 3의 원형 도형판에 정다각형을 만들어 보기 활동(p.123)의 대체 활동으로도 활용할 수 있다.

'정오각형 접기'는 5학년 1학기 6단원 다각형의 둘레와 넓이의 2차시 '정다각형의 둘레를 구해볼까요.'에서도 활용할 수 있는 활동이다. 활동 2의 정다각형의 둘레를 알아보는 활동에서 종이접기로 정오각형을 나타내고 변의 길이, 변의 수, 둘레를 구하는 방법을 지도할 때(p.110) 활용할 수 있다.

2.22 정육각형

2.22.1 작도문제

작도문제 8-22 종이를 접어서 정육각형을 나타내어 보시오.

2.22.2 작도문제의 해법

1) 방법 1

그림과 같이 종이테이프를 사용하여 매듭을 만든 다음 종이테이프가 구겨지지 않으면서 틈이 벌어지지 않게 접으면 정육각형의 여섯 개의 변을 나타낼 수 있다.

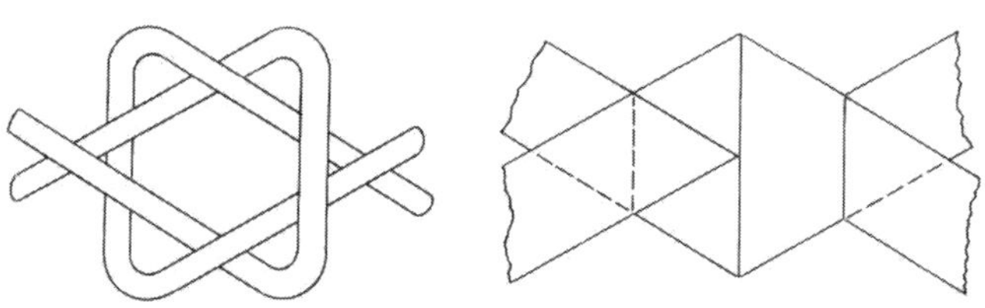

[출처: Olson(1975), p.30]

2) 방법 2

그림과 같이 정사각형 모양의 종이를 사용하여 순서에 따라 접어서 최종 접힌 모양으로 정육각형을 나타낼 수 있다.

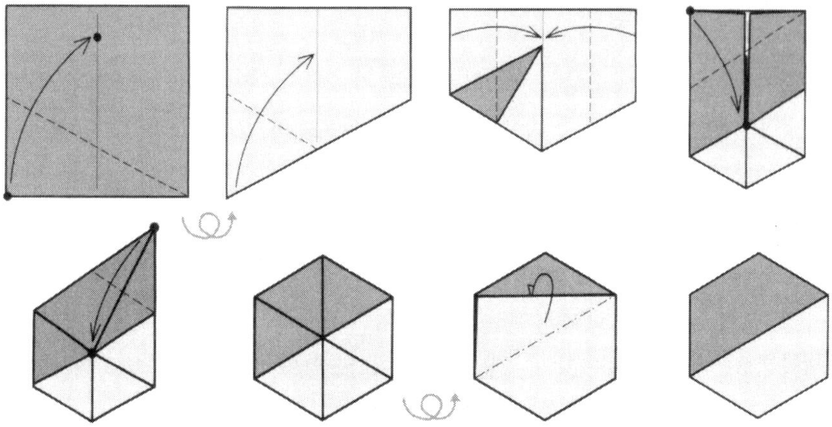

[출처: 오영재(2012), p.76]

2.22.3 수업 활용 방안

'정육각형 접기'는 4학년 2학기 6단원 다각형의 4차시 '변의 길이와 각의 크기가 모두 같은 다각형을 알아볼까요.'에서 활용할 수 있는 활동이다. 활동 2의 정다각형인 것을 모두 찾고, 그 이유를 이야기해보기 활동(p.123)에서 직접 정육각형을 접으며 정육각형인 이유를 이야기해 보도록 지도할 수 있다. 또한 '정육각형 접기'는 활동 3의 원형 도형판에 정다각형을 만들어 보기 활동(p.123)의 대체 활동으로도 활용할 수 있다.

'정육각형 접기'는 5학년 1학기 6단원 다각형의 둘레와 넓이의 2차시 '정다각형의 둘레를 구해볼까요.'에서도 활용할 수 있는 활동이다. 활동 2의 정다각형의 둘레를 알아보는 활동에서 종이접기로 정육각형을 나타내고 변의 길이, 변의 수, 둘레를 구하는 방법을 지도할 때(p.110) 활용할 수 있다.

2.23 정칠각형

2.23.1 작도문제

작도문제 8-23 종이를 접어서 정칠각형을 나타내어 보시오.

2.23.2 작도문제의 해법

그림과 같이 종이테이프를 사용하여 매듭을 만든 다음 종이테이프가 구겨지지 않으면서 틈이 벌어지지 않게 접으면 정칠각형의 일곱 개의 변을 나타낼 수 있다.

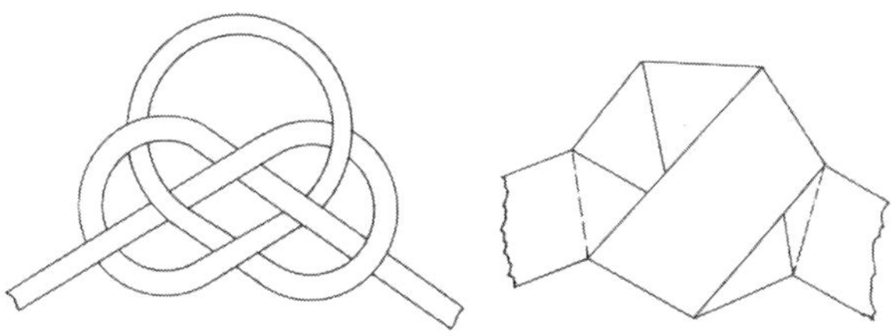

[출처: Olson(1975), p.30]

2.23.3 수업 활용 방안

‘정칠각형 접기’는 4학년 2학기 6단원 다각형의 4차시 ‘변의 길이와 각의 크기가 모두 같은 다각형을 알아볼까요.’에서 활용할 수 있는 활동이다. 활동 2의 정다각형인 것을 모두 찾고, 그 이유를 이야기해 보기 활동(p.123)에서 정다각형의 한 가지 예로 정칠각형을 접으며 정칠각형인 이유를 이야기해 보도록 지도할 수 있다. 또한 ‘정칠각형 접기’는 활동 3의 원형 도형판에 정다각형을 만들어 보기 활동(p.123)의 대체 활동으로 활용할 수 있다.

‘정칠각형 접기’는 5학년 1학기 6단원 다각형의 둘레와 넓이의 2차시 ‘정다각형의 둘레를 구해볼까요’에서도 활용할 수 있는 활동이다. 활동 2의 정다각형의 둘레를 알아보는 활동에서 종이접기로 정칠각형을 만들고 변의 길이, 변의 수, 둘레를 구하는 방법을 지도할 때(p.110) 활용할 수 있다.

2.24 정팔각형

2.24.1 작도문제

작도문제 8-24 종이를 접어서 정팔각형을 나타내어 보시오.

2.24.2 작도문제의 해법

그림과 같이 정사각형 모양의 종이를 사용하여 순서에 따라 접어서 최종 접힌 선으로 정팔각형을 나타낼 수 있다.

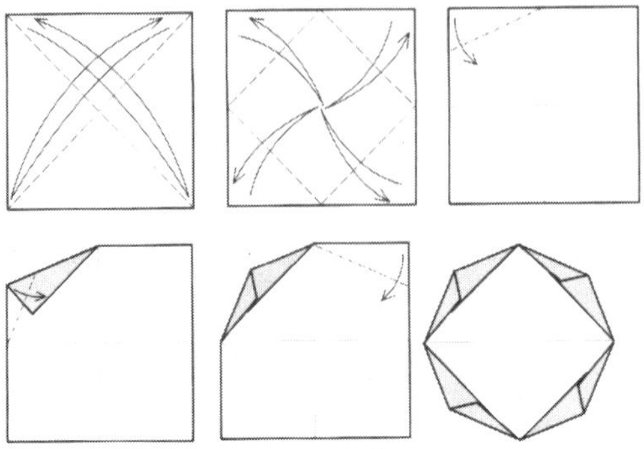

[출처: 오영재(2012), p.78]

2.24.3 수업 활용 방안

'정팔각형 접기'는 4학년 2학기 6단원 다각형의 4차시 '변의 길이와 각의 크기가 모두 같은 다각형을 알아볼까요.'에서 활용할 수 있는 활동이다. 활동 2의 정다각형인 것을 모두 찾고, 그 이유를 이야기해 보기 활동(p.123)에서 정다각형의 한 가지 예로 정팔각형을 접으며 정팔각형인 이유를 이야기해 보도록 지도할 수 있다. 또한 '정팔각형 접기'는 활동 3의 원형 도형판에 정다각형을 만들어 보기 활동(p.123)의 대체 활동으로 활용할 수 있다.

'정팔각형 접기'는 5학년 1학기 6단원 다각형의 둘레와 넓이의 2차시 '정다각형의 둘레를 구해볼까요.'에서도 활용할 수 있는 활동이다. 활동 2의 정다각형의 둘레를 알아보는 활동에서 종이접기로 정팔각형을 만들고 변의 길이, 변의 수, 둘레를 구하는 방법을 지도할 때(p.110) 활용할 수 있다.

3. 입체도형 접기

3.1 정사면체

3.1.1 작도문제

작도문제 8-25 종이를 접어서 정사면체를 나타내어 보시오.

3.1.2 작도문제의 해법

그림과 같이 정사각형 모양의 종이를 사용하여 순서에 따라 접어서 최종 접힌 모양으로 정사면체를 나타낼 수 있다.

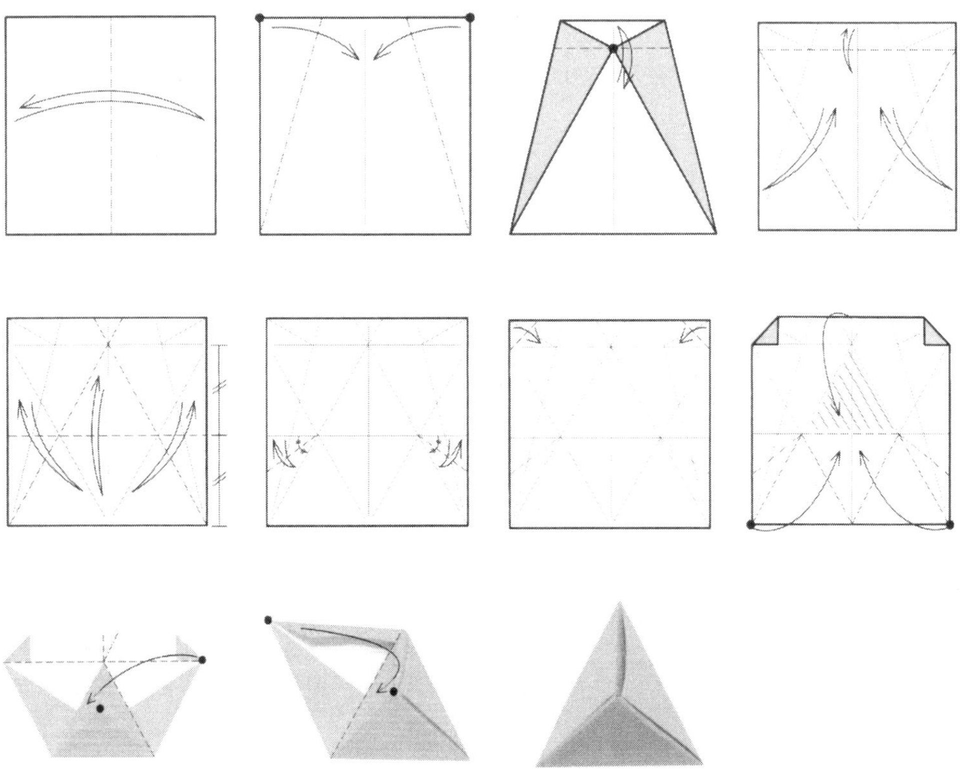

[출처: 오영재(2012), p.116]

3.1.3 수업 활용 방안

'정사면체 접기'는 6학년 1학기 2단원 각기둥과 각뿔의 7차시 '각뿔을 알아볼까요. (1)'에서 활용할 수 있는 활동이다. 활동 2와 활동 3의 각뿔의 밑면과 옆면을 찾아보고 각뿔의 밑면과 옆면의 개념을 약속하는 활동(p.39)에서 삼각뿔의 예로 이 정사면체를 접어서 지도할 수 있다.

'정사면체 접기'는 6학년 1학기 2단원 각기둥과 각뿔의 8차시 '각뿔을 알아볼까요. (2)'에서도 활용할 수 있는 활동이다. 활동 1의 각뿔의 밑면을 보고 각뿔의 이름을 알아보는 활동(p.40)과 활동 2의 여러 가지 각뿔을 살펴보는 활동(p.41)에서 '정사면체 접기'로 정사면체를 접에서 각뿔의 구성 요소인 선분과 점의 개수를 알아보도록 지도할 수 있다. 또한 '정사면체 접기'로 정사면체를 접어서 각뿔의 모서리, 꼭짓점, 각뿔의 꼭짓점, 높이 개념을 지도하는 활동(p.41)에서 사각뿔의 예로 활용할 수 있다.

3.2 정육면체

3.2.1 작도문제

작도문제 8-26 종이를 접어서 정육면체를 나타내어 보시오.

3.2.2 작도문제의 해법

그림과 같이 정사각형 모양의 종이를 사용하여 순서에 따라 접어서 최종 접힌 모양으로 정육면체를 나타낼 수 있다.

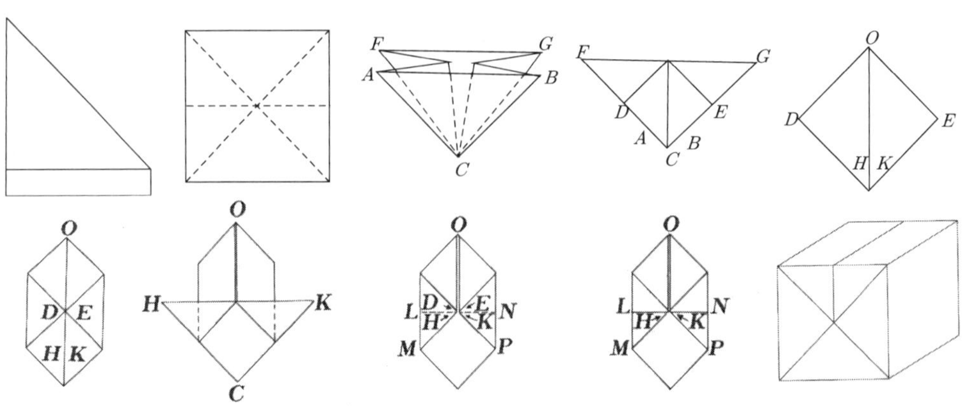

[출처: Olson(1975), pp.41~42]

3.2.3 수업 활용 방안

'정육면체 접기'는 5학년 2학기 5단원 직육면체의 3차시 '정사각형 6개로 둘러싸인 도형을 알아볼까요.'에서 활용할 수 있는 활동이다. 활동 2의 정육면체의 특징을 알아보는 활동(p.101)에서 '정육면체 접기'로 정육면체를 접어서 변의 모양, 면의 수, 모서리의 수, 꼭짓점의 수를 알아보고, 각 모서리의 길이를 재어보도록 지도할 수 있다. 또한 '정육면체 접기'는 활동 2의 앞 차시에 배운 직육면체와의 공통점과 차이점을 찾아보는 활동(p.101)에서도 활용할 수 있다.

4. 나오는 글

종이접기를 초등 기하 학습 지도 과정에 활용하고자 함은 종이접기를 통해서 학생의 기하학적 사고를 자극하고 이를 성장시키는 효과를 얻고자 하는 것이다(Silverman & Manzano, 1996). 앞에서 알아본 바와 같이 다양한 기하학적 개념이나 성질이 종이접기 활동에 잠재되어 있다. 이러한 종이접기를 통하여 학습 지도가 이루어질 때 종이접기 과정에 잠재된 수학적 개념이나 성질의 습득과 탐구, 적용, 표상, 의사소통, 수학적 추론 등에 대한 학습과 지도가 좀 더 수월해질 수 있다. 즉, 종이접기는 학습자로 하여금 그들의 기하학적 경험과 공간적 시각화 체험을 가능하게 해주는 흥미롭고 역동적인 교육적 환경 속에 들어가게 해주는 셈이다.

종이접기 활동을 학교수학에 처음 도입한 19세기 초 프뢰벨(Fröbel) 이후 꽤 오랜 시간이 지났지만 아직 프뢰벨의 연구만큼 적극적으로 종이접기를 유아나 초등학교 수학 학습 지도에 활용한 예나 이를 위한 연구는 찾아보기가 쉽지 않다. 한편, 인터넷 사이트에서도 종이접기와 관련된 일반 사이트는 많지만 종이접기를 수학 학습 지도에 제대로 활용하기를 시도한 사이트는 찾아보기 어렵다. 종이접기가 특히 초등 기하 분야의 내용 지도에 풍부한 교육적 요소와 가치를 지니고 있음은 백석윤(1994, 1996)을 통하여 소개한 바 있으나, 이제는 이에 대한 체계화된 활용 방안의 소개가 필요하다고 생각하여 현 초등 수학에서의 도형이나 측정 분야의 내용 지도에 종이접기를 활용한다면 어떤 내용에서 어떤 방식으로 활용하는 것이 가능한지를 정리해 보았다.

종이접기를 초등 기하 교육에 활용하는 방법은 지도하려는 수학 내용이나 상황에 따라 직접적인 방식 또는 간접적인 방식과 같이 다양하다고 생각한다. 실제로 특정의 자료나 방법을 수학 학습 지도에 투입하여 활용할 때 학습자의 입장에서는 교사가 사용하는 자료나 방법의 내포하는 수학적 의도가 겉으로 드러나지 않을 때 그 효과가 상승한다는 것은 주지하는 바이다. 특정 수학 내용을 지도할 때 바로 임박하여 그 내용과 관련된 종이접기 활동을 보여주거나 학생이 수행케 하는 방식의 종이접기 활용은 종이접기가 갖고 있는 교육적 가치를 제대로 발휘하지 못한 채 여타의 학습 도구나 지도 자료 사용의 효과 정도에 그치게 한다. 종이접기를 초등 기하 학습 지도에 적절하게 활용하기 위해서는 미리 해당 수학 내용에 대한 면밀한 분석과 함께 이에 따른 관련 종이접기 활동을 구안하여 관련 수학 내용 지도에 어떠한 시점에 어떠한 방식으로 적용할 것인지에 대한 충분한 사전 연구가 필요하다.

참 | 고 | 문 | 헌

Reference

교육부(2014). **수학 4-2**. 서울: (주) 천재교육.

교육부(2018). **수학 3-1**. 서울: (주) 천재교육.

교육부(2018). **수학 4-1**. 서울: (주) 천재교육.

교육부(2018). **수학 4-2**. 서울: (주) 천재교육.

교육부(2019). **수학 5-1**. 서울: (주) 천재교육.

교육부(2019). **수학 5-2**. 서울: (주) 천재교육.

교육부(2019). **수학 6-1**. 서울: (주) 천재교육.

교육부(2019). **수학 6-2**. 서울: (주) 천재교육.

김상헌(2000). **종이접기백선 8**. 서울: 도서출판 종이나라(주).

노영혜(1993). **종이접기백선 1**. 서울: 도서출판 한국색채.

백석윤(1994). 초등 수학의 비정형적 교수 방법: 종이접기를 통한 초등 기하 교육. **진주교육대학교 초등교육 연구, 제4집,** pp.105~117.

백석윤(1996). 종이접기를 통한 초등 기하 학습 지도 방법의 탐색. **대한수학교육학회 논문집, 6(1),** pp.25~32.

오영재(1990). **초등 수학 공부를 위한 수학 종이접기**. 서울: 종이나라.

Levenson, G.(1995). *The Educational Benefits of Origami*. Informed Democracy/Sadako Project.

N.C.T.M.(1989). *Curriculum and Evaluation Standards for School Mathematics*. Reston, VA.: NCTM.

Olson, A. T.(1975). *Mathematics throught Paper Folding*. Reston, VA.: NCTM.

Piaget, J. & Inhelder, B.(1956). *The Child's Conception of Space*. Routledge & Kegan Paul.

Silverman, F.L. & Manzano, N.N.(1996). *Origami: In Creasing Geometry in the Classroom*. Colorado Council of Teachers of Mathematics.

제 9 장

중등학교에서 종이접기를 통한 전통적 작도문제 해결

이성현(세종과학예술영재학교)

1. 들어가는 글

수학에서 작도라고 하면 컴퍼스와 눈금 없는 자를 이용하여 여러 가지 도형을 그리는 것으로 알려져 있다. 컴퍼스는 길이를 옮기거나 원을 그릴 때 사용하며, 눈금 없는 자는 두 점을 연결하여 선분을 그릴 때 사용한다. 이 두 도구를 유클리드 도구라고 하는데, 사실 작도에서는 눈금 없는 자보다 컴퍼스의 역할이 더 중요하다. 서로 다른 두 점은 오직 하나의 직선을 결정하므로, 굳이 자로 연결하지 않더라도 직선으로 인지해 낼 수 있다. 그러나 컴퍼스는 길이를 옮기는 역할을 하기 때문에 작도에서는 없어서는 안 될 필수도구이다.

그런데 유클리드 도구가 없이 도형을 작도하는 다른 방법이 있는데, 가장 대표적인 것이 종이접기를 이용한 작도이다. 종이를 접어서 선분을 만들 수도 있고, 길이를 옮길 수도 있기 때문에 종이접기로 작도가 가능하다. 종이접기를 이용한 작도는 그 방법이 간단하고, 학생들이 접어 보는 활동을 하므로 도형에 대한 직관적 이해가 쉽게 이루어진다. 또한 유클리드 도구로 여러 단계에 걸쳐 이루어지는 작도가 종이접기에서는 간단하게 완성되는 경우도 있다.

2015 개정 교육과정에서는 단순 지식보다는 핵심 개념과 원리를 이해하고, 토의·토론 수업이나 실험·실습 활동 등 학생이 직접 참여하는 방식의 수업을 통해 교과별 역량을 함양할 것을 강조하고 있다. 특히, 수학 교과서들은 활동을 통한 수학학습을 강조하고 있는데 그 중 기하 영역에서는 특히 종이접기를 이용한 활동이 눈에 많이 띈다. 예를 들어, 중학교 수학에서는 종이접기를 이용하여 수직이등분선의 작도를 설명하고 있고 내심과 외심을 학습하기 전에 직관적 이해를 도모하려는 목적으로 제시되기도 한다. 또한, 작도 단원에서는 대부분 도입 부분에서 종이접기 활동을 통해 직관적 이해를 도모하는 작도에 관한 수학적 내용을 서술하고 있다. 즉, 기초 기하학적인 도형에 관한 개념적 지식이나, 수학문제 해결과 같은 고급의 논리성이 있는 과정적 지식과 같은 양질의 수학적 능력을 종이접기라는 흥미 있고 자연스러운 과정을 통해서 훈련하고 학습할 수 있는 기회를 제공하고 있다.

다음은 중학교 교과에 등장하는 개념을 활용하여 종이접기 활동을 통해 다양한 작도문제를 해결해가는 과정에서 도형의 성질을 추론하고 접는 방법을 설명하려 한다.

첫째, A4 용지에서 발견할 수 있는 $1:\sqrt{2}$의 비율을 정사각형 색종이 접기를 통해 접어보고 접은 색종이를 통해 원리를 탐구하며, 둘째, 수학적 원리를 이용하여 3등분 할 수 있는 방법을 알아보기 위해 직접 색종이를 접거나 토론해 보도록 한다. 또한 선분을 5등분하는 방법에 대해서 탐구하며, 셋째, 각도기 대신으로 유용한 '삼각자'를 정사각형 종이 접기를 하고, 그 원리를 알아보며, 넷째, 원의 성질을 응용하여 원 색종이로 정삼각형, 정사각형, 정육각형을 접어보고 접은 색종이로 다각형의 성질을 탐구해 본다.

중학교 1학년에서는 기본 도형, 작도와 합동 단원에서, 중학교 2학년에서는 삼각형의 성질, 사각형의 성질, 도형의 닮음, 피타고라스 정리 단원에서, 그리고 중학교 3학년에서는 삼각비, 원과 직선, 원주각 단원 등에서 기하학적 개념을 학습하고 종이접기 활동을 통해 도형에 관한 개념적 지식이나, 수학 문제해결력을 학습할 수 있는 기회가 될 것이다. 또한, 수학적 개념을 바탕으로 할 수 있는 여러 가지 종이접기를 통해 작도문제에 대해 여러 가지로 탐구해 볼 수 있을 것으로 기대한다.

2. 가로와 세로의 비가 $\sqrt{2}:1$, $\sqrt{3}:1$인 직사각형 종이접기

2.1 가로와 세로의 비가 $\sqrt{2}:1$인 직사각형 종이접기 문제

정사각형 모양의 종이를 접어서 가로와 세로의 비가 $\sqrt{2}$: 1인 직사각형을 만들어 보시오.

2.1.1 가로와 세로의 비가 $\sqrt{2}:1$인 직사각형 종이 접는 순서 (1)

① [그림 9-1]과 같이 대각선 BD를 접어 펼친다.

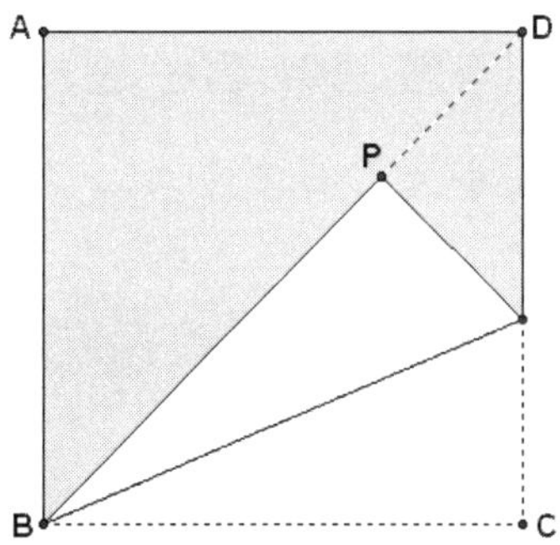

[그림 9-1]

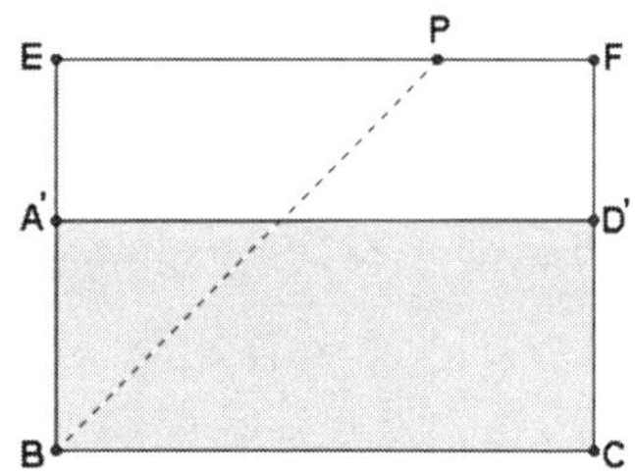

[그림 9-2]

② 점 B를 중심으로 점 C를 대각선 BD 위에 놓고, 이때 점 C를 점 P라고 하자.

③ [그림 9-2]와 같이 점 P를 지나고 선분 BC에 평행하도록 접어 선분 EF를 찾는다. (점 A를 선분 AB 위에 놓는다.)

④ 사각형 EBCF는 가로와 세로의 비가 $\sqrt{2}$: 1인 직사각형이 된다.

2.1.2 접기 문제의 설명

한 변의 길이가 1인 정사각형 ABCD를 생각하자. 점 P에서 선분 BC에 수선을 내려서 선분 BC와의 교점을 점 G라 하자.

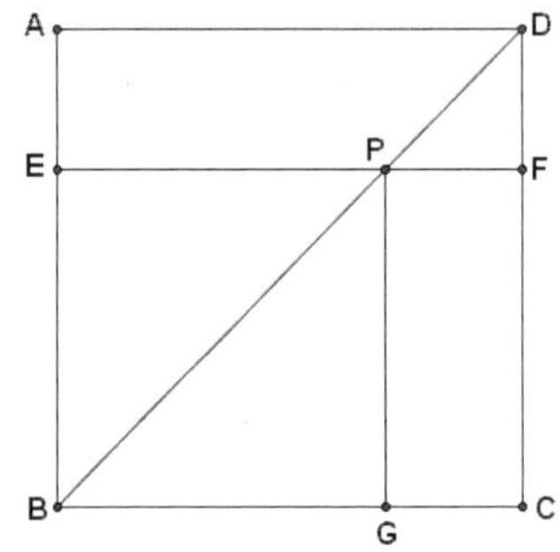

[그림 9-3]

점 B를 중심으로 점 C를 이동했으므로 $\triangle PBG \backsim \triangle DBC$이므로 $\overline{BP}:\overline{BD}=\overline{PG}:\overline{DC}$이다. $\overline{BC}=\overline{CD}=1$이므로 $\overline{BD}=\sqrt{2}$이다. 또한, $\overline{BC}=\overline{BP}=1$이므로 $\overline{BD}:\overline{BP}=\sqrt{2}:1$이다. 따라서, $\overline{DC}:\overline{PG}=\sqrt{2}:1$이다. $\overline{DC}=\overline{BC}$, $\overline{PG}=\overline{FC}$이고 $\overline{BC}:\overline{FC}=\overline{DC}:\overline{BC}=\sqrt{2}:1$이므로 직사각형 EBCF에서 가로와 세로의 비는 $\sqrt{2}:1$이 된다.

2.1.3 가로와 세로의 비가 $\sqrt{2}:1$인 직사각형 종이 접는 순서 (2)

① [그림 9-4]와 같이 점 B를 중심으로 점 C를 대각선 BD 위에 놓고, 점 C를 점 P라고 하자.

② [그림 9-5]와 같이 점 P를 중심으로 점 D가 대각선 BP 위에 오도록 접고, 이때 선분 AD와 선분 CD와 만나는 점을 각각 점 E, F라고 하자.

③ [그림 9-6]과 같이 점 F를 중심으로 점 C가 선분 DF 위에 오도록 접고, 이때 선분 BC와 만나는 점을 점 G라 하자.

④ [그림 9-7]과 같이 점 E를 중심으로 점 A가 선분 ED 위에 오도록 접고, 이때 선분 AB와 만나는 점을 점 H라 하자.

⑤ 선분 HG를 따라 점 B를 접는다.

⑥ 사각형 EHGF는 가로와 세로의 비가 $\sqrt{2}:1$인 직사각형이 된다.

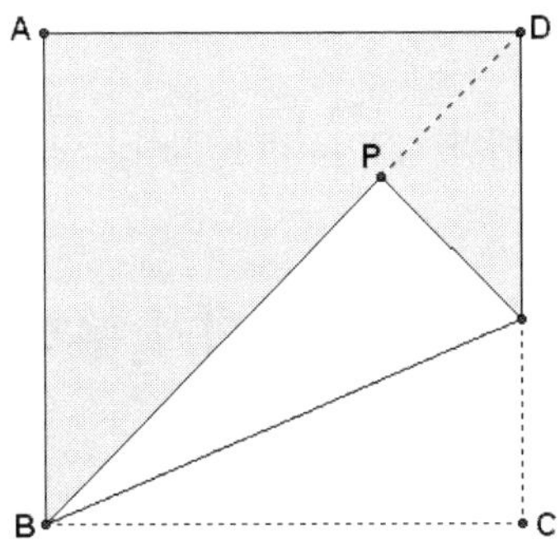

[그림 9-4]

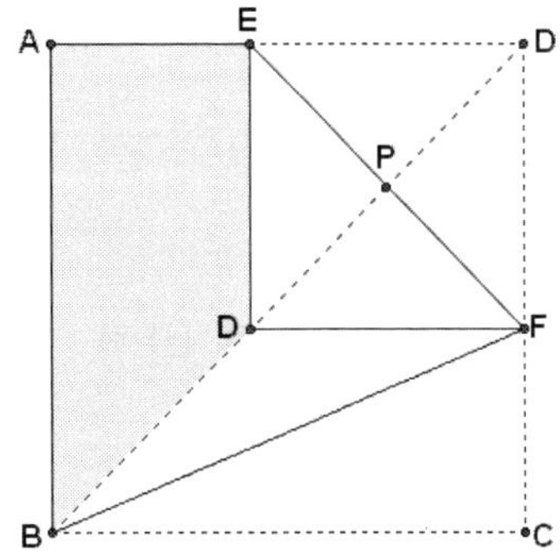

[그림 9-5]

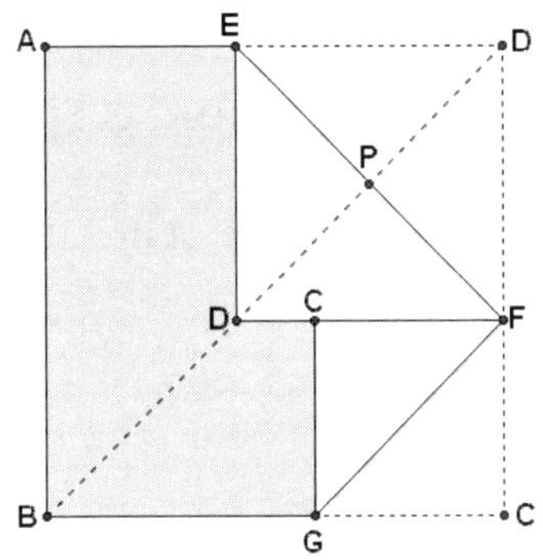

[그림 9-6]

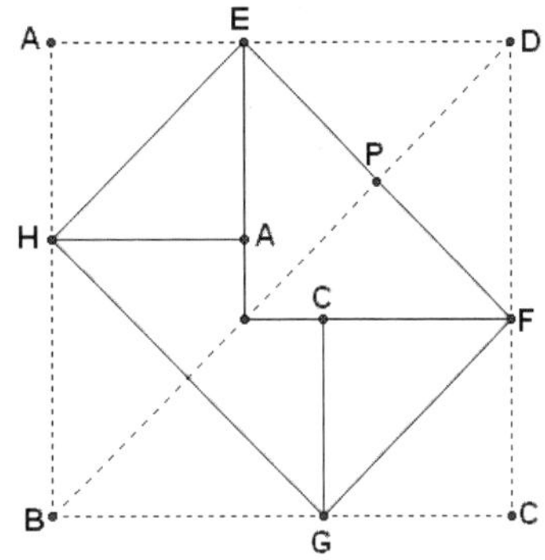

[그림 9-7]

2.1.4 접기 문제의 설명

[그림 9-7]에서 $\overline{BC}=1$이라 하자. 점 B를 중심으로 점 C를 대각선 BD 위에 놓고, 이때 점 C를 점 P라고 했으므로 $\overline{BP}=1$이다. 또한, $\overline{BD}=\sqrt{2}$이고 $\overline{DP}=\overline{BD}-\overline{BP}=\sqrt{2}-1$이 된다. 그리고, 직각삼각형 DEF에서 $\angle DEP=45°$이므로

$$\overline{DE}=\sqrt{2}\,\overline{DP}=\sqrt{2}(\sqrt{2}-1)$$

이다. 한편,

$$\overline{AE}=\overline{AD}-\overline{DE}=1-\sqrt{2}(\sqrt{2}-1)=\sqrt{2}-1$$

이므로

$$\overline{AE}:\overline{ED}=(\sqrt{2}-1):\sqrt{2}(\sqrt{2}-1)=1:\sqrt{2}$$

이다. 또한, $\triangle AEH \backsim \triangle DFE$에서

$$\overline{EF} : \overline{EH} = \overline{ED} : \overline{AE} = \sqrt{2} : 1$$

이다. 따라서, 직사각형 EHGF는 가로와 세로의 비가 $\sqrt{2}$: 1인 직사각형이 된다.

2.2 가로와 세로의 비가 $\sqrt{3}$:1인 직사각형 종이접기 문제

가로와 세로의 비가 $\sqrt{2}$: 1인 직사각형 모양의 종이를 접어서 가로와 세로의 비가 $\sqrt{3}$: 1인 직사각형을 만들어 보시오.

2.2.1 가로와 세로의 비가 $\sqrt{3}$:1인 직사각형 종이 접는 순서 (1)

① [그림 9-8]과 같이 가로와 세로의 비가 $\sqrt{2}$: 1인 직사각형 ABCD에서 대각선 BD를 접어 펼친다.

② 점 B를 중심으로 점 C를 대각선 BD 위에 놓이게 하고, 이때 점 C를 점 E라 하자.

③ [그림 9-9]와 같이 점 E를 지나고 선분 BC에 평행하도록 접어 선분 FG를 찾는다. (점 A를 선분 AB 위에 놓는다.)

④ 사각형 FBCG는 가로와 세로의 비가 $\sqrt{3}$: 1인 직사각형이 된다.

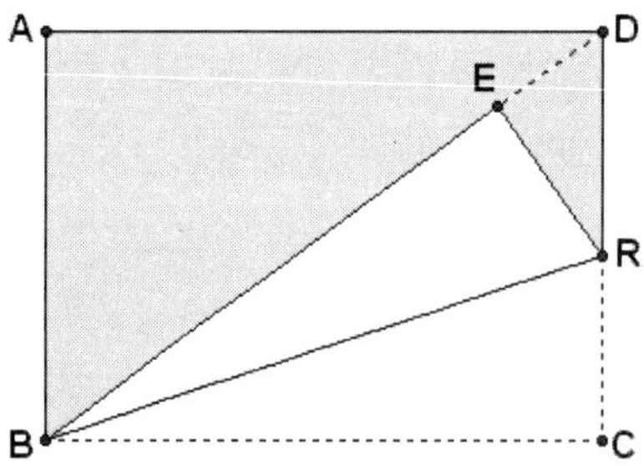

[그림 9-8]

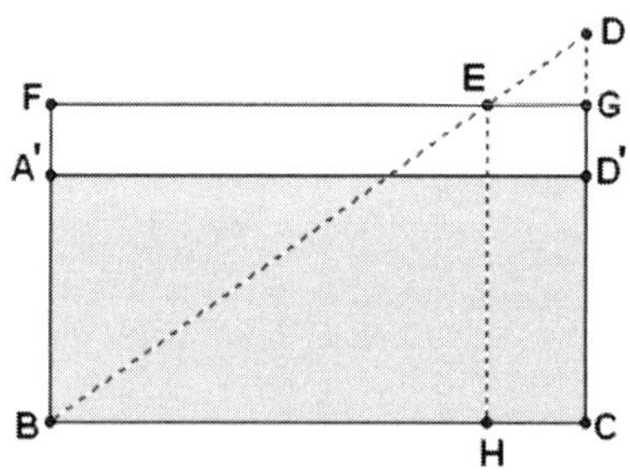

[그림 9-9]

2.2.2 접기 문제의 설명

[그림 9-9]에서 $\overline{BC}$의 길이를 $\sqrt{2}$, $\overline{AB}$의 길이를 1이라고 하자. 이때, $\overline{BD} = \sqrt{3}$이다. △BRE와 △BRC가 합동임을 쉽게 알 수 있다. 그리고 $\overline{BC}$의 길이가 $\sqrt{2}$이므로

$\overline{BE}$의 길이 또한 $\sqrt{2}$임을 알 수 있다. $\overline{BE}$의 길이가 $\sqrt{2}$이므로 점 E에서 선분 BC에 내린 수선의 발을 점 H라 하면 $\triangle BEH$와 $\triangle BDC$는 서로 닮음이다. 또한, $\overline{EH} = \overline{GC} = x$라 하면

$$\overline{BD} : \overline{BE} = \overline{DC} : \overline{EH} \text{ 즉, } \sqrt{3} : \sqrt{2} = 1 : x$$

이다. 따라서, $\overline{GC} = x = \dfrac{\sqrt{2}}{\sqrt{3}}$이므로 $\overline{BC} : \overline{GC} = \sqrt{2} : \dfrac{\sqrt{2}}{\sqrt{3}} = \sqrt{3} : 1$이다. 그러므, 로 사각형 FBCG는 가로와 세로의 비가 $\sqrt{3} : 1$인 직사각형이 된다.

2.2.3 가로와 세로의 비가 $\sqrt{3}:1$인 직사각형 종이 접는 순서(2)

① [그림 9-10]과 같이 가로와 세로의 비가 $\sqrt{2} : 1$인 직사각형 ABCD에서 점 A가 점 B와 겹쳐지도록 접어서 선분 MN을 찾는다.
② 점 B를 중심으로 점 A를 선분 MN 위에 오도록 접는다.
③ 선분 AB를 따라 접어 점 F를 찾는다.
④ 점 F를 지나고 선분 CD에 수직인 점 D를 선분 CD 위에 놓이도록 접어, 점 G를 찾는다.
⑤ 사각형 GBCF는 가로와 세로의 비가 $\sqrt{3} : 1$인 직사각형이 된다.

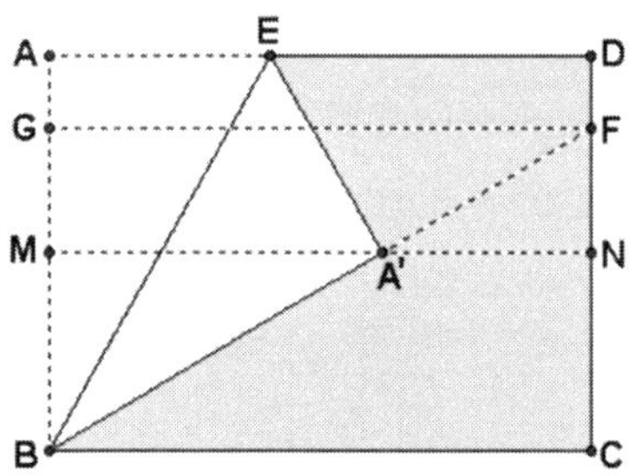

[그림 9-10]

2.2.4 접기 문제의 설명

[그림 9-10]과 같이 가로와 세로의 비가 $\sqrt{2} : 1$인 직사각형 ABCD에서 $\overline{BC} = \sqrt{2}$, $\overline{AB} = 1$이라고 하자. $\overline{MN}$ 위의 점 A를 포함한 $\triangle AMB$에서 $\overline{AB} = 1$, $\overline{MB} = \dfrac{1}{2}$이므로 피타고라스의 정리에 의해 $\overline{AM} = \dfrac{\sqrt{3}}{2}$이다. $\triangle AMB \backsim \triangle FGB$이므로

$$\overline{BM}:\overline{AM}=\overline{BG}:\overline{FG}=\frac{1}{2}:\frac{\sqrt{3}}{2}=1:\sqrt{3}$$

이다. 따라서, 사각형 GBCF는 가로와 세로의 비가 $\sqrt{3}:1$인 직사각형이 된다.

위에서, 피타고라스의 정리를 이용하지 않고, $\overline{AB}=1$, $\overline{MB}=\frac{1}{2}$이므로 $\angle ABM=\angle FBG=60°$가 된다는 사실을 통해서 $\overline{AM}=\frac{\sqrt{3}}{2}$임을 알 수도 있다.

3. 종이접기를 통한 선분의 등분

3.1 선분의 3등분 종이접기 문제

정사각형 모양의 종이를 접어서 한 변의 길이를 3등분해 보시오.

3.1.1 선분의 3등분 종이 접는 순서 (1)

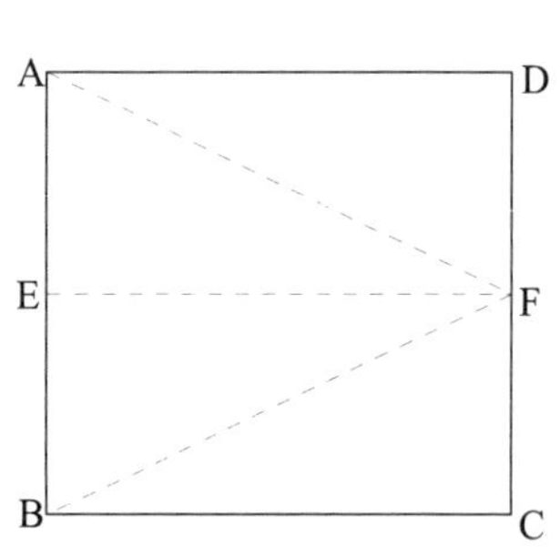

[그림 9-11]

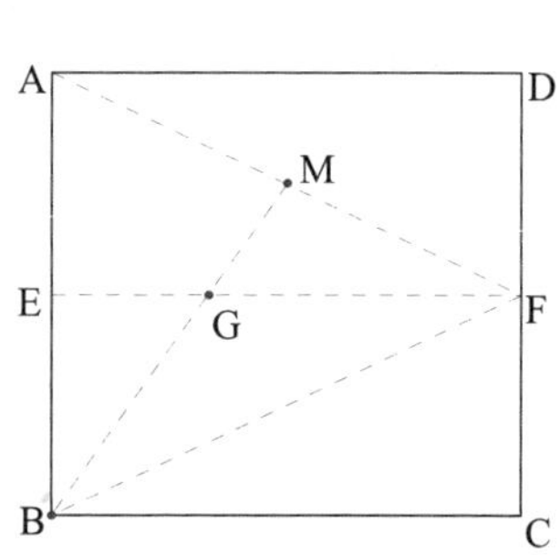

[그림 9-12]

① 정사각형 모양의 종이 ABCD에서 선분 AD를 선분 BC와 겹치게 접고, 그 접힌 선을 EF라고 하자.

② △ABF를 접는다.

③ 점 B를 중심으로 점 F와 점 A가 겹치게 접는다. 이때 생긴 점을 점 M이라고 하자.

④ 선분 EF와 선분 BM의 교점을 점 G라고 하자.

⑤ $\overline{FG} : \overline{GE} = 2 : 1$이 된다. 따라서, $\overline{GE} = \frac{1}{3}\overline{EF}$가 되어 점 G는 선분 AD의 3등분점이 된다.

3.1.2 접기 문제의 설명

주어진 선분을 2 : 1로 내분하는 점과 1 : 2로 내분하는 점을 찾으면 선분의 3등분은 완성된다. 따라서 선분의 3등분은 2 : 1 또는 1 : 2로 내분하는 점을 찾는 것으로 대체될 수 있다. [그림 9-12]의 △ABF에서 선분 BM과 선분 EF는 중선이므로 점 G는 △ABF의 무게중심이다. 삼각형이 무게중심은 중선을 꼭짓점으로부터 2 : 1로 내분하므로 점 G는 선분 BM과 선분 EF을 2 : 1로 내분한다. 따라서, $\overline{FG} : \overline{GE} = \overline{BG} : \overline{GM} = 2 : 1$이고, $\overline{GE} = \frac{1}{3}\overline{EF} = \frac{1}{3}\overline{AD}$이다.

3.1.3 선분의 3등분 종이 접는 순서 (2)

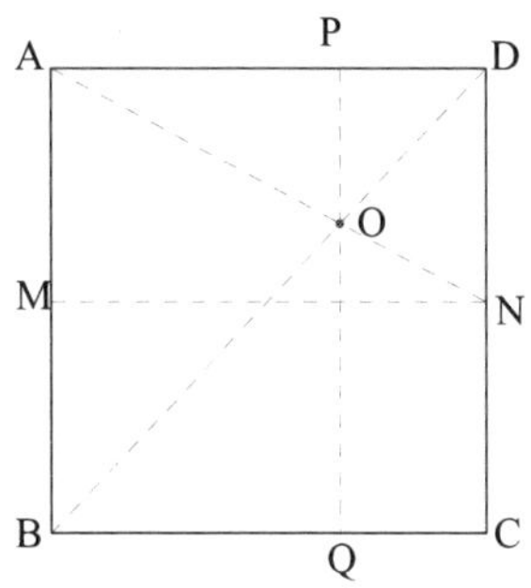

[그림 9-13]

① 정사각형 모양의 종이 ABCD에서 대각선 BD를 접는다. 변 AD와 변 BC가 겹치게 접어, 접힌 선을 MN이라고 하자.

② 선분 AN을 접고, 선분 AN과 대각선 BD의 교점을 점 O라고 하자.

③ 점 O를 지나고 선분 MN에 수직인 선분 PQ를 접는다.

④ $\overline{AP} : \overline{PD} = 2 : 1$이 된다. 따라서, $\overline{PD} = \frac{1}{3}\overline{AD}$이 되어 점 P는 선분 DA의 3등분점이 된다.

3.1.4 접기 문제의 설명

[그림 9-13]에서 △ABO와 △NDO에서

$$\angle ABO = \angle NDO,\ \angle OAB = \angle OND$$

이므로 $\triangle ABO \backsim \triangle NDO$이고, $\overline{AB} : \overline{ND} = \overline{AO} : \overline{ON} = 2:1$이다. 두 삼각형의 닮음비는 2 : 1이다. 따라서, $\overline{AP} : \overline{PD} = 2:1$이다. 즉, 점 P는 선분 AD의 3등분점이 된다.

3.1.5 선분의 3등분 종이 접는 순서 (3)

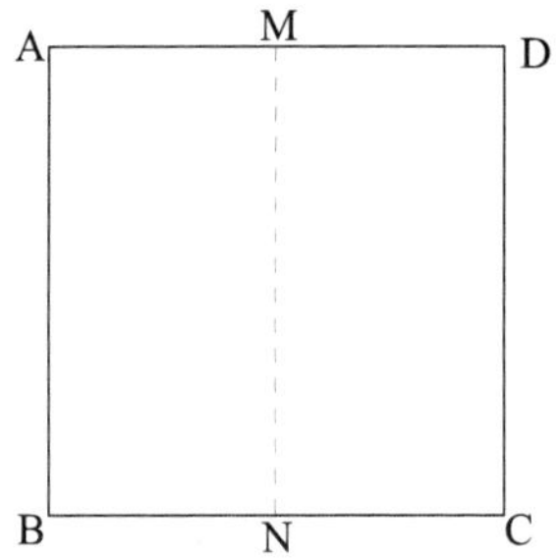

[그림 9-14]

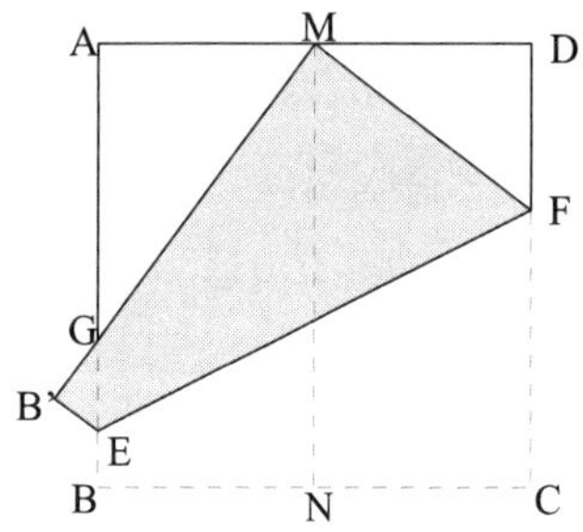

[그림 9-15]

① [그림 9-14]와 같은 정사각형 모양의 종이 ABCD에서 변 AB를 변 CD와 겹치도록 색종이를 접어, 그 접힌 선을 선분 MN이라고 하자.

② [그림 9-15]와 같이 점 C를 점 M과 겹치게 접고 그림과 같이 점 E, F, G를 표시하자.

③ $\overline{AG} : \overline{GB} = 2:1$이 된다. 따라서, $\overline{GB} = \frac{1}{3}\overline{AB}$이 되어 점 G는 선분 BA의 3등분점이 된다.

3.1.6 접기 문제의 설명

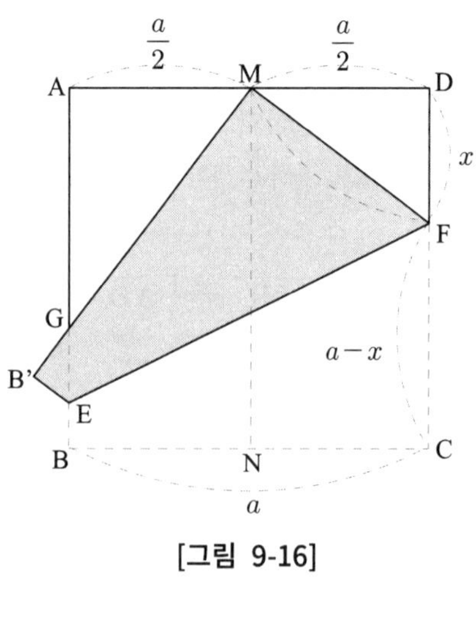

[그림 9-16]

[그림 9-16]과 같이 $\overline{AD}=a$, $\overline{DF}=x$라고 하자. $\triangle MDF$는 직각삼각형이므로 피타고라스 정리에 의해서 $(a-x)^2=x^2+\left(\frac{1}{2}\right)^2$, $x=\frac{3}{8}a$이다. 한편, $\triangle GAM$과 $\triangle MDF$에서 $\angle GMA=\angle MFD$, $\angle MGA=\angle FMD$이므로 $\triangle GAM \backsim \triangle MDF$이다. 따라서, $\overline{AG}:\overline{DM}=\overline{AM}:\overline{DF}$이고 $\overline{AG}:\frac{a}{2}=\frac{a}{2}:\frac{3}{8}a$이므로 $\overline{AG}=\frac{2}{3}a$이다. $\overline{GB}=\overline{AB}-\overline{AG}=\frac{1}{3}a$이므로 $\overline{AG}:\overline{GB}=\frac{2}{3}:\frac{1}{3}=2:1$이다. 따라서, $\overline{GB}=\frac{1}{3}\overline{AB}$이 되어 점 G는 선분 BA의 3등분점이 된다.

3.1.7 선분의 3등분 종이 접는 순서 (4)

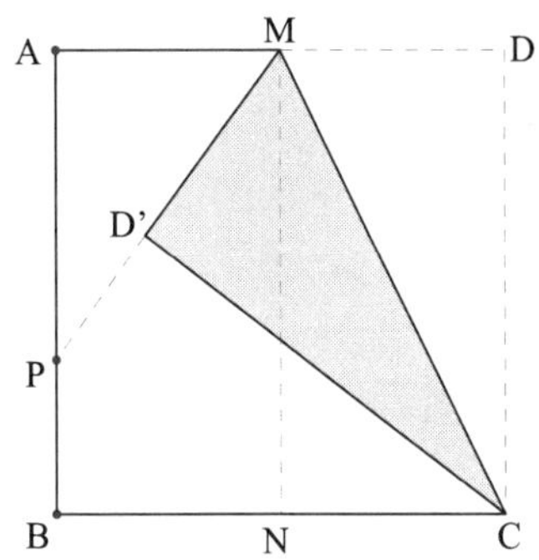

[그림 9-17]

① [그림 9-17]과 같이 정사각형 모양의 종이 ABCD에서 변 AD의 수직이등분선 MN을 접는다.
② 선분 MC를 대칭축으로 점 D′를 찾는다.
③ 점 C를 중심으로 점 B를 점 D′와 겹쳐지게 옮긴 뒤 다시 펴서 선분 AB 위의 점 P를 찾는다.
④ $\overline{AP}:\overline{PB}=2:1$이 된다. 따라서, $\overline{PB}=\frac{1}{3}\overline{AB}$이 되어 점 P는 선분 DA의 3등분점이 된다.

3.1.8 접기 문제의 설명

점 M이 선분 AD의 중점이므로 $\overline{AM}=\frac{1}{2}$이고, $PB=x$라고 하면 $\overline{AP}=1-x$가 된다. 이때,

$$\triangle MCD \equiv \triangle MCD',\ \ \triangle PCB \equiv \triangle PCD'$$

이므로 $\overline{\mathrm{MD}} = \overline{\mathrm{ME}} = \frac{1}{2}$이고 $\overline{\mathrm{PB}} = \overline{\mathrm{PE}} = x$이다. 따라서, $\overline{\mathrm{MF}} = \frac{1}{2} + x$이다. $\triangle\mathrm{APM}$이 직각삼각형이므로 피타고라스 정리를 이용하면,

$$\left(\frac{1}{2} + x\right)^2 = \left(\frac{1}{2}\right)^2 + (1-x)^2$$

이므로 $x = \frac{1}{3}$을 얻는다. 그러므로 점 P는 선분 AB를 2 : 1로 내분하는 점이 된다. 즉,

$$\overline{\mathrm{AP}} : \overline{\mathrm{PB}} = 2:1$$

이다. 따라서, $\overline{\mathrm{PB}} = \frac{1}{3}\overline{\mathrm{AB}}$이 되어 점 B는 선분 BA의 3등분점이 된다.

선분의 4등분은 2등분의 반복으로 해결된다. 또한, 선분의 3등분을 통해 3의 배수등분도 해결할 수 있다.

3.2 선분의 5등분 종이접기 문제

정사각형 모양의 종이를 접어서 한 변의 길이를 5등분해 보시오.

3.2.1 선분의 5등분 종이 접는 순서 (1)

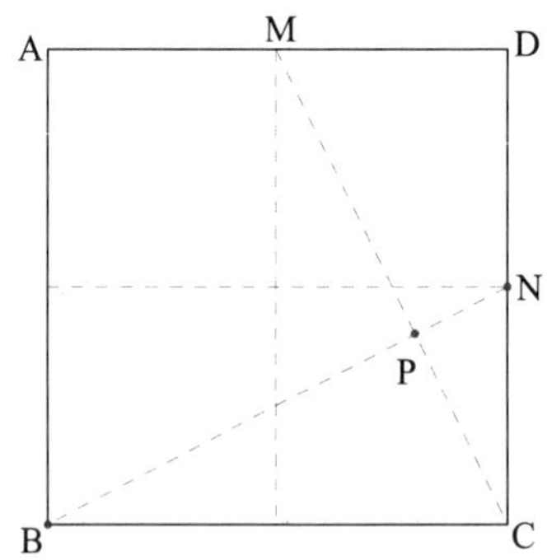

[그림 9-18]

① [그림 9-18]과 같이 정사각형 종이 ABCD를 반으로 접어서 점 M과 점 N을 표시하자.

② 선분 BN과 선분 CM을 접고 그 교점을 점 P라고 하자.

③ $\overline{\mathrm{BP}} : \overline{\mathrm{PN}} = 4:1$이 된다. 점 P를 지나고 선분 BC에 수직인 직선을 접으면 선분

AD의 5등분점을 찾을 수 있다.

3.2.2 접기 문제의 설명

적절한 닮음비를 가지는 두 삼각형을 찾음으로써 주어진 선분의 길이를 5등분해 보자.

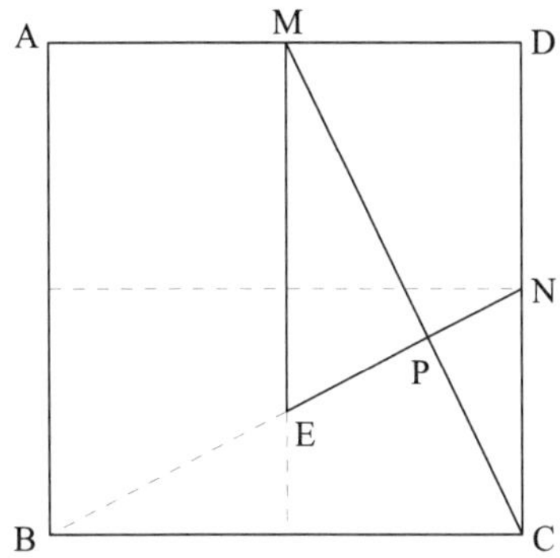

[그림 9-19]

$\overline{CN} = \frac{1}{2}\overline{AB}$이고 $\overline{ME} = \frac{1}{2}\overline{AB} + \frac{1}{2}\overline{CN} = \frac{3}{4}\overline{AB}$이다. 한편, $\triangle MEP$와 $\triangle CNP$에서

$$\angle EMP = \angle NCP, \ \angle EPM = \angle NPC$$

이므로 $\triangle MEP \backsim \triangle CNP$이다. 따라서,

$$\overline{ME} : \overline{CN} = \frac{3}{4}\overline{AB} : \frac{1}{2}\overline{AB} = 3 : 2$$

이므로 $\overline{EP} : \overline{PN} = 3 : 2$이다. 또한, $\overline{BE} = \overline{EN}$이므로

$$\overline{BP} : \overline{PN} = (\overline{BE} + \overline{EP}) : \overline{PN} = (\overline{EN} + \overline{EP}) : \overline{PN} = 4 : 1$$

이다. 따라서, $\overline{PN} = \frac{1}{5}\overline{BN}$이다. 여기서, 점 P를 지나고 선분 BC에 수직인 직선을 접으면 선분 AD의 5등분점을 찾을 수 있다.

3.2.3 선분의 5등분 종이 접는 순서 (2)

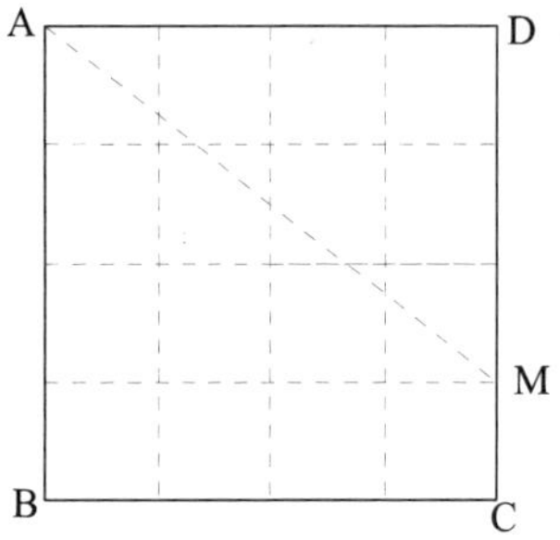

[그림 9-20]

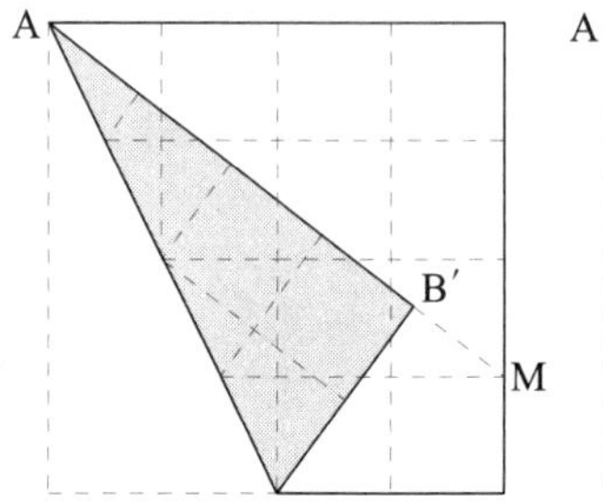

[그림 9-21]

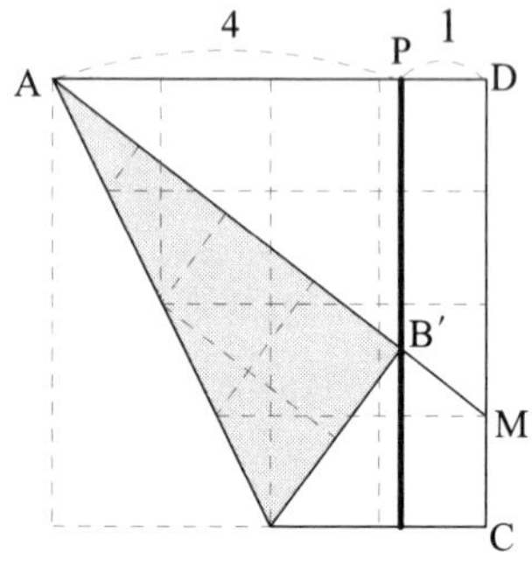

[그림 9-22]

① [그림 9-20]과 같이 정사각형 모양의 종이의 각 변을 4등분하여 접고, 선분 CD를 1 : 3으로 내분하는 점을 M이라고 하자.

② [그림 9-21]과 같이 선분 AB가 선분 AM과 겹치도록 접고 점 B′를 찾는다.

③ [그림 9-22]와 같이 점 B′를 지나고 선분 AD에 수직인 선분을 접고, 선분 AD와의 교점을 P라고 하자.

④ $\overline{\mathrm{BP}} : \overline{\mathrm{PN}} = 4 : 1$이 된다. 점 P를 지나고 선분 BC에 수직인 직선을 접으면 선분 AD의 5등분점을 찾을 수 있다.

3.2.4 접기 문제의 설명

[그림 9-22]에서 $\overline{\mathrm{AB}} = 4a$라고 하면, 피타고라스 정리에 의해 $\overline{\mathrm{AM}} = 5a$이다. 또한, $\triangle \mathrm{AB'P} \backsim \triangle \mathrm{AMD}$이다. 따라서,

$$\overline{\mathrm{AB'}} : \overline{\mathrm{AM}} = 4 : 5 = \overline{\mathrm{AP}} : \overline{\mathrm{AD}}$$

이므로 $\overline{\mathrm{AP}} : \overline{\mathrm{PD}} = 4 : 1$이다. 즉, $\overline{\mathrm{PD}} = \frac{1}{5}\overline{\mathrm{AD}}$이다. 여기서, 점 P는 선분 AD의 5등분점이다.

3.2.5 선분의 5등분 종이 접는 순서 (3)

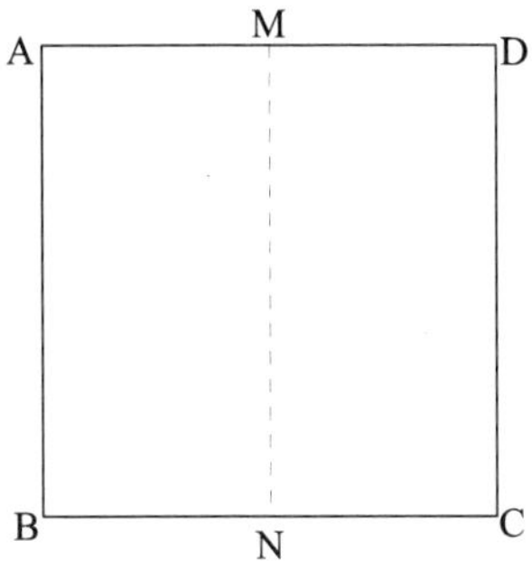

[그림 9-23]

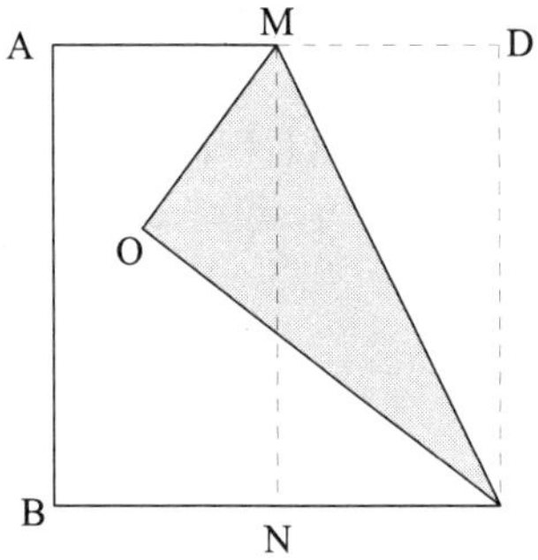

[그림 9-24]

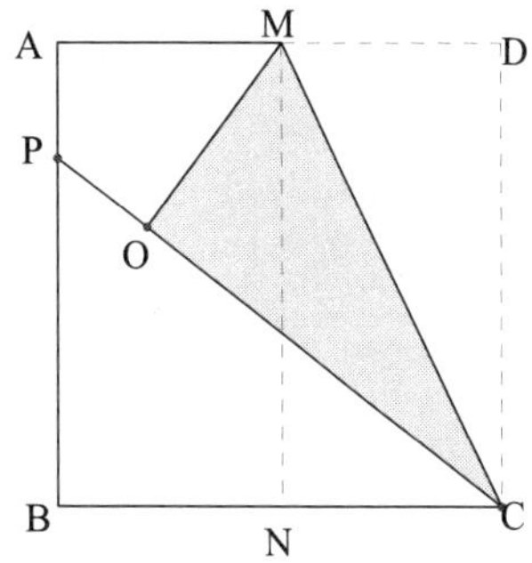

[그림 9-25]

① [그림 9-23]에서 정사각형 모양의 종이 ABCD에서 변 AB와 변 DC를 겹치게 접고, 그 접힌 선을 MN이라고 하자.

② [그림 9-24]에서 선분 MC를 대칭축으로 점 D를 접어 내려 점 O를 만든다.

③ [그림 9-25]에서 선분 CO의 연장선과 선분 AB가 만나는 점을 P라고 하자.

④ $\overline{\mathrm{PO}} : \overline{\mathrm{OC}} = 1 : 4$가 된다. 따라서, $\overline{\mathrm{PO}} = \frac{1}{5}\overline{\mathrm{PC}}$이 되어 점 O를 지나고 선분 BC에 수직인 직선을 접으면 선분 AD의 5등분점을 찾을 수 있다.

3.2.6 접기 문제의 설명

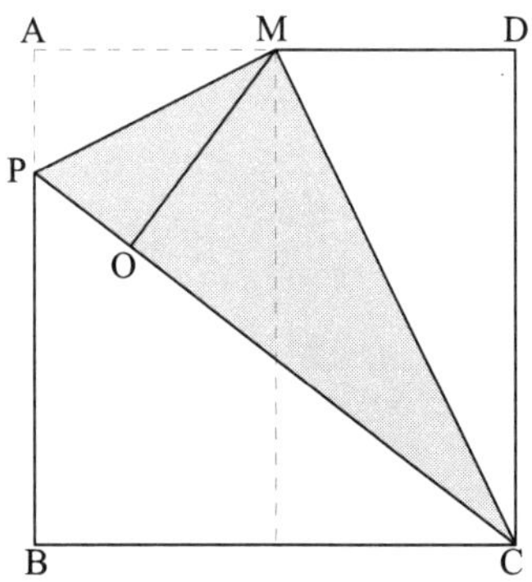

[그림 9-26]

$\triangle\mathrm{MOC} \equiv \triangle\mathrm{MDC}$이고 $\triangle\mathrm{MPA} \equiv \triangle\mathrm{MPO}$이므로 $\overline{\mathrm{AM}} = \overline{\mathrm{OM}} = \overline{\mathrm{DM}}$이다. 여기서 $\overline{\mathrm{AD}} = 4a$라고 하면

$$\overline{AD} = \overline{DC} = \overline{CO} = 4a,\ \overline{OM} = \overline{DM} = 2a$$

이다. 한편, $\angle MOC = 90°$이므로 $\triangle MEP \backsim \triangle CNP$이다. 따라서,

$$\overline{MO} : \overline{CO} = \overline{PO} : \overline{MO}$$
$$2a : 4a = \overline{PO} : 2a$$
$$\overline{PO} = a$$

이므로 $\overline{PO} : \overline{OC} = 1 : 4$가 된다. 따라서, $\overline{PO} = \frac{1}{5}\overline{PC}$이 되어 점 O를 지나고 선분 BC에 수직인 직선을 접으면 선분 AD의 5등분점을 찾을 수 있다.

3.3 선분의 7등분 종이접기 문제

정사각형 모양의 종이를 접어서 한 변의 길이를 7등분해 보시오.

3.3.1 선분의 7등분 종이 접는 순서

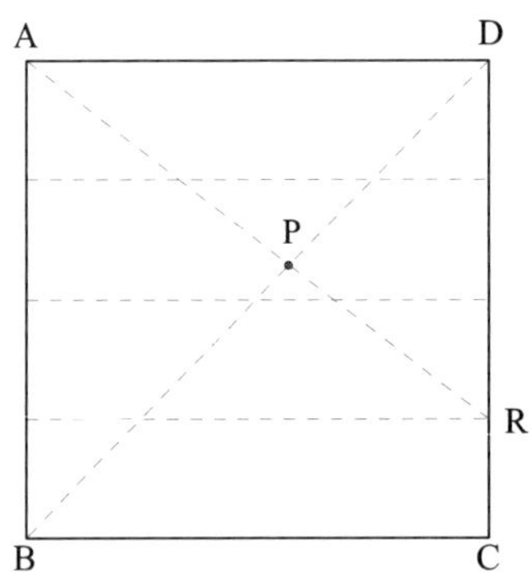

[그림 9-27]

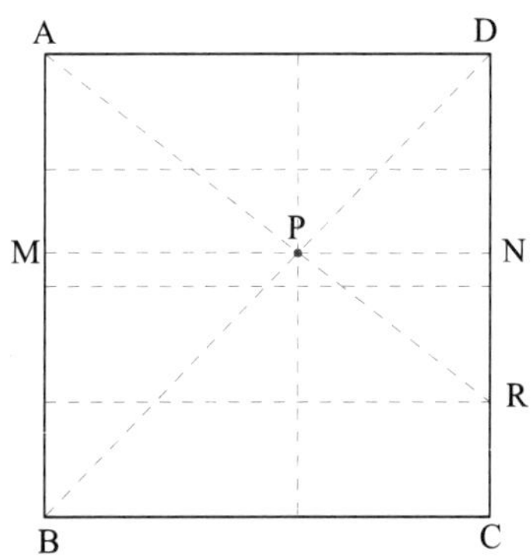

[그림 9-28]

① [그림 9-27]과 같이 정사각형 ABCD에서 선분 AB를 4등분으로 접고, 대각선 BD와 선분 AR의 교점을 찾아 그 점을 점 P라고 하자.

② [그림 9-28]과 같이 점 P를 지나고 선분 AD와 평행한 선분 MN을 접는다. (선분 AD와 선분 BC가 겹치게 접으면 평행한 선분을 얻을 수 있다.)

③ $\overline{PA} : \overline{PR} = 4 : 3$가 된다. 따라서, $\overline{DN} : \overline{NC} = 3 : 4$가 되어 선분 NC를 4등분으로 접으면, $\frac{1}{7}\overline{DC}$를 얻을 수 있다.

3.3.2 접기 문제의 설명

'3.1.4 접기 문제의 설명'을 참고하여 문제를 해결할 수 있다.

4. 종이접기를 통한 각의 등분

4.1 30°, 60°, 90°종이접기 문제

삼각자는 두 예각의 크기가 모두 45°인 직각이등변삼각형 모양이거나 두 예각의 크기가 각각 30°와 60°인 직각삼각형 모양의 2종류가 있다. 정사각형 모양의 종이를 접어서 두 예각의 크기가 각각 30°와 60°인 직각삼각형 모양의 2종류를 작도해 보시오.

4.1.1 30°, 60°, 90°종이 접는 순서

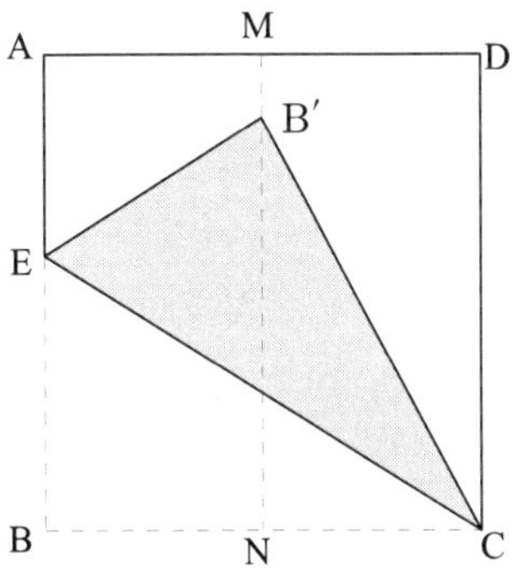

[그림 9-29]

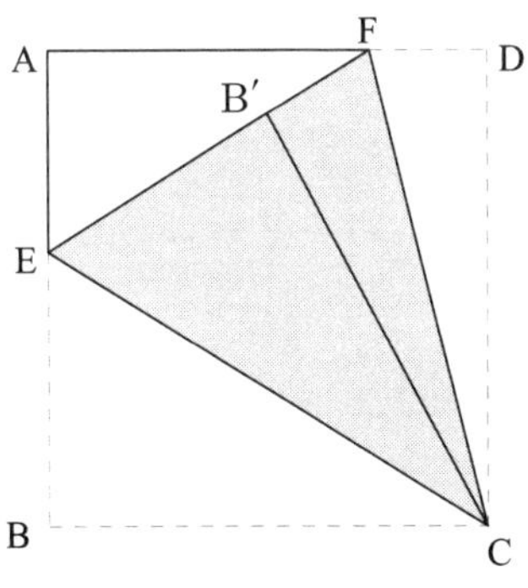

[그림 9-30]

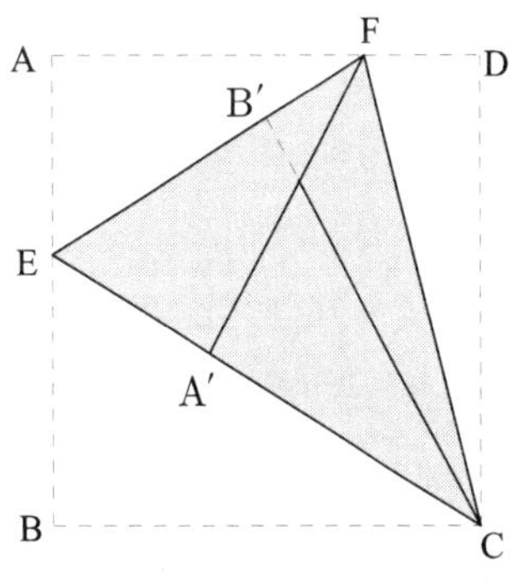

[그림 9-31]

① [그림 9-29]와 같이 정사각형 종이의 꼭짓점을 A, B, C, D라고 하자.

② 점 A와 점 D, 점 B와 점 C를 겹치게 접는다. 이때, 접은 선을 선분 MN이라고 하자.

③ 점 C를 중심으로 점 B가 선분 MN 위에 오도록 접어 점 B′와 점 E를 찾는다.

④ [그림 9-30]과 같이 점 C를 중심으로 점 D가 점 B′ 위에 오도록 접고, 점 F를 찾

는다.

⑤ [그림 9-31]과 같이 선분 EF를 접는 선으로 하면 점 A가 선분 EC 위에 놓인다. 이때의 점을 A′라고 하자.

⑥ $\angle FEA' = 60°$, $\angle EFA' = 30°$ 직각삼각형과 $\angle FCA' = 45°$ 인 직각이등변삼각형을 얻는다.

4.1.2 접기 문제의 설명

종이접기에서는 각의 변을 겹치는 접기 한 번으로 각의 이등분선 작도가 이루어지므로 유클리드 도구를 활용하는 이등분선 작도보다 다소 쉽게 접근가능하다. [그림 9-29]에서 삼각형 B′EC를 생각해 보자. 선분 MN은 선분 BC의 수직이등분선이다. 또한, 점 C를 중심으로 접은 선 MN 위에 점 B가 오도록 접었기 때문에 $\overline{BC} = \overline{B'C}$ 이다. 따라서,

$$\overline{BC} = \overline{B'C} = \overline{BB'}$$

이므로 삼각형 BCB′는 정삼각형이다. 또한, $\angle CB'E = \angle B = 90°$ 이고

$$\angle ECB' = \frac{1}{2}\angle BCB' = \frac{1}{2} \times 60° = 30°$$

이므로 $\angle CEB' = 180 - 90° - 30° = 30°$ 가 된다. 따라서, [그림 9-31]에서 $\angle CEF = 30°$ 임을 알 수 있다. $\angle A = 90°$ 이므로 $\angle FEA' = 60°$, $\angle EFA' = 30°$ 인 직각삼각형을 얻을 수 있다. 또한, $\angle B'ED = 30°$ 임을 알 수 있다. $\angle D = 90°$ 이고 점 C를 중심으로 점 D가 점 B′ 위에 오도록 접었으므로 $\triangle DCF \equiv \triangle B'CF$ 이며 $\angle FCB' = \angle FCD = 15°$, $\angle CFB = 75°$ 이다. 또한, $\angle EFA = 45°$ 이므로 $\angle CFA' = 45°$ 이다. $\angle A = 90°$ 이므로 $\angle FA'C = 90°$ 이다. 따라서, $\angle FCA' = 45°$ 인 직각이등변삼각형을 얻을 수 있다.

4.2 정삼각형 종이접기 문제

정사각형 모양의 종이를 접어서 정삼각형을 작도해 보시오.

4.2.1 정삼각형 종이 접는 순서 (1)

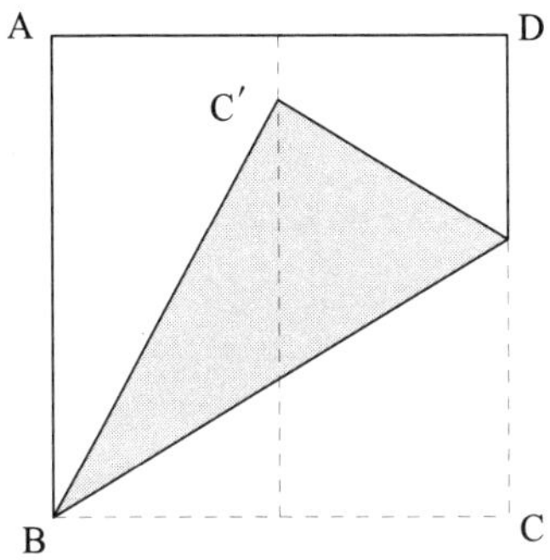

[그림 9-32]

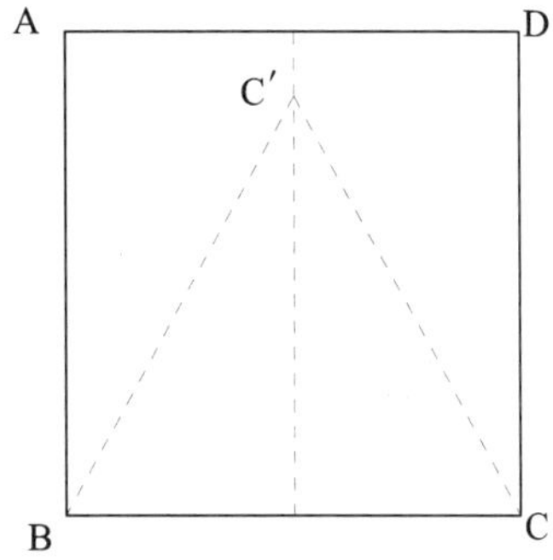

[그림 9-33]

① [그림 9-32]와 같이 점 A와 점 D, 점 B와 점 C를 겹치게 접어 펼친다.

② 점 B를 중심으로 점 C가 접은 선 위로 오도록 접어 점 C′라 하고 다시 펼친다.

③ 점 C와 점 C′를 지나는 선분을 찾는다. 이때, 삼각형 C′BC는 정삼각형이 된다.

4.2.2 접기 문제의 설명

'4.1.2 접기 문제의 설명'을 참고하여 문제를 해결할 수 있다.

4.2.3 정삼각형 종이 접는 순서 (2)

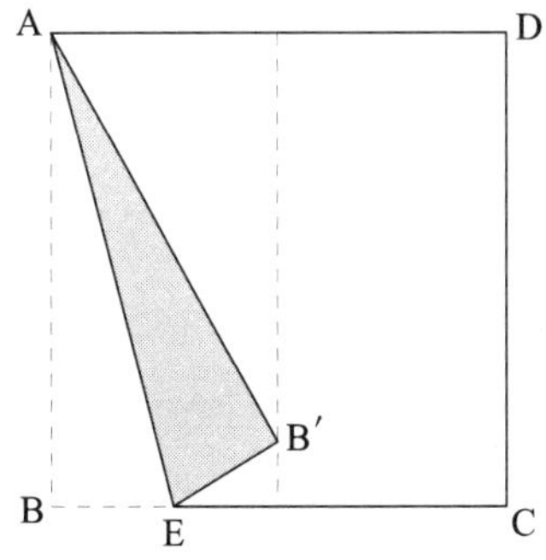

[그림 9-34]

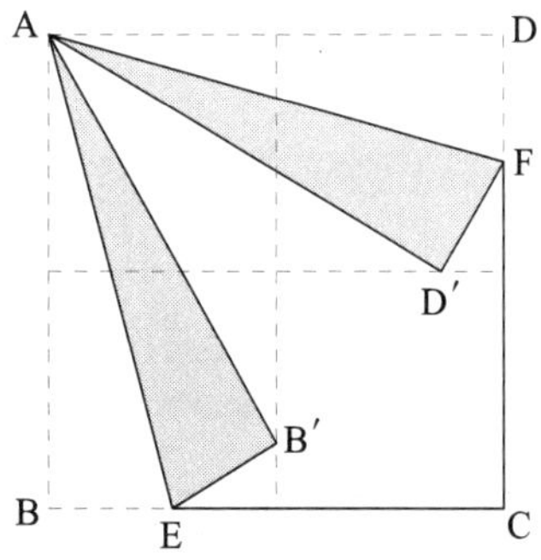

[그림 9-35]

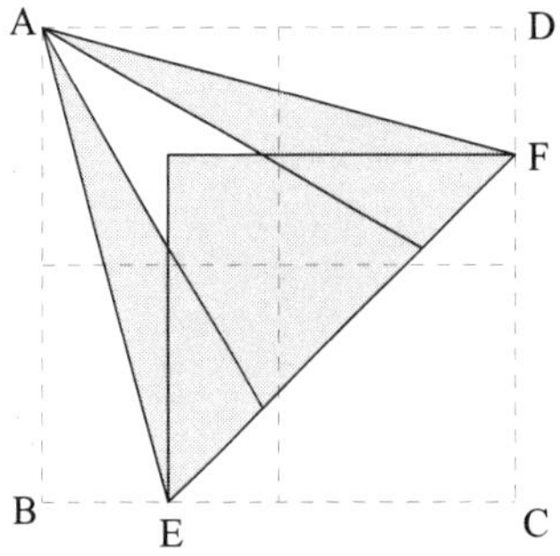

[그림 9-36]

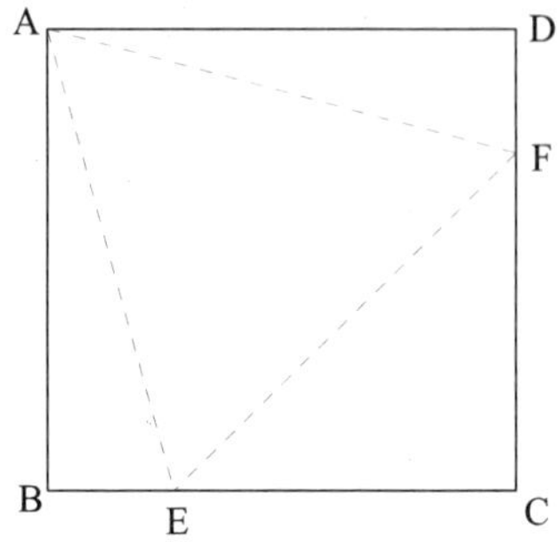

[그림 9-37]

① [그림 9-34]와 같이 점 A와 점 D, 점 B와 점 C를 겹치게 접어 펼친다.
② 점 A를 중심으로 점 B가 접은 선 위로 오도록 접어 점 B′라 하고 점 E를 찾는다.
③ 마찬가지로 [그림 9-35]와 같이 점 A를 중심으로 점 D가 접은 선 위로 오도록 접어 점 D′라 하고 점 F를 찾는다.
④ [그림 9-36]과 같이 선분 EF를 접는 선으로 하여 점 C를 접는다.
⑤ [그림 9-37]에서 삼각형 AEF는 정삼각형이다.

4.2.4 접기 문제의 설명

[그림 9-34]에서 $\overline{AB'} = 2\overline{AN}$, $\cos 60° = \frac{1}{2}$이므로 $\angle B'AM = 60°$, $\angle B'AE = \angle EAB = 15°$이다. 마찬가지로 [그림 9-35]에서 $\angle BAD' = 60°$ $\angle D'AF = \angle FAD = 15°$이다. 또한, $\angle EAB = \angle FAD = 15°$이므로 $\angle EAF = 60°$이고 $\overline{AE} = \overline{AF}$이다. 따라서, 삼각형 AEF는 정삼각형이다.

5. 원 모양의 종이접기

5.1 원 모양의 종이접기에서 원의 중심 찾기 문제

원 모양의 종이에서 원의 중심을 찾으시오.

5.1.1 원의 중심 찾기 종이 접는 순서 (1)

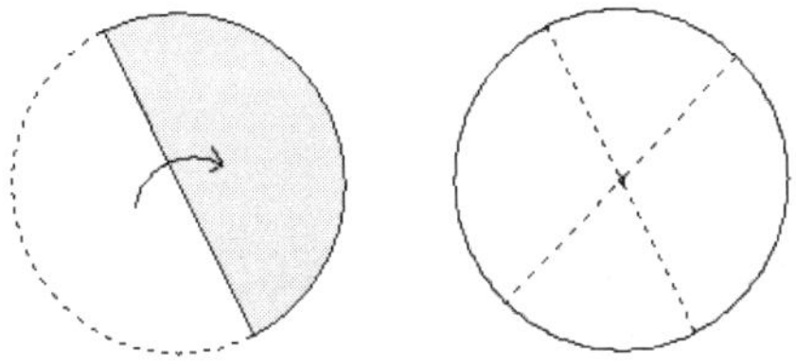

[그림 9-38]

① [그림 9-38]과 같이 원 모양의 종이를 두 번 겹치게 접는다.
② 두 접은 선이 만나는 교점이 원의 중심이 된다.

5.1.2 접기 문제의 설명

[그림 9-38]과 같이 원을 반으로 접어 지름을 찾아내고, 같은 방법으로 또 다른 지름을 찾아내면 그 교점이 원의 중심이다. 이것은 지름이 항상 원의 중심을 지난다는 성질을 이용한 것이다.

5.1.3 원의 중심 찾기 종이 접는 순서 (2)

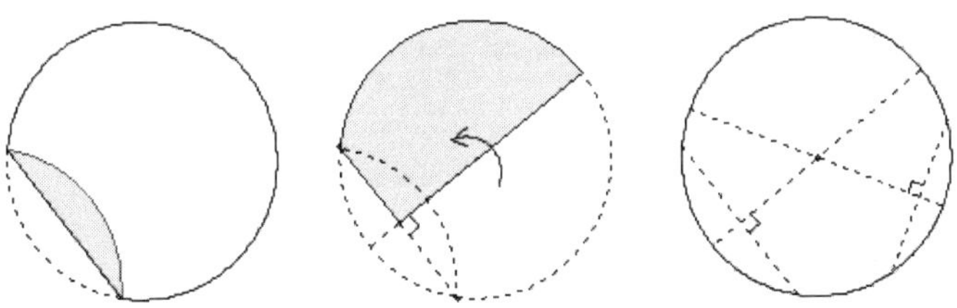

[그림 9-39]

① [그림 9-39]와 같이 종이를 접어 임의의 현을 찾은 뒤 이 현의 수직이등분선을 접는 선으로 원을 접는다.
② 마찬가지로 또 다른 현을 찾아 이 현의 수직이등분선을 찾는다.
③ 두 개의 수직이등분선이 만나는 교점이 원의 중심이 된다.

5.1.4 접기 문제의 설명

현의 수직이등분선은 원의 중심을 지난다는 성질을 이용하여 해결할 수 있다.

이와 같이 원의 중심을 찾을 수 있게 되면, 주어진 원 모양의 종이에 내접하는 정다각형을 접을 수 있다. 여기에서는 비교적 손쉽게 접을 수 있는 정삼각형, 정사각형, 정육각형을 접어 볼 것이다.

5.2 원 모양의 종이접기에서 60°종이접기 문제

원 모양의 종이로 60°를 작도해 보시오.

5.2.1 60° 종이 접는 순서

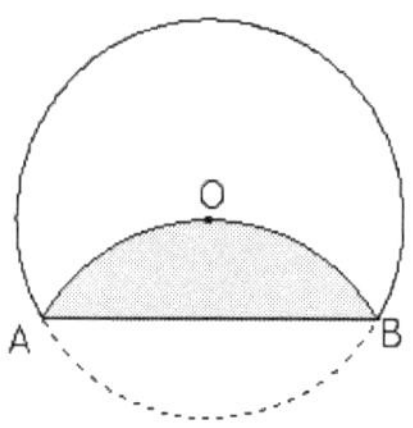

[그림 9-40]

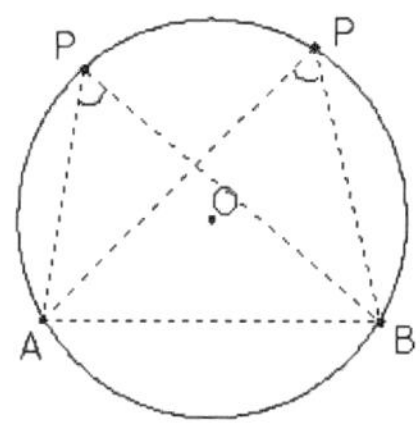

[그림 9-41]

① [그림 9-40]과 같이 원 모양 종이의 접힌 부분의 호가 원의 중심 O를 지나도록 접고, 이때의 현을 선분 AB라고 하자.

② 원둘레 위에 임의의 점 P를 잡고, 현 AP와 현 BP를 접는다.

③ $\angle APB = 60°$이다.

5.2.2 접기 문제의 설명

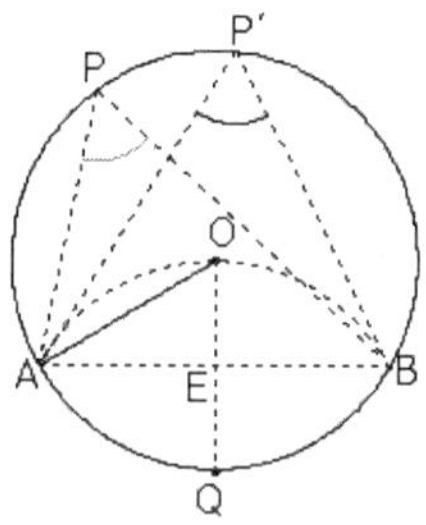

[그림 9-42]

[그림 9-42]와 같이 원 모양의 종이를 접어서 접힌 부분의 호가 원의 중심 O를 지나

도록 했으므로 $\overline{OQ} = 2\overline{OE} = \overline{OA}$가 성립한다. $\triangle AOE$는 직각삼각형이고 $\dfrac{\overline{OE}}{\overline{OA}} = \dfrac{1}{2}$이므로 $\angle AOE = 60°$이다. 마찬가지로 $\angle BOE = 60°$이므로 $\angle AOE = 120°$이다. 따라서, 원주각과 중심각의 관계에 의해서 $\angle AP'B = \dfrac{1}{2}\angle AOB = \angle APB = 60°$이다.

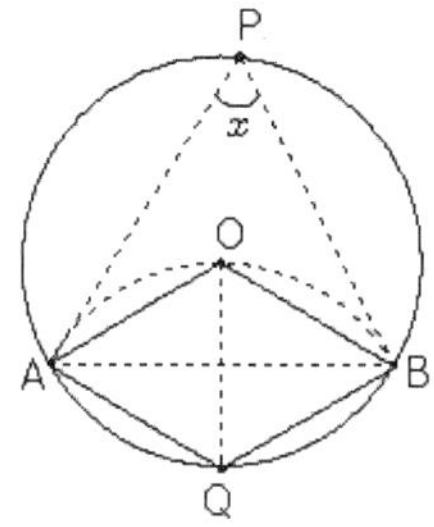

[그림 9-43]

원주각과 중심각의 관계에서 $\angle P = x$라고 하면 $\angle AOB = 2x$이다. 접힌 부분을 폈을 때, 점 O에 대응하는 원 위의 점을 Q라고 하면 $\angle AQB = \angle AOB = 2x$이다. $\square PAQB$는 원에 내접하는 사각형이고, 내접사각형의 대각의 크기의 합은 $180°$이므로 $x + 2x = 180°$, $x = 60°$이다. 따라서 $\angle P = 60°$이다.

5.3 원 모양의 종이접기에서 정삼각형 종이접기 문제

원 모양의 종이로 정삼각형을 작도해 보시오.

5.3.1 정삼각형 종이 접는 순서

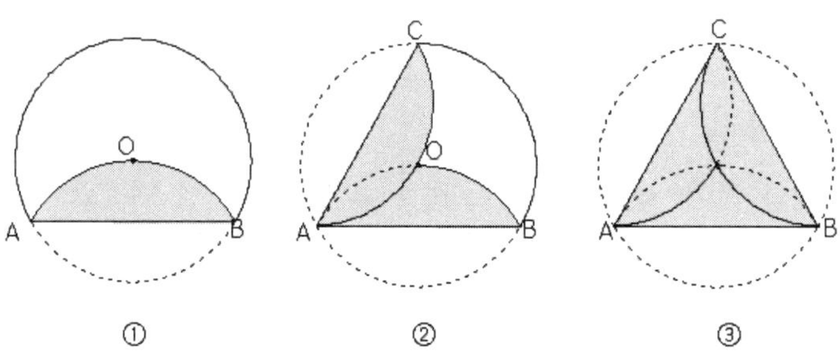

[그림 9-44]

① [그림 9-44]와 같이 원 색종이의 중심 O을 표시하고('5.1.1 원의 중심 찾기 종이 접는 순서 (1)' 참고), 접힌 부분의 호가 중심 O를 지나도록 접어 이때의 현을 선분

AB라고 하자.

② 점 A를 지나는 다른 현을 접어 접힌 호가 중심 O를 지나도록 하고, 이 현의 다른 끝 점을 C라고 하자.

③ 현 BC를 접는다.

④ △ABC는 정삼각형이다.

5.3.2 접기 문제의 설명

60°작도에서 알 수 있듯이, $\overset{\frown}{AB}$ 가 원의 중심 O를 지나므로 ∠ACB = 60°이다. 마찬가지로, $\overset{\frown}{AC}$가 원의 중심 O를 지나므로 ∠ABC = 60°이다. 따라서 △ABC는 정삼각형이다.

5.4 원 모양의 종이접기에서 정사각형 종이접기 문제

원 모양의 종이로 정사각형을 작도해 보시오.

5.4.1 정사각형 종이 접는 순서

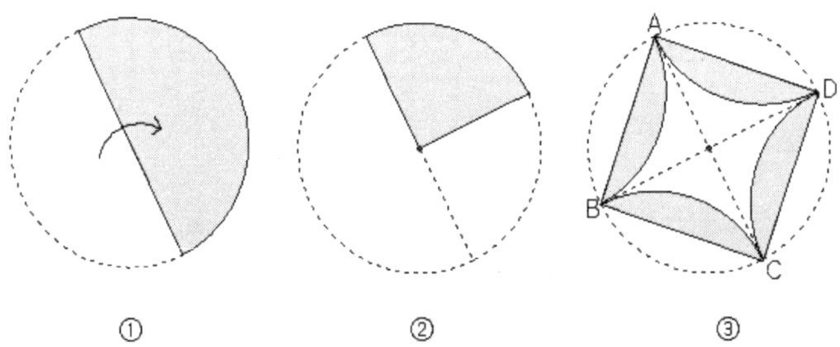

[그림 9-45]

① [그림 9-45]와 같이 원을 절반으로 접은 후 다시 한 번 더 절반으로 접는다.

② 접은 원을 펼치고, 앞에서 접은 지름의 양 끝을 각각 점 A, B, C, D라고 하자. 현 AB, 현 BC, 현 CD, 현 DA를 차례로 접는다.

③ □ABCD는 정사각형이다.

5.4.2 접기 문제의 설명

원의 중심각 360°를 4등분하여 중심각 90°에 대한 현을 얻었으므로 □ABCD에서 네 변의 길이는 모두 같다. 또한 □ABCD의 네 내각은 모두 원의 지름에 대한 원주각이므로 크기가 90°이다. 따라서 □ABCD는 정사각형이다.

5.5 원 모양의 종이접기에서 정육각형 종이접기 문제

원 모양의 종이로 정육각형을 작도해 보시오.

5.5.1 정육각형 종이 접는 순서

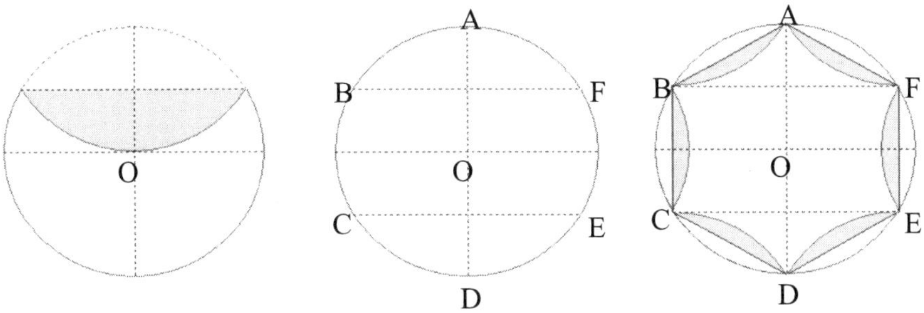

[그림 9-46]

① [그림 9-46]과 같이 원을 절반으로 접은 후 다시 한 번 더 절반으로 접는다.

② '5.3.1 정삼각형 종이 접는 순서'에서와 마찬가지로 원의 중심에 접하도록 접는다.

③ 원 모양의 종이를 펼치고, 접은 선과 원이 만나는 점을 각각 A, B, C, D, E, F라고 하자.

④ [그림 9-46]과 같이 현 AB, 현 BC, 현 CD, 현 DE, 현 EF, 현 FA를 차례로 접는다.

⑤ 육각형 ABCDEF는 정육각형이다.

5.5.2 접기 문제의 설명

[그림 9-46]에서 원의 중심 O와 점 F를 연결하여 보자. $\overline{BF}$가 $\overline{OA}$의 수직이등분선이므로 삼각형 AOF는 $\overline{FA} = \overline{FO}$인 이등변삼각형이다. 한편, $\overline{OA}$와 $\overline{OF}$는 반지름이므로 서로 길이가 같다. 따라서, 삼각형 AOF는 정삼각형이다. 이와 같은 방법으로

$$\overline{AB} = \overline{BC} = \overline{CD} = \overline{DE} = \overline{EF} = \overline{FA}$$

임을 알 수 있다. 즉, 육각형 ABCDEF의 각 변의 길이는 모두 같다. 또한,

$$\angle AFE = \angle AFO + \angle EFO = 120°$$

이고, 마찬가지로 육각형 ABCDEF의 모든 내각의 크기는 120°이다. 따라서, 육각형 ABCDEF는 각 변의 길이가 모두 같고 내각의 크기도 모두 같으므로 정육각형이다.

6. 나오는 글

학생들의 경험이 조작적인 활동 자체나 시각적인 경험 자체로 끝나버리면 의도하는 교육의 목적을 달성하기 어렵다. 특히, 중등학교 수학교육에서는 자신의 생각을 수학 기호나 용어 등을 이용하여 다른 사람이 공감할 수 있는 논리적인 설명으로 표현해야 하기 때문에 구체적인 경험을 통해 얻은 수학적 아이디어를 엄밀한 논증까지 연결시켜 수학 명제를 효율적으로 증명할 수 있도록 도와야 할 것이다.

앞에서 소개한 종이접기 활동에서 수학적 개념과 성질을 학생들 스스로 생각하고 접는 활동을 통해 자신들의 경험을 반성하고 지식을 구성하며 일반화, 합리화, 정당화 시킬 수 있으며 더불어 실생활과 수학의 관련성도 살펴볼 수 있기를 바란다. 또한, 종이접기를 통하여 학생들 스스로 제시한 수학 문제에서 유익한 무엇인가를 찾아내고, 이를 통해서 학습의 경험을 쌓아간다면 문제 해결능력 및 수학적 사고 능력이 증대될 것으로 기대하며 수학과 실생활은 이분된 것이 아니라 수학과 실생활이 함께 숨 쉬고 있음을 배워갈 수 있는 기회가 되기를 기대한다.

참고문헌

Reference

김부윤, 이성현, 이지성(2009). **수학이 있는 종이접기**. 서울: 수학사랑.

남호영, 박정숙, 천장아(2003). **종이접기 속에 숨겨진 수학**. 서울: 수학사랑.

윤삼열, 전제동 외 3인(2005). **종이접기로 하는 재미있는 수학**. 서울: 경문사.

이성현(2007). **종이접기로 배우는 수학**. 한국교육개발원.

최선희(2002). 평면도형의 성질 탐구를 위한 종이접기 활동 수업 연구. 석사학위 논문. 한국교원대학교.

芳賀和夫(2005). **オリガミクス〈II〉 紙を折ったら´ 數學が見えた**. 日本評論社.

堀井 洋子(2005). **折り紙で数学**. 明治図書出版.

畠山 一平(2007). **折紙数学—折紙で作図を楽しむ**. 東京図書出版.

Thomas Hull(2012). *Project Origami: Activities for Exploring Mathematics*, Second Edition. CRC Press.

Fold a Pentagon from a Circle: http://www.cutoutfoldup.com/132-fold-a-pentagon-from-a-circle.php

제10장

종이접기의 대수적 고찰과 작도문제

이화영(Texas State University)

1. 들어가는 말

작도를 할 때, 선택한 도구에 따라 가능한 작도가 다르다. 예를 들어, 자와 컴퍼스로는 직선과 원을 작도할 수 있고, 종이접기로는 종이를 접은 선을 작도할 수 있다. 이렇듯, 각 도구가 허락하는 몇 개의 기본작도들이 있는데 작도 가능한 점이란, 이 기본작도들을 유한 번 조합하여 작도할 수 있는 점을 말한다. 그리고 작도 가능한 수란, 작도 가능한 두 점 사이의 거리를 말한다. 즉, 단위길이 1에 대하여, 작도 가능한 두 점 사이의 거리를 $1 \cdot r = r \cdot 1 \in \mathbb{R}$로 볼 수 있고, 실수 $r \in \mathbb{R}$이 유한 번의 기본작도를 거쳐 $|r|$ 거리만큼 떨어진 두 점을 작도할 수 있을 때 작도 가능한 수라고 한다.

가능한 기본작도들이 도구에 따라 다르므로 도구에 따라 작도 가능한 길이들 즉, 작도 가능한 수가 다를 수 있다. 특정 도구를 이용한 작도를 대수적으로 접근한다는 것은 그 도구를 이용하여 작도 가능한 수를 대수적으로 고찰함을 말한다. 예를 들어, 자와 컴퍼스를 이용한 작도는 직선과 원을 만들어내기 때문에 직선과 원의 교차점들은 이를 대수적으로 살펴보면 최대 2차 방정식의 해에 해당한다. 따라서, 삼차방정식의 해와 관련된 각의 삼등분 문제나 주어진 정육면체의 두 배 부피를 갖는 정육면체의 한 변의 길이를 작도하는 문제는 풀 수 없다. 그렇다면 종이접기는 어떠한가? 이 장에서는 종이접기로 작도

가능한 수에 대하여 생각해 보고 각을 삼등분하거나 주어진 정육면체의 두 배 부피를 갖는 정육면체의 한 변의 길이를 작도하는 문제를 종이접기를 이용하여 풀어 본다.[1)]

2. 관련 체론의 기본

종이접기에 들어가기에 앞서 종이접기로 작도 가능한 수를 이해하기 위하여 관련된 확대체 이론에 대하여 알아보자.

2.1 기본정의

먼저, 종이접기와 관련된 확대체 이론을 이해하기 위한 기본 정의는 다음과 같다.

정의 1.

집합 G와 이항연산 $\circ$에 대하여 다음 조건을 만족시킬 때 G를 군이라 한다.

i) $a, b \in G$이면 $a \circ b \in G$

ii) 모든 $a, b, c \in G$에 대하여 $(a \circ b) \circ c = a \circ (b \circ c)$

iii) 모든 $a \in G$에 대하여 $a \circ e = e \circ a = a$인 원소 $e \in G$가 존재한다.

iv) 모든 $a \in G$에 대하여 $a \circ a^{-1} = a^{-1} \circ a = e$인 원소 $a^{-1} \in G$가 존재한다.

간단히 말해, 어떤 집합이 어떤 이항연산 $\circ$에 대하여 닫혀있고 그 이항연산에 대하여 결합법칙이 성립하고 항등원을 가지며, 모든 원소가 역원을 가질 때 그 집합을 군이라고 부른다. 이때, 이 이항연산에 대하여 교환법칙이 성립하는 즉, 모든 $a, b \in G$에 대하여, $a \circ b = b \circ a$를 만족시키는 군을 아벨군(Abelian group)이라고 부른다.

1) 이 장은 Lee(2017)을 바탕으로 쓰였으며, 자와 컴퍼스의 대수적 고찰과 이 장에서 언급되는 종이접기에 대한 좀 더 자세한 설명을 읽고 싶은 독자는 이 논문을 참고하기 바란다.

정의 2.

집합 F와 두 개의 이항연산 +, · 이 다음 조건을 만족시킬 때 F를 체라 한다.
i) F가 이항연산 +에 대하여 아벨군을 이룬다(항등원 0).
ii) $F^X = F - 0$가 이항연산 · 에 대하여 아벨군을 이룬다(항등원 1).
iii) 모든 $a, b, c \in F$에 대하여, $a \cdot (b+c) = (a \cdot b) + (a \cdot c)$이다.

체는 사칙연산에 대하여 닫혀 있는 가장 작은 수학적 구조이다.

2.2 확대체 이론

위와 같이 정의된 임의의 체 F에 이 체 밖의 특정 원소를 더하여 더 큰 체를 만들 수 있다. 이때, 체 F에 이 원소를 더하면 그 원소뿐만 아니라, 그 원소를 더함으로 인해서 위의 체의 조건을 충족시키기 위해 추가적으로 따라오는 원소들이 더해져 체 F가 확장된다. 이렇게 만들어진 새로운 체를 F의 확대체라고 한다.

정의 3.

집합 K가 체이며 부분체 F를 가지면, K는 F의 확대체이다. 이때, K는 F 위에 벡터공간을 이루며 이 벡터공간의 차수를 $[K:F]$로 표기한다. 또한, K가 F의 확대체이고 $\alpha, \beta, \cdots \in K$이면, $\alpha, \beta, \cdots \in K$와 F를 포함하는 가장 작은 K의 부분체를 F 위로 $\alpha, \beta, \cdots$로 생성된 체라고 부르며 이를 $F(\alpha, \beta, \cdots)$라고 표기한다. 이때, 하나의 원소 α로 생성된 체 $K = F(\alpha)$를 단순확대체라고 부른다.

종이접기로 작도 가능한 수를 고찰할 때 확대체 중에서도 특정다항식의 근을 포함하는 확대체를 이용한다. 이와 관련하여 이 장에서는 다음과 같은 명제를 복잡한 증명과정을 생략하고 사실로 받아들이기로 하자.[2)]

명제 1. 임의의 체 F와 F의 원소를 계수로 가지는 기약다항식 $p(x)$에 대하여 $p(x)$의 근과 F를 포함하는 확대체 K가 존재한다. 이때, $\deg(p(x)) = n$이며, $\alpha \in K$가 F 밖의 $p(x)$의 한 근이라고 하면, $[K:F] = n$이고, $\{1, \alpha, \alpha^2, \cdots, \alpha^{n-1}\}$가 F 위의 벡터공간 K의 기저가 된다. 따라서,

2) 보다 자세한 확대체 이론은 Dummit & Foote (2004) 참고한다.

$$K = \{a_0 + a_1\alpha + a_2\alpha^2 + \ \cdots \ + a_{n-1}\alpha^{n-1} \mid a_0, a_1, a_2, \cdots, a_{n-1} \in F\}$$

이다.

명제 2. 임의의 체 F와 F의 원소를 계수로 가지는 기약다항식 $p(x)$에 대하여, 체 L이 $p(x)$의 근 α를 포함한 F의 확대체이며, $F(\alpha)$를 원소 α로 생성된 L의 부분체라고 가정하면, $F(\alpha) \cong K$이다. 이때, $\deg(p(x)) = n$이면,

$$F(\alpha) = \{a_0 + a_1\alpha + a_2\alpha^2 + \cdots + a_{n-1}\alpha^{n-1} \mid a_0, a_1, a_2, \cdots, a_{n01} \in F\} \subset L$$

이다.

명제 1이 특정기약다항식의 근을 포함하는 확대체 K가 존재한다는 것을 의미한다면, 명제 2는 K가 그러한 해를 포함하는 가장 작은 확대체임을 의미한다.

지금까지의 정의와 명제를 바탕으로 종이접기 이론과 관련된 예를 들어 보자. $F = \mathbb{Q}$일 때, $p(x) = x^2 - 2$는 $\mathbb{Q}$에서 기약다항식이다. 따라서 이 다항식의 근인 $\sqrt{2}$를 더하여 더 큰 체 $K = \mathbb{Q}(\sqrt{2}) = \{a + b\sqrt{2} \mid a, b \in \mathbb{Q}\}$를 만들 수 있다. 이러한 확대체이론을 염두에 두고 종이접기로 작도 가능한 수를 살펴보자.

3. 종이접기로 작도 가능한 수

종이접기(origami)는 보통 정사각형 모양의 종이접기만을 이용하여 기준점들을 만들고 그 점들을 기준으로 선을 접어 원하는 대상을 만드는 것을 일컫는다. 종이접기는 일상생활에서의 활동으로 출발하였지만 1970년대부터 대수적으로 연구하기 시작하였다. 종이접기를 대수적으로 고찰할 때 사용하는 몇 가지 기본가정과 종이접기에서 허락되는 기본작도들을 먼저 살펴보자.

3.1 종이접기의 기본가정과 기본작도

종이접기에 대하여 대수적으로 고찰할 때, 몇 가지 기본가정이 있다. 그것은 종이접기

가 이루어지는 평면이 무한히 큰 종이이며, 두 점 O와 P가 주어진다는 것이다. 이러한 기본가정하에 종이접기를 통해 이루어지는 기본작도는 점들 혹은 선들을 서로 포개어 맞추는 단일 접기 연산(single-fold operation)들이다. 단일 접기 연산이란 종이를 한 번만 접는 것을 일컬으며 다른 단일 접기를 하기 위해서는 반드시 종이가 다시 펼쳐진 상태여야 한다. 종이접기에서 가능한 기본작도 연산은 다음 일곱 가지가 있다(그림 10-1).

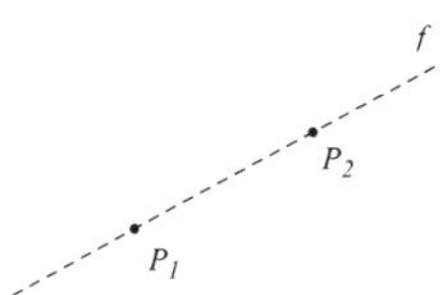

O1. 두 점 P_1, P_2를 연결하는 선 f를 접을 수 있다.

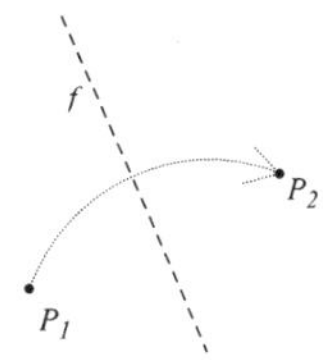

O2. 두 점 P_1, P_2에 대하여, P_1을 P_2 위로 포개지도록 접을 수 있다(이때, 접은 선 f는 $\overline{P_1P_2}$의 수직이등분선임).

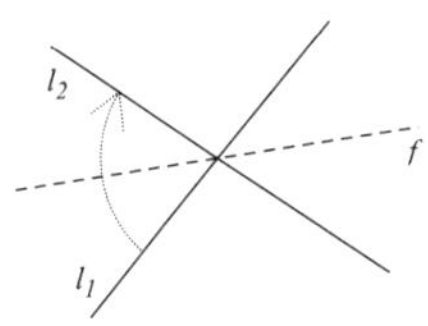

O3. 두 직선 l_1, l_2에 대하여 l_1을 l_2 위로 포개지도록 접을 수 있다(이때, f는 l_1과 l_2사이 각의 이등분선임.).

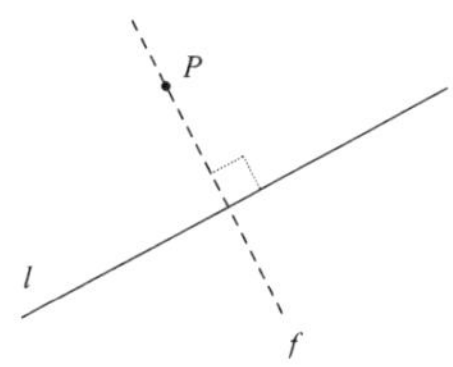

O4. 점 P와 직선 l에 대하여, l에 수직이고 P를 지나는 선 f를 접을 수 있다.

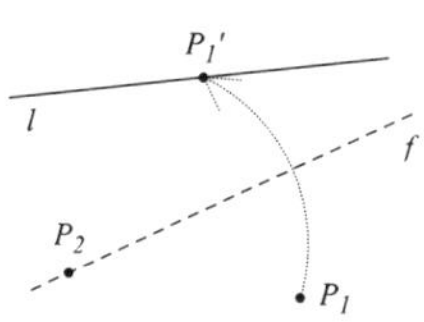

O5. 두 점 P_1, P_2, 직선 l에 대하여 P_1을 l 위로 포개지도록 접은 선 f가 l을 지나도록 접을 수 있다.

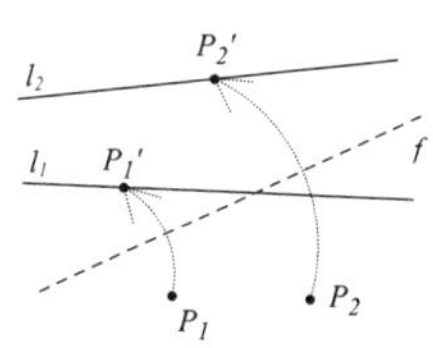

O6. 두 점 P_1, P_2과 두 직선 l_1, l_2에 대하여, P_1은 l_1에, P_2는 l_2에 포개지도록 선 f를 접을 수 있다.

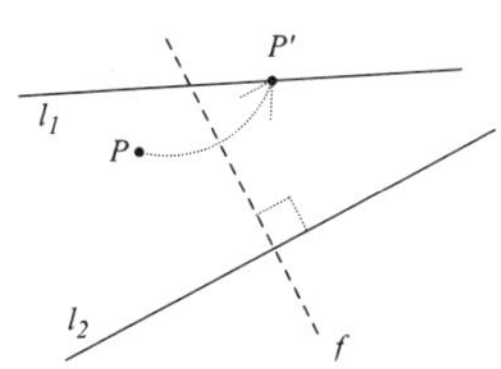

O7. 점 P와 두 직선 l_1, l_2에 대하여, l_2에 수직이면서 P를 l_1에 포개지도록 선 f를 접을 수 있다.

[그림 10-1] 종이접기로 가능한 기본작도 연산(단일 접기 연산)

가능하다면 위의 기본작도들을 직접 접어 보면 기본작도 연산에 대한 이해가 높아질 것으로 기대한다. 기본작도 연산 O1 ~ O4와 O7은 접기가 비교적 간단하다. 또한 기본작도 연산 O5는 P_1을 l위의 점 P_1'으로 포개지도록 접은 후에 접은 선 f가 P_2를 지날 때까지 P_1'을 직선 l을 따라 움직여서 접을 수 있다. 유사하게 기본작도 연산 O6은 P_1을 l 위의 점 P_1'로 포개지도록 접은 후에 P_2가 l_2를 지날 때까지 P_1'을 직선 l을 따라 움직여서 접을 수 있다.

두 점 O와 P를 시작으로 유한개의 기본작도 연산 O1 ~ O7의 기본작도를 사용하여 여러 접은 선과 그들의 교차점을 계속해서 만들 수 있다. 단일 접기 결과 생기는 접은 선은 종이접기로 작도된 선이라 하는데, 이 선 위의 모든 점이 종이접기로 가능한 점은 아니다. 종이접기 작도 가능한 점이란, 유한개의 기본작도 연산 O1 ~ O7의 기본작도를 반복하여 작도된 선들의 교점을 일컫는다. 따라서, 종이접기 작도 가능한 수란 이렇게 작도 가능한 점 사이의 거리를 말한다.

참고로, 기본작도 연산 O1 ~ O6이 먼저 정의되었고, 기본작도 연산 O7은 나중에 추가되었다(Lang, 1996). 기본작도 연산 O7이 추가됨으로 인해서 종이접기로 작도 가능한 물체(또는 수)가 더 늘어나지는 않았지만 이 기본작도가 기존의 기본작도 연산 O1 ~ O6과는 다르다는 것이 증명되었다(Alperin & Lang, 2009). 이 일곱 개의 기본작도 연산을 통틀어 보통 Huzita-Hatori 공리 또는 Huzita-Justin 공리라 부른다. 공리라는 명칭을 얻었지만 기본작도 연산 O1 ~ O5가 기본작도 연산 O6을 이용하여 작도 가능하다는 것이 증명되었기 때문에 실제로 공리의 요건을 갖추지는 않는다(Alperin & Lang, 2009; Gourabi, Kasem, & Kaliszyk, 2013). Alperin & Lang (2009)은 이 공리의 완비성 즉, 이 일곱 개의 기본작도 연산이 종이접기로 가능한 모든 점과 선과 일치한다는 것을 증명하였다.

이후에 이 전통적인 종이접기 공리에 대한 여러 가지 비평이 나왔다. 예를 들어, 이 일곱 개의 기본작도의 가능성이 논쟁의 대상이 되었으며, Alperin & Lang(2009)이 공리의 완비성을 증명하는 과정에서 사용한 가정 및 방법에 대한 비평이 나왔으며, 이러한 점들과 관련하여 좀 더 명확한 공리의 정의를 요구하는 목소리도 있었다(Kasem, Ghourabi, & Ida, 2011; Ghourabi, Kasem, & Kaliszyk, 2013; Lucero, 2017). 이 장에서는 [그림 10-1]에서 정의된 전통적인 기본작도 연산을 근거로 종이접기를 다루고 있기만, 이러한 시각도 있다는 점을 염두에 두기 바란다.

3.2 종이접기 작도의 예

기본작도 연산 O1 ~ O7을 이용하여 다양한 기하학적 대상을 종이접기로 작도할 수 있다. 예를 들어, 주어진 점 P를 지나고 주어진 직선 l에 평행한 직선을 다음과 같이 작도할 수 있다. 우선, 기본작도 연산 O4를 이용하여 점 P를 지나고 직선 l에 수직인 선 f_1을 접을 수 있다. 기본작도 연산 O4를 또 이용하여 점 P를 지나고 선 f_1에 수직인 선 f_2를 접을 수 있다(그림 10-2 참조). 이때, 선 f_2는 점 P를 지나고 직선 l에 평행하다.

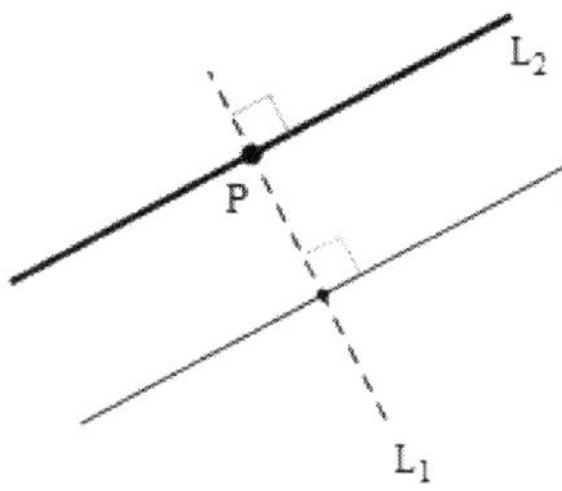

[그림 10-2] 종이접기로 점 P를 지나고 주어진 직선 l에 평행한 선 작도하기

이러한 평행선의 작도를 이용하여 다음 정리를 증명할 수 있다.

정리 1.

주어진 길이 a, b에 대하여 길이 $a \pm b$, ab, $\frac{a}{b}$, $\sqrt{a}$를 각각 종이접기로 작도할 수 있다.

증명 $a \pm b$가 작도 가능함은 $a+b$가 작도 가능함을 보이면 충분하다. 두 길이 a, b에 대하여, [그림 10-2]의 작도를 이용하여 $\overleftrightarrow{OP}$, $\overleftrightarrow{OQ}$에 각각 평행하고 점 Q, P를 각각 지나는 두 개의 선 l, m을 작도할 수 있다. 이때 두 직선 l, m의 교점을 R라고 하자(그림 10-3 참조).

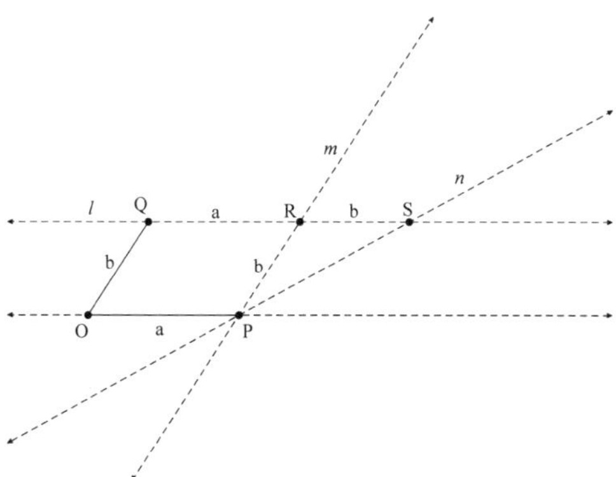

[그림 10-3] 종이접기를 이용한 길이 $a+b$의 작도

이때, 사각형 OPQR은 평행사변형이므로 $\overline{OR} = a$, $\overline{RP} = b$이다. 기본작도 연산 O3을 적용하여 직선 m을 직선 $\overleftrightarrow{OP}$ 위로 포개지도록 직선 n을 작도할 수 있다. 이때, 두 직선 l, n의 교점을 S라고 하자. 직선 n은 직선 m과 직선 $\overleftrightarrow{OP}$ 사이의 각을 이등분하고, $l \parallel \overleftrightarrow{OP}$이므로, 삼각형 RPS는 이등변삼각형이다. 따라서, $\overline{PQ} = b$이다. 이에 따라 길이가 $a+b$인 선분 $\overline{QS}$를 작도할 수 있다. 길이 ab와 $\frac{a}{b}$는 [그림 10-2]의 평행선 작도법과 닮은 삼각형의 성질을 이용하여 [그림 10-4]와 같이 작도할 수 있다.

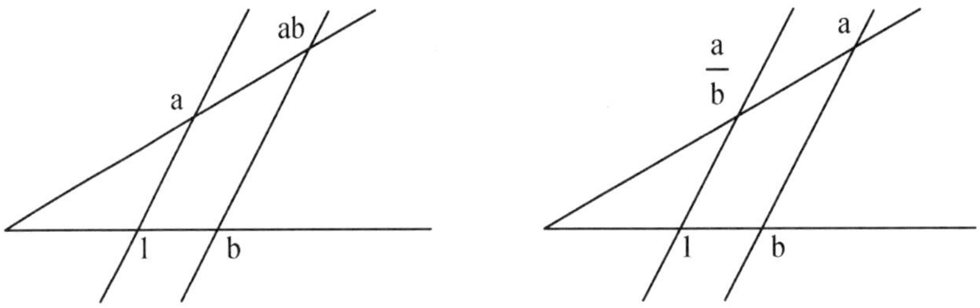

[그림 10-4] 길이 ab와 $\frac{a}{b}$의 종이접기 작도

마지막으로 길이 $\sqrt{a}$의 작도를 살펴보자. 주어진 두 길이 1, a에 대하여 길이가 $1+a$인 선분 $\overline{OQ}$를 $\overline{OP} = 1$, $\overline{PQ} = a$가 되도록 작도한다(그림 10-5 참조). 기본작도 연산 O2를 이용하여 $\overleftrightarrow{OQ}$의 수직이등분선 l을 작도하여 두 점 O, Q의 중점 R를 작도한다. 그러면 $\overline{OR} = \frac{1+a}{2}$이다. 그런 다음, 기본작도 연산 O5을 적용하여 점 O를 직선 m 위로 포개지도록 하면서 점 R을 지나는 직선 n을 작도한다. 마지막으로, 기본작도 연산 O4를 이용하여 점 O를 지나면서 직선 n에 수직인 직선 t를 작도하고, 두 직선 m, t의 교점을 S라고 하자. 그러면, 작도법에 의하여, $\overline{OR} = \overline{SR} = \frac{1+a}{2}$이다. 삼각형 OPS와 삼각형 SPQ의 닮음을 이용하여 $\overline{SR} = \sqrt{a}$임을 알 수 있다.

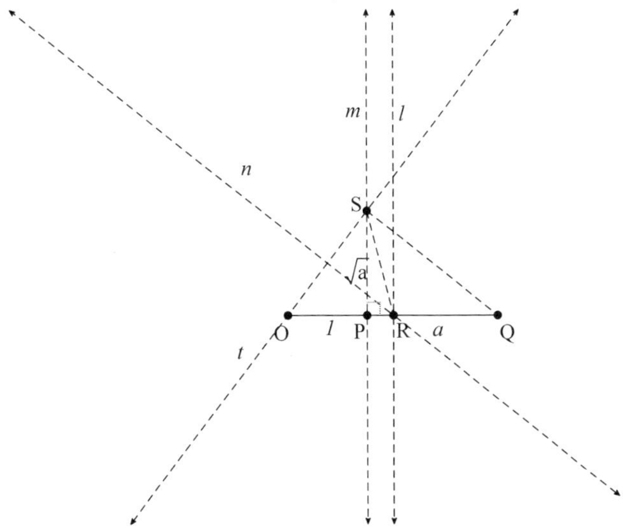

[그림 10-5] 길이 $\sqrt{a}$의 종이접기 작도

이와 같이, 주어진 a, b에 대하여 길이 $a \pm b$, ab, $\frac{a}{b}$, $\sqrt{a}$를 종이접기로 작도할 수 있다는 것을 살펴보았다. 그러므로 종이접기로 작도 가능한 수는 사칙연산과 제곱근에 대하여 닫혀 있음을 알 수 있다. 따라서, 종이접기로 작도 가능한 수는 실수 $\mathbb{R}$의 부분체이며, 모든 유리수는 종이접기로 작도 가능하다는 것을 알 수 있다.

3.3 종이접기로 작도 가능한 수

앞의 예에서 기본작도 연산 O1 ~ O5를 이용하여 주어진 길이의 제곱근까지 작도할 수 있음을 기하학적으로 보였다. 이제 기본작도 연산 O5, O6을 대수적으로 고찰해 보고 더 구체적으로 종이접기로 작도 가능한 수의 집합 $\mathbb{O}$는 어떠한 수로 이루어졌는지를 살펴보자.

이를 좀 더 체계적으로 알아보기 위해서 우선 종이접기가 이루어지는 평면에 좌표계를 다음과 같이 설정한다. 주어진 점 O를 원점으로 지정하고 두 점 O, P 사이의 거리를 단위길이 1로 정한다. 그런 후, 기본작도 연산 O1을 점 O, P에 적용하여 x축을 작도한다. 또 기본작도 연산 O4를 사용하여 원점 O와 x축에 적용하여 y축을 작도한 후, 그 위에 단위길이 1을 옮긴다(그림 10-6 참조). 이렇게 좌표계를 설정한 평면 위의 점 $(a, b) \in \mathbb{R}$는 각각의 좌표 a, b가 작도 가능한 수일 때, 그리고 그 때에만 종이접기로 작도 가능한 점이 된다.

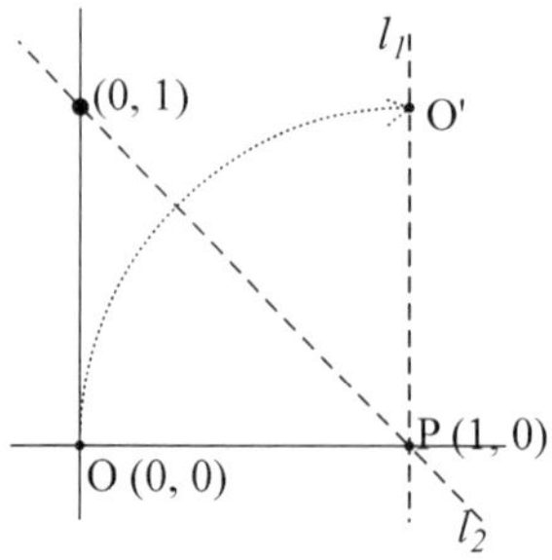

[그림 10-6] 종이접기가 이루어지는 평면에 좌표계를 설정하는 종이접기 작도법

이렇게 설정된 좌표평면 위에서 기본작도 연산 O5, O6을 각각 고찰해 보자. 먼저, 기본작도 연산 O5, '두 점 P_1, P_2, 직선 l에 대하여 P_1을 l 위로 포개지도록 접은 선 f가 P_2를 지나도록 접을 수 있다.'를 고정된 점 P_1, 고정된 선 l, 그리고 어떤 점 P_2에 적용하면 P_1이 선 l 위로 포개지는 점 P_1'은 [그림 10-7]과 같이 무수히 많다.

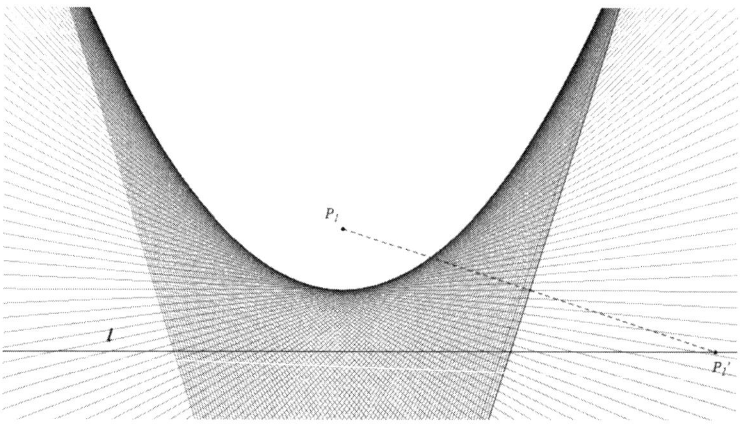

[그림 10-7] P_1이 선 l위로 포개지도록 접은 선들

더 일반적으로, 다음과 같은 정리를 도출할 수 있다.

정리 2.

주어진 점 P를 주어진 선 l 위로 포개지도록 접는 선들은 초점 P, 준선 l인 포물선의 접선이다.

증명 일반성을 잃지 않으면서, 점 P와 선 l을 각각 $P=(0,\ 1)$와 $l: y=-1$로 설정할 수 있다(그림 10-8). 그러면, 점 P를 선 l 위로 접었을 때 포개지는 점 $P'=(t,\ -1)$, $t \in \mathbb{R}$이 된다.

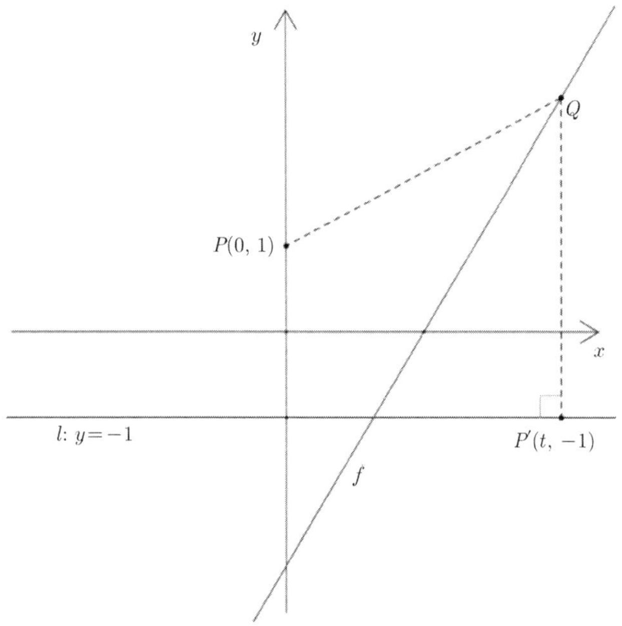

[그림 10-8] 점 P를 선 l위로 포개어 접기

기본작도 연산 O2에 의하면, 주어진 점 P를 다른 점 P' 위로 접는 선은 $\overline{PP'}$을 수직이등분함을 알 수 있다. 이때, 두 점 P, P'사이의 기울기와 중점은 각각 $-\frac{2}{t}$, $\left(\frac{t}{2},\ 0\right)$이므로 접은 선 f는 다음과 같은 방정식을 갖는다.

$$f: y=\frac{t}{2}\left(x-\frac{t}{2}\right) \qquad \cdots\ (10.1)$$

접은 선 f와 점 P'를 지나면서 직선 l에 수직인 선의 교점을 Q이라고 하자. 점 Q는 접은 선 위의 점이므로 두 선분 $\overline{QP}$, $\overline{QP'}$의 길이는 서로 같다. 이때, $\overline{QP'}$의 길이는 접은 선 f와 직선 l 사이의 거리이므로, Q는 주어진 점 P와 선 l로부터 등거리임을 알 수 있다. 따라서, 점 Q의 모임은 점 P를 초점으로 갖고 선 l을 준선으로 갖는 포물선을 이루며, 접은 선들은 이 포물선에 접한다. 방정식 (10.1)에 $x=t$를 대입하면, $Q=\left(t, \frac{t^2}{4}\right)$이며, 따라서 이러한 점 Q들이 모여 이루어진 곡선은 방정식 $y=\frac{x^2}{4}$ 즉, 포물선의 방정식을 갖는다. ■

위 증명에서 방정식 (10.1)을 변수 t에 관하여 정리하면 다음 식을 얻는다.

$$\frac{t^2}{4}-\frac{t}{2}x+y=0 \quad \Rightarrow \quad t=\frac{\frac{x}{2}\pm\sqrt{\left(\frac{x}{2}\right)^2-y}}{\frac{1}{2}}$$

여기서 $\left(\frac{x}{2}\right)^2-y\geq 0$일 때, 즉 $y\leq\frac{x^2}{4}$일 때에만 t가 실수해를 갖는다. 여기서 포물선 위의 모든 점은 $y=\frac{x^2}{y}$을 만족하며 기본작도 연산 O5의 접은 선 위로 지날 수 있는 가능한 P_2점은 모두 $y\leq\frac{x^2}{4}$을 만족해야 한다. 따라서 기본작도 연산 O5는 P_2가 $y>\frac{x^2}{4}$일 때는 작도가 불가능하다.

정리 1에서 $\mathbb{O}$가 제곱근에 대하여 닫혀 있음을 기하학적으로 보였다면, 정리 2에서 이를 다음과 같이 대수적으로 유추할 수 있다.

따름정리 1.

$\mathbb{O}$는 제곱근에 대하여 닫혀 있다.

증명 주어진 길이 r에 대하여, $P_1=(0, 1)$, $l: y=-1$, $P_2=\left(0, -\frac{r}{4}\right)$라 하고, 기본작도 연산 O5를 이용하여 P_1을 l 위로 포개지도록 하고, P_2를 지나는 선을 접을 수 있다. 이 접은 선의 방정식은 정리 2의 방정식 (10.1)에 의하여 $y=\frac{t}{2}x-\frac{t^2}{4}$임을 알 수 있다. 이 선이 P_2를 지나므로 $-\frac{r}{4}=-\frac{t^2}{4}$이고, 따라서 $t=\sqrt{r}$이다. 쉽게 말해, 점 P_1이 l 위로 포개지는 점이 길이 $\sqrt{r}$를 좌표로 갖는다. ■

이제 기본작도 연산 O6, '두 점 P_1, P_2과 두 직선 l_1, l_2에 대하여, P_1은 l_1에, P_2는 l_2에 포개지도록 선 f를 접을 수 있다.'를 대수적으로 살펴보자. 먼저, 다음과 같은 정리를 생각해 볼 수 있다.

정리 3.

기본작도 연산 O6에서 접은 선 f가 존재한다면 두 개의 포물선의 접선이며, 이로 인해 기본작도 연산 O6은 삼차방정식을 푸는 것과 동일하다.

증명 두 점 P_1, P_2과 직선 l_1을 $P_1=(0,1)$, $P_2=(a,b)$, $l_1: y=-1$로 고정하자(그림 10-9 참조). P_1을 l_1 위로 포개지도록 계속해서 접을 때 P_2가 포개지는 점, 즉 $P_2'=(x,y)$를 찾아보자.

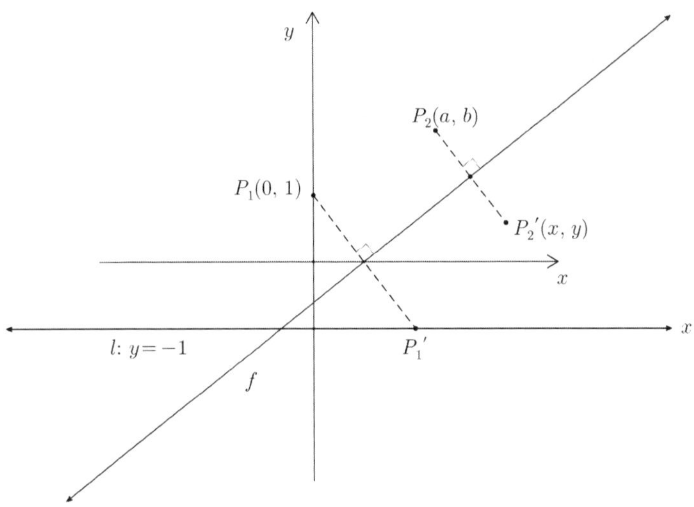

[그림 10-9] 기본작도 연산 O6을 $P_1=(0,1)$, $P_2=(a,b)$, $l_1: y=-1$에 적용

정리 2에 의하면, P_1을 l_1 위로 포개지도록 접는 선 f는 초점 P_1, 준선 l_1인 포물선의 접선이고, 마찬가지로 P_2를 l_2 위로 포개지도록 접는 선 f는 초점 P_2, 준선 l_2인 포물선의 접선이다. 따라서 접은 선 f는 이 두 포물선의 공통접선이다. 정리 2의 증명에서 보았듯이, 이 접은 선 f의 방정식은 $y=\frac{t}{2}x-\frac{t^2}{4}$이며, 이 선은 또한 점 P_2를 위로 포개지도록 접는 선이므로 $\overline{P_2P_2'}$의 수직이등분선이다. 이때, 두 점 P_2, P_2'사이의 기울기와 중점은 각각 $\frac{y-b}{x-a}$, $\left(\frac{a+x}{2}, \frac{b+y}{2}\right)$이다. $\overline{P_2P_2'}$는 선 f에 수직이므로 $\frac{y-b}{x-a}=-\frac{2}{t}$이다. 따라서 다음과 같은 방정식이 성립한다.

$$\frac{t}{2} = -\left(\frac{x-a}{y-b}\right) \qquad \cdots (10.2)$$

또한, f가 P_2, P_2' 사이의 중점을 지나므로,

$$\frac{y+b}{2} = \frac{t}{2}\left(\frac{a+x}{2}\right) - \frac{t^2}{4} \qquad \cdots (10.3)$$

이때 방정식 (10.2)를 (10.3)에 대입하여 정리하면, 다음 삼차방정식을 얻는다.

$$\frac{y+b}{2} = -\left(\frac{x-a}{y-b}\right)\left(\frac{a+x}{2}\right) - \left(\frac{x-a}{y-b}\right)^2$$
$$\Rightarrow \quad (y+b)(y-b)^2 = -(x^2-a^2)(y-b) - 2(x-a)^2$$

다르게 표현하면, 작도 가능한 점들은 삼차방정식의 그래프 위의 점이다. 점 P_2를 l_2 위로 포개지도록 접으면, 직선 l_2가 이 삼차방정식의 그래프의 교점을 지나도록 접는 선이 정해진다. 이러한 점을 찾는 것은 특정한 점에서 삼차식의 값을 계산하는 것과 같다. ■

참고로, 위에서 도출해낼 수 있는 삼차방정식의 그래프의 특징상 기본작도 연산 O6은 l_1, l_2가 평행하고 두 점 P_1, P_2가 두 직선 사이에 있을 때 불가능하다. 이제 정리 3을 바탕으로 $\mathbb{O}$가 세제곱근에 대하여 닫혀 있음을 대수적으로 살펴보자.

따름정리 2.

종이접기의 기본작도 연산 O1 ~ O6은 $\mathbb{O}$의 원소를 계수로 갖는 임의의 삼차방정식의 실수해를 작도 가능하게 한다.

증명 일반성을 유지하면서 임의의 삼차방정식을 $x^3+ax^2+bx+c=0\,(a,\,b,\,c\in\mathbb{O})$라고 둘 수 있다. 여기에 $X=x-\frac{a}{3}$을 대입하면 $X^3+\frac{3b-a^2}{3}X-\frac{9ab-27c-2a^3}{27}=0$이 된다. 이때, $a,\,b,\,c\in\mathbb{O}$이므로 정리 1에 의하여 이 방정식의 계수도 모두 $\mathbb{O}$의 원소이다.

따라서, 좀 더 간단한 삼차방정식의 형태 $x^3+px+q=0\,(p,\,q\in\mathbb{O})$를 생각할 수 있다. 이제 Alperin(2000)의 방식을 따라, 다음 두 개의 포물선을 고려해 보자.

$$\left(y-\frac{1}{2}p\right)^2=2qx \qquad \cdots (10.4)$$

$$y=\frac{1}{2}x^2 \qquad \cdots (10.5)$$

포물선 (10.4)는 초점이 $\left(\frac{q}{2},\ \frac{p}{2}\right)$, 준선이 $x=-\frac{q}{2}$이며, 포물선 (10.5)는 초점이 $\left(0,\ \frac{1}{2}\right)$, 준선이 $y=-\frac{1}{2}$이다. 여기서 $p,\ q\in\mathbb{O}$이므로 이 포물선들의 방정식, 그리고 초점과 준선 모두 $\mathbb{O}$의 원소이다. 기본작도 연산 O6을 이용하여 점 $\left(\frac{q}{2},\ \frac{p}{2}\right)$을 직선 $x=-\frac{q}{2}$ 위로, 그리고 점 $\left(0,\ \frac{1}{2}\right)$을 직선 $y=-\frac{1}{2}$ 위로 포개지도록 접으면 두 포물선에 접하는 선 f를 작도할 수 있다. 이 접은 선의 기울기 m이 삼차방정식 $x^3+px+q=0$의 해임을 다음과 같이 보일 수 있다.

$(x_1,\ y_1)$, $(x_2,\ y_2)$를 각각 포물선 (10.4), (10.5)와 선 f와의 접점이라 하자. 이를 각 포물선의 방정식에 대입하면 다음 식을 얻을 수 있다.

$$\left(y_1-\frac{1}{2}p\right)^2=2qx_1 \qquad \cdots (10.6)$$

$$y_2=\frac{1}{2}x_2^2 \qquad \cdots (10.7)$$

또한, 포물선 (10.4)의 방정식의 양변을 미분하면 다음 식을 얻을 수 있다.

$$2\left(y-\frac{1}{2}p\right)\frac{dy}{dx}=2q \quad \Rightarrow \quad \frac{dy}{dx}=\frac{q}{y-\frac{1}{2}p}$$

따라서 $(x_1,\ y_1)$에서의 접선의 기울기는 다음과 같다.

$$m=\frac{q}{y_1-\frac{1}{2}p} \quad \Rightarrow \quad y_1=\frac{1}{2}p+\frac{q}{m}$$

이를 방정식 (10.6)에 대입하면 $x_1=\frac{q}{2m^2}$이다. 이와 유사하게, 포물선 (10.5)의 방정식의 양변을 미분하면 $\frac{dy}{dx}=x$이다. 따라서 $(x_2,\ y_2)$에서의 접선의 기울기는 $m=x_2$이다. 이것을 방정식 (10.7)에 대입하면 $x_2=\frac{1}{2}m^2$을 얻을 수 있다. 따라서 m에 대한 다음 식을 얻을 수 있다.

$$m = \frac{y_2 - y_1}{x_2 - x_1} = \frac{\frac{1}{2}m^2 - \left(\frac{p}{2} + \frac{q}{m}\right)}{m - \frac{q}{2m^2}}$$

이를 간단히 정리하면 다음 식을 얻는다.

$$m^3 + pm + q = 0 \qquad \cdots (10.8)$$

따라서, m은 $x^3 + px + q = 0$ (p, $q \in \mathbb{O}$)의 실수해이다. ■

특히, 따름정리 2에서의 길이 m을 [그림 10-10]에서와 같이 종이접기로 작도할 수 있다.

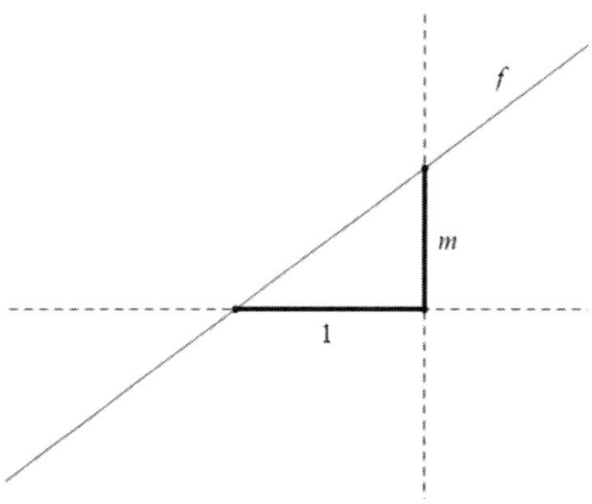

[그림 10-10] 직선 f의 기울기 m

또한, 따름정리 2에 따라 다음 따름정리 3을 도출해낼 수 있다.

따름정리 3.

종이접기로 작도 가능한 수의 집합 $\mathbb{O}$는 세제곱근에 대하여 닫혀 있다.

증명 주어진 길이 r에 대하여 $\sqrt[3]{r}$이 종이접기로 작도 가능함을 보이자. 정리 3에 의하여, 기본작도 연산 O6을 사용하여 두 개의 포물선 $y = -2rx$, $y = \frac{1}{2}x^2$에 동시에 접하는 선 f를 작도할 수 있다. 이 두 개의 포물선은 따름정리 2의 증명에서 보았던 포물선의 방정식 (10.4), (10.5)에서 $p = 0$, $q = -r$일 때이며, 방정식 (10.8)에 의하여 선 f의 기울기가 $\sqrt[3]{r}$임을 알 수 있다. 따라서 $\sqrt[3]{r} \in \mathbb{O}$이다. ■

지금까지 살펴본 정리와 따름정리들을 되돌아 보자. 정리 1에서 $\mathbb{Q} \in \mathbb{O}$임을 유추하였다. 또한, 주어진 길이 $r \in \mathbb{O}$에 대하여, 따름정리 1에 따르면 $\sqrt{r}$을 작도할 수 있었고, 따름정리 3에 의하여 $\sqrt[3]{r}$도 작도할 수 있었다. 다르게 말해, $\mathbb{O}$의 원소를 계수로 갖는 임의의 이차방정식 혹은 삼차방정식의 해를 작도할 수 있다. 따라서, $\mathbb{O}$를 $\mathbb{Q}$의 확대체로 볼 수 있다. 더 구체적으로, 종이접기 작도는 차수가 1, 2 혹은 3차인 확대체임을 알 수 있다. 이를 바탕으로 좀 더 일반적으로 종이접기로 작도 가능한 수를 다음과 같이 생각해 볼 수 있다.

정리 4.

실수 r에 대하여, $r \in \mathbb{O} \Leftrightarrow r \in F_n$, $[F_i : F_{i-1}] = 2$ 또는 $3 (1 \leq i \leq n)$을 만족하는 유한체 수열 $\mathbb{Q} = F_0 \subset F_1 \subset \cdots \subset F_n \subset \mathbb{R}$가 존재한다.

증명 ($\Rightarrow$): $r \in \mathbb{O}$라 가정하자. 길이 r이 기본작도 연산 O1 ~ O7을 유한 번 조합하여 작도 가능할 때 $r \in \mathbb{O}$라고 하였으며, 이러한 기본작도 연산들로 이루어지는 종이접기 작도는 $\mathbb{Q}$의 차수가 1, 2, 3인 확대체임을 지금까지 살펴보았다.

따라서, 수 r를 작도하기 위하여 필요한 작도의 수를 귀납적으로 추론하면 $r \in F_n$, $[F_i : F_{i-1}] = 2$ 또는 $3 (1 \leq i \leq n)$을 만족하는 유한체 수열이 존재함을 알 수 있다.

($\Leftarrow$): $r \in F_n$, $[F_i : F_{i-1}] = 2$ 또는 $3 (1 \leq i \leq n)$을 만족하는 유한체 수열이 존재한다고 가정하자. 그러면, 어떤 $d_i \in F_i$에 대하여, $F_i = F_{i-1}[\sqrt{d_i}]$ 또는 $F_i = F_{i-1}[\sqrt[3]{d_i}]$이다. $n = 0$이면 $r \in F_0 = \mathbb{Q}$이며 정리 1에서 살펴보았듯이 모든 유리수는 종이접기로 가능하므로 $r \in \mathbb{O}$이다.

$n = k - 1$이면, F_n의 모든 원소가 종이접기 가능하다고 가정하자. 그러면, 모든 $d_k \in F_{k-1}$은 작도 가능하며, 따름정리 1과 따름정리 3에 의하여 $\sqrt{d_k}$와 $\sqrt[3]{d_k}$도 작도 가능하다. 따라서, $F_i = F_{i-1}[\sqrt{d_i}]$ 또는 $F_i = F_{i-1}[\sqrt[3]{d_i}]$의 모든 원소도 작도 가능하다. n에 대한 귀납법에 의하여, 모든 $r \in F_n$은 종이접기로 작도 가능하며, 따라서 $r \in \mathbb{O}$이다. ■

쉽게 말해, 유리수는 모두 종이접기로 작도 가능하며, 유리수를 계수로 갖는 2차, 3차 방정식의 해도 모두 작도 가능하므로, 유한개 차수 1, 2 혹은 3인 유리수의 확대체의 모든 원소도 종이접기로 작도 가능하다. 이에 따라 종이접기는 자와 컴퍼스로는 작도할 수 없는 두 개의 3대 작도 난제를 풀 수 있다. 다음 절에서 이를 알아보자.

4. 종이접기 작도문제

4.1 주어진 정육면체의 2배 부피를 갖는 정육면체의 한 변의 길이를 작도하는 문제

정리 5.

종이접기를 이용하여 주어진 정육면체의 2배 부피를 갖는 정육면체의 한 변의 길이를 작도할 수 있다.

증명 $\sqrt[3]{2}$가 종이접기로 작도 가능함[3]을 보이면 충분하다. 우선, 주어진 정사각형 모양의 종이를 [그림 10-11(a)]와 같이 삼등분하고, 정사각형의 왼쪽 변을 l_1, 삼등분선 중 위의 접은 선을 l_2, 오른쪽 아래 꼭짓점을 P_1, 정사각형의 오른쪽 변과 삼등분선 중 아래의 접은 선의 교점을 P_2라 하자. 기본작도 연산 O6을 두 점 P_1, P_2와 두 l_1, l_2선에 적용하여 [그림 10-11(b)]와 같이 P_1이 l_1 위로 포개지도록 하면서, P_2는 l_2 위로 포개지도록 선 m을 접을 수 있다.

3) Lang(1996)과 Hull(2006)에 따르면, Messer(1986)가 이 작도방법을 개발하였다(그림 10-11).

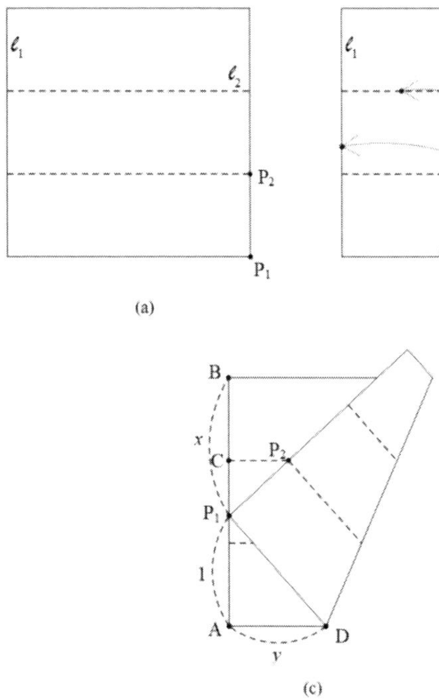

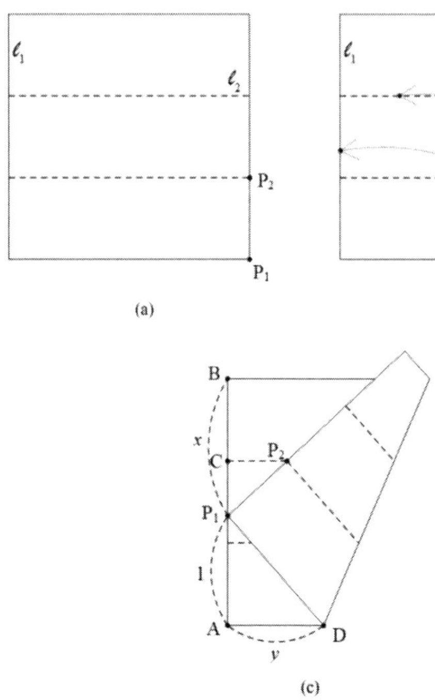

[그림 10-11] 종이접기로 길이 $\sqrt[3]{2}$을 작도하는 법

그러면 P_1이 정사각형의 왼쪽 변과 교차하는 점은 변 $\overline{\mathrm{AB}}$의 길이를 $\sqrt[3]{2}:1$로 분할함을 다음과 같이 보일 수 있다. [그림 10-11(c)]에서와 같이 $\overline{\mathrm{P_1B}}=x$, $\overline{\mathrm{P_1A}}=1$,

$\overline{\mathrm{AD}} = y$라 하자. 그러면, 다음이 성립함을 알 수 있다.

$$\overline{\mathrm{AB}} = x+1,\ \overline{\mathrm{P_1D}} = x+1-y,\ \overline{\mathrm{P_1P_2}} = \frac{x+1}{3},\ \overline{\mathrm{CP_1}} = x - \frac{x+1}{3} = \frac{2x-1}{3}$$

피타고라스의 정리를 삼각형 $\mathrm{P_1AD}$에 적용하면, $(x+1-y)^2 = 1^2 + y^2$이며, 이를 y에 대하여 정리하면,

$$y = \frac{x^2+2x}{2x+2} \qquad \cdots (10.9)$$

이다.

한편, $\angle \mathrm{P_1CP_2} = \angle \mathrm{DAP_1} = 90°$, $\angle \mathrm{CP_1P_2} + \angle \mathrm{CP_2P_1} = 90°$, $\angle \mathrm{ADP_1} + \angle \mathrm{AP_1D} = 90°$, $\angle \mathrm{CP_1P_2} + \angle \mathrm{AP_1D} = 90°$이므로, $\angle \mathrm{CP_1P_3} = \angle \mathrm{ADP_1}$, $\angle \mathrm{CP_2P_1} = \angle \mathrm{AP_1D}$이다. 이에 따라, $\triangle \mathrm{P_1CP_2} \sim \triangle \mathrm{DAP_1}$이다. 따라서 다음을 얻을 수 있다.

$$\frac{\overline{\mathrm{DA}}}{\overline{\mathrm{DP_1}}} = \frac{\overline{\mathrm{P_1C}}}{\overline{\mathrm{P_1P_2}}} \quad \Rightarrow \quad \frac{y}{x+1-y} = \frac{2x-1}{x+1}$$

그리고 (10.9)에 의하여,

$$\frac{x^2+2x}{x^2+2x+2} = \frac{2x-1}{x+1} \quad \Rightarrow \quad x^3+3x^2+2x = 2x^3+3x^2+2x-2 \ \Rightarrow \ x^3 = 2$$

이므로, $\sqrt[3]{2}$이다. 그러므로 길이 $\sqrt[3]{2}$를 작도할 수 있다. ■

4.2 각의 삼등분 문제

정리 6.

종이접기를 이용하여 주어진 임의의 각 θ를 삼등분할 수 있다.

증명 [그림 10-12(a)][4]에서와 같이 각 θ의 꼭짓점을 정사각형의 왼쪽 아래 꼭짓점 P에 오도록, 각의 한 변이 정사각형의 아래 변에 포개지도록 놓고 각의 나머지 변을 l_1이

4) Fusimi (1980)에 따르면, Hisashi Abe가 이 작도법(그림 10-12)을 개발하였다.

라 하자.

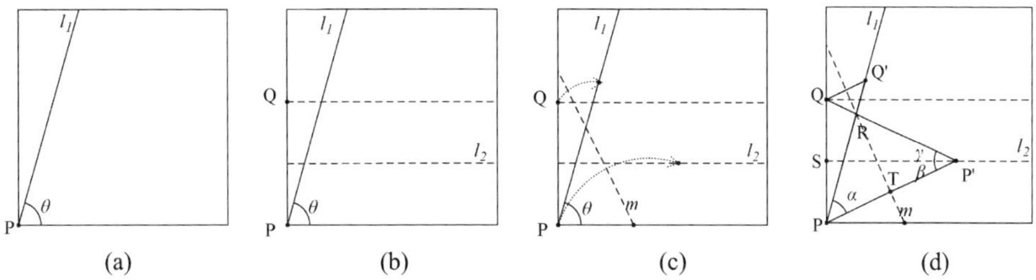

[그림 10-12] 종이접기로 주어진 각 θ를 삼등분하는 방법

정사각형의 왼쪽 변에 있는 임의의 작도 가능한 점 Q에 기본작도 연산 O4를 적용하여 Q를 지나며 정사각형의 왼쪽 변에 수직인 선을 접는다. 그런 후, 기본작도 연산 O2를 이용하여 P를 Q 위로 포개지도록 접어 정사각형의 아래 변과 평행하면서 Q를 지나는 선을 접는다. 또 기본작도 연산 O2를 이용하여 그 선과 정사각형의 아래 변 사이의 등거리 l_2선을 [그림 10-12(b)]와 같이 접을 수 있다.

마지막으로, 기본작도 연산 O6을 두 점 P, Q와 두 선 l_1, l_2에 적용하여 [그림 10-12(c)]와 같이 P는 l_1 위로, Q는 l_2 위로 각각 포개지도록 선 m을 접을 수 있다. 이 직선 m에 수직이면서 점 P를 지나는 선을 접어 그 선과 직선 l_2의 교점 P'을 작도할 수 있다. 그러면 점 P'은 직선 m에 대한 점 P의 반사점이 된다(그림 10-12(d) 참조). 비슷한 과정으로 선 m에 대한 점 Q의 반사점 Q'을 작도할 수 있다. 이렇게 하여 작도한 $\overline{PP'}$과 종이의 아래 변이 이루는 각의 크기는 θ의 크기의 $\frac{1}{3}$임을 다음과 같이 보일 수 있다.

[그림 10-12(d)]에서 $\overline{PQ'}$과 $\overline{P'Q}$의 교점을 R, 정사각형의 왼쪽 변과 선 l_2의 교점을 S, 그리고 $\overline{PP'}$과 선 m의 교점을 T라 하자. 그리고, $\angle RPP'$, $\angle PP'S$, $\angle RP'S$의 크기를 각각 α, β, γ라 하자. P', Q'은 각각 선 m에 대한 점 P, Q의 반사점이므로 점 R은 선 m 위에 있다. 여기서 $\overline{PS}$와 $\overline{QS}$의 길이가 같고 $\angle P'SQ = \angle P'SP = 90°$이므로 $\triangle P'QP$는 이등변삼각형이다. 따라서,

$$\beta = \gamma \qquad \cdots (10.10)$$

이다. 비슷한 원리로, P'은 선 m에 대한 점 P의 반사점이므로 $\overline{PT}$와 $\overline{P'T}$의 길이가 같고 $\angle RTP = \angle RTP' = 90°$이므로 $\triangle RPP'$도 이등변삼각형이다. 따라서,

$$\alpha = \beta + \gamma \qquad \cdots (10.11)$$

이다. 직선 l_2와 정사각형의 아래 변은 평행하므로 정사각형의 아래 변과 $\overline{PP'}$이 이

루는 각의 크기도 β이다. 따라서, (10.10)과 (10.11)에 의하여 다음이 성립한다.

$$\theta = \alpha + \beta \quad \Rightarrow \quad \theta = (\beta + \gamma) + \beta \quad \Rightarrow \quad \theta = 3\beta$$

따라서, $\overline{\mathrm{PP}'}$은 각 θ의 크기를 삼등분한다. ■

위의 증명은 주어진 각이 예각인 경우에 해당한다. 그렇다면 이보다 큰 각은 어떻게 삼등분할 수 있을까? 각 θ가 직각일 때, $\mathrm{Q} = \mathrm{Q}'$이므로 선 m은 점 Q를 지나면서 점 P를 선 l_2 위로 포개지도록 접는다. 여기서 $\triangle\mathrm{QPP}'$은 이등변삼각형이므로 $\overline{\mathrm{PP}'}$은 각 θ의 크기를 삼등분한다. 한편, 각 θ가 둔각일 때는, 기본작도 연산 O4를 이용하여 각의 중심을 지나면서 각의 변과 수직인 선을 작도하여 [그림 10-13]과 같이 각 θ를 예각 α와 직각 β로 분할하여 $\theta = \alpha + \beta$가 되도록 직선 l을 작도할 수 있다.

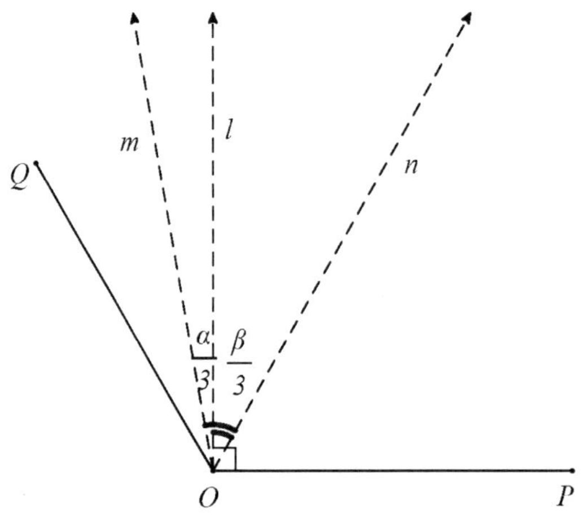

[그림 10-13] 종이접기로 둔각을 삼등분하는 작도 방법

그러면, 각각 예각 α와 직각 β를 삼등분하여 각각의 삼등분된 각을 취하면 다음이 성립한다.

$$\frac{\alpha}{3} + \frac{\beta}{3} = \frac{\alpha + \beta}{3} = \frac{\theta}{3}$$

이렇듯, 예각 α를 삼등분하는 선 m과 직각 β를 삼등분하는 선 n 사이의 각의 크기는 각 θ의 크기의 $\frac{1}{3}$이 된다. 따라서, 임의의 각을 종이접기로 삼등분할 수 있다.

5. 나가는 말

이 장에서는 종이접기로 가능한 기본작도를 살펴보고 종이접기로 작도 가능한 수 즉, 작도 가능한 두 점 사이의 거리를 대수적으로 고찰하였다. 더 구체적으로 종이접기가 이루어지는 평면 위에 좌표계를 설정하고, 종이접기로 작도할 수 있는 직선과 그들의 교점을 방정식과 그의 해로 살펴보았다. 이에 따라 유리수가 모두 종이접기로 작도 가능하며, 유리수를 계수로 갖는 2차, 3차 방정식의 해도 모두 작도 가능하므로, 유한개의 차수 1, 2 또는 3인 유리수의 확대체의 모든 원소도 종이접기로 작도 가능하다는 것을 보였다.

마지막으로, 이러한 종이접기 이론을 활용하여 3대 작도 난제 중에서 각의 삼등분 문제와 정육면체의 두 배 부피를 갖는 정육면체의 한 변의 길이를 작도하는 문제를 종이접기를 이용하여 풀었다. 이외에도 종이접기로 작도 가능한 정다각형 등 다양한 물체를 생각해 볼 수 있다. 또한, 단일접기에서 나아가 두 번, n번 접기를 허용하는 2-fold, n-fold 작도 또는 종이접기와 다른 작도 도구를 함께 허용하는 작도 등에 관한 연구도 계속해서 이루어지고 있다(Alperin & Lang, 2009; Kasem et al., 2011). 구체적인 내용은 참고문헌을 참고하기 바란다.

참고문헌

Reference

Alperin, R. C.(2000). A mathematical theory of origami constructions and numbers. *New York Journal of Mathematics, 6*, pp.119~133.

Alperin, R. C., & Lang, R. J.(2009). One-, two-, and multi-fold origami axioms. *In Origami, 4*, pp.371~393.

Dummit, D. S., & Foote, R. M.(2004). *Abstract algebra*(Third edition). Wiley.

Fusimi(1980). Trisection of angle by Abe. *Saiensu supplement, 8*.

Ghourabi, F., Kasem, A., & Kaliszyk, C.(2013). *Algebraic analysis of Huzita's origami operations and their extensions*. Automated Deduction in Geometry (9783642406713), 143.

Hull, T.(2006). *Project origami: Activities for exploring mathematics*. A K Peters.

Kasem, A., Ghourabi, F., & Ida, T.(2011). Origami axioms and circle extensions. *In Proceedings of the 2011 ACM Symposium on Applied Computing*, (pp.1106~1111). New York, NY.

Lang, R.(1996). *Origami and geometric constructions*. Self-Published.

Lee, H. Y.(2017). *Origami-constructible numbers*(Unpublished master's thesis). University of Georgia, Athens, GA.

Messer, P.(1986). Problem 1054. *Crux Mathematicorum, 12*(10), pp.284~285.

제11장

중등학교에서의 작도와 디자인: 이슬람 작도 디자인을 중심으로

이소명(열방아카데미 교장)

1. 들어가는 글

시대가 흐를수록 학습자의 자세는 시각적인 학습활동에 익숙해져 간다. 그들은 인내심 기반의 활동에 점점 더 어려움을 호소하기에 교실에서 수학교사가 진행하는 작도 수업은 엉망일 수밖에 없다. 최근 교실에서 작도 수업을 하며 느낀 것은 작도를 수행하는 학습자가 논리적인 자기 생각을 절차 있게 사용하며 긴장감을 내려놓고, 세심하게 활동을 수행하는 것에 큰 어려움을 호소하는 것을 발견하게 된다는 것이다.

하지만, 인내심을 갖고 작도 수업에 임하는 한두 명의 학생이 교실에 꼭 있기 마련이고, 이런 학생을 보며 놀라지 않을 수 없는 것은 작도 수업을 한 후, 며칠도 지나기 전에 이 학생의 내면이 탄탄한 학습자라는 것을 알게 된다. 이것은 작도 수업의 노작 과정이 학습자의 마음 수련과 이성적 사고의 절차적 연계성을 잇는 데 매우 중요한 역할을 하고 있음을 짐작하게 된다.

> **작도 수업은 마음 수련의 도구가 될 수 있다.**
> **작도 수업은 자제력과 인내심을 기르는 데 도움이 된다.**
> **이성적인 사고의 엄밀한 순서성 확인에 작도가 큰 역할을 한다.**

유클리드 기하학이 오늘날 수학을 공부하는 학습자에게 시사 하는 바와 동일하게, 작도 수업도 학습자에게 미치는 좋은 영향력은 당연히 존재한다. 유클리드 기하가 공통된 핵심 공리나 정의로부터 다양한 정리를 찾아가듯 작도에서도 몇 가지의 기본적인 작도법을 알고 이를 기준으로 여러 가지 복잡한 작도를 시행하며 그 절차적인 사고와 논리적인 사고를 할 수 있게 한다. 즉, 유클리드 기하의 공리, 정의를 기준으로 다양한 정리를 증명하듯 작도 또한 몇 가지 기본적인 작도 기술을 정확하게 인식하면, 이 작도 기술을 기반으로 복잡한 모양의 작도까지도 해낼 수 있다는 것이다. 즉, 기본작도의 원리를 알면, 복잡하고 심화된 작도의 원리를 알 수 있고, 이 복잡한 작도의 원리를 알면, 미적 요소가 포함된 작도 놀이를 할 수 있다. 긴 작도의 습작과정을 경험하면, 합리적인 해석을 할 수 있고, 확장된 사고 형식도 창조할 힘을 얻게 된다.

이상을 통해서 수학이 가진 아름다운 특징인 이성적 사유의 힘을 경험할 수 있는 길이 인내심을 동반한 작도 과정에서 다른 과정 못지않게 충분히 찾을 수 있다.

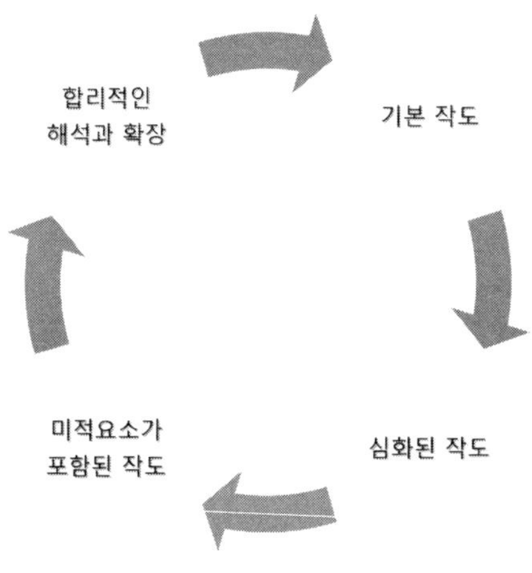

[그림 11-1] 수학 속 작도

2. 작도 수업이 주는 유익

우리가 작도를 가르치는 가장 중요한 이유는 정적 기하의 창조물이 매우 단순한 원리에 기반을 두고 있음을 배움으로써 이 세상의 모든 정적 기하의 복잡계가 알고 보면 매우 단순한 원리에서 시작됨을 인식하는 것이다.

복잡한 것들은 알고 보면, 매우 단순한 것에 그 근간을 둔다.

그렇기에 작도를 배우면 배울수록 복잡한 것에서 간단한 생성원리를 찾게 된다. 사실, 처음 기하를 배우는 학습자의 입장에서는 이런 심오한 원리를 알 수 있는 것은 아니지만, 긴 시간을 두고 작도에 심취하다 보면 생각지도 못한 가슴 벅찬 일을 자주 경험하게 된다. 예를 들면 다음과 같은 것이 아닐까?

첫째, 교과서 작도들은 추상적인 성질을 갖는 도형의 본질적 구조에 대해 재발견하는 과정이 부족하다. 그렇기에 학생들이 교과서에서 배운 기본작도 과정을 방법적 측면뿐 아니라 과정적 측면에서 세심하게 그 순서를 따라 익히면 기하의 순서적 생성원리를 매우 합리적으로 이해할 수 있다.

둘째, 교과서에 제시되지 않은 작도라 할지라도, 이미 알고 있는 작도의 원리를 깊이 탐구하다 보면 복잡한 도형의 작도 원리까지도 찾을 수 있음을 알게 된다. 즉, 간단한 도형의 작도(각의 작도, 수직이등분선의 작도, 정삼각형의 작도, 정사각형의 작도, 정오각형의 작도)를 이용해 복잡한 도형이 갖는 생성 배경을 찾을 수 있다.

셋째, 반복적으로 지우개를 사용해야 할 상황이 있기에 선을 긋더라도 다음에 지워야 할지 말아야 할지를 세심하게 생각하고서 선이나 곡선을 그어야 하기에 다양한 상황을 고려해야 하는 절차적 사고 능력이 향상되지 않을 수 없다.

넷째, 작도 수업을 통해 정서적인 마음의 자제력과 인내심을 기를 수 있다. 자기 멋대로 선을 긋다가도 실제로 작도 수업을 하면 자와 컴퍼스를 사용해 매우 정교하게 선과 곡선을 긋는 경험을 하며, 인내심과 자제력이 향상된다. 사람의 마음을 다루는 최고의 방식이 몸을 다루는 방식이라는 말을 들을 적이 있다. 이 몸을 다루는 몇 안 되는 수학 지도법이 바로 작도가 아닌가 생각한다.

다섯째, 작도되는 도형을 작도하는 것도 소중하지만 작도되지 않는 도형을 작도하며, 그 도형이 작도되지 않는 이유를 논리적 기반하에서 수학적인 고찰을 수행하는 합리적인 사고 과정을 경험할 수 있다.

3. 작도 속에 숨은 수학적 활동

우리가 널리 알려진 일반적인 수학 문제를 풀듯이 작도문제에 있어서도 계획 수립, 실행, 풀이 점검 단계가 있는 절차 형식을 갖고 수학 문제를 해결할 수 있다.

3.1 분석 활동하기

만약, 학습자들이 작도문제 해결을 위한 분석 및 탐색 과정을 스스로 수행할 수 없다면, 그들은 누구나 이해할 수 있는 쉬운 작도문제조차도 정확히 해석할 수 없을 것이다. 그러므로 작도문제 해결에 있어 가장 중요한 단계는 작도문제 해결(작도)을 위한 절차적인 계획을 수립하고 탐색하는 과정이다. 작도문제에서 이 과정은 '분석'이라고 한다.

문제에 주어진 요소들과 구하는 요소들 사이에 존재하는 기하학적 관계를 설정한다.
주어진 도형 요소들과 구하는 도형 요소들 사이의 절차(순서)적 관계가 해석된다.
주어진 작도문제가 해결되었다는 전제하에 분석을 시행한다.

3.2 순서 있게 절차적인 작도하기

'분석'을 통해 주어진 요소와 구하는 요소들 사이의 관계가 설정되면, 작도 작업을 순서 있게 시작한다. 사실, 작도가 일어나기 전에 마음속에 수없이 많은 그림을 그려가며, 다양한 방법의 작도를 시행한 분석과정이 없이 작도는 이루어질 수 없다. 작도가 시작되면, 어떤 선을 지워야 하고, 어떤 선은 살려야 한다는 정확하고 세심한 절차적 사고를 유념해주고 작도 작업을 시행해야 한다. 따라서 작도를 행하는 과정에서 심미적인 요인인 인내심과 자제심, 절차적 사고 등의 핵심 기능이 향상된다.

절차와 순서를 무시한 작도는 존재하지 않는다.
작도가 시작되면 자제력 있는 세심함이 유지되어야 한다.
이전 단계와 다음 단계를 조심스럽고도 엄밀하게 연결해야 한다.

3.3 복기하며 논리적인 항등성 확인하기(증명하기)

이 단계에서는 얻어진 작도가 문제의 모든 요구 조건들을 충족시키는가를 확인한다. 즉, 증명 단계는 수행한 작도와 각 단계 별로 합리적인 항등성을 유지하며 그 타당성이 인정되는지를 확인하고 밝히는 과정을 밟아야 한다. 학습자들은 스스로에게 얻어진 작도를 논리적으로 설명하고, 내면화하는 기회를 갖고 이를 다른 사람들에게 전달하는 의사소통능력 또한 키우게 된다.

식에도 항등성이 있듯이 작도에도 논리적인 합리성이 그 바탕에 깔려있어야 한다. 다른 친구들에게 기호와 언어로 자신의 그림을 설명할 수 있어야 한다.

3.4 전체의 과정을 복기하며, 반성적 탐구하기

반성적 탐구 단계는 작도문제의 풀이를 마무리하는 매우 중요한 단계로 작도 가능성이나 작도 불가능성에 대한 구체적인 탐구를 수행하게 된다. 그리고 해의 존재 조건이나 가능한 다양한 작도 가능성과 작도를 통해 찾아지는 해의 개수의 정확한 판단을 수행하게 된다. 예를 들어, 작도에서 발생 가능한 모든 서로 다른 경우에 관해서 확인해야 하므로 이 단계는 작도문제 해결에 있어서 매우 중요하다.

엄밀한 수학적 논의를 통해 학습자의 색다른 수학적 재능을 찾을 수 있다.

4. 교과서 속의 기본적인 작도

눈금 없는 자와 컴퍼스만을 사용하여 도형을 그리는 작도에서, 눈금 없는 자는 두 점을 지나는 선분이나 선분의 연장선을 그리는 데 사용되고, 컴퍼스는 원을 그리거나 선분의 길이를 옮기는 데 사용된다. 이런 용도에 기반해서 널리 알려진 기본적인 작도기법은 다음과 같다.

> 두 개의 점을 통과하는 선을 그릴 수 있다.
> 한 점을 중심으로 다른 점을 지나는 원을 그릴 수 있다.
> 평행하지 않은 두 선의 교점을 그릴 수 있다.
> 선과 원의 교점을 하나 또는 두 개를 찾을 수 있다(교차하는 경우).
> 두 원의 교점을 하나 또는 두 개를 찾을 수 있다(교차하는 경우).

이를 이용해 다음 활동을 수행할 수 있다. 다음 활동들은 최근 개정된 수학과 교육과정 교과서에서 주로 활용되는 사례를 중심으로 재편하였다.

4.1 같은 길이의 선분을 작도하는 법

작도문제 11-1 다음 그림의 선분 AB와 길이가 같은 선분 CD를 아래 순서에 따라 작도해 보자.

❶ 눈금 없는 자를 사용하여 직선 l을 그리고, l 위에 점 C를 잡는다.

❷ 컴퍼스를 사용하여 $\overline{AB}$의 길이를 잰다.

❸ 점 C를 중심으로 $\overline{AB}$의 길이를 반지름으로 하는 원을 그려 직선 l과의 교점을 D라고 하면 $\overline{CD} = \overline{AB}$이다.

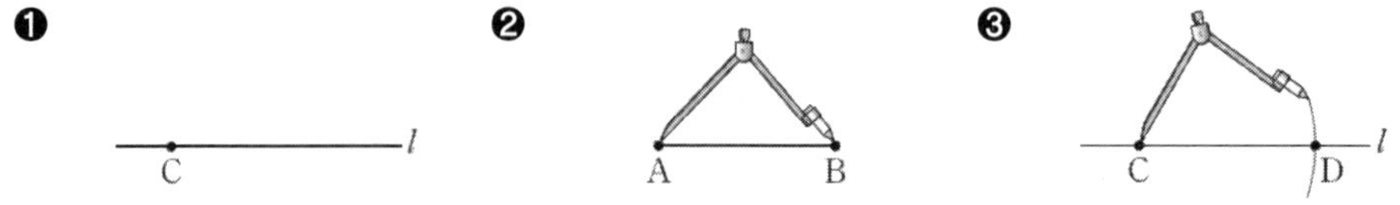

분석 활동의 예시

길이를 옮기려면 가장 먼저 무엇이 필요할까?

길이가 놓일 평면상의 일정한 위치에 적당한 길이의 선이 놓여야 한다.
따라서 선을 먼저 그려야 한다.
선을 그렸다면, 선분을 그리기 위해, 선분이 놓일 한쪽 끝점을 정해야 한다.
그렇다면 길이는 어떤 방식으로 옮길 수 있을까?
긴 길이는 줄자를 이용하고 짧은 길이는 컴퍼스를 이용해 길이를 옮길 수 있다.

순서에 따른 절차적인 작도 활동의 예시

처음에 선을 긋고, 선의 이름을 정하고, 점을 찍고 점의 기호를 정한다.
옮기려는 길이를 측량한 후, 옮길 위치에 컴퍼스를 사용해 호를 표시하여 점을 찾은 후, 선과 호의 교점에 새롭게 점을 정한다.

논리적인 항등성 찾기의 예시

길이가 같다고 정의하려면, 평면은 어떤 모양을 갖고 있어야 할까?
구면 위에서 시행한 작도가 평면 위에서 행한 작도와 같을까? 아니면 다를까?
주어진 길이의 상수배가 되는 길이는 어떻게 작도하면 될까?

반성적 탐구 활동의 예시

주어진 길이를 측량해서 이동시킬 수 있다면, 모든 자연수 배의 길이를 언제든 작도 할 수 있다. 그렇다면, 주어진 길이를 자연수로 나눈 길이는 어떻게 작도할 수 있을까?

4.2 같은 크기의 각을 작도하는 법

작도문제 11-2 다음 그림에서 ∠AOB와 크기가 같은 ∠CPD를 반직선 PQ를 한 변으로 하여 다음 순서에 따라 작도해 보자.

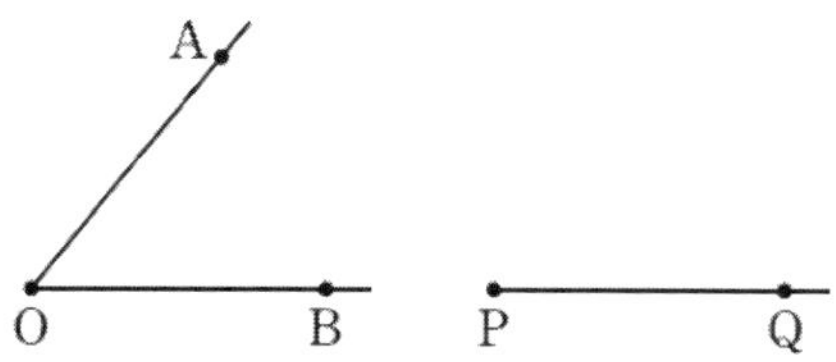

❶ 점 O를 중심으로 적당한 반지름을 갖는 원을 그려 $\overrightarrow{OA}$, $\overrightarrow{OB}$와의 교점을 각각 X, Y라고 한다.

❷ 점 P를 중심으로 $\overline{OX}$의 길이를 반지름으로 하는 원을 그려 $\overrightarrow{PQ}$와의 교점을 D라고 한다.

❸ 점 D를 중심으로 $\overline{XY}$의 길이를 반지름으로 하는 원을 그려 ❷의 원과의 교점을 C라고 하고, 두 점 P, C를 지나는 $\overrightarrow{PC}$를 그리면 $\angle CPD = \angle AOB$이다.

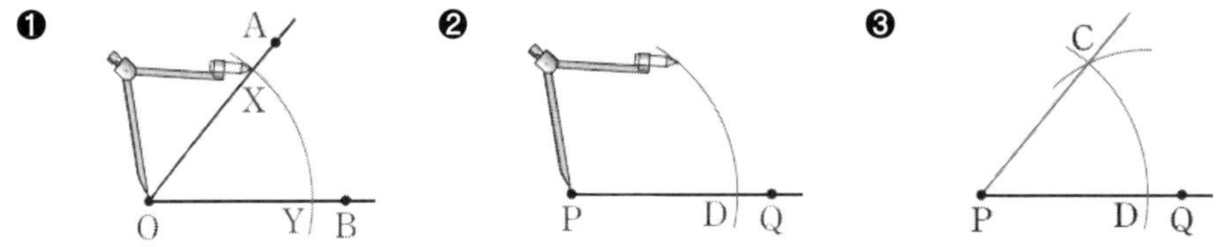

4.3 세 변의 길이가 주어졌을 때 삼각형을 작도하는 방법

작도문제 11-3 다음 그림과 같이 길이가 각각 a, b, c인 선분을 세 변으로 하는 삼각형을 다음 순서에 따라 작도해 보자.

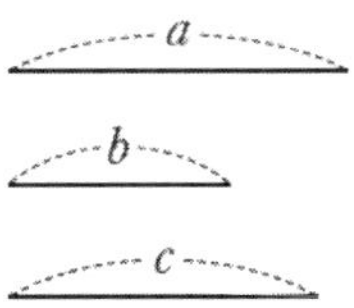

❶ 직선 l을 그리고, l 위에 길이가 a인 $\overline{BC}$를 잡는다.

❷ 점 B를 중심으로 반지름의 길이가 c인 원과 점 C를 중심으로 반지름의 길이가 b인 원을 각각 그려 두 원의 교점을 A라고 한다.

❸ 두 점 A와 B, 두 점 A와 C를 각각 이으면 △ABC가 된다.

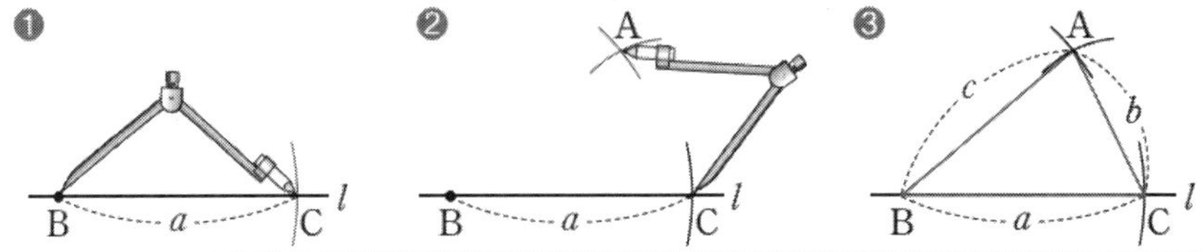

4.4 두 변과 사잇각이 주어졌을 때 삼각형의 작도하는 방법

작도문제 11-4 다음 그림과 같이 길이가 각각 b, c인 선분을 두 변으로 하고 $\angle A$를 그 끼인각으로 하는 삼각형을 다음 순서에 따라 작도해 보자.

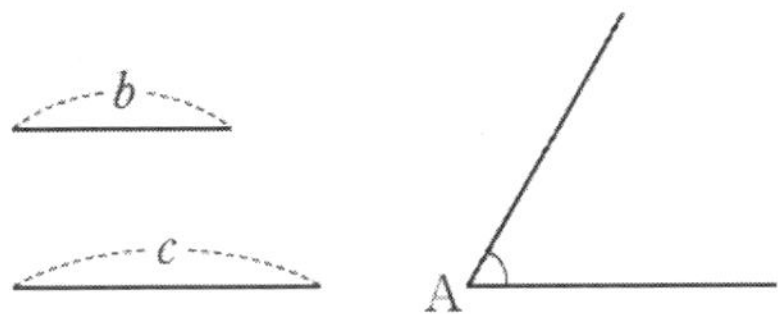

❶ $\angle A$와 크기가 같은 $\angle XAY$를 작도한다.
❷ $\overrightarrow{AX}$와 $\overrightarrow{AY}$ 위에 각각 $\overline{AC}=b$, $\overline{AB}=c$인 점 C와 점 B를 잡는다.
❸ 두 점 B와 C를 이으면 $\triangle ABC$가 된다.

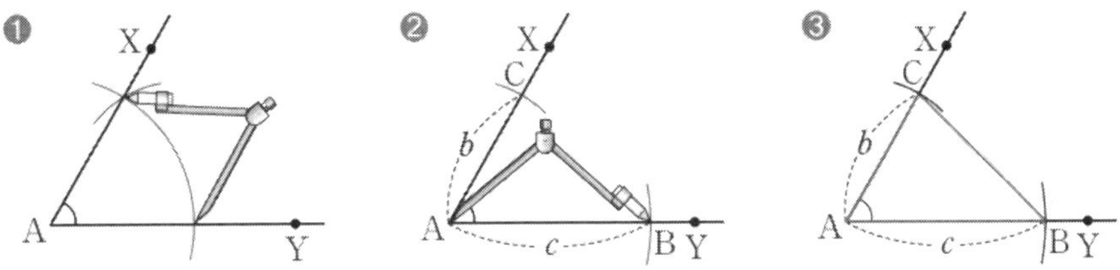

4.5 한 변과 그 양 끝각을 알고 있을 때, 삼각형을 작도하는 방법

작도문제 11-5 다음 그림과 같이 길이가 a인 선분을 한 변으로 하고 $\angle B$, $\angle C$를 그 양 끝각으로 하는 삼각형을 다음 순서에 따라 작도해 보자.

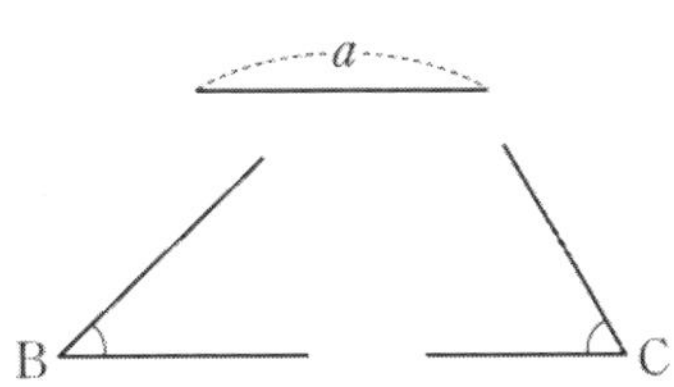

❶ 직선 l을 그리고, l 위에 길이가 a인 $\overline{BC}$를 잡는다.
❷ ∠B와 크기가 같은 ∠XBC, ∠C와 크기가 같은 ∠YCB를 작도한다.
❸ $\overrightarrow{BX}$와 $\overrightarrow{CY}$의 교점을 A라고 하면 △ABC가 된다.

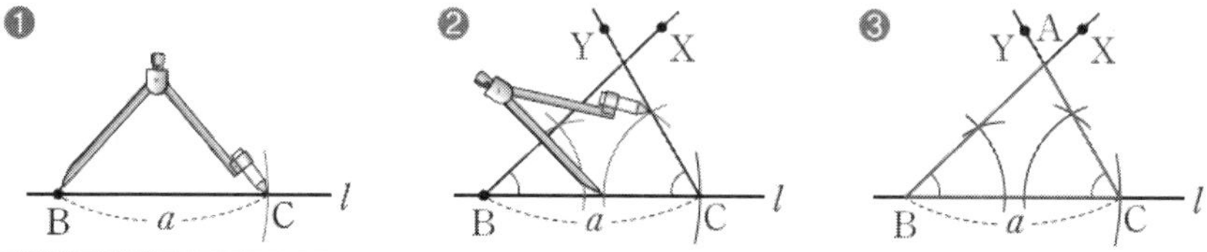

5. 교과서 속의 심화작도

심화작도는 앞에서 학습한 기본작도 기술을 이용해 좀 더 다양한 작도 활동을 할 수 있음을 의미한다. 이 기술을 활용하면 다양한 닮음의 성질과 같은 평면도형이 갖는 수학적 성질을 다룰 수 있다.

작도문제 11-6 각의 이등분선 작도

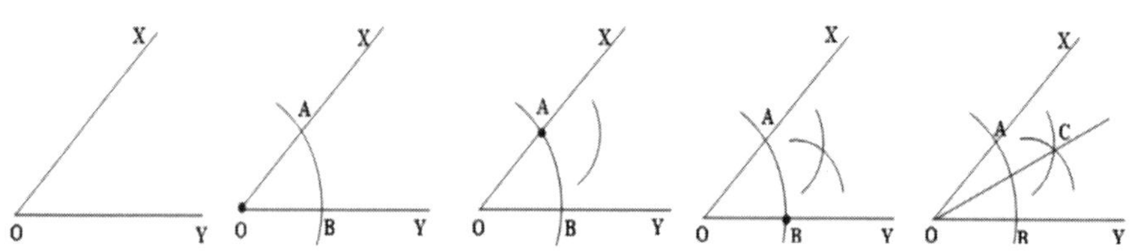

작도문제 11-7 직각의 삼등분선 작도

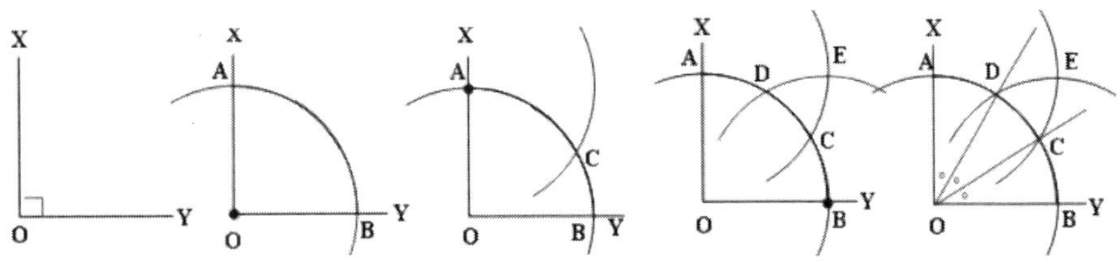

작도문제 11-8 선 밖의 한 점을 지나는 평행선 작도

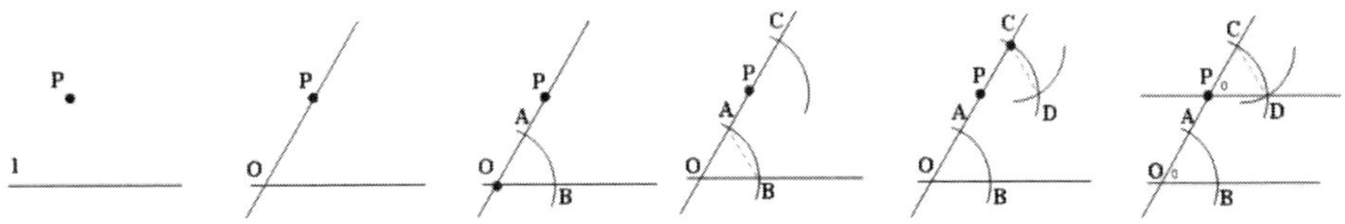

작도문제 11-9 선분의 수직이등분선 작도

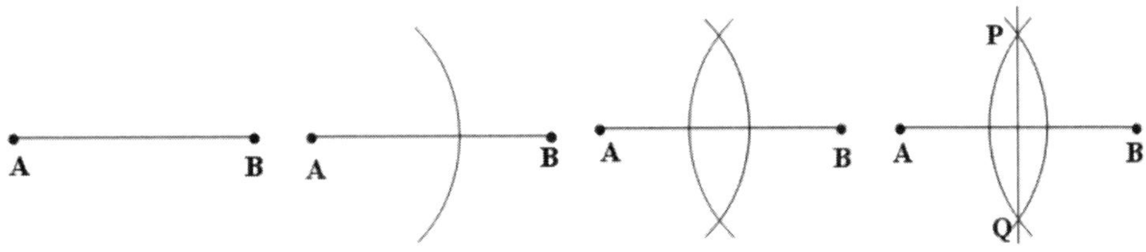

6. 이슬람 문양 디자인 그리기 활동을 통한 작도 지도

인류가 작도를 사용해 만든 디자인 중 가장 널리 알려진 것은 이슬람 문양이다. 이 이슬람 문양은 사각형 구조와 오각형 구조, 육각형 구조를 갖는 세 가지 유형에 의해 생성된 확장된 디자인 양식이다.

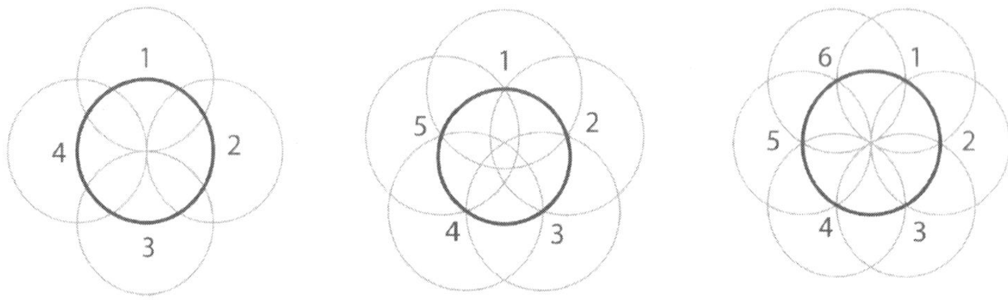

A B C

사각형의 작도의 확장

오각형의 작도의 확장

육각형의 작도의 확장

이슬람 문양에 숨은 소박한 비밀은 사각형, 오각형, 육각형의 작도에 대해 깊이 이해하고 있다면, 복잡한 모양의 어떤 디자인도 쉽게 작도할 수 있다는 점이다. 다시 말하면 이 세 가지를 작도하는 과정에 대한 깊은 이해는 모든 이슬람 문양의 이해에 큰 도움을 준다는 것이다. 사실 이 이슬람 문양의 기초가 되는 사각형, 오각형, 육각형을 작도하는 과정에는 다음과 같은 활동이 내재되어 있다.

같은 길이를 옮길 수 있다.
같은 크기의 각을 옮길 수 있다.
선분을 수직이등분할 수 있다.
각을 2등분할 수 있다.
직각을 3등분할 수 있다.
정삼각형을 작도할 수 있다.
정사각형을 작도할 수 있다.

그렇기에 이슬람 문양 패턴을 그리거나 그 문양이 어떻게 그려졌는지 그 탄생과정을 탐구하고 체험하는 것만으로도 다양한 작도 기능이 주는 사고적 요소를 구체적으로 익힐 수 있다. 그렇다면 이 과정을 통해 이슬람 문양을 구성하는 가장 기본적인 핵심 패턴을 익혀 복잡한 이슬람 문양을 스스로 직접 그려보는 것은 어떨까? 이슬람 문양의 핵심 패턴은 사각형, 오각형, 육각형 패턴으로 널리 알려져 있다. 이 세 가지 패턴을 확장해가면 우리가 알고 있는 다양한 이슬람 문양을 모두 그려낼 수 있다.

> **정사각형의 패턴을 그릴 수 있다**
> **정오각형의 패턴을 그릴 수 있다.**
> **정육각형의 패턴을 그릴 수 있다.**

이 패턴을 중복으로 사용해서 복잡한 패턴을 그릴 수 있다.

첫째, 정사각형의 작도이다.

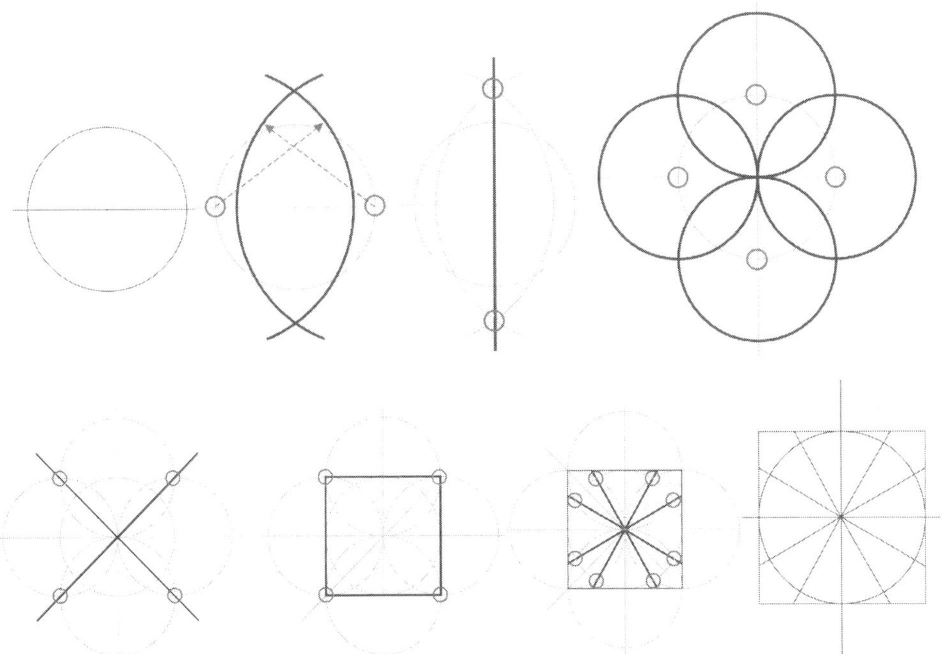

최종 디자인

둘째, 정오각형의 작도이다.

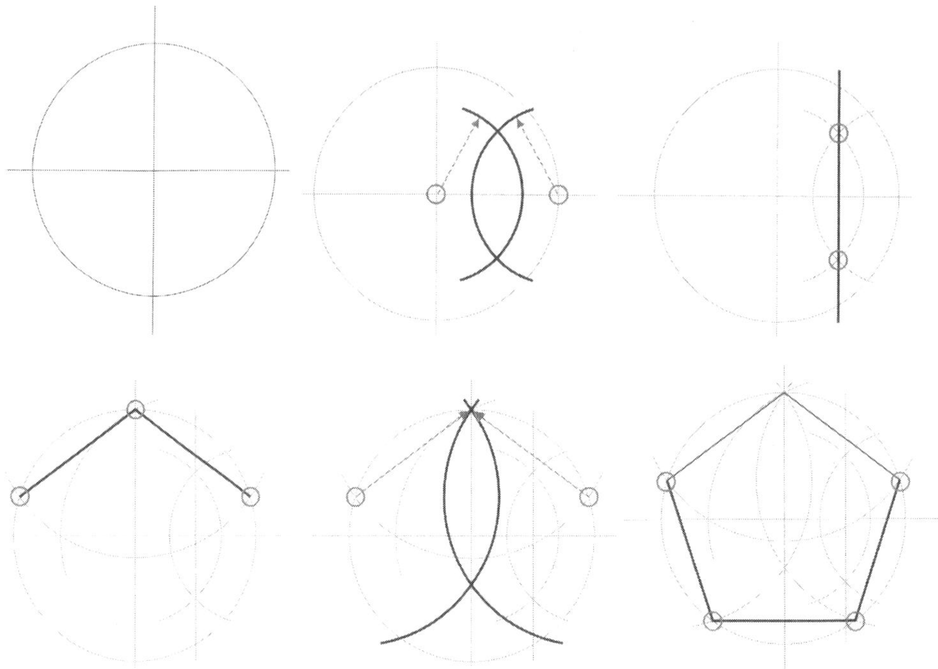

최종디자인

셋째, 정육각형의 작도이다.

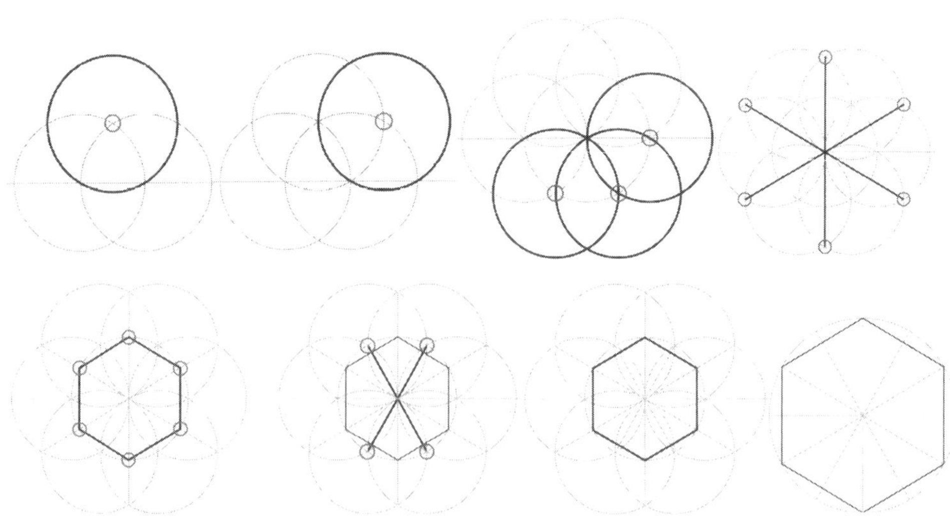

최종 디자인

7. 작도의 융합

지금까지 작도한 내용을 활용하면, 복잡한 이슬람 문양의 탄생 배경을 하나둘 찾아갈 수 있다. 예를 들어, 다음과 같은 직각의 삼등분 작도를 이용해 360°를 12등분한 초기 작도에서 삼각형, 사각형, 오각형의 개수를 각각 변화시켜가며 작도를 하면 다음과 같은 모양이 만들어진다.

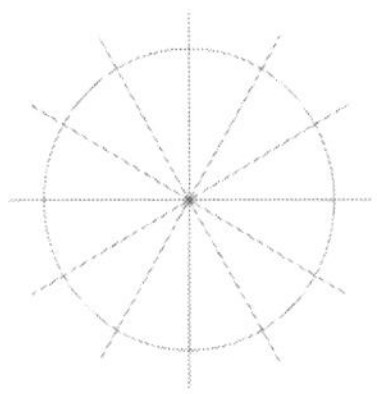

기본형

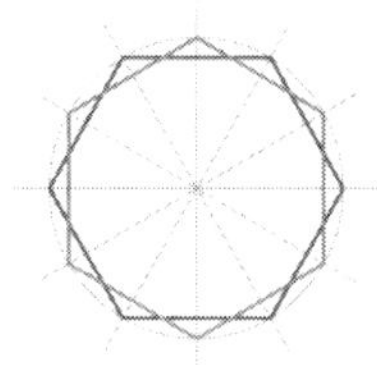

6각형 2개 작도

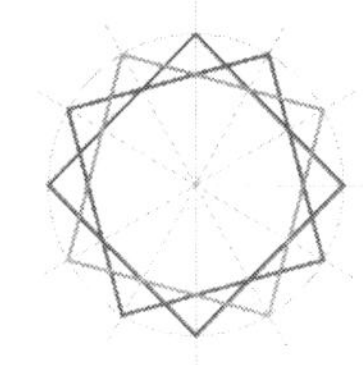

4각형 3개 작도

3각형 4개 작도

예를 들어, 다음 그림과 같이 전통적인 이슬람 패턴에 나타나는 별디자인처럼 위 기본형을 변형한 모양들이 대부분이다.

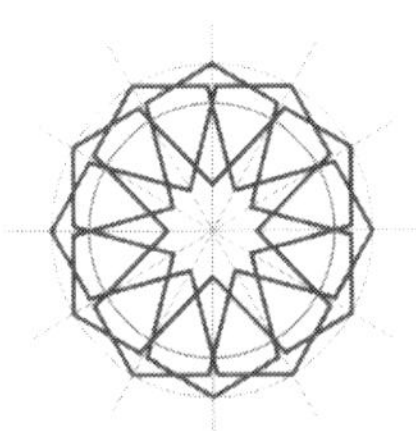

6각형 디자인 2개의 변형

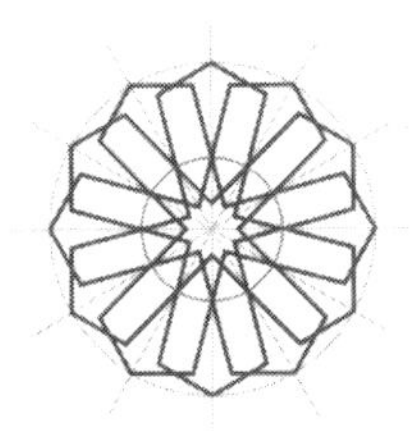

4각형 디자인 4개의 변형

4각형 디자인 3개의 변형

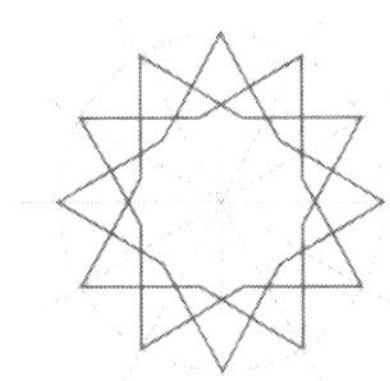

4각형 디자인 3개의 변형

사실 이슬람 문양의 대부분은 이 문양의 변형 구조가 대부분이기에, 앞의 작도 과정을 심도 있게 탐구해가면서 반복적인 연습을 해보면, 다음과 같은 이슬람 문양 작도 활동도 가능할 수 있다(이 장의 끝에 수록한 부록의 이슬람 문양 그리기 (1) ~ (8) 참고). 이 모든 과정의 수학적 근간은 사실 앞에서 제시한 기본적인 작도 기술에 근거한 형식이란 점이 의미가 있다.

8. 결론

사실 작도는 단순한 도형의 복제가 아니라 도형의 본질적인 특징을 파악하는 수단이다. 아무리 복잡한 이슬람 문양이라 할지라도 그 안에 숨은 작은 패턴을 이해하면 더 복잡한 패턴의 생성원리도 이해할 수 있다. 이 과정을 통해 수학은 다음과 같은 특징을 갖고 예술 활동이 일어남을 알 수 있다.

단순한 수학원리가 복잡한 수학원리 이해의 근간이다.
작은 패턴을 찾을 수 있으면 복잡한 패턴도 이해할 수 있다.
작도 기반의 해석이 가능하면 이를 이용해 새로운 디자인을 창조할 수 있다.

참 고 문 헌

Reference

Eric Broug(2014). *Islamic geometric patterns*. Thames & Hudson Ltd.

부 록

Appendix

▌이슬람 문양 그리기 (1)

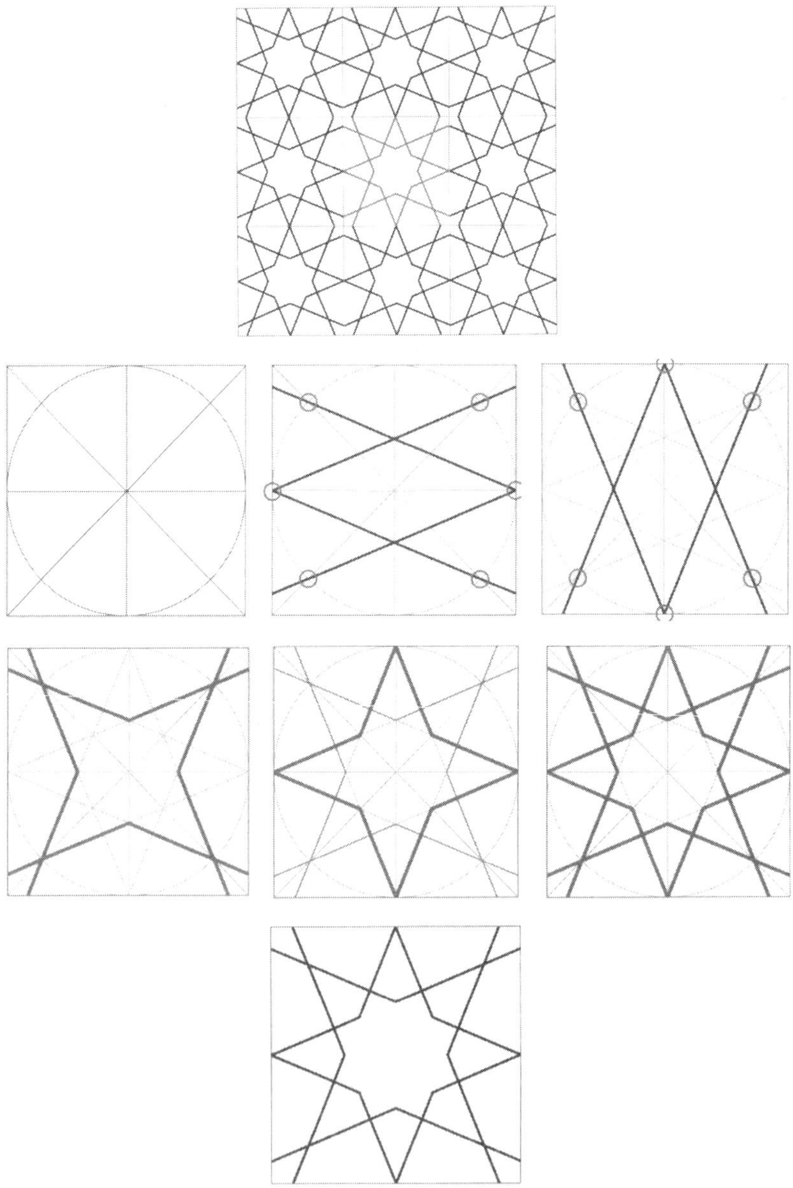

최종 디자인

이슬람 문양 그리기 (2)

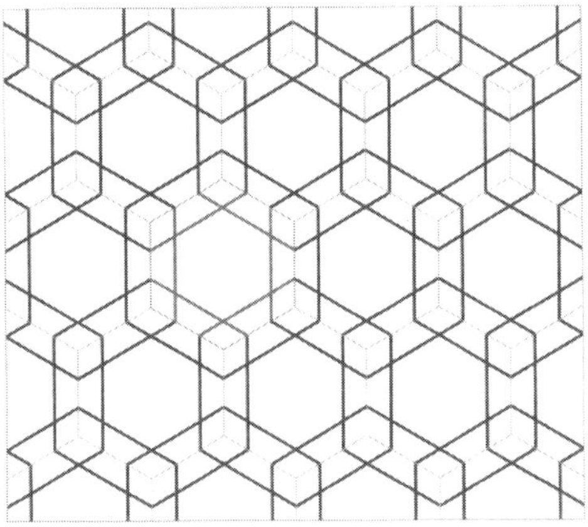

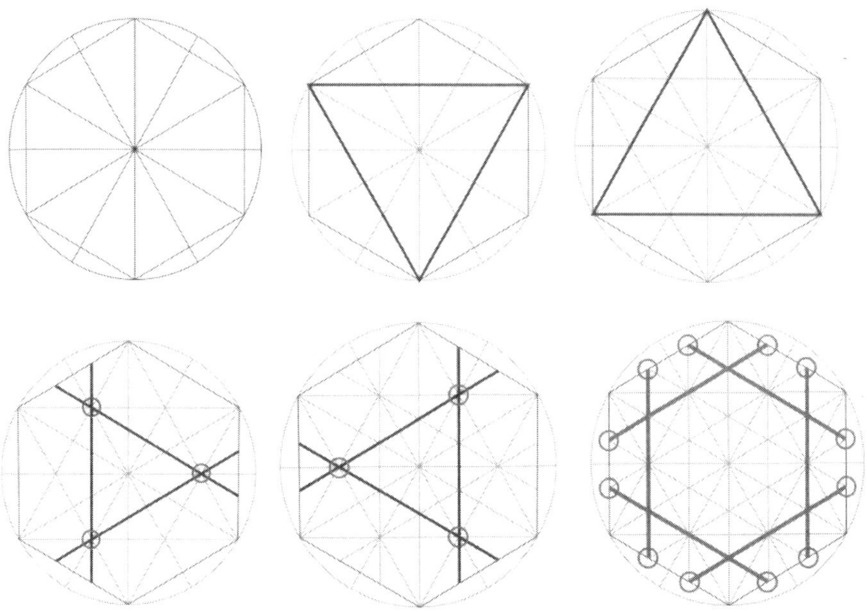

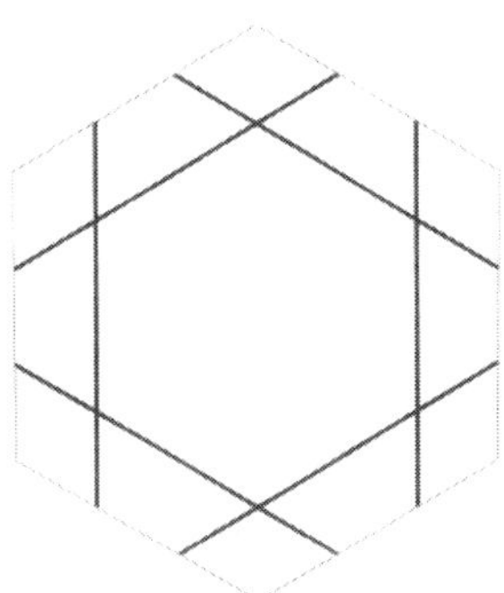

최종 디자인

이슬람 문양 그리기 (3)

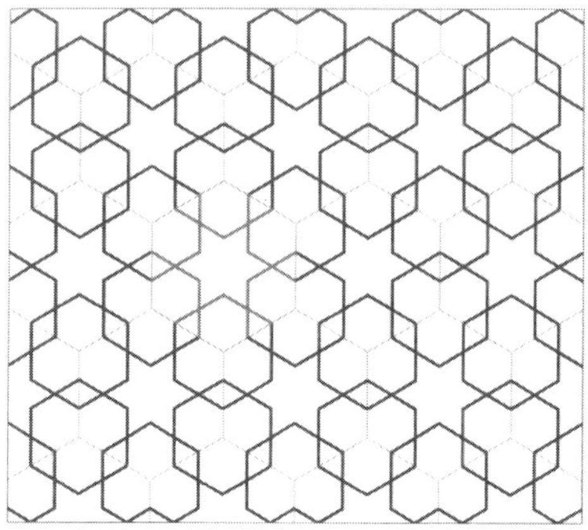

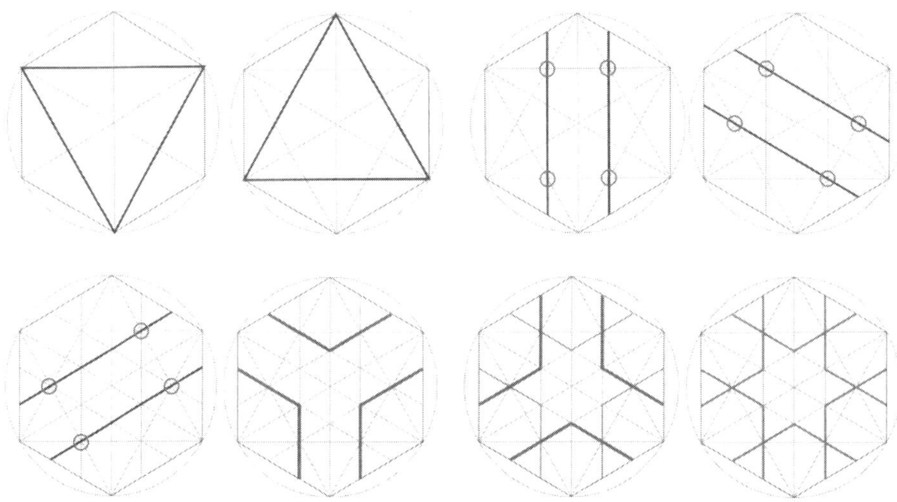

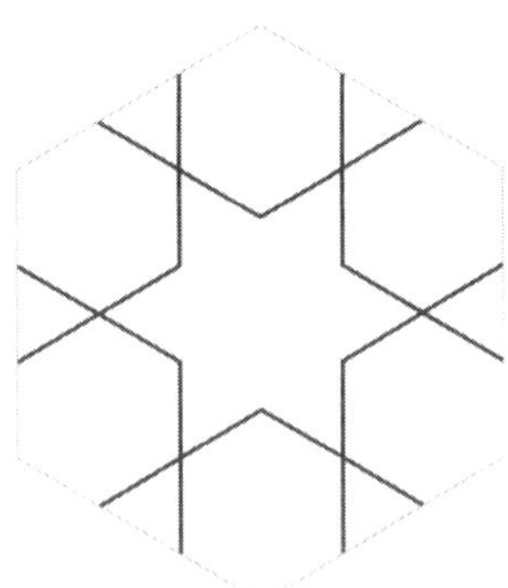

최종 디자인

▌이슬람 문양 그리기 (4)

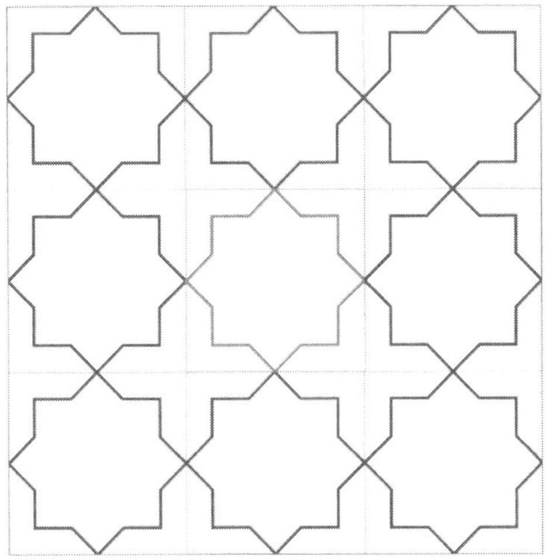

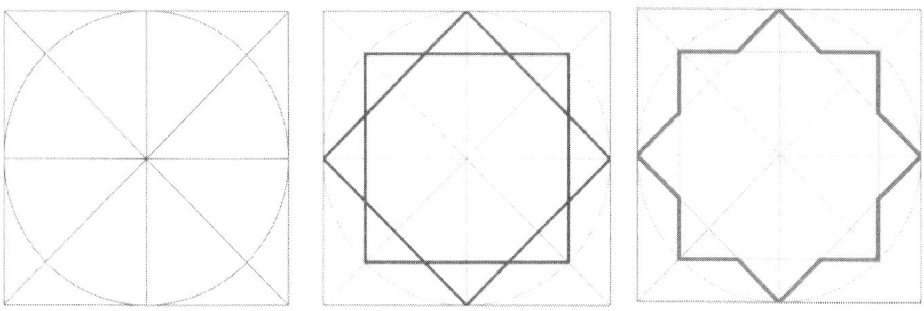

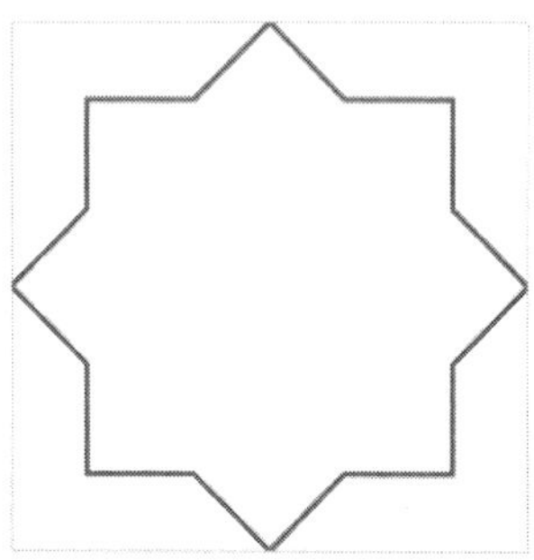

최종 디자인

▍이슬람 문양 그리기 (5)

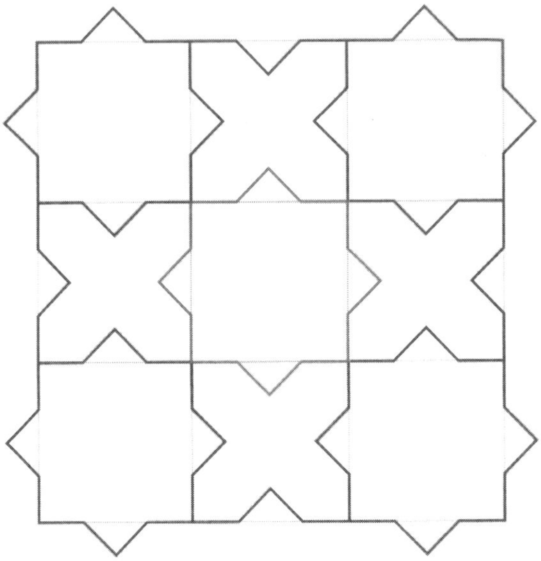

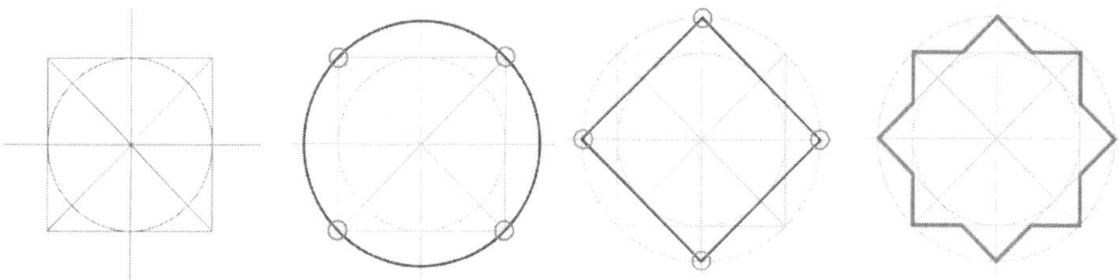

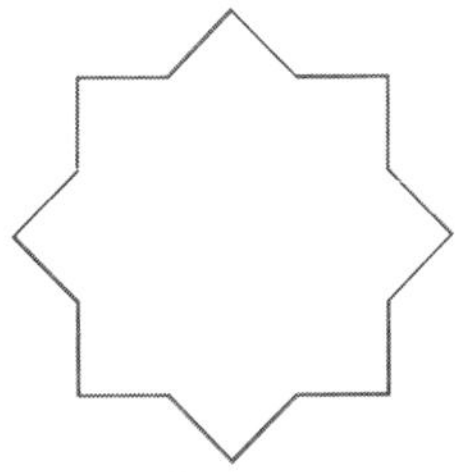

최종 디자인

❙ 이슬람 문양 그리기 (6)

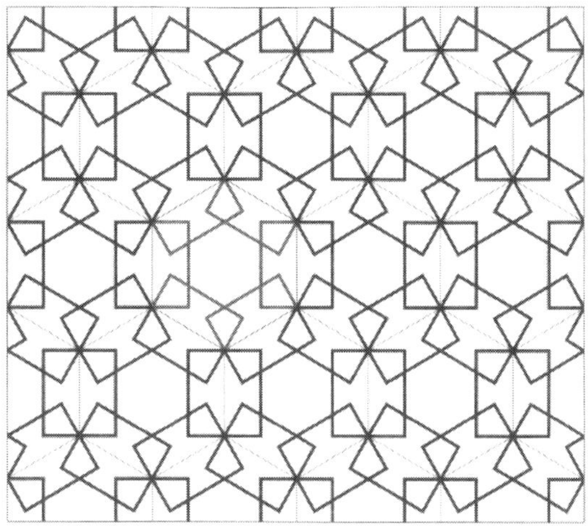

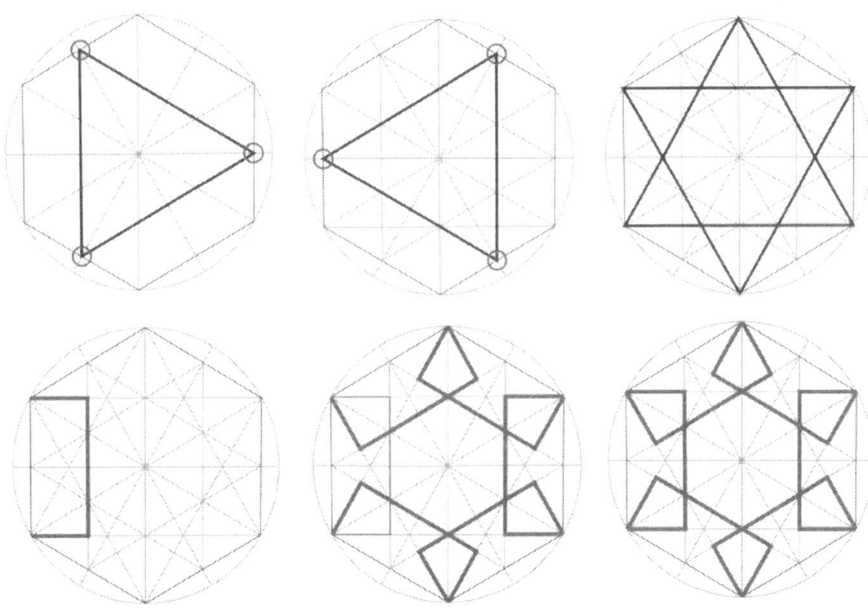

최종 디자인

▍이슬람 문양 그리기 (7)

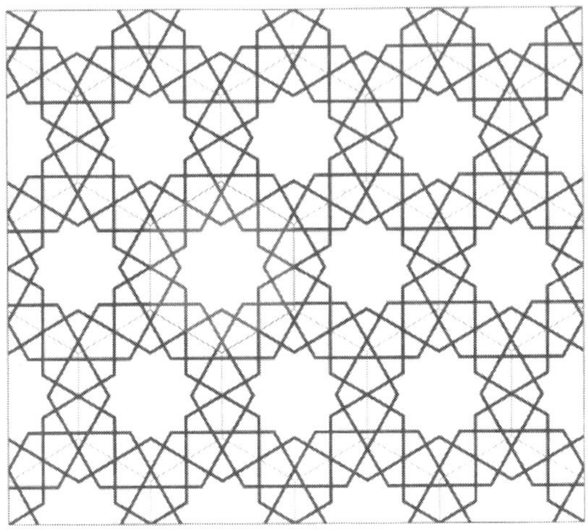

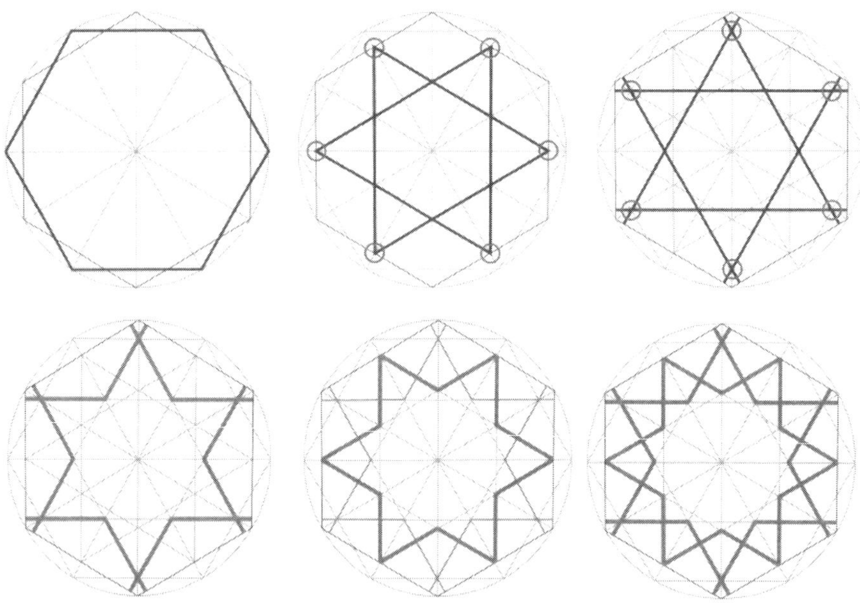

최종 디자인

▌이슬람 문양 그리기 (8)

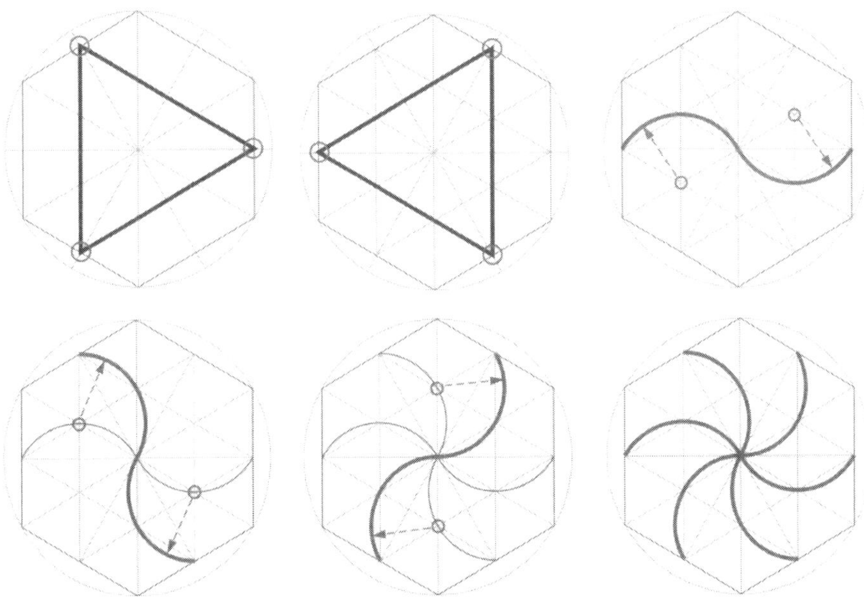

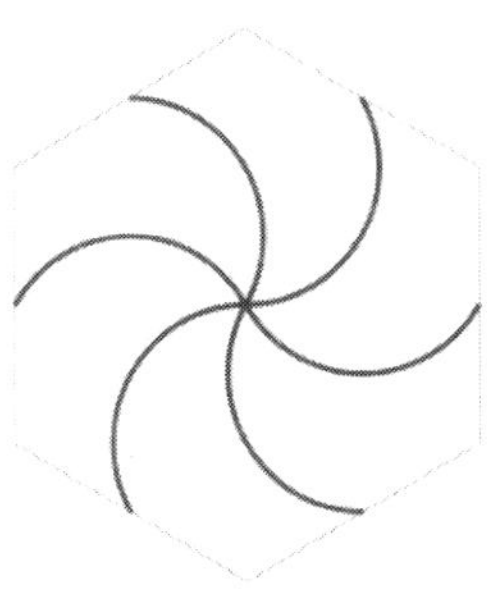

최종 디자인

PART 3

작도의 수업적용 사례

제12장 ▌ 중학교 수업 적용 사례

제13장 ▌ 고등학교 수업 적용 사례

제12장

중학교 수업 적용 사례

주홍연(용동중학교), 한혜숙(단국대학교)

1. 들어가는 글

중학교 수학과 교육과정에서 기하 영역은 상당히 많은 부분을 자치하고 있는 것만큼이나 매우 중요하게 다루어야 할 영역이다. 중학교는 초등학교에서 배운 직관 기하에서 Euclid 원론을 근간으로 하는 평면 논증 기하로 넘어가는 시기로 많은 학생이 도형의 성질을 이해하고 증명하는 데 어려움을 느끼고 있다(문정배, 박진원, 2007; 서보억, 2020). 학생들이 느끼는 어려움의 원인 중 하나는 추상적인 성질을 가진 도형의 본질적인 구조를 재인식(재발견)하거나 도형의 새로운 개념과 정리 등을 유도하는 활동 없이 단순히 그 성질을 암기하고 이를 문제해결에 적용하는 데 기인한 것일 수 있다(박명희, 신경희, 2006; 조완영, 정보나, 2002).

이러한 점에서 초등학교의 직관 기하와 중학교의 논증 기하의 연결 고리인 작도(construction)는 중학교 기하 영역의 학습에서 매우 중요한 역할을 할 수 있다(강문봉, 2019). [표 12-1]은 여러 연구에서 제시된 작도가 가지는 교육적 의미와 역할에 대해 정리한 것이다.

[표 12-1] 작도 교육의 의미와 역할

Sanders(1998)	장혜원(1997)	조완영 · 정보나(2002)
• 학생들의 시각화와 기하의 이해를 풍부하게 함 • 해석과 연역적 증명을 위한 기초로 교사들에게 다양한 지식을 설명할 수 있는 기회를 제공함 • 수학에서의 독창성을 적용하게 함 • 증명을 강화하고 수많은 기하학적 관계의 시각적 명확함 제공해줌	• 도형의 여러 성질을 학생 스스로 재인식하고 새로운 학습 내용에 대한 학습 기회를 제공함 • 기하의 새로운 개념이나 정리를 유도할 수 있음 • 활동주의 교육 이론을 전개하는 도구로 이용 가능함	• 증명방법을 발견하는 중요한 사고 수단으로 분석을 활성화시킴 • 증명에 필요한 도형의 성질을 재인식시키는 역할을 함 • 기하 교육의 직관 기하와 형식 기하의 단절의 문제점을 해결해줌

현재 중학교 교과서에서는 작도를 “눈금 없는 자와 컴퍼스만을 사용하여 도형을 그리는 것”으로 정의하고 있다(강옥기 외, 2018, p.162). 사실, ‘4차 산업혁명’이라 일컬을 정도로 정보통신기술이 눈부시게 발전하고 있고, 이런 기술들이 교육 현장을 빠르게 변화시키고 있는 만큼 작도를 학습하기 위해 사용되는 (오랜 세월 동안 변치 않았던) 전통적인 도구들은 수업시간에 사용하기에는 다소 불편한 학습 도구로 여겨져 작도 활동이 소극적으로 이루어진 경향이 있다. 이에 작도문제를 좀 더 일반적으로 확대하여 “어떤 주어진 조건이나 성질을 만족시키는 도형이나 도형들의 집합을 주어진 도구들을 이용하여 작도하도록 요구되는 형태”(한인기, 1999, p.154)로 보고, 다양한 탐구형 소프트웨어를 통해 도형을 작도하고 이를 교육 현장에 활용하는 연구들이 이루어지기도 하였다(문정배, 박진원, 2007). 그러나, 장혜원(1997)은 문헌 조사를 통해 작도 도구 제한에 대한 정당화(유클리드 공준에 의해 요구되는 것, 관습이나 역사적 사용, 이론적 정확성 등)를 언급하기도 하였다. 다소 시대와 동떨어진 학습 도구라 여길 수 있지만, 기하 학습에서 학생들에게 자와 컴퍼스를 만을 사용하여 여러 가지 도형을 작도하게 하는 활동은 사고력 향상을 포함한 여러 가지 교육적 효과를 기대할 수 있다.

고대 그리스 시대부터 기하학의 발전에 중요한 역할을 해왔으며, 여러 연구자들을 통해 작도의 중요성과 교육적 효과가 강조되고 있음에도 불구하고, 국내 교육과정의 변천 과정을 보면 작도에 대한 중요성이 감소되고 있으며, 이와 비례하여 학습 내용 역시 점차 축소돼왔다(서보억, 2020). 최근의 2015 개정 수학과 교육과정에서 작도에 대한 언급은 “[9수04-03] 삼각형을 작도할 수 있다.”(교육부, 2015, p.33)와 같이 성취 기준 1개와 “주어진 삼각형과 합동인 삼각형을 작도하는 활동을 하고, 자신의 방법을 설명하게 한다.”(교육부, 2015, p.34)와 같이 교수·학습 방법 및 유의 사항은 1개뿐이다. 이는 미국, 중국,

일본과 같은 국외의 교육과정에서 작도문제가 전 학년에 걸쳐 골고루 분포되고, 점차 강조되고 있는 것과는 상반된 것이다(서보억, 2020). 서보억(2020)은 문헌 연구를 통해 국내의 교육 현장에서 수행하는 작도 교육의 문제점을 지적하기도 하였는데, 수학 교과서에서 작도는 과정 자체의 순서만 기술하고 그 과정에 대한 정당성과 타당성을 간과하고 있으며, 기하 영역 전체에서 역할을 하기보다는 개별적인 단원(중학교 1학년 '작도와 합동')에서 단편적으로 다루고 있다고 주장하였다. 비록 작도가 기하학에서 매우 중요한 부분을 차지하고 있지만, 다양한 곡선의 발견과 유리수, 무리수, 초월수 등의 연구 및 현대 대수학의 발전에도 큰 영향을 주었다(김창수, 강정기, 2017). 이는 작도가 기하 학습에만 머무르는 것이 아니라 수와 연산, 방정식, 함수 등의 교육에서도 중요한 역할을 할 수 있다는 가능성을 보여준다.

따라서 이 장에서는 중학교급에서 작도를 기하 영역 이외의 다른 영역에서도 활용할 수 있는 교수·학습 방법과 이를 기반으로 한 수업 사례를 소개하고자 한다. 이 장에서 소개할 수업은 작도를 기반으로 한 분석적 활동을 통해 작도 가능한 수를 발견하고, 작도 가능한 수의 연산을 작도하며, 이와 더불어 일·이차방정식의 근을 작도함으로써 근의 존재성을 시각화하여 그 기하적 의미를 탐구해보는 방향으로 교수·학습 활동이 구성되어있다. 이러한 수업을 통해서 작도를 수와 대수를 다루는 수단으로 수와 연산 및 방정식 영역의 수업에서 활용해봄으로써 현 교육과정에서 제시된 기하 영역(삼각형의 합동 조건 유도)에 국한된 작도의 의미를 좀 더 다양한 영역으로 확장, 활용하는 계기가 되길 기대한다(김창수, 강정기, 2017).

2. 작도 수업 개요

2.1 분석적 활동을 통한 작도문제 해결 과정

현재 교육과정에서 제시하고 있는 작도 학습 내용에는 대부분 작도 절차만을 강조하고 있어 학생들에게 스스로 작도 방법에 대해 탐구할 수 있는 기회를 제공하지 못하거나, 작도 방법에 대해서 논의할 수 있는 기회조차 제공하지 못하는 상황에 있다(한인기, 1999; 조완영, 정보나, 2002).

이에 한인기(1999)는 Polya의 문제 해결 단계(이해, 계획, 실행, 점검)와 유사하게 작도 문제 해결 단계를 분석-작도-증명-탐구의 4단계로 제시하였다. 그 내용을 구체적으로 살펴보면, 먼저 분석 단계는 4단계 중 가장 중요한 단계로 작도문제를 해결하기 위한 계획을 탐색하는 단계이다. 이때, 그는 이 단계에서는 이미 준비된 작도 방법을 제시하기보다는 학생 스스로 문제 해결을 위해 탐색할 수 있는 기회를 제공하는 것이 효과적이라고 설명하였다. 특히, 분석 단계에서 '주어진 작도문제가 해결되었다.'는 가정으로 출발하여 문제의 조건에 맞는 도형을 개략적으로 스케치하는 것이 중요하고, 그 스케치에서 주어진 요소와 구하는 요소 사이의 관계를 설정한다고 하였다. 둘째, 작도 단계는 실제 작도를 수행하는 단계로 가장 쉬운 단계이며 학생들은 작도 과정을 순서대로 나열하게 된다. 셋째, 증명 단계는 작도의 결과가 모든 요구 조건을 만족하고 있는지 확인하는 단계이다. 이때, 학습자는 자신이 수행한 작도의 결과를 논리적으로 설명하고, 이를 내면화하는 기회를 갖게 된다고 하였다. 마지막 단계인 탐구 단계는 작도에서 발생할 수 있는 서로 다른 경우의 가능성을 확인하는 단계로 해의 존재 조건이나 가능한 해의 수를 더 심도 있게 고찰하게 된다고 하였다.

따라서, 본 수업은 앞서 제시한 4단계의 작도문제 해결 과정을 적용하고자 하였으며, 특히 분석의 과정을 학생들이 충분히 경험할 수 있게 하는 데에 중점을 두었다.

2.2 작도 가능한 수와 그 연산의 작도

모든 수를 수직선에 나타낼 수 있는 것처럼, 수는 선분으로 작도될 수 있다. 유클리드 원론에서는 수를 선분으로 다루고, 이 수에 대한 조작 및 절차를 작도로 보여준다. 결국, 이는 작도가 수를 다루는 수단으로 중요한 역할을 했다는 사실을 보여준다(김창수, 강정기, 2017). 자와 컴퍼스라는 제한적인 도구로 작도할 수 없는 수가 존재함이 증명되었고, 작도 가능한 수들은 유한 번의 사칙 연산과 제곱근들로 표현될 수 있는 유리식이다.

현행 중학교 교과서에서는 실수의 분류를 [그림 12-1]과 같이 제시하고 있다. 역사적으로 수를 탐구하고 발견하는데 작도가 중대한 역할을 했으므로 학교수학 수업에서도 이를

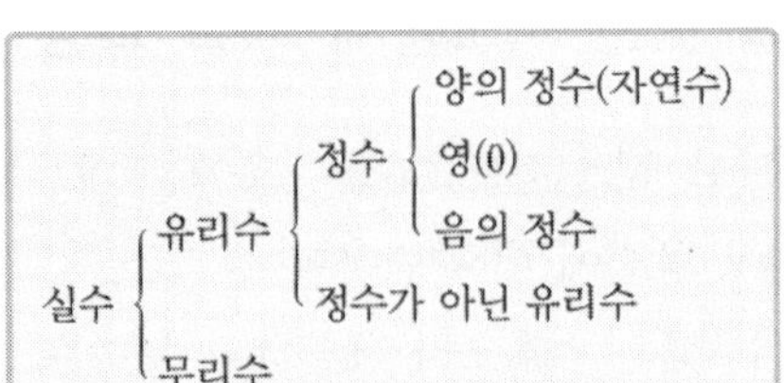

[그림 12-1] 현행 교과서에 제시된 실수의 분류(강옥기 외, 2015)

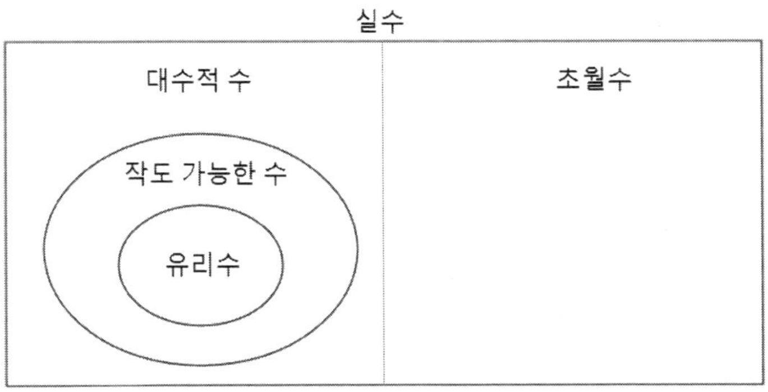

[그림 12-2] 작도의 역할이 강조된 실수의 분류

반영하여, 학생들에게 '작도 가능한 수'를 학습할 수 있는 기회를 제공한다면, 학생들의 수 체계에 대한 이해를 더욱 확장할 수 있는 기회가 될 것이다. 즉, [그림 12-2]와 같이 기존의 교육과정에서 학습하던 수 체계와는 다르게 작도 가능한 수를 학습함으로써 이는 대수적인 수, 초월수들의 존재성과 이를 발견하는 과정으로의 새로운 수 체계의 발견을 위한 발판으로 활용될 수 있고, 특히 실수 체계를 더 면밀하게 이해하는 데 도움이 될 수 있을 것이다.

2.3 방정식의 근의 작도

고대 그리스 시대의 작도는 수와 대수를 다루는 중요한 수단으로 사용되었으며, 삼각형의 합동조건을 도입하려는 의도로만 사용되는 현 작도 교육과는 큰 차이가 있었다(김창수, 강정기, 2017). 직선을 그리는 자와 원을 그리는 컴퍼스로 작도를 한다는 것은 주어진 조건을 만족하는 일차식(직선의 방정식) 또는 이차식(원의 방정식)의 문제를 해결하는 것으로 해석할 수 있다(윤선자, 2004). 수천 년간 기하학은 '3대 작도 불능 문제'를 해결하는 과정에서 지속적으로 발전을 해 왔으나, 19세기에 들어서야 아벨과 가우스에 의해 대수학적 관점에서 이 문제가 기하학적 작도에 의해서는 해결될 수 없다는 사실이 증명되었다. 즉, 도형 문제의 해결에 있어서 대수적 접근은 학생들에게 매우 중요한 문제 해결의 방법으로 학교수학에서도 강조되어야 하는 부분이다. 중학교 교육과정에서 대부분은 도형 문제를 해결하기 위해 방정식을 자연스럽게 활용하고 있으나, 이와 반대로 방정식의 문제 해결을 위해 기하적인 접근을 시도하는 예는 찾아보기 힘들다. 작도는 방정식의 근의 존재성 및 해결 방법에 대한 아이디어를 탐색하기 위해 활용될 수 있는데, 이를 통해 학생들은 문제 해결 과정에 대수적인 관점과 기하적인 관점이 고루 활용될 수 있음을 경험할 수 있고, 이는 곧 학생들의 종합적인 문제 해결력의 향상으로 연결될 수 있다.

2.4 온라인 게시판의 수업 활용

2020년 국내 교육 현장은 여러 가지 이유로 원격 수업을 활성화해야만 했으며, 현장 교사들은 격세지감을 느낄 정도로 공교육 환경에서 다각적인 변화가 이루어졌고, 이런 변화를 충분한 검증도 없이 학생들에게 적용하면서 많은 어려움에 직면하게 되었다. 비대면 온라인 수업은 수업 시간 운영, 수업 진행 방법, 학습 자료 제시, 학습 자료 활용 방식 등의 측면에서 전통적인 대면 수업과는 완전히 다른 준비와 계획이 필요했고, 이에 다양한 온라인 학습 플랫폼과 온라인 학습 프로그램(도구)들이 적극적으로 수업에 활용되었다. 특히, 온라인 게시판은 오프라인 수업에도 종종 활용되어왔으나, 최근 온라인 수업이 활성화됨에 따라 학교 교육에서 더욱 적극적으로 활용되고 있는 실정이다(전수인, 2020). 온라인 게시판은 다수의 학생들이 동시에 접속하여 정보를 교류할 수 있는 역동적인 활동의 장을 만들어주는 역할을 하며, 이러한 온라인 게시판을 활용한 학습의 효과를 파악하기 위하여 다양한 연구들이 이루어졌다(Ellis, 2015; Zhi & Su, 2015; 김관훈, 2019; 전수인, 2020). 주요 연구 결과에 의하면, 온라인 게시판 활용이 학생 간의 의사소통 기회를 확장하고, 협업 활동을 활성화할 수 있는 것으로 나타났으며, 연구자들은 온라인 게시판을 학습 초기 단계에서는 브레인스토밍(Brainstorming)이나 아이스브레이킹(Ice-breaking) 등의 활동을 위한 공간으로 활용할 수 있고, 학습 마무리 단계에서는 개인 또는 모둠별 과제 결과를 제출하여 자유롭게 피드백을 받을 수 있는 공간으로 활용할 수 있음을 제안하였다.

2.5 수업지도안

이 수업의 목적은 작도를 활용한 분석적 활동을 통해 수 체계 및 연산에 대한 이해의 폭을 넓히고, 일·이차방정식의 근의 존재성과 그것의 기하적 의미를 고찰하는 계기를 마련하는 것이다. 먼저, 중학교 '수와 연산' 영역과 관련해서는 연산의 작도를 통해 자연수, 정수, 유리수의 수 체계의 확장 과정을 탐구하고, 더 나아가 제곱근을 작도를 통해 확인하는 것을 학습 내용으로 포함하였다. 또한, '문자와 식' 영역에서는 일차, 이차방정식의 근을 작도해보면서, 방정식의 근의 의미와 근을 구하는 방법을 기하적 접근을 통해서 살펴보도록 하였다.

이 수업은 중학교 3학년 학생들을 대상으로 구성하였고, 수업의 내용이 중학교 3학년 1학기에 학습하게 되는 내용 요소(제곱근과 실수, 이차방정식)와 연계되어 있기 때문에 1학기가 마무리되는 학기 말에 과제 수행 중심 수업의 형태로 적용할 수 있다. 작도 수업의 교수·학습 과정에는 전통적 도구인 자와 컴퍼스가 사용되지만, 최근 온라인 화상 수업이 교육 현장에서 매우 활성화됨에 따라 온라인 게시판(Online bulletin board)과 같은

[표 12-2] 수업 개요

차시	수업 주제	학습 단원	내용 요소	개요	관련 문헌
1	작도의 역사와 패들렛 사용 방법	준비 학습	작도와 합동	작도 수업을 위한 준비 단계로 작도의 역사와 중요성을 인식하고, 실시간 상호작용과 협업을 위한 소통 공간으로서 패들렛 활용 방법을 간단한 실습을 통해 익힌다. 특히 작도문제의 해결 단계로서 분석적 활동 4단계(분석-작도-증명-탐구)를 설명하고, 이를 작도에 관한 과제 수행에 활용하고, 적용할 수 있도록 안내한다.	김해영 (2011) 장혜원 (1997) 장효정 (2013)
2	작도 가능한 수와 그 연산은 어떻게 작도할까?	실수와 그 계산	정수와 유리수 제곱근과 실수	작도불능문제의 해결 과정에서 기하 영역이 수론의 영역과 연결되어 확장되면서 자연수, 정수, 유리수, 제곱근 등의 작도 가능한 수와 그 연산에 대한 탐구를 작도 활동을 통해 수행하게 된다.	한인기 (1999) 윤선자 (2004)
3	방정식의 근은 어떻게 작도할까?	이차 방정식	일차방정식 이차방정식	기하의 작도문제 해결은 대수적 영역으로도 확장됨을 설명하면서, 삼각형의 닮음 성질을 통해 일차방정식의 근을 작도하고, 직각삼각형의 피타고라스 정리를 통해 이차방정식의 근을 작도하는 등의 탐구 활동을 실시하고, 여러 가지 수행 과제를 해결한다.	

ICT(Internet Communication Technology) 또한 활용하였다. 즉, 온라인 게시판(Online bulletin board)으로 학교 수업에 자주 활용되고 있는 패들렛(Padlet)을 교사와 학생들 간의 상호 의사소통 및 협업 활동의 중요 수단으로 활용하였다.

[표 12-2]는 중학교 3학년 학생들을 대상으로 한 3차시 분량의 작도 관련 수업의 개요를 나타낸 것이다. 1차시 수업에서는 1학년에서 학습한 작도에 대한 학생들의 기억을 상기시키기 위하여 작도의 역사 및 정의에 대한 간략한 소개와 온라인 게시판(패들렛)의 활용 방법에 대한 실습이 포함되었다. 2 ~ 3차시 수업은 작도를 통해 학생들이 과제를 수행하고 탐구해가는 분석적 활동이 강조된 수업으로 학생들이 작도문제 해결의 4단계(분석-작도-증명-탐구)를 통해서 과제를 수행할 수 있도록 하였다.

[표 12-3], [표 12-4], [표 12-5]는 차시별 수업지도안을 나타낸 것이다. 그동안 여러 학자들을 통해 작도가 여러 영역의 학습에 다양한 이점이 있음에도 불구하고 학교수학에서 소홀히 다루고 있다는 문제점이 제기되어 왔다(서보억, 2020; 조완영, 정보나, 2002). 따라서 이 수업지도안은 기하 영역에 국한된 작도 교육의 한계를 넘어서서 작도를 통해서

학년 간, 학습 영역 간의 연결성이 이루어질 수 있도록 작도 수업을 구성하였다. 1차시 수업은 중학교 1학년 영역인 '작도와 합동' 단원과 관련이 있으며, 2차시 수업은 중학교 1, 3학년의 수의 개념 및 그 연산의 학습 내용과 관련이 있다. 3차시 수업에서는 중학교 1학년에서 학습하는 일차방정식의 근을 중학교 2학년에서 학습하는 '도형의 닮음' 성질을 활용하여 작도를 통해 구해 볼 수 있도록 하였고, 중학교 3학년에서 학습하는 이차방정식의 근은 중학교 2학년의 '피타고라스 정리'를 활용하여 작도를 통해 구해볼 수 있도록 하였다. 이 수업에서 이루어지는 작도 활동 및 학습 과제는 다양한 영역의 내용을 연결하여 이해하고 적용할 수 있는 수학적 연결성과 종합적 문제 해결력을 요구하고 있어 학습 수준이 낮은 학생들에게 다소 어려운 내용일 수도 있다. 이에 수업 과정에서 학습자 간 협력 활동을 강조하여 학습자 간 학습 수준의 격차를 줄일 수 있도록 노력할 수 있다.

[표 12-3] 차시별 수업지도안 (1차시)

<table>
<tr><td>수업주제</td><td colspan="5">작도의 역사와 패들렛 사용방법</td></tr>
<tr><td>대상학년</td><td>중학교 3학년</td><td>적용차시</td><td>1차시</td><td>총차시</td><td>3차시</td></tr>
<tr><td>관련단원</td><td colspan="5">준비 학습</td></tr>
<tr><td>2015개정
교육과정</td><td colspan="5">(내용요소) 작도와 합동
(성취기준) [9수04-03] 삼각형을 작도할 수 있다.</td></tr>
<tr><td>학습목표</td><td colspan="5">작도의 역사를 이해하고, 온라인 게시판(패들렛)을 의사소통 및 협업 공간으로 활용할 수 있다.</td></tr>
<tr><td>교과역량</td><td colspan="5">정보 처리</td></tr>
<tr><td>준비물</td><td colspan="5">활동지, 필기구, 눈금 없는 자, 컴퍼스, 스마트폰</td></tr>
<tr><td>흐름(시간)</td><td colspan="4">교수-학습 활동</td><td>지도상 유의점</td></tr>
<tr><td>도입
(10분)</td><td colspan="4">○ 고대 그리스인들의 수학 교과서 유클리드 《원론》의 내용을 살펴보면서, 오랜 세월 동안 작도가 도형 학습에 매우 중요한 역할을 해 왔음을 소개함.

원론 표지

유클리드

원론의 한 페이지
(사진출처: 국립중앙과학관)</td><td>• 학생들에게 작도에 대한 흥미와 학습에 대한 동기부여를 충분히 줄 수 있도록 사진 및 동영상과 같은 시각적 자료를 적극 활용함.</td></tr>
<tr><td>전개
(30분)</td><td colspan="4">○ 작도문제를 통해서 발전한 기하학
• 도형에 관한 교과서-유클리드 원론 속에 담긴 내용
• 역사 속 작도의 정의와 역할은 무엇이었을까?</td><td>• 중학교 1학년 과정에서 배웠던 작도의 내용을</td></tr>
</table>

	–작도의 정의 –역사 속 유명한 작도문제들 –작도 학습을 하면 무엇이 도움이 될까? ○ 간단한 도형의 작도 방법(길이가 같은 선분, 크기가 같은 각, 선분의 수직이등분선, 평행선 작도 등) ○ 온라인 게시판 활용하기 • 온라인 게시판-Padlet은 무엇일까? • Padlet을 활용하여 생각 공유하기 • 예시 질문을 통한 Padlet 실습하기  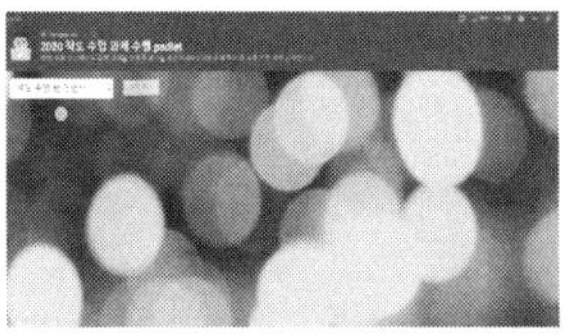	상기시키고, 도형 학습에서 작도의 중요성을 강조함. • 교육과정의 내용을 벗어나는 작도 방법은 교사의 시범을 보이는 것으로 대체함. • 미리 만들어 놓은 패들렛 게시판 링크 주소를 학생들에게 공유하여 실습할 수 있도록 유도함.
정리 (5분)	○ 학습 내용 정리: 작도의 중요성, Padlet 활용법 ○ 차시 예고: 작도 가능한 수와 그 연산의 작도	• 차시 수업을 위해 자, 컴퍼스를 준비하게 함.

[표 12-4] 차시별 수업지도안 (2차시)

수업주제	작도 가능한 수와 그 연산의 작도				
대상학년	중학교 3학년	적용차시	2차시	총차시	3차시
관련단원	제곱근과 실수				
2015개정 교육과정	(내용요소) 정수와 유리수, 제곱근과 실수 (성취기준) [9수01-03] 정수와 유리수의 사칙계산의 원리를 이해하고, 그 계산을 할 수 있다. [9수01-08] 제곱근의 뜻을 알고, 그 성질을 이해한다.				
학습목표	사칙연산의 작도 가능성을 이해하고, 자연수, 정수, 유리수, 제곱근을 작도할 수 있다.				
교과역량	문제 해결, 추론, 창의·융합				
준비물	활동지, 필기구, 눈금 없는 자, 컴퍼스, 스마트폰				

흐름(시간)	교수–학습 활동	지도상 유의점
도입 (10분)	○ 3대 작도 불능 문제를 소개하고, 이 문제가 오랜 세월 동안 해결되지 않았음을 동영상을 통해 보여줌. 이 문제들의 해결은 18세기에 수와 방정식으로 대표되는 대수학을 활용하여 수학자 피에르 방첼에 의해 해결하였음을 소개하고 작도와 '수와 연산'의 관련성을 이해시킴.	• 관련영상 https://tv.naver.com/v/9421810 (출처: 수학백과)
전개	○ 작도 가능한 수의 정의: 눈금 없는 자와 컴퍼스를 사용하여 작도할 수 있는 수	• 단위 길이 1을 정하고, 덧셈과

예) 유리수에 제곱근과 사칙연산을 유한 번 적용해서 얻어지는 수만이 작도 가능하다.

○ 덧셈의 작도

• 덧셈 작도를 활용한 자연수의 작도

－단위 길이 1인 선분이 주어졌을 때, 길이가 2, 3, 4인 선분을 작도해보시오. (교사의 시범 및 설명)

－작도 과제 ①: 선분 a, b의 길이가 자연수일 때, 길이가 $a+b$인 선분이 작도 가능한지 설명해보시오.

(예시답안)

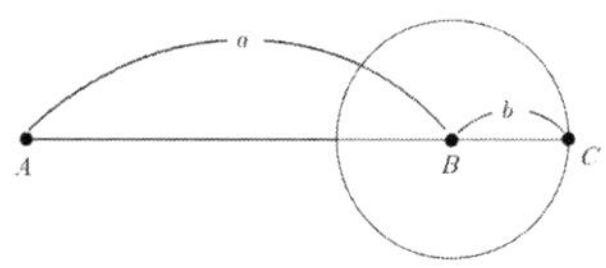

〈작도 방법〉

1) $\overline{AB}=a$인 선분을 작도한다.

2) 점 B를 중심으로 반지름 b인 원을 그려 선분 AB의 연장선과의 교점을 C라 한다.

○ 뺄셈의 작도

뺄셈 작도를 활용한 정수의 작도

• 단위 길이 1인 선분이 주어졌을 때, －1, －2, －3은 작도 가능한 수임을 설명해보시오. (교사의 시범 및 설명)

• 작도 과제 ②: a, b가 자연수일 때, 길이가 $a-b$인 선분이 작도 가능한지 설명해보시오.

(예시답안)

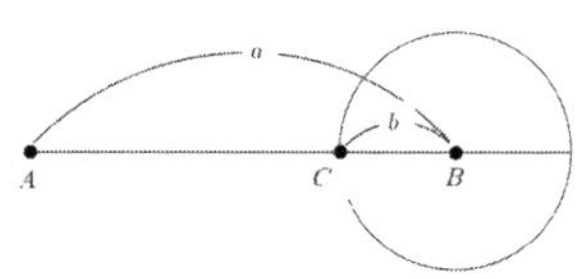

〈작도 방법〉

1) 작도 ①의 방법과 유사함.

2) 선분 AB와의 교점을 C라 한다.

○ 곱셈의 작도

• 단위 길이 1, a, b가 주어졌을 때, 길이가 ab인 선분은 어떻게 작도를 해야 할까요? (교사의 시범 및 설명)

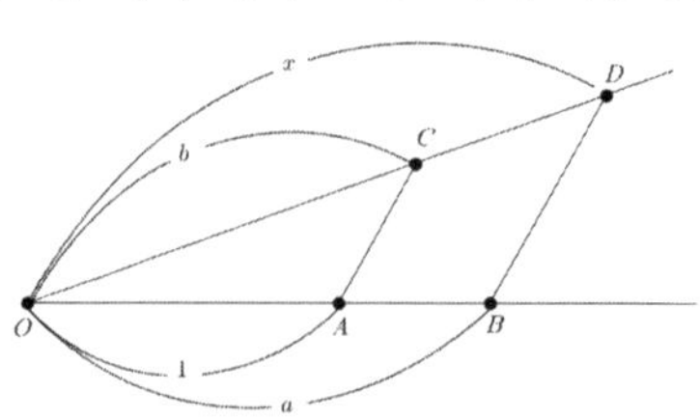

뺄셈에 의해 자연수, 정수가 작도 가능한 수임을 학생 스스로 탐구하도록 안내함.

• 곱셈, 나눗셈, 제곱근의 작도의 경우 평행선, 수선의 작도 등의 방법을 사전에 설명해야 하며, 삼각형 닮음의 성질을 활용하여 작도 가능여부를 증명할 수 있기 때문에 준비학습 단계에서 학생들에게 안내해야 함.

• 증명과정은 교사의 설명과 시범을 바탕으로 수업을 진행함.

• 작도 과제 수행 결과는 패들렛 게시판에 스마트폰으로 사진을 찍어 업로드할 수 있도록 안내하고, 수행 결과에 대한 검증 및 피드백을 실시한다. (URL) https://padlet.com/almighter83/imwvglvdgwtyfnfv

〈작도 방법〉

1) 반직선을 긋고, 점 O로부터 거리가 1인 점을 A, 거리가 a인 점을 B라 하자.
2) 반직선 OA와 일치하지 않는 반직선을 긋고, 점 O로부터 거리가 b인 점을 C라 하자.
3) 선분 AC를 작도한다.
4) 선분 AC와 점 B를 지나는 평행한 직선을 작도하여 반직선 OC와의 교점을 D라 하자.
5) x의 길이가 ab가 된다.

○ 나눗셈의 작도

- 나눗셈 작도를 활용한 유리수의 작도
  - 단위 길이 1이 주어졌을 때, $\frac{1}{2}$는 어떻게 작도를 해야 할까요? (교사의 시범 및 설명)
  - 작도 과제 ③: a, b가 자연수일 때, $\frac{b}{a}$를 작도해보시오.

(예시답안)

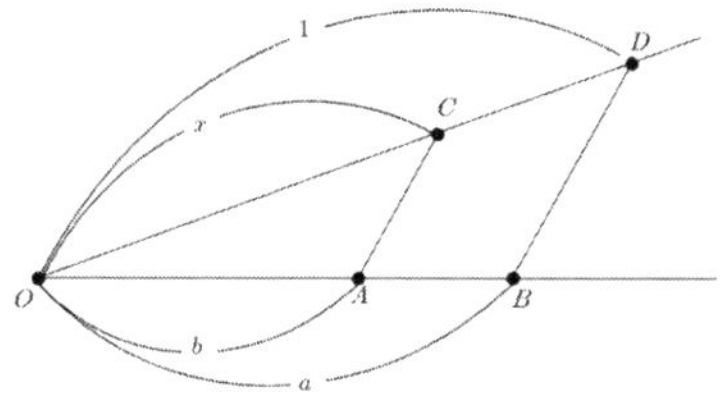

〈작도 방법〉

1) 반직선을 긋고, 점 O로부터 거리가 b인 점을 A, 거리가 a인 점을 B라 하자.
2) 반직선 OA와 일치하지 않는 반직선을 긋고, 점 O로부터 거리가 1인 점을 D라 하자.
3) 선분 BD를 작도한다.
4) 점 A를 지나고, 선분 BD와 평행한 직선을 작도하여 반직선 OD와의 교점을 C라 하자.
5) x의 길이가 $\frac{b}{a}$가 된다.

○ 제곱근의 작도

- $\sqrt{2}$는 어떻게 작도를 해야 할까요? (교사의 시범 및 설명)
- 작도 과제 ④: a가 자연수일 때, $\sqrt{a}$를 작도해보시오.

(예시답안)

- 작도문제를 해결하는 과정은 [분석]-[작도]-[증명]-[탐구]의 과정을 거칠 수 있도록 안내함.
- 작도 과제 수행은 작도한 결과 제시하고 작도 방법을 학생이 스스로 정리하도록 유도하되, 증명은 교사가 설명하여 정리하는 식의 수업이 적절해 보임.
- 부피가 2인 정육면체의 한 변의 길이 $\sqrt[3]{2}$와 같이 작도가 불가능한 수가 있음을 언급하는 정도로 간단히 설명함.

	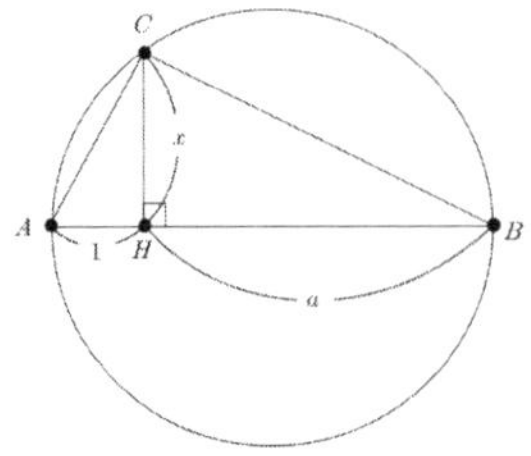 〈작도 방법〉 1) 직선 위에 한 점 H를 잡고, 그 양쪽에 길이가 1, a로 하는 점 A, B를 작도한다. 2) 선분 AB를 지름으로 하는 원을 작도한다. 3) 점 H를 지나고 선분 AB의 수선을 그어 원과 만나는 점을 C라 한다. 4) x의 길이가 $\sqrt{a}$가 된다. • 작도 불가능한 수가 존재할지, 존재하지 않을지를 논의해보자. ※ 인터넷 검색을 통해 정보를 수집하고, 결과를 친구들과 토론해보자.	
정리	○ 학습 내용 정리: 작도 가능한 수의 정의, 사칙연산 및 제곱근 작도 ○ 차시예고: 방정식의 근 작도	• 차시 수업을 위해 자, 컴퍼스를 준비하게 함.

[표 12-5] 차시별 수업지도안 (3차시)

수업주제	방정식의 근의 작도				
대상학년	중학교 3학년	적용차시	1차시	총차시	3차시
관련단원	이차방정식				
2015개정 교육과정	(내용요소) 일차방정식, 이차방정식 (성취기준) [9수02-05] 일차방정식을 풀 수 있고, 이를 활용하여 문제를 해결할 수 있다. [9수02-13] 이차방정식을 풀 수 있고, 이를 활용하여 문제를 해결할 수 있다.				
학습목표	일차방정식, 이차방정식의 근을 작도하고, 그 기하적 의미를 이해할 수 있다.				
교과역량	문제 해결, 추론, 창의·융합				
준비물	활동지, 필기구, 눈금 없는 자, 컴퍼스, 스마트폰				

흐름	수업 활동	지도상 유의점
도입	작도와 방정식과의 관련성을 예시 문제를 통해서 소개함. 작도는 '자'로는 직선, '컴퍼스'로는 원을 그리게 되는데, 결국 직선과 직선의 교점은 두 개의 일차방정식(연립방정식)에 의해 해결가능하고, 원과 직선의 교점은 이차방정식에 의해 해결가능함을 간략하게 소개해줌.	• 연립방정식의 해와 두 직선의 교점 사이의 관계를 언급하여 본시 학습과의 관계성을 이해시킴.

전개

○ 일차방정식의 근의 작도

- 일차방정식 $4x-8=0$의 근은 어떻게 작도를 해야 할까? (교사의 시범 및 설명)
- 작도 과제 ⑤: a, b가 자연수일 때, 일차방정식 $ax-b=0$의 근을 작도해보시오.

(예시답안)

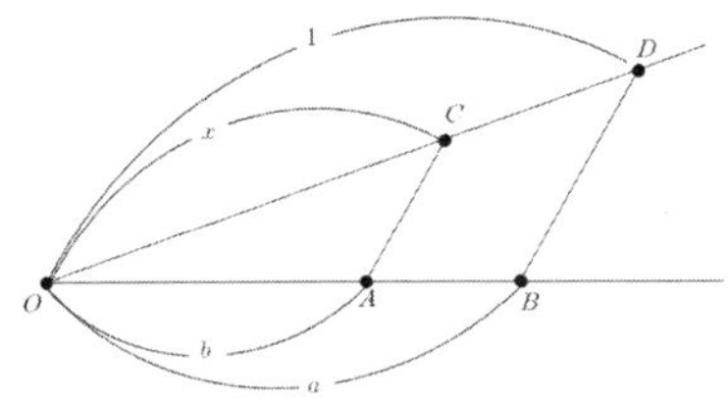

〈작도 방법〉

1) 작도과제 ③의 방법과 유사함.
2) x는 길이는 $\dfrac{b}{a}$가 된다.

○ 이차방정식의 근의 작도

- 이차방정식 $x^2+2x-4=0$의 양수인 근은 어떻게 작도를 해야 할까? (교사의 시범 및 설명)
- 작도 과제 ⑥: a, b가 자연수일 때, 이차방정식 $x^2+ax-b^2=0$의 양수인 근을 작도해 보시오.

(예시답안)

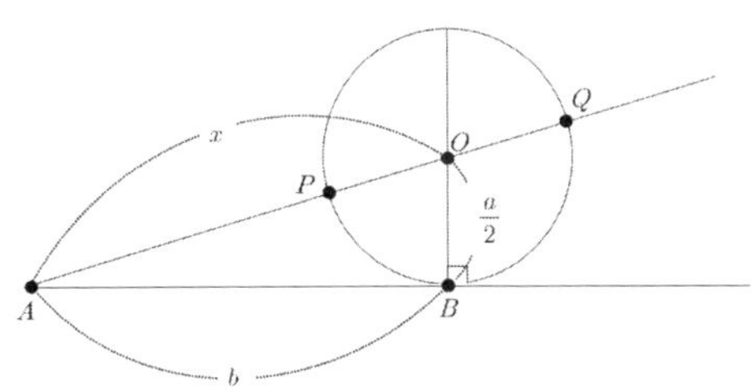

〈작도 방법〉

1) 직선 위에 길이가 b인 선분 AB를 작도한다.
2) 점 B에서 선분 AB의 수선을 작도하고, 점 B에서 길이가 $\dfrac{a}{2}$인 점 O를 잡는다.
3) 점 O를 중심으로 반지름이 선분 OB인 원을 작도한다.
4) 직선 AO를 긋고, 원과 만나는 교점을 각각 P, Q라 하자.
5) 선분 AP의 길이가 방정식의 근이 된다.

- 이차방정식 $x^2-4x+1=0$의 근을 어떻게 작도해야 할까? (교사의 시범 및 설명)
- 작도 과제 ⑦: a, b가 자연수일 때, 이차방정식 $x^2-ax+b^2=0$의 근을 작도해 보시오.

- 작도문제를 해결하는 과정은 [분석]-[작도]-[증명]-[탐구]의 과정을 거칠 수 있도록 안내함.
- 작도 과제 수행은 작도한 결과를 제시하고 작도 방법을 학생이 스스로 정리하도록 유도하되, 증명은 교사가 설명하여 정리하는 식의 수업을 적절해 보임.
- 작도문제의 해결 방법은 다양할 수 있으며, 학생들이 창의성을 발휘하여 논리적으로 오류가 없는 작도 방법을 생각할 수 있도록 격려해야함.
- 이차방정식의 근의 공식에서 힌트를 얻어 작도 방법에 대해 고민할 수 있도록 안내함.

	(예시답안) 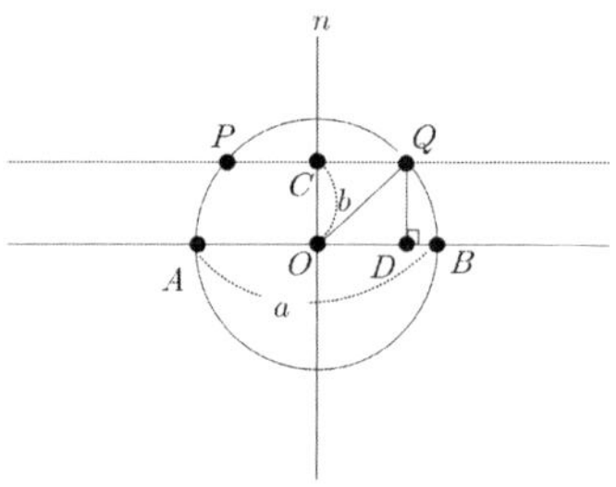 〈작도방법〉 1) 점 O에서 서로 수직인 두 직선 m, n을 작도한다. 2) 직선 m 위에 길이가 a인 두 점 A, B를 작도한다. 3) 선분 AB를 지름으로 하는 원 O를 작도한다. 4) 직선 n 위에 길이가 b인 점 C를 작도한다. 5) 점 C를 지나면서 선분 AB와 평행한 직선을 작도하여 원 O와 만나는 점을 P, Q라 하자. 6) 점 Q에서 직선 AB에 수선의 발을 작도하여 그 점을 D라 하자. 7) 두 선분 AD, BD의 길이가 방정식의 근이 된다.	
정리	○학습 내용 정리: 일·이차방정식의 근의 작도	

3. 작도 수업 자료

3.1 패들렛(Padlet)이란?

패들렛은 일종의 실시간 온라인 게시판으로 텍스트, 이미지, 음성, 동영상, 사이트 링크 등의 각종 컨텐츠를 다수의 이용자가 스마트기기만 있으면 언제, 어디서든 쉽게 게시하고 모으고 공유할 수 있는 소프트웨어이다. 이런 특성을 활용하여 패들렛은 알림판, 브레인스토밍, 토론, 노트, 목록 만들기, 댓글 남기기, 파일 첨부하기 등의 다양한 활동을 실시간으로 인원의 제한 없이 가능하게 한다. 또한 패들렛은 실시간으로 게시판의 상태를 저장할 수 있기 때문에 과거부터 현재까지 지속적으로 공유와 피드백이 가능하다. [표 12-6]은 수업 중 패들렛의 용도를 나열한 것이다(서윤경, 2017).

[표 12-6] 패들렛의 용도

패들렛의 용도
• 수업 전 학생의 수준 파악 및 브레인스토밍 보드로 활용 • 수업 진행 중 실시간 질문받기와 피드백 입력 가능 • 교사의 질문에 개별적 답변 남기기 • 모둠별 게시판 만들기 및 댓글 남기기 • 수업의 주요 내용을 요약해주거나 질문하기

3.1.1 패들렛의 사용방법

패들렛 사용의 가장 큰 장점은 교사가 아주 간단한 회원 가입만으로 무료로 게시판을 유형(담벼락, 캔버스, 스트림, 그리드, 백채널, 지도, 타임라인)에 따라 쉽게 만들어 바로 수업에 활용할 수 있다는 점이다. 또한 학생들이 온라인 게시판을 사용할 수 있도록 웹주소, QR 코드를 교사가 안내만 하면 클릭을 통해 추가적인 가입 절차 없이 바로 참여할 수 있는 환경을 갖추고 있다. 경우에 따라 교사가 학생들의 익명성이 보장될 수 있는 환경을 만들어줄 수 있기 때문에 게시판에 접속한 상태에서 수시로 편안하게 상호작용할 수 있다.

이 수업에서 학생들은 작도 수업 중 제시된 작도 수행 과제를 해결하고 그 결과를 스마트폰으로 사진 또는 동영상을 찍어 실시간으로 게시하게 된다. 특히, 학생 개인의 학습 수준에 맞춰 그 결과를 올리고, 문제 해결 과정에서 궁금한 점이나 어려운 점은 질의를 올려 바로 교사에게 답변을 받도록 하였다. 학생들은 질의에 대한 교사의 답변을 통해 문제 해결의 도움을 얻고, 수행 과제를 먼저 해결한 학생들의 결과를 자신의 결과와 비교해 보면서 댓글달기를 통해 서로를 평가하고 대화를 할 수 있는 소통과 협력의 공간으로 활용하였다. 또한, 교사뿐 아니라 학생들도 수행 결과에 대해 ‘좋아요’, ‘별점’, ‘점수’ 등으로 피드백에 적극 참여하여 교사 평가, 동료 평가, 자기 평가와 같이 여러 관점에서의 평가를 경험하도록 하였다.

3.2 수업 자료

이 수업의 주요 활동은 수 연산, 방정식의 근에 대한 작도문제를 분석-작도-증명-탐구의 과정을 통해 해결하는 데 있다. 총 3차시로 구성된 본 수업의 자료를 살펴보면, 1차시 자료에서는 유클리드 원론에 대한 간략한 내용 소개 및 작도문제를 통해 발전한 기하학의 역사와 간단한 도형의 작도 방법에 대해서 탐구하는 내용이 포함되어 있다. 이와 더불어 온라인 게시판 활용 방법에 대한 안내 자료도 포함하였다. 2차시 자료에는 3대 작도 불능 문제가 소개되어 있으며, 작도와 수 연산, 방정식과의 관련성이 간략하게 제시되어 있다. 또한 덧셈에 의한 자연수, 뺄셈에 의한 정수, 곱셈, 나눗셈에 의한 유리수 작도를 교사가 설명식 수업으로 진행할 수 있도록 구성되어 있으며, 학생의 작도과제 또한 포함하고 있다. 마지막 3차시에는 일·이차방정식의 근의 작도에 대한 내용과 이를 응용하여 해결할 수 있는 일반화된 작도문제가 과제로 제시되어 있다. [그림 12-3], [그림 12-4], [그림 12-5]는 총 3차시의 작도 수업 자료이다.

중학교 3학년

1/3 차시

작도에 관한 수학 이야기①

주제 **작도의 역사와 패들렛 사용방법**

고대 그리스인들의 수학 교과서- 『Euclid 원론』

고대 그리스인들은 어떤 책을 보면서 수학 공부를 했을까요? 그 당시 베스트셀러였던 수학책은 바로 『유클리드 원론』이라는 책입니다. 책의 제목에서 알 수 있듯이 수학자 유클리드가 기원전 330~320년 경에 집필한 것으로 추정하고 있죠. 성경책 다음으로 세계에서 2번째로 많이 팔린 책이랍니다. 더욱 신기한 것은 이 책의 내용이 여러분들이 현재 공부하고 있는 수학교과서에 나온다는 것이지요. 수학의 백과사전이라고 불리던 이 책에서 특히 눈여겨볼 것은 도형의 '작도'를 매우 중요한 학습 방법을 강조하고 작도법에 대해 상당히 많은 내용을 포함하고 있다는 것입니다.

'작도', 언제 많이 들어본 적이 있던 것 같죠? 아래 그림은 유클리드와 그가 남긴 유클리드 원론의 책의 한 페이지입니다. 그 당시에는 도형을 학습하는데 있어서 작도가 매우 중요했지만, 안타깝게도 지금은 그 중요성이 많이 사라지고 있습니다. 작도가 왜 이렇게 중요했을까요? (내용출처 : 국립중앙과학관-수의 역사)

(출처: 국립중앙과학관)

작도문제를 통해 발전한 기하학

◆유클리드 원론 속에 담긴 내용

고대 그리스인들은 다음과 같은 믿음을 가지고 있었다.

"가장 완전한 도형은 직선과 원이며, 그래서 신은 이 둘을 소중히 여긴다."

이런 이유로, 고대 그리스 시대의 최고의 학자였던 플라톤은 (눈금 없는) 자, 컴퍼스만으로 도형을 그리도록 다른 도구들을 엄격하게 금지해왔다. 자와 컴퍼스만으로 도형을 그리는 것은 유클리드 원론의 내용 때문이기도 하다. 유클리드 원론에는 증명이 필요 없는 절대적인 규칙인 공준이 책의 맨 시작에 다음과 같이 적혀 있다.

공준1. 주어진 두 점을 지나는 직선을 그을 수 있다.
공준2. 선분을 계속하여 직선으로 연장할 수 있다.
공준3. 중심과 거리(반지름)가 주어진다면 원을 그릴 수 있다.

이런 이유로, 자와 컴퍼스는 유클리드 도구라 불리기도 한다.

◆역사 속 작도의 정의와 역할

• 작도란 무엇인가?

눈금 없는 자와 컴퍼스만을 사용하여 도형을 그리는 것

• 역사 속 유명한 작도문제
- 피타고라스 학파 : 정오각형 작도
- 가우스 : 정17각형 작도
- 3대 작도 문제 :
  • 주어진 정육면체의 2배의 부피를 가지는 정육면체의 한 모서리 길이 작도
  • 주어진 원과 같은 넓이를 갖는 정사각형의 한 변의 길이 작도
  • 임의로 주어진 각의 삼등분 작도
  ⇒3대 작도 문제의 해답은 수천년이 지난 19C에 이르러서 나오게 되었으나, 이 문제를 해결하려는 노력 때문에 현대의 수학은 크게 발전하게 되었음

• 작도 학습은 무엇이 도움이 될까?
① 도형의 여러 성질을 스스로 이해하게 하고, 새로운 학습 내용을 제공해준다.
② 도형의 새로운 개념이나 정리를 증명하는데 도움을 준다.
또 어떤 도움이 될 수 있을까요? 자신의 생각을 간략하게 적어보시오.

____
____

[그림 12-3(a)] 1차시 수업 자료

간단한 도형의 작도방법

수행 1 **길이가 같은 선분 작도하기**

① 자를 이용하여 직선을 그리고, 이 직선 위에 점 P를 잡는다.
② 컴퍼스를 사용하여 $\overline{AB}$의 길이를 잰다.
③ 점 P를 중심으로 하고 반지름의 길이가 $\overline{AB}$인 원을 그려 직선과 만나는 점을 Q라고 하면 $\overline{PQ}=\overline{AB}$이다.

(출처: 중학수학 비주얼 개념사전)

수행 2 **크기가 같은 각 작도하기**

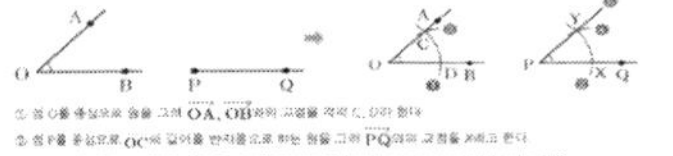

① 점 O를 중심으로 원을 그려 $\overline{OA}$, $\overline{OB}$와의 교점을 각각 C, D라 한다.
② 점 P를 중심으로 $\overline{OC}$의 길이를 반지름으로 하는 원을 그려 $\overline{PQ}$와의 교점을 X라고 한다.
③ 점 X를 중심으로 $\overline{CD}$의 길이를 반지름으로 하는 원을 그려 ②의 원과의 교점을 Y라고 한다.
④ $\overline{PY}$를 그리면 ∠AOB와 ∠YPX의 크기가 같다.

(출처: 수학수학 비주얼 개념사전)

수행 3 **선분의 수직이등분선 작도하기**

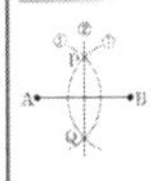

① 선분의 양 끝점 A와 B에서 반지름의 길이가 같은 원을 그려서 그 교점을 각각 P, Q라 한다.
② 두 점 P와 Q를 잇는 직선 PQ가 선분 AB의 수직이등분선이다.
[참고] 선분의 수직이등분선 위의 한 점에서 선분의 양 끝점에 이르는 거리는 같다.

(출처: Basic 중학생을 위한 수학공식 활용사전)

수행 4 **평행선 작도하기**

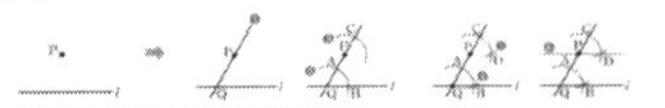

① 점 P를 지나는 직선을 그려 직선 l과의 교점을 Q라고 한다.
② 점 Q를 중심으로 원을 그려 $\overleftrightarrow{PQ}$, 직선 l과의 교점을 각각 A, B라고 한다.
③ 점 P를 중심으로 $\overline{QA}$의 길이를 반지름으로 하는 원을 그려 $\overleftrightarrow{PQ}$와의 교점을 C라고 한다.
④ 점 C를 중심으로 $\overline{AB}$의 길이를 반지름으로 하는 원을 그려 ③에서 그린 원과의 교점을 D라고 한다.
⑤ $\overleftrightarrow{PD}$를 그리면 $\overleftrightarrow{PD}$가 직선 l과 평행하다.

(출처: Basic 중학생을 위한 수학공식 활용사전)

온라인 게시판 활용하기

◆ 온라인 게시판 Padlet(패들렛)은 무엇일까?

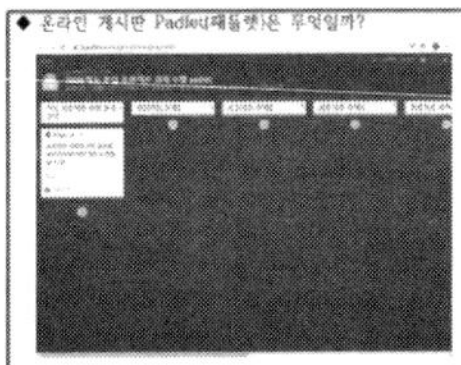

패들렛은 온라인 접속자들과의 실시간 게시를 통해 의사소통하는 소프트웨어입니다.
특히 이미지, 오디오, 비디오클립, 일반문서, 링크 등의 첨부 기능이 있고, 친구들과 토론하고, 서로 평가하며, 협동해서 수행 과제를 해결할 수 있다는 장점이 있습니다.

◆ 패들렛을 활용하여 생각 공유하기

다음 작도 수업시간에는 개인 프로젝트 수행 과제들이 제시되어 있습니다. 선생님이 제시한 프로젝트 수행 과제를 자와 컴퍼스만으로 해결하고, 그 해결 과정을 글로 써서 그 결과를 사진을 찍거나 동영상으로 촬영해보세요. 아래 링크주소(또는 QR코드)를 클릭하면 선생님이 미리 만들어 놓은 패들렛에 바로 접속이 됩니다. 그곳에 프로젝트 수행 결과의 사진과 동영상을 업로드해주세요.

링크 주소 : https://padlet.com/oimighter83/imwvglvdgwiyfnfv

패들렛에서는 <u>이런 거 할 수 있어요!</u>
★ 친구들이 먼저 올린 프로젝트 수행 결과를 자유롭게 볼 수 있어요.
★ 선생님에게 질문이 있으면 질문을 올릴 수 있어요.
★ 선생님, 친구들, 자기자신 모두가 별점으로 평가에 참여할 수 있어요.
★ 게시자의 이름을 반드시 '반번호 이름'(예> 3727 홍길동)의 형식으로 제시해주세요.

패들렛에서는 **<u>이런 거 할 수 없어요!</u>**
☆ 남들에 대한 비방, 욕을 쓰는 것은 금지입니다.
☆ 수업 이외에 다른 글을 쓰거나, 채팅 등의 개인적인 장난을 쓰는 것은 금지입니다.

◆ 예시 질문을 통해 실제 패들렛을 사용해보자.

패들렛에 접속하여 우리학교 이름으로 독창적인 3행시를 지어주세요!! 그리고, 친구들에게 별점을 봐주세요!! 가장 높은 별점을 평균적으로 받은 학생에게 상품을 드립니다.

[그림 12-3(b)] 1차시 수업 자료

중학교 3학년

2/3 차시

작도에 관한 수학 이야기②

주제　**작도 가능한 수와 그 연산의 작도**

3대 불(가)능 작도 문제는 어떻게 해결했을까?

오랜 옛날 고대 그리스 시대부터 수 많은 수학자들은 작도를 통해 도형을 탐구하고 여러 개념, 성질, 정리를 발견고자 노력하였다. 그런데, 3가지 작도문제를 도저히 해결하지 못해 난감해하고 있었죠.

삼대 작도 불능 문제

주어진 정육면체의 두 배의 부피를 갖는 정육면체의 작도는 불가능하다.

주어진 각의 삼등분각을 작도하는 것은 불가능하다.

주어진 원과 넓이가 같은 정사각형의 작도는 불가능하다.

(출처 : 수학백과)

상당한 시간이 지난 19세기 들어서야 수학자 피에르 방첼은 이 작도문제가 눈금없는 자와 컴퍼스만으로 해결될 수 없음을 증명하였습니다. 어떻게 증명을 했을까요? 작도가 될 수 없음을 증명하기 위해서 아이러니하게도 도형으로 접근하는 것이 아닌 수와 문자를 이용한 연산, 방정식을 활용하여 증명을 했다고 합니다. 작도와 수 연산이 정말 관련이 있을까요?
다음 동영상을 통해 3대 불능 작도문제가 무엇인지 좀 더 자세히 알아봅시다.

■ 링크주소: https://tv.naver.com/v/9421810

작도 가능한 수, 연산의 작도

● 작도 가능한 수의 정의

눈금 없는 자와 컴퍼스를 사용하여 작도할 수 있는 수

⇒ 유리수에 사칙연산과 제곱근을 유한 번 적용해서 얻어지는 수만이 작도 가능하다.

활동 1　**덧셈 작도하기**

● 덧셈 작도를 활용한 자연수 작도하기
단위 길이 1인 선분이 주어졌을 때, 길이가 1, 2, 3, 4인 선분을 작도해보시오.

프로젝트 과제 ①

선분 a, b의 길이가 주어졌을 때, 길이가 $a+b$인 선분이 작도 가능한지 설명해보시오.

[그림 12-4(a)] 2차시 수업 자료

활동 2　**뺄셈 작도하기**

● 뺄셈 작도를 활용한 정수 작도하기
단위 길이 1인 선분이 주어졌을 때, -1, -2, -3은 작도 가능한 수임을 설명해보시오.

프로젝트 과제 ②

선분 a, b가 주어졌을 때, 길이가 $a-b$인 선분이 작도 가능한지 설명해보시오.

활동 3　**곱셈 작도하기**

단위 길이 1, a, b가 주어졌을 때, 길이가 ab인 선분은 어떻게 작도를 해야 할까요?
닮은 성질을 활용한 다음의 작도방법을 살펴봅시다.

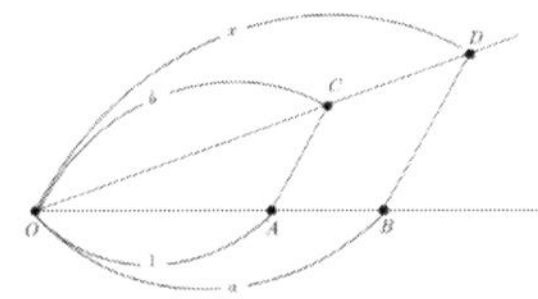

<작도방법>
1) 반직선을 긋고, 점 O로부터 거리가 1인 점을 A, 거리가 a인 점을 B라 하자.
2) 반직선 OA와 일치하지 않는 반직선을 긋고, 점 O로부터 거리가 b인 점을 C라 하자.
3) 선분 AC를 작도한다.
4) 선분 AC와 점 B를 지나는 평행한 직선을 작도하여 반직선 OC와의 교점을 D라 하자.
5) x의 길이가 ab가 된다.

활동 4　**나눗셈 작도하기**

● 나눗셈 작도를 활용한 유리수 작도하기
단위 길이 1이 주어졌을 때, $\frac{1}{2}$는 어떻게 작도를 해야 할까요?

[그림 12-4(b)] 2차시 수업 자료

중학교 3학년

3/3 차시

작도에 관한 수학 이야기③

주제 **방정식의 근의 작도**

도형의 작도와 방정식이 관련이 있나요?

유클리드 도구라고 불리는 눈금없는 자와 컴퍼스는 직선과 원을 그리는 도구입니다. 예전에 배웠던 학습 내용을 떠올려봅시다. 직선과 직선의 교점을 구하기 위해 두 개의 일차방정식으로 이루어진 연립방정식을 풀었던 기억이 나나요? 사실, 원과 직선의 교점은 이차방정식에 의해 해결이 가능합니다. 사실, 방정식은 작도문제를 해결하기 위한 매우 훌륭한 해결도구가 될 수 있습니다.

일・이차방정식의 근의 작도

활동 1 **일차방정식의 근의 작도**

● 일차방정식의 근 작도하기

단위 길이 1이 주어졌을 때, 일차방정식 $4x-8=0$의 근은 어떻게 작도를 해야 할까요?

프로젝트 과제 ⑤

1. a, b가 주어졌을 때, 일차방정식 $ax-b=0$의 근을 작도해보시오.

활동 2 **이차방정식의 근의 작도**

● 이차방정식의 근 작도하기①

단위 길이 1이 주어졌을 때, 이차방정식 $x^2+2x-4=0$의 양수인 근은 어떻게 작도를 해야 할까요?

[그림 12-5(a)] 3차시 수업 자료

프로젝트 과제 ⑥

a, b가 주어졌을 때, 이차방정식 $x^2+ax-b^2=0$의 양수인 근을 작도해보시오.

● 이차방정식의 근 작도하기②

단위 길이 1이 주어졌을 때, 이차방정식 $x^2-4x+1=0$의 근을 어떻게 작도를 해야 할까요?

프로젝트 과제 ⑦

a, b가 주어졌을 때, 이차방정식 $x^2-ax+b^2=0$의 근을 작도해보시오.

[그림 12-5(b)] 3차시 수업 자료

4. 학생 활동 내용

4.1 학생 활동 사진

이 수업을 적용한 중학교는 자유학년제(1학년) 및 연계자유학년제[1](2, 3학년)를 운영하고 있다. 수업의 학습 내용인 작도를 비롯한 정수, 유리수의 연산, 일차방정식의 근 등의 내용은 중학교 1학년 교육과정의 내용 요소와 밀접하게 관련되어 있다. 그러나 학생들이 작도과제 수행을 위해서는 삼각형의 닮음 성질, 피타고라스 정리, 제곱근의 개념, 이차방

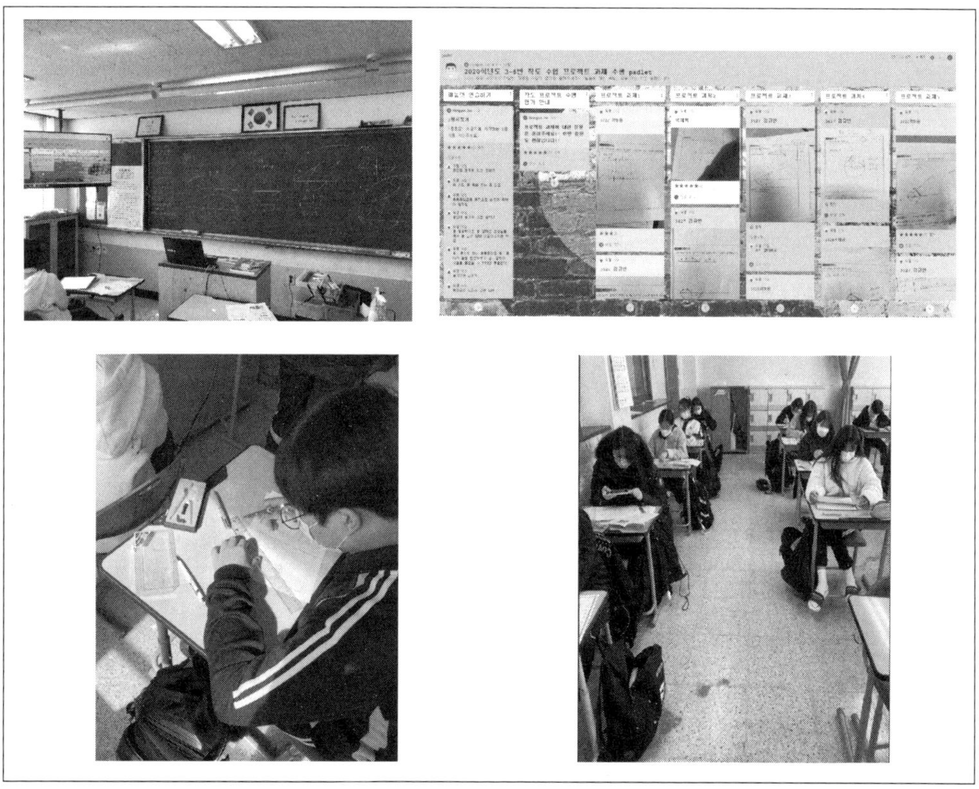

[그림 12-6] 작도 수업 활동 사진

1) 연계자유학년제의 주요 목적은 수업 활동에 토론, 프로젝트, 학생 활동의 비중을 늘리고 수업을 통해 자신의 적성과 진로 탐색의 기회를 마련할 수 있도록 교육과정을 운영하는 데 있다. 또한, 학생들의 꿈과 끼를 키울 수 있는 다양한 교육 프로그램이 원활하게 운영될 수 있도록 교육과정의 운영 주체인 교사의 수업 자율성을 확대하고 있다(교육부, 한국교육개발원, 2018).

정식의 근의 공식 등 중학교 2, 3학년 교육과정의 학습 내용을 이해하고 있어야 한다. 따라서 3학년 교과 수업 중 연계자유학기 프로그램으로 본 작도 수업을 운영하는 것이 적절해 보여 3학년 학생들을 대상으로 수업이 이루어졌다.

[그림 12-6]은 실제 수업에서 교사가 칠판에 제시한 설명과 학생들의 활동 과정을 보여주고 있다. 칠판 옆 멀티비전에는 패들렛 화면을 띄워 놓고, 학생들의 과제 수행 결과를 바로 자신의 휴대폰으로 사진을 찍어 올리도록 하였고, 교사는 학생 개인의 과제 수행 여부를 패들렛 화면을 통해 확인할 수 있고, 그 결과에 대해서 실시간으로 피드백을 줄 수 있었다. 한편, 감염병 확산 방지의 차원에서 과제 수행이 조별이 아닌 학생 개인별로 이루어지다 보니 다소 어려운 과제들을 포기하는 학생들이 많았고, 실제 평가로 이어지는 수업이 아니기 때문에 학생들의 학습 동기 부여에 다소 어려움이 있었다.

4.2 학생 수행 활동지 사진

학생들은 수업을 통해 총 7개의 작도과제를 수행했는데, 작도과제 ①~④는 덧셈, 뺄셈, 나눗셈, 제곱근 연산에 대한 작도과제이고, 작도과제 ⑤는 일차방정식의 근에 대한 과제, 작도과제 ⑥~⑦은 이차방정식의 근에 대한 과제이다. 교사는 학생들이 작도과제를 수행하는 데 도움을 주기 위해 과제 수행에 앞서 이와 유사한 예제 문제를 분석-작도-증명-탐구의 4단계를 통해 학생들과 함께 해결하고, 이에 대한 발문과 질의를 통해 학생들이 작도 과정을 충분히 이해할 수 있도록 안내하였다.

[그림 12-7]은 학생들이 수행한 덧셈, 뺄셈, 나눗셈, 제곱근에 관한 작도과제의 결과를 보여준다. 덧셈과 뺄셈의 작도는 대부분의 학생들이 쉽게 수행하였으나, 곱셈, 나눗셈, 제곱근 작도의 경우에는 학생들이 분석의 단계에서 삼각형의 닮음 성질을 활용한 비례식의 계산을 이해하는 데 어려움이 있었고, 실제 작도를 계획하고 그 방법을 탐색하는 데 덧셈과 뺄셈에 비해 10여 분 정도 더 시간이 소요되었다.

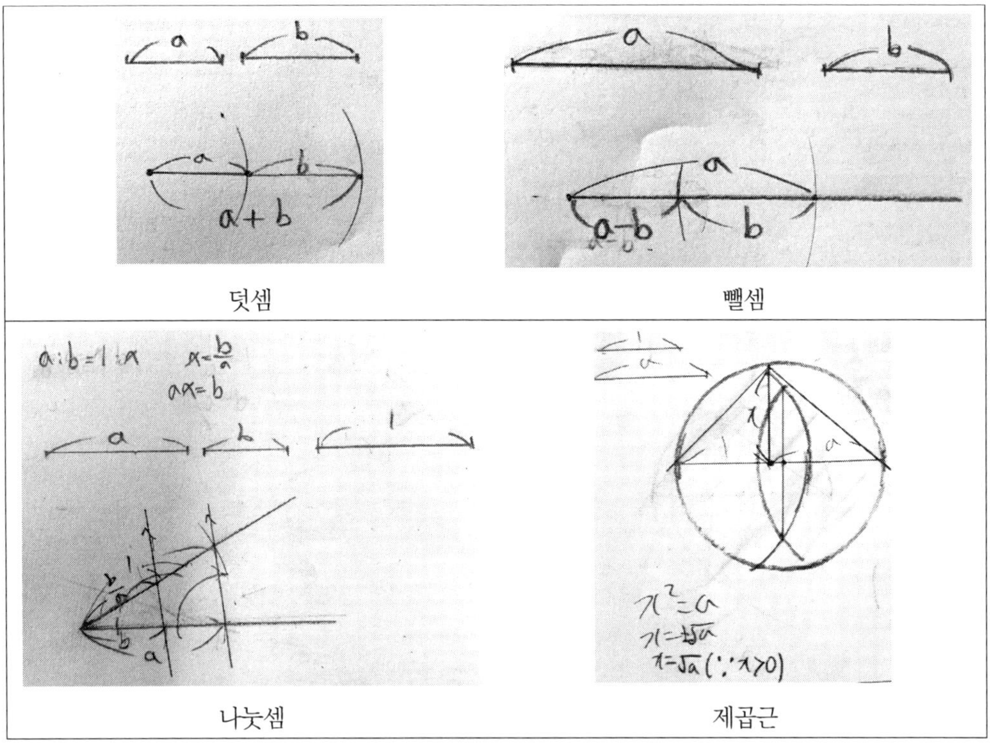

[그림 12-7] 사칙연산 작도에 대한 학생들의 과제 수행 결과

일차방정식의 근에 대한 작도의 경우에는 나눗셈의 연산 작도 방법에 대한 아이디어를 그대로 활용할 수 있기 때문에 앞선 연산 작도 수업을 잘 이해한 학생들은 쉽게 작도를 할 수 있었다. [그림 12-8]은 학생들이 수행한 일차방정식의 근에 대한 작도 결과를 보여주고 있다.

이차방정식의 근에 관한 작도과제 ⑥ ~ ⑦을 해결하기 위해서 학생들은 주어진 이차방정식의 근을 근의 공식을 통해 구하고, 실제 작도를 하기 위한 분석의 과정을 거쳐야만 한다. 이런 분석의 과정 속에서 학생들은 피타고라스 정리와의 관련성을 이해하면서 작도 문제 해결의 실마리를 찾아가게 된다. 그러나 학생들은 작도과제 ⑥ ~ ⑦을 해결하는 과정에서 분석의 과정을 이해하는 것도 어려워했지만, 실제 이해를 하고도 작도문제를 해결하는 학생 수가 많지는 않았다(1개 반 기준으로 5명 이하로 과제 수행에 성공하였음). 따라서 교사는 이와 유사한 예제 문제를 활용하여 해결 과정을 반복적으로 설명해주었고, 질문이 있는 학생들에게 개별적으로 다가가 도움을 주기도 하였다. 또한, 수학 성취도가 높은 학생들이 중심이 되어서 작도과제 해결 과정을 동료들과 논의하고 서로 토론을 진행하면서 이차방정식의 근의 작도를 성공적으로 이끌어 가도록 유도하였다. [그림 12-9]는 이차방정식의 근에 관한 작도과제 수행 결과의 예시이다.

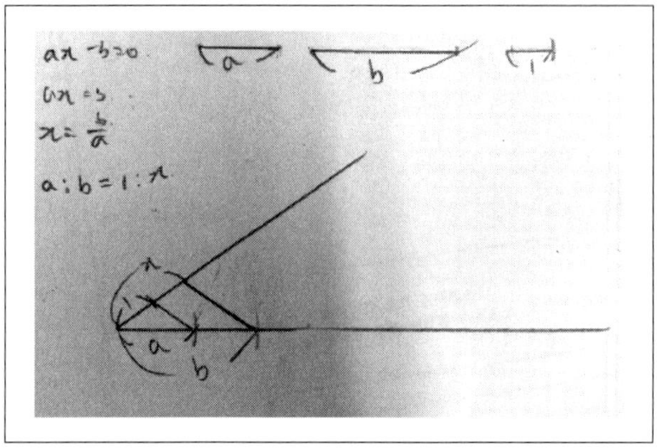

[그림 12-8] 일차방정식 근의 작도에 대한 학생 과제 수행 결과

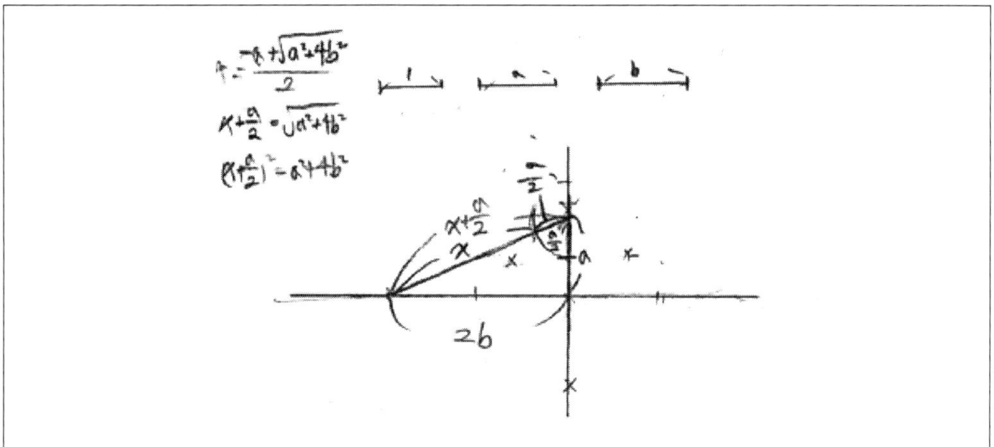

이차방정식 $x^2+ax-b^2=0$의 양수인 근의 작도

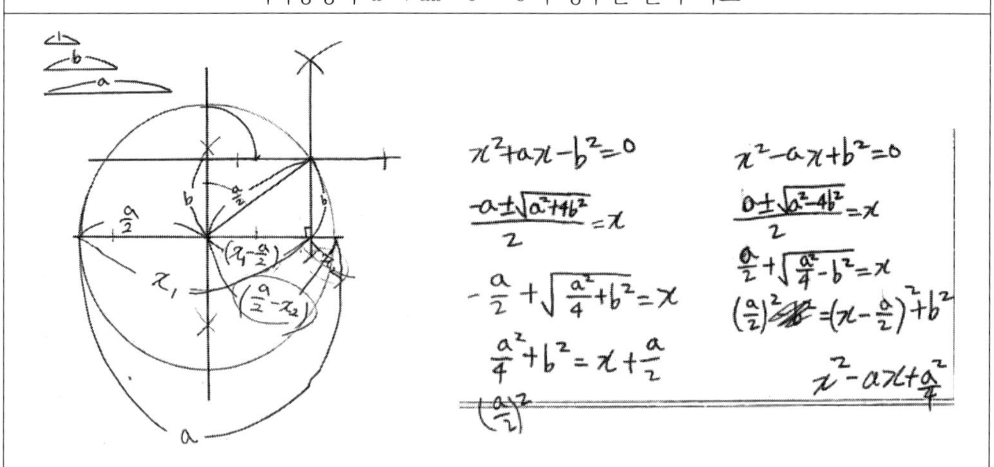

이차방정식 $x^2-ax+b^2=0$의 근의 작도

[그림 12-9] 이차방정식 근의 작도에 대한 학생 과제 수행 결과

5. 나오는 말: 수업 소감

중학교 수학 교사에게 작도는 그 내용이 교과서에 있어서 어쩔 수 없이 가르쳐야만 하는 그리 중요하지 않은 단원으로 기억되기 쉽다. 새로운 교육과정이 거듭되어 적용될수록 작도에 관한 내용은 점점 축소되어왔고, 앞으로 사라질지도 모른다는 생각이 든다. 그러나 앞서 살펴보았던 것처럼, 작도는 기하 전체 영역에서 매우 중요한 부분을 차지하고 있을 뿐 아니라, 수 연산, 방정식, 함수에 이르기까지 여러 영역의 사고 과정과 연관되어 학생들의 문제 해결, 추론, 의사소통 능력 등의 발달에 도움을 줄 수 있다. 이 장에 소개된 작도 수업은 이런 관점에서 그 가능성을 보여주는 하나의 사례일 수 있다. 자주 접하지 않았던 작도를 다시금 수면 위로 끌어내어 새로운 수업을 준비하고 적용한다는 것은 교사들에게 쉽지 않은 일이다. 하물며 학생들의 입장에서도 작도에 대해 더 깊게 탐구해보고, 기하 영역이 아닌 대수적 영역의 문제를 작도를 통해 해결하려는 시도가 어색하고 어려웠을 것이다. 그러나 작도에 관한 다양한 교수·학습 방법(공학도구 활용 등)과 작도를 다 학년의 여러 영역에서 다루고자 했던 노력들은 학생들에게 수학을 바라보는 새로운 시각을 갖게 할 것임은 분명해 보인다. 앞으로 작도에 관한 중요성이 더 심도 있게 논의되고, 점점 축소되어 가는 교육과정에서의 학습 내용을 더 면밀하게 검토하여 작도를 학교수학 수업에서 자주 접할 수 있기를 기대해본다.

참 고 문 헌

Reference

강문봉(2019). 초등수학에서 삼각형의 작도 지도에 관한 논의. **교육논총, 39**(4), pp.269~286.

강옥기, 권언근, 황혜정, 전대열, 노지화, 우희정(2018). **중학교 수학 3**. 서울: 두산동아.

교육부(2015). 수학과 교육과정. 교육부 고시 제2015-74호[별책 8].

교육부, 한국교육개발원(2018) 2018 자유학년 및 연계학기 운영 가이드.

김관훈(2019). 스마트기기를 활용한 협력학습에서 상호작용의 질 향상을 위한 지원전략 개발, 석사학위논문, 서울대학교 대학원.

김창수, 강정기(2017). 〈Euclid 원론〉에서 작도의 의미에 대한 고찰. **한국학교수학회논문집, 20**(2), pp.119~139.

김해영(2011). 작도에 관한 고찰. 석사학위논문, 영남대학교 교육대학원.

문정배, 박진원(2007). GSP를 이용한 작도방법 연구. **교육과학연구, 9**(1), pp.249~268.

박명희, 신경희(2006). Clairaut의 〈기하학 원론〉에 근거한 7-나 단계 작도 단원의 자료 개발과 적용에 관한 연구. **한국수학사학회지, 19**(4), pp.117~132.

서보억(2020). 교육과정에 따른 중학교 작도과제의 변화 연구. *East Asian Math. J., 36*(4), pp.493~513.

서윤경(2017). 수업 중 학생들이 자유롭게 참여하기. **가르침과 배움, 34**, pp.41~49.

윤선자(2004). 분석적 활동을 통한 선분들의 연산 작도와 방정식의 근의 작도. 석사학위논문, 울산대학교 교육대학원.

장혜원(1997). 중학교 기하 영역 중 작도 단원에 관한 고찰. **수학교육학연구, 7**(2), pp.327~336.

장효정(2013). 작도 지도 방법에 대한 연구. 석사학위논문, 건국대학교 교육대학원.

전수인(2020). 온라인 대학 영어 수업에서의 Padlet 학습 활용 방안 및 학습 태도 고찰. *Multimedia-Assisted Language Learning, 23*(3), pp.378~391.

조완영, 정보나(2002). 7차 수학과 교육과정 작도 영역의 교과서와 수업사례 분석. **학교수학, 4**(4), pp.601~615.

한인기(1999). 작도문제의 해결 방법. **한국수학교육학회지 시리즈 E 〈수학교육 논문집〉**, 9, pp.153~164.

Ellis, D.(2015). Using Padlet to increase student engagement in lectures. In ECEL2015-14th European Conference on e-Learning: ECEl2015 (p.195). Academic Conferences and publishing limited.

Zhi, Q., & Su, M.(2015). Enhance collaborative learning by visualizing process of knowledge building with Padlet. In 2015 International Conference of Educational Innovation through Technology (EITT) (pp.221~225). IEEE.

Sanders, C. V.(1998). Sharing teaching ideas: Geometric constructions: visualizing and understanding geometry. *The Mathematics Teacher, 91*(7), pp.554~556.

제13장

고등학교 수업 적용 사례

김서영(흥진고등학교), 이서빈(영신여자고등학교)

1. 들어가는 글

중학교 교과서에서는 작도를 "눈금 없는 자와 컴퍼스만을 사용하여 도형을 그리는 것"으로 정의하고 있으며(황선욱 외, 2017, p.174) 실제로 삼각형의 작도와 같은 간단한 작도를 수행한다. 그러나 고등학교 교육과정에서는 작도를 직접적으로 다루지는 않기에, 학생들에게 의미 있는 작도 경험을 제공하기 위하여 어떤 목적과 주제를 가지고 수업을 계획해야 하는지에 대한 고민으로 한 학기를 보냈다. 수업의 가장 큰 목표를 '학생이 작도 문제에 대하여 스스로 분석을 하고 문제해결을 위한 계획을 수립한 후, 조건에 맞는 작도를 하고 정당화하는 과정을 경험하도록 하는 것'으로 결정하였다. 수업 대상이 되는 학생들은 고등학교 2학년으로 〈수학Ⅰ〉과 진로 선택 과목인 〈수학과제 탐구〉를 이수하고 있다는 점도 고려해야 했다. 학생들이 〈기하〉를 선택하지 않았지만, 이차곡선의 정의와 성질을 학습하는 것이 의미 있는 일이라고 판단이 되었다. 또한, 포물선과 타원, 쌍곡선은 서로 밀접하게 연결되어 있으며 파푸스(Pappus)가 고안한 이심률을 이용하여 이차곡선을 하나의 식으로 표현할 수 있다는 것은 유추적 사고를 유발하게 한다(허남구, 2017). 각각의 이차곡선이 초점과 고유한 관계를 맺고, 그 관계의 유사성이 있으므로 포물선의 초점을 작도하는 방법을 유사하게 적용하면 타원과 쌍곡선의 초점 작도를 할 가능성이 있다.

또한, 이차곡선의 개념과 성질을 배운 학생들이 포물선의 성질을 이용하여 포물선의 초점을 작도하면, 타원과 쌍곡선의 성질을 이용하여 초점 작도를 추론할 수 있을 것이라 기대한다.

한편 2015 개정 수학과 교육과정에서는 진로 선택 과목으로 〈기하〉, 〈실용수학〉, 〈경제수학〉, 〈수학과제 탐구〉의 총 네 과목을 개설하였는데, 수학과제 탐구에서는 이전에 학습한 수학 내용을 더 깊이 탐구하거나 다른 교과와 수학을 융합하여 탐구하는 활동 등을 다룬다(교육부, 2015). 이 장에서는 〈수학과제 탐구〉 수업시간에 적용 가능한 '이차곡선의 초점 작도'에 대한 활동을 구성하고자 하였으며, 탐구의 과정과 결과를 교육용 소프트웨어를 활용해 반성 및 평가하며 수학적 사고력을 기를 수 있도록 하였다. 수학과제 탐구 수업시간에 활용 가능한 교육용 소프트웨어에는 Geometric Sketch Pad(이하, GSP), GeoGebra 등 다양한 것이 있지만, 이 장에서는 알지오매스(AlgeoMath)를 활용하여 좌표평면과 식 없이 주어진 이차곡선의 그래프로부터 초점을 작도한 과정을 정당화하고자 하였다.

탐구형 기하 소프트웨어를 사용하여 작도를 시연하면 추상적인 수학 내용을 시각화하여 지도할 수 있다는 장점이 있으며, 학생들은 작도 활동을 통해 수학적 개념을 이해하면서 성취감을 경험하고 수학의 심미성을 배울 수 있다(문정배, 2007). 또한, 수학적 개념 이해의 어려움을 완화해주고 사고력 중심의 수학학습을 도울 수 있으며, polya의 문제해결 4단계 과정을 바탕으로 수업을 운영할 수 있다(김남희, 2002). 알지오매스가 개발되기 전에는 GSP를 활용한 수학 수업에 관한 연구가 주로 이루어졌으며, 동적 기하 소프트웨어인 GSP를 활용한 작도 수업에 관한 연구도 활발히 이루어졌다. GSP를 통해 탐구해오던 다양한 작도 활동은 알지오매스를 통해서도 구현할 수 있으며, 수업 대상이 되는 학생들이 알지오매스에 좀 더 익숙하므로 알지오매스를 통해 작도와 정당화 과정을 진행하였다.

2. 작도 수업 개요

2.1 이차곡선의 작도

원뿔곡선은 그리스의 수학자 아폴로니우스가 쓴 《원뿔곡선론(Conic)》을 통해 체계적으로 정리되었으며 타원, 포물선, 쌍곡선은 원뿔을 평면으로 절단하여 얻을 수 있는 곡선이기 때문에 원뿔곡선이라고 한다. 한편 이차곡선은 기하학적 대상에서 출발하여 특정한 이차방정식을 만족시키는 점들의 자취로서 발전되었다(허남구, 2014). 현재 고등학교 기하 교과서에서는 아폴로니우스가 발견한 원뿔곡선을 x, y에 대한 이차방정식으로 표현하여 이차곡선으로 다룬다. 학생들은 원, 포물선, 타원, 쌍곡선과 같은 이차곡선을 대수적 정의를 사용하여 도입하며, 공식을 바탕으로 초점, 준선, 접선의 방정식을 다룬다. 이차곡선의 방정식을 통해 초점, 꼭짓점 등을 구하는 기계적 활동이 주가 되며(김근배 외, 2019), 이차곡선을 그리는 활동을 하더라도 이차곡선을 단순히 그리는 방법을 배우는 데 그치며 그 작도 결과가 포물선, 타원, 쌍곡선 모양이라는 사실만 강조하는 것이 대부분이다. 한편 눈금 없는 자와 컴퍼스로 포물선, 타원, 쌍곡선을 작도할 수 없지만, 포물선이 주어지면 축과 준선과 초점, 타원이 주어지면 축과 초점, 쌍곡선이 주어지면 축과 점근선과 초점을 작도할 수 있다. 이 활동에서는 좌표평면과 식 없이 주어진 이차곡선의 그래프로부터 초점 작도를 하는 활동을 하고자 하며 이를 통해 학생들이 이차곡선의 정의와 기하학적 성질을 이해하기를 기대한다.

2.2 이차곡선의 초점 작도

이차곡선과 직선이 두 점에서 만날 때, 그 두 개의 교점을 양 끝으로 하는 선분을 그 곡선의 현이라고 한다. 타원과 쌍곡선에서는 그 중심을 지나는 현을, 포물선에서 주축에 평행인 직선(또는, 그것이 포물선 안쪽에 있는 부분)을 직경이라고 한다. 이차곡선의 평행한 현의 중점의 자취는 한 직경이다. 포물선은 직경과 포물선의 교점에서의 접선은 직경을 정하는 평행한 현과 평행하다. 또한, 타원과 쌍곡선의 직경은 그 중심을 지나므로 직경의 중점이 타원과 쌍곡선의 중심이 된다. 이로부터 한 평면 위에 포물선, 타원, 쌍곡선 등이 그려져 있을 때 그 도형의 모양이 기본형이 되도록 직교좌표축을 작도하고 나아가 초점을 작도할 수 있다(이필례, 한승국, 2009). 이차곡선의 초점 작도방법은 다음과 같다.

2.2.1 포물선의 초점 작도

① 포물선과 두 점에서 만나는 직선 l을 작도한 뒤, 포물선과 직선 l이 만나는 점을 각각 A, B라 하고 두 점 A, B의 중점을 점 M이라 하자.

② 직선 l과 평행하고 포물선과 두 점에서 만나는 직선 m을 작도한 뒤, 포물선과 직선 m이 만나는 점을 각각 C, D라 하고 두 점 C, D의 중점을 점 N이라 하자. (단, 직선 l, m은 서로 다른 두 직선이다.)

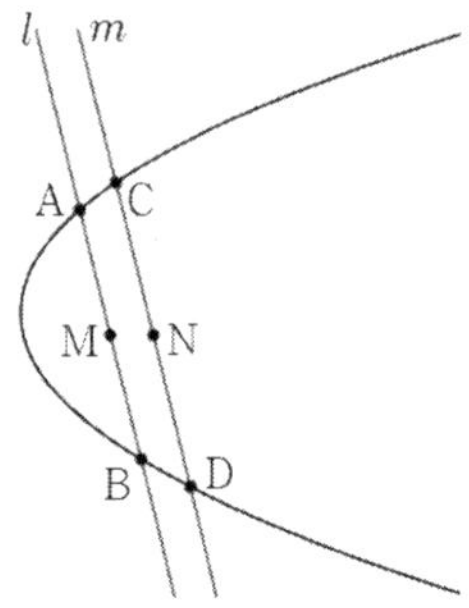

③ 두 점 M, N을 지나는 직선 MN을 작도하면, 직선 MN는 포물선의 축과 평행한 직선이다.

④ 직선 MN와 포물선이 만나는 점을 P라 할 때, 점 P를 지나고 직선 l과 평행인 직선 n을 작도하면 직선 n은 점 P에서의 포물선의 접선이다.

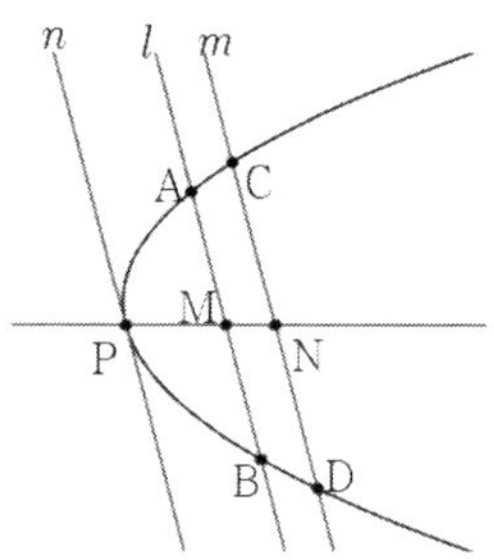

⑤ 포물선의 축과 평행한 직선 MN을 접선 n에 대하여 대칭 시킨 직선 p를 작도하면, 작도된 직선 p는 포물선의 초점을 지난다.

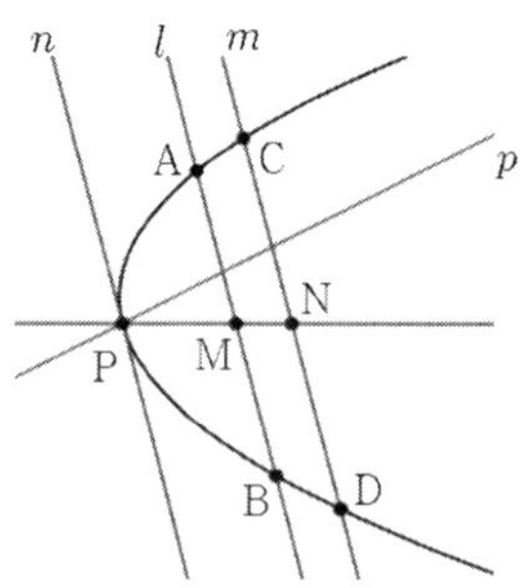

⑥ ①~⑤의 과정을 한번 더 시행하고, 마지막에 작도된 직선을 직선 q라 하면 직선 q는 포물선의 초점을 지난다. (단, ①의 과정을 한번 더 시행할 때, 포물선과 두 점

에서 만나는 직선이 직선 l과 평행하지 않도록 작도한다.)

⑦ 두 직선 p, q 모두 포물선의 초점을 지나므로, 직선 p와 직선 q의 교점 F가 포물선의 초점이다.

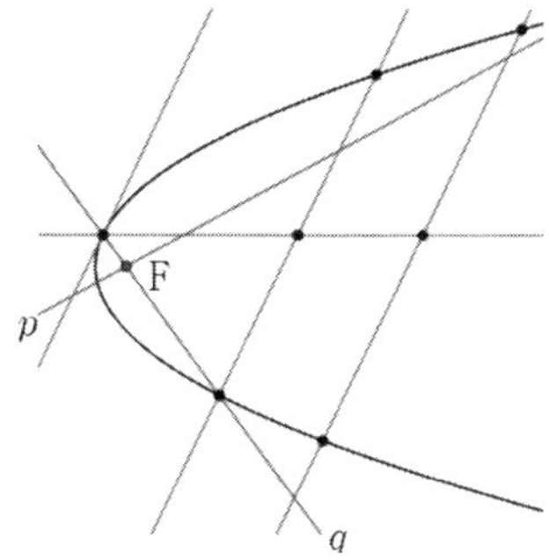

2.2.2 타원의 초점 작도

① 평행한 두 현을 작도한 뒤 두 현의 중점을 연결하는 직선을 작도하고, 또 다른 평행한 두 현을 작도한 뒤 두 현의 중점을 연결하는 직선을 작도한다. 두 직선의 교점을 O라고 하면 점 O는 타원의 중심이다.

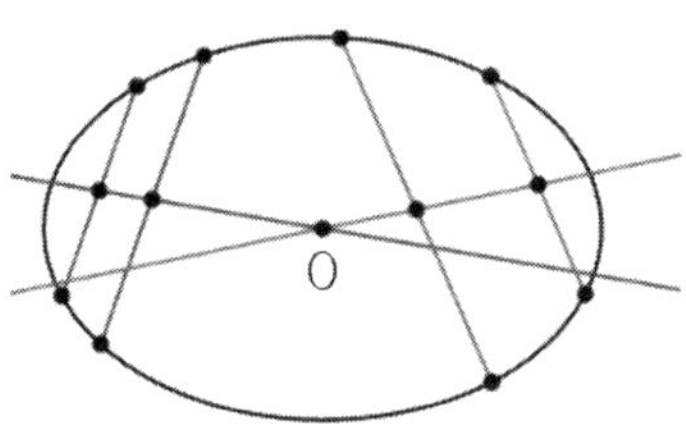

② 점 O를 중심으로 하고 타원 위의 한 점을 지나는 원을 작도한다. 원과 타원의 교점을 P, Q, R, S라 하자.

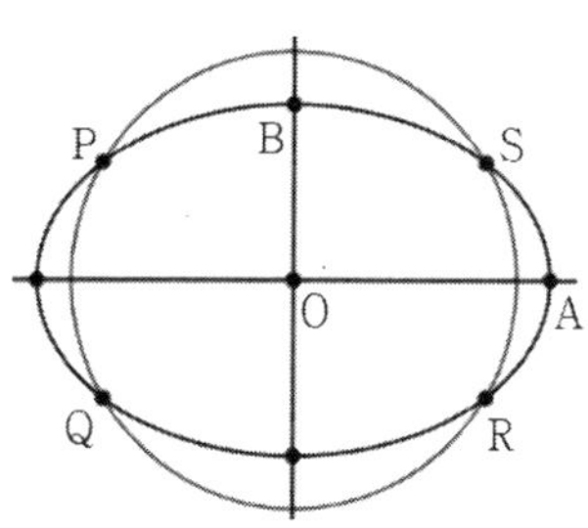

③ PQ의 수직이등분선을 작도하여 장축을 구하고 QR의 수직이등분선을 작도하여 단축을 구한다.

④ 장축과 타원이 만나는 한 점을 A, 단축과 타원이 만나는 한 점을 B라고 하면 A, B는 타원의 꼭짓점이다. 꼭짓점 B를 중심으로 하고 OA의 길이를 반지름으로 하는 원과 장축이 만나는 점이 타원의 초점이다.

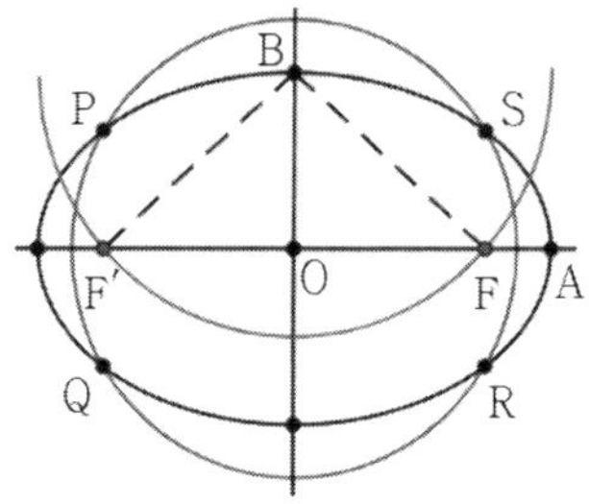

2.2.3 쌍곡선의 초점 작도

① 평행한 두 현을 작도한 뒤 두 현의 중점을 연결하는 직선을 작도하고, 또 다른 평행한 두 현을 작도한 뒤 두 현의 중점을 연결하는 직선을 작도한다. 두 직선의 교점을 O라고 하면 점 O는 쌍곡선의 중심이다.

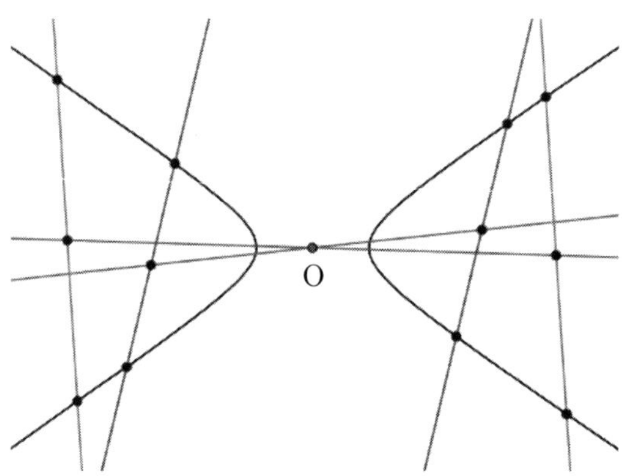

② 점 O를 중심으로 하고 쌍곡선 위의 한 점을 지나는 원을 작도한다. 원과 쌍곡선의 교점을 P, Q, R, S라 하자.

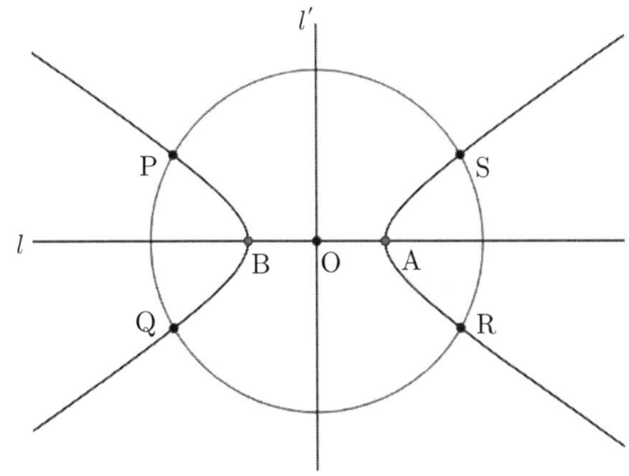

③ QR과 PQ의 수직이등분선을 작도한다. QR의 수직이등분선 l을 x축, PQ의 수직이등분선 l'를 y축이라고 하자. x축과 쌍곡선이 만나는 점을 A, B라고 하자. 점 A, B는 쌍곡선의 꼭짓점이다.

④ $\overline{\mathrm{OA}}=a$라 하자. 점 O를 중심으로 하고 반지름이 a인 원을 작도한다.

⑤ 직선 $x=a$, $y=a$를 작도한 후 교점 $\mathrm{C}(a,\ a)$를 잡는다.

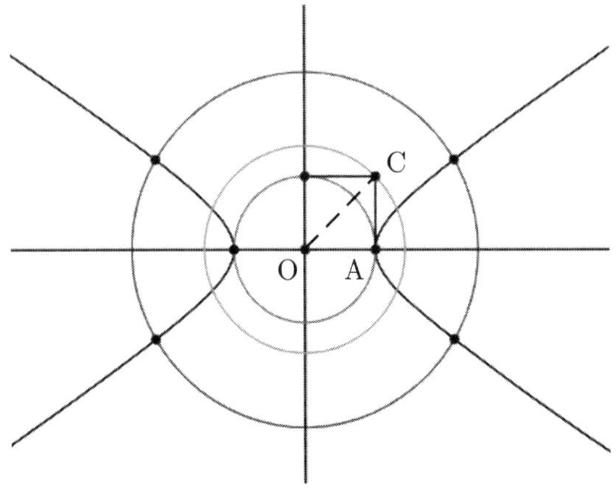

⑥ 점 O를 중심으로 하고 반지름이 $\overline{\mathrm{OC}}$인 원과 x축과의 교점 $\mathrm{D}(\sqrt{2}a,\ 0)$을 작도한다.

⑦ 직선 $x=\sqrt{2}a$와 쌍곡선이 만나는 점을 작도하고 H라고 하자.

⑧ H를 지나고 x축에 평행한 직선 l''와 $x=a$의 교점 X를 작도한다.

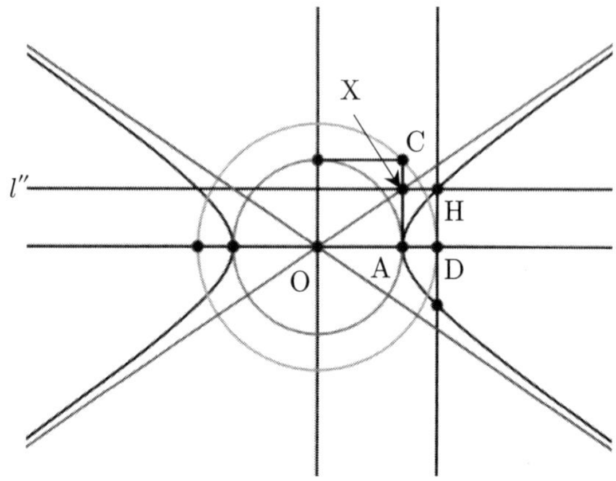

⑨ 원점과 점 X를 잇는 직선을 작도한다. 이 직선이 쌍곡선의 한 점근선이다. 같은 방법으로 또 다른 점근선을 작도할 수 있다.

⑩ 원점을 중심으로 하고 점 X를 지나는 원과 x축이 만나는 교점을 작도한다. 이 두 점을 F, F′라고 하면 F와 F′는 쌍곡선의 초점이다.

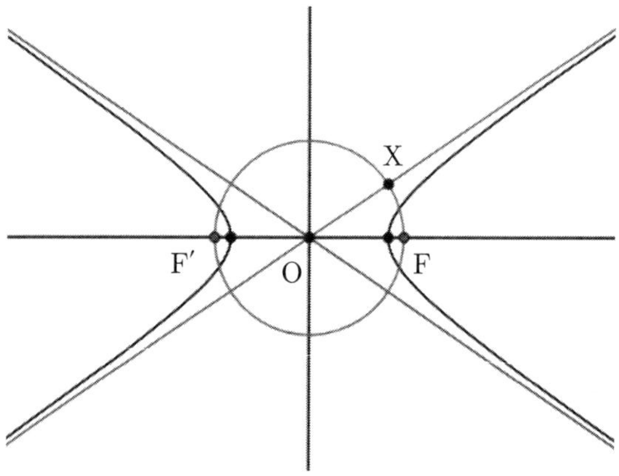

2.3 수업지도안

이 수업에서는 포물선, 타원, 쌍곡선 초점의 작도 과정을 경험한 뒤 이차곡선의 본질적인 성질을 탐구하고 이차곡선의 다양한 기하학적 성질을 관찰하고자 한다. 학생들은 이미 알지오매스를 활용하여 2.1.1의 기본작도를 익숙하게 할 수 있으며 이차곡선의 정의를 알고 이차곡선의 식이 주어졌을 때 그래프로 표현할 수 있다고 가정하였다. 여기에서는 교수·학습 상황뿐만 아니라 지도상 유의점을 상세하게 기술하고자 하였다. 특히 지도상의 유의점에 교수·학습 상황에서 교사가 활용할 수 있는 시각적 자료의 링크 및 학습목표와 관련되어 언급할 내용, 구체적인 지도방법 및 유의사항에 대해 상세히 제시하였다.

[표 13-1] 1차시 지도안

▌차시별 지도안 (1/3)

차시명	이차곡선의 개념과 포물선의 성질
2015개정 교육과정	[12기하01-01] 포물선의 뜻을 알고, 포물선의 방정식을 구할 수 있다.
학습목표	• 이차곡선(원뿔곡선)의 개념과 실생활 적용 사례를 이해할 수 있다. • 포물선의 뜻을 알고, 포물선의 방정식을 구할 수 있다. • 포물선의 성질을 이해하고, 이를 활용해 포물선의 초점을 작도할 수 있다.
준비물	활동지, 필기도구, 자, 컴퍼스

흐름	교수·학습 상황	지도상 유의점
도입 (10분)	▸ 프롤로그 • 원뿔곡선? 이차곡선? 프롤로그1 – 기하적 관점과 대수적 관점에 따른 원뿔곡선과 이차곡선의 개념을 이해함. • 생활 속 이차곡선 프롤로그2 – 포물선과 타원 등 이차곡선의 성질이 적용된 실생활 사례를 이해함.	• 수학사와 함께 이차곡선에 대한 내용을 안내하여 동기를 유발하고, 이차곡선에서의 초점이 왜 중요한 것인지 실생활 사례를 바탕으로 이해할 수 있도록 함. • 포물선의 활용 동영상 URL http://www.ebsmath.co.kr/url/go/12524
전개 (35분)	▸ 포물선의 정의 개념1 • 평면 위의 한 점 F와 그 점을 지나지 않는 한 직선 l에 대하여, 점 F와 직선 l에 이르는 거리가 서로 같은 점들의 집합이 포물선임을 이해하고, 포물선의 초점, 준선, 축, 꼭짓점의 개념을 이해함. ▸ 포물선의 방정식 • 포물선의 방정식 유도하기 활동1 – 포물선의 정의와 두 점 사이의 거리 구하는 공식을 바탕으로 좌표평면에서 점 $\mathrm{F}(p,\ 0)\ (p \neq 0)$을 초점으로 하고, 직선 $x=-p$를 준선으로 하는 포물선의 방정식을 유도함. • 포물선의 초점의 좌표와 준선의 방정식 구하기 활동2 – 유도한 포물선의 방정식을 바탕으로 초점의 좌표와 준선의 방정식을	• 포물선은 원뿔을 절단해서 얻을 수 있는 곡선임을 이해하고, 이를 통해 기하학적 대상을 대수적으로 다룰 수 있음을 인식하도록 함. • 포물선의 방정식 유도는 축이 x축에 평행한 경우만 다루되, y축에 평행한 경우도 있음을 [활동2]를 통해 이해하도록 함. • 포물선의 기하학적 성질의 정당화 과정은 생략하되, 공학도구를 활용하여 정당화할 수 있음을 언급함. • 제시된 포물선의 기하학적 성질 외 다른 성질을 찾아볼 수 있음을 인식하도록 함. • 포물선의 초점을 작도하기 위해 다양한 포물선 그래프를 사전에 제공함. • 중학교 1학년 수학의 기본작도 개념을 설명함. • 포물선의 초점을 작도하는 과정에서 필요한 성질이 무엇인지 설명함.

	구함. ▸ 포물선의 기하학적 성질 • 포물선의 성질 이해하기 개념2 – 포물선의 기하학적 성질을 이해함. • 기본작도 방법 개념3 – 선분의 수직이등분선. 각의 이등분선, 직선 밖의 한점에서 직선에 수선 내리기, 직선 밖의 한 점을 지나면서 주어진 직선에 평행한 직선 그리기 작도방법을 배움. • 포물선의 성질을 이용하여 포물선의 초점 작도하기 활동3 – 자와 컴퍼스를 이용하여 포물선의 기하학적 성질을 바탕으로 포물선의 초점을 작도함.	
정리 (5분)	▸ 차시 마무리 • 학습내용 정리 • 차시예고	• 작도를 통해 찾은 포물선의 초점이, 실제 포물선의 초점이 맞는지 공학도구를 이용해 정당화할 것임을 안내함.

[표 13-2] 2차시 지도안

▌차시별 지도안 (2/3)

차시명	알지오매스(AlgeoMath)와 작도의 정당화
2015개정 교육과정	[12기하01-01] 포물선의 뜻을 알고, 포물선의 방정식을 구할 수 있다.
학습목표	• 포물선의 성질을 이해하고, 이를 활용해 포물선의 초점을 작도할 수 있다. • 공학 도구를 이용하여 수학적 활동의 과정을 정당화할 수 있다.
준비물	활동지, 필기도구, 컴퓨터

흐름	교수·학습 상황	지도상 유의점
도입 (10분)	▸ 프롤로그 • 알지오매스(AlgeoMath) 프롤로그1 – 교육용 소프트웨어인 알지오매스의 의미와 장점, 기본기능이 무엇인지 등을 이해함. • 알지오매스 가입 및 실행 활동4 – 클라우드 서버를 활용한 온라인 공유 플랫폼 형태의 웹 기반 서비스인 알지오매스를 가입하고 실행함.	• 크롬(Chrome), 네이버웨일(Whale) 등 최신 브라우저를 다운로드하여 접속할 수 있도록 안내함. • 사전에 알지오 모둠을 개설하고 이를 가입하도록 안내하여, 활동 내용이 정리될 수 있도록 함.

전개 (35분)	▸ 알지오매스 탐구 활동5 • 알지오 도형 기능 탐구하기 – 비교적 사용자 인터페이스가 단순한 알지오매스 상의 '알지오 도형'에서 제공하는 기능에 대한 설명을 추론하여 작성하고 친구들과 공유함. • 알지오 도형 기능 정리하기 – 기하도구와 대수도구에 대한 안내 동영상, 알지오매스 안내서 등을 바탕으로 알지오 도형의 기능을 정리함. ▸ 포물선의 초점 작도 정당화 탐구1 • 알지오매스에서 포물선의 초점 작도하기 – 자와 컴퍼스를 이용해 포물선의 초점을 작도했던 과정을 알지오매스 상으로 구현하고, 포물선의 성질을 이용해 기하적으로 작도한 초점의 좌표와 대수적으로 계산한 초점의 좌표가 일치하는지 확인함.	• 기하도구 동영상 URL https://youtu.be/wgOcEqSSuUM • 대수도구 동영상 URL https://youtu.be/mJE030XyDzE • 알지오매스 안내서 URL https://www.algeomath.kr/assets/manual/AlgeoMath_Manual_200309.pdf • 포물선의 초점 작도를 정당화하기 위해, [활동2]에 제시된 포물선의 방정식을 활용할 수 있음. • 포물선의 초점 작도를 정당화하기 위해, [활동2]에 제시된 포물선의 방정식을 활용하지 않는 경우 포물선의 초점의 좌표를 따로 구하도록 안내함.
정리 (5분)	▸ 차시 마무리 • 학습내용 정리 • 차시예고	• 차시 안에 활동을 끝내지 못했을 경우 과제로 제시함. • 타원과 쌍곡선의 개념을 배우고, 성질을 활용하여 초점을 작도하는 방법을 추론해볼 것임을 안내함.

[표 13-3] 3차시 지도안

▍차시별 지도안 (3/3)

차시명	타원과 쌍곡선의 성질
2015개정 교육과정	[12기하01-02] 타원의 뜻을 알고, 타원의 방정식을 구할 수 있다. [12기하01-03] 쌍곡선의 뜻을 알고, 쌍곡선의 방정식을 구할 수 있다.
학습목표	• 타원의 성질을 이해하고, 이를 활용해 타원의 초점을 작도할 수 있다. • 쌍곡선의 성질을 이해하고, 이를 활용해 쌍곡선의 초점을 작도할 수 있다. • 공학 도구를 이용하여 수학적 활동의 과정을 정당화할 수 있다.
준비물	활동지, 필기도구, 컴퓨터

흐름	교수·학습 상황	지도상 유의점
도입 (10분)	▸ 전시학습 확인 • 포물선: 포물선의 정의와 성질을 확	• 알지오 모둠에 제출된 학생 활동 결과를 확인함.

	인함. • 알지오매스 – 알지오매스 실행 후 전 시간에 했었던 활동 내용을 확인함. ▸ 활동안내 • 타원과 쌍곡선의 초점 작도 – 포물선의 초점을 작도했던 경험을 바탕으로 타원과 쌍곡선의 초점 작도의 방법을 추론해볼 것임을 이해함.	• 초점의 작도 활동은 시간에 따라 조별로 타원 또는 쌍곡선 중 선택하여 작도할 수 있음. • 고등학교 과정에서의 이차곡선은 축이 x축 또는 y축에 평행한 것만을 다루지만, 회전된 이차곡선의 초점도 성질을 이용해 작도 가능함을 안내함.
전개 (35분)	▸ 타원의 정의 개념4 • 평면 위의 두 점 F, F′으로부터 거리의 합이 일정한 점들의 집합이 타원임을 이해하고, 타원의 초점, 장축, 단축, 중심, 꼭짓점의 개념을 이해함. ▸ 타원의 방정식 • 타원의 방정식 유도하기 활동6 – 타원의 정의와 두 점 사이의 거리 구하는 공식을 바탕으로 좌표평면에서 두 점 $\mathrm{F}(c, 0)$, $\mathrm{F}'(-c, 0)$을 초점으로 하고 두 점 F, F′으로부터 거리의 합이 $2a\,(a>c>0)$인 타원의 방정식을 유도함. • 타원의 초점의 좌표와 장축, 단축의 길이 구하기 활동7 – 유도한 타원의 방정식을 바탕으로 초점의 좌표와 장축, 단축의 길이를 구함. ▸ 타원의 기하학적 성질 • 타원의 성질 이해하기 개념5 – 타원의 기하학적 성질을 이해함. • 타원의 성질을 이용하여 타원의 초점 작도하기 탐구2 – 자와 컴퍼스를 이용하여 타원의 기하학적 성질을 바탕으로 타원의 초점을 작도하는 방법을 추론해보고, 알지오매스를 활용해 작도를 정당화함. ▸ 쌍곡선의 정의 개념6 • 평면 위의 두 점 F, F′으로부터 거리의 차가 일정한 점들의 집합이 쌍곡선임을 이해하고, 쌍곡선의 초점, 주축, 중심, 꼭짓점의 개념을 이해함.	• 타원(쌍곡선)은 원뿔을 절단해서 얻을 수 있는 곡선임을 이해하고, 이를 통해 기하학적 대상을 대수적으로 다룰 수 있음을 인식하도록 함. • 타원(쌍곡선)의 방정식 유도는 장축(주축)이 x축에 평행한 경우만 다루되, y축에 평행한 경우도 있음을 [활동7]을 통해 이해하도록 함. • 타원(쌍곡선)의 기하학적 성질의 정당화 과정은 생략하되, 공학도구를 활용하여 정당화할 수 있음을 언급함. • 제시된 타원(쌍곡선)의 기하학적 성질 외 다른 성질을 찾아볼 수 있음을 인식하도록 함. • 타원(쌍곡선)의 초점을 작도하기 위해 그래프를 여러 장 제공함. • 타원(쌍곡선)의 초점 작도를 정당화하기 위해, [활동7(8)]에 제시된 타원(쌍곡선)의 방정식을 활용할 수 있음. • 타원(쌍곡선)의 초점 작도를 정당화하기 위해, [활동7(8)]에 제시된 쌍곡선의 방정식을 활용하지 않는 경우 쌍곡선의 초점의 좌표를 따로 구하도록 안내함.

	▸ 쌍곡선의 방정식 • 쌍곡선의 방정식 유도하기 활동8 – 쌍곡선의 정의와 두 점 사이의 거리 구하는 공식을 바탕으로 좌표평면에서 두 점 $\mathrm{F}(c, 0)$, $\mathrm{F}'(-c, 0)$을 초점으로 하고 두 점 F, F′으로부터 거리의 차가 $2a\,(a>c>0)$인 쌍곡선의 방정식을 유도함. • 쌍곡선의 초점의 좌표와 주축의 길이 구하기 활동9 – 유도한 쌍곡선의 방정식을 바탕으로 초점의 좌표와 주축의 길이를 구함. ▸ 쌍곡선의 기하학적 성질 • 쌍곡선의 성질 이해하기 개념7 – 쌍곡선의 기하학적 성질을 이해함. • 쌍곡선의 성질을 이용하여 쌍곡선의 초점 작도하기 탐구3 – 자와 컴퍼스를 이용하여 쌍곡선의 기하학적 성질을 바탕으로 쌍곡선의 초점을 작도하는 방법을 추론해 보고, 알지오매스를 활용해 작도를 정당화함.	
정리 (5분)	▸ 차시 마무리 • 발표 – 타원과 쌍곡선의 초점 작도의 결과를 발표함.	• 대수적인 계산 활동을 넘어서 기하적인 작도 활동의 의미를 인식할 수 있도록 안내함.

2.4 활동지 구성

본 수업을 위해 제작한 3차시 분량의 활동지는 크게 '프롤로그', '개념', '활동', '탐구'로 이루어져 있다. '프롤로그'는 학습을 하기에 앞서 읽었을 때 학습에 도움을 주거나 흥미를 유발할 수 있는 읽기 자료이다. '개념'은 이 수업의 이차곡선의 초점 작도 활동을 위해 학습되어야 하는 〈기하〉 과목에서의 이차곡선의 정의와 성질을 주로 다룬다. '활동'은 포물선과 타원, 쌍곡선의 방정식을 유도하고 방정식을 바탕으로 계산하는 활동, 포물선의 초점을 교사와 함께 작도하는 활동, 알지오매스의 기능을 탐구하는 활동으로 이루어져 있다. 포물선의 초점을 작도하는 활동은 교사의 안내에 따라 진행하기 때문에 '활동'에 포함되어 있다. 하지만 포물선의 초점 작도의 과정을 알지오매스 상에서 정당화하거나, 타원과 쌍곡선의 초점을 작도하는 활동은 '탐구'로 진행되도록 구성하였다. 학생들은 '탐구'를 통해 배운 내용을 바탕으로 타원과 쌍곡선의 초점의 작도방법을 조별로 추론하게 된다.

2.4.1 프롤로그

1차시 수업을 들어가기에 앞서 학생들은 프롤로그의 읽기 자료를 통하여 이차곡선과 원뿔곡선의 개념이 무엇인지 인지한다. 프롤로그는 박미경(2009)의 내용을 참고하여 재구성하였다. 학생들은 프롤로그를 통해 원뿔곡선은 원뿔을 절단했을 때 원, 타원, 포물선, 쌍곡선을 얻을 수 있다는 기하적 관점의 해석이고, 이차곡선은 좌표평면의 도입 이후 원, 타원, 포물선, 쌍곡선의 방정식을 구했더니 모두 이차식이라는 대수적 관점의 해석임을 이해할 수 있다. 또한 이차곡선의 초점에 대한 기하적 성질을 활용한 파라볼라 안테나, 신장결석 파쇄기 등이 개발되어 사용되고 있음을 안내하여, 이차곡선에서의 초점의 의미와 성질이 중요함을 인식하고 이차곡선을 왜 배워야 하는지 동기를 유발할 수 있도록 하였다. 1차시와 마찬가지로 2차시 수업에서도 프롤로그를 통해 학습을 위한 사전지식을 안내하였다. 2차시의 프롤로그에서는 교육용 소프트웨어 중 하나인 알지오매스가 무엇인지 소개하고 있으며, 이는 교육부(2020)의 내용을 참고하여 재구성하였다. 학생들은 해당 프롤로그를 통해 알지오매스를 수업 중 어떻게 활용할 것인지와 더불어 컴퓨터를 활용하는 수업이 진행될 것임을 이해할 수 있다. 프롤로그에 해당하는 활동지의 예시는 [그림 13-1]과 같다.

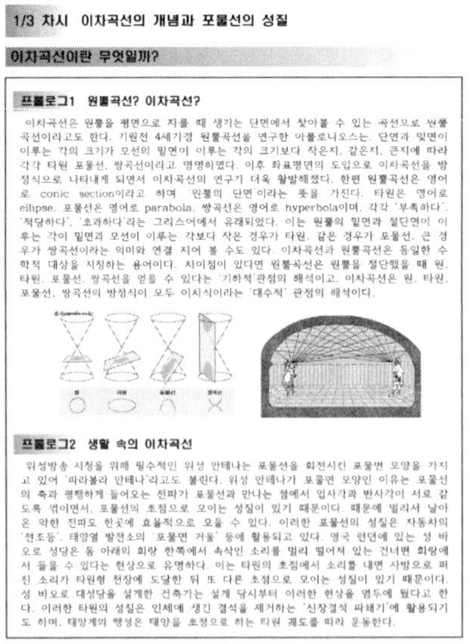
1/3 차시 이차곡선의 개념과 포물선의 성질

이차곡선이란 무엇일까?

프롤로그1 원뿔곡선? 이차곡선?

이차곡선은 원뿔을 평면으로 자를 때 생기는 단면에서 찾아볼 수 있는 곡선으로 원뿔곡선이라고도 한다. 기원전 4세기경 원뿔곡선을 연구한 아폴로니오스는 단면과 밑면이 이루는 각의 크기가 모선의 밑면이 이루는 각의 크기보다 작은지, 같은지, 큰지에 따라 각각 타원 포물선, 쌍곡선이라고 명명하였다. 이후 좌표평면의 도입으로 이차곡선을 방정식으로 나타내게 되면서 이차곡선의 연구가 더욱 활발해졌다. 한편 원뿔곡선은 영어로 conic section이라고 하며 '원뿔의 단면'이라는 뜻을 가진다. 타원은 영어로 ellipse, 포물선은 영어로 parabola, 쌍곡선은 영어로 hyperbola이며, 각각 '부족하다', '적당하다', '초과하다'라는 그리스어에서 유래되었다. 이는 원뿔의 밑면과 절단면이 이루는 각이 밑면과 모선이 이루는 각보다 작은 경우가 타원, 같은 경우가 포물선, 큰 경우가 쌍곡선이라는 의미와 연결 지어 볼 수도 있다. 이차곡선과 원뿔곡선은 동일한 수학적 대상을 지칭하는 용어이다. 차이점이 있다면 원뿔곡선은 원뿔을 절단했을 때 원, 타원, 포물선, 쌍곡선을 얻을 수 있다는 '기하적' 관점의 해석이고, 이차곡선은 원, 타원, 포물선, 쌍곡선의 방정식이 모두 이차식이라는 '대수적' 관점의 해석이다.

프롤로그2 생활 속의 이차곡선

위성방송 시청을 위해 필수적인 위성 안테나는 포물선을 회전시킨 포물면 모양을 가지고 있어 '파라볼라 안테나'라고도 불린다. 위성 안테나가 포물면 모양인 이유는 포물선의 축과 평행하게 들어오는 전파가 포물선과 만나는 점에서 입사각과 반사각이 서로 같도록 꺾이면서, 포물선의 초점으로 모이는 성질이 있기 때문이다. 때문에 멀리서 날아온 약한 전파도 한곳에 효율적으로 모을 수 있다. 이러한 포물선의 성질은 자동차의 '전조등', 태양열 발전소의 '포물면 거울' 등에 활용되고 있다. 영국 런던에 있는 성 바오로 성당은 돔 아래의 회랑 한쪽에서 속삭인 소리를 멀리 떨어져 있는 건너편 회랑에서 들을 수 있다는 현상으로 유명하다. 이는 타원의 초점에서 소리를 내면 사방으로 퍼진 소리가 타원형 천장에 도달한 뒤 또 다른 초점으로 모이는 성질이 있기 때문이다. 성 바오로 대성당을 설계한 건축가는 설계 당시부터 이러한 현상을 염두에 뒀다고 한다. 이러한 타원의 성질은 인체에 생긴 결석을 제거하는 '신장결석 파쇄기'에 활용되기도 하며, 태양계의 행성은 태양을 초점으로 하는 타원 궤도를 따라 운동한다.

- 1 -

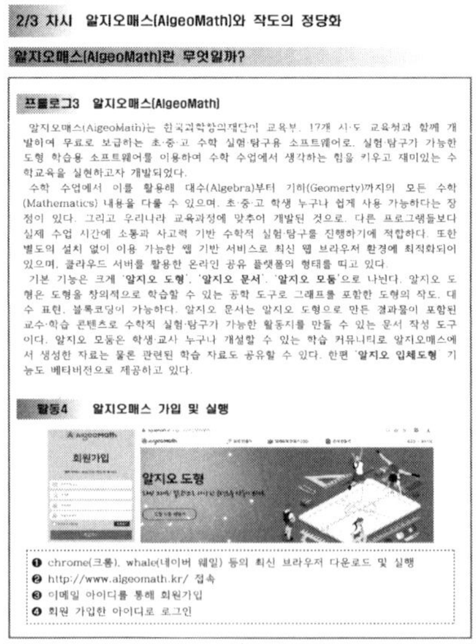
2/3 차시 알지오매스(AlgeoMath)와 작도의 정당화

알지오매스(AlgeoMath)란 무엇일까?

프롤로그3 알지오매스(AlgeoMath)

알지오매스(AlgeoMath)는 한국과학창의재단이 교육부, 17개 시·도 교육청과 함께 개발하여 무료로 보급하는 초·중·고 수학 실험·탐구용 소프트웨어로, 실험·탐구가 가능한 도형 학습용 소프트웨어를 이용하여 수학 수업에서 생각하는 힘을 키우고 재미있는 수학교육을 실현하고자 개발되었다.

수학 수업에서 이를 활용해 대수(Algebra)부터 기하(Geomerty)까지의 모든 수학(Mathematics) 내용을 다룰 수 있으며, 초·중·고 학생 누구나 쉽게 사용 가능하다는 장점이 있다. 그리고 우리나라 교육과정에 맞추어 개발된 것으로, 다른 프로그램들보다 실제 수업 시간에 소통과 사고력 기반 수학적 실험·탐구를 진행하기에 적합하다. 또한 별도의 설치 없이 이용 가능한 웹 기반 서비스로 최신 웹 브라우저 환경에 최적화되어 있으며, 클라우드 서버를 활용한 온라인 공유 플랫폼의 형태를 띠고 있다.

기본 기능은 크게 '**알지오 도형**', '**알지오 문서**', '**알지오 모둠**'으로 나뉜다. 알지오 도형은 도형을 창의적으로 학습할 수 있는 공학 도구로 그래프를 포함한 도형의 작도, 대수 표현, 블록코딩이 가능하다. 알지오 문서는 알지오 도형으로 만든 결과물이 포함된 교수·학습 콘텐츠로 수학적 실험·탐구가 가능한 활동지를 만들 수 있는 문서 작성 도구이다. 알지오 모둠은 학생·교사 누구나 개설할 수 있는 학습 커뮤니티로 알지오매스에서 생성한 자료는 물론 관련된 학습 자료도 공유할 수 있다. 한편 '**알지오 입체도형**' 기능도 베타버전으로 제공하고 있다.

활동4 알지오매스 가입 및 실행

❶ chrome(크롬), whale(네이버 웨일) 등의 최신 브라우저 다운로드 및 실행
❷ http://www.algeomath.kr/ 접속
❸ 이메일 아이디를 통해 회원가입
❹ 회원 가입한 아이디로 로그인

- 4 -

[그림 13-1] 활동지 예시 1

2.4.2 개념

이차곡선의 초점 작도 활동을 위해서는 학생들이 이차곡선의 정의를 명확하게 이해하고 있어야 한다. 포물선과 타원, 쌍곡선이 어떤 성질을 가지는 점들의 집합인지 설명하고, 이차곡선의 구성요소인 초점과 준선, 꼭짓점, 중심, 장축, 단축, 주축을 설명하기 위해 고등학교 기하 교과서를 참고하였다(고성은 외, 2019; 김원경, 2019). 또한, 기존에 대수적으로 이차곡선의 문제를 해결하면서 학습하던 이차곡선의 다양한 기하적 성질을 안내하고, 제시된 기하적 성질 외 다른 성질을 찾아볼 수 있음을 인식할 수 있도록 하였으며 이를 정당화하는 과정은 생략하였다. 개념에 해당하는 활동지의 예시는 [그림 13-2]와 같다.

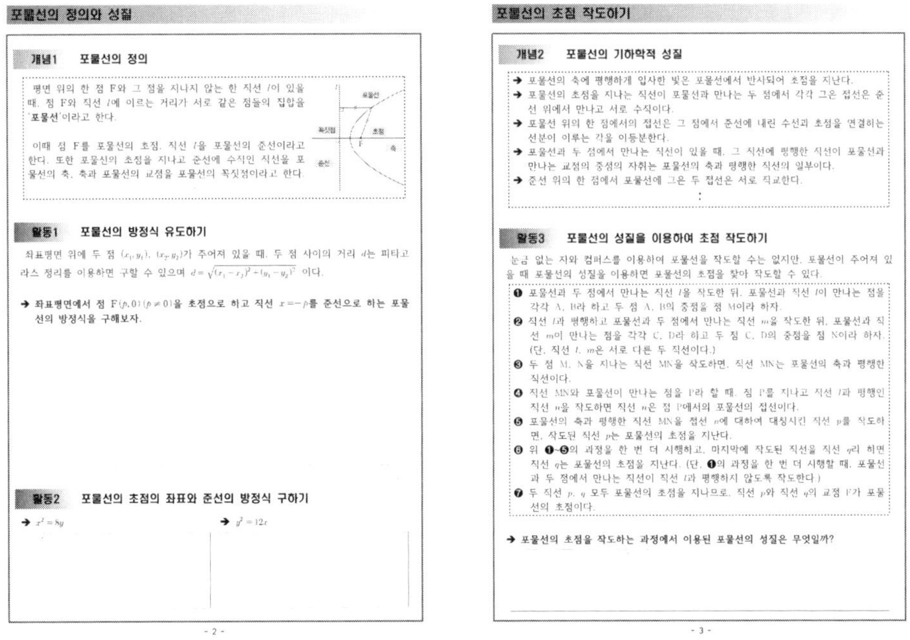

포물선의 정의와 성질

개념1 포물선의 정의

평면 위의 한 점 F와 그 점을 지나지 않는 한 직선 l이 있을 때, 점 F와 직선 l에 이르는 거리가 서로 같은 점들의 집합을 '**포물선**'이라고 한다.

이때 점 F를 포물선의 초점, 직선 l을 포물선의 준선이라고 한다. 또한 포물선의 초점을 지나고 준선에 수직인 직선을 포물선의 축, 축과 포물선의 교점을 포물선의 꼭짓점이라고 한다.

활동1 포물선의 방정식 유도하기

좌표평면 위에 두 점 (x_1, y_1), (x_2, y_2)가 주어져 있을 때, 두 점 사이의 거리 d는 피타고라스 정리를 이용하면 구할 수 있으며 $d=\sqrt{(x_1-x_2)^2+(y_1-y_2)^2}$ 이다.

→ **좌표평면에서 점 $F(p, 0)$ $(p \neq 0)$을 초점으로 하고 직선 $x=-p$를 준선으로 하는 포물선의 방정식을 구해보자.**

활동2 포물선의 초점의 좌표와 준선의 방정식 구하기

→ $x^2=8y$　　→ $y^2=12x$

- 2 -

포물선의 초점 작도하기

개념2 포물선의 기하학적 성질

→ 포물선의 축에 평행하게 입사한 빛은 포물선에서 반사되어 초점을 지난다.
→ 포물선의 초점을 지나는 직선이 포물선과 만나는 두 점에서 각각 그은 접선은 준선 위에서 만나고 서로 수직이다.
→ 포물선 위의 한 점에서의 접선은 그 점에서 준선에 내린 수선과 초점을 연결하는 선분이 이루는 각을 이등분한다.
→ 포물선과 두 점에서 만나는 직선이 있을 때, 그 직선에 평행한 직선이 포물선과 만나는 교점의 중점의 자취는 포물선의 축과 평행한 직선의 일부이다.
→ 준선 위의 한 점에서 포물선에 그은 두 접선은 서로 직교한다.
⋮

활동3 포물선의 성질을 이용하여 초점 작도하기

눈금 없는 자와 컴퍼스를 이용하여 포물선을 작도할 수는 없지만, 포물선이 주어져 있을 때 포물선의 성질을 이용하면 포물선의 초점을 찾아 작도할 수 있다.

❶ 포물선과 두 점에서 만나는 직선 l을 작도한 뒤, 포물선과 직선 l이 만나는 점을 각각 A, B라 하고 두 점 A, B의 중점을 점 M이라 하자.
❷ 직선 l과 평행하고 포물선과 두 점에서 만나는 직선 m을 작도한 뒤, 포물선과 직선 m이 만나는 점을 각각 C, D라 하고 두 점 C, D의 중점을 점 N이라 하자. (단, 직선 l, m은 서로 다른 두 직선이다.)
❸ 두 점 M, N을 지나는 직선 MN을 작도하면, 직선 MN는 포물선의 축과 평행한 직선이다.
❹ 직선 MN와 포물선이 만나는 점을 P라 할 때, 점 P를 지나고 직선 l과 평행인 직선 n을 작도하면 직선 n은 점 P에서의 포물선의 접선이다.
❺ 포물선의 축과 평행한 직선 MN을 접선 n에 대하여 대칭시킨 직선 p를 작도하면, 작도된 직선 p는 포물선의 초점을 지난다.
❻ 위 ❶~❺의 과정을 한 번 더 시행하고, 마지막에 작도된 직선을 직선 q라 하면 직선 q는 포물선의 초점을 지난다. (단, ❶의 과정을 한 번 더 시행할 때, 포물선과 두 점에서 만나는 직선이 직선 l과 평행하지 않도록 작도한다.)
❼ 두 직선 p, q 모두 포물선의 초점을 지나므로, 직선 p와 직선 q의 교점 F가 포물선의 초점이다.

→ **포물선의 초점을 작도하는 과정에서 이용된 포물선의 성질은 무엇일까?**

- 3 -

[그림 13-2] 활동지 예시 2

2.4.3 활동

실질적인 수업의 과정은 '활동'을 통해 이루어진다. 예를 들어 '개념'을 통해 포물선의 정의를 학습한 학생들은 정의를 바탕으로 포물선의 방정식을 유도하는 활동을 진행한다. 또한, 주어진 포물선의 방정식을 이용하여 포물선의 초점의 좌표와 준선의 방정식을 구하기도 한다. 이때 제시된 방정식과 구한 초점의 좌표를, 초점의 작도 과정을 정당화하기 위해 알지오매스를 다룰 때 활용할 수 있도록 하였다. 1차시의 마지막 활동은 포물선의 정의와 성질, 중학교 1학년 수학에서 학습한 기본작도방법을 바탕으로 교사의 안내에 따라 눈금 없는 자와 컴퍼스를 이용하여 포물선의 초점을 작도하는 것이다. 학생들은 작도의 과정에서 포물선의 성질이 어떻게 활용되는지 이해할 수 있으며, 포물선이 가지는 기하적 성질이 단순히 문제 풀이에만 적용되는 것이 아니라 포물선을 이해하는 데 있어 중요한 부분임을 인식할 수 있다.

이 수업은 이차곡선을 대수적으로 다루지 않고 기하적으로 다루는 것에 초점을 두어 수업을 구성하였고, 이에 따라 작도한 점이 실제로 이차곡선의 초점이 맞는지를 공학 도구를 통해 확인하도록 하였다. 따라서 수업에서 사용하는 알지오매스의 기능을 익히는 것이 매우 중요하다. 이를 위해 알지오매스의 가입과 실행과정, 기능에 대한 이해를 돕는 활동을 구성하였다. 알지오매스는 사용자 인터페이스가 단순하며 각 기능을 쉽게 이해하고 간단하게 사용할 수 있다는 장점이 있다. 이 때문에 교사가 기능을 교수하는 것이 아니라, 학생들이 조별로 기능을 탐구하여 공유하고 정리할 수 있도록 하였다. 활동에 해당하는 활동지의 예시는 [그림 13-3]과 같다.

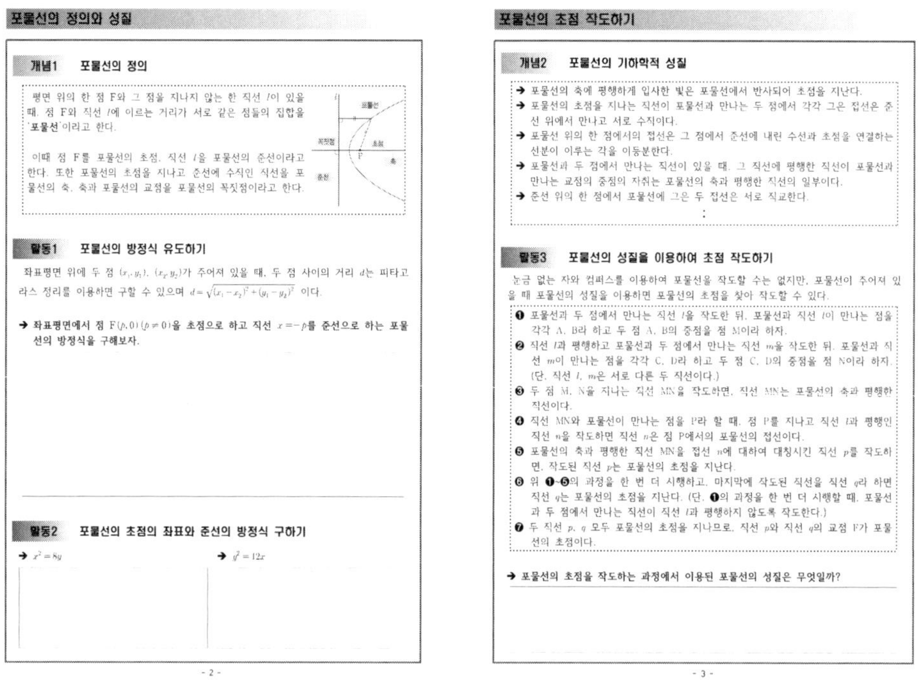
포물선의 정의와 성질

개념1 포물선의 정의

평면 위의 한 점 F와 그 점을 지나지 않는 한 직선 l이 있을 때, 점 F와 직선 l에 이르는 거리가 서로 같은 점들의 집합을 '**포물선**'이라고 한다.

이때 점 F를 포물선의 초점, 직선 l을 포물선의 준선이라고 한다. 또한 포물선의 초점을 지나고 준선에 수직인 직선을 포물선의 축, 축과 포물선의 교점을 포물선의 꼭짓점이라고 한다.

활동1 포물선의 방정식 유도하기

좌표평면 위에 두 점 (x_1, y_1), (x_2, y_2)가 주어져 있을 때, 두 점 사이의 거리 d는 피타고라스 정리를 이용하면 구할 수 있으며 $d=\sqrt{(x_1-x_2)^2+(y_1-y_2)^2}$ 이다.

→ **좌표평면에서 점 $F(p, 0)$ $(p \neq 0)$을 초점으로 하고 직선 $x=-p$를 준선으로 하는 포물선의 방정식을 구해보자.**

활동2 포물선의 초점의 좌표와 준선의 방정식 구하기

→ $x^2=8y$

→ $y^2=12x$

- 2 -

포물선의 초점 작도하기

개념2 포물선의 기하학적 성질

→ 포물선의 축에 평행하게 입사한 빛은 포물선에서 반사되어 초점을 지난다.
→ 포물선의 초점을 지나는 직선이 포물선과 만나는 두 점에서 각각 그은 접선은 준선 위에서 만나고 서로 수직이다.
→ 포물선 위의 한 점에서의 접선은 그 점에서 준선에 내린 수선과 초점을 연결하는 선분이 이루는 각을 이등분한다.
→ 포물선과 두 점에서 만나는 직선이 있을 때, 그 직선에 평행한 직선이 포물선과 만나는 교점의 중점의 자취는 포물선의 축과 평행한 직선의 일부이다.
→ 준선 위의 한 점에서 포물선에 그은 두 접선은 서로 직교한다.
⋮

활동3 포물선의 성질을 이용하여 초점 작도하기

눈금 없는 자와 컴퍼스를 이용하여 포물선을 작도할 수는 없지만, 포물선이 주어져 있을 때 포물선의 성질을 이용하면 포물선의 초점을 찾아 작도할 수 있다.

❶ 포물선과 두 점에서 만나는 직선 l을 작도한 뒤, 포물선과 직선 l이 만나는 점을 각각 A, B라 하고 두 점 A, B의 중점을 점 M이라 하자.
❷ 직선 l과 평행하고 포물선과 두 점에서 만나는 직선 m을 작도한 뒤, 포물선과 직선 m이 만나는 점을 각각 C, D라 하고 두 점 C, D의 중점을 점 N이라 하자. (단, 직선 l, m은 서로 다른 두 직선이다.)
❸ 두 점 M, N을 지나는 직선 MN을 작도하면, 직선 MN는 포물선의 축과 평행한 직선이다.
❹ 직선 MN와 포물선이 만나는 점을 P라 할 때, 점 P를 지나고 직선 l과 평행인 직선 n을 작도하면 직선 n은 점 P에서의 포물선의 접선이다.
❺ 포물선의 축과 평행한 직선 MN을 접선 n에 대하여 대칭시킨 직선 p를 작도하면, 작도된 직선 p는 포물선의 초점을 지난다.
❻ 위 ❶~❺의 과정을 한 번 더 시행하고, 마지막에 작도된 직선을 직선 q라 하면 직선 q는 포물선의 초점을 지난다. (단, ❶의 과정을 한 번 더 시행할 때, 포물선과 두 점에서 만나는 직선이 직선 l과 평행하지 않도록 작도한다.)
❼ 두 직선 p, q 모두 포물선의 초점을 지나므로, 직선 p와 직선 q의 교점 F가 포물선의 초점이다.

→ **포물선의 초점을 작도하는 과정에서 이용된 포물선의 성질은 무엇일까?**

- 3 -

[그림 13-3] 활동지 예시 3

2.4.4 탐구

탐구는 이 수업의 최종 목표라고 할 수 있으며, 앞서 소개한 프롤로그, 개념, 활동은 탐구를 위한 과정이라고도 볼 수 있다. 학생들은 2차시 활동 마지막에 1차시에서 교사의 안내에 따라 작도했던 포물선의 초점의 작도 과정을 알지오매스로 구현하여 정당화를 경험할 수 있다. 학생들은 앞서 주어진 포물선의 방정식에서 초점의 좌표를 계산해보았다. 주어진 포물선의 방정식을 알지오 도형의 대수도구를 이용하여 입력하고, 눈금 없는 자와 컴퍼스를 이용해 진행했던 포물선의 초점의 작도 과정을 알지오 도형의 기하도구를 이용하여 진행한다. 그리고 최종적으로 작도한 점의 좌표가 앞서 계산한 초점의 좌표와 일치하는지 확인함으로써 정당화의 과정을 거치는 것이다.

포물선의 초점을 작도하는 방법은 사전에 안내되어있지만, 타원과 쌍곡선의 초점을 작도하는 방법은 학생들이 조별로 추론할 수 있도록 활동지를 구성하였다. 이 과정에서 타원과 쌍곡선의 성질을 어떻게 활용할 것인가 다양한 의견을 나눌 수 있으며, 이차곡선의 다양한 기하적 성질을 찾아보는 시간이 될 수도 있다. 초점을 작도하는 방법을 추론할 때 학생들은 눈금 없는 자와 컴퍼스를 이용할 수도 있고, 공학 도구인 알지오매스를 이용할 수도 있다. 탐구에 해당하는 활동지의 예시는 [그림 13-4]와 같다.

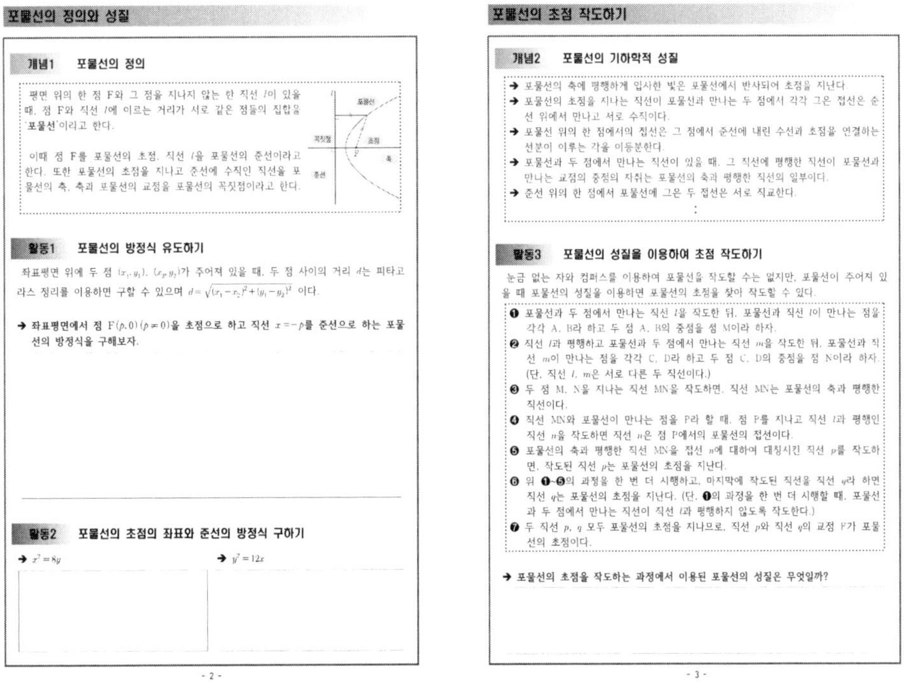
포물선의 정의와 성질

개념1 포물선의 정의

평면 위의 한 점 F와 그 점을 지나지 않는 한 직선 l이 있을 때, 점 F와 직선 l에 이르는 거리가 서로 같은 점들의 집합을 '포물선'이라고 한다.

이때 점 F를 포물선의 초점, 직선 l을 포물선의 준선이라고 한다. 또한 포물선의 초점을 지나고 준선에 수직인 직선을 포물선의 축, 축과 포물선의 교점을 포물선의 꼭짓점이라고 한다.

활동1 포물선의 방정식 유도하기

좌표평면 위에 두 점 (x_1, y_1), (x_2, y_2)가 주어져 있을 때, 두 점 사이의 거리 d는 피타고라스 정리를 이용하면 구할 수 있으며 $d=\sqrt{(x_1-x_2)^2+(y_1-y_2)^2}$ 이다.

→ 좌표평면에서 점 $F(p, 0)\ (p \neq 0)$을 초점으로 하고 직선 $x=-p$를 준선으로 하는 포물선의 방정식을 구해보자.

활동2 포물선의 초점의 좌표와 준선의 방정식 구하기

→ $x^2=8y$ → $y^2=12x$

- 2 -

포물선의 초점 작도하기

개념2 포물선의 기하학적 성질

→ 포물선의 축에 평행하게 입사한 빛은 포물선에서 반사되어 초점을 지난다.
→ 포물선의 초점을 지나는 직선이 포물선과 만나는 두 점에서 각각 그은 접선은 준선 위에서 만나고 서로 수직이다.
→ 포물선 위의 한 점에서의 접선은 그 점에서 준선에 내린 수선과 초점을 연결하는 선분이 이루는 각을 이등분한다.
→ 포물선과 두 점에서 만나는 직선이 있을 때, 그 직선에 평행한 직선이 포물선과 만나는 교점의 중점의 자취는 포물선의 축과 평행한 직선의 일부이다.
→ 준선 위의 한 점에서 포물선에 그은 두 접선은 서로 직교한다.
⋮

활동3 포물선의 성질을 이용하여 초점 작도하기

눈금 없는 자와 컴퍼스를 이용하여 포물선을 작도할 수는 없지만, 포물선이 주어져 있을 때 포물선의 성질을 이용하면 포물선의 초점을 찾아 작도할 수 있다.

❶ 포물선과 두 점에서 만나는 직선 l을 작도한 뒤, 포물선과 직선 l이 만나는 점을 각각 A, B라 하고 두 점 A, B의 중점을 점 M이라 하자.
❷ 직선 l과 평행하고 포물선과 두 점에서 만나는 직선 m을 작도한 뒤, 포물선과 직선 m이 만나는 점을 각각 C, D라 하고 두 점 C, D의 중점을 점 N이라 하자. (단, 직선 l, m은 서로 다른 두 직선이다.)
❸ 두 점 M, N을 지나는 직선 MN을 작도하면, 직선 MN는 포물선의 축과 평행한 직선이다.
❹ 직선 MN와 포물선이 만나는 점을 P라 할 때, 점 P를 지나고 직선 l과 평행인 직선 n을 작도하면 직선 n은 점 P에서의 포물선의 접선이다.
❺ 포물선의 축과 평행한 직선 MN을 접선 n에 대하여 대칭시킨 직선 p를 작도하면, 작도된 직선 p는 포물선의 초점을 지난다.
❻ 위 ❶~❺의 과정을 한 번 더 시행하고, 마지막에 작도된 직선을 직선 q라 하면 직선 q는 포물선의 초점을 지난다. (단, ❶의 과정을 한 번 더 시행할 때, 포물선과 두 점에서 만나는 직선이 직선 l과 평행하지 않도록 작도한다.)
❼ 두 직선 p, q 모두 포물선의 초점을 지나므로, 직선 p와 직선 q의 교점 F가 포물선의 초점이다.

→ 포물선의 초점을 작도하는 과정에서 이용된 포물선의 성질은 무엇일까?

- 3 -

[그림 13-4] 활동지 예시 4

3. 학생 활동지 및 활동 예시

3차시로 이루어진 이 수업의 활동지와 학생들의 활동지 작성 예시는 다음과 같다. 이 외에도 다양한 활동 예시가 있으며 여기에서는 학생들이 공통적으로 학습하고 작성할 것이라 기대되는 내용을 제시하였다.

1차시 수업에서 학생들은 수학사를 통해 이차곡선에 대한 동기를 유발하고, 이차곡선에서의 초점이 왜 중요한 것인지 실생활 사례를 바탕으로 이해한다. 학생들은 기하적 관점과 대수적 관점에 따른 원뿔곡선과 이차곡선의 개념을 이해하고 포물선은 원뿔을 절단하여 얻을 수 있는 곡선임을 인식한다. 포물선의 정의와 두 점 사이의 거리 구하는 공식을 바탕으로 포물선의 방정식을 유도한 뒤, 유도한 포물선의 방정식을 바탕으로 초점의 좌표와 준선의 방정식을 구한다. 이후 포물선의 초점을 작도하기 위해 알아야 하는 중학교 1학년 수학의 기본작도 개념을 통해 작도 경험과 방법을 떠올린다. 기본작도 방법을 숙지한 학생들은 포물선의 성질 및 제시된 포물선의 작도 방법을 참고하여 초점을 작도하고 작도 과정에서 필요한 성질이 무엇인지 설명한다. 이에 대한 활동지 작성 예시는 [그림 13-5]와 같다. 2차시 수업에서 학생들은 알지오매스의 의미와 장점, 기본기능이 무엇인지 이해한 뒤 알지오 도형의 기능을 탐구하고 그에 관한 결과를 정리한다. 또한, 자와 컴퍼스를 이용하여 포물선의 초점을 작도했던 과정을 알지오매스 상으로 구현한 뒤 포물선의 초점 작도 결과를 정당화하는 활동을 거친다. 이에 대한 활동지 작성 예시는 [그림 13-6]과 같다. 3차시에서 학생들은 타원의 정의를 바탕으로 타원의 방정식을 유도하고, 타원의 초점의 좌표와 장축, 단축의 길이를 구하는 활동을 한다. 이후 타원의 기하학적 성질을 바탕으로 타원의 초점을 작도하는 방법을 추론해보고 알지오매스를 활용하여 작도를 정당화한다. 같은 방법으로 쌍곡선의 정의를 이용하여 쌍곡선의 방정식을 유도한 뒤 초점의 좌표, 주축의 길이를 구하는 활동을 한다. 쌍곡선의 기하학적 성질을 이용하여 쌍곡선의 초점을 작도하고 알지오매스를 활용하여 작도를 정당화하는 활동을 한다. 이에 대한 활동지 작성 예시는 [그림 13-7]과 같다.

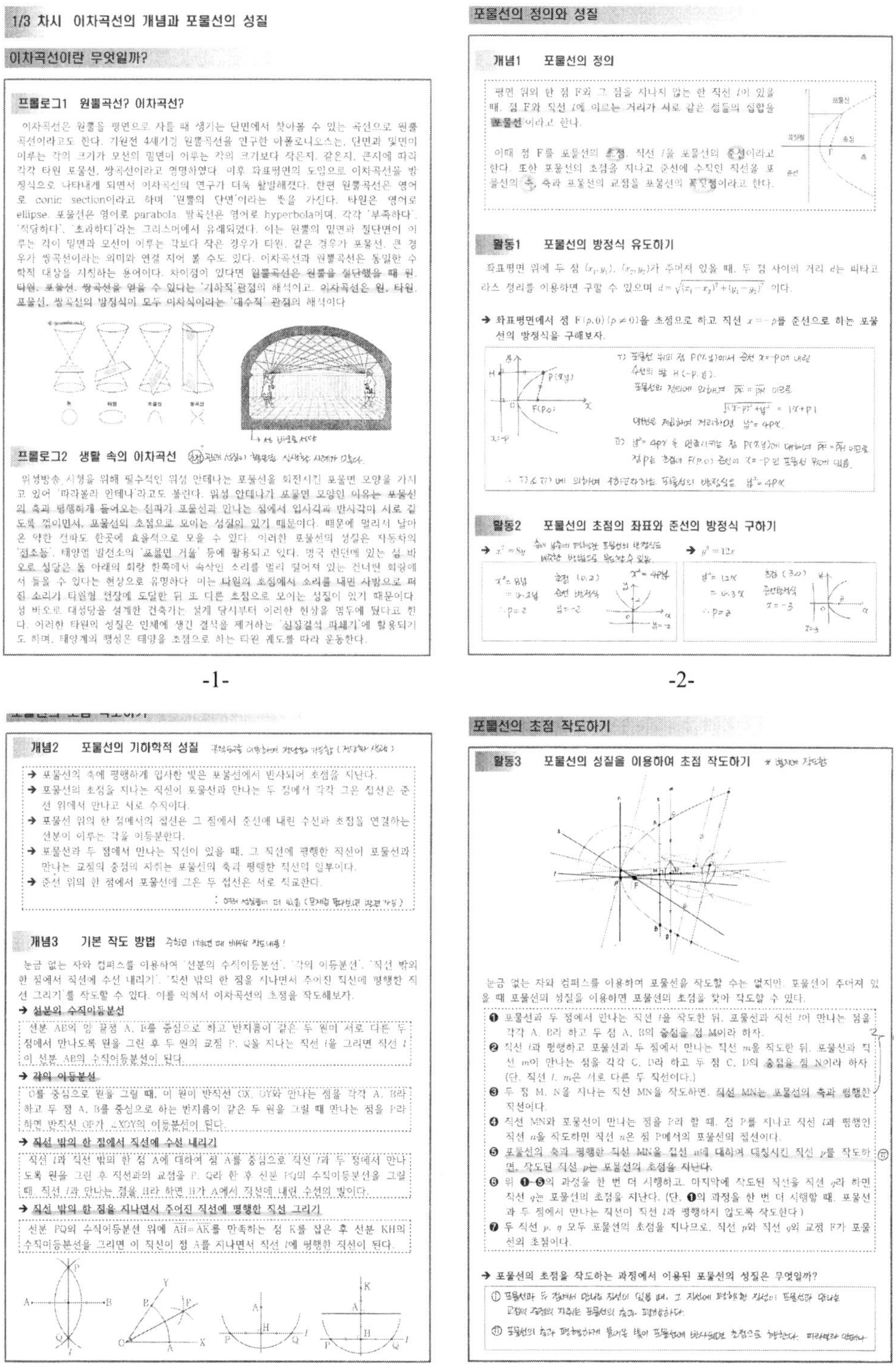

1/3 차시 이차곡선의 개념과 포물선의 성질

이차곡선이란 무엇일까?

프롤로그1 원뿔곡선? 이차곡선?

이차곡선은 원뿔을 평면으로 자를 때 생기는 단면에서 찾아볼 수 있는 곡선으로 원뿔곡선이라고도 한다. 기원전 4세기경 원뿔곡선을 연구한 아폴로니오스는, 단면과 밑면이 이루는 각의 크기가 모선의 밑면이 이루는 각의 크기보다 작은지, 같은지, 큰지에 따라 각각 타원, 포물선, 쌍곡선이라고 명명하였다. 이후 좌표평면의 도입으로 이차곡선을 방정식으로 나타내게 되면서 이차곡선의 연구가 더욱 활발해졌다. 한편 원뿔곡선은 영어로 conic section이라고 하며 '원뿔의 단면'이라는 뜻을 가진다. 타원은 영어로 ellipse, 포물선은 영어로 parabola, 쌍곡선은 영어로 hyperbola이며, 각각 '부족하다', '적당하다', '초과하다'라는 그리스어에서 유래되었다. 이는 원뿔의 밑면과 절단면이 이루는 각이 밑면과 모선이 이루는 각보다 작은 경우가 타원, 같은 경우가 포물선, 큰 경우가 쌍곡선이라는 의미와 연결 지어 볼 수도 있다. 이차곡선과 원뿔곡선은 동일한 수학적 대상을 지칭하는 용어이다. 차이점이 있다면 원뿔곡선은 원뿔을 절단했을 때 원, 타원, 포물선, 쌍곡선을 얻을 수 있다는 '기하적' 관점의 해석이고, 이차곡선은 원, 타원, 포물선, 쌍곡선의 방정식이 모두 이차식이라는 '대수적' 관점의 해석이다.

프롤로그2 생활 속의 이차곡선

위성방송 시청을 위해 필수적인 위성 안테나는 포물선을 회전시킨 포물면 모양을 가지고 있어 '파라볼라 안테나'라고도 불린다. 위성 안테나가 포물면 모양인 이유는 포물선의 축과 평행하게 들어오는 전파가 포물선과 만나는 점에서 입사각과 반사각이 서로 같도록 꺾이면서, 포물선의 초점으로 모이는 성질이 있기 때문이다. 때문에 멀리서 날아온 약한 전파도 한곳에 효율적으로 모을 수 있다. 이러한 포물선의 성질은 자동차의 '전조등', 태양열 발전소의 '포물면 거울' 등에 활용되고 있다. 영국 런던에 있는 성 바오로 성당은 돔 아래의 회랑 한쪽에서 속삭인 소리를 멀리 떨어져 있는 건너편 회랑에서 들을 수 있다는 현상으로 유명하다. 이는 타원의 초점에서 소리를 내면 사방으로 퍼진 소리가 타원형 천장에 도달한 뒤 또 다른 초점으로 모이는 성질이 있기 때문이다. 성 바오로 대성당을 설계한 건축가는 설계 당시부터 이러한 현상을 염두에 뒀다고 한다. 이러한 타원의 성질은 인체에 생긴 결석을 제거하는 '신장결석 파쇄기'에 활용되기도 하며, 태양계의 행성은 태양을 초점으로 하는 타원 궤도를 따라 운동한다.

-1-

포물선의 정의와 성질

개념1 포물선의 정의

평면 위의 한 점 F와 그 점을 지나지 않는 한 직선 l이 있을 때, 점 F와 직선 l에 이르는 거리가 서로 같은 점들의 집합을 포물선이라고 한다.

이때 점 F를 포물선의 초점, 직선 l을 포물선의 준선이라고 한다. 또한 포물선의 초점을 지나고 준선에 수직인 직선을 포물선의 축, 축과 포물선의 교점을 포물선의 꼭짓점이라고 한다.

활동1 포물선의 방정식 유도하기

좌표평면 위에 두 점 (x_1, y_1), (x_2, y_2)가 주어져 있을 때, 두 점 사이의 거리 d는 피타고라스 정리를 이용하면 구할 수 있으며 $d=\sqrt{(x_1-x_2)^2+(y_1-y_2)^2}$ 이다.

→ 좌표평면에서 점 $F(p, 0)$ $(p \neq 0)$을 초점으로 하고 직선 $x=-p$를 준선으로 하는 포물선의 방정식을 구해보자.

활동2 포물선의 초점의 좌표와 준선의 방정식 구하기

→ $x^2=8y$ → $y^2=12x$

-2-

포물선의 초점 작도하기

개념2 포물선의 기하학적 성질

→ 포물선의 축에 평행하게 입사한 빛은 포물선에서 반사되어 초점을 지난다.
→ 포물선의 초점을 지나는 직선이 포물선과 만나는 두 점에서 각각 그은 접선은 준선 위에서 만나고 서로 수직이다.
→ 포물선 위의 한 점에서의 접선은 그 점에서 준선에 내린 수선과 초점을 연결하는 선분이 이루는 각을 이등분한다.
→ 포물선과 두 점에서 만나는 직선이 있을 때, 그 직선에 평행한 직선이 포물선과 만나는 교점의 중점의 자취는 포물선의 축과 평행한 직선의 일부이다.
→ 준선 위의 한 점에서 포물선에 그은 두 접선은 서로 직교한다.

개념3 기본 작도 방법

눈금 없는 자와 컴퍼스를 이용하여 '선분의 수직이등분선', '각의 이등분선', '직선 밖의 한 점에서 직선에 수선 내리기', '직선 밖의 한 점을 지나면서 주어진 직선에 평행한 직선 그리기'를 작도할 수 있다. 이를 익혀서 이차곡선의 초점을 작도해보자.

→ **선분의 수직이등분선**

선분 AB의 양 끝점 A, B를 중심으로 하고 반지름이 같은 두 원이 서로 다른 두 점에서 만나도록 원을 그린 후 두 원의 교점 P, Q을 지나는 직선 l을 그리면 직선 l이 선분 AB의 수직이등분선이 된다.

→ **각의 이등분선**

O를 중심으로 원을 그릴 때, 이 원이 반직선 OX, OY와 만나는 점을 각각 A, B라 하고 두 점 A, B를 중심으로 하는 반지름이 같은 두 원을 그릴 때 만나는 점을 P라 하면 반직선 OP가 ∠XOY의 이등분선이 된다.

→ **직선 밖의 한 점에서 직선에 수선 내리기**

직선 l과 직선 밖의 한 점 A에 대하여 점 A를 중심으로 직선 l과 두 점에서 만나도록 원을 그린 후 직선과의 교점을 P, Q라 한 후 선분 PQ의 수직이등분선을 그릴 때, 직선 l과 만나는 점을 H라 하면 H가 A에서 직선에 내린 수선의 발이다.

→ **직선 밖의 한 점을 지나면서 주어진 직선에 평행한 직선 그리기**

선분 PQ의 수직이등분선 위에 $\overline{AH}=\overline{AK}$를 만족하는 점 K를 잡은 후 선분 KH의 수직이등분선을 그리면 이 직선이 점 A를 지나면서 직선 l에 평행한 직선이 된다.

-3-

포물선의 초점 작도하기

활동3 포물선의 성질을 이용하여 초점 작도하기

눈금 없는 자와 컴퍼스를 이용하여 포물선을 작도할 수는 없지만, 포물선이 주어져 있을 때 포물선의 성질을 이용하면 포물선의 초점을 찾아 작도할 수 있다.

❶ 포물선과 두 점에서 만나는 직선 l을 작도한 뒤, 포물선과 직선 l이 만나는 점을 각각 A, B라 하고 두 점 A, B의 중점을 점 M이라 하자.
❷ 직선 l과 평행하고 포물선과 두 점에서 만나는 직선 m을 작도한 뒤, 포물선과 직선 m이 만나는 점을 각각 C, D라 하고 두 점 C, D의 중점을 점 N이라 하자. (단, 직선 l, m은 서로 다른 두 직선이다.)
❸ 두 점 M, N을 지나는 직선 MN을 작도하면, 직선 MN는 포물선의 축과 평행한 직선이다.
❹ 직선 MN와 포물선이 만나는 점을 P라 할 때, 점 P를 지나고 직선 l과 평행인 직선 n을 작도하면 직선 n은 점 P에서의 포물선의 접선이다.
❺ 포물선의 축과 평행한 직선 MN을 접선 n에 대하여 대칭시킨 직선 p를 작도하면, 작도된 직선 p는 포물선의 초점을 지난다.
❻ 위 ❶~❺의 과정을 한 번 더 시행하고, 마지막에 작도된 직선을 직선 q라 하면 직선 q는 포물선의 초점을 지난다. (단, ❶의 과정을 한 번 더 시행할 때, 포물선과 두 점에서 만나는 직선이 직선 l과 평행하지 않도록 작도한다.)
❼ 두 직선 p, q 모두 포물선의 초점을 지나므로, 직선 p와 직선 q의 교점 F가 포물선의 초점이다.

→ 포물선의 초점을 작도하는 과정에서 이용된 포물선의 성질은 무엇일까?

-4-

[그림 13-5] 활동지 예시 5

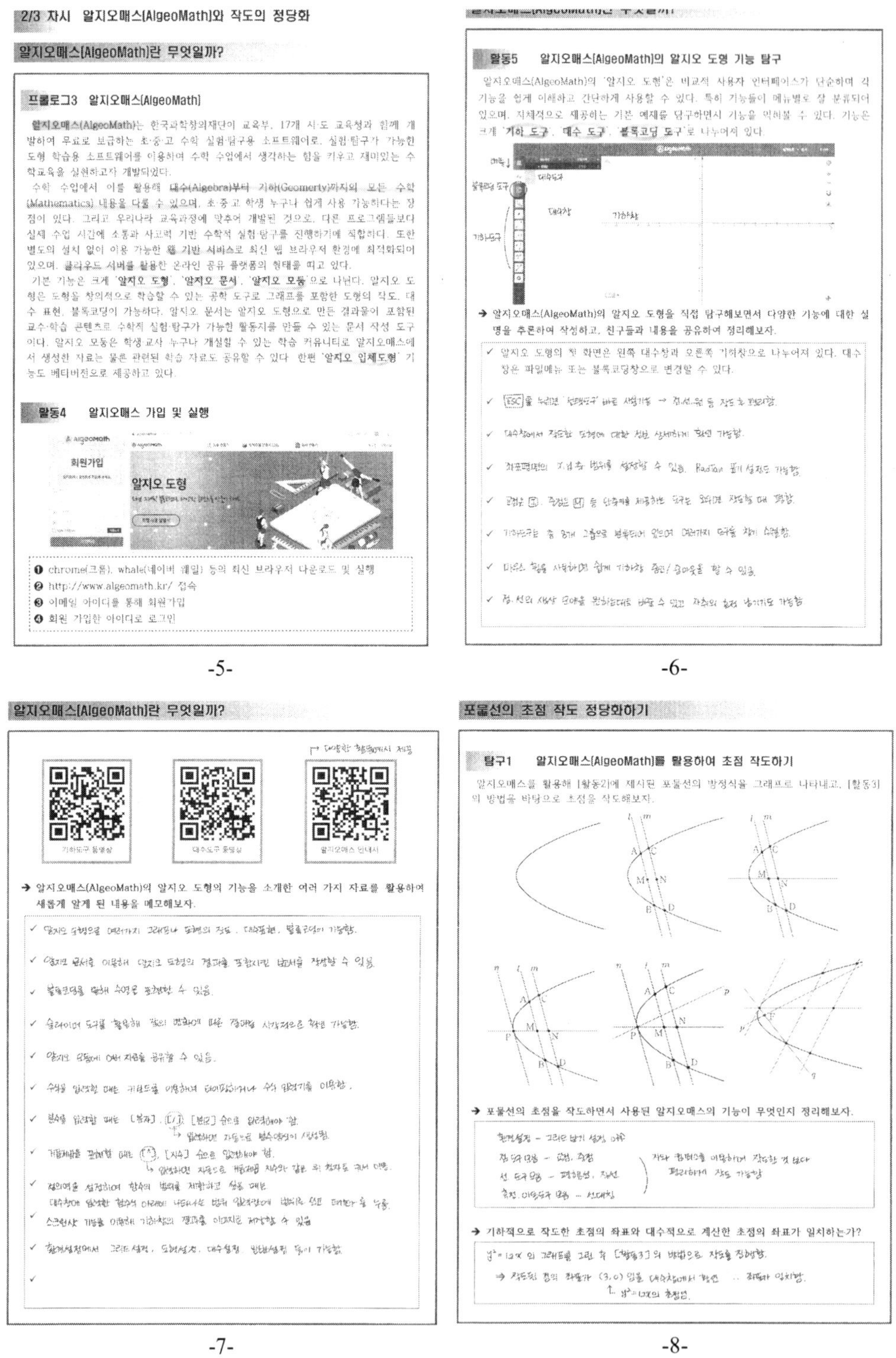

2/3 자시 알지오매스[AlgeoMath]와 작도의 정당화

알지오매스[AlgeoMath]란 무엇일까?

프롤로그3 알지오매스[AlgeoMath]

알지오매스(AlgeoMath)는 한국과학창의재단이 교육부, 17개 시·도 교육청과 함께 개발하여 무료로 보급하는 초·중·고 수학 실험·탐구용 소프트웨어로, 실험·탐구가 가능한 도형 학습용 소프트웨어를 이용하여 수학 수업에서 생각하는 힘을 키우고 재미있는 수학교육을 실현하고자 개발되었다.

수학 수업에서 이를 활용해 대수(Algebra)부터 기하(Geomerty)까지의 모든 수학(Mathematics) 내용을 다룰 수 있으며, 초·중·고 학생 누구나 쉽게 사용 가능하다는 장점이 있다. 그리고 우리나라 교육과정에 맞추어 개발된 것으로, 다른 프로그램들보다 실제 수업 시간에 소통과 사고력 기반 수학적 실험·탐구를 진행하기에 적합하다. 또한 별도의 설치 없이 이용 가능한 웹 기반 서비스로 최신 웹 브라우저 환경에 최적화되어 있으며, 클라우드 서버를 활용한 온라인 공유 플랫폼의 형태를 띠고 있다.

기본 기능은 크게 '**알지오 도형**', '**알지오 문서**', '**알지오 모둠**'으로 나뉜다. 알지오 도형은 도형을 창의적으로 학습할 수 있는 공학 도구로 그래프를 포함한 도형의 작도, 대수 표현, 블록코딩이 가능하다. 알지오 문서는 알지오 도형으로 만든 결과물이 포함된 교수·학습 콘텐츠로 수학적 실험·탐구가 가능한 활동지를 만들 수 있는 문서 작성 도구이다. 알지오 모둠은 학생·교사 누구나 개설할 수 있는 학습 커뮤니티로 알지오매스에서 생성한 자료는 물론 관련된 학습 자료도 공유할 수 있다. 한편 '**알지오 입체도형**' 기능도 베타버전으로 제공하고 있다.

활동4 알지오매스 가입 및 실행

❶ chrome(크롬), whale(네이버 웨일) 등의 최신 브라우저 다운로드 및 실행
❷ http://www.algeomath.kr/ 접속
❸ 이메일 아이디를 통해 회원가입
❹ 회원 가입한 아이디로 로그인

-5-

알지오매스[AlgeoMath]란 무엇일까?

활동5 알지오매스[AlgeoMath]의 알지오 도형 기능 탐구

알지오매스(AlgeoMath)의 '알지오 도형'은 비교적 사용자 인터페이스가 단순하며 각 기능을 쉽게 이해하고 간단하게 사용할 수 있다. 특히 기능들이 메뉴별로 잘 분류되어 있으며, 자체적으로 제공하는 기본 예제를 탐구하면서 기능을 익혀볼 수 있다. 기능은 크게 '**기하 도구**', '**대수 도구**', '**블록코딩 도구**'로 나누어져 있다.

→ 알지오매스(AlgeoMath)의 알지오 도형을 직접 탐구해보면서 다양한 기능에 대한 설명을 추론하여 작성하고, 친구들과 내용을 공유하여 정리해보자.

✓ 알지오 도형의 첫 화면은 왼쪽 대수창과 오른쪽 기하창으로 나누어져 있다. 대수창은 파일메뉴 또는 블록코딩창으로 변경할 수 있다.
✓ ESC 를 누르면 '선택도구' 바로 사용가능 → 점, 선, 원 등 작도 후 편리함.
✓ 대수창에서 작도한 도형에 대한 정보 상세하게 확인 가능함.
✓ 좌표평면의 x, y축 범위를 설정할 수 있음. Radian 표기 설정도 가능함.
✓ 교점은 [ ], 중점은 [ ] 등 단축키를 제공하는 도구는 외우면 작도할 때 편함.
✓ 기하도구는 총 8개 그룹으로 분류되어 있으며 여러가지 도구를 찾기 수월함.
✓ 마우스 휠을 사용하면 쉽게 기하창 줌인/줌아웃을 할 수 있음.
✓ 점, 선의 색상 모양을 원하는대로 바꿀 수 있고 자취의 흔적 남기기도 가능함

-6-

알지오매스[AlgeoMath]란 무엇일까?

↱ 다양한 활용예시 제공

→ 알지오매스(AlgeoMath)의 알지오 도형의 기능을 소개한 여러 가지 자료를 활용하여 새롭게 알게 된 내용을 메모해보자.

✓ 알지오 도형으로 여러가지 그래프나 도형의 작도, 대수표현, 블록코딩이 가능하다.
✓ 알지오 문서를 이용해 알지오 도형의 결과를 포함시킨 보고서를 작성할 수 있음.
✓ 블록코딩을 통해 수열을 표현할 수 있음.
✓ 슬라이더 도구를 활용해 값의 변화에 따른 그래프를 시각적으로 확인 가능함.
✓ 알지오 모둠에 여러 자료를 공유할 수 있음.
✓ 수식을 입력할 때는 키보드를 이용하여 타이핑하거나 수식 입력기를 이용함.
✓ 분수를 입력할 때는 [분자], [/], [분모] 순으로 입력해야 함.
  ↳ 입력하면 자동으로 분수형식이 생성됨.
✓ 거듭제곱을 표현할 때는 [^], [지수] 순으로 입력해야 함.
  ↳ 입력하면 자동으로 거듭제곱 지수와 같은 위 첨자로 커서 이동.
✓ 정의역을 설정하여 함수의 범위를 제한하고 싶을 때는
  대수창에 입력한 함수식 아래에 나타나는 범위 입력칸에 범위를 쓰고 Enter 를 누름.
✓ 스크린샷 기능을 이용해 기하창의 결과를 이미지로 저장할 수 있음
✓ 환경설정에서 그리드설정, 도형설정, 대수설정, 일반설정 등이 가능함.
✓

-7-

포물선의 초점 작도 정당화하기

탐구1 알지오매스[AlgeoMath]를 활용하여 초점 작도하기

알지오매스를 활용해 [활동2]에 제시된 포물선의 방정식을 그래프로 나타내고, [활동3]의 방법을 바탕으로 초점을 작도해보자.

→ 포물선의 초점을 작도하면서 사용된 알지오매스의 기능이 무엇인지 정리해보자.

환경설정 - 그리드 보기 설정 해제
점 도구 모음 - 교점, 중점
선 도구 모음 - 평행선, 직선
측정, 이동도구 모음 - 선대칭
) 자와 컴퍼스를 이용하여 작도할 것 보다 편리하게 작도 가능함

→ 기하적으로 작도한 초점의 좌표와 대수적으로 계산한 초점의 좌표가 일치하는가?

$y^2=12x$ 의 그래프를 그린 후 [활동3]의 방법으로 작도를 진행함.
⇒ 작도된 점의 좌표가 (3, 0)임을 대수창에서 확인 ∴ 좌표가 일치함.
↑ $y^2=12x$의 초점임.

-8-

[그림 13-6] 활동지 예시 6

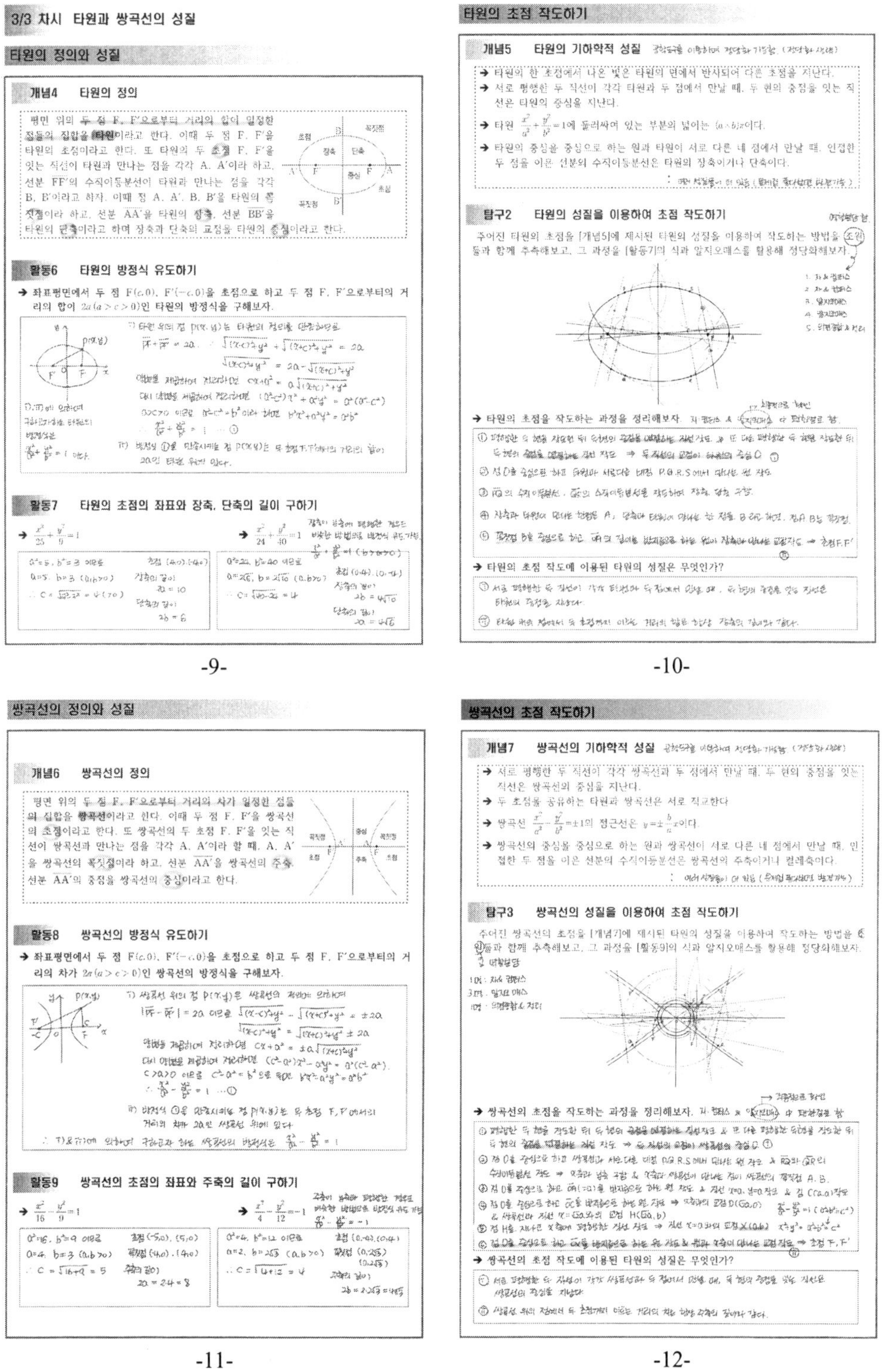

3/3 차시 타원과 쌍곡선의 성질

타원의 정의와 성질

개념4 타원의 정의

평면 위의 두 점 F, F′으로부터 거리의 합이 일정한 점들의 집합을 타원이라고 한다. 이때 두 점 F, F′을 타원의 초점이라고 한다. 또 타원의 두 초점 F, F′을 잇는 직선이 타원과 만나는 점을 각각 A, A′이라 하고, 선분 FF′의 수직이등분선이 타원과 만나는 점을 각각 B, B′이라고 하자. 이때 점 A, A′, B, B′을 타원의 꼭짓점이라 하고, 선분 $\overline{AA'}$을 타원의 장축, 선분 $\overline{BB'}$을 타원의 단축이라고 하며 장축과 단축의 교점을 타원의 중심이라고 한다.

활동6 타원의 방정식 유도하기

→ 좌표평면에서 두 점 $F(c, 0)$, $F'(-c, 0)$을 초점으로 하고 두 점 F, F′으로부터의 거리의 합이 $2a\ (a > c > 0)$인 타원의 방정식을 구해보자.

활동7 타원의 초점의 좌표와 장축, 단축의 길이 구하기

→ $\frac{x^2}{25}+\frac{y^2}{9}=1$

→ $\frac{x^2}{24}+\frac{y^2}{40}=1$

-9-

타원의 초점 작도하기

개념5 타원의 기하학적 성질

→ 타원의 한 초점에서 나온 빛은 타원의 면에서 반사되어 다른 초점을 지난다.

→ 서로 평행한 두 직선이 각각 타원과 두 점에서 만날 때, 두 현의 중점을 잇는 직선은 타원의 중심을 지난다.

→ 타원 $\frac{x^2}{a^2}+\frac{y^2}{b^2}=1$에 둘러싸여 있는 부분의 넓이는 $(a \times b)\pi$이다.

→ 타원의 중심을 중심으로 하는 원과 타원이 서로 다른 네 점에서 만날 때, 인접한 두 점을 이은 선분의 수직이등분선은 타원의 장축이거나 단축이다.

탐구2 타원의 성질을 이용하여 초점 작도하기

주어진 타원의 초점을 [개념5]에 제시된 타원의 성질을 이용하여 작도하는 방법을 조원들과 함께 추측해보고, 그 과정을 [활동7]의 식과 알지오매스를 활용해 정당화해보자.

→ 타원의 초점을 작도하는 과정을 정리해보자.

→ 타원의 초점 작도에 이용된 타원의 성질은 무엇인가?

-10-

쌍곡선의 정의와 성질

개념6 쌍곡선의 정의

평면 위의 두 점 F, F′으로부터 거리의 차가 일정한 점들의 집합을 쌍곡선이라고 한다. 이때 두 점 F, F′을 쌍곡선의 초점이라고 한다. 또 쌍곡선의 두 초점 F, F′을 잇는 직선이 쌍곡선과 만나는 점을 각각 A, A′이라 할 때, A, A′을 쌍곡선의 꼭짓점이라 하고, 선분 $\overline{AA'}$을 쌍곡선의 주축, 선분 $\overline{AA'}$의 중점을 쌍곡선의 중심이라고 한다.

활동8 쌍곡선의 방정식 유도하기

→ 좌표평면에서 두 점 $F(c, 0)$, $F'(-c, 0)$을 초점으로 하고 두 점 F, F′으로부터의 거리의 차가 $2a\ (a > c > 0)$인 쌍곡선의 방정식을 구해보자.

활동9 쌍곡선의 초점의 좌표와 주축의 길이 구하기

→ $\frac{x^2}{16}-\frac{y^2}{9}=1$

→ $\frac{x^2}{4}-\frac{y^2}{12}=-1$

-11-

쌍곡선의 초점 작도하기

개념7 쌍곡선의 기하학적 성질

→ 서로 평행한 두 직선이 각각 쌍곡선과 두 점에서 만날 때, 두 현의 중점을 잇는 직선은 쌍곡선의 중심을 지난다.

→ 두 초점을 공유하는 타원과 쌍곡선은 서로 직교한다.

→ 쌍곡선 $\frac{x^2}{a^2}-\frac{y^2}{b^2}=\pm 1$의 점근선은 $y=\pm\frac{b}{a}x$이다.

→ 쌍곡선의 중심을 중심으로 하는 원과 쌍곡선이 서로 다른 네 점에서 만날 때, 인접한 두 점을 이은 선분의 수직이등분선은 쌍곡선의 주축이거나 켤레축이다.

탐구3 쌍곡선의 성질을 이용하여 초점 작도하기

주어진 쌍곡선의 초점을 [개념7]에 제시된 타원의 성질을 이용하여 작도하는 방법을 조원들과 함께 추측해보고, 그 과정을 [활동9]의 식과 알지오매스를 활용해 정당화해보자.

→ 쌍곡선의 초점을 작도하는 과정을 정리해보자.

→ 쌍곡선의 초점 작도에 이용된 타원의 성질은 무엇인가?

-12-

[그림 13-7] 활동지 예시 7

4. 나오는 글

2015 개정 수학과 교육과정의 〈수학과제 탐구〉는 이전에 학습한 수학 내용을 더 깊이 탐구하거나 다른 교과와 수학을 융합하여 탐구하는 활동 등을 다룬다. 작도 수업을 계획하며 단순 계산이나 답을 도출하는 문제 풀이가 아닌 발견과 탐구를 지향할 수 있는 소재를 찾기 위해 많은 고민이 있었다. 또한 〈기하〉에서 중요하게 다루는 이차곡선을 〈수학과제 탐구〉를 선택한 학생들에게 지도할 때 차별화된 동기와 목표를 부여하고자 하였다. 이에 이차곡선의 정의와 성질을 학습한 뒤 문제 풀이가 아닌 중학교 1학년에서 단편적으로 다루어지는 작도를 이용하여 이차곡선의 초점을 작도하는 활동을 하는 것으로 수업을 계획하고 지도안과 활동지를 작성하였다. 이를 통해 학생들은 이차곡선의 정의를 이해하고 다양한 기하학적 성질을 관찰할 수 있으며 작도의 과정 자체에만 주목하는 것이 아닌 작도 결과에 대한 정당성과 타당성을 말할 수 있을 것이다. 또한, 공학적 도구 기반의 탐구 활동은 학생들이 더욱 친숙하게 작도를 경험할 수 있게 하고, 교육과정 운영에 따른 시간적 제한 문제를 해결할 것이다. 이 장의 이차곡선의 초점 작도 수업을 통해 고등학교 과정에서 기하학적 측면과 해석학적 측면을 동시에 다루며 작도 그 자체를 경험해 볼 수 있는 의미 있는 경험을 하리라 기대한다.

참 | 고 | 문 | 헌

Reference

고성은 외(2019). **고등학교 기하**. ㈜좋은책신사고.

교육부(2015). 수학과 교육과정. 교육부 고시 제2015-74호 [별책 8].

교육부·한국과학창의재단(2020). 알지오매스 안내서.

김근배, 최옥환, 박달원(2018). 유추와 분석적 방법을 활용한 타원 초점 작도. **한국학교수학회논문집, 21**(4), pp.401~418.

김남희(2002). 수업아이디어: 문제해결 관점에서의 GSP활용. **학교수학, 4**(1), pp.111~125.

김원경(2019). **고등학교 기하.** ㈜비상교육.

문정배(2007). GSP 4.0을 통한 중학교 수학에서 작도방법 연구. 제주대학교 석사학위 논문.

박미경(2009). **수학비타민 플러스.** 김영사.

이필례, 한승국(2009). 圓錐曲線에 관한 研究. **교과교육연구, 30**, pp.35~67.

황선욱 외(2017). **중학교 수학 1**. 서울: ㈜미래엔.

허남구(2014). 기하학적 방법을 통한 이차곡선 접선의 작도에 관한 연구. **과학영재교육, 6**(3), pp.125~133.

허남구(2017). 이차곡선의 작도 활동에서 나타난 유추적 사고. **수학교육학연구, 27**(1), pp.51~67.

■ **집필진** (가나다순)

고상숙(단국대학교)
권성룡(공주교육대학교)
김서영(홍진고등학교)
김재식(대덕여자고등학교)
도주원(서울용암초등학교)
백석윤(서울교육대학교)
서보억(충남대학교)
옥보명(단국대학교 대학원)
이광상(한국교육과정평가원)
이서빈(영신여자고등학교)
이성현(세종과학예술영재학교)
이소명(열방아카데미 교장)
이화영(Texas State University)
주홍연(용동중학교)
한인기(경상대학교)
한혜숙(단국대학교)
허남구(순천대학교)

한국/대한수학교육학회 2020년 연보
학교수학과 작도교육

편 집 서보억 · 한혜숙 · 이광상
펴낸이 조경희
펴낸곳 경문사
펴낸날 2021년 3월 1일 1판 1쇄
등 록 1979년 11월 9일 제1979-000023호
주 소 04057, 서울특별시 마포구 와우산로 174
전 화 (02)332-2004 팩스 (02)336-5193
이메일 kyungmoon@kyungmoon.com

값 28,000원

ISBN 979-11-6073-470-6